民法學說彙纂
物權編〔第一分冊〕

尾崎行雄題字　松波仁一郎序

平沼騏一郎序　三藤卓堂編纂

大正五年三版

民法學説彙纂　物權編

〔第一分冊〕

日本立法資料全集　別巻　1169

信山社

司法大臣 尾崎行雄閣下題字

検事総長 法學博士 平沼騏一郎先生序

帝國大學教授 法學博士 松波仁一郎先生序

日本大學 前編輯長 三藤卓堂編纂

民法學說彙纂

東京法學書院

提要鈎玄

（大正丙辰三月印行）

景山書題

民法學說彙纂序

現行民法ハ實施以來既ニ十數年ヲ歷此間諸家ノ之ヲ註解スルモノ之ヲ論評スルモノ簇出シ討究闡發寔ニ學界ノ盛觀ヲ呈セリ唯其書ヲ成セルモノ多クハ卷帙浩瀚ナルノミナラス諸種ノ雜誌等ニ分載セラレタルモノ亦其幾許ナルヲ知ラス若シ悉ク之ヲ蒐集セハ所謂汗牛充棟不啻モノアラン渉獵尙ホ難シ況ンヤ精讀ヲヤ然レトモ法ヲ講スルモノト司法ノ實務ニ從事スルモノトハ諸家ノ所說ヲ通覽シ

能ク之ヲ咀嚼スルニアラサレハ法理ノ細微ヲ究メ難シ是ニ於テ平要ヲ提シ玄ヲ鈎シ法理ノ精奥學説ノ異同ヲシテ一目ノ下ニ瞭然タラシムヘキモノ世ノ之ヲ望ムコト久シ三藤君此ニ見ル所アリテ此ノ書ヲ著セリ余其法ヲ講スルモノト司法ノ實務ニ從事スルモノトヲ裨益スルコト蓋尠少ナラサルヲ知レリ君來リテ序ヲ乞フ因テ一言ヲ卷首ニ辯ス

大正三年八月上浣

平沼騏一郎識

民法學說彙纂ノ序

事物ノ眞研究ヲ爲サントスルニハ須ラク比較的研究ヲ爲サヽルヘカラス社會萬般ノ事悉ク然リトシ法律ノ研究ニ於テ一層其然ル所以ヲ知ルナリ立法者ハ其制定スル法規ニ不調和若クハ矛盾ナカランコトニ盡碎スルハ當然ナリ然レトモ決シテ其所思ヲ達シ得サルハ大審院ノ實在夫レ嚴トシテ之ヲ證ス何レノ國ニ在リテモ法令ノ解釋ニ異說ヲ生スルハ殆ト必然ノ事態ト認メテ之ヲ統一スル一大官

術ヲ設クルハ法ノ比較研究ノ緊要ナル確證トスルニ足ル法ヲ說ク者ハ比較研究ヲ爲サヽルヘカラス法ヲ學フ者亦比較研究ヲ要ス然ラサレハ法ノ神髓ヲ誤マルコトアラン法律ノ比較研究ノ要ハ殊ニ現在ノ民法ニ於テ其然ルヲ見ルナリ我民法ノ發布以來之ニ關スル著書ハ汗牛充棟啻ナラス逐條註釋ニハ民法要義アリ又民法理由アリ而シテ余モ同學ノ士ト共ニ民法正解ヲ著ハシテ梓ニ上セタリ此外ニ學理的ノ說述トシテハ民法原論民法原理民法總論等ア

リ何レモ造詣アル先進名家ノ著ナレトモ其所説必スシモ全然同一ナラス或モノハ同シクシテ他ノモノハ異ナリ異ナルモノノ中ニモ斜面ニ異ナルアリ正反對ノモノアリ此際僅ニ一二ノ書ヲ見ルニ止マルトキハ偏狹ニ失シ他ニ良説ナキカ如ク思惟スルニ至ラン故ニ公正ヲ得ンニハ廣ク諸説ヲ通覽批判セサルヘカラス此點法ヲ應用スル者ト其學理ヲ研究スルモノトニ別ナシ此眞理ハ蓋シ何人モ知ル所ナラン唯躬ラ諸書ヲ涉獵汎讀スルノ難ヲ顧ミテ決行シ

得サルノミ

三藤卓堂君ハ篤學ノ士ナリ夙ニ此種ノ欠缺ヲ慨シ之ヲ補ハントシテ多年焦慮スル所アリ十數ニ餘レル民法著書ニ就キ良好ト信スルモノヲ選ヒテ其中ヨリ諸學説ヲ蒐集シ其大要ヲ採擇シテ各一卷ニ修メ名ケテ民法學説彙纂ト云フ其原稿ヲ閲シタルニ諸名説ヲ網羅シ恰モ諸家ヲ一堂ニ會シテ其討議ヲ聽クノ觀アラシム而モ取捨精簡トモニ其宜キヲ得テ民法ノ比較研究者ニ資スルコト大ナルヲ認メ

タリ依テ余ハ自ラ民法ノ起草關係者タリ又民法正解ノ著
者タリ而シテ今尚民法ノ研究ニ從事スル者トシテ本書ヲ
同學ノ士ニ推薦スルヲ憚カラス
明治四十五年三月二十五日
牛門寓居ニテ
松波仁一郎

自序

今ヤ吾人ノ生活狀態ハ日ニ月ニ漸ク複雜頻繁ニ趨キ人事ト世務ト俱ニ將ニ綢繆多端ヲ極メントス此時ニ際リ眼ニ盲セサルモ誰カ時ニ盲セサランヤ編者幸ニ眼ト共ニ時ニ盲セス閑ヲ偸ミ隙ニ乘シテ本書ヲ成シ自ラ揣ラス之ヲ我先進竝ニ同學ノ諸君子ニ奉セント欲ス冀クハ僭忘非分ノ洪罪ヲ恕シ一片耿々ノ微衷ヲ諒セラレンコトヲ

本書ハ一代ノ碩學鴻儒ニシテ我國法律學界ノ泰山北斗タル六大先生ノ著書ニ就キ各一家ヲ成セル金玉ノ論說中ヨリ最モ忠實ニ其要玄ヲ提鈎シ序ヲ樹テ統ヲ搆ヘテ一目ノ下ニ其異同ヲ騈顚セルモノナリ敢テ自家ノ文章アルニ匪ス又其論說アルニ匪ス時ニ盲セサルノ諸君子ハ本書ヲ以テ或ハ閑著散編ト爲サン然リ或ハ閑著散編ナラン編者ハ謹ンテ此詆誚ヲ甘受ス蓋百般ノ事物ハ其時ト處トノ得失ニ因リ或ハ有用ト爲リ或ハ無用ト爲ルヲ免レサレハナリ

編者モ亦時ニ觚ヲ操リ稿ヲ草スルニ方リ述作ハ經國ノ大業ナルヘキモ纂著ハ大丈夫ノ事ニ非サルカ如キノ感ナキニ非ス矧ンヤ功半勞倍、其苦辛ト煩雜トハ此レ必シモ彼レニ劣ラサルモノアルカ如ク覺ユルニ於テオヤ既ニ大丈夫ノ事ニ非サルヲ知リ且或ハ閑著散編ノ詆誚ヲ豫期ス編者ノ好事モ亦極ヘレリト言フヘシ然リ或ハ好事ナラン而モ敢テ好事ヲ爲ス所以ノモノハ少シク所由アリ請フ之ヲ攄ヘン

編者曾テ某學校入學試驗受驗準備ノ當時、專ヲ用テ一日横濱ニ赴キ偶々同市ノ書肆ニ某氏ノ著高等物理學上卷ヲ獲タリ卒讀數回、略々之ニ通曉スルヲ得タルヲ以テ次テ其下卷ヲ都下ノ翰林ニ要ム博ク涉リ旁ク獵ルモ容易ニ得ス遂ニ其發兌元ニ抵リ經歷ヲ諦ケテ之ヲ需ムルヤ主人ノ意色編者ノ熱心ニ動ケルモノアルカ如ク輕輯慇懃、編者ニ言ツテ曰ク斯書ノ下卷ハ其發行未タシ而シテ其發行ノ日モ亦逆メ之ヲ知ルヘカラスト編者切リニ沮喪シ深ク浮圖氏ノ所謂「求不得苦」ノ苦シミニ惱ムヤ主人語ヲ新ニシ編者ヲ慰藉シテ曰ク貴

下ノ悃需ニ會ヒ小買今日始メテ知ル學者書ヲ著ハシテ之ヲ完フセサルハ其非實ニ輕カラサルモノアルコトヲト其人ヲ以テ其言ヲ捐ツヘカラス編者常時大ニ其言ヲ然リトシ其聲歷々トシテ今尙ホ耳ニ在リ

編者往年遠慮ナク慫ツテ前著民法學說彙纂總則編ヲ公ニシ自ラ之ヲ完成スルノ築ヲ爲シ九鼎大鋁ノ重責ヲ荷ヘリ

顧ミレハ居諸矢ノ如ク風水車ノ如シ夙ニ斯書ヲ成サント欲シテ匆々半昔ヲ過キタリ其間彼ノ言ニ刺衝セラレタルモノ其幾度ナルヲ知ラス遂ニ俠友ニ謀ツテ僅ニ本編ヲ成スニ至ル

是レ編者ノ所謂敢テ好事ヲ爲ス所以ノ所由ナリ編者迂拙ナリト雖モ編者カ曾テ某氏著高等物理學下卷ニ對シテ有シタルカ如キ飢需渴要此書ニ在ルヲ念フヲ而シテ後之ヲ成サンヤ唯蹇々トシテ江湖ニ負カサランコトヲ是レ力ムルノミ其印刷部數ノ如キモ僅ニ三百三十部ニシテ少シク鏤梓ノ事ヲ解スルノ士ハ必スヤ牙籌ヲ抛ツテ編者ノ志ヲ喜ヒ編者ノ眞ヲ領セン

本書ハ一面ヨリスレハ民法法理ノ比較研究書ニシテ他面ヨリスレハ我國民法學者ノ學說沿革史ナリ進ンテ世ヲ利スルコトナキモ退テ人ヲ害スルコトナシ果シテ然ラハ我學界之ヲ存スルモ亦全ク無用ニハ非サランカ

之ヲ聞ク匠氏ノ工ナル者ハ竹頭木屑モ之ヲ捨テス醫師ノ良ナル者ハ牛溲馬勃モ之ヲ拾フト我先進並ニ同學ノ諸君子中、固ヨリ醫師ノ良、匠氏ノ工ニ匱シカラス牛溲馬勃竹頭木屑ト齒フナキ閑著散編斯書ノ如キモ必スヤ用ヲ待ツテ遺スコトナカルヘシ是レ編者カ自ラ强フシテ耻ツル所ヲ知ラサル所以ナリ

若夫レ編者ノ若キハ本書ヲ成スニ當リテ私カニ織女ヲ機上ニ瞥タリ我先進並ニ同學ノ諸君子モ亦將ニ本書ニ由リテ月中ニ姮娥ニ會ハントス閑著散編ノ誑誚ヲ受クルモ自ラ犒フ所アリト謂フヘキ歟

校了ニ際リ始終ヲ査覈シ前後ヲ商量セハ疎漫杜撰ノ痕、昭々タルモノアリ特ニ前半ニ於テ其然ルヲ覺フ Durch Schaden wird man klug. 本書ニ於ケル損害ハ

之ヲ債權編以下ニ於テ償ハンコトヲ期ス我先進竝ニ同學ノ諸君子冀クハ之ヲ假借セラレンコトヲ

浤終、茲ニ謹テ我諸先生ノ前ニ拜跪シ俯シテ高懷ヲ謝シ仰テ恭敬ヲ捧ク

風雨荐リニ破窓ニ薄ル二百十日ノ晨

大正元年九月一日

編者卓堂識

民法學說彙纂目次

第二編　占有權

第四編　地上權

第五編　永小作權……八三五

民法學說彙纂目次　畢

民法學說彙纂

三藤卓堂編纂

第二卷　物權

物權法ノ概念

民法論 松岡學士

第一　物權法ハ物權的法律關係ヲ規定スル法規ノ全體ナリ

一　性質　民法中ノ物權編船舶抵當法鐵道抵當法永代借地法等ハ何レモ物權法ニ屬ス故ニ民法中ノ物權法規ハ物權法ノ一部ナリ又物權ノ法制ハ國家ノ經濟又ハ人民ノ慣習ニ至大ノ關係アルヲ以テ其法規ハ强行法タルヲ通例トス故ニ各國ハ法律ヲ以テ物權ノ種類及ヒ範圍ヲ限定シ當事者ノ意

思ニ放任セス

二　內容　物權法ハ物權的法律關係ヲ規定ス此關係ニハ物權ニ基ク關係（例之所有權）ト物權ニ附隨スル債權（物權ニ結合スル債權）ニ基ク關係トアリ前者ハ物權法ノ本領ニ屬ス後者ハ物權者カ特定人ニ對シ一定ノ金錢ノ支拂又ハ果實ノ返還ノ如キ一定ノ給付ヲ請求スル權利ナルヲ以テ物權ニ非スト雖（一九〇、一九六、四二八、獨民九八七、八九四、一一〇八等）物權ノ效用ヲ全フスル物權附隨ノ權利（Begleitrecht）ナルヲ以テ之ヲ物權ト共ニ規定スルヲ適當トス各國民法即然リ從テ此債權ニハ先ツ物權法ヲ適用シ次ニ債權法ヲ適用ス

三　系統　我民法ハ物權ト題シテ一般物權及ヒ之ニ附隨スル債權ヲ規定シ特別ノ物權及ヒ之ニ附隨スル債權ハ特別法ニ讓レリ

第二

一　要旨　民法ハ二種ノ權利關係即人身權及ヒ財產ヲ規定ス其財產上ノ權利關係ヲ規定スル法則ヲ總ヘテ財產法ト稱ス物權法ハ此部類ニ屬ス財產權ノ主要ナルモノハ物權及ヒ債權ノ二トス物權法ハ所有權ヲ首位ト

シ各種ノ物權ニ付キ其存立要件效力等ヲ定ムルコトヲ本旨トスルモノニシテ財產法ノ基本ヲ成ス

物權ニ關スル法制ハ國家一般ノ經濟ニ影響スル所大ナリ殊ニ土地ニ關スル物權ヲ然リトス尙、一國內ニ於テモ地方ノ狀況ニ從ヒ往々特別法ヲ必要トスルコトアリ我民法ニ於テモ土地ノ所有權及ヒ土地ニ關スル用益物權ノ內容ニ關シ各地方ノ慣習ニ依ルヘキ事項少カラス要之物權法ノ規定ハ公益上ノ理由ニ基キ且、公法ト密接ノ關係ヲ有シ一般ニ强行法ニ屬ス即物權ノ種類及ヒ內容ハ法律ニ之ヲ限定シ特ニ定メタル事項ノ外ハ當事者ノ意思ヲ以テ法規ノ適用ヲ避クルコトヲ許サス

二 範圍 民法第二編ハ物權ニ關スル一切ノ法規ヲ網羅セルニ非スシテ實體的法規ノ大部分ヲ收ムルニ過キス物權ノ取得、保存及ヒ實行ニ關スル手續ハ特別法ニ之ヲ規定セリ遺失物法、不動產登記法、競賣法ノ如キ是ナリ又實體的法規ト雖特別ノ理由ニ由リ民法中ニ置カレサルモノ之ナキニ非ス例之船舶抵當法永代借地法等ノ如シ

物權編中ニハ物權其モノニ關スル規定ト見ル可ラサルモノナキニ非ス例之物權關係ニ附隨シテ生シタル債權ニ關スル規定（一九〇、一九六、二四八等）ノ如シ

尚民法施行前ヨリ存立スル物權ニ付テハ主トシテ施行法（民施三章）ノ規定ニ依ル

第一編　總論

第一章　物權ノ性質(意義)

民法論松岡學士　第一　物權ハ特定ノ有體物ヲ直接ニ支配スル權利ナリ(以下分說)

一　本質　物權ハ直接ニ有體物上ニ行ハル權利者ト有體物トノ關係ハ直接ナリ然レトモ其關係ハ事實上直接ナルコトヲ要セス權利者ト有體物トノ關係カ法律上直接ナルヲ以テ足ル例之抵當權者ハ裁判所ニ依リテ其權利ヲ行フカ故ニ其目的物タル有體物トノ關係ハ事實上直接ニ非スト雖法律上直接(抵當義務者ノ媒介ヲ要セス)ナルヲ以テ抵當權カ物權タルニ妨ケナキカ如シ要之物權ノ本質ハ對物關係ナリ反對說ハ一般ノ人ニ對スル關係即對人關係ナリト主張ス

二　效力　物權ハ權利者カ之ヲ各人ニ對抗スルコトヲ得ルノ消極的效力ヲ有ス即物權者ハ一般ノ各人ニ對シ自己ノ權利範圍內ニ於テ物ヲ支配セシ

ムヘキ旨ヲ請求シ又物ニ關シ自己ノ權利ヲ害スルニ至ルヘキ行爲ヲ爲ササル旨ヲ請求スルコトヲ得レトモ自己ノ爲ニ積極的行爲ヲ爲スヘキ旨ヲ請求スルコトヲ得ス

第二

物權トハ或物ニ就キ一定ノ利益ヲ享クル絶對權ヲ謂フ故ニ物權ノ目的物ハ常ニ物ナラサルヘカラス(八六、三項)從テ彼ノ權利ノ上ニ存スルモノ即權利質(三六二)及ヒ權利抵當(三六九、二項)ノ如キハ物權ニ非スシテ物權ニ關スル規定ノ準用ヲ受クル一種ノ財產權ニ外ナラス然レトモ純理上ヨリ言ヘハ此區別ハ殆ト價値ナキモノニシテ其有體物ニ關スルト否トニ拘ラス一般ノ人ニ對抗スルコトヲ得ヘキ財產權ハ凡テ同一ノ部類ニ屬スルモノト見ルヘケレハナリ尚ホ版權特許權意匠權鑛業權漁業權等ハ固ヨリ物權ト見ルヘキニ非ス

物權ノ本質ニ關シテハ從來二見解アリ如左

一　物權ハ人ト物トノ關係ニシテ直接ニ或物ヲ支配スル權利ヲ謂フ　之ヲ以テ一般ノ人ニ對抗スルコトヲ得ルハ物上支配權タルノ結果ニ過キスト

シ物權ノ定義中ヨリ之ヲ除外スルヲ例トス（古來最汎ク行ハル今尙佛國ノ一般學者及「イエリング」「デルンブルヒ」等獨逸多數學者ノ採ル所ニシテ歐大陸ニ行ハルル通說）

二　物權ハ他ノ權利ト同シク人ト人トノ關係ニ外ナラス其主要ナル性質ハ一般ノ人ニ對スル權利タルニ在リ　從來此說ノ學者中一般ノ人ニ對スル權利ト物權トヲ同一義ニ解シタル者多カリシモ近時一般ニ此二者ヲ畫別スルニ至リ「物權トハ一般ノ人ニ對スル權利ノ一種ニシテ物ニ關スル利益ヲ害セラレサル權利ナリ唯其本質ハ對人的關係ナリ」ト爲ス（「サビニー」「ウイントシャイド」等主唱英國一般學者主張、佛國二三學者採用）

右二說ハ何レモ一方ニ偏ス兩論旨ノ調合ニ依リ此ニ始メテ完全ナル定義ヲ得ヘシ殊ニ第一說ハ何人ニ對シテ其利益ヲ主張スルコトヲ得ルヤヲ示ササルモ是物權ノ性質ヲ定ムルニ付キ必要缺クヘカラサル一點ナリトス蓋權利ハ凡テ人ト人トノ關係ニシテ必スヤ其主働的主體ト共ニ受働的主體ナカルヘカラス故ニ其主要ナル分類ノ標準ハ何人ニ對シテ如何ナル利益ヲ充タスコトヲ保障スルヤニ之ヲ求ムヘシ於玆乎私法上ノ權利ハ之ヲ絕對權、相對權ノ二種ニ大別スルコトヲ得物權ハ第一ノ部類ニ屬ス即、特定ノ人ニ對シ一定ノ行爲ヲ要求スルニ非スシテ一般ノ人ニ對シ直接ニ其目的タル利益ヲ充實スルコトヲ得ルモノトス由是觀之一般ノ人ニ對シテ行ハルルコトハ物權關係ノ重要ナル性質ニシテ單ニ物上支配權タルノ效果ニ止マルモノト解スヘカラス

一ノ權利カ物權ト爲ルハ法律カ一般ノ人ニ對シテ其對物的關係ヲ保護スルニ因ル若夫、物ヲ利用スルコトノミヲ以テ物權ノ本質ナリトセハ地上權又ハ永小作權ト土地ノ賃借權トノ差別ハ果シテ何處ニ在ルヤ同一ノ內容ヲ有スル權利ニシテ一ハ物權タリ他ハ債權タル所以ハ到底之ヲ說明スルコトヲ得サルヘキナリ（「ロガエン」一四五節）

然レトモ物權ハ對物關係ニ非スシテ一般ノ人ニ對スル關係ナリトノ一事ヲ以テハ未、物權ノ本質ヲ明ニシタルモノト謂フヘカラス且夫レ一般ノ人ニ對シテ行ハルル權利ハ決シテ物權ノミニ非ス彼ノ生命身體又ハ名譽ヲ保全スル人格權ノ如キモ亦絕對權ノ部類ニ屬スルモノニシテ而モ民法ニ所謂物權

ニ非サルコト明ナレハナリ故ニ此等ノ權利ト區別スヘキ物權ノ性質ヲ明ニスルニハ結局其權利ノ目的即法律カ一般ノ人ニ對シテ保護スル利益ノ何タルコトヲ指示スル必要アリトス而シテ其利益ハ直接ニ或物（物特定）ヲ支配利用スルコトニ在ルモノトス唯其物ニ付キ享クル利益ノ內容、範圍ノ如何ニ依リテ物權ニ數多ノ種類アルノミ是即物權ハ債權、專用權等ト共ニ財產權ノ部類ニ屬シ人身權トノ間ニ適用ヲ受クヘキ法規ヲ異ニスル點多キ所以ナリ

惟フニ第一說ノ汎ク行ハルルニ至レルハ其原因ナキニアラス蓋、物權ハ一般ノ人ニ對シテ行ハルル權利ナリト言フモ是、獨リ物權其他ノ絕對權ニ付キ見ル所ノ狀態ニ非スシテ債權其他ノ相對權ニ付テモ亦同一ナリトス即、債權ト雖一般ノ人ニ於テ之ヲ尊重セサルヘカラサルコトハ物權ト毫モ異ル所ナシ加之一般ノ消極的義務ヲ除外スルトキハ物權ノ場合ニ於テハ唯權利者ト目的物トノ二者相對立スルノミ即、權利者ハ直接ニ或物ヲ支配スルコトヲ得レハナリ

尙從來多數ノ學者ハ羅甸語ノ(Jus in rem.)ヲ物上權(Jus in personam.)ヲ對人權

ト解シ之ヲ以テ羅馬法ニ於ケル物權、債權ノ區別ノ根源トナセリ然レトモ是甚シキ誤解ニシテ羅馬法ニ於テハ嘗テ物權、債權ノ區別ヲ表示スヘキ概括的文字ノ存在セシコトヲ見サルナリ唯(Actio in rem, Actio in personam.)ノ區別ハ之ヲ認メタルモ是訴訟ノ方式ニ關スル區別ニシテ權利ノ區別ニ非サリシコト疑ヲ存セス

物權法 櫻田博士

第三 物權ハ物ヲ支配スル權利ナリ物權ノ概念如左

一 物權ハ物ノ支配ヲ以テ內容トスル權利ナリ　物權ハ物ヲ目的トシ物ノ支配ヲ以テ其內容ト爲ス物權カ一般權利中ニ於テ特種ノ分類ヲ形成スルハ實ニ此點ニ在リテ存ス所謂物トハ有體物即、動產不動產ヲ指シ無體物ハ其中ニ包含セス(六八)又物ノ支配トハ物ヲ人ノ意思ニ服從セシムルノ謂ニシテ物權者ハ其權利ノ目的タル有體物ニ付キ自己ノ意思ヲ行ヒ之ヲ其生活上ノ需用ヲ充スノ用ニ供スルコトヲ得ヘク之カ爲、物權者ハ法律ノ保護ヲ要求シ以テ物ニ關スル其意思ヲ完フスルコトヲ得ヘシ唯物權ノ種類ニ因

リ其支配ノ方法範圍ニ於テ多少ノ差異アルニ過キス

二　物權ハ一般ノ人ヲシテ不行爲ノ義務ヲ負ハシムル權利ナリ　權利ハ總テ人ヲ以テ對手人ト爲ス物權亦然リ然レトモ物權ニ在リテハ權利者ト物トノ間ニ存スル支配關係ハ直接現在ニシテ物ノ支配ニ付キ他人ノ介入ヲ要セス從テ特定ノ對手人ナク一般ノ人ヲ以テ其對手人ト爲ス故ニ物權ハ一般ノ人ヲシテ物ニ對スル權利者ノ支配關係ヲ侵害セサル消極的義務ヲ負擔セシムルモノナリ是物權ヲ稱シテ對世權又ハ絶對權ト謂フ所以ナリ」物權主要ノ性質ハ其對世的效力ヲ發揮スルノ點ニ存シ對世的效力ト物權的效力トハ同意義ニ用ヒラルルヨリ學者中物權トハ物ヲ目的トスル權利ハ勿論對世的效力ヲ生スル權利ヲ總稱スト說ク者アリト雖余ハ我民法上適當ニ物權ト稱スヘキモノハ物ヲ目的トスル權利ニシテ對世的效力ヲ有スル其他ノ權利ハ物權ニ準スヘキ權利ニシテ眞正ノ物權ニ非スト解ス債權ハ之ニ異リ債務者ニ於テ權利ノ目的タル行爲不行爲ノ義務ヲ負フト同時ニ當事者以外ノ一般ノ人ニ於テ此權利關係ヲ侵害セサル消極的義務

ヲ負フモノナリ

物權ヲ以テ物ヲ目的トスル權利ナリトシ物ノ上ニ直接ニ行ハルル權利ナリトスル定義ハ不可ナリ此定義ハ物權ノ重要ナル性質ヲ示スモ未、完全ニ物權ノ內容ヲ示シタリト謂フコト能ハサレハナリ又何人ニモ對抗シ得ヘキ絕對權ナリトスルノ定義ハ廣キニ失ス此定義ニ依レハ物ヲ目的トセサル權利例之、著作權、特許權ノ如キモ亦物權トナルノミナラス權利ハ其通有ノ性質トシテ對世的絕對的性質ヲ有スルモノナレハ物權ノ內容ヲ示シタル以上ハ特ニ之ヲ附加スルノ必要ナシト信スレハナリ又物ニ付キ利益ヲ受クル權利ナリトスル定義ハ不可ナリ物ニ付キ權利者ノ享有スヘキ利益ヲ以テ物權ノ內容トスルヨリモ寧、物ニ對スル權利者ノ能力即、物ノ支配ヲ以テ其內容トスルハ物權ノ觀念ニ適スト信スレハナリ

三　物權ハ財產權ナリ　私權ハ之ヲ二種ニ大別スルコトヲ得身分權及ヒ財產權是ナリ財產權ハ身分權ト異ニシテ處分（讓渡拋棄）ノ觀念ヲ容ルル權利ナリ物權ハ債權及ヒ智能權（又ハ專用權）ト共ニ之ニ屬ス

物權ハ人格權、親族權ト異リ吾人ハ物權ヲ有スルコトアリ有セサルコトアリ之ヲ有セサルモ人タルノ身分ニ缺クルコトナク之ヲ有スルモ人タルノ身分ニ附加スルコトナシ唯此權利ヲ有スルニ因リ吾人ノ本來享有セル能力ハ一層其範圍ヲ擴張スヘキノミ物權ハ人タルノ身分ト分離スヘカラサル關係ヲ有セサルコト此ノ如シ之ヲ抛棄シ之ヲ讓渡スルコトヲ得ヘキハ論ヲ竢タス是、物權カ處分ノ觀念ヲ容ルル權利トシテ財產權ノ一種ニ屬スル所以ナリ

第四

物權トハ直接ニ物ヲ支配シ一般ニ對抗スルヲ得ルノ私權ナリ（以下分說財二、「ローギン」La Régle du D. 一一八節乃至一二五節及ヒ一四四節「デルンブルヒ」二二節「ゾーム」Rom. R 四七節）

一　物權ハ直接ニ物ヲ支配スルノ權利ナリ　即物權ハ人カ物ノ上ニ有スル法律上ノ權力ナリ換言スレハ法律ノ保護ニ依リ物ヲシテ吾人ノ意思ニ直接ニ服從セシムルノ利益ナリ此點ハ他ノ權利ト異ル要點ニシテ債權モ亦往々物ヲ目的トスルコトアリト雖、直接ニ之ヲ支配スルヲ得ス又身分權中

ニハ多ク一般ニ對抗シ得ヘキモノアリト雖、物ヲ支配スルコトナシ反對說如左

權利ハ人ト人トノ關係ナルヲ以テ物權モ亦物ト人トノ關係ニ非ス其實質ハ消極的ニシテ他人ヲシテ妨害ヲ加ヘシメサルニ在リト（「カント」「シユロスマン」「ウインドシヤイド」三八節「ホルランド」Juris. 一五六頁）然リ實ニ權利ハ人ト人トノ關係ナリ然レトモ物權ノ實質ハ決シテ斯ノ如ク他人ニ對スル消極的關係其モノニ非スシテ物ヲ支配スルノ積極的利益ナリ（「ウエヒテル」「デルンブルヒ」七二二節）

二　物權ハ一般ニ對抗スルヲ得ルノ權利ナリ　物權ニ於テハ權利者カ物ノ上ニ有スル利益ハ一般ニ對シテ之ヲ主張スルコトヲ得即物權ハ對世權ノ一種ナリ然レトモ對世權ト物權トハ同一ニ非ス反對說如左

甲　物權ハ單ニ人ト物トノ關係ヨリ存立ス故ニ權利者ト物トヲ要スルノミ之カ對抗ヲ受クヘキ者アルヲ要セスト（「メインツ」D.Rom. 二七三頁以下「ホードリー」一二〇節「デルンブルヒ」二二節「トーン」Rechtsnorm. 一六一頁一六六頁）然レトモ權利ハ意思ニ依リテ主張スルノ利益ナレハ之カ主張ヲ受クヘキ客體ナカルヘカラス即、物權ハ其實質ハ物ニ對

スル關係ナレトモ此關係ノ利益ノ對抗ヲ受クル者ナケレハ存在スルコト能ハス（「ホルランド」Juris.一五六頁）

乙

物權カ一般ニ對抗スルヲ得ルハ其物上ニ行ハルル結果ニ過キスシテ要素ニ非スト（「マルカルデ」四卷四〇八頁「ウヒルケーニヒ」Encyclop.三九九頁）然レトモ單ニ物ノ上ニ行ハルルモ一般ニ對抗シ得ル權利ニ非サレハ物權ニ非ス即、物權ハ直接ニ物ノ上ニ行ハルル權利ナリト雖直接ニ物ノ上ニ行ハルル權利ハ悉ク物權ニ非ス唯直接ニ物ノ上ニ行ハレ且一般ニ對抗シ得可キモノノミ物權タリ蓋、物權ノ本體ヨリ言ヘハ直接ニ物ノ上ニ行ハルル權利ハ之ヲ物權ト言フモ不可ナキカ如シト雖諸國法制ノ實際ハ決シテ此結論ヲ許サス唯法律カ物權トシテ定ムルモノノミ物權タリ而シテ法律カ物權ト爲スト否トハ一般ニ對抗シ得ルト否トニ在ルヲ以テ物ノ上ニ行ハルル權利カ物權タルヤ否ヤハ一ニ一般ニ對抗シ得ヘキヤ否ヤニ依リテ之ヲ定ムヘキナリ例之賃借人ノ權利ハ物ノ上ニ行ハルル權利タリ然レトモ之ヲ一般ニ對抗シ得ヘキモノト爲ストキハ物權タリ舊法典然リ（財二、三號一五五以下）之ヲ一般ニ對抗シ得サルモノト爲ストキハ債權タリ本法然リ（六〇一、六〇五、「ローヰン」一二四節「アーレンス」Juris. 一卷二〇七頁「アルンツ」一一節「メルケル」Encyclop. 一六四節）

三　物權ハ私權ニシテ財産權ノ一種ナリ　財産權トハ財産ヲ組成スル權利ナリ財産トハ一人ニ屬スル金錢上ノ價ヲ有スル權利、即、人世交通界ニ在リテ金錢ヲ以テ評價シ得ヘキモノ及ヒ金錢ノ代物ト爲シ得ヘキモノノ全體ナリ從テ占有ノ如キモ亦財産ナリ

財産權ハ之ヲ分チテ物權及ヒ債權ノ二ト爲スヲ常トス佛國學者中、人格權モ亦之ヲ物權ト爲シ之ヲ不完全物權ト稱スル者アリト雖（「ナーブリ」、「ロー」一七二節）是通説ニ非ス又人格權ハ不當利得不法行爲等ノ規定ニ依リテ之ヲ保護スルコトヲ得ルヲ以テ直接ニ之ヲ法典ニ規定シ正面ヨリ保護スルノ要ナシ蓋、物權及ヒ債權ハ羅甸語ノ Jus in rem 及ヒ Jus in Personam. ヨリ來ル然レトモ財産權ヲ二ツニ分ツコト及ヒ其名稱ハ羅馬法ニ存セシニ非ス羅馬法ニ於テハ單ニ訴訟ヲ分チテ對物訴訟及ヒ對人訴訟ノ二ト爲スニ過キサリシカ後世ノ學者ハ訴訟ノ名稱ヲ其原因タル權利ニ及ホシ物權及ヒ債權（或ハ

人權)ナル語ヲ作ルニ至レリ而シテ此事ハカノン法ニ始マルモノノ如シ(「チルトラン」Hist de la legis. R. 六五一頁)

第五

舊民法財産編第二條ニ曰ク「物權ハ直ニ物ノ上ニ行ハレ且總テノ人ニ對抗スルコトヲ得ル權利ナリ」ト依テ物權ノ定義ヲ示スコト如左

物權ハ直ニ物ノ上ニ行ハレ且總テノ人ニ對抗スルコトヲ得ル財産ナリ(以下分説)

一 物權ハ財産ナリ　財産ハ人ノ資産ヲ組成スル權利ナリ資産トハ身代ト言フニ等シク人ノ富ヲ成スモノトス此資産ヲ組成スル權利ヲ財産ト言フ」財産ナル語ハ漢字ノ意義ニ於テ有形ノ身代ヲ意味ス是、昔時ハ財産ハ有形物ナリト信シタルニ基ク然レトモ舊民法ニ所謂財産ハ此意義ヲ採用シタルニ非スシテ佛語ノ「ビヤン」ニ當ル「ビヤン」ハ「ボナー」ニシテ羅甸語ノ「ボナレー」ヨリ來リ幸福ヲ意味ス吾人ニ幸福ヲ與フルモノノ中或種類ノモノニ限リ之ヲ民法ニ規定シ名ケテ財産ト謂ヒ法律ニ於テ之ヲ保護スルニ因リ財産權ト稱ス又財産ハ相對的ノモノナリ一人カ絶海ノ孤島ニ住シ其島ニ在ル萬物ヲ自己ノ隨意ニ使用、收益、處分スルコトヲ得ルモ其者カ財產ヲ有スト言フヲ得ス唯此際他ニ人アリテ其物ヲ使用、收益シ得サルニ自己ノミ法律ノ保護ニ依リ之ヲ使用、收益、處分シ得ルニ至リ始メテ其物カ自己ノ財產トナルナリ權利ハ總テ相對的ノモノナリ一人ナレハ權利ナク又義務ナシ」財產權ヲ分チテ物權、債權ノ二トス物權、債權ノ區別ハ羅馬法ニ存セサリシヲ羅馬法ノ再興後、學者ノ隨意ニ附シタルモノトス

物權ハ直ニ物ノ上ニ行ハルル權利ナリ　人カ權利ヲ行使スルニハ或ハ直接ニ物ニ對スルコトアリ或ハ物ニ何等ノ關係ナク唯人ヲシテ或行爲ヲ爲サシメ若クハ爲サヽラシムルコトアリ前者ハ物權ニシテ後者ハ債權ナリ果シテ然ラハ直接ニ物ニ對スルト間接ニ物ニ對スルトハ實ニ物權ヲ他ノ權利ト區別スル標準ノ一ナリトス物權ハ羅甸語ノ「ウスインレー」ニシテ物ノ上ノ權ト謂フ意ナリ則、物ト人トノ間ニ直接ノ關係アリテ人ハ直接ニ其物ヲ使用、收益、處分スルコトヲ得ルノ權ナリ物權ノ重ナル性質ハ如左

甲　物權ノ目的ハ物ニシテ行爲ニ非ス

乙　物權ノ目的タル物ハ必特定物タルヲ要ス

丙　物權ニハ追及權アリ即物權ヲ有スル者カ正當ノ原因ニ因リテ其權利ヲ喪ハサルカ又ハ法令ニ特別ノ規定アラサル以上ハ物權ノ目的タル物ノ何レニ在ルヲ問ハス其物ヲ有スル者ニ對シテ其權ヲ主張スルコトヲ得要之物權者ノ權利ハ物ニ固著スルモノニシテ是、物權ノ效力ナリ

物權ノ目的ハ物ナリ財產法ニ物ト言フハ社界ニ存シテ人ニ幸福ヲ與フル物ノ中ニ就キ法律カ財產權ノ目的ト認メタルモノニ限ル

此等ノ物ハ當然直ニ財產ナリト言フニ非ス財產ノ目的トナリ人ノ資產ヲ組成シテ始メテ財產ヲ生ス

版權、寫眞權等ハ物權ニ非ス是等ノ權利ノ直接ノ目的ハ有體物ニ非スシテ世人一般ノ不行爲ナリ

三　物權ハ總テノ人ニ對抗スルモノナリ　何人モ其物權者ノ權利ヲ妨クルコトヲ得サルヲ言フ即、世人ヲシテ物權者カ自己ノ權利ヲ行使スルニ放任セシメ他ヨリ之ヲ妨害スルヲ得サラシムルヲ謂フ然レトモ是、一般權利ノ

性質ニシテ獨リ物權ノミニ限ルニ非ス債權モ民法以外ノ財産權モ將タ財産ニ非サル權利モ亦悉ク總テノ人ニ對抗スルモノナリ故ニ物權ノ定義中ニ之ヲ掲クルハ無用ナリ

債權ハ特定ノ人ニ對抗スル權利ナリ故ニ直接ニ債權ノ對抗ヲ受クル者ハ其特定ノ人タリ物權ハ物ノ上ニ存スル權利ナリ故ニ直接ニ物權ノ對抗ヲ受クヘキ人ナシ是明白ニ物權、債權ノ區別ヲ爲シ得ルノ標準ナリトス

英法ニ所謂對世權及ヒ對人權ハ羅馬法系ノ法典ニハ多ク言ハサル所ニシテ又此二權ノ區別ニ對スルモノハ羅馬法ニ存セサリシカ如シ英人中或ハ之ヲ以テ羅馬法ノ誤譯ニ出テタルモノト爲シ或ハ英人固有ノ區別ナリト爲ス我民法ニ所謂物權債權トハ區別ノ標準ヲ異ニス彼此混同スヘカラス

第六

物權（Jus in re, droit réel, dingliches Recht oder Sachenrecht.）トハ物ノ上ニ直接ニ自己ノ行爲ヲ施スコトヲ得ル法律上ノ力ヲ謂フ物トハ有體物ヲ謂フ故ニ著作權特許權、意匠權商標權ノ如キハ物權ニ非ス別ニ一種ノ財産權ナリ

第二章　物權ノ要素

民法原論　富井博士

第一　物權ハ權利ノ通性トシテ主體及ヒ目的ノ二要素ヨリ成ル

民法理由　岡松博士

第二　物權ノ成立ニハ三個ノ要素ヲ必要トス(一)物權ノ主體(二)物權ノ物體(即目的(三)物權ノ客體是ナリ

第一節　物權ノ主體

民法原論　富井博士

第一　凡ソ權利ハ對人關係ニシテ必對手人ナキコトヲ得ス唯物權ニ在リテハ其對手人タル者ハ不特定ナル一般ノ人タルノミ理論上權利ノ主體トハ主働的及ヒ受働的ニ其關係ヲ組成スル雙方ノ人格者ヲ謂フモノト解スヘキナリ然レトモ舊來ノ通習トシテ權利ハ凡テ主働的方面ヨリ觀察シテ法律ニ依リ或利

益ヲ充シ得ルコトヲ謂フモノト爲スカ故ニ所謂權利ノ主體モ亦其受益者タル一方ノミヲ指スモノト爲セリ物權カ一般ノ人ニ對シテ行ハルルハ對物關係タルノ結果ニ過キスト爲ス者ハ其要素トシテハ對手人ノ存在ヲ必要トセサルモノト謂フヘシ（前章第二參照）

物權ノ主體ハ法律上人格ヲ有スル者ニ限ル人格ヲ有スル者ハ一般ニ物權ノ主體タルコトヲ得內外人ヲ問ハサルヲ原則トシ自然人ト法人トノ間ニ差別ナシ唯特種ノ物權ニ限リ其主體ト爲ル資格ニ制限アリ例之外國人及ヒ外國法人ニ土地ノ所有權ヲ認メサルカ如シ尙數個ノ人格者共同ニテ之ヲ享有スルヲ妨ケス（二四六）物權ノ受働的主體ハ一般ノ人ナルカ故ニ其資格ニ制限ナシ

第二　民法理由 岡松博士

物權ノ主體ハ物權ヲ有スル者ナリ或ハ一人タリ數人タルコトヲ得其主體ハ必特定セサルヘカラス權利ノ主體數人ナルトキハ之ヲ共有ト謂フ

第二節　物權ノ目的

第一

物權ノ目的物ハ特定ノ有體物ナリ故ニ特定物ノ給付ハ債權ノ目的物タルモ物權ノ目的物ト爲ラス無體物殊ニ權利ハ物權ノ目的物ニ非ス（反對說ハ權利モ物權ノ目的物ナリト主張シ其理由トシテ權利ノ對人關係說ヲ利用ス）從テ權利質及ヒ權利抵當等ハ物權ト同視スヘキ權利即準物權ニシテ物權ニ非ス（民三六二、三六九、獨一二七三以下）又不特定物ハ物權ノ目的物ト爲ラス從テ數量及ヒ種類ヲ以テ指示セラレタル代替物ハ物權ノ目的物ト爲ラス然レトモ特定ノ有體物ハ悉ク物權ノ目的物ト爲ルモノニ非ス

一　有體物ノ成分　例之家屋ノ瓦ノ如キハ獨立ノ物體ニ非サルヲ以テ又建物以外ノ土地ノ定著物ハ土地ト共ニ一體ヲ成スヲ以テ（法二四二、不動産登記法ニ於テ建物以外ノ土地ノ定著物ニ付キ登記ノ規定ナキ立法ノ趣旨參照但疊建具ハ建物ノ所有者ニ屬スルトキハ從物ナリ又之ニ屬セサルトキハ獨立ノ一體ニシテノ成分ニ非ス）物權ノ目的物ト爲ラス例外、果實ハ成分ナルニ拘ラス先取特權ノ目的物タルコトヲ得（三一三、三二二、三二三）

二　聚合物　例之商店內ノ商品ノ如キ事實的聚合物ハ各個ノ有體物ヨリ成立スルモ聚合物トシテ一個ノ有體物ト爲ラサルヲ以テ物權ノ目的物ト爲

ラス但聚合物ヲ組成スル各個ノ有體物ハ物權ノ目的物ト爲ル（羅馬法獨逸普通法ハ聚合物ヲ以テ一個ノ有體物トス）又包括財産即、法律的聚合物ハ權利及ヒ有體物ノ集合ナルヲ以テ一般ノ先取特權以外ノ物權ノ目的物ト爲ラス

第二

主働的方面ヨリ謂ヘハ或物ヲ支配利用スルコトニ存ス即法律カ一般ノ人ニ對シテ保護スル利益ヲ謂フ

權利ノ目的ナル語ハ或ハ權利主體カ法律ニ依リテ充實スルコトヲ得ル利益其者ヲ總稱スルコトアリ此ニ採用セル意義ナリ或ハ又其利益ヲ充タス具タルモノヲ指スコトアリ即物權ニ在リテハ直ニ其支配力ヲ及ホスコトヲ得ル物ヲ以テ其目的ト稱スル者少シトセス唯理論上ヨリ言ヘハ物ハ物權ノ目的（前ノ意義ニ於ケル）ノ一部タルニ過キス此一事ヲ以テハ各種ノ物權ハ勿論物權ト債權（物ニ關スル）トヲモ識別スルニ由ナキナリ故ニ物ハ成ルヘク目的ト區別シテ之ヲ目的物ト稱スルヲ可トス物權ノ目的物ニ關スル要件如左

一　物ナルコト　有體物ナルコト故ニ無體物（電氣、暖氣、音響等）ハ其目的タルコトヲ

得ス無體物ノ一種ナル權利ヲ目的トスル絶對的財產權(權利質、權利抵當等)ハ純然タル物權ニ非ス但無記名債權ハ(八六、三項)物權ノ目的物タルコトヲ妨ケス同一ノ理由ニ因リ物權ハ包括財產ノ上ニ存立スルコトヲ得ス但一般ノ先取特權ハ一ノ物權ト見ルヘキモノニ非スシテ特ニ定メタル債權ノ優先的效力ニ外ナラサルモノトス

一般權利ノ目的タルコトヲ得サル物ハ物權ノ目的物タルコトヲ得ス但其物ト雖或關係ニ於テ此例ニ依ラサルコトアリ(原論一卷二六六頁)又或物權ノ目的タルコトヲ得ル物ニシテ他ノ物權ニハ適セサルモノ少シトセス例之動產ハ地上權ノ目的タルコトヲ得サル如シ

二 特定物ナルコト　單ニ種類及ヒ數量ノミニ依リテ指定サレタル不特定物ハ物權法ニ所謂物ト見ルヘキニ非ス故ニ性質上ノ代替物(金錢、米穀等)ハ通常物權ノ目的タルコトヲ得サルモノトス

三 各個ノ物ナルコト　所謂聚合物(群畜、書庫等)ハ物權關係ニ於テハ團體トシテ何等ノ效果アルコトナク其團體ヲ形成スル各個ノ物ニ付キ物權ヲ設定、移

轉スルモノト解ス

四　物ノ全部ナルコト　凡ソ物ハ天然又ハ人工ニ因リテ一體ヲ組成スル數多ノ部分ヨリ成ルモノトス然レトモ此等ノ部分ハ皆單一物ヲ形成スル分子ニ過キスシテ法律上獨立ノ存在ヲ有スルコトナキヲ原則トス從テ一般ニ物權ノ目的物タルコトヲ得サルナリ例之溝渠、泉水、築山等ノ土地ニ於ケル廂、雨樋、瓦等ノ家屋ニ於ケルカ如シ此他數個ノ動產カ附合ニ因リ新ナル一物ヲ形成シタル場合亦然リ（二四三、二四七）

我民法ハ物ノ組成部分ト定著物トヲ區別シ其所謂土地ノ定著物ハ土地ノ上ニ存在スル別箇ノ不動產ト見タルカ如シ（八六、一項）此點ハ不動產ノ添附ニ關スル規定（二四二）トモ一致スル所ナリ但其所謂附合物ハ常ニ定著物ナルニハ非スシテ物ノ組成部分ト見ルヘキ場合モ之アリトス

土地ノ定著物カ不動產タルハ畢竟土地ノ定著物ナルカ故ニ外ナラス故ニ其定著ノ關係ヨリシテ繼續的ニ土地ニ附著スル間ハ恰之ト一體ヲ成スニ同シク原則トシテハ單獨ニ物權ノ目的タルコトヲ得サルモノト謂ハサル

ヘカラス是附合物ハ主タル不動産ト同一ノ所有者ニ屬スルモノトシ（二二四）又不動産登記法ニ建物以外ノ定著物ヲ登記スル方法ノ定ナキ等ヨリ之ヲ推斷スルコトヲ得ヘシ又附合物ニシテ單獨ニ所有權ノ目的タルコトヲ得サル以上ハ之ノミヲ競賣ニ附スルコトヲ得ス從テ質權及ヒ抵當權ノ目的物タルコトヲモ得サルモノト謂フヘシ

要之物權ハ物ノ組成部分又ハ或組成部分ヲ除キタル殘部ノ上ニ存立スルコトヲ得ス又單獨ニ土地ノ定著物ヲ目的トスルコトヲ得サルヲ原則トス

此原則ニハ各例外アリ第一則ニ對スルモノ如左

甲　占有權ハ物ノ組成部分（建物ノ一室ノ如キ）ノ上ニモ存立スルコトヲ得

乙　果實ハ單獨ニ先取特權ノ目的物タルコトヲ得（三一三、三二三）

丙　抵當權ハ通常抵當不動產ノ果實ニ及ハス（三七一）

建物ハ土地ノ定著物ナルモ、土地ト分立シテ物權ノ目的物タルコトヲ得（三九年一月二九日大判）立木ノ如キハ地上權又ハ賃借權ヲ有スル者ノ所有ニ屬スルコトヲ得ル外土地ト分離シテ之ヲ登記シ單獨ニ物權ノ目的ト爲スコトヲ得ス特定ノ動産ニ關シテハ建物ノ組成部分ト見ルヘキヤ否ヤニ付キ疑ヲ生スルモノ多カルヘシ是畢竟社會一般ノ觀念ニ依リテ定ムヘキ事實問題ナリ疊建具ハ一般ニ建物ノ組成部分ニ非スシテ之ト別個ナル物ト見ルヘク建物ノ所有者ニ屬スル場合ニ於テハ其從物ナリ(七八)

民法理由 岡松博士

第三 物權ノ物體即目的ハ物權ノ作用ヲ受クル物タリ此物體ハ物ナラサルヘカラス特定ノ物ナラサルヘカラス

第三節　物權ノ客體

民法理由 岡松博士

物權ノ客體ハ(一)不特定即一般ナラサルヘカラス反之債權ノ客體ハ特定セサルヘカラス(二)消極ノ義務ヲ負ハサルヘカラス即物ノ利用ヲ害スヘカラサル責任アリ反之債權ノ客體ハ積極的又ハ消極的ノ義務ヲ負フコトアリ反對說如左

此責任ハ義務ニ非スト(「マルカルデ」「ウエルケーニヒ」)然レトモ此義務ハ唯債務ナラサルノミ法律上ノ義務タルヤ疑ナシ

第三章　物權ノ效力

第一

物權ハ絶對權ナリ故ニ其效力ニ佛法學者ノ所謂優先權及ヒ追及權アリ此二者ハ物權ノ絶對的效力ノ作用ニシテ物權ニ附加シタル特質ニ非ス

一　優先權　一般ノ各人ハ物權者ノ利益ヲ害スル行爲ヲ爲ササルノ消極的義務ヲ負フ故ニ物權者ハ通常ノ債權者又ハ爾後ニ發生シタル物權取得者ニ優先シテ其權利ヲ行フ是ヲ以テ

甲　債務者カ破産ノ宣告ヲ受ケタルトキハ擔保物權者ハ破産手續ニ依ラス通常ノ債權者(破産債權者)ニ優先シテ其物權ノ目的物ノ賣得金ヨリ優先的辨濟ヲ受クルコトヲ得(別除權商九九七破案三〇)但物權者カ其權利ヲ第三者ニ對抗スルニハ登記又ハ引渡アリタルコトヲ要ス(一七七、一七八)尚先取特權ニ關シテハ例外アリ(三二九乃至三三二、三三四、三三九等參照)

乙　二個以上ノ物權カ順次ニ成立シタルトキハ前ニ成立シタル物權ハ後

ニ成立シタル物權ニ優先ス故ニ後ニ成立シタル物權カ前ニ成立シタル物權ト其性質ヲ同フスルトキハ存在スルコトヲ得ス又其性質ヲ異ニスルトキハ之ヲ害セサル限度內ニ於テ存在ス

二 追及權　一般ノ各人ハ物權者ノ利益ヲ害スル行爲ヲ爲ササル消極的義務ヲ負フ故ニ物權者ハ物ノ所在ニ追及シテ其權利ヲ行フ是ヲ以テ

甲 占有者カ破產ノ宣告ヲ受ケタルトキハ其占有物ノ所有者ハ破產手續ニ依ラスシテ之ヲ破產財團ヨリ取戾スコトヲ得又所有者カ破產宣告ヲ受ケタルトキハ永小作權者地上權者等(擔保物權ヲ除外ス)ハ之ヲ破產財團ヨリ除外セシムルコトヲ得(取戾權舊商一〇一五破案七四、)但所有者又ハ定限物權者カ其權利ヲ第三者ニ對抗スルニハ登記又ハ引渡アリタルコトヲ要ス(一七七、一七八、參照一九二、二〇〇、二項、三〇二、三三三、三四一、三五二、三五三、三六一、三七七、三七八等)

乙 所有者ハ其目的物ヲ所持スル各人(竊盜其他ノ所持者)ニ對シ之カ取戾ヲ爲スコトヲ得又定限物權者ハ其權利成立後新ニ所有權ヲ取得シタル第三者(買主其他ノ取得者)ニ對シ其權利ヲ行フコトヲ得

第二

物權ハ絶體權ナリ故ニ何人タルヲ問ハス之ヲ侵害スル者ニ對シテハ原狀回復又ハ損害賠償ノ請求ヲ爲スコトヲ得ヘク又同一物ニ付キ凡テ反對ノ利益ヲ有スル者ニ對シテ之ヲ主張スルコトヲ得ヘシ此後段ノ絶對的效力ハ之ヲ分析シテ三ト爲スコトヲ得如左

一　物權ハ一般ノ債權者ニ先チテ之ヲ行フコトヲ得換言スレハ債務者ノ無資力ニ依リテ影響ヲ受クルコトナシ此原則ハ他人ノ爲ニ物權ノ目的ト爲レル物ノ所有者カ破產シタル場合ニ於テ最著明ナル適用アルモノトス即所有者ハ債務者ノ占有ニ在ル物ヲ取戻スコトヲ得ルハ勿論地上權其他ノ用益物權ヲ有スル者モ破產財團中ヨリ其財產ノ取除ヲ請求スルコトヲ得(破草七四)又破產者ノ財產上ニ抵當權其他ノ擔保物權ヲ有スル債權者ハ其順位ニ從ヒ擔保物ノ代價ニ付キ他ノ債權者ニ先チテ辨濟ヲ受クルコトヲ得ヘシ此擔保權ノ作用ヲ稱シテ別除權又ハ優先權(狹義ニ於ケル)ト謂フ(舊商九九七以下、破草三〇以下)

二 同一物ニ付キ時期ヲ異ニシテ二個以上ノ物權カ發生シタルトキハ前ニ發生シタル物權ハ後ニ發生シタルモノニ優先ス即後ニ發生シタル物權ハ全ク存立スルコトヲ得サルカ又ハ前ニ發生シタル物權ノ效力ヲ害セサル限度ニ非サレハ存立スルコトヲ得サルモノトス是物權ノ性質ヨリ生スル當然ノ結果ニシテ何人ト雖既ニ自己ニ屬セサル權利ヲ處分スルコトヲ得サル原則ニ基ク佛國學者ノ通說ニ「物權ハ優先權ヲ生ス」トハ則此效力ノ謂ナリ

物權ノ優先的效力ニハ著大ナル制限アリ（一七七、一七八）故ニ先ニ發生シタル物權ト雖其手續ヲ履行セサル間ハ後ニ發生シタルモノニ優先スルコトヲ得サル場合ヲ生スヘシ又先取特權ハ例外トシテ其相互ノ順位及ヒ他ノ物權ニ對スル效力ハ必シモ發生ノ前後ニ依リテ定マルモノニ非ス或ハ前ニ發生シタル權利ニ優先スルコトアリ（三二九乃至三三一、三三四、三三九）或ハ又同一ノ效力ヲ以テ互ニ競合スルコトモ之ナシトセス（三三二）

三 物權ハ其目的物カ何人ノ手裡ニ歸スルモ其所在ニ追蹤シテ之ヲ主張ス

ルコトヲ得占有權ノ件フ物權即所有權、地上權等ニ在リテハ之カ取戻ヲ爲スコトヲ得所謂追及權是ナリ

物權ノ追及的效力ニモ著大ナル制限アリ（一七七、一七八）又動産ニ關シテハ一定ノ條件ヲ以テ之ヲ占有スル者ニ對シテ追及權ヲ行フコトヲ得サル一大例外アリ（一九二）此他占有權、留置權、先取特權、質權及ヒ抵當權ニ關シテモ重要ナル制限ナキニ非ス（二〇〇、二項、三〇二、三三三、三四一、三五二、三五三、三六一、三七七、三七八）

佛國學者中或少數者ハ物權ノ優先權トハ一般ノ債權者ニ對スル效力（前段）ヲ謂フモノト爲スモ（プラニオル」一卷七三四節）普通第二段ニ述ヘタル效力ヲ意義スルモノト爲セリ蓋物權ノ效力トシテ優先權及ヒ追及權ヲ生ストハ債權トノ對照上之ヲ言フモノニシテ債權ニハ其效力ナキコトヲ表明センカ爲ノミ其所謂優先權トハ債權ニ先チテ行ハルル效力ト見ルヨリモ寧、後ニ發生シタル物權ヲ凌駕スル效力ト解スヘキカ如シ唯斯ク解スルトキハ優先權ト追及權トノ差別確立セスシテ追及權ハ多數ノ場合ニ於テ優先權ノ實行ニ過キサルコト爲ルヘシ故ニ優先權ヲ以テ一般ノ債權者ニ對スル效力ト爲ス學者ハ普通ニ

所謂優先權ト追及權トヲ區別セスシテ共ニ之ヲ追及權ト稱スルコトアリ（梅博士二巻二頁）若夫優先權ナル語ノ適當ナル用方ヲ示サンカ擔保物權ヲ有スル者カ其順位ニ從ヒ物ノ代價ニ付キ他ノ債權者ニ先チテ辨濟ヲ受クル權利ヲ謂フモノト爲スヘキカ如シ

物權法 横田博士

第三

一 物權ハ追及權ヲ生ス　物權ハ權利ノ目的タル物カ輾轉シテ何人ノ手裡ニ歸スルモ其物ニ追隨シテ其權利ヲ主張スルコトヲ得即如左

甲 物權者ハ權利ノ目的カ何人ノ占有ニ歸スルモ之ニ對シテ直接ニ其權利ヲ主張スルコトヲ得

乙 物權者ハ權利ノ目的物カ何人ノ所有ニ歸スルモ之ニ對シテ直接ニ其權利ヲ行フコトヲ得

追及權ハ物權ニ固有ナル效力ニシテ債權ハ之ヲ缺クヲ通則トス唯法律ハ時ニ債權ニ對世的效力ヲ附與スルノ結果債權モ亦追及的效力ヲ發揮スルコトアリ例之不動産ヲ目的トスル賃借權ニシテ之ヲ登記シタル場合ノ如

シ然レトモ是全ク法律ノ特則規定ヨリ生スル效果ニシテ債權通有ノ性質ニ非ス

二　物權ハ優先權ヲ生ス　優先權トハ同一物上數個ノ權利カ競合シタル場合ニ其中或權利カ他ノ權利ヨリモ優强ニシテ他ノ權利ニ先ンシテ行ハルルノ效力ヲ謂フ

蓋、一物ハ二主ヲ容レス一ノ物カ或關係ニ於テ或人ノ支配權ニ服スルニ於テハ同一ノ關係ニ於テハ最早他人ノ支配權ニ服從シ得ヘカラサルハ物ノ性質ヨリ來ル當然ノ結果ナレハナリ例之所有權ト所有權、地上權ト地上權トハ同時ニ同一物上ニ併在スルコト能ハサルカ如シ又數個ノ權利カ同一物上ニ併立シ得ル場合ト雖其效力ハ同一ナルコトヲ得スシテ其間、自ラ强弱ノ差異ヲ生スルヲ免レス所謂優先權ノ問題ハ此場合ニ於テ生ス如左

甲　物權ハ債權ニ優先ス

乙　他物權ハ自物權ニ優先ス　盖他物權ハ所有權ヲ制限スルニ因リテ成立スル權利ナレハナリ

丙　他物權相互ノ關係ニ於テハ前ニ發生シタル權利ハ後ニ發生シタル權利ニ優先ス

然レトモ同一物ノ上ニ競合シタル數個ノ先取特權ハ其發生ノ前後ニ拘ラス其效力ニ於テ同等ナルコトアリ或ハ後ニ發生シタル先取特權カ却テ前ニ發生シタルモノニ優先スルコトアリ蓋先取特權ノ優劣ハ其債權ノ原因ニ因リテ定マルモノナレハナリ又不動產上ノ物權ニ付テハ登記ノ前後ニ因リ動產上ノ物權ニ付テハ引渡ノ前後ニ因リテ權利ノ優劣定マル(一七七、一七八)

債權ハ優先權ヲ生セサルヲ原則トスルモ法律ノ規定ニ依リテ對世的效力ヲ附與セラレタルトキハ之ヲ生ス(六〇五)

第四

一　物權ハ權利者ヲシテ物ヲ支配セシム　故ニ物權ノ效用ヲ全フスルニハ他人ニ對シ行爲又ハ避止ノ要求ヲ爲スニ及ハス其支配ニハ程度性質ノ差異アリテ之ニ因リ物權ニ種類ヲ生ス其支配ノ最完全ナルモノハ所有權ニ

シテ最モ不完全ナルモノハ占有權ナリ

二　物權ハ對物訴訟ヲ生ス　即物權ノ侵害ヲ受クルトキハ直ニ其目的タル物權ニ對シテ訴訟ヲ起スコトヲ得被告ニ對スル特別ノ權利ヲ主張スルヲ要セス即何人ト雖之ヲ侵害シタル者被告トナル即物權ニ於テハ未來ノ被告ハ不確定ナリ

三　物權ハ優先權ヲ生ス　物權ハ後ニ其目的ニ關シ同種又ハ異種ノ權利ヲ得ル者ニ對シテ優先スルコトヲ得則後ニ權利ヲ得ル者ハ既ニ存立セル物權ヲ差引キタル權利ヲ得ルニ過キス從テ前權利ヲ尊重セサル可ラス此結果トシテ同一物權ニ關シテ數多ノ物權アルトキハ先後ノ順位ヲ立テテ滿足ヲ得セシム但特別ノ條件ヲ要ス（一七七、一七八）又先取特權ニ付テハ例外アリ

四　物權ハ追及權ヲ生ス　其物件カ何人ノ手ニ歸スルモ之ヲ追及シテ取戻スコトヲ得但特別ノ條件ヲ要ス（一七七、一七八）又例外ナキニ非ス

第五

物權ハ物ノ上ニ直接ニ行ハルル結果トシテ優先權（droit de préférence, Vorzugs

ト追及權(droit de suite, Verfolgungsrecht)トノ二效力ヲ生ス優先權トハ通常ノ債權者ヨリモ先キニ其權利ヲ行フコトヲ得ルヲ謂ヒ追及權トハ何人カ物ニ付テ如何ナル權利ヲ取得スルモ之ニ淩駕スルコトヲ得ルヲ謂フ蓋債務者ノ所有物ニ付キ一ノ物權存スルトキハ其所有權ハ已ニ其物權ノ範圍內ニ於テ滅殺セラレタルモノナレハナリ又同一ノ理由ニ因リ所有者カ其所有權ノ全部又ハ一部ヲ他人ニ讓渡スモ其以前ニ存セシ物權ハ毫モ妨ケラルルコトナケレハナリ但先取特權カ抵當權ヲ淩キ(三九三)第三取得者カ抵當權ヲ滌除スルコトヲ得ルカ如キハ(三八七)聊例外ニ屬ス

第四章　物權ノ種類

第一節　物權ノ創設(限定)

第一　物權ノ創設ニ關シテハ古來二主義アリ如左

一　放任主義　當事者カ登記又ハ占有ニ依リテ物ニ關スル債權ヲ物權ト爲スコトヲ得(普國私法)

二　法定主義　法律カ物權ノ種類及ヒ其內容ヲ限定ス(維、佛、獨民)

元來物權ノ制度ハ國家經濟即財產ノ流通及改良、產業ノ發達及隆盛ニ至大ノ關係ヲ有スルヲ以テ法定主義ニ依ルヲ立法上適當ノ政策トス我民法モ亦法定主義ヲ採リ物權ノ種類及內容ハ法律ヲ以テ之ヲ限定セリ(一七五)故ニ單純ナル命令(憲八、九)慣習又ハ契約ヲ以テ物權ヲ創設シ又ハ物權ノ內容ヲ變更スルコトヲ得ス例之物權ノ效力アル賃貸借ヲ設定スルコトヲ得サルカ如ク(前例)又質權者ニ於テ質物ヲ占有セサル質權ヲ設定スルコトヲ得サルカ如シ(後例三四二參照)

第二

凡ソ物ニ付キ行フコトヲ得ヘキ權利ハ一トシテ物權ト爲ルコトヲ得サルモノナシ唯物權ノ創設ヲ自由ニスヘキヤ又ハ法律ニ其種目ヲ限定スヘキヤハ立法上ノ利害ニ關スル一大問題ナリトス

蓋物權ハ強大ナル效力ヲ生シ財產ノ流通、改良ニ密接ノ關係ヲ有スルカ故ニ其種類及ヒ內容ヲ限定セサルニ於テハ爲ニ權利ノ紛亂ヲ來シ取引ノ安全ヲ害スルコト少シトセス殊ニ土地ニ關スル物權ノ制度ハ一國產業ノ隆替其他經濟上ノ利害ニ關スルコト更ニ緊切ナルモノアレハナリ

我民法ハ近世ノ立法例ニ則リ限定主義ヲ採用セリ（一七五、民施三五以下）蓋公益ニ反スル慣習ヲ改ムルノ必要ニ出ツ限定主義ハ重要ナル二結果ヲ生ス如左

一　法律ニ定メタル種類ニ屬セサル物權ヲ存セシムルコトヲ得ス　故ニ法律行爲ハ勿論行政命令（委任ニ基カサル）又ハ慣習ニ依リテ異種ノ物權ヲ創設スルコトヲ得ス但法律ニ定メタル物權ハ必シモ其名稱ヲ用フルコトヲ要セス唯實質上其部類ニ屬スルモノナルヲ以テ足レリトス

民法ニ規定セル物權ハ九種トス此外ニ入會權ヲ認ム（二六三、二九四）尚物權ハ民法ニ定メタルモノニ限ルコトナシ然レトモ現時特別法ニ定メタル物權トシテハ外國人又ハ外國法人ノ永代借地權（三四年九月法三九號）以外殆其例アルヲ見ス

二　各種ノ物權ニハ法律ニ定メタル以外ノ內容ヲ有セシムルコトヲ得ス蓋法律ハ特ニ別段ノ意思表示又ハ慣習ノ效力ヲ留保セル範圍內ニ非サレハ隨意ニ之ヲ變更スルコトヲ許サス即物權ノ內容ニ關スル規定ハ一般ニ强行法ニシテ其內容ヲ變更シ又ハ法定ノ制限ニ違反スルハ畢竟法律ニ認メサル物權ヲ創設スルモノニ外ナラサレハナリ但物權ノ內容ヲ變更セル法律行爲ハ全然不成立ナルヤ又ハ其變更ニ關スル條件ノミ無效ナルヤハ一般ノ法理及ヒ當事者ノ意思解釋ニ依リテ之ヲ決定スヘシ法律上ノ原則トシテハ全部不成立トスヘキカ如シ但立法者ハ特別ノ規定ヲ爲シタル場合ナキニ非ス（二七八、一項　三六〇、一項）

物權法　横田博士

第三

物權ハ物ノ上ニ直接ニ行ハルル權利ニシテ動產タルト不動產タルトニ論ナ

ク其物ハ一國ノ富ト密接ノ關係ヲ有スルヲ以テ物權ニ關スル制度ハ常ニ一國ノ經濟ニ重大ナル影響ヲ及ホスモノナリ就中土地ハ物權ノ設定ニ適スト雖殖産興業ノ用ニ供セラレ國ノ一大富源ヲ成スモノナレハ各人ヲシテ其永久ノ負擔ト爲ルヘキ物權ヲ濫リニ設定スルコトヲ得セシムルニ於テハ一國ノ經濟上頗有害ナル結果ヲ生スルニ至ラン蓋土地ノ買受人ハ往々買受當時其知ラサリシ種々ナル物權ヲ買受後ニ至リテ發見シ不測ノ損害ヲ被ムルコトアルノミナラス土地カ種々ナル物權ヲ負擔スルトキハ其土地ヨリ生スル利益ハ數人ニ分配セラレ且其相互ノ關係錯雜スルニ因リ土地ニ關スル取引ハ容易ニ行ハレサルヲ以テナリ又土地ハ多クノ物權ヲ負擔スルトキハ之ニ改良ヲ加ヘ之ヲ利用スルコトハ到底望ムヘカラス何トナレハ同時ニ數人ノ支配權ニ服從スルヲ以テ權利者ハ各自其利害ヲ異ニシ專其一己ノ利害ニ從テノミ動作スヘキヲ以テナリ故ニ方今何レノ國ニ於テモ物權ノ創設ニ關シテハ嚴格ナル制限ヲ設ケ法律ニ認ムルモノノ外ハ當事者ノ意思ヲ以テ隨意ニ之ヲ創設スルコトヲ得サルモノトセリ我民法亦然リ（一七五）

故ニ當事者カ物ニ關スル權利ヲ設定スルモ其權利カ法律ニ認ムル物權ノ一ニ該當セサルニ於テハ其權利ハ物權トシテ法律ノ保護ヲ受クルコト能ハサルモノトス又我法制ニ於テ認ムル所ノ物權ト雖法律上定マレル內容ヲ變更スルコトハ之ヲ許サス是結局法律ニ認メサル物權ヲ創設スルコトトナルヘケレハナリ同一ノ理由ニ依リ當事者間ノ權利關係ニ物權的效力ヲ有セシムルニハ必法律ノ規定ニ基クコトヲ要シ當事者ノ意思ヲ以テスルコトヲ得ス

民法理由 岡松博士

第四

物權ハ權利者カ物ニ關シテ有スル權力ノ範圍、性質ニ因リテ種類ヲ生ス如何ナル種類ノ物權ヲ認ムルヤハ各國法制ニ依リテ異ル蓋、物ノ上ニ行ハルル權利ハ凡テ之ヲ物權ト爲シ得ヘキモノナリト雖各國ノ法制ハ必之ヲ或數種ニ限定ス物ノ上ニ行ハルル權利中、何ヲ物權トスルカハ一ニ各國法制ノ便宜ニ出ツルモノニシテ特ニ保護ヲ與ヘ强大ナル效力ヲ有セシムルノ必要アリト認ムルモノヲ物權ト爲スニ過キス蓋物權ハ一般ニ對抗シ得ヘク效力强大ナルヲ以テ當事者隨意ニ之ヲ創設スルコトヲ得ルモノトセハ權利ノ混亂ヲ惹

起シ公益ヲ害スルノ弊アレハナリ我民法亦然リ(二七五)

我民法ハ之ヲ我國ノ慣習諸國ノ法制及ヒ實際ノ便宜ニ考ヘテ九種ノ物權ヲ認ム即物權ノ種類ハ限定的ニシテ第百七十五條ハ左ノ三點ヲ定メタルモノナリ

一 物權ハ人意ニ因リテ創設スルヲ得ス

二 物權ハ慣習ニ因リテ成立スルヲ得ス

三 諸國ノ法典上及ヒ學說上ニ存スル疑義ノ一點即質權留置權先取特權永小作權カ物權ナルヤ否ヤヲ決シ其物權タルコトヲ明ニス

第五

物權ハ法律ニ定ムルモノノ外之カ創設ヲ許サス(一七五)法律カ物權ノ數ヲ限ルハ經濟上ノ理由 基ク蓋物權ハ非常ニ强力ナル權利ニシテ直ニ物ノ上ニ行ハレ何レノ處ニモ其物ヲ追及シ得ルカ故ニ漫ニ之カ創設ヲ許ストキハ權利ノ錯綜ヲ來シ且物權ヲ買受クル者次第ニ減少シ爲ニ一般ノ融通ヲ妨クルニ至リ經濟上大害アルヲ以テナリ

権利ノ淵源ニ關シテハ法律ノ創設ニ歸スルト法律ノ認定ニ歸スルトノ二説アリ第百七十五條ノ規定ハ物權ニ關シテハ認定説ヲ採ラスシテ創設説ヲ採リシコトヲ示スノミナラス尚左ノ事項ヲ示スモノナリ

一　物權ハ命令ヲ以テ創設シ得サルコト

二　物權ハ慣習ニ依リテ成立シ得サルコト

三　物權ハ人意ニ依リテ創設シ得サルコト

四　占有權以下九個ノ權利ハ凡テ物權ナルコトヲ示シ從來諸國ノ民法及ヒ諸學者ノ間ニ議論ノ盛ナリシ留置權先取特權ヲ物權トナシタルコト

質權ノ中ニ權利質アリ物權編中ニ規定セルモ是決シテ動產質權不動產質權ノ如ク物權ニ非ス質權ノ目的カ物ナルトキハ其質權ハ物權ナルモ其目的カ權利ナルトキハ物權ニ非ス唯其權利ノ性質酷似スルヲ以テ之ニ質權ノ規定ヲ準用スルノミ

第六　物權ハ財產權ノ基礎トモ稱スヘキモノニシテ其制宜シキヲ得ハ大ニ國富ヲ

増進スルノ幇助ト爲リ其制宜シキヲ得サレハ往往ニシテ取引ノ安全ヲ害シ國家ノ經濟ニ容易ナラサル影響ヲ及ホスノ虞アリ是ヲ以テ文明國ノ法律ニ於テハ嚴ニ物權ノ種類ヲ限リ各人ヲシテ濫ニ異樣ノ物權ヲ設定スルコトヲ得サラシムルヲ常トス我國ニ於テモ物權ノ種類ハ民法ニ揭ケタルモノノ外特ニ法律ニ定メタルモノヲ除キ各人縱ニ之ヲ創設スルコトヲ得サルモノトセリ（一七五）他ノ法律ヲ以テ定ムル物權ハ社會ノ必要ニ應シ隨時之ヲ定ムヘキカ故ニ豫メ其種類ヲ斷定スルコト能ハス唯現行法ニ於テ民法ニ定メサル物權ヲ認ムルノ例ハ鑛業法砂鑛採取法等ニ定メタルモノ是ナリ

第二節　物權ノ分類

第一

我民法ハ物權ヲ大別シテ占有權所有權及ヒ定限物權トシ定限物權ヲ分ツテ地上權永小作權地役權入會權留置權先取特權質權抵當權トス其學理的分類如左

一　所有權及ヒ定限物權　前者ハ特定ノ有體權ノ全般的支配權ニシテ後者ハ其定限的支配權ナリ例之地上權抵當權ノ如シ

定限物權ハ學者之ヲ制限物權ト稱ス然レトモ權利ニハ制限アリ所有權亦然リ(二〇六)故ニ正當ニ非ス(Die begrenzten dinglichen rechte. nicht beschränkten rechte)古來又之ヲ他物權ト稱ス然レトモ定限物權ハ他人ノ所有物上ニ有スルヲ通例トスルニ止マリ之ヲ必要トスルモノニ非ス故ニ誤解ナリ蓋其目的物カ無主物ト爲リタルトキト雖尚存續スルコトヲ得レハナリ例之動產質權ハ所有者カ其目的物ヲ拋棄スルモ尚存續スルカ如シ(質權者ニハ所有ノ意思ナシ故ニ時效ニ因リ質物ノ所有權ヲ取得スルコトナシ)定限物權ハ其內容ニ從ヒ之ヲ再別シテ二種トス如左

甲　用益物權　物ノ使用及ヒ收益ヲ內容トスル物權ナリ地上權、永小作權、地役權及ヒ地役的入會權之ニ屬ス

乙　擔保物權　物ノ交換價格ヲ權利者ニ歸屬セシムル內容ヲ有スル物權ナリ常ニ債權ノ履行ヲ擔保スルカ爲ニ存ス但物ノ交換價格ハ其物ヨリ

獨立シテ擔保物權ノ目的物ト爲ラス留置權、先取特權、質權及ヒ抵當權之ニ屬ス

二 動產物權及ヒ不動產物權　前者ハ動產ヲ目的ト爲ス物權ニシテ占有權、所有權、先取特權、質權ハ動產ヲ目的物ト爲ストキニ限リ之ニ屬ス後者ハ不動產ヲ目的ト爲ス物權ニシテ占有權、所有權、先取特權、質權ハ不動產ヲ目的物ト爲ストキニ限リ之ニ屬ス又入會權及ヒ抵當權ハ唯不動產ノミヲ目的物ト爲ス物權ナリ

三 本權及ヒ占有權　前者ハ特定ノ有體物ヲ法律的ニ支配スル物權ニシテ占有以外ノ物權ハ悉ク之ニ屬シ後者ハ特定ノ有體物ヲ事實的ニ支配スル物權ナリ

四 主タル物權及ヒ從タル物權　前者ハ獨立シテ存在スル物權ニシテ所有權、地上權永小作權之ニ屬シ後者ハ主タル權利ニ依リテ成立スル物權ニシテ地役權即要役地ノ所有權ニ附隨スル物權及ヒ擔保物權即債權ノ履行ヲ擔保スル留置權先取特權質權竝ニ抵當權等之ニ屬ス

第二

物權ハ直接ニ或物ニ就キ利益ヲ享クル權利ニシテ其利益ノ性質、範圍ニ種々アリ是物權ニ數多ノ種類アル所以ニシテ又分類ノ基礎ト爲ルモノナリ其目的物上ニ行ハルル支配力ノ範圍ニ因リ二種ニ大別スルコトヲ得如左

一　法定制限ニ從フ外、全般ノ關係ニ於テ物ヲ支配スル物權　所有權之ニ屬ス

二　或一部ノ關係ニ於テ物ヲ支配スル物權　所有權ヲ除外セル一切ノ物權之ニ屬ス何レモ所有權ノ作用ヲ制限スルモノナリ故ニ之ヲ制限物權ト謂フ制限物權ハ更ニ二種ニ區別スルコトヲ得如左

甲　他人ノ所有ニ屬スル物ノ上ニ存スル物權　地上權、永小作權地役權（之ニ準スヘキ入會權）留置權先取特權質權及ヒ抵當權之ニ屬ス何レモ他人ノ所有物（寧ロ自己ノ所有ニ屬セサル物）ノ上ニ存スル物權ナリ故ニ之ヲ他物權ト謂フ

他物權ハ何レモ所有權ノ行使ヲ制限シ其內容タル利益ノ一部ヲ失ハシムルモノニシテ其他人ニ歸セシムル利益ハ物ノ使用、收益又ハ交換價格

ノ二トス交換價格ハ債務ノ辨濟ニ充ツル爲ニシテ常ニ債權ニ從タル他物權ノ目的タルモノトス故ニ他物權ヲ類別スルトキハ二種ト爲ル如左

子　用益物權　物ノ使用、收益ヲ目的トスル物權ヲ謂フ地上權、永小作權地役權及ヒ入會權之ニ屬ス

丑　擔保物權　債權ニ從トシテ之ヲ擔保スルカ爲ニ存スルモノナリ留置權先取特權質權及ヒ抵當權之ニ屬ス

乙　他人ノ所有ニ屬スル物ノ上ニ存スルコトヲ要セサル即自己ノ所有ニ屬スル物ノ上ニモ之ヲ有スルコトヲ得ル物權　占有權之ニ屬ス

占有權ハ他物權ニ非サル點ニ於テ他ノ制限物權ト異ル加之所有權其他ノ物權トモ大ニ其性質ヲ異ニスル所アリ即占有權ハ法律上物ヲ支配スル權利即本權ノ有無ニ拘ハラス事實上物ヲ支配スルヨリ發生シ其事實關係ノ絕止セサル間存在スル特種ノ權利ナリトス換言スレハ法律ニ一定ノ效果ヲ附シテ保護スル事實上ノ狀態ヲ保續スル權利ニシテ他ノ權利ノ行使タルコトニ基クモノト謂フヘシ

物權ハ他ノ方面ヨリモ之ヲ區別スルコトヲ得如左

一 主タル物權、從タル物權　所有權地上權永小作權等ハ前者ニ屬シ留置權其他ノ擔保權ハ後者ニ屬ス（債權ニ從タル物權）地役權亦然リ（二八一所有權トノ關係ニ於テ）

二 不動產上ノ物權動產上ノ物權　目的物ノ動產タルト不動產タルトニ依ル分類ナリ

三 法律上物ヲ支配スル物權事實上物ヲ支配スル物權　狹義ニ於ケル物權ハ前者ニ屬シ占有權ハ後者ニ屬ス

第三

物權法 橫田博士

我民法ニ認ムル所ノ物權ハ所有權占有權地上權永小作權地役權留置權先取特權質權抵當權ノ九種トス慣習上ノ物權タル入會權亦然リ其類別如左

一 所有權、他物權、占有權　所有權ハ總テノ關係ニ於テ且總テノ方法ヲ以テ物ヲ支配スル權利ニシテ物權中最完全ナル權利ナリ

他物權ハ所有權以外ノ物權ニシテ他人ノ所有ニ係ル物若クハ權利ノ上ニ行ハルル權利ナリ他物權ハ或關係ニ於テノミ物ヲ支配スル權利ナルカ故

ニ之ヲ稱シテ不完全物權又ハ制限物權トモ謂フ地上權永小作權地役權先取特權留置權質權及ヒ抵當權之ニ屬ス

占有權ハ物ノ占有ヲ以テ內容トスル權利即吾人カ事實上物ヲ支配スルヨリ生スル所ノ權利ニシテ物ノ占有者カ本來物ヲ支配スルノ權利ヲ有スルト否トニ拘ハラサルモノトス彼ノ所有權及ヒ他物權ヲ稱シテ本權又ハ實體權ト謂フハ此事實上ノ權利タル占有權ニ對スルモノナリ

二　主タル物權、從タル物權　前者ハ獨立シテ存在スルコトヲ得ルモノヲ謂フ所有權、地上權、永小作權、占有權ノ如シ後者ハ他ノ權利ニ附隨シテ存在スルモノヲ謂フ地役權（所有權ニ附隨ス）質權、抵當權、留置權、先取特權（債權ニ附隨ス）ノ如シ

三　用益物權、擔保物權　前者ハ物ノ使用收益ヲ以テ其內容ト爲スモノヲ謂フ地上權永小作權地役權入會權是ナリ後者ハ債權ノ辨濟ヲ確保スルヲ以テ目的ト爲スモノヲ謂フ留置權先取特權質權抵當權是ナリ

四　有期ノ物權、無期ノ物權　前者ハ存續期間即始期ト終期トヲ有スルモノヲ謂フ永小作權不動產質權ノ如シ後者ハ永久ニ存續スヘキモノヲ謂フ所

有權ノ如シ地役權ハ所有權ニ從屬スル物權ニシテ無期ナルヲ性質トスルヲモ設定行爲ヲ以テ之ヲ有期トスルコトヲ得

五　動産上ノ物權、不動産上ノ物權　前者ハ動産ヲ目的トスルモノヲ謂ヒ後者ハ不動産ヲ目的トスルモノヲ謂フ所有權占有權留置權先取特權質權ハ動産上ノ物權タルト同時ニ不動産上ノ物權タリ地上權永小作權地役權抵當權ハ常ニ不動産上ノ物權ナリ

民法理由 岡松博士　第四

一　主タル物權　占有權所有權地上權永小作權

二　從タル物權如左

甲　物權ノ從タル物權　地役權

乙　債權ノ從タル物權即擔保權

其他ハ特別法ニ依ルヘキモノトス（五一七）

民法正解　第五

一　物權カ獨立シテ存立シ得ルモノナルカ又ハ他ノ權利ニ附隨スルニ非サ

レハ存立スルコトヲ得サルモノナルカニ依ル區別　公權ニ附隨スルモノト私權ニ附隨スルモノトアリ私權中ニハ親族權アリ財産權アリ財産權中ニハ又物權アリ債權アルカ故ニ此等ノ諸權利ニ附隨スル物權ノ性質モ其主タル權利ノ如何ニ因リテ自異ラサルヲ得ス同シク入會權ナルモ其得喪カ其村ノ公民權ノ得喪ニ伴フモノナルトキハ其入會權ハ公權ニ從タル物權ニシテ或入會權カ公權ノ有無ニ關係ナク唯其附近ノ土地所有權ノ得喪ニ因リ之ヲ得喪スルモノナルトキハ其入會權ハ所有權ノ從タル物權ニシテ我民法ニ所謂地役權ノ性質ヲ帶フルモノナリ

主タル物權ハ或ハ其目的ノ動産タルカ不動産タルカ特定物タルカ不特定物タルカニ因リテ之ヲ細別スルコトヲ得

三　物權ノ目的タル物ノ區別ニ從フ區別　動産ニ關スル物權及ヒ不動産ニ關スル物權、主物上ノ物權及ヒ從物上ノ物權ノ如シ前者ハ權利ノ得喪移轉ニ關スル原則及ヒ其得喪移轉ヲ第三者ニ對抗スル方法ヲ異ニシ後者ハ通常單獨ニ處分セラルルト通常主物上ノ物權ニ伴フテ處分セラレルトヲ異

ニス（一編八章問題一參照）

三　完全ナル物權、不完全ナル物權　前者ハ權利者カ其物ヲ自由ニ使用收益處分スルコトヲ得ル權利ニシテ即所有權ナリ後者ハ權利者カ唯物ヲ使用スルカ收益スルカ活動ノ範圍ヲ限定セラルル權利ニシテ即所有權以外ノ權利ナリ此區別ハ誤謬ニシテ法典上ニ於テハ勿論學理上ニ於テモ利益ナシ蓋所有權者ト雖其物ノ使用收益處分ハ絶對無限ナルヲ得サルト同時ニ使用若クハ收益ノミヲ爲シ得ル地上權者永小作權者ト雖其權利ノ範圍內ニ於テハ自由ニ其土地ヲ使用收益シ得ルモノナレハナリ或意味ニ於テハ總テ物權ハ完全ナル權利ナリ他ノ意味ニ於テハ總テ物權ハ不完全ナル權利ナリ畢竟其權利ノ效力ノ及フ程度ノ異ルノミ

四　他人ノ所有物ニ關係ナク有スル物權（自物權）他人ノ所有物上ニ有スル物權（他物權）例之所有權ハ前者ニ屬シ地役權質權ハ後者ニ屬スルカ如シ
此區別ハ占有權ノ如ク所有權ニ關係ナクシテ存シ得ル物權（所有ノ意思ナキ無主物占有ノ場合ノ如キ）ハ其何レニ入ルヘキヤ明ナラサルコトアリ若此區別ノ標準ヲシテ

其權利カ他人ノ物權ニ關係ナクシテ存シ得ルモノナルヤ否ヤニ採ラシメンカ占有權ハ自物權ニ屬スルコト明トナリ此非難ヲ免ルヘシ

第五章 物權ノ得喪變更

第一節 物權ノ取得

第一 物權ハ法律ノ規定又ハ法律行爲ニ依リテ之ヲ取得ス如左

一 法律ノ規定ニ依ル取得

甲 動產物權ノ取得 動產ノ所有權ハ時效(一六二)先占、拾得、發見、附合、混和、加工(二三九乃至二四六)等ニ依リ原始的ニ之ヲ取得ス但天然果實ハ元物ノ所有者カ分離ニ依リ之ヲ取得スルトキニ限リ法律ノ規定ニ依ル原始取得ト爲ル蓋元物ノ所有者ニ非サル者カ天然果實ヲ取得スルニハ法律行爲的授權ヲ必要トスレハナリ(八九)又動產ノ定限物權ハ時效ニ依リテ原始的ニ之ヲ取得ス(一六三)

乙 不動產物權ノ取得 不動產ノ所有權ハ取得時效(一六二)強制競賣(民訴六八六)及ヒ公用徵收ニ依リ原始的ニ之ヲ取得ス國庫ノ無主不動產所有權ノ取

得（二三九）亦然リ又不動産ノ定限物權ハ時效ニ依リテ原始的ニ之ヲ取得ス（一六三）

丙　相續　動産物權及ヒ不動産物權ハ相續人カ傳來的ニ之ヲ取得ス妻ノ財産管理權ハ夫カ原始的ニ之ヲ取得シ又子ノ財産管理權ハ親權者カ原始的ニ之ヲ取得ス（九八六、一〇〇一、八〇一、八八四）

二　法律行爲ニ因ル取得（本卷一編五章四節參照）

第二

物權ノ取得トハ一ノ物權カ其主體ニ歸屬スル作用ヲ謂フ其取得原因如左

一　法律行爲　契約及ヒ遺言トス

二　法律行爲以外ノ事實　其種類如左

甲　占有　占有權並ニ質權、所有權ノ取得原因ト爲ル（一九二）

乙　相續

丙　時效　所有權其他ノ物權ノ取得原因ト爲ル（一六二、一六三）

丁　先占

戊　添附
己　遺失物ノ拾得
庚　埋藏物ノ發見
（以上）所有權ニ固有ナル取得原因
辛　競賣
壬　法律ノ規定　例之留置權先取特權債務者ノ賠償（四二二）ノ如シ

以上列擧セル取得原因ハ之ヲ二種ニ大別スルコトヲ得原始取得及ヒ承繼取得是ナリ取得時效先占添附ニ因ル取得ノ如キハ前者ニ屬シ當事者ノ意思表示ニ基ク物權ノ設定及ヒ移轉ハ總テ後者ニ屬ス

民法博士
岡松博士

第三

一　法律ノ規定　例之、先取特權ノ如シ
二　意思表示（六一七）
甲　單獨行爲　例之遺言、先占ノ如シ
乙　契約　債權ヲ發生スル契約ト債權ヲ生セスシテ直ニ物權ヲ創設移轉スル契約トヲ混同セサルヲ要ス（本卷一編五章四節參照）

第二節　物權ノ喪失（混同）

第一

物權喪失ノ原因タル事實ニハ各種ノ物權ニ共通ナルモノト然ラサルモノトアリ前者ハ之ヲ大別シテ二ト爲ス如左

一　權利者ノ意思ニ基カサル事實

甲　消滅　物權ハ其目的物ノ事實上ノ消滅（例之燒失）及ヒ法律上ノ消滅ニ因リテ之ヲ喪失ス物ノ占有ヲ喪失シ之ヲ取戻ス能ハサル事實ハ物ノ消滅ニ同シ例之波濤ニ淩ハレタル漁具ノ如シ

物ノ變更ハ法律ノ規定ニ依リテ物權喪失ノ原因タルヤ否ヤヲ定ム例之假差押物ノ賣得金ハ其物ニ代ルヲ以テ其物ノ上ニ存スル物權消滅スルコトナク(Surrogationsprincip.)反之差押不動産ノ賣得金ハ其不動産ニ代ラサルヲ以テ其不動産上ニ存スル抵當權消滅スルカ如シ（民訴七五〇、六四九）

物ノ分割ハ其物ノ上ニ存スル物權消滅ノ原因ト爲ルコトナシ

乙 混同 物權ハ混同ニ因リテ消滅ス物權ノ混同ハ所有權及定限物權又ハ定限物權及ヒ之ヲ目的トスル準物權（三六九、三七五、三六二）カ同一人ニ歸屬スル事實ナリ元來混同ハ權利實行ノ不能ニシテ權利消滅ノ原因ニ非ス然レトモ實行不能ノ權利ヲ存續セシムルハ何等ノ實益ナク却テ法律關係ニ煩雜ヲ加フルニ過キス是混同ヲ以テ權利消滅ノ原因ト爲ス所以ナリ（一七九）故ニ權利ノ實行ヲ爲スコトヲ得ヘク又ハ權利ヲ存續セシムルノ實益アルトキハ混同ヲ以テ權利消滅ノ原因ト爲スコトヲ得ス如左

子 占有權ハ混同ニ因リテ消滅セス 蓋占有權ハ本權ノ有無ニ拘ハラス之ヲ實行スルコトヲ得ヘキ特質ヲ有スルヲ以テナリ

丑 混同シタル權利ノ目的物（二七二、二九八、三四八、三五〇）又ハ混同ニ因リテ消滅スヘキ權利（三六二以下、三六九、三七五）ニ付キ第三者カ權利ヲ有スルトキハ混同シタル權利ハ混同ニ因リテ消滅セス（他物權ノ觀念ノ不當ナル確證） 蓋斯ル場合ニ在リテハ混同シタル權利ヲ存續セシムルノ實益存スレハナリ（一七九）

丙 時效（一六六）

二　權利者ノ意思ニ基ク事實

甲　拋棄(絕對的喪失)

子　動産物權ノ拋棄　權利者ノ一方行爲ヲ以テ足レリトス卽其權利ヲ拋棄スルノ意思表示ニ因リテ之ヲ喪失ス法律行爲的表意ヲ要セス又動産ノ質權ハ權利者ノ受益者(設定者)ニ對スル拋棄ノ意思表示ニ因リテ之ヲ喪失ス相手方ノ受領ヲ要スル一方行爲ヲ以テ足レリトシ相手方ノ同意ヲ要セス質權者ノ占有廢止ハ第三者ニ對スル對抗要件タルニ止マリ其消滅ノ要件ニ非ス

丑　不動産物權ノ拋棄　權利者ノ一方行爲ヲ以テ足レリトス卽其權利ヲ拋棄スルノ意思表示ニ因リテ之ヲ喪失ス又抵當權ハ權利者ノ受益者(設定者)ニ對スル拋棄ノ意思表示ニ因リテ之ヲ喪失ス不動産登記ノ抹消ハ第三者ニ對スル對抗要件タルニ止リ其消滅ノ要件ニ非ス

寅　第三者ノ權利ノ目的物タル物權ハ自由ニ之ヲ拋棄スルコトヲ得ス

蓋第三者ノ權利ヲ消滅ニ歸セシメ(目的物ノ欠缺)其權利ヲ害スレハナリ故ニ其拋棄ハ第三者ノ承諾ヲ要ス
相對的拋棄即第三者ノ權利ヲ害セサル範圍内ニ於テ物權ヲ存續セシメテ爲ス物權ノ拋棄ハ相對的物權ヲ設定スルニ歸シ物權ノ絶對的效力ヲ害シ又取引ノ安全ヲ害スルヲ以テ各國ノ是認セサル所ナリ

乙 讓渡(相對的喪失) 物權ノ讓渡ハ權利主體ノ變更ニ過キス

第二

物權ノ消滅トハ物權カ絶對的ニ其主體ヨリ分離スルヲ謂フ若他ニ之ヲ取得スル者アルニ因リテ其喪失ヲ來スモノトセハ是物權ノ移轉ニ外ナラス
物權ノ消滅原因ニハ各種ノ物權ニ共通ナルモノト或種ノ物權ニ特別ナルモノトアリ其一般的原因如左

一 目的物ノ滅失 物權ハ直接ニ物ヲ支配スルコトヲ目的トスル權利ナレハナリ
凡法律上ニ於テ物トハ一定ノ實質形狀名稱等ヨリ成ル物體ヲ謂フ而シテ

其形狀殊ニ名稱ニ變更ヲ生シタルトキハ（例之材木ヲ建築ニ用ヒ建物ヲ毀チテ材木ト爲スカ如シ）其變化ノ如何ナル程度ニ達スルヲ以テ他物ト見ルヘキヤハ抽象的標準ニ依ラスシテ社會生活上ノ觀念ニ基キ之ヲ決定スヘキモノトス（「アルンブルヒ」二〇二節末項）所有權其他ノ物權ハ其目的物カ形狀、名稱等ノ變更ニ因リテ他物ト爲ルコトアルモ之カ爲ニ當然消滅スルモノト解スヘカラス其實質、形狀又ハ名稱ノ變更ト雖苟其物ニ付キ生シタル以上ハ尚同一物權ノ存續スルコトヲ妨ケス蓋物權ハ物ヲ支配スル權利ニシテ物ノ全部及ヒ各部ニ付キ存在スルヲ以テナリ從テ其分裂ノ如キ外形上ノ變更ヲ生スルコトアルモ法律ニ別段ノ規定（例之二四六、二四七）ナキ限リハ物權ノ消滅ヲ來スコトナシ唯分離セル果實ニ付テハ從前ノ權利カ存續スルニ非ストノ學說ナキニ非ス

今所有權ノ目的物カ其形狀、名稱ヲ變スルトキハ（例之建物又ハ皿ノ毀壞）其所有權モ亦消滅スルモノト謂フコトヲ得ヘシ然レトモ其所有權ハ尚殘存スル木材又ハ破片ノ上ニ存在ス決シテ新ナル原因ニ由リテ新ナル物ノ所有權ヲ取得スルモノニ非サルナリ斯ノ如キ場合ニ於テ或物ノ所有權カ消滅スルトハ

唯其物カ一定ノ形狀又ハ名稱ヲ有スル限度ニ於テ生スルコトヲ謂フノミ(法學志林三二號五五頁)故ニ所謂物ノ滅失ニ因リテ全然所有權ノ消滅ヲ來ス場合トハ物カ全ク存在セサルニ至レル場合(例之建物ノ全燒)ヲ謂フモノニシテ殘物ナキコトヲ想像スヘキナリ

此原則ハ所有權ニ付テノミナラス質權其他ノ物權ニ付テモ亦其適用アルモノトス抵當權ハ其性質上(學法律ニ特別ノ規定アル爲)其目的ト爲レル建物ノ毀壞ニ因リ消滅スルモノト解ス蓋不動產トシテノ存在ヲ失フヲ以テナリ(三六九)

二

拋棄(原論一卷三〇五頁以下參照) 物權ノ拋棄ハ常ニ權利者ノ意思ノミニ因リテ成立スルモノトス我民法ハ古來諸國ノ立法例ニ倣ハスシテ債權ノ拋棄ニ付テマテ此主義ヲ採用セリ(五一九)但第三者ノ權利ヲ害スルコトアルヘカラス此理由ニ因リ法律上拋棄ノ效果ヲ制限シタル場合ナキニ非ス(三九八)抵當權ノ拋棄ノ如キ今日尙契約ヲ必要トスル學者ナキニ非スト雖(「デルンブルヒ」一卷八三頁)我民法ノ解釋トシテハ此見解ヲ採ルコトヲ得ス但明示ノ拋棄ハ直接ニ其利益ヲ享クヘキ者(例之抵當權設定者)ニ對シテ之ヲ爲スコトヲ必要トス(三八年四月二九日橫地判例同)

年七月八日東控判)所有權ノ拋棄ハ通常一定ノ人ニ對シテ之ヲ爲スニ非スシテ所有物ノ遺棄ニ因リ成立ス遺棄ハ法律行爲ニ非ス其效果ハ物ヲ無主物ト爲スニ在リ

三　混同　兩立スヘカラサル二個ノ資格カ同一ノ人ニ集マルヲ謂フ是物權ト債權トニ通シテ生スルコトヲ得ヘキ事實ニシテ其何レノ場合ニ於テモ權利ノ消滅ヲ來スコトハ從來一般ニ認ムル所ナリ債權關係ニ付テハ第五百二十條ニ物權ニ關シテハ第百七十九條ニ同一ノ原則及ヒ其適用ノ範圍ヲ規定セリ

物權ニ關スル混同ハ主トシテ所有權ト他物權トカ同一人ニ歸シタル場合ニ於テ生スルモノトス蓋他物權ハ他人ノ所有物ノ上ニ存スル物權ニシテ所有權ノ內容ヲ減縮スルモノニ外ナラサルカ故ニ所有者ハ自其物ノ上ニ他物權ヲ有スルコト能ハサレハナリ(一七九、一項)或ハ此場合ニ於テ他物權ハ消滅セサルモノトシ之ニ依リテ制限サレタル所有權ト共ニ同一人ニ屬スルモノト爲スコトヲ得サルニ非スト雖此制ハ徒ニ法律關係ヲ錯雜セシメ不

便少カラサルカ故ニ寧ロ他物權ヲ消滅セシムルヲ適當トス

然レトモ此原則ニハ制限アリ同一物ニ付キ所有權及ヒ他物權カ同一人ニ歸シタル場合ニ於テ其物又ハ物權カ第三者ノ權利ノ目的タル場合ナリ（一七九、一項但書）其例示如左

甲　物カ第三者ノ權利ノ目的タル例　所有權ト第一順位ノ抵當權カ同一人ニ歸シタル場合ニ於テ其目的タル物ノ上ニ第三者カ第二順位ノ抵當權ヲ有スルカ如シ此場合ニ於テ混同カ生スルモノトセハ第二順位ノ抵當權者カ第一順位トナリ所有者ハ不當ノ損害ヲ被ルノ結果ト爲スヘケレハナリ但所有者ハ債務者ニ非サル場合ニ限ル

乙　物權（混同ニ因リテ消滅スヘキ他物權）カ第三者ノ權利ノ目的タル例　所有權ト地上權又ハ永小作權カ同一人ニ歸シタル場合ニ於テ其地上權又ハ永小作權カ第三者ノ抵當權ノ目的トナレルカ如シ此場合ニ於テ混同カ生スルモノトセハ地上權永小作權ノ消滅ノ結果ハ第三者ノ抵當權ヲ消滅セシメ不當ナル結果ヲ生スヘケレハナリ是第三百九十八條　同一趣旨ニ基クモ

ノト謂フヘシ

他物權ト之ヲ目的トスル他物權トカ同一人ニ歸シタル場合ニ於テモ亦混同ヲ生ス（一七九、二項）此場合ニ於テモ其他物權又ハ他物權ノ目的物カ第三者ノ權利ノ目的タルトキハ（例之轉質第二順位ノ抵當權ノ如シ）混同ヲ生セサルモノトス（前段甲乙參照）

混同ニ關スル規則ハ占有權ニハ其適用ナキモノトス（一七九、三項）蓋占有權ハ特種ノ物權ニシテ本權ノ有無ニ關セサルト同時ニ所有者ト雖、自己ノ所有物ニ付キ占有權ヲ有スルコトヲ妨ケス然ルニ混同ニ因リテ其消滅ヲ來スモノトセハ正當ノ原因ニ基ケル占有ハ却テ保護セラレサル結果ト爲ルヲ以テナリ

尙法律ノ規定公用徵收沒收及ヒ添附加工ノ如キモ物權消滅ノ原因タルコトヲ得唯添附及ヒ加工ハ純然タル滅失ノ場合ト異ル所アリ（二四七）

第三

物權ノ喪失トハ一ノ物權カ其主體ヨリ分離スルノ作用ヲ謂フ相對的ナルコトアリ絕對的ナルコトアリ前者ハ物權カ一ノ主體ヲ離レテ他ノ主體ニ歸ス

ルニ止リ其存在ヲ失フコトナシト雖後者ハ物權カ其主體ヲ離ルルノミナラス絕對的ニ其存在ヲ失フ（物質ノ消滅）物權喪失ノ原因如左

一 法律行爲

甲 物權ノ讓渡（相對的喪失原因）物權ノ移轉カ他ノ原因ニ基ク場合亦同シ

乙 物權ノ拋棄（絕對的喪失原因即消滅）

二 法律行爲以外ノ事實

甲 目的ノ滅失 目的物ノ存在ハ物權成立ノ要件ナレハナリ

乙 混同（一七九）或權利關係ニ付キ相容レサル二個ノ資格カ相續其他ノ原因ニ依リ同一人ニ歸スルヲ謂フ

混同ハ他物權消滅ノ一原因ニシテ一ノ物權ト之ヲ目的トスル他ノ權利カ同一人ニ歸シタルトキハ其權利ハ消滅スルモノトス其場合如左

子 所有權又ハ其他ノ物權ヲ目的トスル權利ヲ有スル者カ其所有權又ハ他ノ物權ヲ取得シタルトキ

丑 物ノ所有權又ハ其他ノ物權ヲ有スル者カ之ヲ目的トスル他ノ權利

ヲ取得シタルトキ

蓋他物權ハ自物權ヨリ分派シ別異ナル權利ノ主體ニ歸屬スルニ因リ玆ニ始メテ獨立ノ存在ヲ有スルニ至ル即自物權ト他物權トカ併立スルニハ必別異ナル權利主體アルコトヲ要ス從テ自物權ト他物權トカ再同一人ニ歸スルニ因リ玆ニ其獨立存在ヲ失ヒ他物權ハ自物權ノ內容中ニ吸收セラレ其本來ノ狀態ニ復スルヲ以テナリ例外如左

子 其物又ハ之ヲ目的トスル他ノ權利カ第三者ノ權利ノ目的タルトキ

蓋他物權ノ消滅カ他物權者又ハ第三者ノ既得權ヲ害スルノ結果ヲ生スルトキハ之ヲ存在セシムルノ必要アルヲ以テナリ

丑 所有權又ハ其他ノ物權ト占有權トカ同一人ニ歸シタルトキ　蓋占有權ハ占有ノ事實ヨリ生スル權利ニシテ其物カ他人ノ權利ノ目的タルト否トニ拘ラス存立シ得ル權利ナレハナリ

丙 消滅時效

丁 他人ノ原始取得

戊　公用徵收
己　沒收ノ宣告(刑事裁判所ニ於ケル)
庚　法律ノ規定(即法律ノ禁止)
辛　占有ノ喪失　是占有權留置權ノ消滅原因タリ又野生ノ禽獸ノ所有權ハ其禽獸カ天然ノ自由ヲ囘復スルニ因リテ消滅ス
壬　存續期間ノ滿了　是有期物權ノ消滅原因タリ
癸　權利消滅ノ請求　是地上權永小作權及ヒ留置權ノ消滅原因ナリ
此他擔保物權ハ(一)其擔保スル債權ノ消滅(二)抵當權ハ第三取得者ノ辨濟又ハ滌除(三)質權抵當權先取特權ハ目的物ノ競賣ニ因リテ各々消滅ス

第四

第百七十九條ノ規定ハ物權消滅ニ關シ占有權以外ノ凡テノ物權ニ適用ス可キ規則ニシテ各國法律ニ於テ混同又ハ埋沒ト稱スルモノ是ナリ
蓋所有權ハ諸種ノ物權中其範圍最廣ク其效力ハ目的物全體ノ關係ヲ包含ス反之他ノ物權ハ皆目的物ノ一部ノ關係ニ付キテ其效力ヲ有スルニ過キス然

レトモ既ニ此等ノ物權ハ相互ニ獨立シテ其存在ヲ保ツ以上ハ假令同一物ニ付キ所有權ト其他ノ物權トカ同一人ニ歸スルモ其物權ハ當然消滅スルモノト云フヘカラス理論上ハ尙存續シテ成立スルモノト云ハサルヘカラス然レトモ斯ノ如キハ之ニ關スル諸種ノ法律上ノ關係モ亦消滅スルコトナクシテ徒ニ混雜ヲ生スルニ過キサレハナリ（一七九、一項）但第三者ヲ害シ又第三者ノ僥倖ヲ得ルコトヲ拒ムヘキ場合ハ例外ヲ爲ス（一七九但書）

又所有權以外ノ物權ト此物權カ他ノ權利ノ目的タル場合ニ於テモ雙方ノ權利カ同一人ニ歸シタル狀態ハ前ノ狀態ト其場合ヲ一ニセスト雖理論上ニ於テハ相異ナルコトナケレハナリ（一七九、二項）例外ノ場合モ亦前段ニ同シ

占有權ヲ除外シタルハ占有權ハ特別ノ性質ヲ有シ本權ノ有無ニ關セス特別ノ保護ヲ受クルモノナルヲ以テナリ（一七九、三項）

第五

混同ノ理由ニ關シテハ所有權ノ性質ヨリ說キ起シ所有權ハ最大ニシテ比較的ニ完全ナル物權ナリ此物權ノ效力トシテ所有者ハ何事ヲモ爲シ得ルヲ以

テ所有權ト他ノ物權トヲ存在セシムヘキ必要ナシ又此等ノ權利ハ決シテ併存シ得サルモノナリト謂フ者多シ或ハ反之所有權ト他ノ物權トハ同一人ニ併存シ得レトモ實際ニ於テ之ヲ併存セシメサルノミト然レトモ此兩說ハ何レモ實際ニ是等ノ權利ヲ併存セシムルノ要ナシト言フニ至リテハ全ク一致セルヲ以テ兩說ノ可否ハ深ク論說スルノ要ナシ

混同ニ因ル消滅ハ或ハ之ヲ埋沒ト稱シ或ハ之ヲ混同ト稱シ若クハ大ハ小ヲ包ムトノ原理ニ依リテ說明スル者アリ學理上ノ說明ハ兎ニ角立法上ノ理由トスル所ハ此種ノ物權ヲ尙所有權ト併立セシムルハ徒ニ權利ノ錯綜ヲ來シ毫モ實益ナキニ在リ

占有權ハ混同ニ因リテ消滅セス蓋占有權ハ或物ヲ所持スルノ事實ヲ保護スルモノニシテ他ノ物權トハ大ニ其性質ヲ異ニスル所アルヲ以テ所有者ハ所有權ト占有權トヲ並ヒ有スルヲ得ルヲ以テナリ

然レトモ混同ニ因ル消滅ノ爲ニ第三者ノ權利ヲ害スヘカラス第三者モ亦是ニ因リテ意外ノ奇利ヲ博スルコトヲ得ス故ニ若シ物權カ第三者ノ權利ノ目的

タルトキハ其物權カ假令所有權ト同一人ニ歸スルモ埋沒ニ依リテ消滅セサルモノトス

第六

混同 (confusio, consolidatio; confusion, consolidation; Vereinigung, Konfusion) トハ兼ヌヘカラサル二資格カ同一人ニ集マルヲ謂フ之ヲ物權ニ適用セハ所有權ト他ノ物權ト同一人ニ歸スルトキハ所有權ハ素最完全ナル物權ニシテ他ノ物權ハ皆其中ニ包含セラルルモノト謂フモ可ナルカ故ニ所有者ニシテ他ノ物權ヲ併セ有スルコトハ有リ得ヘカラサルコトナリ故ニ此場合ニ於テハ所有權ノミ存シテ他ノ物權ハ消滅ニ歸セサルコトヲ得ス但學理上ハ所有權中他ノ物權ヲ控除シタルモノト他ノ物權トノ二者竝ヒ存シ若之ヲ合スレハ完全ノ所有權ト爲ルヘシト雖其者ハ同時ニ二資格ヲ兼ヌルカ故ニ其二種ノ權利ヲ別別ニ有スルモノト看ルヲ以テ妥當トスヘキカ如シ其者カ右ノ一資格ヲ他人ニ讓リタルトキハ右二種ノ權利ハ二人ニ分屬スルニ至リ毫モ混同ノ跡ヲ留メサルニ至ルヘキナリ然レトモ此學說ヲ實際ニ應用スルトキハ不便實ニ尠カラス何トナレハ財産權ハ權利者ノ意思ヲ以テ之ヲ消滅セシムルコトヲ得ルヲ常トス故ニ所有者カ他ノ物權ヲ取得シタルトキハ之ヲ消滅セシメント欲スルコト多カルヘシ然レトモ其消滅ハ他人ニ對シテ之ヲ爲スニ非スシテ自己ニ對シテ之ヲ爲スモノナリ故ニ其權利ヲ消滅セシメタルヤ否ヤ又ハ消滅ノ時期ハ他人之ヲ知ルコトヲ得サルヘシ此ノ如クンハ所有者ハ自己ノ便益ニ從ヒ其消滅セシメタルト否トヲ主張セン ニ何人モ之ヲ爭フコトヲ得サルヘシ故ニ立法者ハ所有者カ他ノ物權ヲ取得シ又ハ他ノ物權ヲ有スル者カ所有權ヲ取得シタルトキハ直ニ其物權ヲ消滅セシメタルモノト看做スナリ

然レトモ此消滅ハ權利者カ隨意ニ其權利ヲ消滅セシムルコトヲ得ルニ因リテ生スルモノナルカ故ニ苟、權利者ノ意思ノミヲ以テ之ヲ消滅セシムルコトヲ得サル範圍內ニ於テハ其權利混同ニ因リテ消滅スルコトナシ又第三者カ同一ノ目的物ニ付キ權利ヲ有スルカ爲、混同ニ因ル權利ノ消滅カ權利者ノ爲ニ不利益ヲ釀スヘキ場合ニ於テハ權利者カ其權利ヲ消滅セシムル意思ヲ有スルコトナキモノト視ルヘキヲ以テ其權利ハ亦混同ニ因リテ消滅セサルモノトセリ但所有者ハ債務者ナラサルコトヲ前提トスヘシ然ラスンハ債權先ツ混同ニ因リテ消滅スヘキカ故ナリ

以上ハ所有權ト他ノ物權トカ混同シタル場合ナリト雖、所有權以外ノ物權ト之ヲ目的トスル他ノ權利ト混同シタル場合ニ於テモ亦同樣ナラサルコトヲ得ス

混同ニ關スル原則ハ占有權ニハ之ヲ適用スルコトヲ得ス蓋占有權ハ多クハ他ノ物權ト之ヲ併有スルモノニシテ若之ヲ併有スルコトヲ得ストセハ正當ナル占有權カ保護ヲ受クル場合全ク之ナクシテ單ニ不當ノ占有權ノミカ保護ヲ受クルニ至ルヘケレハナリ

混同ハ種々ノ原因ヨリ生スト雖相續ニ因リテ生スルコト最多シ

第三節　物權ノ變更

不動産物權ノ內容ノ變更ニ因ル變更ニシテ例之地上權ノ如キ主タル定限物權ノ存續期間ヲ伸縮シ又抵當權ノ如キ從タル物權ノ效力カ主タル債權額ノ增減ニ因リ伸縮スルカ如シ故ニ不動產物權ノ變更ハ所謂私權ノ客觀的變更ニ屬ニス

民法原論 富井博士

第二 權利ノ變更トハ其存立ノ基本ヲ失フコトナクシテ其內容ニ變更ヲ生スルコトヲ謂フ地上權又ハ永小作權ノ存續期間ヲ伸縮シ質權又ハ抵當權ニ依リテ擔保セラルル債權ノ數額又ハ效力ニ變更ヲ來スカ如シ

物權法 横田博士

第三 既ニ成立シタル物權ヲ消滅スルコトナクシテ其內容、範圍體樣、效力ヲ變更スルヲ謂フ例之抵當權ノ目的タル不動產ノ範圍其擔保スル債權ノ範圍ヲ增減シ地上權永小作權ノ存續期間ヲ伸縮シ地役權行使ノ方法ヲ變シ所有權其他ノ物權ノ處分ヲ制限スルカ如シ

第四節　物權契約（物權的意思表示）

第一　法律行爲ニ因ル物權ノ取得ニハ古來三主義アリ如左

一　羅馬法主義　物權ノ取得ハ現實ノ引渡又ハ略式ノ引渡ヲ必要トス

二　佛蘭西法主義　物權ノ設定及ヒ移轉ハ當事者ノ意思表示ノミニ依リテ之ヲ爲シ目的物ノ引渡ヲ必要トセス(La propriété se treansme parle simple Co-nsentement)

三　獨逸法主義　債權契約ト物權契約トヲ區別シ前者ハ物權取得ノ債權關係ヲ發生シ又後者ハ物權取得ノ法律事實即物權取得ノ合意及ヒ其實行行爲ヲ指示ス彼ト此トハ主從ノ關係ヲ有シ（普國私法）又ハ互ニ獨立ス（獨逸民法）

我民法ニ於テハ當事者ノ意思表示ノミニ因リテ其效力ヲ生ス（一七六）

一　法律行爲ニ因ル物權ノ取得　前主ト後主トノ關係ニ基ケハ之ヲ分テ原始取得及傳來取得トシ又其內容ニ基ケハ之ヲ分テ物權ノ設定及ヒ移轉ト

ス物權取得ノ法律行爲ハ雙方行爲殊ニ契約タルヲ通例トス

物權ハ唯當事者ノ意思表示ノミヲ以テ之ヲ設定シ又ハ之ヲ移轉スルコトヲ得 故ニ物權ノ取得ハ意思表示ノ直接ノ結果ニシテ引渡(動產物權)若クハ登記(不動產物權)ヲ必要トセス又物權ノ設定若クハ移轉ヲ目的トスル債務履行ノ效果ニ非ス物權ノ設定及移轉ヲ目的トスル法律行爲ハ一方ニ於テ債權ヲ發生シ他方ニ於テ物權ヲ取得セシム故ニ物權移轉ノ債務ヲ發生スルニ止マル債權契約ト物權移轉ノ效力ヲ生スル物權契約ヲ混成シテ之ヲ一個ノ行爲ト爲シタルニ過キス(意思主義我民法ハ佛國民法ニ同シ)

物權移轉ノ債務カ成立スルト同時ニ履行セラレ物權カ移轉スルトノ理由ハ物權ノ移轉カ其意思表示ノ直接ノ結果ニ非スシテ反テ其意思表示ニ依リテ成立シタル債務履行ノ結果即物權移轉ノ表意ノ間接ノ結果ナリトノ論結ニ歸シ意思主義ノ本質ニ反ス

意思主義ハ簡便ヲ旨トシ意思ノ自由ヲ重ンシ法理上正當ナルノ外觀ヲ有スト雖實ハ一片ノ空理ニシテ取引ノ煩雜ヲ招キ又物權ノ法理ニ反ス元來

物權ハ第三者ニ對シ之ヲ主張スルコトヲ得ルノ效力ヲ有スルヲ以テ當事者ノ表意ノミニ因テ物權ヲ取得スル原則ヲ無制限ニ行ヘハ第三者ノ利益ヲ害シ延テ取引ノ信用ヲ害ス故ニ意思主義ヲ是認スル諸國ノ法律ハ一個ノ制限ヲ設ケ物權取得ノ公示方法トシテ登記（不動產物權）及引渡（動產物權）ヲ命シ物權ノ取得ハ登記又ハ引渡ナキ間ハ之ヲ以テ第三者ニ對抗スルコトヲ得サルモノトセリ（一七七、一七八）是ヲ以テ物權中ニ第三者ニ對抗スルコトヲ得ル權利及第三者ニ對抗スルコトヲ得サル權利ヲ生ス後者ノ存在ハ取引ノ煩雜ヲ招キ又物權ノ本質ヲ害ス蓋第三者ニ對シテハ讓渡人カ依然權利者ニシテ又讓渡人ニ對シテハ讓受人カ當然權利者ナルヲ以テ讓渡人及讓受人ハ各更ニ其物權ヲ讓渡スルヲ得（煩雜ノ例）又第三者ニモ對抗スルコトヲ得ヘキ物權ノ效力ヲ無視スレハナリ（本質ヲ害スル理由）反之登記及引渡ヲ以テ物權取得ノ要件トスル物權契約主義ハ第三者ニ對抗スルコトヲ得サル物權ノ存在ヲ見ルコトナシ故ニ取引ノ繁雜ヲ招クコトナク又物權ノ法理ヲ無視スル弊ナシ物權ノ得喪又ハ變更ヲ來ス最重要ナル事實ハ其設定移轉又ハ變更ヲ目的トスル意思表示（一六一七）殊ニ契約ナリトス然ルニ其意思表示ノ性質即物權行爲ノ根本的觀念ニ關シテハ從來二大主義アリ如左

一 債權關係ノ發生ヲ目的トスル契約ト相離レテ直接ニ物權ノ得喪ヲ來スヘキ契約アルコトヲ認メス物權ノ得喪ヲ目的トスル債權的契約カ法律ノ力ニ依リテ物權ノ設定、移轉ヲ生スルニ過キス即物權ノ移動ヲ來ス要件（殊ニ特定物ヲ目的トスルコト）ニシテ備ハルトキハ其債權的契約ハ物ノ引渡及保存（引渡前ニ於ケル）ノ債務ト共ニ法律上物權移動ノ效果ヲ生スルモノト爲ス學者ハ一般ニ之ヲ解シテ物權ノ設定移轉ヲ目的トスル債務ハ其發生セル瞬間ニ履行セラレタルモノト看做スニ外ナラストセリ

故ニ債權契約ノ通性トシテ一定ノ方式ヲ履ムコトヲ要セス登記又ハ引渡ハ唯第三者ニ對シテ其效果ヲ全カラシムルニ必要ナルノミ又物權ノ移動ハ一ニ其原因タル債權契約ノ運命ニ罹リ其契約ニシテ無效ナルトキハ物權ノ移動モ亦當然生セサルモノトス（佛法系ノ主義）

此主義ハ登記法ニシテ完備スルコトヲ得ハ適當トスヘキカ如シ

二　債權的契約ト物權的契約トヲ截然區別シ物權ノ設定移轉及ヒ變更（消滅ハ別ナリ）ニハ其原因ト爲ル債權契約アル場合ニ於テモ之ト獨立セル物權契約アルコトヲ要シ其物權契約ノ效果トシテ物權ノ移動ヲ來スモノト爲ス其契約ハ要式ニシテ不動產ニ關シテハ登記、動產ニ關シテハ引渡アルニ因リテ成立スルモノト爲シ又無因ニシテ債權契約ノ有效無效ニ因リ何等ノ影響ヲモ受ケサルモノト爲ス（獨法系ノ主義）

此主義ハ當事者ノ意思ヲ尊重シ且簡便ヲ旨トスルモ物權ノ性質ト相容レス且第三者ノ保護ヲ全カラシメサル缺點アリ蓋物權ハ絕對權ナルカ故ニ其存立ト同時ニ之ヲ以テ何人ニモ對抗スルコトヲ得ヘキ效力ナカルヘカラス其存立要件ト對抗要件トヲ區別シ一般ニ第三者ニ對抗スルコトヲ得サル物權ヲ認ムルカ如キハ物權ノ本質ニ反スルモノト謂フヘシ又此主義ニ依ルトキハ物權ヲ設定、移轉シタル者ハ一面ニ其權利ヲ失ヒ他面ニハ之ヲ失ハサル結果ヲ來スヘキカ故ニ實際ニ複雜ナル關係ヲ生シテ取引ノ安

全ヲ害スルコトナキヲ得ス

我民法ハ此兩主義中孰レヲ採用シタルヤ余輩ノ所見ニ依レハ此兩主義ノ何レトモ相異ル所アリ其概要如左

凡ソ法律行爲ノ内容ト爲ルヘキ法律上ノ效果ハ其效果ノ發生ヲ目的トスル意思表示ノ效果ニシテ其債權ニ關スルト物權ニ關スルトヲ問ハス之ヲ發生セシメント欲スル當事者ノ意思表示ニ因リテ直ニ發生スヘキヲ當然トス即當事者ハ法律ノ定ムル所ニ從ヒ債權關係ヲ生スヘキ行爲ヲ爲スコトヲ得ルカ如ク直接ニ物權的效果ヲ生スヘキ意思表示ヲ爲スコトヲ得サルヘカラス又同一ノ行爲ヲ以テ債權關係ト共ニ物權關係ヲ生セシムルモ妨ナシ故ニ單純ナル債權的契約アル如クニ物權的契約アルコトヲ得ヘク又同時ニ債權關係ト物權關係トヲ生セシムル多クノ契約アルコトヲ得ヘキハ疑ヲ容レス第百七十六條ハ則此觀念ニ基クモノニシテ同條ニ所謂「意思表示」トハ物權ヲ設定移轉スルノ意思表示ト解セサルヘカラス決シテ債權的契約カ法律ノ力ニ依リテ物權上ノ效果ヲ生スル趣旨ニハ非サルナリ（佛法ノ觀念ト相異ナル）殊ニ其規定

ハ概括的ニシテ獨リ物權ノ設定、移轉ヲ目的トスル債權契約ノ存スル場合ニノミ適用アルニ非ス其設定、移轉ヲ目的トスル債務カ直接ニ法律ノ規定ヨリ生スル場合及ヒ其債務ノ生スルコトナキモ尙物權ノ移動ヲ來ス場合（例之實行的贈與代物辨濟等）ニモ適用アルコト勿論ナリトス果シテ然ラハ所謂意思表示」ハ直接ニ物權ノ設定、移轉ヲ目的トスル意思表示ト解スルノ外ナク債權契約ノ有無ニ依リテ其意義ヲ異ニスルモノト謂フコトヲ得サルナリ

或ハ曰ク我民法ハ債權編ニ契約ノ規定ヲ掲ケ殊ニ第五百五十五條、第五百八十六條等ニ「財産權ヲ移轉スルコトヲ約シ云云」トアリ即我民法ノ精神ハ佛法ニ於ケル如ク債權契約ノ效果トシテ物權ノ設定、移轉ヲ來スモノト爲シ直接ニ物權ノ設定、移轉ヲ目的トスル意思表示ヲ認メサルニ在リト（草案理由書四二七頁）然レトモ斯ノ如キ規定ハ畢竟契約カ最多クノ場合ニ於テ債權關係ヲ生スルカ故ノミ物權ノ得喪ヲ來ス事由ハ主トシテ第百七十六條ニ依リテ定マルモノト謂ハサルヘカラス所謂「財産權ヲ移轉スルコトヲ約シ云云」ナル語ハ將來ニ之ヲ移轉セシムヘキ債務ヲ負フノ意義ニ解セラルヘキコトハ之ヲ認ム從テ

特定物（自己ノ所有ニ屬スル）ノ賣買又ハ地上權、永小作權等ノ讓渡ト雖直接ニハ物權ヲ移轉セサル如シ然レトモ既ニ「契約」ナル語カ專、債權關係ノ發生原因タルコトヲ意義セサル以上ハ必シモ斯ノ如ク狹義ニ解スルコトヲ要セサルヘシ又地上權、永小作權等ノ設定（讓渡ト混同スヘカラス）ハ賣買ト見ルヘキニ非サルカ故ニ其意思表示ノ效力ハ一ニ第百七十六條ニ依リテ定マルモノト解スルノ外ナシ

要之ニ我民法ハ債權的意思表示ト物權的意思表示トヲ晝然區別シ物權ノ設定、移轉ハ如何ナル場合ニ於テモ直接ニ之ヲ目的トスル意思表示ニ因リテ其效力ヲ生スルモノト爲ス

然レトモ亦獨法ニ於ケル如ク常ニ別個ノ物權契約ナルモノヲ要スルニ非ス一個ノ契約ニ依リテ債權及ヒ物權ヲ發生セシメ又ハ之ヲ變更、消滅セシムルコトヲ得ルモノト爲ス趣意ト解ス例之特定物ノ賣買ノ如キ通常當事者ハ直ニ物權ヲ移轉スルト同時ニ代金ノ支拂ニ付キ債權關係ヲ生セシムルコトヲ目的トスル意思表示ヲ爲スモノニシテ畢竟物權移轉ノ意思表示ト代金ノ支拂ニ關スル意思表示ヨリ成ル契約ト見ルカ如シ

蓋債權關係ノ全ク生スルコトナクシテ單獨ニ物權ノ移動ヲ來ス場合ハ比較的少數ニシテ事實上最多キハ寧此二ノ效果ヲ生スル場合ナリトス此場合ニ於ケル物權的意思表示ハ契約ノ一部ヲ成シ獨立ノ存在ヲ有セサルカ故ニ無因ナルモノニ非ス即契約全體ノ運命ニ從フモノト謂フヘシ又其意思表示ハ直ニ物權ノ移轉ヲ來スコトヲ得ヘキ場合ニ非サレハ其效力ヲ生セサルコト勿論ニシテ其以外ノ場合ニ於テハ單ニ物權ヲ移轉セシムル債權關係ヲ生スルニ過キス例之他人ノ所有ニ屬スル物ノ賣買ノ如シ（五六〇）此他債權的契約ノ成立後ニ物權的意思表示ノ生スル場合少シトセス不特定物ノ賣買ノ如キハ其主要ナル一例ナリ此場合ニ於テ賣買契約ハ其目的物ノ性質上直ニ所有權ヲ移轉スルニ由ナク後日恰其履行トシテ物權的意思表示ヲ爲スモノト解ス（問題二參照）

物權ノ設定移轉ヲ目的トスル意思表示ノ成立ニ關シテハ我民法ハ佛國法ノ主義ヲ襲用シ外形ノ方式ヲ必要トセサルモノト爲ス即物權ノ設定移轉ハ質權ノ設定ヲ除ク外當事者ノ意思表示ノミニ因リテ其效力ヲ生スルモノト爲

シ(一七六、三四四)便宜上此原則ヲ制限シ登記又ハ引渡ナキ限リハ物權ノ得喪變更ヲ以テ第三者ニ對抗スルコトヲ得サルモノト爲ス(一七七、一七八)即登記及ヒ引渡ハ一種ノ公示方法ニシテ有效ニ成立シタル權利移轉ノ效力ヲ全カラシムルモノニ過キサルナリ

物權法
梅田博士

第三

物權ノ得喪變更ニ付テハ古來種々ノ主義行ハレタレトモ方今採用シ得ヘキモノハ佛蘭西主義ト獨逸主義ノ外ニ出テサルヘシ其主義如左

一　佛蘭西主義　原則トシテ物權ノ設定及ヒ移轉ハ當事者ノ意思表示ノミニテ其效力ヲ生スルモノト爲シ唯第三者トノ關係ニ於テハ登記又ハ引渡ノ手續ヲ爲サヽル限リハ之ヲ對抗スルコトヲ得サルモノト爲ス此原則ニ對シテハ二個ノ批難アリ如左

甲　學理上ノ批難　物權ハ物ノ上ニ直接ニ行ハルル所ノ支配權ナレハ之カ成立ト同時ニ何人ニ對シテモ此支配權ヲ對抗シ得ヘキ效力ヲ有セサルヘカラス然ルニ物權ハ其成立ノ要素ニ非サル或行爲(登記又ハ引渡)ニ因リ始

メテ第三者ニ對抗シ得ヘキモノトセンカ其成立ト同時ニ絶對的效力ヲ生セサル物權ハ物權タルノ本質ヲ完備セサルモノナリ法律カ斯ノ如キ物權ノ存在ヲ認ムルハ物權ノ本質ヲ毀損スルモノナリト正當ナリ

乙 實際上ノ批難 此主義ニ依ルトキハ重複ノ物權ヲ発ルルコトヲ得ス蓋物權讓渡ノ場合ニ讓受人ト讓渡人トノ間ニ於テハ讓受人ハ常ニ權利者ナレトモ第三者ニ對スル關係ニ於テハ登記又ハ引渡ノ結了スルマテハ讓渡人ハ依然トシテ其權利ヲ保有シ第三者ハ有效ニ其權利ヲ讓受クルコトヲ得ヘケレハナリ重複ノ物權ハ往々混雜ヲ來シ困難ナル問題ヲ生スヘシト缺點ナリ

三 獨逸主義 物權ノ設定及ヒ移轉ニ關シテハ之ヲ目的トスル當事者ノ意思表示ノ外不動產ニ付テハ登記、動產ニ付テハ引渡ヲ了スルニ非サレハ其效力ヲ生セサルモノトセリ故ニ當事者カ物權ヲ設定又ハ移轉スルノ意思ヲ表示シタルトキハ此意思表示ハ單ニ當事者ノ一方ヲシテ登記又ハ引渡ニ因リ他ノ一方ニ物權ヲ取得セシムルノ債務關係ヲ創設スルニ止リ直ニ物權ヲ生セサルモノト爲ス此主義ハ物權ノ本質ヲ傷クルノ虞ナク又第三者ノ利益ヲ保護シ取引ヲ安全ナラシムルノミナラス物權ヲ統一スルノ利アリテ實際ノ適用モ亦頗簡便ナリトス

我國從來ノ制度ハ專ラ佛國主義ニ則リ實際ノ取引モ亦此主義ニ依リ來リタルヲ以テ我民法ハ舊民法ト等シク從來ノ制度ヲ維持シ之ヲ變更セサリシモノナリ然レトモ余ハ獨逸主義ヲ優レリト信ス但何レノ主義ヲ採用スルモ其結果ハ略同一ニ歸着スヘシ何トナレハ我民法ハ登記又ハ引渡ヲ以テ物權ノ得喪變更ノ要件トナササルモ此手續ヲ等閑ニ付スルニ於テハ第三者ノ爲ニ其權利ヲ奪ハルルノ危險アルヲ以テ實際ノ取引ニ於テハ登記又ハ引渡ハ恰モ物權ノ得喪變更ノ要件タルカ如ク重要視セラルルニ至ルヘキヲ以テナリ

物權契約カ完全ニ其效ヲ生スルニハ三要件ヲ具フルコトヲ要ス如左

一　當事者ノ意思表示　物權ノ設定移轉ヲ目的トスル意思表示ハ單ニ債權的效力ノミヲ生スルコトアリ債權的效力ト物權的效力トヲ併セテ生スルコトアリ又ハ單ニ物權的效力ヲ生シ若クハ物權契約成立ノ前提要件タル

ニ過キサルコトアリ即

甲　不特定物又ハ他人ノ所有物ヲ讓渡スルノ契約ハ所有權ノ移轉ヲ目的トスル債權債務ノ關係ヲ發生セシムルニ止マリ直ニ物權的效力ヲ生スルコトナシ

乙　當事者ノ一方カ賣買贈與交換ニ因リ自己ノ所有物ヲ相手方ニ讓渡スルコトヲ約シタルトキハ其契約ハ債權的效力ヲ生スルト同時ニ直ニ物權的效力ヲ生シ契約ノ目的タル物ノ所有權ヲ相手方ニ移轉セシム

丙　抵當權ノ設定ヲ唯一ノ目的トスル意思表示ハ物權的效力ノミヲ生ス

丁　質權ノ設定ヲ唯一ノ目的トスル意思表示ハ目的物ノ引渡ヲ完了セサル間ハ質權設定ノ前提要件トシテ其存在ヲ有スルニ止リ債權的效力若クハ物權的效力ヲ生スルコトナシ

物權契約ノ成立要件タル意思表示ハ債權契約（賣買贈與交換等）ノ內容ヲ成ス意思表示アルノミヲ以テ足レリトシ別ニ物權的效力ヲ生セシムル爲ノ意思表示アルコトヲ要セス

債權契約カ同時ニ物權契約タル性質ヲ有スル場合及債權契約カ目的物ノ特定又ハ當事者一方ノ權限ノ發生ニ因リ物權契約ニ轉換シタル場合ニ於テハ當事者相互間ニ於テ先ツ債權關係ヲ發生シ其債權關係ハ第百七十六條ノ規定ニ因リ物權關係ニ變シ當事者ハ玆ニ債權ノ創設ニ因テ希圖シタル目的ヲ達スルモノト謂ハサルヲ得ス何トナレハ物權ノ設定移轉ヲ目的トスル債權的契約ハ債權ノ創設ニ因リテ物權的效果ヲ生セシムルヲ目的トシ此效果ハ履行ヲ俟テ生スヘキモノナレハ債權契約カ卽時ニ又ハ後日ニ物權的效力ヲ生スルハ其契約ヨリ生スル債權ノ效果ナリト解スルヲ得ヘケレハナリ(問題三參照)

二　目的物ノ特定　當事者カ物權ノ設定移轉ヲ目的トスル意思ノ表示ヲ爲スモ目的物カ特定セサル間ハ其意思表示ハ物權的效力ヲ生セサルモノトス例之不特定物ノ債務ノ如シ故ニ不特定物ノ債務ハ目的物ノ引渡當事者ノ合意又ハ給付ヲ爲スニ必要ナル行爲ノ完了ニ因リ其目的物カ特定スルト同時ニ特定物ノ債務ニ轉換シ此時ヲ以テ物權的效力ヲ生スルモノトス

三　物權ヲ設定移轉セントスル當事者ノ權限　特定ノ有體物ニ付キ當事者間ニ物權ノ設定移轉ニ關スル意思表示アルモ其物權ヲ設定移轉セントスル所ノ當事者ノ一方ニ其權限ナキトキハ其意思表示ハ直ニ物權的效力ヲ生セサルモノトス何トナレハ何人ト雖自己ノ有セサル權利ヲ他人ニ讓渡スルコトヲ得サレハナリ例之他人ノ所有物ヲ賣渡スコトヲ約シタル場合ノ如シ然レトモ賣主ニ此權利發生シタルトキ（眞正所有者ヨリ其物ヲ讓受ケタルトキ）ハ賣買契約ハ當然物權的效力ヲ生シ當事者間ニ於テ別ニ所有權移轉ニ關スル意思表示ヲ爲スコトヲ要セス其所有權ハ直ニ買主ニ移轉スルモノトス

獨逸民法ニ依ルトキハ物權契約ハ所謂不要因契約ノ一種ニ屬シ其原因タル債權契約ノ無效又ハ取消ノ爲、毫モ其效力ヲ妨ケラルルコトナシ

我民法上物權契約ハ債權契約ニ對シ別個獨立ノ契約ニ屬シ債權契約ノ無效取消ハ物權契約ノ效力ニ何等ノ影響ヲ及ホササルモノト解スヘキヤ余ハ積極説ヲ採ル蓋我民法物權編ノ規定ハ範ヲ佛國民法ニ採リタルモノニシテ第百七十六條ノ規定ハ佛國民法第千百三十八條ノ規定ヨリ脫化シ來リタルモ

ノナリ同條ニ曰ク「所有權ヲ移轉スルノ義務ハ合意ニ因リテ完成ス」ト其意當事者間ノ契約ニ因リ其相互間ニ於テ所有權ヲ移轉スルノ債權債務カ發生スルト同時ニ所有權移轉ノ效果ヲ生スト謂フニ在リ換言スレハ所有權ノ移轉ヲ目的ト爲ス債權關係ハ成立ト共ニ直ニ物權關係ニ轉換スルモノニ外ナラサルヲ以テ賣買契約ノ無效又ハ取消ハ其當然ノ結果トシテ物權契約ノ成立ヲ妨クルモノト解セサルヘカラス我民法ノ規定ハ佛國民法ノ規定ト其文詞ヲ異ニシ其精神ヲ同フスルモノニシテ佛國民法ノ意思主義ヲ基礎トシ更ニ之ヲ擴張シテ一般物權ノ設定移轉ヲ目的トスル意思表示ニ付キ包括的規定ヲ設ケタルモノニ過キサレハナリ

第四

物權ノ設定移轉ニ關シテハ古來二大主義アリ如左

一 意思主義 當事者ノ意思ノミヲ以テ足ル（佛法系）

二 形式主義 當事者ノ意思ノ外一定ノ形式ヲ要ス（獨法系）其形式ハ

甲 動產ニ關スルモノ 引渡

乙　不動產ニ關スルモノ　(一)引渡ノ制(二)設定宣告ノ制其中(甲)拋棄主義即讓渡人又ハ設定者ハ裁判官ノ面前ニ於テ讓受人ノ利益ノ爲ニ其權利拋棄ノ意思ヲ表示シ裁判官ハ讓受人ニ權利ヲ移轉スルモノ(乙)裁判設定主義即權利者ハ一旦其權利ヲ裁判官ニ移轉シ裁判官ハ更ニ之ヲ讓受人ニ授與ス(丙)裁判確認主義即當事者ハ權利授與ノ契約ヲ爲シ裁判官之ヲ審査シ登記セシム(丁)登記主義即當事者ヲシテ權利ノ移轉ヲ登記セシメ此登記ニ依リテ權利ヲ移轉スルモノト爲ス其中(子)當事者ノ合意ヲ以テ足レリトシ(丑)證書ノ呈出ヲ要スルモノト爲ス

我民法ハ意思主義ヲ採用ス例外質權ノ設定ニハ目的物ノ引渡ヲ要ス蓋物權ノ設定移轉ニ付キ形式ヲ要ズルハ物權ノ性質ヨリ來ルモノニ非ス證據法未完備セス取引未頻繁ナラサル時代ニ於テ行ハルヘキ規定ニシテ今日ノ社會ニ於テハ徒ニ取引ノ不便ヲ生スルニ過キス

近時ノ獨法系ニ於テハ單純ナル意思表示ニ依リテ物權ヲ設定移轉スルヲ許サス之カ爲ニ特別ノ行爲ヲ必要トシ各物權ニ付キ之ヲ取得スルノ法律行爲

ヲ特定ス其最重ナルモノヲ所謂物權契約（Dinglicher Vertrag）ト爲ス是等ノ法律行爲ノ特性トスル所ハ概シテ一定ノ方式ヲ必要トスルニ在リ其方式ノ重ナルモノハ動産ニ關シテハ目的物ノ引渡、不動産ニ關シテハ登記及ヒ或權利ニ在リテハ其登記簿ノ謄本ノ交付ナリトス

我民法ハ此主義ヲ採ラス物權モ債權ト同シク單獨ナル意思表示ニ因リテ之ヲ設定移轉スルコトヲ得ルヲ原則トス（一七六）然レトモ物權ハ債權ト異リ法律ヲ以テ定メタル種類以外ノモノハ之ヲ創設スルコトヲ得ス（一七五）

第五 物權ヲ設定移轉スルニ二主義アリ如左

一 當事者ノ意思表示ノミニテ可ナリトスル主義

二 當事者ノ意思表示ノ外證書ノ作製又ハ物ノ引渡等ノ方式ヲ要ストスル主義

羅馬法ハ方式ヲ重ンシ物權ノ設定移轉ニハ物ノ引渡ヲ要スルハ勿論設定、移轉ノ際ニ當事者ノ語ルヘキ言語モ一定シ居リ而シテ土地ヲ賣買、讓與スル際

ニハ土地ヲ引渡ス方式トシテ當事者カ其土地ニ臨ムヘキコトトナレリ古代ニアリテハ何レノ國ノ法律モ物權ノ設定移轉ニハ多クノ方式ヲ要スルモノトシ殊ニ目的物ノ引渡ハ必之ヲ要スルノ有樣ナリキ今ニ至リテモ尙此方式主義ヲ採ルモノアリ最進歩シタリト稱セラルル獨逸民法草案ハ此主義ヲ採リテ動產所有權ノ讓渡ニ付テハ所有者カ其物ヲ取得者ニ引渡シ且雙方カ所有權移轉ニ付キ合致スルコトヲ要ス取得者既ニ其物ヲ占有スルトキハ所有權移轉ニ付キ雙方合致スルノミニテ足レリトナス然レトモ物權ノ設定移轉ニ方式ヲ要スル主義ハ近代ノ如ク證據方法完備シ取引ノ頻繁トナリシ時代ニ於テハ迂遠ニシテ到底之ニ依ルヲ得サルナリ是ヲ以テ我民法ハ第一ノ主義ヲ採レリ

第五節　物權ノ對抗

第一款　登記

第一項　登記ニ關スル主義

第一　不動産ハ其地位一定シ且其種類動産ノ如ク多カラス是不動産物權ニ關シ左ノ三主義ヲ生スル所以ナリ

一　登記公示主義　登記ヲ以テ第三者ニ對スル不動産物權ノ得喪及ヒ變更ノ公示方法ト爲ス此主義ハ取引ノ煩雜ヲ招キ物權ノ性質ヲ害ス（一七七、佛一八五五年三月二七日法律、白一八五一年一二月一六日法律、伊民一九三二以下一九八一以下、希臘、葡、西）

二　登記要件主義（Eintragungssystem）　登記ヲ以テ不動産物權ノ得喪及ヒ變更ノ要件ト爲ス此主義ハ取引ノ實際ニ適シ物權ノ法理ニ合ス（獨法系諸國殊ニ澳一八七一年七月二五日法律、匈一八五五年一二月一五日法律、獨民八七三以下、瑞典一八七五年六月一六日法律、蘭民六〇九、一二二四等）

三　地劵交付主義　土地ノ權利狀態ヲ記載セル二通ノ地劵ヲ作リ一通ハ之ヲ所有者ニ交付シ以テ其權原ヲ證スルノ用ニ供シ他ノ一通ハ之ヲ登記官廳ニ留メ編製シテ登記簿ト爲シ爾後其土地ニ關スル物權ノ得喪變更ニハ該地ノ地劵及ヒ登記簿ヲ變更スルコトヲ要ス此主義ハ費用ヲ節シ土地ニ關スル物權ノ得喪及ヒ變更ヲ容易ナラシムルノ利益アリト雖地劵及ヒ登

記簿ノ變更手續カ簡易ニ失スルヲ以テ詐欺ノ行ハレ易キ弊害アリ（南濠洲一八五八年（Real property Act）シンガポール、コロシビヤ等英領植民地チユニジ、アルゼリ等佛領植民地ニ行ハル）不動産物權ノ得喪變更ハ其登記アルニ非サレハ之ヲ以テ第三者ニ對抗スルコトヲ得ス（一七七）是第三者ノ利益ヲ保護シ取引ノ安全ヲ保護スル法意ニ出ツ

第二

物權法 横田博士

一 登記ノ實質的效力　登記制度ニ關シ各國採用スル所ノ主義中重ナルモノ如左

甲 登記ヲ以テ要件トスル主義　物件ノ得喪變更ハ登記ヲ經ルニ非サレハ絕對的ニ其效ヲ生セサルモノトナス（獨民）分レテ二ト爲ル如左

子 登記原因（法律行爲）ト登記ト相俟テ其效ヲ生スルモノ

丑 登記原因ノ有無ニ拘ラス單ニ登記ノミニ因リテ其效ヲ生スルモノ是物權ノ統一ヲ主眼トシ登記面ノ權利者ト實體上ノ權利者トノ重複ヲ防クノ精神ニ出テタルモノナレトモ此主義ハ登記制度ノ主眼タル第三者ノ保護ヲシテ當事者ノ一人ニシテ而モ不法行爲ヲ爲シタル者

（例之賣買證書ヲ僞造シテ登記ヲ爲シタル者）ニ及ホシ他ノ當事者ノ權利ヲ犧牲ニ供スルノ弊アリ

乙　登記ヲ以テ公示方法ト爲ス主義　物權ノ得喪變更ヲ第三者ニ對抗スルノ必要條件ト爲ス（佛伊民法）分レテ二ト爲ル如左

子　登記ハ善意ノ第三者ニ對シ必要ナルモ惡意ノ第三者ニ對シテハ其必要ナシトスルモノ

丑　第三者ノ善意惡意ヲ問ハサルモノ（一七七）

原因ナキ登記ノ效力ニ關シテモ亦國ニ依リ其主義ヲ異ニス如左

甲　絕對的公示主義　登記原因ノ有無ニ拘ラス登記ヲ以テ絕對的眞實ヲ表示スヘキモノト看做ス故ニ尙、登記ヲ信シテ取引ヲ爲シタル第三者ハ登記面ノ權利カ實體的權利ト符合スルト否トニ拘ラス其權利ヲ取得シ完全ニ保護セラル（獨民）此主義ハ眞正ノ所有者ト善意ノ第三者トノ利益ヲ比較シ第三者ノ利益ヲ保護スルヲ以テ公益ニ利アリト認ムルモノニシテ占有ノ效力ヨリ生スル動產上ノ權利ノ即時取得ト全ク同一ノ精神ニ

基ク

乙　相對的公示主義　登記ハ適法ノ原因ニ基クヲ要ス故ニ適法ノ原因ニ基カサル登記ハ第三者カ之ヲ信シテ取引ヲ爲スモ何等ノ權利ヲ取得スルコトヲ得ス（伊佛及我民法）但登記原因ノ無效取消カ善意ノ第三者ニ對抗シ得ヘカラサルトキハ善意ノ第三者ハ其取引ノ保護ヲ受クヘキモノトス

二　登記ノ形式的效力　適法原因ヲ缺ク登記ハ實體上ノ效力ヲ生セサル場合ト雖其形式ニシテ存スルトキハ登記法上一定ノ效力ヲ附與セラルル如左

甲　登記ニ關スル行爲ハ登記面ノ權利者ニ非サレハ之ヲ爲スコトヲ得ス我民法上原因ナキ登記ハ實體上何等ノ效力ヲ生スルコトナク從テ眞正權利者ハ登記ノ爲ニ其權利ヲ左右セラルルコトナシト雖、其權利カ他人ノ所有トシテ登記シアル間ハ其權利ニ關スル登記行爲ヲ爲スコトヲ得サルヲ以テ其名義ヲ變更シ形式上權利者タル地位ヲ回復スルノ要アリ

乙　登記ノ變更ヲ目的トスル請求ハ常ニ登記面ノ權利者ヲ對手人ト爲スコトヲ要ス　登記行爲ハ登記面ノ權利者ノ申請ニ基キテ之ヲ爲スコト

ヲ要ス故ニ實體上ノ權利關係ヲ基礎トシテ登記ノ變更ヲ請求スルノ權利ヲ有スル者ハ登記面ノ權利者ヲ對手人トシテ其承諾ヲ求ムルコトヲ要ス

民法理由 岡松博士

第三

物權ハ當事者ノ意思ノミニ依リテ設定又ハ轉移スルコトヲ得然レトモ此原則ヲ絶對的ニ適用スルトキハ第三者ハ爲ニ不測ノ損害ヲ被リ取引上種々ノ弊害ヲ生スルノ虞アリ故ニ意思主義ヲ採ルモノト雖、其原則ヲ制限シ之ヲ登記スルニ非レハ以テ第三者ニ對抗スルヲ得スト爲ス(一七七)唯其制限ノ範圍ニ付キテハ

一 善意ノ第三者ノミニ對抗スルヲ得スト爲シ

二 第三者ノ意思ノ善惡ヲ問ハサルモノトス

我民法ハ後ノ主義ニ從フ第一ノ主義ハ理論上當ヲ得タルモノナリト雖善意惡意ニ付キ疑義ヲ生シ訴訟ノ增加ヲ來スヲ以テ不可ナリ(「チウブリー、ロウ」二卷三〇八頁)

民法正解

第四

登記ノ效力ニ關シテ二主義アリ如左

一　登記ヲ不動產物權ニ關スル法律行爲ノ要件トシ登記セサレハ權利ハ當事者間ニ在リテモ得喪セストス(獨民草)

二　登記ハ法律行爲ノ成立要件ニ非スシテ單ニ其行爲ノ結果ヲ公示スル方法タルニ過キストス(一七一七)

(一)ノ如クスルトキハ權利得喪ノ時期ヲ明確ニスルノ利アリ(二)ノ如クスルトキハ迅速ニ權利ヲ移轉シ得ルノ利アリ而シテ二者各之ニ伴フ弊害ヲ有ス然レトモ取引ノ迅速ヲ要スル今日ニ於テ登記ヲ以テ權利ノ得喪、變更ニ必要ナル條件トスルハ極メテ迂遠ナリ

登記ハ公示ノ方法ニシテ物權ノ得喪、變更ヲ人ニ知ラシムルヲ目的トスルモノナリトセハ已ニ此等ノ事實ヲ知ル者ニ對シテハ登記ノ必要ナク登記ヲ爲サヽルモ物權ノ得喪變更ヲ此等ノ第三者ニ對抗シ得ヘキ理ナリ舊民法然リ(財三四七、三五〇等)然レトモ是理論ニ偏シテ實際ヲ省ミサルモノナリ事ヲ知ルト知ラサルトハ人ノ意中ニ屬シ外ヨリ容易ニ推測シ得ヘキモノニ非ス假ニ推測シ

得ヘシトスルモ其推測ノ當否及ヒ之ニ關スル證據ニ就キ屢爭ヲ生スルコトアルヘキヲ以テナリ我民法ハ實際ノ便宜上登記ヲ爲ササルトキハ如何ナル第三者ニモ其事實ヲ對抗シ得ストシ第三者ノ善意タルト惡意タルトニ依リテ區別ヲ設ケサルコトトセリ

第五　登記ノ性質ニ付テハ各國ノ立法例及ヒ學說未タ一定セス如左

一　登記ハ權利ノ得喪、變更ノ絕對條件ニシテ當事者間ニ於テモ登記アルマテハ權利ノ得喪變更ナキモノト爲ス　此主義ハ物權ノ性質上穩當ニシテ且實際上、便利ナルカ如シ蓋物權ハ何人ニ對シテモ行ハルヘキ權利ニシテ甲ニ對シテハ之ヲ行フコトヲ得ルモ乙ニ對シテハ之ヲ行フコトヲ得サルカ如キハ稍、其性質ニ反スルノ嫌アルノミナラス法律關係頗、錯雜ヲ極メ法律ノ適用上大ニ不便ヲ感スヘケレハナリ然レトモ實際ニ弊害ナキ限リハ力メテ當事者ノ意思ヲ重ンシ法律ノ力ヲ以テ强テ之ヲ妨クルノ必要ナシ特ニ第三者ヲ保護スル爲、其設定、移轉等ヲ之ニ對抗スルコトヲ得ストスルモ法理上、實際上共ニ不可ナルコトナシ蓋、一ノ行爲ニシテ甲ニ對シテハ有效ナルモ乙ニ對シテハ無效ナルカ如キハ法律上常ニ免ルルコトヲ得サル顯象ナレハナリ例之無能力者ノ法律行爲又ハ裁判ノ結果ノ如シ其法律關係稍錯雜セルカ如キモ實際ニ於テハ爲ニ煩雜ヲ來スノ虞ナシ蓋當事者間ノ關係ニ止マリ第三者ノ利害ニ關セサル場合ニ於テハ既ニ權利ノ設定、移轉等アリタルモノト認メ苟、第三者ノ利害ニ關スル場合ニ於テハ未、其設定、移轉等アラサルモノト認ムヘケレハナリ

二　登記ハ一ノ公示方法ニ過キス登記アレハ第三者之ヲ知レルモノト推定シ登記ナケレハ之ヲ知ラサルモノト推定シ尙之カ反證ヲ許セリ　此主義ハ權利ハ當事者ノ意思ニ因リ何人ニ對シテモ發生移轉スト雖、唯善意ノ第三者ヲ保護センカ爲其發生移轉ヲ之ニ對抗スルコトヲ得サルモノト爲スニ止リ最穩當ナルカ如シ然レトモ實際上意思ノ善惡ヲ分ツコト難キノミナラス同シク第三者ニシテ一ハ權利ノ發生移轉ヲ認メス他ハ之ヲ認メサルコトヲ得サルカ如キハ法律關係ヲ錯雜ナラシムルモノニシテ不便尠カ

ラサルナリ

三　登記ハ公示方法ナルモ第三者ノ善意惡意ヲ問ハス登記アレハ何人ト雖之ヲ知ラスト謂フコトヲ得ス登記ナケレハ何人モ之ヲ知ラサルモノト看做シ第三者ニ對シテハ登記ノ有無ニ因リテ權利確定スヘキモノト爲ス此主義ハ我民法ノ採ル所ニシテ法理上ニ於テモ原則トシテハ當事者ノ意思ノ效力ヲ充分ニ認メ何人ニ對シテモ權利ノ發生移轉スヘキモノト爲スニ拘ラス唯第三者ヲ保護スルカ爲之ニ對シテハ其權利ノ發生移轉ヲ援用スルコトヲ得サルモノトスルニ止メタルカ故ニ毫モ不可ナル所ナク實際上ニ於テモ能ク前二主義ノ缺點ヲ補ヒ最便利ナルモノト謂フヘシ

要之後ノ二主義ハ皆登記ヲ以テ第三者ノミニ對シ必要ナルモノト爲シ當事者間ニ於テハ第百七十六條ノ規定ニ依リ權利ノ得喪變更アルモノト爲ス

第二項　登記ノ意義

不動產所在地ノ區裁判所カ當事者ノ申請又ハ官廳若クハ公署ノ囑託ニ因リテ

法律上一定ノ公簿ニ為ス不動産ノ權利狀態ノ記載ナリ

第三項　登記物權

民法論　松岡學士

第一　不動産登記法ニ限定ス（一七七）而シテ占有權留置權及ヒ入會權ハ登記ヲ為スコトヲ要セス蓋占有權及ヒ留置權ハ其存在ニ目的物ノ占有ヲ要件トスルヲ以テ該占有ノ事實ニ依リ第三者ハ容易ニ權利者ヲ知ルコトヲ得ヘク又入會權ハ登記ヲ要セサル慣習アルニ由ル例外、不動産ノ賃貸借ノ登記（六〇五、登一）又第三者ニ對抗スルカ為ニ登記ヲ為スヘキ權利ノ目的物ハ不動産（私有公有共）即土地及ヒ建物ナリトス（登一四）單ニ立木ノミヲ目的物トスル不動産物權其他建物以外ノ土地ノ定著物ヲ目的物トスル不動産物權ノ登記ハ之ヲ是認セス例外、船舶ノ所有權、抵當權及ヒ賃借權ノ登記（商五四〇、五ノ一、五五六、六八六等船舶登記規則參照）

民法原論　富井博士

第二　一　登記ヲ必要トスル權利　不動産登記法之ヲ規定ス（登一）而シテ占有權、留置權入會權ヲ除外セルハ蓋占有權及ヒ留置權ハ何レモ占有ナル外形ノ事實ヲ以テ其發生及ヒ存續ノ要件ト爲スカ故ニ更ニ登記ニ依リテ之ヲ第三者ニ公示スルコトヲ要セス（一八〇、二〇三、二〇四、二九五、三〇二）又入會權ニ付テハ主トシテ各地方ノ慣習ニ從フヘキモノトシ（二六三、二九四）而シテ從來登記ヲ必要トセル慣習ナケレハナリ故ニ入會權（共有ノ性質ヲ有スルモノモ）ハ民法施行法第三十七條ノ規定ニ拘ラス登記ノ必要ナシ（三十六年六月十九日大判）

又賃借權ハ登記ニ因リ物權的效力ヲ生ス（六〇五、參照一二八六、二五四、登一一三）

二　登記ヲ要スル權利ノ目的物　不動產ニ限ルヲ原則トス例外船舶ノ所有權及ヒ抵當權等ノ登記（商五四〇、五四一、五五六、六八六）又土地ノ定著物ハ建物ヲ除ク外ハ單獨ニ物權ノ目的トシテ之ヲ登記スルコトヲ得ス

第三

登記物權ニ七種アリ（登一）此等ノ權利ハ權利者ニ於テ現實ニ物ヲ占有スルト否トニ拘ラス存立スルモノナレハ登記ヲ以テ之ヲ公示スルニ非サレハ其所在ヲ認ムルコト能ハサレハナリ反之占有權ト留置權トハ其權利ノ性質上登記

ヲ必要トセス蓋二者共ニ權利ノ目的タル物ヲ現實ニ占有スルヨリ生スル權利ナレハ第三者ハ占有ニ依リ權利ノ所在ヲ認知シ得ヘケレハナリ入會權モ亦之ニ關スル權利ノ得喪ハ登記ノ手續ヲ爲スコトヲ要セサルモノトス蓋登記法ニ之ヲ揭ケサリシハ恐クハ遺脱ナラン

所謂不動產ハ土地建物ヲ指シ堤防地窖其他土地ノ定著物竝ニ建物ノ定著物ハ是等ノ物ノ附屬トシテ其登記ニ包含セラルルモノニシテ獨立シテ登記ノ目的タルコトヲ得ス

竹木モ亦土地ノ定著物トシテ不動產タル性質ヲ有スルモ獨立ノ不動產ニ非サルヲ以テ其所有權ハ登記ノ目的タルコト能ハス從テ其得喪變更ハ登記ノ手續ニ依ルコトヲ得ス

土地ノ所有權又ハ地上權ト共ニ其土地ノ上ニ存スル樹木ヲ讓渡スル場合ニハ所有權地上權ノ登記ハ樹木ノ所有權ヲ絕對的ニ讓受人ニ移轉スルノ效力ヲ生スルモ其他ノ場合ニ於ケル樹木ノ讓渡ハ單ニ樹木ノミヲ目的トシ讓受人ニ於テ之ヲ收去スルノ義務ヲ負フヲ以テ其實ハ動產ノ讓渡ト毫モ異ル所

ナシ故ニ其讓渡ノ效力ニ付キテモ亦動産讓渡ノ場合ト等シク引渡ヲ以テ第三者ニ對スル權利主張ノ條件トナサヾルヘカラス但大審院ノ判例ハ樹木ハ我民法上不動産ナルヲ以テ其讓渡ヲ第三者ニ對抗スルニ付キ引渡ノ形式ニ依ルコトヲ得ス其讓渡ヲ第三者ニ知ラシムヘキ形式ヲ履ムコトヲ要スルト同時ニ此形式ヲ履ムヲ以テ足レリト爲ス失當ナリ蓋所謂形式ナルモノハ畢竟引渡ノ手續ニ過キサルノミナラス其讓渡ニ付キ我民法ニ認メサル登記又ハ引渡以外ノ形式ヲ認ムルハ解釋法ノ原理ニ反スレハナリ

第四

登記法ノ通則トシテ登記シ得ルモノヲ物權トシ債權ハ登記シ得サルヲ原則トス何トナレハ債權ハ特定ノ人ニ對スル權利ニシテ債權者、債務者ノ關係ハ極メテ區々タリ且債權ノ種類ハ物權ノ如ク法律ニ一定セラレサルヲ以テ債權ヲ悉、登記スルハ事實上殆不能ナレハナリ何レノ國ニ於テモ登記ノ目的ハ人ト人トノ關係ヲ示スニ非スシテ人ト物トノ關係ヲ示スニ在リ

第四項　登記事項

民法論 松岡學士

第一　登記ニ因リテ保護スルコトヲ要スル第三者ノ存在スルコトヲ得ヘキ不動產物權ノ得喪及ヒ變更(一七七)ノ事實ナリ(本卷第一編第一章一七七條參照)但目的物ノ事實的滅失ニ因ル不働產物權ノ消滅ハ登記ヲ要セス蓋斯ル消滅ハ絕對的ニ其效ヲ生スレハナリ

民法原論 富井博士

第二　權利ノ設定保存移轉變更處分ノ制限及ヒ消滅ノ數項トス(本卷第一編第七章一七七參照)

物權法 横田博士

第三

一　登記ノ自的タル事項　物權ノ得喪變更ナリ(本卷第一編第七章一七七參照)但物權ノ目的タル不動產ノ有形的滅失變更ヨリ生スル物權ノ消滅變更ハ絕對的ニ其效力ヲ生シ登記ヲ要セス

二　登記ヲ要スル物權ノ得喪　不動產物權ノ得喪變更ヲ生スル原因ハ之ヲ

類別シテ相對的原因（即當事者間ノ權利關係ニ由來スルモノ）及ヒ絶對的原因ト爲スコトヲ得法律行爲ニ基ク物權ノ得喪變更ハ前者ニ屬シ時效添附及ヒ不動産ノ有形的滅失毀損ヨリ生スルモノハ後者ニ屬ス第三者トノ關係ニ於テ登記ヲ要スルモノハ則前者ナリトス（問題四參照）

第四

登記法ニ依レハ占有權、留置權ヲ除クノ外一切ノ物權ノ得喪變更ナリ（登一）故ニ登記スヘキ事項ハ本編ニ定メタル物權ノ大多數ニ付キ其設定及ヒ移轉ニ關スルモノヲ以テ其最タルモノトスト雖、第二百五十六條一項但書（登七八）第二百七十二條但書、第二百七十三條（登一一二）第二百八十一條一項但書、第二百八十五條一項但書、第二百八十六條（登一一三）第三百四十六條但書、第三百五十九條第三百七十條但書（登一一六、一一七）第五百八十一條等ノ規定ニ依リテ生スル權利モ亦之ヲ登記スヘキモノトセリ第二百五十四條ノ債權モ亦立法上之ヲ登記セシムルヲ可トス

占有權留置權ヲ除外シタルハ此二權ハ皆占有ナル表見ノ事實ニ因リテ公示

セラルルノミナラス其權利ノ性質タルヤ一旦占有ヲ失ハハ後其權利ナキカ故ニ登記ニ依リテ第三者ニ警戒ヲ與フルノ必要ナケレハナリ

又不動產ノ賃借權ハ物權ニ非サルモ第三者ニ對抗スルニハ登記ヲ爲スコトヲ要ス(六〇五)特別ノ物權ヲ生スルニ非サルモ財產分離亦然リ(一〇四五、一〇五〇、二項)

第五項　登記ノ效力

登記官吏カ登記ヲ實施シタルトキニ發生スルヲ原則トス又登記ノ效力ノ內容ハ其登記ノ種類ニ從テ各同シカラス

一　發生ノ要件　登記ハ登記官吏ノ適法ナル登記簿記載ニ因リテ其效力ヲ生ス(「エンデマン」獨逸民法論參照)然レトモ

甲　登記ハ其登記前手續カ違法タルカ爲ニ其效力ヲ發生セサルモノニ非ス蓋登記前手續ニ關スル規定(登四八)ハ一個ノ訓示的規定ニ過キサレハナリ(「コンザック」獨逸民法論「エンデマン」獨逸民法論)但反對說少カラス

乙　登記ハ其登記原因ノ無效ナルニ拘ラス其效力ヲ發生スルモノニ非ス蓋

登記ハ取引ノ安全ヲ保護スルヲ目的トスルヲ以テ登記權利者ノ爲ニ其效力ヲ發生スルニハ法律上有效ナル權利得喪ノ事實現存スルコトヲ要スレハナリ

元來登記ノ效力ノ發生ニ關シテハ形式的效力主義（澳「エクスネル」）及ヒ取引保護主義（獨民八七三）ノ二者アリ前者ハ登記ハ其之ヲ爲サシメタル者ノ爲ニ直ニ權利ノ得喪及ヒ變更ノ效力ヲ生ス登記ノ違法ナルト登記ヲ爲サシメタル者惡意ナルト又犯罪者ナルト否トヲ問ハス唯被害者ハ不法行爲者又ハ不當利得者ニ對シ損害賠償又ハ不當利得返還ノ請求ヲ爲スコトヲ得ルノミト爲シ後者ハ登記ハ取引ノ安全ヲ保護スルカ爲ニ存ス故ニ法律上有效ナル權利ノ得喪及ヒ變更ノ事實存スルトキニ限リ登記官吏ヲシテ登記ヲ爲サシメタル者ノ爲ニ其效力ヲ生ス唯登記ヲ信シテ取引ヲ爲シタル第三者ノ利益ハ登記カ不法ナルトキト雖之ヲ保護スルノミト云フニ在リ我民法ハ後者ニ依ル（第三者ノ利益保護ニ關シテハ異ル）

二　發生ノ時期　登記ハ登記官吏カ適法ニ之ヲ登記簿ニ記載シタルトキニ其

效力ヲ發生ス故ニ登記ノ申請又ハ登記ノ囑託アリタルトキニ之ヲ發生セシムルコトヲ得ス蓋登記ハ登記官吏單獨ノ行爲ニシテ利害關係人ノ干與ヲ許サヽルヲ以テナリ(反對説ハ登記ノ信用ヲ害ス)從テ登記申請後登記實施前ニ當事者ニ對シテ爲シタル處分權ノ制限ハ(例之禁治產ノ宣告)登記ノ實施及ヒ其效力ノ發生ヲ妨ケス(獨民八七八、八九二、二項參照)

第二款　引渡

第一項　引渡ニ關スル主義

第一　動產ハ其地位一定セス且其種類多シ登記制度ハ動產物權ニ適セス又動產ノ轉輾ハ迅速ナルヲ要ス登記制度ハ此目的ニ背馳ス反之引渡ハ占有ノ移轉ナルヲ以テ顯著ニシテ第三者ヲシテ容易ニ外部ヨリ動產物權ノ權利狀態ヲ認識セシムルノ特質ヲ有ス是動產物權ニ關シ左ノ二主義ヲ生スル所以ナリ

一　引渡公示主義　引渡ヲ以テ第三者ニ對スル動產物權讓渡ノ公示方法ト

爲ス此主義ハ取引ノ繁雜ヲ招キ物權ノ法理ニ反ス（一七八、佛民一一四一、伊民一一二五）

二　引渡要件主義（Traditionsprincip）引渡ヲ以テ動產物權ノ讓渡成立ノ一要件ト爲ス此主義ハ取引ノ實際ニ適シ物權ノ法理ニ合ス（羅馬法獨民九二九其他獨法系諸國）

動產物權ノ讓渡ハ其動產ノ引渡アルニ非サレハ之ヲ以テ第三者ニ對抗スルコトヲ得ス（一七八）是第三者ノ利益ヲ保護シ取引ノ安全ヲ保護スル法意ニ出ツ

第二

動產ニ關スル物權ノ讓渡ヲ第三者ニ對抗スルノ要件ハ引渡ナリトス（一七八）蓋動產ハ移動スヘキ性質ヲ有シ不動產ノ如ク一定不變ノ所在ヲ有セサルヲ以テ登記制度ヲ採用スルヲ得ス加之動產ノ所有者其他ノ權利者ハ普通其動產ヲ占有スルヲ以テ目的物ノ占有ハ動產ニ關スル權利ノ所在ヲ認識スヘキ一般ノ標準トナスコトヲ得ヘケレハナリ引渡ニ關スル主義如左

一　引渡ヲ以テ物權讓渡ノ要件ト爲ス主義

二　引渡ヲ以テ單ニ第三者ニ對スル要件ト爲ス主義分レテ二ト爲ル如左

甲　第三者ノ善意惡意ヲ問ハス引渡ヲ必要トスルモノ（一七八）

乙　善意ノ第三者ニ對シテノミ引渡ヲ必要トスルモノ

動產ニ關スル物權ノ讓渡ニ付キ引渡ヲ以テ第三者ニ對スル條件ト爲スハ讓渡人ニ於テ直接又ハ間接ニ權利ノ目的タル動產ヲ占有シ讓受人ニ其占有ヲ移轉スルコトヲ得ルノ地位ニ在ルコトヲ豫想スルモノナリ故ニ讓渡人カ目的物ヲ占有セサルトキハ其讓渡ハ意思表示ニ因リテ其效ヲ生スルモノニシテ此場合ニ於テハ一般ノ原則ニ從ヒ讓渡ノ效果ヲ定ムルコトヲ要ス獨逸民法ニ於テハ目的物カ第三者ノ占有ニ在ルトキハ物權ノ讓渡人ハ第三者ニ對スル返還請求權ヲ讓受人ニ讓渡シテ目的物ノ引渡ニ代フルコトヲ得ルモノトセリ

民法理由
岡松博士

第三

動產ニ關スル物權ノ讓渡アル場合ニ之ヲ公示セサレハ第三者ヲ害ス可ク而モ動產ハ定處ナキヲ以テ登記ノ方法ニ依ル能ハス是引渡ヲ以テ對抗要件ト爲ス所以ナリ登記ト同理由ニ依リ第三者ノ意思ノ善惡ヲ問ハサルコトトス

民法要義
梅博士

第四

引渡ニ關シテハ三主義アリ如左

一　引渡ハ動産ノ讓渡ノ絶對條件ニシテ當事者間ニ於テモ尚引渡アルニ非サレハ權利移轉セサルモノト爲ス

二　第三者ノ善意ト惡意トヲ分チ善意ノ第三者ニ對シテハ引渡アルニ非サレハ動産ノ讓渡ヲ援用スルコトヲ得スト雖惡意ノ第三者即讓渡行爲アリタルコトヲ知レル第三者ニ對シテハ假令物ノ引渡ナキモ其讓渡ヲ以テ之ニ對抗スルコトヲ得ヘキモノト爲ス

三　第三者ノ善意惡意ヲ問ハス總テ引渡アルマテハ讓渡ヲ以テ第三者ニ對抗スルコトヲ得サルモノト爲ス

登記ト同一理由ニ因リ我民法ハ此主義ヲ採レリ

動産ニ關スル物權ノ讓渡ヲ第三者ニ對抗スルノ條件ハ引渡 (traditio, tradition, Uebergabe)ナリ(一七八)蓋動産ハ所在不確定ナル物ニシテ不動産ノ如ク登記ニ依リテ之ニ關スル權利ヲ明カニスルコトヲ得ス然レトモ其權利ノ讓渡ヲ以テ單ニ當事者ノ意思ノミニ依リテ之ヲ爲スヘキモノトシ以テ之ヲ第三者ニ

對抗スルコトヲ得ルモノトセハ第三者ハ往往ニシテ意外ノ損失ヲ被ムルコト稀ナリトセサレハナリ

如何ナル場合ニ引渡アリタリト認ムヘキカハ事實問題ナリ（但一八二乃至一八四ノ適用アリ、反對三七年四月二三日東控判）例之倉庫中ニ在ル動産ノ引渡ヲ爲スニハ必シモ其各個ヲ讓受人ノ手中ニ交付スルコトヲ要セス其倉庫ヲ鎖シテ其鑰ヲ交付セハ倉庫中ノ動産全體ヲ之ニ引渡シタルモノト看做スヘキカ如シ（問題九參照）

第二項　引渡ノ意義

第一

一　意義　動産物權ノ讓渡人カ讓受人ニ對シ其目的物タル動産ノ占有ヲ移轉スル行爲ナリ（本卷二編四章一節二款一項參照民訴七三一以下ニ所謂引渡ト同義ニ非ス）

二　引渡ノ種類　四アリ如左

甲　現實ノ引渡（Wirkliche ubergabe）　有形的ニ占有ヲ移轉スル行爲ニシテ例之手ヨリ手ニ目的物ヲ交付（Tradition manuelle）スルカ如シ此引渡ハ讓

渡ヲ第三者ニ對抗スルニ適切ナル公示方法ナリ

乙　簡易ノ引渡(Brevi mann tradito)　此引渡ハ讓渡人カ其目的物ヲ事實上他ニ處分スルコトヲ得サル地位ニ在ルヲ以テ讓渡ヲ第三者ニ對抗スル公示方法タルニ足ル

丙　占有ノ改定(Constitutum possessorium)　或ハ曰ク此引渡ハ讓渡人カ其目的物ヲ所持シ事實上之ヲ他ニ處分スルコトヲ得ルノ地位ニ在ルヲ以テ讓渡ヲ第三者ニ對抗スル公示方法タルニ適セスト(「ローラン」「ボードリ」等)是不當ニ非ス元來債權者カ債務者ノ所持スル財産ヲ其財産ナリト信スルハ當然ノ理ナリ然ルニ占有ノ改定ハ眞正ノ權利狀態カ債權者ノ正當ニ信スヘキ權利狀態ニ適合セサレハナリ

丁　返還請求權ノ讓渡　第三者カ讓渡ノ目的物ヲ占有スル場合ニ於テ讓渡人カ讓受人ニ目的物ノ引渡ヲ爲ス方法ナリ我民法ニ於テ之ニ關スル明文ヲ缺クハ立法上失當タルヲ免カレス

三　引渡物權　動産ノ所有權ナリトス(本卷一編七章第一七八條參照)但船舶所有權ノ讓渡

ハ例外ナリ（商八六）

四　引渡事項　動産物權ノ讓渡ナリ（本卷一編七章第一七八條號參照）

第二

動産ハ其位置ヲ轉スルコト自在ナルカ故ニ之ニ關スル物權ノ得喪ヲ公示スルニハ登記ノ方法ニ依ルコト能ハスシテ占有ヲ標準ト爲スノ外ナシ且夫動産上ニ權利ヲ有スル者ハ其占有ヲ爲スコト普通ノ事實ナルカ故ニ此標準ハ實際ニモ適合スルモノト謂フヘシ我民法ハ占有ノ移轉タル引渡ヲ以テ對抗要件トセリ（一七八）

如何ナル場合ニ占有ノ移轉アリタルモノト認ムヘキヤハ一ノ事實問題ニ屬シ各場合ノ狀況ニ依リテ決定スヘキモノトス然レトモ必シモ現物ノ手渡ヲ要スルモノニ非ス例之建築ヲ爲ス場合ニ商人カ材木砂石ヲ地內ニ持込ミタル如キ假令注文者カ其場所ニ在ラサルモ尙占有ハ移轉シタルモノト見ルカ如シ要之占有ハ經濟上ヨリ觀察シテ物ヲ利用スルコトヲ得ヘキ事實關係ニ在ルヲ以テ足レリトス（「イエリング」占有體系論一頁以下）

引渡ハ占有移轉ノ方法如何ヲ問フコトナシ即現實ノ引渡ニ限ラス簡易ノ引渡又ハ占有ノ改定ノ如キ(一八二、二項乃至一八四)モ引渡トシテ效力アルモノト解ス蓋解釋上他ノ場合ト區別ヲ爲スノ根據ナケレハナリ

第三

引渡ハ占有權ノ移轉ナリ故ニ現實ノ引渡ハ勿論簡易ノ引渡占有ノ改定指圖ニ依ル引渡ハ何レモ動産ニ關スル物權ヲ第三者ニ對抗スルニ要スル動産ノ引渡トシテ完全ニ其效ヲ生ス或ハ曰ク引渡ハ現實ナルコトヲ要シ占有ノ改定ニ依リテ之ヲ補フヲ許サストス余ハ此説ニ贊同スルヲ得ス其理由如左

一 羅馬法ハ極端ナル形式主義ニシテ目的物ノ引渡ヲ以テ所有權移轉ノ要件ト爲シタルニ拘ラス尚、占有ノ改定其他假裝ノ引渡ヲ認メ之ニ現實ノ引渡ト同一ノ效力ヲ附與シタリ所謂「引渡」ノ文字ヲ以テ嚴ニ現實ノ引渡ナリト解シ他ノ方法ニ依ルコトヲ許ササルモノト爲スハ失當ナリ蓋形式ニ拘泥セサル我民法カ形式主義ノ羅馬法ニ認メタル占有ノ改定ヲ禁スルノ理由ナキノミナラス質權ノ設定ニ付キ目的物ノ引渡ヲ必要トスル旨ヲ規定

シタルニ拘ラス尚質權者ハ質權設定者ヲシテ質物ノ代理占有ヲ爲サシムルコトヲ得サル旨ヲ特ニ規定シタルヨリ推論スルモ所謂「引渡」ハ必シモ現實ノ引渡ノミヲ意味スルモノニ非スシテ汎ク占有權移轉ノ方法ヲ包含スルモノト解セサルヘカラサレハナリ

二 實際上ヨリ云フモ占有ノ改定ヲ禁シ當事者間ニ於テ二重ニ目的物ノ授受ヲ爲サシムルカ如キハ殆、兒戲ニ類シ何等ノ實益ナケレハナリ

第四 民法理由 岡松博士

引渡ハ占有ノ移轉ナリ讓受人現ニ占有ヲ有スルトキハ別ニ引渡ヲ要セス

第五 民法正解

動產ニ關スル物權ノ讓渡ハ其動產ノ引渡アルニ非サレハ之ヲ以テ第三者ニ對抗スルコトヲ得ス蓋動產ハ千態萬狀ニシテ其種類極リナク且斷ヘス其所在ヲ變スルモノナルヲ以テ一々眞ノ權利者ヲ探求シテ取引セサレハ眞ノ權利者ヨリ之ヲ追奪セラルルノ虞アリトセハ諸般ノ取引ヲ遲緩ナラシムルヲ以テ動產ニ關シテハ物ノ所持者ヲ以テ其權利者ト看做シタルナリ

引渡ハ物ノ所持ヲ移スヲ謂フ即物ノ占有ノ移轉ナリ引渡ハ物ノ占有權ヲ一人ニテ隨意ニ取得スルニ非スシテ讓渡人ヨリ讓受人ニ移付ノ行爲ヲ爲スヲ謂フモノノ如シ（本卷一編七章第一七八條參照）依之觀之第百七十八條ハ單獨行爲ヲ以テ動產上ノ物權ヲ取得シ或ハ事實ニ依リテ動產上ノ物權ノ移轉スル場合ヲ言フモノニ非サルヘシ故ニ本條ハ第百七十六條及ヒ第百七十七條ニ比シ其適用狹キモノト謂フヘシ

第三項　引渡ノ效力

引渡ハ完成ニ因リテ其效力ヲ生ス然レトモ

一　引渡ハ其原因ノ無效ナルニ拘ラス引渡權利者ノ爲ニ其效力ヲ發生スルモノニ非ス　蓋引渡ハ取引ノ安全ヲ保護スルヲ目的トスルヲ以テ引渡權利者ノ爲ニ其效力ヲ發生スル法律上有效ナル動產物權ノ讓渡現存スルコトヲ要スレハナリ

二　引渡ハ之ヲ信シテ讓受人ト取引ヲ爲シタル第三者ノ爲ニ權利ヲ取得セシ

ムルノ效力ヲ發生スルモノニ非ス　讓渡人カ眞正ノ所有者ニ非サルトキハ斯ル善意ノ第三者ト雖權利ヲ取得スルコトヲ得ス蓋眞正ノ權利者ハ之ヲ斯ル第三者ヨリ保護スルヲ立法上適當トスレハナリ（即無公信力主義）但例外アリ（一一九二）

第六章　物上請求權

民法論　松岡學士

第一

一　意義　物上請求權(Diuglicher anspruch)ハ物權的狀態ト事實的狀態トノ齟齬ヲ原因トシ且物權的狀態ノ實在ヲ目的即給付ト爲ス請求權ナリ

甲　物上請求權ハ物權自體ナルヤ一個ノ債權ナルヤ又ハ物權ノ成分ナルヤ爭アリ蓋物上請求權ハ物權ニ基キテ發生ス故ニ物權自體ニ非ス又物上請求權ハ物權的狀態ノ實在ヲ目的トシ債權ノ履行ヲ目的トセス故ニ物權ニ附屬シテ發生スル債權ニ非ス從テ物權ノ成分ト論定スルヲ正當トス

乙　物上請求權ハ物權的狀態ノ實在ヲ目的トス故ニ物權的狀態ノ變更ヲ目的トスル請求權及ヒ物權ノ侵害ニ基ク不法行爲ノ損害賠償請求權ハ物上請求權ニ非ス

丙　物上請求權ヲ成立セシムル原因ハ物權的狀態ト事實的狀態トノ齟齬

ナリ蓋物上請求權ハ物權者カ其物權ノ内容ヲ實在セシムルコトヲ得サル各人即義務者ニ對シテ之ヲ主張シ以テ物權ノ利益ヲ享有セシムル權能ナレハナリ

二 目的 物上請求權ハ積極的給付ヲ目的トシ又ハ消極的給付ヲ目的トス

甲 積極的給付ヲ目的トスル物上請求權ハ行爲ヲ目的トスル物上請求權ニシテ例之所有物返還ノ請求(民訴七三〇參照)侵害行爲除去ノ請求(民訴七三三參照)又ハ登記ノ抹消ヲ求ムルカ爲ニ利害關係人ニ對シテ爲ス同意ノ請求ノ如シ(民訴七三六參照)

乙 消極的給付ヲ目的トスル物上請求權ハ不行爲ヲ目的トスル物上請求權ニシテ例之所有權ノ行使ヲ妨クルニ至ルヘキ行爲ノ避止ノ請求ノ如シ(民訴七三三參照)

三 準則 物上請求權ハ對人請求權(Personlichen anspruch)ト同シカラス然レトモ法律上別段ノ規定ナキ限リハ債權ノ法則ヲ準用スヘキハ我民法ノ法意ニシテ又獨逸多數學者ノ一致シタル見解アリ(「プランク」獨逸民法註釋「デルンブルグ」獨逸民法論「ヘルピ

ヒ」請求權及ヒ諸權論參照

第二

物權法權田博士

物權ハ其本來ノ性質ニ於テハ特定ノ對手人ナク唯一般ノ人ヲシテ不行爲ノ義務ヲ負ハシムルニ過キス之ヲ侵害スル者アルニ當リ始メテ特定人ニ對シテ特定ノ行爲不行爲ヲ要求スルノ權利ヲ生ス即場合ニ從ヒ目的物ノ返還原狀回復妨害排除又ハ損害賠償ヲ請求スルコトヲ得物權的請求權又ハ物上訴權ト稱スルモノ是ナリ是成立ノ初ヨリ特定人ニ對シテ特定ノ行爲不行爲ヲ要求スルノ權利タル債權的請求權ト異ル所ナリ然レトモ債權ヲ廣義ニ解スルトキハ其發生原因如何ニ拘ラス特定人ニ對シテ特定ノ行爲ヲ要求スル一切ノ權利ヲ指スモノナレハ此意義ニ於テハ物權的請求權モ亦債權ノ一種ニシテ之ニ固有ナル法則ニ服從スルモノナリ

第七章　各條

第一七六條　設定及ヒ移轉

民法論　松岡學士

第一　設定トハ所有者カ他人ノ爲ニ自己ノ所有物ニ定限物權ヲ創設スル行爲ニシテ其他人ハ之ニ因リテ定限物權ヲ取得ス移轉ハ物權ノ讓渡ナリ讓渡ハ權利者カ其意思作用ニ依リ全ク一定ノ權利ヲ他人ニ移轉スル行爲ナリ（第一七八條參照）

物權法　横田博士

第二　物權ノ設定ハ物權ノ創始的取得（新ニ創設セラレタル物權ヲ取得スルノ意）又ハ物權ノ設權的移轉（新ニ物權ヲ設定シテ之ヲ相手方ニ移轉スルノ意）ト稱シ既ニ成立シタル物權ニ付キ權利ヲ變更セスシテ單ニ其主體ヲ變更スル物權ノ移轉ト之ヲ區別ス

前者ハ或物權ノ主體カ自己ノ權利ノ範圍內ニ於テ他ノ物權ヲ創設シ之ヲ他ノ主體ニ歸屬セシムルヲ謂ヒ後者ハ既ニ成立シタル物權ヲ其主體ヨリ分離シテ他ノ主體ニ歸屬セシムル法律行爲ヲ謂フ

第三 設定（原始取得）例之先占、抵當權設定ノ如シ移轉（繼受取得）例之賣買ニ依ル所有權移轉ノ如シ

民法理由 岡松博士

第四 設定トハ既ニ法律上存スル權利ヲ一人カ他人ノ爲ニ發生セシムル行爲ナリ設定セラレ得ル權利ハ他物權ニ限ルヲ以テ未タ所有權ナキ物即無主物ノ先占又ハ無主物上ニ占有權ヲ原始取得スルカ如キハ設定ニ非ス

移轉トハ既ニ成立セル權利ヲ一人ヨリ他人ニ移スコトニシテ即既存ノ權利ノ主體ヲ變更スルコトニ歸ス設定ニ因リテ生スル權利ハ他物權タルヲ常トシ所有權ノ設定ナク占有權ノ設定尠シト雖モ移轉ニ關シテハ總テノ權利カ其目的トナルコトヲ得ヘシ就中最頻繁ナルハ所有權ノ移轉ナリトス他物權ニアリテハ法律ヲ以テ之カ移轉ヲ禁スルコトアリ當事者ノ意思ヲ以テ之ヲ禁スルコトアリ然レトモ所有權ニ至リテハ其移轉ヲ禁スルコトヲ得ス蓋所有權ノ性質ニ反シ公益ニ害アルヲ以テナリ

民法正解

第百七十六條ニ所謂「物權ノ設定及ヒ移轉ハ當事者ノ意思表示ノミニ因リテ其效力ヲ生ス」トハ物權ノ設定移轉ニ關スル原則ヲ示シタルニ過キスシテ素ヨリ多クノ例外アルヘシ即法律ノ規定ニ因ルモノト當事者ノ意思ニ因ルモノト又物權ノ性質ニ因ルモノト是ナリ物權ノ性質上其例外ヲ爲ス者ハ例之占有權質權留置權ノ如シ占有權留置權ニ於テハ占有ハ其成立要件ニシテ留置權ニ於テハ債權者カ既ニ他人ノ物ヲ所持シ居ルヲ要スレハナリ

民法要義 梅博士

第五

物權ノ設定移轉ハ必シモ當事者ノ意思表示ニ因ラス或ハ法律ノ規定ニ依リ特ニ其原因ヲ定ムルモノアリ或ハ當事者ノ意思ノ外他ノ條件ヲ要スルモノアリトス

第一七七條 得喪及ヒ變更――第三者（一七八同文ヲ含ム）――第三者ニ對抗スルコトヲ得ス

民法論 松岡學士

第一

甲 得喪及ヒ變更

不動産登記法ハ得喪ヲ再別シテ物權ノ設定、移轉、保存(以上ハ所謂得)處分ノ制限、消滅(以上ハ所謂喪)ト爲ス

一 設定 所謂創設的傳來取得ナリ(本卷一編七章第一七六條參照)

二 移轉 所謂移轉的傳來取得ナリ(同上)

三 保存 其權利ヲ保全スル行爲ニシテ例之未登記ノ所有地ヲ登記シ先取特權ノ登記ヲ爲スカ如シ(三三六、登一〇五、一〇六)

四 處分ノ制限 不動產物權ノ處分ヲ禁止シ又ハ之ヲ制限スル行爲ナリ例之假處分命令ニ依ル處分ノ禁止、契約ニ依ル共有物不分割(二五六、民訴七五八)如シ

五 消滅 不動產物權ノ絕對的喪失ナリ例之存續期間ノ滿了ニ因ル地上權ノ消滅、主タル債權ノ消滅ニ因ル從タル不動產物權ノ消滅ノ如シ

六 變更(本卷一編五章三節參照)

第二 權利ノ設定(原論一卷二九八以下)保存移轉(同上)變更(本卷一編五章三節參照)處分ノ制限及ヒ消滅ノ數項トス就中

一　權利ノ保存　其效力ヲ保全スルヲ謂フ例之未登記所有權(不動產)ノ登記先取特權ノ保存登記(三三七以下)ノ如シ

二　處分ノ制限　權利ノ處分ヲ禁止シ又ハ之ニ制限ヲ設クルヲ謂ヲ(二五六、一項但書又ハ二七二、但書)

三　權利ノ消滅　權利カ絕對的ニ存在セサルニ至ルヲ謂フ例之權利ノ拋棄又ハ存續期間ノ滿了、主タル債權ノ消滅ニ因ル擔保權ノ消滅ノ如シ

第三　得喪變更ノ細別如左

一　物權ノ設定　物權取得ノ一方法ナリ

二　物權ノ移轉　同時ニ物權ノ得喪ヲ生ス

三　物權ノ變更(本卷一編五章三節參照)

四　處分ノ制限　物權ノ處分行爲ノ禁止ナリ裁判所ノ命令ニ基クモノアリ例之差押假差押假處分ノ如シ利害關係人ノ請求ニ基クモノアリ例之財產分離(一〇四五)ノ如シ當事者ノ契約ニ基クモノアリ例之地主カ永小作權地役權

ノ設定ニ際シ相手方ノ承諾ヲ得テ其處分ヲ禁スルカ如シ然レトモ處分ノ制限ハ法律ノ認許シタル場合ノ外、契約ヲ以テ之ヲ爲スコトヲ得ス例之所有權又ハ地上權ノ處分ヲ禁止スル契約ノ如シ

五　物權ノ消滅　意思表示（拋棄）主タル債權ノ消滅（質權抵當權先取特權）存續期間ノ滿了（地上權永小作權）目的タル不動産ノ滅失及ヒ第三者ノ原始取得ニ因ル

六　物權ノ保存　物權ノ取得カ物權ノ設定移轉以外ノ原因ニ基ク場合ニ於テスルモノナリ例之未登記不動産ノ所有權又ハ先取特權ノ登記ノ如シ

民法理由　岡松博士

第四　取得消滅移轉變更ナリ例之抵當權ノ取得、地上權ノ消滅、永小作權ノ目的タル土地ノ變更ノ如シ

乙　第三者（一七八同文ヲ含ム）

民法論　松岡學士

第一　第三者ノ意義　或ハ間接ノ利害關係人ヲ指示シ（九四、九六、一〇九等）或ハ當事者及ヒ其一般承繼人ニ非サル各人ヲ指示ス前者ハ他人即直接ノ利害關係人（一〇七

〇三、七九）ニ對稱シ後者ハ當事者ニ對稱ス登記及ヒ引渡ハ後者ノ利益ヲ保護スルカ爲ニ存ス故ニ所謂第三者ハ當事者及ヒ其一般承繼人ニ非サル各人ナリトス是ヲ以テ第三者タルニハ

甲　目的物ニ付キ法律行爲又ハ法律ノ規定ニ依リ（例之先取特權ノ如キ）權利ヲ取得シ先ニ登記ヲ爲シ又ハ引渡ヲ受ケタル者ナルコトヲ要セス通常ノ債權者亦第三者タルコトヲ得

乙　善意ナルコトヲ要セス　是意思ノ善惡ニ關スル爭訟ヲ避クル法意ニ他ナラス

丙　不法行爲者ニ非サルコトヲ要ス（問題七參照）

二　第三者ノ權利　登記又ハ引渡ナキ物權ノ得喪及ヒ變更ハ之ヲ以テ第三者ニ對抗スルコトヲ得ス（一七七、一七八）是ヲ以テ

甲　第三者ハ自己ノ利益ニ從ヒ登記又ハ引渡ナキ物權ノ得喪及ヒ變更ヲ否認シ或ハ是認スルノ權利ヲ有ス是登記又ハ引渡ナキ物權ノ得喪及ヒ變更ハ之ヲ以テ第三者ニ對抗スルコトヲ得サル法則ノ積極的意義ニ他

ナラス

乙　登記又ハ引渡ナキ物權ノ得喪及ヒ變更ヲ是否スル第三者ノ權利ハ第三者ノ登記原因竝ニ引渡原因ノ發生及ヒ差押以後登記又ハ引渡アリタル爲ニ消滅セス然ラサレハ第三者ノ利益保護ヲ全フスルコトヲ得サレハナリ然レトモ詐欺又ハ强迫ニ因リテ登記ノ申請ヲ妨ケタル第三者ハ登記ノ欠缺ヲ主張スルコトヲ得ス蓋斯ル第三者ハ之ヲ保護スルノ必要ナケレハナリ(登四)又他人ノ爲ニ登記ノ申請ヲ爲ス義務アル第三者ハ(法定代理人、法人代表者、財産管理人等)其登記ノ欠缺ヲ主張スルコトヲ得ス蓋何人ト雖其義務ノ不履行ヲ以テ法律上自己ノ利益ニ引用スルコトヲ得サレハナリ(九二三、登五)登記法第五條但書ノ規定ハ第三者タルニ登記ヲ要セサル我民法ニ適セス蓋他人ノ爲ニ登記申請ヲ爲ス義務アル第三者亦他人ノ爲ニスル登記原因カ自己ノ爲ニスル登記原因後ニ發生シタルトキ自己ノ登記原因ヲ他人ニ對抗スルコトヲ得サルヲ以テナリ

丙　第三者ハ登記又ハ引渡ナキ物權ノ得喪ヲ否認シテ傳來取得者ト爲ル

コトヲ得（問題九參照）

第二

一 第三者トハ當事者及ヒ其包括承繼人以外ノ者ヲ謂フ 同一物ノ上ニ權利ヲ取得シ先ニ登記又ハ占有ノ要件ヲ充シタル者ノミヲ謂フモノト解スヘキニ非ス（佛一一四一、同登三）例之尋常一般ノ債權者ノ如キモ第三者タルカ如シ（三六年三月六日、六月一五日大判）又地上永小作權等ヲ讓受ケタル者ヨリスレハ當初之ヲ設定シタル者ハ所謂第三者ナリ（問題七參照、三九年二月六日大民聯判、反對三六年一一月一六日大第二民判）

二 第三者ハ善意ナルト惡意ナルトヲ問ハス 蓋汎ク第三者ト規定スレハナリ故ニ同一物ニ付キ既ニ物權ノ設定、移轉アリシコトヲ知リテ之ヲ讓受ケタル者ト雖尚登記又ハ引渡ナキコトヲ主張シテ其設定、移轉ノ效力ヲ否認スルコトヲ得、是、實際上ノ便宜ヲ旨トシタルモノニシテ若意思ノ善惡ヲ問フモノトセハ其擧證困難ナレハナリ然レトモ此理由ハ其價値ニ乏シ蓋未、登配ヲ爲サス又ハ引渡ヲ受ケサル權利者ニ於テ第三者ノ惡意ヲ證明スヘキコト當然ナルカ故ニ第三者ニ損害ヲ來ス危險ハ殆、之アラサレハナリ

三　登記又ハ引渡ハ無效ノ原因ニ基カサルコトヲ要ス　蓋第百七十七條及ヒ第百七十八條ハ物權ノ得喪アリテ後ニ適用ヲ生スヘキ規定ニシテ無效ノ原因ニ基キテ爲シタル登記又ハ引渡ハ全然無效ニシテ原權利者ハ時效(一六二、一六三)又ハ占有ノ效力(一九二)ニ因ル外其權利ヲ失フコトナケレハナリ但虚僞ノ意思表示ニ因ル賣買ノ場合ハ別問題トス(九四、二項)登記又ハ引渡カ取消シ得ヘキ原因ニ基キ其原因カ取消サレタル場合ニ於テモ一般ノ原則トシテハ其結果ヲ異ニスルコトナシ

動産ニ關シテハ此原則ニ一大例外アリ(一九二)即善意且無過失ナルトキハ適法ノ原因ニ因テ引渡ヲ受ケタルニ非サル占有者ト雖直ニ其動産上ニ行使スル權利ヲ取得シ所有權回復ノ請求ヲ斥クルコトヲ得然レトモ是占有ノ效果ニ外ナラス引渡ヲ以テ動産ニ關スル物件移轉ノ要件ト見タルニ非ス

第三

第三者ノ意義二アリ如左

一　狹義ノ第三者　當事者又ハ當事者ノ一方ノ承繼人ニ非サル者ヲ謂フ或

法律行爲ニ付キ當事者以外ノ人カ第三者タルヤ否ヤハ其法律行爲ヨリ生スル權利關係カ當事者一方ノ權利承繼ノ關係ヨリ其人ノ權利ニ影響ヲ及ホスヤ否ヤニ因リテ定マルヘキモノトス

二 廣義ノ第三者　當事者及ヒ其一般承繼人以外ノ總テノ人ヲ意味ス

本條ニ所謂第三者ハ廣義ノ第三者ヲ意味ス從テ當事者及ヒ其一般承繼人ノ間ニハ物權ノ得喪變更ハ絕對的ニ其效力ヲ生ス故ニ當事者ノ一方又ハ其相續人カ二重賣買ヲナストキハ他人ノ所有物ヲ横領シタルモノトシテ民事上ノ責任ヲ負フハ勿論刑罰ノ制裁ヲモ受ケサルヘカラサルニ至ルヘシ(問題八參照)

第三者ニ對スル效力如左

一 不動産上ノ物權ニ關スルモノ

甲 不動産ニ關スル物權ノ得喪變更ハ登記ヲ經ルニ非サレハ第三者ニ對シテ之ヲ主張スルコトヲ得ス(一七七)故ニ第三者ハ其得喪變更ヲ是認シ之ヲ自己ノ利益ノ爲ニ主張スルヲ妨ケス(問題九參照)

乙 不動産上物權ノ得喪變更ニ因リテ利益ヲ受クヘキ第三者ノ權利カ互

ニ相牴觸スルトキハ其優劣（優先權ノ順位）ハ登記ノ前後ニ依リテ定マル　即原則トシテハ設定ノ前後ニ依ルヘキモ是第百七十七條ノ規定ノ存スルカ爲ナリ

丙　第三者ノ意思ノ善惡ハ登記ノ欠缺ヲ主張シ得ヘキ第三者ノ權利ニ影響セス　蓋此區別ヲ爲サヽリシハ主トシテ取引上ノ必要ニ出テタルモノニシテ意思ノ善惡ハ之ヲ判別スルコト困難ナル場合アレハナリ然レトモ意思ノ善惡ヲ區別セサルハ我民法カ登記制定ニ於テ公示主義ヲ採用シタル趣旨ニ適ハサルモノトス

丁　詐欺强迫ニ因リテ登記ノ申請ヲ妨ケタル第三者ハ登記ノ欠缺ヲ主張スルコトヲ得ス（登四）　蓋法理上何人ト雖其不法行爲ヨリ生スル利益ヲ享受スルコトヲ得サレハナリ

戊　他人ノ爲ニ登記ヲ申請スル義務アル者ハ其登記ノ欠缺ヲ主張スルコトヲ得ス但其登記原因カ自己ノ登記原因ノ後ニ生シタルトキハ此限ニ在ラス（登五）　所謂他人ノ爲ニ登記ノ申請ヲ爲ス義務アル者トハ無能力者

及ヒ法人ノ法定代理人委任ニ基ク代理人財産管理人ノ類ヲ謂フ其善意ナリシヤ惡意ナリシヤヲ問ハス蓋登記法ハ何等ノ區別ヲ爲サヽルヲ以テナリ

己　物權ノ得喪變更カ無效ノ原因ニ基クトキハ登記ニ因リ效ヲ生セス蓋登記夫自體ハ別個獨立ナル物權ノ得喪變更ノ原因ニ非スシテ一ノ公示方法タルニ過キサレハナリ即無效ノ法律行爲若クハ權利ナキ者ノ爲シタル法律行爲ニ基ク登記ハ唯形式上ニ於テ存在ヲ有スルニ止リ實體上ニ於テハ物權ノ得喪變更ヲ生スルノ效ナキモノトス

當事者カ通謀シテ登記原因ヲ假裝シタルトキハ實體上其效力ヲ生セサルモ（九四、一項）其無效ハ之ヲ以テ善意ノ第三者ニ對抗スルコトヲ得ス（九四、二項）

庚　取消シ得ヘキ原因ニ基ク登記ハ原因ノ取消ニ因リテ其效ヲ失フ然レトモ原因ノ取消カ第三者ニ對抗シ得ヘカラサルモノナルトキハ第三者ノ權利ハ取消ノ爲、影響ヲ受クルコトナシ（九六、三項參照）

二　動産ノ讓渡ニ關スルモノ　動産讓渡ノ第三者ニ對スル效力ニ付テハ引

渡ヲ以テ登記ニ代フルノ外前段(甲)乃至(庚)ノ原則ヲ適用スヘキモノトス但動產ニ關シテハ第三者ハ占有ノ效力ニ因リ動產ノ引渡カ無效ノ原因ニ基ク場合ト雖、其動產上ニ權利ヲ取得シ得ル場合アリ(一九二)此場合ニ於テハ原權利者ハ復物權的請求權ニ因リ之ヲ回復スルコトヲ得ス引渡原因カ取消サレタル場合亦同シ

民法理由 岡松博士

第四 當事者及ヒ之ト同一視スヘキ者(例之相續人)以外ノ者ニシテ得喪變更ヲ知ルト否トヲ問ハス又第三者カ其權利ニ付キ關係ヲ有セシハ得喪移轉前ナルト後ナルトヲ問ハス

民法正解

第五 第三者トハ得喪移轉ノ當事者ヲ除クノ外總テノ人ヲ謂フ其善意ト惡意トハ問フ所ニ非ス

民法要義 梅博士

第六 第三者(tiers, Dritter)ナル文字ハ當事者ノ一方ヲ第一者トシ其相手方ヲ第二

者トシ其他ノ者ヲ總稱シテ第三者トセルヨリ來レルモノナリ故ニ當事者以外ノ者ハ皆第三者ナリト謂フモ可ナリ唯承繼人ハ當事者ニ等シキ者ナルカ故ニ第三者ニ非ス本條ニハ汎ク「第三者」ト云ヘルカ故ニ全ク無關係ノ第三者及ヒ權利ノ得喪、變更ノ關係以外ニ於テ特定承繼人タル第三者ヲモ包含ス或ハ曰ク本條ノ「第三者」ハ不動產ニ付キ權利ヲ有スル者ノミヲ斥セルモノナリト是佛法舊民法等ノ規定ニ盲從セシ說ニシテ取ルニ足ラサルナリ

丙　第三者ニ對抗スルコトヲ得ス（一七八ノ同文ヲ含ム）

第一

一　立法上ノ趣旨　登記又ハ引渡ヲ以テ第三者ニ對スル物權移動ノ要件ト爲シ其手續未了ノ間ハ之ニ對シテ其效ナキモノトスルニ非ス蓋斯ノ如クスルトキハ物權、債權ノ分界確立セスシテ物權ノ性質ニ反スルコト甚シケレハナリ故ニ其結果ノ一トシテ第三者ヨリハ之ヲ主張スルコトヲ妨ケス

二　意義　物權移動ノ效力ヲ主張スルコトヲ得サル意義ニシテ結局物權ハ第三者トノ關係ニ於テハ登記又ハ引渡ヲ受クルコトヲ怠リタル第一取得

者ニ移轉セサリシモノト見ルヘシ（問題九參照三六年六月一五日大判）然レトモ此結果タルヤ法律ニ保護セントスル第三者ヨリ觀察シタルモノナリ法文ノ趣意ハ決シテ當事者間ニ物權ノ得喪アリシコトヲ否定スルモノニ非ス故ニ當事者一方（讓渡人又ハ設定者）ノ同一物ニ關スル第二ノ處分ハ他人ノ物ノ處分ニシテ其他方ニ對シテ損害賠償ノ義務ヲ負擔スヘキハ勿論尚刑法上ノ責任ヲモ免ルルコトヲ得サルヘシ

民法理由 岡松博士

第二

登記又ハ引渡ハ公示方法ナリ獨法系ノ如ク之ヲ以テ不動產物權ノ得喪變更動產物權ノ讓渡ノ要件トセス而シテ第三者ヨリ當事者ニ對抗スルヲ妨ケス

第一七八條　讓渡

民法論 松岡學士

第一

讓渡ノ目的物ハ動產所有權ナリ蓋民法ニ所謂動產物權ハ所有權占有權質權留置權及ヒ先取特權ノ四種ニシテ占有權及ヒ質權ノ讓渡ハ其目的物ノ引渡ヲ成立要件トシ（一八二、二〇三、三四四、三五二）又留置權及ヒ先取特權ハ法律上一定ノ債權者ニ專屬シ之ヲ讓渡スルコトヲ得サレハナリ(三五三參照)例外船舶所有權ノ讓渡(商六八)動産ノ原始取得及ヒ動産ノ相續モ亦之ニ屬セス蓋原始取得ニ在リテハ第三者ナク又相續ハ讓渡ニ非サレハナリ

第二

讓渡ハ繼受取得ノ場合ニ限リ適用アルモノニシテ原始的取得ノ場合ニハ其適用ナシ蓋原始的取得ノ場合ニ於テハ當然占有ノ事實アルカ故ニ更ニ引渡ヲ以テ對抗要件ト爲スノ必要ナケレハナリ(一九二、二三九、一項)又物權ノ讓渡ハ所有權ノ移轉ニ限ルコトナシト雖動産ニ關シテハ自然所有權ノ讓渡ニ付テノミ本條ノ實用アルモノト謂フヘシ蓋占有權ノ讓渡ニ在リテハ引渡ハ其成立要件ニシテ(一八二、一項)且占有ノ事實アルニ因リテ存續スルモノナレハナリ(二〇三)質權モ亦其目的物ノ引渡ニ因リテ成立シ(三四四)且其占有ヲ繼續スルニ非サレハ之ヲ以テ第三者ニ對抗スルコトヲ得サレハナリ(三五二)又留置權及ヒ先取特權ハ法律カ特ニ或債權者ヲ保護スル爲ニ認メタル擔保權ナルカ故ニ當事者ノ意思ヲ以テ之ヲ他人ニ移スコトヲ得サレハナリ

物權法 横田博士

第三

物權ノ讓渡トハ物權ノ移轉ヲ目的トスル法律行爲ヲ意味シ物權ノ設定其他ノ取得原因ハ之ヲ包含セス蓋動産質權ノ設定ニ付テハ目的物ノ引渡ハ質權成立ノ要件ニシテ對抗要件ニ非ス占有權留置權ニ付キテモ亦目的物ノ占有ヲ以テ權利取得ノ要件ト爲ス反之先取特權ハ特種ノ原因ヲ有スル債權ヲ取得スルニ因リテ當然之ヲ取得シ目的物ノ占有ハ權利發生ノ要件タラサルト同時ニ第三者ニ對シテ權利主張ノ要件ヲモ成ササルモノナリ依之觀之物權ノ讓渡ハ主トシテ動産所有權及ヒ動産質權ノ讓渡ニ關スルモノニシテ占有權先取特權留置權ノ讓渡ハ之ヲ除外セサルヘカラサルナリ又動産上物權ノ原始取得ハ取得ノ始ヨリ當然其效力ヲ生シ本條ノ規定外ニ屬ス

民法理由 岡松博士

第四

繼受取得ノ場合ニ非サレハ適用ナシ例之所有權質權ノ讓渡ノ如シ蓋動産ニ關シテハ占有權留置權ノ設定ニ關シテハ當然占有アリ所有權ノ取得ノ場合ニハ必讓渡ニ因リ又ハ當然占有アリ先取特權ニハ占有ヲ有スヘキ理由ナク

又質權ニ付キテハ特ニ第三百四十四條ノ規定アレハナリ

第五　讓渡ヲ分析スルトキハ得喪ト爲ル讓渡アレハ必讓受アリ讓渡ス者ハ權利ヲ喪ヒ讓受クル者ハ權利ヲ得讓渡アレハ必得喪アルモ得喪アレハトテ必シモ讓渡アリト言フヲ得ス況、得カ喪ノ一事ナルトキハ讓渡ヲ構成スルヲ得サルハ勿論ナリ相續、婚姻等ノ事實ニ因リテ權利ヲ得喪スルトキハ得喪ノ二事併ヒ生シテ權利ノ移轉アルモ從來之ヲ讓渡ト言ハス讓渡ハ通常英語ノ「ツランスフオル」ニ當リ當事者ノ意思ヲ以テ一人ノ有スル權利ヲ他人ニ移轉スル場合ヲ指スモノヽ如シ

第六　汎ク「動產ニ關スル物權ノ讓渡」ト謂フト雖實際ニ於テハ殆、所有權ノ讓渡ノミニ關ス

無記名債權ハ之ヲ動產ト看做セルカ故ニ其讓渡ニ本條ヲ適用スヘキコト疑ヲ容レス但本條ニハ「物權」トアルカ故ニ之ニ關シ明文ヲ置クヲ可トスヘキカ

第八章　問題

【問題】一　主物上ノ物權及ヒ從物上ノ物權ト主タル物權及ヒ從タル物權

前者ハ權利夫、自身カ主タリ從タルニ非スシテ唯權利ノ目的タル物カ主タリ從タルニ止マル從物上ノ物權ハ主物上ノ物權ニ伴フテ移轉スルヲ通常トスルモ從物ハ之ヲ主物ト分離スルコトヲ得從ツテ其上ニ存スル物權ヲモ之ヲ分離シテ獨立ニ處分スルコトヲ得反之後者ハ從タル物權ノ存スルニハ必他ニ一ノ權利ノ存在スルヲ要シ其權利カ處分セラレタルトキハ從タル權利モ亦必之ニ伴フテ變更、移轉若クハ消滅スルモノナリ故ニ當事者ハ合意ヲ以テ之ヲ分離、獨立スルコトヲ得サルモノトス例之地役權ト所有權又ハ質權ト債權トノ關係ノ如シ

【問題】二　不特定物ニ關スル契約ノ場合ニ於テ所有權ハ何レノ時ニ移轉スヘキヤ

（一七六）

其物カ特定スル一事ヲ以テ足レリトスヘキヤ將又其移轉ヲ目的トスル一定ノ

行爲ヲ必要トスヘキヤハ畢竟意思解釋ノ問題ニ歸着スヘシ我民法ハ不特定物ニ關スル契約ニ付キ危險移轉ノ時期ヲ明示(五三四、二項)セルモ所有權移轉ノ時期ヲ定メサルヲ以テ(財三三二參照)普通ノ場合ニ於テハ引渡ヲ以テ第百七十六條ノ意思表示ト看做スノ外ナカルヘシ

【問題】三 賣主ノ所有ニ係ル特定物ノ賣買ハ直ニ其所有權ヲ買主ニ移轉シ當事者間ニ於テハ債權債務ノ關係ヲ生セサルヤ

此場合ニ於テモ賣買契約ハ賣主ト買主トノ間ニ債權關係ヲ生スルモノニシテ其性質ニ於テ債權的契約ナル賣買ハ第百七十六條ノ規定ニ因リ直ニ物權的效力ヲ生シ其契約ヨリ生スル債權關係ハ即時ニ物權關係ニ推移スルカ爲ニ其形跡ヲ殘留セサルニ過キス蓋此場合ニ於テハ賣買ノ目的タル權利ハ直ニ買主ニ移轉シ賣主ハ茲ニ全ク其債務ノ履行ヲ完了シタルモノナレハ債務不履行ニ關スル問題ヲ生スルコトナシト雖債權的契約トシテノ賣買ハ賣主カ賣買ノ目的タル財産權ヲ所有セサルカ爲之ヲ買主ニ移轉スルコトヲ得サル場合ニ於テ其效力ヲ發揮スルモノナリ此場合ニ賣主カ債務不履行ノ責任ヲ負フハ賣買カ其

物權法
横田博士

性質トシテ賣主買主相互間ニ債權債務ノ關係ヲ生セシムルカ爲ニ外ナラサレハナリ

【問題】四　不動産物權ノ得喪變更ハ法律ノ規定又ハ裁判所ノ決定ニ基クモノト雖之ヲ登記スヘキヤ當事者ノ意思表示ニ因ルモノニ限リ之ヲ登記スヘキヤ

民法原論　富井博士

第一

民法及ヒ登記法（一七七、登一）ニハ登記スヘキ事項ヲ指定スト雖、其原因ニ關シテハ何等ノ制限ヲモ設クルコトナシ故ニ當事者ノ意思表示ニ因ルモノニ限リ之ヲ登記スヘキモノト解スヘカラス例之强制競賣相續殊ニ隱居又ハ入夫婚姻ニ因ル不動産所有權ノ取得ノ如シ（民訴六八六、登二七、四一等三九年二月二二日及ヒ五月一七日東控判、反對三六年二月二〇日大地判、三八年四月八日東控判、三九年一月三一日六月二九日及ヒ七月六日大判）反對ノ判例ハ第百七十七條ノ規定ヲ以テ第百七十六條ヲ承ケタルモノト爲スニ在リ是一大謬見ナリ蓋第百七十七條ハ對抗要件ヲ定メタルモノニシテ其設定移轉ヲ目的トスル意思表示ノ成立トハ自別問題ニ屬ス即前條ニハ「設定及ヒ移轉」ト謂ヒ後條ニハ「得喪

及ヒ變更」トアルニ徵シテ其範圍ノ異ルヲ知ルヘク又登記ノ必要ハ其原因ノ如何ニ因リテ寸差ナケレハナリ

第二

當事者間ノ意思表示ヨリ生スル物權ノ得喪變更ニ限ル蓋第百七十六條ニ於テ「當事者ノ意思表示ノミニテ其效ヲ生ス」ト規定シ直ニ第百七十七條ニ於テ「登記ヲ經ルニ非サレハ云云」ト規定ス而シテ後條ハ前條ヲ承ケタルモノナレハナリ然レトモ第三者トノ關係ニ於テ登記ヲ要スルモノハ此種ノ得喪變更ニ限ルモノニ非ス其得喪變更カ直接ニ當事者ノ意思表示ニ因由セサルモ當事者間ノ權利關係ニ起因スルトキ即原權利者ト取得者トノ間ニ權利承繼ノ關係アルトキ又ハ其得喪變更カ前權利者ノ權利ヲ前提トシテ行ハルルモノナルトキハ之カ登記ヲ爲スコトヲ要ス蓋此等ノ場合ニ於テハ第三者ヲシテ原權利者ト權利承繼者其他ノ對手人トノ間ニ於テ物權ノ得喪變更アリタルコトヲ知ラシムルノ必要アレハナリ例之先取特權ノ取得物權ノ處分ノ制限地上權永小作權ノ消滅ノ請求解除權ノ行使ノ如シ

第三
解者曰ク所謂「物權ノ得喪及ヒ變更」ハ當事者ノ意思ニ因ルモノノミヲ斥シ相續ノ如ク法律ニ依リテ當然行ハルヘキ權利ノ得喪ハ之カ登記ヲ必要トセスト（三八年一二月一一日三九年一月三一日大判）非ナリ法文ニハ汎ク「物權ノ得喪及ヒ變更」ト謂ヒ何等ノ區別ヲ爲ササレハナリ殊ニ立法ノ理由ニ考フルモ我民法ニ於テハ不動産ニ關スル權利ノ狀態ハ總テ登記ニ由リテ之ヲ知ルコトヲ得セシメ以テ第三者ヲシテ不慮ノ損失ヲ免レシメンコトヲ力メタリ然ルニ此判決ノ如クセハ第三者カ不慮ノ損失ヲ被ムルコトアルヘケレハナリ

泰西諸國ニ於テハ死亡ニ因ル相續（失踪宣告ニ因ル相續開始亦死亡ニ因ルモノト見テ可ナリ）ノ如キハ登記ヲ要セサルヲ例トセリ蓋前權利者ハ既ニ死亡セルヲ以テ其權利ヲ第三者ニ讓渡スルカ如キコトアラサレハナリ然レトモ我邦ニ於テハ隱居、入夫婚姻等ニ因ル相續アリテ（九四六）前權利者尚生存セルコト稀ナリトセサルカ故ニ登記ヲ要スルコト明ナリ是立法者カ特ニ相續ヲ除外セサリシ所以ナリ法典調査會ニ於テハ初、隱居、入夫婚姻等ノ場合ニ於テ登記ヲ爲スヘキノ明文ヲ置クノ議アリタルモ既ニ第百七十七條ニ於テ汎ク「物權ノ得喪及ヒ變更」ニ付キ登記ヲ要スルノ規定アリ死亡ニ因ル相續ハ之ヲ登記セシムルノ必要他ノ場合ニ同シカラスト雖、亦特ニ之ヲ除外スルノ要ナキカ故ニ總テ同條ノ通則ニ從フヘキモノトセリ(東京控訴院ハ余カ說ヲ採レリ)

【問題】五　死亡相續ニ因ル不動產物權ノ取得ハ登記ヲ必要トスルヤ(一七七)

民法論
松岡學士

第一

登記ヲ必要トセス蓋被相續人ト取引ヲ爲スヘキ第三者即登記ヲ以テ保護スルコトヲ必要トスル第三者ナケレハナリ反之隱居相續ニ因ル不動產物權ノ取得ハ登記ヲ要ス蓋被相續人タル隱居ト取引ヲ爲ス第三者アレハナリ遺贈ニ因ル不動產物權ノ取得亦然リ蓋相續人ト取引ヲ爲ス第三者アレハナリ

物權法
横田博士

第二

死亡ニ因ル相續ハ絕對的權利取得ノ原因ニシテ家督相續ト遺產相續トニ論ナク登記ノ必要ナキモノトス蓋相續人ハ被相續人ノ人格ヲ其儘ニ繼承スルモノニシテ法律上同一人ト看做サレ一切ノ權利ハ相續人ノ權利ト爲リ且第

三者ハ最早被相續人ト取引ヲ爲スコトナキカ故ニ登記ノ有無ハ毫モ其利害ニ影響ヲ及ホスコトナケレハナリ但隱居相續ノ場合ニ於テハ權利移轉ノ登記ヲ必要トス蓋被相續人ハ尚生存シテ法律行爲ヲ爲スコトヲ得ルヲ以テ相續人ノ權利ト相續後、隱居者ト取引ヲ爲シタル第三者ノ權利ト牴觸スルノ結果ヲ生スルコトアルヘク第三者ノ權利ヲ保護スルノ必要アレハナリ

大審院判例ハ隱居相續ノ場合ニ於テモ亦登記ヲ要セスト爲ス其理由如左

一 第三者ハ隱居ノ屆出ニ依リ其權利カ相續人ニ移轉シタルコトヲ知ラサルヘカラス之ヲ知ラサルハ其過失ナリ

二 第三者カ隱居ノ事實ヲ知リ又ハ之ヲ知リ得ル以上ニ隱居者カ確定日付アル證書ヲ以テ不動產ノ所有權ヲ留保シタルコトヲ確認シタル上之ト其不動產ニ關スル取引ヲ爲サヽルヘカラス左スレハ假令登記名義ヲ變更セサルモ第三者ハ不測ノ損害ヲ被ムルノ虞ナシ

然レトモ不動產ノ登記ハ其登記ヲ信シテ取引ヲ爲ス第三者ヲ保護シ其取引ヲシテ安全且迅速ナラシムルヲ目的トス、隱居ノ事實ハ屆出ニ因リ之ヲ知リ

得ヘシト雖實際ニ於テハ第三者ハ之ヲ知ラス又往々速ニ之ヲ知ルコト能ハサル場合アルヲ以テ登記ヲ信シタル第三者カ登記ヲ爲サヽル相續人ノ爲ニ凌駕セラルルニ於テハ第三者ヲシテ不測ノ損害ヲ被ラシムルニ至リ登記制度ヲ設ケタル所以ノ目的ニ反スルノ結果ヲ生ス

遺言ニ因ル物權ノ移轉ニ關シテハ一般ノ原則ニ從ヒ登記ヲ必要トス蓋第三者ノ利益ヲ保護スルノ必要アレハナリ

【問題】六 不動産物權ノ原始取得ハ登記ヲ必要トスルヤ(一七七)

登記ヲ必要トセス蓋權利ヲ授受スル當事者ナク從テ又登記ヲ以テ保護スルコトヲ要スル第三者ナケレハナリ例之時效公用徴收强制賣買ニ依ル不動産物權ノ取得ノ如シ

公用徴收ハ强制賣買ニ非ス故ニ之ニ因ル不動産物權ノ取得ニハ登記及ヒ賣主ノ責任ニ關スル民法ノ原則行ハルルモノニ非ス(「エンデマン」獨逸民法論「ギルケ」獨逸私法論「オツトマイエル」獨逸行政法論參照)强制競賣モ亦强制賣買ニ非ス從テ競落人ハ債務者ノ承繼人ニ

非ス故ニ之ニ依ル不動産物權ノ取得ハ原始取得ナリ（「エンゲルマン」獨逸民事訴訟法論「ギールケ」獨逸私法論）

民法原論
富井博士

第二

物權ノ原始的取得殊ニ時效ニ因ル取得ニ付テハ多數學者ハ登記ヲ必要ト爲スモノノ如シ蓋民法第百七十七條ニ取得ノ原因ヲ限定セサルヲ根據トナス反之一部ノ學者ハ同條ニハ「第三者ニ對抗スルコトヲ得ス」トアルカ故ニ當事者ト稱スルコトヲ得ヘキ者ノ間ニ權利承繼ノ事實ナカルヘカラス且繼續セル公然ノ占有（一六二、一六三）ハ登記ニ代ルヘキ要件ナルカ故ニ更ニ登記ヲ爲スノ必要ナシトナス蓋「當事者」及ヒ「第三者」ナル語ハ之ヲ狹義ニ解セハ原始的取得ノ場合ニ限ラス强制競賣及ヒ相續ノ場合等ニモ亦該當セサルヘシ然ルニ此等ノ場合ニ第百七十七條ヲ適用セサル理由ナシ（問題四參照）加之「時效ノ當事者」ナル語ハ必シモ失當ナルニ非ス（一四八採用）果シテ然ラハ同條ニ所謂第三者トハ權利ヲ取得又ハ喪失スル者ヨリ觀察シテ凡テ其以外ノ者ヲ指スモノト解スルヲ妥當トス又占有ノ效用ニ至リテハ登記法第一條ハ占有ヲ要素トスル權利即占有權及ヒ留置權ヲ除外スト雖、苟、登記ヲ要スル權利ノ部類ニ屬スル以上ハ其取得原因ノ如何ニ依リテ區別スルコトナシ取得時效ハ繼續セル占有ヲ要件ト爲スモ一旦完成シタル後ニ在リテハ其必要ナシ

唯民法第百七十七條ニハ「登記法ノ定ムル所ニ從ヒ云云」トアリ然ルニ登記法第一條ニ列擧セル登記事項ヲ見ルニ時效ニ因ル取得ハ其何レニモ該當セサルカ如シ蓋時效ノ如キ原始的取得ハ同條ニ所謂權利ノ設定又ハ移轉ト見ルコト正當ナラス然ラハ權利ノ消滅ニ當ルモノト解スヘキカ取得時效ニ因ル權利ノ消滅ハ其直接ノ效果ニ非ス且所有權以外ノ財產權ヲ取得スル場合ニ適合セサルカ故ニ此解釋亦穩當ナラス然レトモ登記法第一條ニ所謂權利ノ移轉ナル語ハ之ヲ廣義ニ解シテ時效ニ因ル取得ヲモ包含スルモノト爲スコトヲ得サルニ非ス是固ヨリ正確ナル意義ニハ非スト雖從來一般ニ此語ヲ解スルニ必シモ權利ノ承繼ノミヲ指スモノト爲ササリシコトハ殆、疑ナキカ如シ要之法文不備ナリト雖、主トシテ立法ノ本旨ニ基キ登記ヲ必要トスル說ヲ採ラント欲ス

第三

不動産上物權ノ原始取得ハ取得ノ始ヨリ絶對的ニ其效ヲ生シ何人ニ對シテモ之ヲ主張スルコトヲ得例之家屋ノ建築ノ如シ第百七十七條ハ「物權ノ得喪變更」ト前提シ物權ノ得喪變更ハ一見其何タルヲ問ハス總テ登記ヲ必要トスルモノノ如シ然レトモ其後段ニ「第三者ニ對抗スルコトヲ得ス」トアルヲ以テ同條ノ規定ハ特定セル人ト人トノ間ニ於テ物權ノ得喪變更アリタル場合ヲ豫想シタルモノト解釋セサルヘカラス然ルニ原始取得ニ在リテハ特定セル人ト人トノ間ニ於ケル得喪變更ニ非ス且不動産上物權ノ原始取得ハ物ノ附合加工繼續セル占有ノ如キ絶對的權利取得ノ原因ヨリ生シ登記ノ有無ニ因リ其效力ヲ異ニスヘキ性質ノモノニ非ス

舊民法ニ於テハ之カ登記ヲ必要トセス現行法ニハ明文ナキモ解釋上同一結果ニ歸着ス其理由如左

一 民法第百七十七條ニハ第三者トアルヲ以テ所謂得喪變更ハ當事者間ノ權利關係ヨリ生シタルモノヲ意味スルモノト解スルヲ得ヘク而シテ取得

時效ハ占有ノ事實ヨリ生シ當事者間ノ權利關係ヨリ生スルモノニ非ス故ニ同條ノ規定ハ此場合ニ適用スヘカラサルモノトス

二 占有者ハ常ニ登記面ノ權利者ニ對シテ其取得時效ヲ完了シ得ヘキカ故ニ時效完了前登記面ノ權利者ニ變更ヲ生スルモ此事實ハ占有者ノ時效ニ因ル取得ヲ妨クルコトナシ果シテ然ラハ占有者ノ權利ハ時效完了後ニ於テモ登記ニ拘ラス存立スヘキモノト爲ササルヲ得ス

三 取得時效ノ要件ハ繼續セル公然ノ占有ニアルヲ以テ之ヲ認識スルコト容易ナルニ因リ夫自體ニ於テ公示ノ要件ヲ具備スレハナリ

四 登記ハ公示方法ニ過キサルヲ以テ眞正ノ權利ニ基カサル登記ハ實體上何等ノ效力ヲ生セサルノミナラス其登記ヲ信シテ取引ヲ爲シタル第三者モ亦法律ノ保護ヲ受クルコトヲ得ス甲者登記簿上乙者ノ所有名義ニ屬スル不動產ニ付キ取得時效ヲ完成シタルトキハ乙者ノ權利ハ絕對的ニ消滅ス乙者カ之ヲ他人ニ讓渡スルコトヲ得サルハ勿論其登記簿上ノ名義ハ眞ノ事實ニ符合セサルモノナレハ第三者ハ其登記ヲ信シテ乙者ト取引ヲ爲

スモ其不動産上ノ權利ヲ取得スルヲ得ス

民法要義
梅博士

第四

或ハ曰ク第百七十七條ハ權利ノ取得ニ付テハ繼受取得ノミニ關スルモノニシテ原始取得ノ場合ニ於テハ登記ヲ必要トセスト根據ナキ區別ト謂フヘシ蓋取得時效ノ如キ通常第三者ハ之ヲ知ルニ由ナキカ故ニ前權利者カ依然登記名義人ナル以上ハ第三者ハ此者ヨリ權利ヲ讓受クルコトアルヘク然ルニ登記ナキ取得時效ヲ以テ之ニ對抗スルコトヲ得ルモノトセハ第三者カ不慮ノ損失ヲ被ムルコトアルヘキハ明ナレハナリ

【問題】七　當事者ハ自己ノ利益ニ於テ物權ノ得喪變更ヲ主張シタル第三者ニ對シテモ尙之ニ對抗スルコトヲ得サルヤ又第三者ハ一旦物權ノ得喪變更ヲ主張シタルトキハ之ヲ否認スルノ權利ヲ失フヘキヤ(一七七、一七八)

物權法
横田博士

立法ノ主旨ニシテ第三者ハ常ニ物權ノ得喪變更ヲ主張スルコトヲ得レトモ第三者ニ對シテハ絕對ニ之ヲ對抗スルコトヲ得サラシムルニ在リトセンカ是極メテ不公平ナルノミナラス同一ノ權利關係ニシテ一面ニ於テハ其效ヲ生シ他

面ニ於テハ其效ヲ生セサルモノト爲スノ不條理ニ陷ルヘシ蓋第百七十七條ノ規定ハ第三者ヲシテ不測ノ損害ヲ免レシメ取引ノ安全ヲ保護スルノ必要ニ出テタルモノナルヲ以テ第三者カ法律ニ依テ附與セラレタル否認權ヲ拋棄シ物權ノ得喪變更ヲ認諾シタルトキハ其得喪變更ハ第三者ニ對シテ其效ヲ生シ登記ノ有無ハ之ヲ問フコトヲ要セスト解セサルヘカラス猶債權ノ讓渡カ債務者ノ認諾ニ因リテ之ニ對シテ其效ヲ生スルカ如シ

【問題】八　不法行爲者ハ第三者ナリヤ

民法論　松岡學士

第一

蓋不法ニ他人ノ物權ヲ行使シ又ハ之ヲ毀損シタル者ハ其他人カ未登記ヲ爲シ又ハ引渡ヲ受ケサルヲ事由トシテ目的物ノ返還又ハ損害賠償ヲ拒ムコトヲ得サレハナリ反對說ハ法文ニ拘泥シ登記及ヒ引渡ノ法意ヲ無視シ論理解釋ト文理解釋トノ關係ヲ知ラサル謬論ナリ佛國民法ニ在リテハ第三者タルニハ目的物ニ付キ權利ヲ有スルコトヲ要スル結果第三者中ニ不法行爲者ヲ包含セサルヲ學者ノ定說トス

民法原論
富井博士

第二

蓋登記又ハ引渡ヲ必要トセル趣旨ハ畢竟物權ニ關スル取引ノ安全ヲ確保シ第三者ニ不測ノ損害ヲ被ラシメサルニ在リ物權ノ得喪ニ付キ正當ノ利害關係ヲ有セサル者即不法ニ其目的物ヲ占有シ又ハ故意若クハ過失ニ因リテ之ヲ滅失毀損シタル者ノ如キハ其要件ノ欠缺ヲ理由トシテ其效力ヲ否認スルコトヲ得サルニハ非サルカ然レトモ汎ク「第三者」トアルカ故ニ登記又ハ引渡ナキ間讓受人ハ直接ニ不法行爲者ニ對シテ損害賠償ノ請求ヲ爲スコトヲ得サルモノト解ス

物權法
横田博士

第三

大審院判例及ヒ多數學者ハ物權ノ得喪變更ニ付キ權利上利害關係ヲ有セサル者ハ本條ニ所謂第三者ニ非ス從テ登記ノ欠缺ヲ理由トシテ物權ノ得喪變更ヲ否認スル權利ナキモノト爲セリ其理由如左

一 登記ハ不動產ヲ目的トシテ取引ヲ爲ス者ヲ保護シ不動產ニ關スル取引ヲ安全且迅速ナラシムルヲ唯一ノ目的トス然ルニ權利ナクシテ不動產ヲ

占有スル者又ハ不動産ニ不法ノ損害ヲ加ヘタル者ノ如キハ其不動産上ニ何等ノ權利ヲ主張スルモノニ非サルヲ以テ其不動産ニ關スル權利ノ得喪ニ付キ利害關係ヲ有セス從テ登記ノ有無ハ其責任ニ何等ノ影響ヲ及ホスモノニ非ス故ニ登記ノ欠缺ヲ理由トシテ不動産上權利ノ得喪變更ヲ否認スルコトヲ得ス

二 我民法ノ母法タル佛國民法及ヒ舊民法モ亦同一ノ主義ヲ採用シ殊ニ舊民法ハ第三者トシテ登記ノ欠缺ヲ主張スルコトヲ得ル者ヲ列擧シタルモ此等ノ者ハ皆不動産上ニ物權又ハ第三者ニ對抗シ得ヘキ權利ヲ取得シタルモノニ限リ不動産ノ占有者所持人ノ如キハ特ニ之ヲ除外セリ我民法ハ包括的ニ「第三者」ト規定シタルモ敢テ舊民法ノ主義ヲ變更シタルモノニ非ス然レトモ第百七十七條ニハ單ニ「第三者」トアリテ其間ニ何等ノ區別ヲ設ケサルヲ以テ文理解釋トシテハ其所謂第三者ハ一般ニ當事者及ヒ其一般承繼人以外ノ人ヲ指スモノトナスヲ至當トス加之物權ノ得喪變更ハ登記ニ因リテ始メテ其絕對的效力ヲ生スルモノナルヲ以テ未登記ヲ經サル物

權ノ得喪變更ハ確定不可動ノモノニ非ス何トナレハ登記名義人タル原權利者ハ物權ノ得喪變更アリタルニ拘ラス登記ヲ經テ更ニ他人ノ爲ニ其權利ヲ處分スルノ完全ナル權能ヲ享有スルヲ以テナリ故ニ權利上利害ノ關係ヲ有セサル者ト雖此不確定ナル物權ノ得喪變更ヲ認ムルノ義務ナキヲ以テ自己ノ利害ニ從ヒ之ヲ否認スルコトヲ妨ケサルモノトス

【問題】九　第三者カ公示方法ヲ缺キタル物權ノ得喪ヲ否認シ物權ヲ取得シタルトキハ其取得ハ原始取得ナリヤ傳來取得ナリヤ

民法論 松岡學士 **第一**

原始的取得ナリヤ傳來的取得ナリヤハ取得者ヲ標準トシテ之ヲ定ムルヲ當然トス故ニ第三者ヲ標準トシテ諸法律關係ヲ觀察スレハ當事者間ノ賣買（得喪ノ原因ナル賣買ト假定ス）ハ否認ノ結果其效力ヲ有セサルニ同シ從テ賣主ハ依然權利者ニシテ第三者ハ賣主ノ權利ヲ承繼シタルモノニシテ傳來取得者ナリト斷定セサルヲ得ス但賣主ハ買主ニ對シ損害賠償ノ責ニ任シ又詐欺取財ノ責ニ任ス（一編七章第一七條參照）

第二

物權ハ第三者トノ關係ニ於テハ登記又ハ引渡ヲ受クルコトヲ怠リタル第一取得者ニ移轉セサリシモノト見ルヘシ（本卷一編七章第一七七條參照）故ニ先ニ其手續ヲ了リタル第二ノ取得者ハ第一取得者ノ承繼人ト爲ルニ非スシテ直接ニ讓渡人又ハ設定者ヨリ其權利ヲ承繼シタルモノト解セサルヘカラス

第三

問題ヲ賣買ニ取リ賣主ヲ甲、買主（第一ノ買主）ヲ乙、第三者（第二ノ買主）ヲ丙ト假定ス

或ハ曰ク甲ハ既ニ其權利ヲ乙ニ讓渡セリ甲ハ最早土地ノ所有權ヲ有セス之ヲ他人ニ讓渡スハ到底爲シ得サルコトナルヲ以テ丙ハ乙ヨリ之ヲ取得スルノ外ナシト爲シ尚法理的ノ說明ニ合セシムル爲、或ハ甲ハ乙ニ代リテ所有權ヲ讓渡シタルモノニシテ甲乙間ニハ代理ノ委任ナキモ法律上甲ニ代理權アルカ如ク看做スモノナリト言ヒ或ハ代理論ニ據ラスシテ全ク法律ノ規定上然ルモノナリト云ヘリ

余輩ハ反之丙ハ甲ヨリ之ヲ取得シタルモノトナス蓋讓渡ハ甲乙間ニハ完全

ナルモ登記ナキカ爲丙ヨリ之ヲ見レハ恰甲乙間ニ讓渡ナキニ等シ從テ所有權ハ尚甲ニ存シ丙ハ此所有權ヲ甲ヨリ讓受クルコトトナレハナリ唯甲乙間ノ讓渡ハ有效ニシテ甲ハ既ニ乙ニ讓渡シタルモノヲ再、丙ニ得セシメタルヲ以テ此不法行爲ニ因リテ乙ニ生セシメタル損害ノ賠償ヲ爲スニ至ルハ自然ノ結果ナルヘシ畢竟此問題ハ甲乙間ノ關係ヲ見ルヨリモ主トシテ丙ノ位地ヨリ觀察スルヲ要ス

此問題ハ動產ノ讓渡ニ關シテモ亦生スト雖其論結ハ前述スル所ニ同シ

【問題】一〇 隔地取引ニ於テ目的物ヲ運送ニ付シタルトキハ引渡ハ何時完成スルヤ

民法論 松岡學士

第一

目的物運送受託者カ讓渡人ノ代理人ナルヤ讓受人ノ代理人ナルヤニ依リテ之ヲ定ム是我民法、獨逸普通法及ヒ獨逸民法ノ通則ニシテ法律ノ明文ヲ要セサル所ナリ即目的物ノ運送受託者カ讓渡人ノ代理人ナルトキハ引渡ハ讓受人ニ對シ目的物ヲ交付スルニ因リテ完成シ又讓受人ノ代理人ナルトキハ引

渡ハ運送受託者ニ對シ目的物ヲ交付スルニ因リテ完成ス但郵便、鐵道其他商法ニ所謂運送人(商三三一以下)ニ依リテ目的物ヲ運送スルトキハ此等運送者ヲ差出人ノ代理人ト推定ス蓋此等運送者ハ差出人ノ運送受託者ナレハナリ讓受人カ破産シタルトキハ讓渡人カ運送中ニ在ル目的物ニ付キ差止權(Right of stoppage)ヲ有ス(破案七五、獨破四四等)

民法原論 富井博士

第二

運送人ハ受取人ノ代理人ト見ルヘカラサルカ故ニ運送人カ受取人ニ之ヲ交付スルマテハ未其引渡アリタルモノト謂フヘカラス唯當事者ノ意思解釋ニ依リテハ第四百一條ニ揭ケタル特定ノ事實アルヲ以テ足レリトス

民法要義 梅博士

第三

運送ニ從事スル者ハ發送者ノ委任ニ因リテ運送ヲ爲スモノト認ムヘキカ故ニ其物ヲ受取人ニ交附スルマテハ未引渡アリタリト謂フヘカラサルカ如シ

【問題】一一 第百七十九條ト第百九十二條(所謂即時取得)トノ關係

民法正解

此兩條ハ決シテ同一事ヲ二重ニ規定スルモノニ非スシテ二者相待チテ初メテ

動産ノ取引ヲ全フセシムルモノナリ即、即時取得ニテ權利ヲ得ルニハ少クトモ平穩、公然善意、無過失ノ四條件ヲ要ス反之第百七十九條ノ場合ハ惡意ノ第三者モ第二ノ賣買ニ因リテ完全ナル權利ヲ取得スルコトヲ得ヘシ又物ノ占有ヲ公然ニ始ムルト隱密ニ始ムルトニ因リテ取得スヘキ權利ニ差異ヲ生セス加之即時取得ニ因リテ權利ヲ取得シタル者ハ自己ノ權利ノ外ハ之ヲ主張シ得サルモ讓受ニ因リテ取得シタル者ハ讓渡人ノ權利ヲ承繼シテ之ヲ主張シ殊ニ有償ノ讓受ナルトキハ讓渡人ヲシテ權利ノ追奪ヲ擔保セシム

【問題】（一）物上請求權ト對人請求權トヲ區別スル標準（本卷一編六章參照）

其標準ニハ種々アリ重ナルモノ如左

一　前者ハ物ニ對スル關係ニシテ後者ハ人ニ對スル關係ナリ　然レトモ各種ノ請求權ハ人ニ對スルモノナリ故ニ此標準ハ不當ナリ

二　前者ハ特定ノ一私人ニ對セサル請求權ニシテ後者ハ特定ノ一私人ニ對スル請求權ナリ　然レトモ物上請求權亦特定ノ一私人ニ對スルモノナリ例之所有物返還請求權ハ占有主又ハ賃借人ニ對スルカ如シ故ニ此標準亦失當ナリ

三　前者ハ一般ノ世人カ遵守スヘキ義務（他人ノ權利ヲ害セサル義務）ニ違背シタル各人ニ對シ後者ハ債務ヲ履行セサル債務者ニ對ス　然レトモ物上請求權ハ物權者カ其物權ノ內容ヲ實在セシムルコトヲ得サル各人ニ對シ之ヲ主張スル權能ナル、ヲ以テ此標準亦失當ナリ

四　前者ハ其原因カ權利者ヲ一定スルニ止レトモ後者ハ其原因カ權利者及ヒ義務者ヲ一定ス例之所有物ノ返還請求權ハ其原因タル所有權カ權利者ヲ一定スルニ止ルカ如ク（義務者ハ占有ニ因リテ之ヲ一定ス）又賃借物ノ返還請求權ハ其原因タル賃貸借カ權利者即賃貸人及ヒ義務者即賃借人ヲ一定スルカ如シ　此標準ハ失當ニ非ス

五　前者ハ物權的狀態ヲ實在セシムルコトヲ得サル各人ニ對シテ主張スル物權者ノ權能ニシテ後者ハ債務ヲ履行セサル各人ニ對シテ主張スル債權者ノ權能ナリ　此標準最正確ナリ

第二編　占有權

第一章　占有權ノ意義(性質)

民法論 松岡學士

第一

占有權ハ占有ニ因リテ發生シ又同時ニ占有ヲ目的トスル物權ナリ(以下分說)

占有權ハ占有ヲ發生原因トス占有權ハ占有ノ前提要件ニ非ス即占有者ハ占有スルカ故ニ占有權ヲ有シ占有權ヲ有スルカ故ニ占有スルモノニ非ス占有權ハ之ヲ其發生原因タル占有ト區別セサル可ラス占有者ハ一時其占有ヲ喪失スト雖尚、占有權ヲ保有ス例之占有者ハ其侵奪セラレタル占有回復ノ訴ヲ提起スルコトヲ得ルカ如シ(二〇一、三項)又占有權ハ占有ヲ目的トス故ニ占有權者ハ、占有ヲ爲ス例之其占有ヲ妨害セラレタル第三者ニ對シ占有保持ノ訴ヲ提起シ其妨害ヲ停止セシムルコトヲ得ルカ如シ(一九八)是ノ如ク占有ハ占有權ノ原因ニシテ其目的タリ(占有ノ性質參照)

古來占有ノ法則ニ二主義アリ如左

一　羅馬法ノ占有　法律ノ保護ヲ受クル事實的支配力ヲ羅馬法ニ於テハ占有(Possessio)獨逸普通法ニ於テハ法律上ノ占有（Juristischer Besitz）ト稱ス法律ノ保護ヲ受ケサル事實上ノ支配力ヲ所持(Detentio; Innehabung)ト稱ス又占有ヲ分チテ物的占有及ヒ準占有又ハ權利占有（地役的占有）ト稱ス

占有及ヒ所持ヲ區別スル標準ヲ大別シテ二ト爲ス如左

甲　客觀主義　占有ト所持トヲ區別スル標準ハ法律ノ規定ニシテ占有ノ意思ニ非ス蓋占有ニハ所持ト同シク所持ノ意思(Behaltenwillen)ヲ以テ足レリトシ所有ノ意思又ハ自己ノ爲ニスルノ意思ヲ必要トセス故ニ理論上各所持者ハ悉占有者即法律上占有者ナリ然レトモ法律ハ經濟上ノ理由即客觀的標準ニ基キ特種ノ所持者ニ保護ヲ拒ミ之ヲ單純ナル所持者トス從テ法律上ノ占有ハ法律ノ保護ヲ受クル所持ニシテ又所持ハ法律ノ保護ヲ受ケサル占有ナリ（「イエリング」占有意思論一八八六年）然レトモ此見解ハ廣キニ失ス蓋自己ノ爲ニスル意思ナキトキハ占有者トシテ之ヲ保護スルノ必要ヲ見サレハナリ（「デルンブルグ」）

乙　主觀主義　占有ト所持トヲ區別スル標準ヲ占有意思ノ有無ナリト主張ス其論旨各同シカラス

子　所有意思主義　法律上ノ占有ニハ占有物ヲ所有セントス欲スルノ意思存在スルコトヲ要ス故ニ理論上ヨリ論スレハ唯所有占有者カ法律上ノ占有者タルノミ羅馬法ニ於テ質權者及ヒ保管人ノ如キ占有物ヲ自己ノ所有ト爲スコトヲ欲スルノ意思ナキ占有者カ所有占有者ト同シク法律ノ保護ヲ受クル理由ハ畢竟所有占有者ノ有スル法律保護ノ移轉アルニ在リ從テ所有ノ意思ヲ有セスシテ法律ノ保護ヲ受クル占有者ハ傳來的占有者（Abgeleiteter Besitz）ナリト（「サビニー」占有權論一八〇三年）然レトモ此見解ハ狹ニ失シ且羅馬法ノ觀念ニ適セス羅馬法ハ法律上ノ占有ニ所有ノ意思ヲ必要トセス（「デルンブルグ」）

丑　自己意思主義　法律上ノ占有者ハ自己ノ爲ニ所持スルノ意思アルヲ以テ足レリトシ所有ノ意思ヲ必要トセス故ニ理論上ヨリスレハ所有ノ意思ヲ以テ物ヲ所持スル者ハ勿論永貸借、賃貸借等ノ關係ニ依リ單ニ自己ノ爲ニスル意思ヲ以テ物ヲ占有スル永借人、賃借人等モ亦凡テ法律上ノ占有者ナリ然レトモ羅馬法ハ立法政策ニ基キ法律保護ヲ必要トスル占有ト之ヲ必要トセサル占有トヲ分別シ前者ヲ法律上ノ占有、トシ後者ヲ單純ノ所持トス是羅馬法ニ於テ質權者、保管人等ハ法律上ノ占有者ナルモ永借人、賃借人ハ法律上ノ占有者ニ非サル所以ナリ（デルンブルグ）羅馬法及ヒ獨逸普通法ノ解釋トシテハ此主義ヲ最正當トス

二　獨逸古代法ノ占有　獨逸法ハ各人ト物トノ直接的勢力關係即權利ノ外觀ヲ占有（Gewere）ト稱ス故ニ占有ハ一個ノ法律關係ニシテ單純ナル事實的支配力ニ非ス又占有ニ因ル權利存在ノ推定カ除去セラレサル間ハ占有者ハ占有ノ保護ヲ受ケ敢テ自己ノ爲ニスルノ意思ノ有無ヲ問フコトナシ（永借人及ヒ賃借人ハ當然占有者ナリ）苟、世人カ權利者ト信スル間ハ則占有者タリ（占有ト所持トノ區別ナシ）

我民法ハ多量ノ羅馬的占有ヲ代表シ又獨逸民法ハ多量ノ獨逸的占有ヲ代表ス我民法ニ依レハ自己ノ爲ニスル意思ヲ以テ物ヲ所持スル各人（例之所有者賃借人借主

等）ハ占有者ニシテ自己ノ爲ニスル意思ヲ有セスシテ物ヲ所持スル各人ハ所有者ニシテ占有者ニ非ス（例之代理人）占有補助者（Besitzdiener; Besitzgehilfe）モ亦占所者ニ非ス占有補助者ハ他人ノ指揮ニ從フヘキ義務ヲ負ヒテ其他人ノ爲ニ事實上物ヲ支配スル各人ナリ（例之雇人）蓋主人ノ物ヲ所持スル雇人ハ主人ノ機械トシテ所持スルヲ以テ其法律上ノ性質ハ主人自所持スルト同一ナレハナリ

第一

占有權ハ物ノ占有ヲ內容トスル權利ナリ即物ノ占有者カ其占有ヲ繼續シ私力ニ對シテ之ヲ維持スルコトヲ得ル法律上ノ能力ナリ

占有權ハ占有ヨリ生ス蓋物ヲ支配スル權利ト物ノ事實上ノ支配トハ全ク別異ノ觀念ニ屬シ必シモ相一致スルモノニ非ス占有權ハ占有卽物ノ事實上ノ支配關係ヨリ生スル權利ニシテ物權中特種ノ權利ニ屬ス如左

一　占有權ハ物ノ占有ヨリ生スル權利ナリ　占有ハ廣義ニ於テハ物ニ關スル現實ノ支配ニシテ有體物カ事實上吾人ノ實力ニ服從スルノ謂ナリ卽他人ヲ排斥シテ有體物上ニ有形的行爲ヲ施スヲ得ル事實上ノ狀態ヲ謂フ

物ノ所持人カ自己ノ爲ニスルノ意思ヲ以テ物ヲ占有スルトキハ其占有ハ之ヲ法律上ノ占有ト稱ス占有權ハ則此種ノ占有ヨリ生ス

法律上ノ保護ヲ受クヘキ占有ニ付テハ古來學説及ヒ立法例區々タリ如左

甲　所有ノ意思ヲ以テ有體物ヲ自己ノ實力範圍內ニ保持スルヲ要ストナス

乙　占有者ニ自己ノ爲ニスルノ意思アルヲ要スルト同時ニ此意思アルノミヲ以テ足レリトナス

丙　占有者カ物ヲ自己ノ實力ノ範圍內ニ保持スルニ於テハ其意思ノ有無ニ拘ラスト爲ス

蓋法律カ占有ヲ保護スル所以ノ主タル理由ハ或人カ物ヲ自己ノ實力範圍內ニ保持スルトキハ他ノ人ヲシテ私力ニ依リ猥リニ此實力關係ヲ動カスコトヲ得サラシムルニ在リ故ニ苟物ト人トノ間ニ於テ實力關係ノ存スル限リハ其人カ物ヲ所持スル所以ノ意思如何ニ拘ラス之ヲ保護スルノ必要アリ從テ占有者ノ意思ヲ以テ占有保護ノ要件ト爲ササルヲ正當トスヘキ

カ如シ(獨逸法主義)我民法ニ於テハ自己ノ爲ニスル意思ヲ以テ法律上ノ占有ノ必要條件トセリ蓋此意思ナキ者ハ其所持ニ付キ何等ノ利害ヲ感セサレハナリ

法律上ノ占有ハ唯或權利ノ行使トシテ物ヲ所持スル場合ニ於テノミ存ス何トナレハ自己ノ爲ニスル意思ヲ以テ物ヲ所持スルトハ自己ノ利益ノ爲ニ物ヲ支配スルノ意ニシテ物ヲ支配スル法律關係トシテハ物權債權等實體上ノ權利關係アル場合ノ外物ノ支配ヲ許サス即自己ノ爲ニスル意思ヲ以テ物ヲ所持スルコトハ結局或權利ノ行使トシテ物ヲ所持スルト同意義ニ解セサルヘカラサルヲ以テナリ然レトモ占有權ノ成立ニハ占有者ニ於テ權利ノ行使トシテ物ヲ所持スルノミヲ以テ足リ實體上ニ於テ其權利ヲ有スルト否トヲ區別スルコトナシ蓋所有權、他物權、債權ハ權利ノ實質ニシテ占有ハ其形式ナリ占有權ハ則此形式ノミニ對スル法律上ノ保護ナルヲ以テナリ故ニ物ノ眞ノ所有者ハ勿論强竊盜ノ如キモ亦其物ノ上ニ占有權ヲ取得ス何トナレハ强竊盜ハ所有ノ意思ヲ有シ其所持ハ事實上所有者ノ

權利ヲ行フ從テ其所持ノ中ニハ權利ノ形式自ラ備ハレハナリ

二　占有權ハ物ノ占有ヲ以テ內容トスル權利ナリ（本卷二編一章一節參照）占有權ハ一ノ權利トシテ如何ナル內容ヲ有スルヤ盖占有權ハ單純ニ占有ノ事實ニ基因シ實體權ノ如ク物ヲ支配スルコトヲ得ヘキ權利者本來ノ能力ニ基因スルニ非ス且占有訴權ハ人ト物トノ實力關係ヲ保護スルヲ唯一ノ目的トシ其效力ハ主トシテ私力ヲ以テ物ノ上ニ行ハルル實力關係ヲ侵害セシメサルノ範圍內ニ制限セラルルモノナレハ占有權ト實體上ノ權利ト兩立シ得ヘカラサルトキハ占有權ハ常ニ實體上ノ權利ニ讓步セサル可ラス

民法理由　岡松博士

第三

占有ニ廣狹二義アリ廣義ニ於テハ汎ク人カ物上ニ實力ヲ加フルノ事實即所持ヲ指シ狹義ニ於テハ法律ノ保護ヲ受クヘキ所持ノミヲ指ス我民法ニ於テ占有トハ狹義ノ占有ヲ指ス（一八〇）如左

占有權トハ自己ノ爲ニスル意思ヲ以テ物ノ所持ヲ爲ス權利ナリ（獨八五四、普通一部七章三、「サビニー」Besitz 一四頁「デルンブルヒ」一七九節「ホルランド」Juris Prudence 一六三頁）占有ニハ體素或ハ外素（Corpus）及ヒ

心素或ハ內素(Animus)ノ二要素ヲ要ス後者ハ人カ物ヲ所持セントスルノ意思ニシテ前者ハ其意思ノ實行ナリ如左

一　占有ノ實力　人カ物ヲ占領スルノ實力ナリ法律ハ人カ物上ニ實力ヲ加ヘ得ルノ事實ナキトキハ之ヲ保護セス蓋法律カ占有權ヲ認ムルハ人カ物ヲ占領スルノ事實ヲ保護セントスルニ在レハナリ此實力ハ物ヲ全然自己ノ範圍內ニ入レ他人ノ干涉ヲ排斥シ得ヘキ程度ニ達スルコトヲ要ス即其物ノ處分ニ關シ自己ノ意思カ最終ノ判決力ヲ有シ得ヘキコトヲ要ス(「デルンブルヒ」一七八節「サビニー」Besitz 一四節「イエリング」Besitzschutz 一四四頁)此程度ニ於テ實力ヲ物ノ上ニ加フルコトヲ得ルノ事實ヲ所持(Detention)ト謂ヒ所持ヲ取得スルノ事實ヲ所持ノ取得(Apprehention)ト謂フ占有ニ此實力ヲ要スルノ結果占有權ノ取得ニハ必所持ノ取得ヲ要シ(一〇一八)又所持ノ喪失ハ占有權ノ消滅ヲ來ス(二〇三、例外二〇三、二項)

二　占有ノ意思　人カ物ヲ占領スルノ意思ナリ法律ハ人カ實際ニ物ヲ占領スルモ之ヲ占領スルノ意思ナキトキハ之ヲ保護セス蓋單ニ物ヲ占領スルノ事實アルモ其事實タル意思ノ實行ニ出テタルニ非サレハ之ヲ保護スル

ニ足ラサレハナリ此意思ハ如何ナル程度ニ達スルヲ要スルヤ學説法制區々タリ如左

甲　各種ノ占有ニ一般普通ノ意思アリトス更ニ二大學説ニ分ル

子　羅馬主義　占有ニハ自己ノ所有トシテ所持スルノ意思（Animo Domini）ヲ要ストス（一八〇、羅、佛、澳、蘭、露、伊、「ヴォー」「サビニー」Besitz 九節、「プフタ」一二五節「ケルベル」三八節、「フアンゲロウ」三〇〇節「アルンツ」一三五節「プルンス」R.D.Besitz 二節「プリンツ」一三九節「ウエヒテル」二巻三二頁「ウインドシヤイド」一四九節「ポー、シユレーテル」「ロフスヒールド」、「オープリー、ロー」一七七節、「ポチエ」其他佛國學者）

丑　獨逸主義　自己ノ爲ニ所持スルノ意思（Animo sibe Habendi）ヲ以テ足レリトス（獨古「マキシミリアン」法、普通、巴、通「ベルヌ」「ツユーリヒ」「グラウフユンテン」英米通、「イエリング」Besitz wille 三八七頁、「プフリユーゲル」Besitz klagen 二九九頁「バロン」Jhering jahrb 二九巻一九二頁以下「ルードルフ」Savignys Besitz 七版六〇三頁、「ガイエツト」、「ウエルケーニツヒ」、「バーテル」、「シユミツト、ベツキング」、「レンツ」、「ホルランド」Jurisprudence 一六三頁「ブラツクストーン」二巻四五三頁）

乙　占有ノ種類ニ應シテ其意思同一ナラストス（「マイシヤルデ」「ジンテニス」）一般ニ認メラルル所ニ非ス

我民法ハ獨逸主義ヲ採ル（一八〇）蓋、近世社會ノ趨勢ハ益、占有ノ保護ヲ擴張スルノ必要アリ假令所有ノ意思ナシト雖、已ニ自己ノ爲ニ物ヲ所持スルノ事實アレハ之ニ保護ヲ加フルノ必要アリト認ムルヲ以テナリ唯所有ノ意思アル場合ト然ラサル場合トハ其保護ノ程度ヲ異ニセリ
占有ニ此意思ヲ要スルノ結果、占有ノ實力アルモ此意思ナキニ於テハ占有權ヲ取得セス單純ノ所持アルニ過キス從テ法律上ノ效果ナシ(一〇八)又此意思ノ拋棄ハ占有權ノ消滅ヲ來ス(三二〇)

第一節　占有ノ性質

第一

獨逸法ニ所謂占有(Gewere)ハ一個ノ法律關係ナリ羅馬法ニ所謂占有(Possessio)ハ或ハ事實關係ヲ指示シ或ハ法律關係ヲ指示ス於玆乎其性質ニ關シテ種々ノ學說ヲ生ス如左

一　事實說　人類ハ事實上物ヲ支配スルコトヲ得サレハ生存スルコトヲ得ス此事實的支配力ハ法律以外ニ存スル一個ノ現象ニシテ法律ナシト雖存

在スルコトヲ得占有ハ則事實ナリト謬論ナリ蓋占有ノ基礎ト占有自體トヲ混スレハナリ人カ物ニ對スル事實的支配力ハ法律之ヲ規定シ(得喪及ヒ效力)又法律之ヲ保護シテ權利的支配力ト爲ル占有ハ此ニシテ彼ニ非ス

二　權利說　法律ハ占有ノ事實ヲ保護シ占有者ヲシテ法律上一定ノ利益ヲ享有セシム故ニ占有ハ權利ナリ蓋權利ハ法律ニ依リ保護セラレタル利益ナレハナリト謬論ナリ蓋權利ノ觀念ヲ誤解シ又權利ノ行使ト權利自體トヲ混スレハナリ權利ハ法律上保護セラレタル利益ニ非ス又占有ハ權利ノ行使即權利的支配力ニシテ權利自體ニ非ス是所有者モ占有シ又竊取者モ占有スルコトヲ得ル所以ナリ

三　權利的效力ヲ生スル事實說　法律ハ占有ノ事實ヲ是認シ權利的效力ヲ結合シテ之ヲ保護ス故ニ占有ハ權利的效力ヲ生スル事實ナリト謬論ナリ蓋占有カ事實的支配力ナクシテ存在スルコトヲ知ラサレハナリ占有ハ事實的支配力ヲ基礎トス從テ之ヲ有スル各人ハ占有ヲ有シ又之ヲ有セサル各人ハ占有ヲ有セス然レトモ事實的支配力ト占有トス必シモ一致シテ存在

在スルモノニ非ス占有者ハ一時事實的支配力ヲ喪失シタルカ爲ニ即時ニ占有ヲ喪失スルコトナケレハナリ(二〇)唯持續的ニ之ヲ喪失シタルトキニ限リ占有ヲ喪失スルノミ

要之占有ハ國家カ其秩序ヲ維持スルカ爲ニ人カ物ニ對スル事實的支配力ヲ基礎トシテ之ヲ保護シタル一個ノ法律關係ニシテ單純ナル事實關係ニ非ス法律的狀態ニシテ自然的狀態ニ非ス權利的支配力ニシテ事實的支配力ニ非ス權利行使ニシテ權利自體ニ非ス故ニ占有ハ權利的支配力即權利ノ行使ナリト解ス

第二

占有ハ事實ナリヤ權利ナリヤハ古來學者間ニ議論アリト雖各國ノ立法例ハ概之ヲ單純ナル事實トシ唯其事實ニ多少重要ナル法律上ノ效果ヲ附スルノミ

蓋占有ハ本來一ノ事實ニ過キスト雖此事實ヨリ重要ナル法律上ノ效果ヲ生シ占有者ハ占有物ニ關シテ法律上種々ノ利益ヲ享受スルコトヲ得且法律ハ

其占有權ヲ保護センカ爲、之ニ占有權ヲ附與セリ即占有者ハ其占有物ニ付キ法律ノ保護ニ依リテ其意思ヲ行フコトヲ得ルモノナレハ占有物ノ上ニ一ノ權利ヲ有スルモノト言フコトヲ得

第三　占有ハ一個ノ事實ニ過キサルカ或ハ一種ノ權利ナルカ此論「サビニー」ノ占有權ニ始マル「サビニー」ハ占有ハ其性質ハ事實ニシテ其效果ハ權利ナリ故ニ占有ハ事實タルト同時ニ權利ナリト論ス（Besitz 五節、六節）其後學者ノ論爭漸ク高ク事實主義及ヒ權利主義ノ學説ヲ生スルニ至ル

一　事實主義　占有ヲ以テ事實トナス（「デルンブルヒ」一・六九節、一七一節、「ウインドシヤイド」一四八節、「プフタ」一二二節、「チボー」二九七節、「ツフアリエー」一八五節「プルンス」Recht des Besitzes 五八節、「ルードルフ」、「キールフ」、「シユミツト」、「グーム」、「オウブリー、ロウ」二卷一七七節、「トロロン」Prescription 一卷二三七頁、「ベリーム」Philosophy droit 一二頁以下「ボチエ」「ボルタリス」「ボードリー」）其理由如左

甲　羅馬ノ民法ニ於テハ占有ヲ認メス後、社會ノ必要ヨリ裁判官占有者ニ禁令ヲ許シ以テ僅ニ之ヲ保護スルニ至レリ

乙　占有ノ保護ハ其原因ノ正、不正ヲ問ハス從テ他ノ權利ニ反對シテ占有

ヲ保護スルコトアリ

然レトモ權利ノ數ハ社會ノ進歩ト共ニ增加スヘキモノニシテ羅馬法ニ於テ權利トセサルカ故ニ今日モ亦權利ニ非スト謂フ可ラス又法律ハ社會一般ノ必要ヨリ原因ノ正不正ヲ問ハスシテ保護ヲ加フルコト屢々是アリ例之時效ノ如シ故ニ權利ニ反對スルヲ以テ權利ニ非スト謂フヘカラス

二　權利主義　占有ヲ以テ權利トナス更ニ二說ニ分ル如左

甲　占有ハ獨立ノ權利ナリ（「ベッケル」Zeitsch.d. Savignysstiftung 五卷一五四頁、「ツファリエー」一八五節「シユウエッペー」、「ジンケニス」「レーデル」、「ガンス」、「ハルム」、「ターデン」、「レンツ」、「ムーロン」、三卷 Prescription「ジユラント」、「ドモロンプ」、「ホルランド」、Jurisprudence 一六四頁「ホルムス」）

乙　占有ハ一種ノ所有權ナリ（「イエリング」Grund des Besitzschutzes 四五頁「プルンス」Bekkers Jahrb. 四卷五六頁、「スタール」Philosophy 二卷三〇四頁以下、「ウンテルホルツエル」、「チーゲルストレム」）

各國法典ノ多數ハ之ヲ事實ト認ムルカ如シ（例之佛、澳、以、瑞、索獨一草三卷二章理由）

我民法ハ權利主義ヲ採リ且之ヲ獨立ノ物權ト爲ス蓋占有ニ或效果ヲ附シ法律ヲ以テ之ヲ保護スル以上ハ權利タラサルヲ得ス既ニ之ヲ權利ナリトセハ物權トシテ一般ニ對抗スルヲ得セシメサレハ以テ其保護ヲ全フスル能ハサ

レハナリ

第四

一 占有ハ單ニ事實若クハ所爲タルニ過キスシテ權利ト爲リタルニ非ストナス

二 占有ハ主トシテ事實ヨリ觀察スヘキモノナルモ既ニ法律ニ於テ占有ノ事實ヲ保護スル以上ハ單ニ事實ニ止ラスシテ既ニ權利ノ發生シタルモノトナス

權利說ハ更ニ分レテ財產權說ト人身權說ノ二アリ人身權說ニ曰ク占有權ハ人カ物ヲ所持スルノ事實ヲ保護スルコトニ歸ス其所持ノ財產ニ關係アルト否トヲ問ハサルナリ一般ニ所持ノ事實ヲ保護セサルトキハ人々互ニ其所持物ヲ侵奪スルニ至リ人身ノ保護ヲ缺キ公安ニ害ヲ生スヘシ此等ノ侵奪ニ對シテ所持ヲ保護スルハ恰、人ノ生命身體自由、名譽等ヲ保護スルニ等シキモノトス保護ノ結果ハ財產ニ關係シ占有者ノ利益ト爲ルコト少シトセサルモ其主タル目的ハ人身ヲ保護スルニアリト此說ニ依レハ代理占有ノ場合ニ或ハ占有權ハ本人ニアルニ非スシテ實際ニ物ヲ所持スル代理人ニアリトノ結果ヲ生ス蓋限ヲ民法ノ範圍內ニ限ルトキハ之ヲ財産權トシ人カ物ニ關シテ有スル財産上ノ關係ヨリ觀察スルヲ至當トス即實際ニ物ヲ所持スル者ヨリモ所持者ヲシテ其所持ヲ爲サシメタル本人ニ權利アルコトヲ認メ其權利ヲ他ノ物權ト區別シテ之ヲ占有權ト名ケタルモノト解スルヲ可トス即人身說ト財産說トハ全ク相容レスト言フニ非スシテ寧多クハ觀察ノ點ヲ異ニシ且之ヲ論スル法學上ノ區域ヲ異ニスルモノト謂フヘシ一般法理學ノ上ヨリ觀察スルトキハ占有權ハ人身權ノ一ナリト言フモ可ナラン成ハ占有權ナル獨立ノ權ナク只人身權ノ效力トシテ國家カ物ノ所持ヲ保護スルニ過キスト言フモ或ハ不可ナシ然レトモ民法上殊ニ財産法上ノ議論トシテハ之ヲ物權トシ他ノ物權ト竝ヒ保護スルヲ最可トス

羅馬法以來學者ノ論難スル所ニシテ國ニ依リテ主義ヲ異ニシ又同國ニ在リテモ或ハ法典ノ解釋ニ關シ或ハ法理上ノ研究ニ於テ各見ル所ヲ異ニセリ同

シク佛國ニ在リテモ「ポチエ」ハ之ヲ事實ト爲シ「ドモロンブ」ハ之ヲ權利ト爲スカ如ク獨逸ニ在リテモ「サビニー」ハ之ヲ事實ト爲シ其說大ニ勢力アルモ尙反對說アリ但我民法ニ於テハ占有權ト稱シ物權編中ニ規定セルヲ以テ占有權ノ物權ナルコトハ疑ナシ

第五

占有(Possessio, possession, Besitz)ノ性質ニ付テハ或ハ之ヲ事實ナリト謂ヒ或ハ之ヲ權利ナリト謂ヘリ共ニ非ナリ蓋占有其物ハ一ノ事實ナリト雖法律ハ此事實ヲ保護スル爲、種種ノ權利ヲ付與ス故ニ占有ヲ以テ單ニ事實ニ止マルモノト爲スハ不可ナリ然レトモ占有其物ヲ以テ直ニ權利ト爲スハ亦謬レリ占有者カ占有ヲ爲スノ有樣ト法律カ之ヲ保護スル爲ニ與フル權利トハ自、別物ナレハナリ而シテ我民法ニ所謂占有權ハ法律カ占有ヲ保護スル爲ニ與フル所ノ一切ノ權利ヲ總括シタルモノナリ

余ノ信スル所ニ據レハ占有ハ素ト自己ノ權利トシテ或權利ヲ行使スルモノニ過キスシテ一切ノ財產權皆之ヲ占有スルコトヲ得ヘシ而シテ普通世ニ所

謂占有ハ物ノ所持ヲ必要トスル權利ノ行使ヲ云ヘリ即所有權、地上權、永小作權、留置權、質權、賃借權、使用借權等ノ行使是ナリ我民法ニ於テハ普通ノ學說ヲ採用シ占有ノ範圍ノ有體物ノ所持ニ限リ其他ノモノハ之ヲ準占有（quasi-possessio）ト稱ス

歐洲ニ於テハ從來純然タル占有ハ之ヲ所有權ノ行使ニ限リ他ハ皆之ヲ準占有トスルノ學說最廣ク行ハレタリ

第二節　占有保護ノ理由

各國ノ法律ハ惡意ノ占有者及ヒ强竊盜者ノ占有ト雖、亦之ヲ保護ス從テ法律ハ一面ニ於テ强竊盜ヲ保護シ他面ニ於テ之ヲ處罰スルニ至ル占有保護ノ理由ハ此法律上ノ一大矛盾ヲ說明スルモノナリ其學說如左

第一　絕對的占有保護主義　占有保護ノ理由ヲ占有自體ニ求ムルモノニシテ曰ク占有ノ事實ノ爲ニ占有ヲ保護スト此主義中最、有力ナルモノヲ意思主

義トス（ブルンス）（ウヰンドシヤイド）曰ク占有ニ依リテ實行セラレタル意思ハ未、占有ニ依リテ實行セラレサル意思ヨリ尊重スルコトヲ要スト正當ニ非ス蓋占有者ノ意思カ非占有者ノ意思ヨリ法律上尊重セラルル理由ヲ說明セサレハナリ（デルンブルヒ）

二　相對的占有保護主義　占有保護ノ理由ヲ占有以外ニ求ムルモノニシテ曰ク占有ノ保護ハ他ノ法律上ノ目的ヲ達スル手段ナリ即、特定ノ法律上ノ利益ヲ保護シ特定ノ法律上ノ目的ヲ達スルカ爲ナリト爲ス更ニ分ッテ三ト爲ス如左

甲　人格保護主義　占有ノ保護ハ暴力ニ對スル占有者ノ人格保護ノ目的ニ出ツト爲ス（サビニー）曰ク占有ノ侵害ハ占有者ノ人格權ノ侵害ニ外ナラス故ニ不法行爲ノ被害者ヲ保護スルニ同シト正當ニ非ス（デルンブルグ）蓋占有回收ノ訴ハ不法行爲的性質ヲ有スル占有侵奪ヲ前提トスルモ其他ノ訴ハ斯ル行爲ヲ前提トセス即占有ハ占有者ニ對スル不法行爲的性質ヲ有スル行爲現存セサルトキト雖、之ヲ保護スレハナリ

乙　所有權保護主義　占有ノ保護ハ占有ニ依リテ存在スト推測セラルヘキ所有權ヲ保護スルニ在リト爲ス（イエリング）曰ク所有者ハ占有者タルヲ通例トス即占有ハ通常所有權ノ外面タリ故ニ占有ヲ保護スルハ畢竟所有權ノ保護ヲ全フシ所有者ヲシテ其爲スヘキ擧證ノ責任ヲ輕減セシムルニ在リ時トシテハ所有權ヲ有セサル占有者ノ占有ヲ保護スルニ至ルモ這ハ法律カ多數ノ所有者ヲ保護スルカ爲ニ支拂フヘキ代價ナリト正當ニ非ス（デルンブルグ）蓋、占有ノ訴ヲ受ケタル被告ハ原告タル占有者カ所有者ニ非サル確信ヲ提出シ該訴ヲ排斥スルコトヲ得ス法律ハ占有者カ所有權ヲ有スルト否トニ拘ラス占有ヲ保護スレハナリ

丙　秩序維持主義　占有ノ保護ハ社會ノ秩序ヲ維持スルカ爲ナリト爲ス（デルンブルグ）曰ク人類ノ共同生活ハ社會ノ秩序ヲ維持スルニ非サレハ之ヲ全フスルコトヲ得ス之ヲ維持スルハ人類ノ生活關係ノ現狀ヲ保全シ各人ヲシテ自由ニ之ヲ變更スルコトヲ禁スルニ在リ其現狀保全ノ目的ハ占有ヲ保護シテ之ヲ達スルコトヲ得レハナリト正當ナリ

第二 占有保護ノ理由

占有保護ノ理由ニ關シテハ古來數派ノ學說アリ其重ナルモノ如左

一 意思說　占有ヲ保護スルハ占有者ノ意思ヲ保護スルニ在リト爲ス（「ウインドシャイド」、「ブルンス」）此說ハ何故ニ占有者ノ意思ハ其占有ヲ爭フ者ノ意思ニ對シテ法律ノ保護ヲ要求スルコトヲ得ルヤヲ說明スルコトヲ得ス缺點アリ

二 人格保護說　占有ヲ保護スルハ人格權ヲ保護スルニ在リト爲ス蓋占有ヲ侵害スルハ占有者ノ人格權ヲ毀損スルモノナレハナリ（「サビニー」）此說ハ相手方ノ不法行爲ヲ前提トス然レトモ法律ハ相手方ニ不法行爲ヲ認メサル場合ニ於テモ尚占有ヲ保護ス故ニ失當ナリ

三 私力防衛說　法治國ニ在テハ權利ノ侵害ニ對スル救濟ハ必法律ニ定ムル方法ニ依ルコトヲ要シ私力ニ依ルコトヲ許サス占有訴權ハ則禁セラレタル私力ニ對スル制裁ニ外ナラスト爲ス（「ルードルフ」）此說ハ占有ニ自己ノ爲ニスル意思ノ存在ヲ要セサル法制ニ在リテハ適當ナルヘシト雖其意思ノ存在ヲ要スル我民法ニ在リテハ不當ナリ蓋意思ナキ占有ハ私力ヲ以テ之ヲ

侵害スルモ法律ノ保護ヲ要求スルコトヲ得サレハナリ

四　秩序維持說　占有ヲ保護スルハ社會ノ秩序ヲ保護スルノ必要ニ存スト爲ス（「デルンブルヒ」）曰ク法律カ占有ヲ保護スルハ他ノ權利保護ト等シク人種社會ノ必要ニ存ス蓋吾人ハ吾人カ事實上支配スル所ノ財產ヲ安全ニ且間斷ナク使用收益スルコトニ依リテ生營ノ目的ヲ遂行スルコトヲ得然ルニ若吾人ノ財產ニ對スル事實上ノ關係ニシテ猥ニ攪擾セラレンカ吾人ノ生營ニ關スル計畫ハ齟齬ヲ來シ吾人ヲシテ不測ノ損害ヲ被ラシムルニ至ル故ニ此事實上ノ支配關係ヲ侵害セサルハ人類共同生活ノ必要條件ナレハナリト穩健ナリ

五　實體權保護說　占有ハ常ニ所有權其他ノ實體權ニ伴フモノナレハ占有ヲ保護スルハ則實體權ヲ保護スル所以ナリトス（「イエーリング」）余ハ我民法上此說ヲ正當ナリト信ス抑我民法ニ於テ法律ノ保護スル占有ハ自己ノ爲ニスル意思アルコト從テ所有權其他ノ實體權ノ行使トシテ物ヲ所持スル場合ニ於テノミ法律上ノ占有アリテ占有權ハ結局所有權其他ノ實體權ノ形ニ對

スル法律ノ保護ナリ何故ニ法律ハ其保護ヲ與フルヤ其形ノ存スル所ニハ其實モ亦存スト推測シ形ヲ保護スルトキハ則其實ハ自保護セラルルモノト爲スニ外ナラス之ヲ實際ニ徴スルモ亦然ルヲ普通トシ何等ノ實體權ナキ者カ之ヲ占有スルハ極メテ稀ナリ偶々實體權ナキ者カ實體權者ニ對シテ法律ノ保護ヲ受クルカ如キ奇怪ナル結果ヲ生スルコトアルモ是非常ナル例外ノ場合ニ屬シ爲ニ占有ニ保護カ全局ニ於テ所有權其他ノ實體權ヲ安固ナラシムルヨリ生スル鴻益ヲ沒スルコトヲ得ス

第三

事實主義權利主義ノ何レヲ採ルモ各國カ法律ヲ以テ占有ヲ保護スルハ事實ニシテ其之ヲ保護スルハ原因ノ正不正ヲ問ハス盜賊ノ占有モ猶之ヲ保護ス即法律ハ一方ニ於テ禁止スルモノヲ他方ニ於テ保護スルノ事實アリ於茲乎占有保護ノ理由ニ關シ學說囂々タルヲ見ル(「イエリング」Besitz schutz 三頁以下「ランダ」Besitz nachösterr. R. 八節「ベッケル」R. des. Besitzes 一四頁以下)如左

一 相對主義　其理由ヲ占有其者ノ外ニ求ム更ニ五說ニ分ル如左

甲　人格保護說　占有ノ侵害ハ占有者ノ特別ナル權利ノ侵害ニ非ス然レトモ之カ爲ニ占有者ノ人格權ハ多少ノ變更損害ヲ受クヘク法律ハ人格權ヲ保護セサルヲ得サルヲ以テ其結果占有ヲ保護スルモノト爲ス（「サビニー」Besitz 五節六節、「プフタ」二二節、「ロージャース」對「スペンス」13 m & w. 581.）

此說ハ(一)占有ヲ侵害スル行爲カ不法行爲ヲ構成スル場合ニ限ラサル可ラス(二)占有ノ意思ナキ單純ノ保持者ヲモ保護セサル可ラス

乙　自衞禁止說　近世ノ法律ハ裁判所ノ判定ヲ俟タス自衞ヲ以テ自權利ヲ回復スルヲ禁ス他人ノ占有ヲ害シタル者ハ其正不正ヲ問ハス此自衞禁止ノ法ヲ犯シタルモノナルヲ以テ法律ハ之ニ對シ占有者ヲ保護セサルヲ得ス即占有ヲ保護ハ自衞禁止ヲ犯シタル者ニ制裁ヲ加フルノ結果ナリト爲ス（「ルードルフ」Savigny Besitz 第七版五四三頁「シュミット」）

此說ハ又前說ト同シク(一)占有ヲ保護スルハ不法行爲ノ場合ニ限リ(二)單純ノ保持者ヲモ保護セサル可ラス

丙　人格平等說　占有ノ侵害ハ從來存立セル人類平等ノ狀況ヲ覆スモノ

ナリ故ニ法律ハ占有者ヲ保護シテ原狀ニ回復セサルヲ得ス即占有ノ保護ハ人類平等ヲ保護スルノ結果ナリト爲ス（「ツインドシヤイド」一四八節）此說ハ占有ノ保護ハ正當ノ占有ノミニ限ラサル可ラサルニ至ル

丁　公共的或ハ警察的保護說　占有ノ侵害ハ占有者ノ特別ナル權利ノ侵害ニ非スト雖之カ爲ニ公共ノ安寧秩序ヲ害ス法律ハ此公共ノ安寧ヲ保護スルカ爲ニ占有ヲ保護スルモノト爲ス（「デルンブルヒ」一七一頁「フイーネル」「ロッスヒールト」「ジンテニス」「ホルツエック」「ホルムス」）此說ハ（一）占有ノ保護ハ公法ニ屬シ私法ニ屬セス（二）公共ノ安寧ヲ保持スルカ爲ニハ如何ナル占有ヲモ保護セサル可ラサルニ至ル

戊　所有權說　占有者ノ地位ハ被告ノ地位ニ立チタル所有者ノ地位ト異ナラス法律カ完全ニ所有權ヲ保護セントセハ單ニ攻擊的ニ立チタル所有者ノミナラス防守的ニ立チタル所有者ヲモ保護セサルヘカラス然ラハ法律ハ此防守的所有者ト同樣ノ地位ニ在ル占有者ニモ保護ヲ加ヘ其占有ノ不法ナルコト證明セラルルマテハ占有者ヲ保護スルコト當然ナ

リ即、占有ハ防守的所有權ニシテ其保護ハ所有權ノ保護ノ一部ナリトナス（「イエリング」Grund des Besitz schutzes 四五頁、「プルンス」Bekker Jahrb 四巻五六頁「ウンテルホルチエル」「チーゲルストレム」「スタール」）此說ハ（一）何故ニ眞正ノ所有者ニ對シテモ占有者ヲ保護スルヤヲ說明スル能ハス（二）從テ所有者ノ有スル占有又ハ時效ヲ得ントスル占有ヲ保護スルノ理由トスルニ足ルモ其以外ノ占有ニ適用スヘカラス

二　絕對主義　其理由ヲ占有其者ノ性質ニ出ルト爲スモノニシテ更ニ二說ニ分ル如左

甲　自由意思主義　占有ハ權利ニ非スト雖占有ニ於ケル意思ハ一般ノ意思ノ法則ニ依リ保護セサル可ラス意思ノ自由ハ法律ノ大則ナリ占者ノ侵害ハ占有者ノ自由意思ヲ侵害ス故ニ法律ハ之ヲ保護ス即、占有ノ保護ハ占有ニ於ケル自由意思ヲ保護スルモノナリト爲ス（「プルンス」R. des Besitzes 五八節「アント」「ヘーゲル」「ガンス」）此說ハ占有ニ關スル爭ニ於テハ意思ト意思ノ衝突ナルニ何故ニ占有ヲ維持セントスルノ意思ハ之ヲ收得セントスルノ意思ニ勝ルヤヲ說明ス

ル能ハス

乙　獨立權利說　占有ヲ保護スルハ占有ナル獨立ノ權利ニ基クト爲ス（「ベッケル」Zeitschd. Savignyss'iftung 五卷一五四頁、「ツフアリエー」一八五節、「シユエッペー」、「ツンテニス」、「レーテル」、「ガンス」、「ハルム」、「ターデン」、「レンツ」、「ホルランド」、Jurisbrubence 一六四頁）

要之、羅馬法ニ於テ占有ヲ權利ト認メサルニ拘ラス之ヲ保護シタルハ一ニ全ク沿革ニ基キ羅馬法特有ノ姑息手段ニ屬シ其理由ニ至リテモ敢テ一定ノ理由アリシニ非ス從テ今日ニ至リ之カ爲ニ一般ノ原則ヲ發見セントスルハ到底爲シ得ヘカラサル所ナリ若夫、今日ノ法律ニ於テ占有ヲ保護スル所以ハ是、占有權ナル獨立ノ權利ヲ認ムルモノト言フノ外ナキヲ信ス

第四　占有ハ或ハ其占有スル所ノ權利ニ伴ヒ或ハ之ニ伴ハス其之ニ伴フ場合ニ於テハ之ヲ保護スルノ必要アルコト勿論ナリ其之ニ伴ハサル場合ニ於テモ之ヲ保護スルノ必要アリヤ曰ク有リ其理由如左

一　多數ノ場合ニ於テハ占有者即權利者タリ而モ權利ヲ證明スルハ難ク占

有ヲ證明スルハ易キヲ常トス

二　然ラサルモ占有ヲ爲サヽル權利者ハ通常怠慢者タリ

三　假令怠慢ナシトスルモ腕力ニ訴ヘテ他人ノ占有ヲ侵スハ非ナリ法廷ニ訴ヘ其他適法ノ手續ニ依リテ之ヲ回復スヘキモノナリ

第二章　占有權ノ種類

第一

占有權ノ發生原因タル占有ノ種類ハ則、占有權ノ種類ト爲ル如左

一　瑕疵占有、無瑕疵占有　占有取得ノ方法ニ因ル區別ナリ

甲　瑕疵占有　强暴又ハ隱秘ニ因リ取得シタル占有ナリ(一九〇、二項)廣義ノ瑕疵占有ハ此外尚、惡意占有及ヒ他主占有ヲ包含ス(一八七、二項)(一)强暴ニ因ル占有ハ暴行又ハ强迫ニ因リテ取得シタル占有ナリ此占有ハ相對的性質ヲ有シ被害者ニ對シテ瑕疵占有ト爲ル又此占有ハ强暴ノ止ミタル時ヨリ無瑕疵占有ト爲ル(二)隱秘ニ因ル占有ハ利害關係人ニ秘シテ取得シタル占有ナリ占有者カ隱秘スルノ意思ヲ有スル以上ハ假令利害關係人カ占有ノ事實ヲ知ルト雖隱秘ノ占有ト爲ル例之竊取ノ如シ是亦相對的性質ヲ有シ占有ヲ秘スル利害關係人ニ對シ瑕疵占有ト爲リ又此占有ハ隱秘ノ行爲止ミタル時ヨリ無瑕疵占有ト爲ル

乙　無瑕疵占有　平穩且公然ニ取得シタル占有ナリ（一六二）（一）平穩ノ占有ハ強暴ニ因ラスシテ取得シタル占有ナリ此占有ハ其保持ノ爲ニ強暴ヲ用ヒタルニ因リテ強暴ノ占有ト爲ル（二）公然ノ占有ハ利害關係人ニ隱秘スルコトナクシテ取得シタル占有ナリ而シテ此占有ハ其保持ノ爲ニ之ヲ隱秘シタルトキニ隱秘ノ占有ト爲ル但占有者カ隱秘スルノ意思ナキトキハ假令占有カ表見セサルモ隱秘ノ占有ト爲ラス

占有者ハ無瑕疵占有ノ推定ヲ受ク（一八六）無瑕疵ノ立證ハ實際上頗、難ク且、占有者ハ無瑕疵ナルヲ通常トスレハナリ

此區別ハ取得時效（一六二）果實ノ取得及ヒ動產權ノ取得（一九〇、一九二）ニ付キ實用ヲ生ス

二　正權原占有無權原占有（客觀的標準）　占有取得ノ原因カ適法ナルト違法ナルトニ依ル區別ナリ

甲　正權原占有　適法ナル法律原因（名義）即、法律行爲ニ因リテ取得シタル占有ナリ權限ノ瑕疵ハ正權原ノ占有ヲ成立セシムルヲ妨ケス蓋正權原ノ

占有ハ其法律原因カ完全ナル法律行爲ナルコトヲ要セサレハナリ例之買主カ無效ノ賣買ヲ有效ト信シ又ハ取消スコトヲ得ヘキ賣買ニ依リテ目的物ヲ占有シタルカ如シ

乙　無權原占有　違法ナル法律原因即、不法行爲ニ因リテ取得シタル占有ナリ例之强竊盜ニ因ル占有ノ如シ

此區別ハ占有物ニ關シテ生シタル債權ニ付キ留置權ヲ有スルト否トノ點ニ關シ實用ヲ生ス（二九五、二項）

三　善意占有、惡意占有（主觀的標準）　占有者カ其占有ニ付キ不法ニ非ストノ確信ヲ有スルト否トニ因ル區別ナリ

甲　善意占有　占有者カ占有ヲ爲スノ權利アリト確信シテ爲シタル占有ナリ即（一）占有者カ積極的ニ不法不存在ノ確信(Kreaulität)ヲ有スルコトヲ要ス故ニ單ニ占有者カ消極的ニ其占有ヲ爲ス權利欠缺ヲ知ラサル事實即、不法確信ノ不存在(Ignoranz)ハ善意ノ占有者タルニ足ラス占有ヲ爲ス權利ノ有無ニ付キ疑惑ヲ有スル占有者亦然リ蓋善意ハ取引上及ヒ德義

上ノ觀念ヲ綜合シテ之ヲ定ムヘキモノトス(二)占有者ニ占有取得ノ權原即、名義存在スルコトヲ要セス權原ハ善意ナクシテ存在スルコトヲ得又善意ハ權原ナクシテ存在スルコトヲ得例之有效ナリト誤信シタル無效ノ賣買ノ場合ニ於テ獨、善意ノ占有者アルカ如ク又贓物故買者ヨリ廉價ニ贓物ヲ讓受ケタル賣買ノ場合ニ於テ善意ノ占有者ナキ權原アルカ如シ蓋、善意ト權原トハ各獨立セル觀念ナレハナリ(三)占有者ニ占有ノ不法ヲ知ラサルニ付キ過失ナキコトヲ必要トセス(一六二、一九二)例之占有者カ法律ノ錯誤ニ依リテ其占有ノ不法ヲ知ラサルトキハ善意ノ占有者タルコトヲ妨ケサルカ如シ

占有者ハ善意占有ノ推定ヲ受ク(民一八六、一項佛二二六八)善意ノ立證ハ實際上頗、難ク且、占有者ハ善意ナルヲ通常トスレハナリ

乙 惡意占有　占有者カ占有ヲ爲スノ權利アリトノ確信ナクシテ爲シタル占有ナリ故ニ占有者カ其占有ヲ爲スノ權利ナキコトヲ知ラサルハ其過失ニ基クトキト雖、苟、斯ル確信ヲ有スル限リハ之ヲ以テ惡意ノ占有者

ト爲スコトヲ得ス（一六二、一九二）然レトモ單ニ占有ヲ爲ス權利ノ欠缺ヲ知ラサリシ占有者及ヒ占有スヘキ權利ノ有無ニ付キ疑惑ヲ懐ク占有者ハ惡意占有者タルニ足ル但本權ノ訴ニ於テ敗訴シタル占有者ハ其敗訴ノ時ヨリ惡意ノ占有者ト看做サル（一八九）

此區別ハ取得時效ノ期間（一六二、一六三）占有物ノ果實ノ取得及ヒ其占有動產上ニ行使スル權利ノ取得（一八九、一九〇、一九二）ニ關シ實用ヲ生ス（一九一、一九六、二項等參照）

四　過失占有、無過失占有　善意占有ノ再別ニシテ善意ノ占有者カ其過失ニ因リテ占有ヲ爲ス權利アリト信シタルヤ否ヤニ依ル區別ナリ

甲　過失占有　善意ノ占有者カ其過失ニ因リテ占有ヲ爲ス權利ヲ有スト確信シテ爲シタル占有ナリ故ニ占有者カ相當ノ注意ヲ拂ハスシテ法律ヲ誤解シ以テ占有ヲ爲ス權利ヲ有スト確信シタルトキハ過失ノ占有者ナリ

乙　無過失占有　無過失占者ハ占有者カ其過失ナクシテ占有ヲ爲ス權利ヲ有スト確信シテ爲シタル占有ナリ故ニ占有者カ通常一般ノ人ノ爲ス

ヘキ注意ヲ爲シ以テ占有ヲ爲ス權利ヲ有スト確定シタルトキハ無過失ノ占有者ナリ占有者ハ無過失占有ノ推定ヲ受ケス(六一八)是無過失ノ立證ハ難事ニ非レハナリ

此區別ハ取得時效ノ期間(一六二、一六三)及ヒ占有動産上ニ行使スル權利ノ取得ニ關シテ實用ヲ生ス(一九二)

五 自主占有、他主占有(占有意思ニ基ク標準) 占有者カ其占有物ヲ所有セント欲スル意思ノ有無ニ依ル區別ナリ

甲 自主占有 占有者カ其占有物ヲ自己ノ所有ト爲ス意思ヲ有スル占有ナリ此占有ニハ占有者ニ所有ト爲スコトヲ欲スルノ意思アルヲ以テ足レリトシ現ニ所有權ヲ有スルト又所有者ナリトノ確信ヲ有スルト否トヲ問ハサルナリ(Animus domini, Opinio demini)是眞正ノ所有者及ヒ竊取者カ自主占有者タルコトヲ得ル所以ナリ但竊取者ハ被害者ニ對シテ占有ノ保護ヲ受クルコトヲ得ス

占有者ハ自主占有ノ推定ヲ受ク(民一八六、一項 佛二二三〇)自主ノ立證ハ實際上頗難

ク且占有者ハ自主占有者ナルヲ通常トスレハナリ（「デルンブルク」獨逸民法論）

乙　他主占有　占有者カ一定ノ法律關係存續中自己ノ爲ニスル意思ヲ以テ其占有物ヲ占有シ自己ノ所有ト爲ス意思ヲ以テ其占有物ヲ占有セサル占有ナリ此占有ニハ占有者ニ現ニ其占有物ヲ所有ト爲スノ意思存セサルヲ以テ足レリトシ其占有物ノ所有權ヲ有セサルコトヲ必要トセス例之自主占有者カ眞正ノ所有者ニ其占有物ヲ賃貸シ眞正ノ所有者其事情ヲ知ラサルトキハ所有者ニシテ他主占有者ナルカ如シ又此占有ハ或ハ單獨ニ存在シ又ハ自主占有ト併存ス併存ノ場合ハ例之甲カ乙ノ質入シタル時計ヲ占有シタルトキノ如シ甲ハ他主占有者ニシテ乙ハ自主占有者ナリ

此區別ハ取得時效ノ要件ニ關シ實用ヲ生ス（一六二乃至一六五）

六　直接占有、間接占有　其法律關係ヲ設定セシムル原因（Causa Possessionis）ニ依ル區別ナリ此區別ハ我民法ノ是認セサル所ナレトモ法理上正當ナリ

甲　直接占有　占有者ハ自、占有ヲ爲シ又ハ代理人ニ依リテ占有ヲ爲スコ

トヲ得之ヲ直接占有ト謂フ

乙　間接占有　占有者ハ物權又ハ債權關係ニ因リ一定ノ期間特定ノ目的ノ爲ニ共ニ同一物ヲ占有スル權利ヲ有スル者ヲ代理人トシテ同一物ヲ占有スルコトヲ得例之所有者又ハ賃貸人ハ質權者又ハ賃借人ト共ニ同一物ヲ占有スルカ如シ此場合ニ在リテハ所有者ハ質權者ニ附隨シテ又賃貸人ハ賃借人ニ附隨シテ占有ヲ爲ス而シテ質權者及ヒ賃借人ハ直接ニ占有ヲ爲ス斯ノ如ク直接占有ニ附隨シテ爲ス占有ヲ間接占有ト稱ス又直接占有者ハ自己ノ爲ニ間接占有者ト共ニ物ヲ占有スル權利ヲ有シ且間接占有者ノ代理人タル者ナリ是直接占有者カ間接占有ノ代理占有ニ非スシテ又直接占有者カ占有ノ機關即、器具ニ非サル所以ナリ

間接占有ハ直接占有ニ附隨スル占有ナリ是ヲ以テ

子　間接占有ニハ直接占有ノ存在ヲ前提トス故ニ各人ハ單ニ物ノ直接占有ヲ爲スコトヲ得レトモ間接占有ヲ爲スコトヲ得ス

丑　間接占有ハ必シモ自主占有タルコトヲ要セス同一物ハ順次ニ數個

ノ間接占有物ト爲ルコトヲ得例之土地ノ賃借人カ之ヲ轉貸シタルトキノ如シ此場合ニ在リテハ學理上賃借人ヲ第一ノ間接占有者又所有者ヲ第二ノ間接占有者ト稱ス

寅　間接占有ニハ直接占有者カ間接占有者ノ爲ニ物ヲ事實上支配スルコトヲ要ス（間接占有ノ原因タル法律關係カ事實上存在スルコトヲ要ス）間接占有者カ占有物ニ付キ直接占有者ニ對シ或法律上ノ請求權ヲ有スル事實ハ不十分ニシテ又不必要ナリ蓋シ間接占有ニハ直接占有者カ其占有物ニ付キ自己ノ爲ニ事實上ノ支配ヲ爲スト同時ニ間接占有者ノ代理人トシテ間接占有者ノ爲ニ亦事實上ノ支配ヲ爲ス旨ヲ覺知スルコトヲ要スレハナリ例之被害者ハ竊取者ノ直接占有中ニ在ル物ニ付キ返還請求權ヲ有スト雖竊取者ハ被害者ノ代理人トシテ之カ爲ニ事實上ノ支配ヲ爲ササルヲ以テ被害者ヲ間接占有者ト謂フコトヲ得サルカ如シ（不十分ノ例示）又甲カ乙ヨリ其土地ヲ賃借シタル後乙死亡シ丙之カ相續ヲ爲シタリ然レトモ丁カ眞正ノ相續人ニシテ丙ハ眞正ノ相續人ニ非ス此場合ニ於テ丙ハ

甲ニ對シ法律上何等ノ請求權ヲ有セスト雖、甲即、直接占有者ハ事實上丙ヲ賃借物ノ權利主體ナリト承認スルヲ以テ丙カ間接占有者タルカ如シ（不必要ノ例示）

卯　間接占有ニハ直接占有者カ間接占有者ヨリ任意ニ占有ヲ付與セラレタルコトヲ要セス蓋、法律上任意ノ占有附與ヲ必要トセサレハナリ例之本人ハ事務管理人ノ管理シタル物件ノ間接占有者タルカ如シ

辰　間接占有者ハ直接占有者ト同シク現實ノ占有者ニシテ單ニ現實占有者タルノ利益ヲ受クル者ニ非ス蓋間接占有者ハ共同占有者ニ非スト雖未全ク物ニ對スル事實的支配力ヲ絶止シタルモノニ非サレハナリ故ニ法律上別段ノ規定ナキ限リハ占有ノ法則ハ當然間接占有ニモ亦行ハル

此區別ハ以下二點ニ於テ實用ヲ生ス（一）直接占有者及ヒ間接占有者間ノ關係ニ在リテハ直接占有者ヲ以テ占有者トス故ニ間接占有者ハ直接占有者ニ對シテ占有ノ保護ヲ受ケス反之直接占有者ハ間接占有者ニ對シテ占有

ノ保護ヲ受ク但間接占有者ハ所有者ナリトノ法律上ノ推定ヲ受ク（獨民一〇〇六參照）（二）直接占有者並ニ間接占有者ト第三者トノ關係ニ在リテハ直接占有者及ヒ間接占有者ハ何レモ占有者タリ故ニ間接占有者亦第三者ニ對シテ占有ノ保護ヲ受ク

七 私法的占有、自然的占有　是羅馬法ニ於ケル占有ノ區別ナリ區別ノ標準不明瞭ニシテ學説一定セス或ハ前者ヲ以テ法律ノ保護ヲ受ケ且時效ノ要件ト爲ル占有ト爲シ後者ヲ以テ單純ノ握持(Detentio)及ヒ法律ノ保護ヲ受クルニ止リ時效ノ要件ト爲ラサル占有トス爲（「サビニー」）或ハ前者ヲ以テ法律保護ノ有無ニ拘ラス法律ノ是認シタル占有ト爲シ後者ヲ以テ法律ノ是認セサル占有ト爲ス（「ウヰンドシヤイド」）或ハ前者ヲ以テ所有ト合一スル占有ト爲シ後者ヲ以テ之ニ反スル占有ト爲ス（「デルンプルヒ」）此區別ハ實用ナク近世諸國ノ法典ニ於テ採用シタルモノナシ

第二

一 自然占有、法律上占有　前者ハ單純ナル物ノ所持ヲ謂ヒ後者ハ占有權ノ

基礎トシテ法律ノ保護ヲ受クル占有ヲ謂フ此占有ニハ物ノ所有者トシテ之ヲ所持スルノ意思アルコトヲ要セス自己ノ利益ノ爲、即自己ノ名義ヲ以テ物ヲ所持スルノ意思アルヲ以テ足レリトス動産質權者、動産又ハ不動産ノ賃借人ハ法律上ノ占有者タルコトヲ妨ケス

二　完全占有、不完全占有　前者ハ所有ノ意思ヲ以テ即、所有權ノ行使トシテ物ヲ占有スルヲ謂ヒ後者ハ所有權以外ノ或權利ノ行使トシテ物ヲ占有スルヲ謂フ竊盜ノ占有ハ前者ニ屬シ質權者賃借人ノ占有ハ後者ニ屬ス所有者ノ完全ナル占有ト質權者賃借人等ノ不完全ナル占有トハ併存スルコトアリ蓋、同一物ハ別異ノ關係ニ於テハ同時ニ數人ニ依リテ支配セラルルコトヲ妨ケサレハナリ

三　正當占有、不正當占有　前者ハ占有者カ物ヲ占有スヘキ實體上ノ權利アル占有ヲ謂ヒ後者ハ物ヲ占有スヘキ實體上ノ權利ナキ占有ヲ謂フ物ノ眞正所有者ノ占有ハ前者ニ屬シ强竊盜ノ占有ハ後者ニ屬ス

四　正權原占有、無權原占有　前者ハ物ノ占有カ其物ヲ占有スルノ權利ヲ占

有者ニ授與スヘキ法律上ノ原因ニ基ク占有ヲ謂フ例之物權ノ設定移轉ヲ目的トスル法律行爲ニ基ク占有ノ如シ後者ハ法律上ノ原因ナキ物ノ占有ヲ謂フ例之强竊盜ノ占有ノ如シ

五　善意占有惡意占有　前者ハ不正當ノ占有者カ其權原ノ瑕瑾ヲ知ラス正當ノ權利アリト信シテ物ヲ占有スルヲ謂ヒ後者ハ占有者カ權原ノ瑕疵ヲ知リテ物ヲ占有スルヲ謂フ

六　過失占有、無過失占有　後者ハ正當ノ權利ナクシテ物ヲ占有スル者カ占有ノ當時自己ニ正當ノ權利アリト信シ相當ノ注意ヲ爲スモ其權利ナキコトヲ知リ得ヘカラサル占有ヲ謂ヒ前者ハ占有者カ假令自己ニ權利アリト信スルモ相當ノ注意ヲ爲スニ於テハ其權利ナキコトヲ知リ得ヘカリシ占有ヲ謂フ

七　自主占有、容假占有（他主占有）　占有ノ意思ニ關スル區別ニシテ前者ハ占有者カ他人ノ爲ニスル意思ナク唯自己ノ爲ニスル意思ヲ以テ物ヲ占有スルヲ謂フ例之所有者ノ占有ノ如シ後者ハ自己ノ爲ニスル意思ナク他人ノ爲ニ

占有ヲ爲スヲ謂フ例之保管者ノ占有ノ如シ甲者アリ乙者ノ時計ヲ借受ケテ之ヲ占有スルトキハ其占有ハ自主占有タルト同時ニ容假ノ占有タリ甲者ハ自己ノ爲ニ其時計ヲ使用スルノ意思アルモ所有ノ意思ナケレハ其占有ハ自己ノ爲ニスルノ占有タルト同時ニ所有者タル乙ノ爲ニスル占有タルノ性質ヲ有スレハナリ

八 本人占有、代理占有（直接占有 間接占有） 前者ハ占有者自身カ直接ニ目的物ヲ占有スルヲ謂ヒ後者ハ占有者カ他人ヲシテ代リテ目的物ヲ占有セシムルヲ謂フ

九 平穩占有、強暴占有 實力ノ取得及ヒ行使ニ關スル區別ニシテ前者ハ禁セラレタル私力ヲ用ヒスシテ平穩ニ物ヲ占有スルヲ謂フ例之承諾ヲ得テ引渡ヲ受クルカ如シ後者ハ禁セラレタル私力ニ因リ物ノ上ニ實力ヲ占領シ之ヲ維持スルヲ謂フ例之被害占有者ノ回復ニ對シ強竊盜者カ暴行強迫ヲ以テ之ヲ拒ムカ如シ

一〇 公然占有、隱秘占有 實力ノ占領及ヒ行使ノ方法ニ關スル區別ニシテ

前者ハ占有(實力ノ占領又ハ行使)カ外形的行爲ニ顯ハルルヲ謂ヒ後者ハ占有ヲ秘シ之ヲ外形的行爲ニ顯ハササルヲ謂フ例之他人ノ所有物ヲ竊取シテ之ヲ隱匿スルカ如シ

隱秘占有ハ外部ヨリ認識シ得ヘカラサル事實アルヲ以テ足レリトセス占有者ニ之ヲ秘スルノ意思アルコトヲ要ス故ニ吾人カ重要ノ書類貴重ノ物品ヲ文庫又ハ倉庫ニ保管スルモ隱秘占有ニ非ス

第三

一　法律的占有、事實的占有　廣義ノ占有ノ區別ニシテ前者ハ占有訴權ヲ生スヘキ占有即、占有權タル占有即、狹義ノ占有ヲ指シ後者ハ法律上ノ保護ナキ占有即單純ノ事實タル占有即、所持ヲ指ス前者ハ之ヲ分テ二トス如左

甲　自主占有(Eigenthimsbesitz)(獨八七二)　所有ノ意思ヲ以テスル占有ニシテ自、占有物ヲ所有スルノ意思即、全ク他人ノ權利ヲ排斥スルノ意思ヲ以テスル占有ナリ而シテ(一)適法ニ所有者トナリタルヤ否ヤ(二)自、所有者ナリト信スルヤ否ヤヲ問ハス單ニ所有セント欲スルノ意思アレハ足ル例之所

有者、買主（眞ニ所有權ヲ得タルヤ否ヤヲ問ハス）盜賊ノ占有ノ如シ

乙　容假占有（Precarischer Besitz）　所有ノ意思ナキ占有ニシテ自、占有物ヲ所有スルノ意思ナク單ニ自己ノ利益ノ爲ニスル、意思アル占有ナリ即他人ノ所有物タルコトヲ認ムルモ而モ亦自己ノ權利ニ基キ所持スル場合ナリ例之地上權者、永小作權者、留置權者、質權者、使用借主、賃借人、受寄者、遺失物發見者ノ如シ

前者ハ占有者カ所有ノ意思ヲ失フトキハ其時ヨリ或ハ容假占有或ハ單純ナル所持トナル又後者又ハ所持ハ占有者カ所有ノ意思ヲ有スルトキハ其時ヨリ自主占有トナル唯權原ノ性質上所有ノ意思ナキモノトスル場合ニ關シテハ第百八十五條ノ規定アリ占有者ニ所有ノ意思アルト否トハ時效ニ關シ實益ヲ生ス（一六二）又占有者ハ自主占有者ナリトノ推定ヲ受ク（一八六）

事實的占有ハ全ク自己ノ爲ニスル意思ナキ所持ナリ分テ二トス如左

甲　全ク意思ヲ缺ク所持即、單ニ實力アルノミニシテ毫モ意思ナキ場合例之小兒、瘋癲者ノ所持ノ如シ

乙　代表者ノ所持即單ニ他人ヲ代表シ其器械トシテ所持スル場合例之雇人ニ依ル主人ノ所有物ノ所持ノ如シ

事實的占有ハ全ク法律上ノ效果ヲ生スルコトナキヲ常トス、所持者ハ(一)其所持スル物ニ對スル事實上ノ妨害ヲ防止シ(二)奪取セラレタルトキハ其回復ヲ請求スルヲ得ルモ是其所持ヨリ生スル直接ノ效果ニ非ス(一)ハ財産防衞權ヨリ來リ(二)ハ安寧警察ヨリ來ル(「オープリー」、「ロウ」七七節)

二　法定占有、自然占有(Civiliter, Naturaliter)其標準ニ付テハ學說岐ル如左

甲　前者ハ時效ヲ生スヘキ占有ヲ指シ後者ハ單純ナル所持ヲ指ス從テ自然占有ハ時效ヲ生スヘキ占有及ヒ單ニ占有訴權ヲ生スヘキ占有ニ對ス(「サビニー」Besitz 七節)

乙　前者ハ占有訴權ヲ生スヘキ占有ヲ指シ後者ハ單純ノ所持ヲ指ス(「チボー」二九八節「キールルフ」「ジンテニス」)

丙　前者ハ所有者ノ有スル占有ヲ指シ後者ハ所有者ノ占有ニ非スシテ占有訴權ヲ生スヘキ占有ヲ指ス(「デルンブルヒ」一七五節)

丁　前者ハ自主占有ヲ指シ後者ハ間接占有ヲ指ス（財一七九、一八〇、一八四、一八五「ファンゲロウ」一九九節、「ウインドシャイド」一四八節、「プルンス」、「プリンツ」）

要之此區別ハ羅馬ニ存セシト雖今日ニ於テハ意義明ナラス各其見ル所ニ從ヒ意義ヲ定ムルノ外ナシ

三　正權原占有、無權原占有　前者ハ占有者ニ屬スル權利ヲ移轉スルニ足ルヘキ有效ナル法律行爲ニ基キテ得タル占有ヲ指シ（或ハ實際ニ此ノ如キ行爲アルヲ必要トシ或ハ此ノ如キ行爲アリト信スルヲ以テ足レリトス）後者ハ此ノ如キ行爲ニ基カスシテ得タル占有ヲ指ス我民法ニ於テハ主義ヲ異ニスルヲ以テ此區別ハ實益ナシ

四　善意占有、惡意占有（財一八二、普通一部七章一一、澳三二六、巴通三節、五章、索、三一六）　前者ハ占有者カ其占有ヲ取得シタル權原即、法律行爲ニ瑕疵アルコトヲ知ラサルモノ即適法ニ占有權ヲ得タリト信シテ占有スルモノヲ指シ後者ハ權原ニ瑕疵アリタルコトヲ知リタル場合ヲ指ス故ニ善意ノ占有タルニハ適法ニ占有權ヲ取得シタリトノ積極的信認アルコトヲ要ス（「ウインドシャイド」一七六節、「デルンブルヒ」一九四節）

所謂善意ノ意義ニ付テハ學者間頗異論アリ如左

甲　消極的說明ヲ爲ス者ハ所謂善意ノ占有トハ其占有ノ瑕疵ヲ知ラサル占有ヲ謂フト主唱ス（「スチンチンク」Wesen (der bonae fide 1852. 七七頁）此說ハ自己カ物ヲ占有スヘキ權利ヲ有セサルコトヲ確信スルモ若其占有スヘキ權利ノ取得ニ關シテ如何ナル瑕疵ノ存在スルカヲ知ラサルトキハ尙之ヲ善意ノ占有者ト爲ス是羅馬法以來各國ニ於ケル沿革ニ徵シテ其根據ナシ

乙　善意ノ占有者トハ所有者タルノ確信ヲ有スル占有者ナリ（「メルレンチール」Gu.es Glaube der veyahrung 1820 四·頁）此說ハ頗狹隘ニ失セリ蓋法律ノ規定ニ因リ一物ニ付テ自己カ其所有者タルコトヲ得サルコトヲ知リタルトキト雖若其所有者ノ意思ニ依リ本主占有ヲ取得シタルトキハ素ヨリ善意ノ占有者ニシテ惡意ノ占有者ト看做スヘカラサレハナリ（「バール」Urteir des Reichsgericht 一九頁「ローホル」Rechtsballe dss Reichsgrecht 二 Hefte 六 三頁參照）故ニ若（一）相手方ノ占有權ニ瑕疵アリ（二）相手方ニ占有權讓渡ノ能力ナク（三）占有權ノ目的物カ讓渡スルコトヲ得ス（四）占有權取得ノ法律行爲ニ錯誤詐欺强迫アルコト（五）又ハ其行爲カ法律ノ禁止ニ觸レ若クハ形式ヲ缺クコトヲ知ルトキハ善意ニ非ス

然レトモ此信認アル以上ハ占有者ニ如何ナル法律ノ錯誤アルモ過失アルモ權原無效タルモ又ハ實體上若クハ形式上ノ瑕疵アルモ爲ニ取得ヲ妨ケス又取得ヲ登記セス又ハ相手方ニ授付ノ分限ナキ等ノコトアルモ可ナリ(「オーブリー、ロウ」二〇五節、反對財一八二證一四一)

善意占有ハ占有者カ權限ノ瑕疵ヲ覺知シタル時ヨリ惡意占有トナル但占有者カ本權ノ訴ニ於テ敗訴シタルトキハ其起訴ノ時ヨリ惡意占有ト爲ル(一八九、二項)

此區別ハ時效(一六二)果實ノ取得(一八九)及ヒ占有ニ因ル動産ノ取得ニ關シ實益ヲ生ス此區別ト正權原無權原ノ區別トヲ混同スヘカラス正權原ナレトモ惡意ナルコトアリ無權原ナレトモ善意ナルコトアリ凡テ占有者ハ善意ナリトノ推定ヲ受ク(一八六)

五 過失占有、無過失占有　善意占有ノ細別ニシテ占有者カ權原ノ瑕疵ヲ知ラサリシコトカ過失ニ基クトキハ過失占有ニシテ然ラサルトキハ無過失占有ナリ一般普通ノ人民カ瑕疵アルコトヲ覺知スヘキ事情アルニ拘ラス之ヲ覺知セサリシトキハ過失アリト雖然ラサルトキハ過失ナシトス此區別ハ又正權原無權原ノ區別ト混同スヘカラス正權原ナレトモ過失アリ無權限ナレトモ過失ナキコトアリ

此區別ハ時效(一二一六)及ヒ占有ニ因ル動産ノ取得(一二一九)ニ關シテ實益ヲ生ス占有ノ無過失ニ付テハ推定ナシ(一一六八)

六 瑕疵占有、無瑕疵占有(財一八三普通一部七章九六澳三四六索一一九〇) 前者ハ瑕疵アル占有ヲ指シ後者ハ之ナキモノヲ指ス占有ニ瑕疵ヲ生スヘキ原因ハ強暴及ヒ隱秘ノ二トス

甲 強暴ノ占有 暴行脅迫ニ因リ取得シタル占有及ヒ暴行脅迫ニ因リテ保持シタル占有ヲ指ス但他人カ暴行脅迫ヲ以テ占有物ヲ奪取セントスルニ對シ腕力ヲ以テ自己ノ占有ヲ保持スルモ強暴ノ占有ニ非ス

強暴ノ占有ニ對スルモノヲ平穩占有ト謂フ強暴占有ハ暴行脅迫ノ止ミタルトキヨリ平穩占有ト爲ル蓋強暴ヲ受ケタル者強暴ノ止ミタル後直ニ出訴シ權利ヲ伸張セサルハ其者ハ眞ニ權利ヲ有スルニ非スト看做ス

ニ因ル（「オーブリー、ロウ」一八〇註二四）平穩占有ハ強暴ヲ以テ保持シタルトキヨリ強暴占有ト爲ル

乙　隱秘占有　外見ニ於テ容易ニ了知シ得ヘカラサル占有ヲ謂フ即明ニ外形ニ現ハレサル占有例之隣地ニ穴ヲ穿チテ之ヲ占有スルカ如シ外見ニ於テ容易ニ了知シ得ストハ其性質ニ付テ言フモノナルヲ以テ相手方カ實際之ヲ知ルヤ否ヤヲ問ハス性質上隱秘ノモノナルトキハ相手方カ實際之ヲ知ルモ尙、隱秘ナリ

隱秘占有ニ對スルモノヲ公然占有ト謂フ隱秘占有ハ其占有カ外形ノ行爲ニ依リ表ハレタルトキヨリ公然占有ト爲ル（「オーブリー、ロウ」註二〇）又公然占有ハ其占有カ外觀ニ於テ表ハレサルニ至リタル時ヨリ隱秘ト爲ル但特ニ公然ノ行爲ヲ止メタル事實アルヲ要ス初、公然ニ占有シタルモ其物ノ性質上公然行爲ヲ繼續スル能ハサルヨリ隱秘トナルモ隱秘占有ニ非ス

強暴及ヒ隱秘ノ瑕疵ハ共ニ關係的ノモノナリ即強暴ヲ受ケ又ハ隱秘セラレタル相手方ニ對シテノミ瑕疵ヲ爲ス（「オーブリー、ロウ」一八〇節「ポチエ」Possesion 九六節、「トロロン」二卷三六九、三

七〇節「ベリーム」Philosophy d.d. 五一、五二節)「ツァアリエー」一八八節、反對說「ローラン」)

此區別ハ時效(一六二)果實ノ取得(一九〇)占有ニ因ル動產ノ取得(一九二)ニ關シ實益ヲ生ス凡テ占有者ハ平隱且公然ニ占有スルモノトノ推定ヲ受ク

七 占有準占有　前者ハ自己ノ爲ニスル意思ヲ以テスル有體物ノ所持即占有權ヲ指シ後者ハ自己ノ爲ニスル意思ヲ以テスル財產權ノ行使即、權利ノ占有ヲ指ス蓋、自己ノ爲ニスルノ意思ヲ以テ有體物ヲ所持スルノ事實ハ又同一ノ意思ヲ以テ權利ヲ行使スルノ事實ト其性質ニ於テ異ルコトナシ然レトモ旣ニ占有ヲ物權トシ其物體ハ有體物ニ限ルトセハ權利ノ占有權アルコトヲ認ムヘカラス故ニ羅馬法以來權利ノ占有ハ之ヲ準占有或ハ權利占有(Quasi possessio; Rechtsbesitz)ト稱シ本然ノ占有ニ對シ占有ノ規則ヲ準用スルコトト爲ス(二〇五、獨八七二)本然ノ占有ハ權利占有ニ對シ或ハ之ヲ實物占有(Sachenbesitz)ト言フ

第三章　占有權ノ主體及ヒ目的物(物體)

第一節　占有權ノ主體

物權法
横田博士

第一
權利能力ヲ有スル者ハ總テ占有權ノ主體タルコトヲ得但法人ハ其目的ノ範圍內ニ於テノミ其主體タルコトヲ得
占有權ノ取得ニハ自己ノ爲ニスル意思ヲ必要トス故ニ意思無能力者ハ法定代理人ニ依ルニ非サレハ之ヲ取得スルヲ得ス例之幼者白痴瘋顚者及ヒ法人ノ如シ

民法理由
岡松博士

第二
占有權ノ主體ハ財產能力ノ主體タルコトヲ得ル者タルヲ要ス故ニ
一　自然人ハ何人ト雖、占有ノ主體タルコトヲ得但自己ノ行爲ニ因リ占有權ヲ取得スルニハ占有ノ意思ヲ要スルヲ以テ意思能力ナキ者ハ法定代理人ニ依ラサル可ラス例之小兒瘋顚者ノ如シ然レトモ意思能力アル者ハ無能

力者ト雖自、占有權ヲ取得スルコトヲ得

二 法人 其目的以外ニ於テハ占有ノ主體タルコト能ハス例之土地ヲ有スルノ必要ナキ法人ハ土地ノ占有ヲ取得スルコトヲ得サルカ如シ又意思ナキカ故ニ常ニ代理人ニ依ラサル可ラス

占有ノ主體ハ複數ナルコトヲ得、是即、共同占有ニシテ其場合四、アリ如左

一 或ハ數人共同ニ一物ノ思想上ノ部分ヲ占有スルコトヲ得例之數人ニテ一室ヲ借受クルカ如シ

二 或ハ數人共同ニ一物ノ全體ヲ占有スルコトヲ得例之組合ノ如シ（「デルンブルヒ」一六九節註一一、反對説「ウインドシャイド」一五二節）

三 或ハ一物ノ上ニ數人ニ屬スル數個ノ性質ヲ異ニシタル占有權成立スルコトヲ得例之暴行ヲ以テ物件ノ占有ヲ得前占有者直ニ回収ノ訴ヲ起シタルトキノ如シ（一八〇、二〇三「サビニー」「ケルレル」）

四 或ハ一物ノ上ニ數人ニ屬スル數個ノ同性質ノ占有成立スルコトヲ得例之第三者ヲシテ質物ヲ占有セシメ之ヲ數人ニ質入シタルトキノ如シ（三五九、三

四 二、反對說「サビニー」、「ケルレル」)

第二節 占有權ノ目的物(物體)

第一

占有權ハ動產及ヒ不動產ヲ目的トス其要件如左

一 占有權ノ目的物ハ事實上取引能力ヲ有スル物ナルコトヲ要ス　故ニ各人カ事實的支配ヲ爲スコトヲ得サル物件例之大洋ノ如キハ占有ノ目的物ト爲ラス從テ占有權ノ目的物ト爲ラス反之法律上取引能力ヲ有セサルニ過キサル物即、法律上ノ理由ニ依リ取引ノ目的物ト爲ラサル物件例之公有物ノ如キハ占有ノ目的物ト爲リ又占有權ノ目的物ト爲ル(羅馬法及ヒ獨逸普通法ハ一私人ノ所有シ得ヘキ物件ニ限リ占有ノ目的物ト爲ス)故ニ國家其他ノ公法人ハ公有物ヲ占有シ又一私人ハ公有物ノ目的ヲ害セサル範圍內ニ於テ之ヲ占有スルコトヲ得

二 權利ヲ行使スルコトヲ得ヘキ物ナルコトヲ要ス　故ニ物ノ構成分子及ヒ聚合物即、事實的聚合物及ヒ法律的聚合物ハ占有ノ目的物ト爲ラス蓋、物

ノ構成分子ニ對シテハ獨立的ニ權利ヲ行使スルコトヲ得ス又聚合物ハ一個ノ權利ノ目的物ト爲ラサレハナリ(〇一八)但相續財産ニ關シテハ實際的便宜ニ基キ其占有權ヲ是認ス(獨民二〇一八)

第二 占有權ノ目的物ハ左ノ性質ヲ備フルコトヲ要ス

一 占有權ノ目的物ハ有體物タルコトヲ要ス　但法律ハ別ニ權利ヲ目的トスル占有權ヲ認メ占有權ニ關スル規定ヲ之ニ準用セリ

二 占有權ノ目的物ハ所有權其他實體權ノ目的タルコトヲ得ヘキ物タルコトヲ要ス　占有權ハ權利ノ形式ニ對スル法律ノ保護ニ外ナラサルヲ以テ實體權ノ目的タルコトヲ得サル物ハ占有權ノ目的タルコトヲ得ス何トナレハ實體權ノ目的タルコトヲ得サル物ノ支配ハ權利ノ形式トシテ之ヲ認ムルコトヲ得サレハナリ故ニ有體物ハ所有權其他ノ實體權ノ目的タルコトヲ得ル場合ニ同一ノ内容範圍ニ於テ占有權ノ目的タルコトヲ得、法禁物、公有物其他ノ不融通物モ亦實體權ノ目的タルコトヲ得ル範圍内ニ於テ占

有權ノ目的タルコトヲ得

三 占有權ノ目的物ハ法律上獨立シテ實體取引ノ目的タルコトヲ得ル物タルコトヲ要ス　蓋實體上ニ於テ成立スルコトヲ得サル權利ノ形式、占有トシテ法律ノ保護ヲ受クルコトヲ得サルヲ以テナリ其性質ニ於テ不可分ナル動產、不動產ノ局部ハ實體取引ニ於テ獨立性ヲ缺クヲ以テ各別ニ之ヲ占有スルコトヲ得ス但一棟ノ家屋ハ之ヲ分有スルコトヲ得ルト同時ニ家屋內ノ一室ハ獨立シテ貸借ノ目的タルコトヲ得ルヲ以テ家屋ノ一部ハ所有權又ハ賃借權ノ行使トシテノ特別ナル占有權ノ目的タルコトヲ妨ケス

第三 占有權ノ物體ハ物理的及ヒ法律的能力ヲ要ス然レトモ必シモ他人ノ物タルヲ要セス自己ノ物上ニモ占有權ヲ有スルコトヲ得（一七九、三項）如左

一 物理的能力トシテハ所持セラルルコトヲ得ルモノタルコトヲ要シ

二 法律的能力トシテハ三要件ヲ具フルコトヲ要ス如左

甲 有體物タルコトヲ要ス（八五、一八〇、財一八〇、佛二二二八、其他佛法系ハ權利モ亦占有ノ目的タルコトヲ得）

乙　融通物タルコトヲ要ス　故ニ公有物、公共物ハ占有ノ物體タラス然レトモ公共物等ニ付キ特別ノ權利ヲ與ヘラレタルトキハ其權利ノ範圍內ニ於テハ占有スルコトヲ得

丙　一個物タルコトヲ要ス故ニ

子　集合物ハ一體トシテ占有スルヲ得ス各個物ヲ占有スルモノトス（獨通「デルンブルヒ」一七八節、索六三、一九一、澳「ウンゲル」五七節、「ランダ」Besitz一九三節、反對財一八〇佛二二二八、普通一部七章五三節、巴通二部五章六節）從テ集合物ノ占有者ハ一物ヲ分離スルモ占有ヲ失ハス

丑　一個物ノ占有ハ單成物、組成物ヲ問ハス其全體ヲ占有スルモノニシテ各部ヲ別々ニ占有スルニ非ス（「デルンブルヒ」一七八節）故ニ一部分離スルトキハ占有ヲ失フ

寅　一個物ノ一部ノミヲ占有スルヲ得ス（獨一草七九八、「デルンブルヒ」一七八節「サヒニー」、「プフタ」、「ビンヂング」、「ハックフエルド」、「プフリユーゲル」Iheringsfahrb二四卷五〇〇）但可分物ハ一部ノ占有ヲ許ス例之土地ノ如シ又主物從物ハ各別ノ占有ヲ許ス

占有權ノ目的ニ關スル學說及ヒ立法例凡三種ニ分ル如左

一 占有權ノ目的ハ物及ヒ權利ナリト（一八〇、佛二二二八）羅馬ニ於テハ占有ノ目的ヲ物トシ又クアジ、ポツセツシヨトテ通行權ノ如キ地役權ノ占有ヲモ認メタリ此說ハ沿革上ノ理由ヲ有スレトモ理論ニ於テ一貫セサル所アリ

二 占有權ノ目的ハ權利ナリト 即占有權者ハ地上權地役權ヲ占有スルカ如ク所有權ヲモ占有スルモノナリ物ノ占有トハ所有權ノ占有ニ外ナラス尙此中ノ或論者ハ進ンテ曰ク占有權ノ目的ハ凡テ物ナルカ若クハ凡テ權利ナルヘシ所有權ヲ占有スル際ニ占有權ノ目的ハ物ナリト言フニ於テハ地役權ノ占有ノ際ニモ亦占有權ノ目的ハ物ナリト言ハサルヘカラス若シ地役權地上權ノ占有ノ場合ニ占有權ノ目的ハ權利ナリト言ハハ物ヲ占有スル際ニモ其目的ハ所有權ナル權利ナリト言ハサルヘカラス而シテ二者ヲ比較スルニ權利ヲ目的トスルヲ以テ正シトスト此說ハ空理ニ過キテ事實ニ合セサル所多ク且占有權ノ起原ニ戾ル更ニ三說ニ分ル如左

甲 占有權ノ目的ハ唯物權ナリト 狹キニ失ス

乙　占有權ノ目的ハ財産權即物權債權ナリト　權利説中最適當ナランカ

丙　占有權ノ目的ハ財産權ノミナラス身分權ヲモ含ムト爲シ（佛伊民）寺院住職《アトボリソン》ノ選擧權ヲモ含ムト爲ス（英普通法）

三　占有權ノ目的ハ物ナリト（一〇一八）

第四章　占有權ノ得喪及ヒ變更

第一節　占有權ノ取得

民法論　松岡學士

第一　占有權ノ取得ハ之ヲ分ツテ原始取得、傳來取得及ヒ代理取得ト爲ス傳來取得ハ更ニ分ツテ讓渡及ヒ相續ト爲ス

物權法　横田博士

第二　占有權ハ二個ノ方法ニ依リテ之ヲ取得スルコトヲ得原始取得、承繼取得是ナリ

民法理由　岡松博士

第三　占有權取得ノ方法ハ之ヲ(一)本人取得及ヒ代理取得(二)原始取得即先占(Occupation)及ヒ繼受取得ニ區別ス繼受取得ハ或ハ相續或ハ讓渡(Tradition.)ニ依ル(「ブリンツ」Bekker Jahrb, 三巻二號「ストロハル」Succession in den B.「ピニンスキ」Sachbesitzerwurs.)或ハ占有權ハ繼受取得ヲ許サストスルノ法制學説(多數ノ法制「デルンブルヒ」一七七節)アレトモ是占有權ヲ以テ事實ト看做スヨリ

來ルモノナリ

第一款　原始取得

第一（民法論松岡學士）

占有ノ原始的取得行爲ハ羅馬法獨逸普通法等ニ在リテハ一方的法律行爲ナリ故ニ占有權ヲ取得セント欲スル意思アルコトヲ要ス從テ其意思ナクシテ占有ヲ取得スルコトナク意思無能力者カ占有ヲ取得スルコトナク又無權代理人ニ依リテ占有ヲ取得スルコトナシ反之獨逸民法ニ在リテハ法律事實ニシテ法律行爲ニ非ス故ニ占有權ヲ取得セント欲スルノ意思ナクシテ之ヲ取得シ意思無能力者カ之ヲ取得シ又無權代理人ニ依リテ之ヲ取得ス我民法ハ羅馬法ニ同シ（一八〇）元來占有權ハ占有ニ因リテ發生スル物權ナリ占有ハ權利ノ行使ナリ故ニ占有權ノ取得ニハ權利行使ノ事實ト權利行使ノ意思トヲ必要トス前者ハ占有的所持ニシテ之ヲ體素ト稱シ後者ハ占有意思ニシテ之ヲ心素ト稱ス（一八〇、獨民五八四參照）

一　占有的所持　近世諸國ノ民法ニ在リテハ物ノ事實的支配力ヲ以テ占有的所持ノ事實タルニ足ルト爲セリ故ニ占有的所持ハ人ノ物ニ對スル事實的支配力ナリ從テ占有者ハ其支配範圍ヨリ第三者ヲ除去スルコトヲ得サルヘカラス其事實的支配力ノ存否ハ利害關係人ノ主觀的觀念ニ從テ之ヲ定メスシテ一般取引ノ客觀的觀念ニ從テ之ヲ定ム是ヲ以テ

甲　事實的支配力ハ心理的手段ニ依ルヲ以テ足リ敢テ物理的手段ニ依ルコトヲ要セス例之立入禁止ノ揭示ヲ建テ(心理的手段)又ハ圍障ヲ設クル(物理的手段)カ如シ

乙　物ノ事實的支配力ハ現ニ物ノ上ニ直接ニ行ハルルヲ以テ足リ占有取得者カ物ノ前ニ現在スルコトヲ要セス例之陷穽ニ入リタル野猪ハ其設立者カ其前ニ現在セサルモ其者ノ占有ニ歸スルカ如シ

丙　物ノ事實的支配力ハ(一)占有取得者ノ行爲(Besitzergreifungshandlung.)ニ依リテ之ヲ取得シ(二)或ハ占有取得者ノ行爲及ヒ別個ノ事實ノ共同作用ニ依リテ之ヲ取得シ(三)或ハ占有取得者ノ行爲ニ依ラスシテ之ヲ取得ス(一)

ハ占有取得者カ現ニ物ヲ直接ニ支配シ且外部ヨリ之ヲ認識シ得ヘキコトヲ要シ單ニ物ヲ支配シ得ヘキ可能力(die blosse Möglichkeit.)アルヲ以テ足レリトセス故ニ土地ノ占有ハ境界ヲ表示シ耕作ヲ爲ス行爲ニ依リテ又動産ノ占有ハ捕獲、掌握等ノ行爲ニ依リテ之ヲ取得ス例之獵夫カ野獸ニ微傷ヲ被ラシメ漁夫カ鯨鯢ニ銛ヲ投シタル行爲ハ占有ヲ取得スルニ足ラサルカ如シ(二)ハ物カ現ニ占有取得者ノ勢力内ニ到達シタルコトヲ要ス例之陷穽ヲ設ケタル獵夫ハ之ニ陷リタル野獸ノ占有ヲ取得シ網ヲ張リタル漁夫ハ之ニ入リタル魚介ノ占有ヲ取得スルカ如シ(三)ハ物カ占有取得者ノ勢力内ニ到達シタルコトヲ要ス例之竊取セラレタル獵犬カ其主人ノ邸宅ニ歸來スルトキハ主人之ヲ知ラサルニ拘ラス其占有ヲ取得スルカ如シ

丁　物ノ事實的支配力ハ繼續的性質ヲ有スルコトヲ要ス故ニ一時吾人ノ勢力内ニ入リタル物ハ吾人ノ占有物ト爲ラス例之吾人ノ園地ニ入ルモ未其自然的自由ヲ失ハサル野獸及ヒ魚介ハ吾人ノ占有物ト爲ラサルカ

如シ

戊　事實的支配力ハ他人ヲ排斥シ又ハ現ニ物ヲ左右シ得ル程度ニ到達シタルコトヲ要ス故ニ他ノ門前ヲ利用スル浮浪者ハ其占有者ト爲ラサルカ如シ

三　占有的意思　我民法ハ羅馬法及ヒ獨逸普通法ト同シク占有的意思ヲ占有取得ノ要件トス占有的意思ハ自己ノ爲ニ占有ヲ取得セント欲スルノ意思ナリ(一〇一八)是ヲ以テ

甲　吾人ノ住居内ニ在ル一切ノ物件ハ吾人ノ占有物ニ非ス例之客カ吾人ノ室内ニ遺忘シタル物品ハ吾人カ之ヲ占有スルコトヲ欲セサルヲ以テ吾人ノ勢力内ニ在ル物品タルニ止リ吾人ノ占有物ニ非サルカ如シ

乙　占有取得者ノ行爲ニ依リテ占有ヲ取得スルトキハ占有的意思カ占有的所持ノ前提ト爲ルコトヲ要ス例之吾人ノ受領シタル金錢ハ吾人カ之ヲ占有スルコトヲ欲スルノ意思存スルトキニ限リ吾人ノ占有物ト爲ルカ如シ

占有取得者ノ行爲及ヒ別個ノ事實ノ共同作用ニ依リテ占有ヲ取得スルトキハ占有的意思カ占有的所持ノ前提ト爲ルコトヲ要ス例之吾人ノ穽内又ハ簗内ニ入リタル野獸又ハ魚介ハ吾人カ之ヲ占有スルコトヲ欲スルノ意思存スルトキニ限リ吾人ノ占有物トナルカ如シ

占有取得者ノ行爲ニ依ラスシテ占有ヲ取得スルトキ亦占有的意思カ占有的所持ノ前提ト爲ルコトヲ要ス例之竊取セラレタル獵犬カ主人ノ邸宅ニ歸來シタルトキ其主人ハ之カ所持ヲ欲シタル意思存スルトキニ限リ主人ノ占有物ト爲リ敢テ主人カ其歸來ノ事實ヲ確知又ハ豫知スルコトヲ要ヒサルカ如シ

又偶然吾人ノ邸内ニ入リタル犬ハ吾人カ觀テ以テ之ヲ所持セントスルサル間ハ吾人ノ占有物ト爲ラサルカ如シ

丙　行爲無能力者ハ法定代理人ニ依リテ占有權ヲ取得スルコトヲ得レトモ自之ヲ取得スルコトヲ得ス例外未成年者ハ之ヲ取得ス

丁　物カ自己ノ勢力内ニ在ル事實ヲ確知セサル占有者及ヒ行爲無能力者

タル占有者ハ之ヲ善意占有者、惡意占有者又ハ自主占有者、他主占有者ト確定スルコトヲ得ス故ニ此占有者ハ善意占有者及ヒ自主占有者タルノ保護ヲ受クルコトヲ得ス第百八十六條ハ一個ノ推定ナルヲ以テ善意占有者又ハ自主占有者タルヤ否ヤノ確定セサル顯著ノ事實ニ適用ナシ

第二

占有權ハ吾人カ事實上有體物上ニ實力即體素《コルプス》ヲ占領シ且自己ノ爲ニ之ヲ占領スルノ意思即(心素《アニムス》)ヲ發生スルト同時ニ之ヲ取得ス如左

一　物ノ上ニ實力ヲ占領スルコト　二個ノ條件ヲ必要トス如左

甲　物ノ上ニ實力ヲ加フルコトヲ得ルコト　其最、顯著ナルモノハ手足其他吾人ノ體力ヲ利用シ以テ有體物ヲ吾人ノ實力範圍內ニ保持スル場合ナリ然レトモ所謂實力ノ占領ニハ吾人ノ身體カ直接ニ有體物ニ觸接スルコトヲ要セス吾人カ事實上有體物上ニ體力ヲ加フルコトヲ得ヘキ地位ニ在ルヲ以テ足レリトス例之人ヲシテ其倉庫內ニ米穀ヲ運搬セシメタル甲者ハ直接ニ其米穀ニ對シテ體力ヲ施サヽルモ隨時、之ヲ施スコト

ヲ得ルノ地位ニ在ルヲ以テ其米穀ハ甲ノ實力範圍內ニ在ルカ如シ故ニ吾人ノ體力カ直接ニ加ハラサルモ其物ニシテ苟、吾人ノ直接ニ支配スル場所ニ存在スル以上ハ其場所ノ如何ヲ問ハス其物ハ吾人ノ實力範圍內ニ在ルモノト謂フコトヲ得加之吾人ノ直接ニ支配スル場所內ニ在ラサル物件ト雖、吾人ノ實力ノ及フ限リハ其物件ハ吾人ノ實力範圍內ニ在ルモノナリ例之吾人ノ監督支配ヲ離レテ各所ニ徘徊スルモ飼養ノ場所ニ復歸スル常習アル家畜ノ如シ又道路或ハ他人ノ邸宅內ニ在ル物ハ直接ニ吾人ノ監督ノ下ニ在ラサルモ吾人カ隨時、其場所ニ至リ其物ニ對シテ實力ヲ加ヘ得ル狀態ニ在ルトキハ其物ハ吾人ノ實力內ニ在リト謂フコトヲ妨ケサルモノトス

實力ノ占領ハ將來ニ向テ持續スヘキ性質ノモノタルコトヲ要シ一瞬時的ノモノハ占有權取得ノ原因タルコトヲ得ス例之鳥獸ヲ捕獲シタル後直ニ逸シタルトキノ如シ有體物中、容易ニ吾人ノ支配ヲ脫シ得ヘキモノト然ラサルモノトアリ脫出ノ危險ノ大小ニ因リテ實力ノ占領ニ要スル

設備ニ差等アルヘキハ勿論ナリ例之木石等ノ無生物ト禽獸虫魚等ノ生物トノ如シ
物ハ其全部ヲ占有スルニ依リテ其各部モ亦占有ノ目的トナルト同時ニ主物ノ占有ハ當然其從物ニ及フモノトス
物ノ上ニ實力ヲ占領スルニハ占有者自身ニ之ヲ爲スコトヲ要セス他人ヲシテ代テ之ヲ爲サシムルコトヲ得、蓋物カ代理人ノ實力内ニ在ル時ハ本人ハ何時ニテモ其物ノ上ニ實力ヲ施シ得ヘキ地位ニ在ルヲ以テナリ

乙 他人ノ干渉ヲ排斥シ得ヘキコト　他人ヲシテ目的物上ニ實力ヲ加ヘルコトヲ得セシメサルカ爲ニ完全ナル設備ヲ爲スコトヲ要セス蓋吾人ノ手裡ニ在ル物ハ勿論、如何ニ鞏固ナル占有ト雖絶對的ニ他人ノ奪取ヲ許ササルモノハ殆、稀ナリ故ニ唯、事物普通ノ經過ニ於テ他人ノ干渉ヲ防クコトヲ得ルヲ以テ足レリトス他人カ外部ノ狀況ニ依リ其物カ既ニ吾人ノ占有ノ目的トナリタルコトヲ認知シ得ルニ於テ此條件ハ充サルルモノト謂フヘシ例之山野又ハ道路ニ放置シタル物ト雖之ニ檢印其他ノ

符徽ヲ施シタルカ如シ蓋、他人ハ猥ニ之ヲ侵スコトノ不當ナルコトヲ感知シ自、其行爲ヲ避止セサルヘカラサルニ至ルヘキヲ以テナリ

二 自己ノ爲ニスルノ意思ヲ有スルコト　單純ナル實力占領ハ占有權取得ノ原因タルコトヲ得ス此意思ノ伴フニ依リテ始メテ權利トシテ法律ノ保護ヲ受クヘキモノナリ故ニ(一)他人ヨリ物ノ保管ヲ委託セラレタル者ハ他人ノ爲ニノミ其物ヲ占有スルモノニシテ自己ノ爲ニスル意思ナク從テ物ニ對スル權利行使ナキヲ以テ其物ニ付キ占有權ヲ有セサルモノトス(二)意思能力ナキ幼者、白痴者、瘋癲者ノ始メタル所持亦然リ從テ之ヲ侵害スル者アルモ占有保護ノ問題ヲ生スルコトナシ

自己ノ爲ニスル意思ハ物ニ對スル權利ノ行使トシテ實現スヘキモノナリ此意思ハ占有者カ物ヲ所持スル所以ノ原因ニ依リテ之ヲ認知スルコトヲ得例之買主受贈者及ヒ强、竊盜者ノ占有ハ所有ノ意思ヲ以テシ質權者及ヒ賃借人ノ占有ハ質權賃借權行使ノ意思即、自己ノ爲ニスル意思ヲ以テスルコトヲ推知シ得ルカ如シ

自己ノ爲ニ所持スルノ意思ハ實力占領ノ當時ニ於テ發生スルコトアリ其以後ニ於テ發生スルコトアリ又其以前ニ於テ既ニ存在スルコトアリトス先占ハ第一ノ例ニシテ受託者カ受託後受託物ヲ買取ルハ第二ノ例ナリ又郵便受凾ノ備付ハ豫メ其戸主ニ自己宛郵便物ヲ占有スルノ意思アルコトヲ推測セシム是第三ノ例ナリ何レノ場合ニ於テモ占有權ハ意思及ヒ所持ノ二條件カ並ヒ備ハリタル時ニ於テ之ヲ取得スルモノトス

占有權ハ意思能力者ニ非サレハ自ラ之ヲ取得スルコトヲ得ス故ニ意思能力ナキ幼者、白痴者、瘋癲者其他ノ心神喪失者ハ直接ニ占有權ヲ喪失スルコトヲ得ス然レトモ無能力者ハ其法定代理人ニ依リテ又法人ハ理事其他ノ代理人ニ依リテ之ヲ取得ス又完全ナル行爲能力ヲ有セサル者ト雖モ尚ホ意思能力ヲ有スルニ於テハ有效ニ占有權取得ノ行爲ヲ爲スコトヲ得

第三

占有權ニハ心素ト體素トヲ要スルヲ以テ(一〇一八)其取得ニモ亦此二要素ヲ具ヘサルヘカラス如左

一　自己ノ爲ニスル意思（占有心素）自己ノ利益ノ爲ニ物ヲ所持スルノ意思ナリ故ニ左ノ場合ニ於テハ單ニ所持アルノミニシテ占有權ヲ取得セス

甲　物ノ所持アルモ之ヲ所持スルノ意思ヲ缺ク場合例之睡眠中又ハ瘋癲者ノ所持ノ如シ

乙　所持ノ意思アルモ自己ノ利益ノ爲ニ所持スルノ意思ナキ場合例之雇人カ主人ノ物ヲ所持スルカ如シ

丙　意思無能力（例之小兒瘋癲法人）ハ自己ノ行爲ニ依リテ占有權ヲ取得スルヲ得ス代理人ニ依ラサルヘカラス

然レトモ苟、此意思アル以上ハ(一)自己ノ利益ノ爲ニノミ所持ストノ意思ヲ要セス容假占有者ハ皆一方ニハ所有者ノ爲ニ所持ストノ意思アレトモ占有權ヲ取得スルニ妨ナシ(二)又其意思ノ正不正ヲ問ハス例之盜賊ト雖、占有權ヲ取得スルカ如シ

占有ノ意思ハ事實ニ於テ外面ニ現ハルルヲ要ス此意思ハ(一)通常所持取得ノ行爲ニ依リテ現ハレ(二)或ハ占有改定ノ行爲ニ依リテ現ハル（一八二、一八三）前ノ

場合ニ於テハ意思ハ所持取得ノ以前又ハ同時ニ發生シ後ノ場合ニ於テハ所持取得ノ以後ニ發生ス

二 物ノ所持(占有ノ體素) 物ヲ全然自力ノ範圍內ニ入ルルノ事實ナリ故ニ左ノ場合ニハ占有權ヲ取得セス

甲 物ヲ所持スルノ意思アルモ實力ヲ之ニ加フルヲ得サル場合例之單ニ樹上ノ鳥ヲ捕ヘント欲スルカ如シ

乙 多少ノ實力ヲ加フルコトヲ得ルモ未タ全ク自力ノ範圍內ニ入レサル場合例之獸ニ一矢ヲ加ヘタルモ未之ヲ捕獲セス庭中ニ寶玉埋沒スルモ未發掘セサルカ如シ

然レトモ所持ヲ取得スルニハ(一)隨意ニ事實上其物ヲ處分シ得ヘキコト(二)他人ノ干涉ヲ排斥シ得ヘキコトノ二條件ヲ具フルヲ以テ足ル(「デルンブルヒ」一七八節「サビニー」Besitz 一四節「イエリング」BesitzSchutz 一四四頁)故ニ(一)必シモ其物ト身體的觸接ヲ爲スヲ要セス例之物件ヲ倉庫ニ入レ其鍵ヲ有スルカ如シ(二)占有者自身ノ行爲ニ依リ其物ニ對シテ所持ヲ爲スヲ要セス法定代理人代理人雇人事務管理人ノ行爲

ニ依ルコトヲ得(三)終始其物ニ對シテ監督ノ實力ヲ現ハスコトヲ要セス隨意ニ其實力ヲ現ハシ得ヘキヲ以テ足ル例之土地ヲ占有スルトキハ終始之ヲ歩行臨監スルヲ要セサルカ如シ(四)必シモ實際ニ於テ他人ノ干渉ヲ排斥シ得ルコトヲ要セス排斥シ得ルヲ以テ足リ排斥シ得ルノ地位ニ在ルトキハ實際他人ノ干渉ヲ受クルマテハ占有ヲ失ハス例之婦女金ヲ懷ニシ盗賊之ニ臨ムカ如シ實際之ヲ拒ムコト能ハサレトモ之ヲ奪取セラルルマテハ占有アリ(「ウインドシヤイド」一六二節)(五)自己ノ範圍内ニ入ルルノ正不正ヲ問ハス(獨通、索二一三、二一四、澳「ランダ」二二節、反對普通一部七章九六、九八、一〇六、一一一乃至一一三、一一六、佛「オーブリー、ロウ」一七九節「ペリーム」Philo 七三七四節)

如何ナル行爲アルトキハ所持ノ取得アリヤハ事實問題ニシテ自己ノ範圍内ニ入リタルヤ否ヤヲ標準トス故ニ物體ノ如何ハ大ニ此問題ノ決定ニ影響ス(「デルンブルヒ」一七八節「サビンー」Besitz 一四節)如左

甲　不動産ノ所持ヲ得ルニハ其所在ノ場所ニ臨ムコトヲ要ス

乙　動産ハ之ヲ握持シ或ハ占有者ノ家屋、倉庫、庭内等ニ入リ(但埋藏物ハ假令庭内ニ在ルモ之ヲ發掘スルマテハ占有ナシ)或ハ重大又ハ多量ナル動産ナルトキハ其所在ニ臨ミ又

ハ之ニ氏名記號ヲ付シ又ハ之ヲ貯藏スル倉庫ノ鍵ヲ得ル等ノコトヲ要ス

丙　動物ハ野獸野禽又ハ河海ノ魚介ナルトキハ其生命ヲ絶チ又ハ其自由ヲ奪フコトヲ要シ家畜又ハ飼養スル魚鳥等ハ之ヲ庭上園內池中籠裡ニ置ク等ノコトヲ要ス

以上二要素ノ具備ニ因リ取得スル占有權ノ範圍ハ所持ノ範圍ト同一ナリ

第四

占有權ハ自己ノ爲ニスル意思(心素《アニムス》)ヲ以テ物ヲ所持(體素《コルプス》)スルニ因リテ之ヲ取得ス(一〇一八)心素體素ハ占有權ノ取得ノミナラス其存續ニモ必要ナルモノナリ所謂自己ノ爲ニスル意思トハ廣汎ノ意義ヲ有シ所有ノ爲ニスルト其他ノ爲ニスルトヲ問ハサルナリ故ニ所有者ハ勿論質權者モ亦占有權ヲ有ス又其占有ノ正權原無權原善意惡意ヲ問ハス故ニ遺失物ノ拾得者モ物品ノ竊取者モ占有權ヲ有ス代理人カ代理人トシテ物ヲ所持スルハ自己ノ爲ニスルモノニ非スシテ占有權ハ本人ニ在リトス

所謂物ノ所持トハ有體物ヲ自己ノ保管ノ下ニ置キ他人カ其物ニ加フル妨害ヲ排斥シ得ルノ地位ニ在ルヲ謂フ

羅馬法ニ於テハ占有權ハ所有者トシテ物ヲ所持スルノ意思(アニムスドミニ)ヲ以テ或物ヲ支配スルモノト爲シ唯(ピグヌス)及ヒ(プレカリウム)ヲ例外トシタルノミ然レトモ所有ノ意思ヲ要ストセハ占有權ノ範圍ヲ狹クシ實際ニ物ノ所持者ヲ保護スヘキ必要アルニ往々之ヲ保護セサルニ至ルヘシ蓋所有者ヲ保護スルノ必要アルモノトスレハ質權者モ亦之ヲ保護スルノ必要アルハ同一ナレハナリ加之若自己ノ爲ニスル意思ヲ以テ物ヲ所持スル者ヲ保護セサルトキハ私力ヲ以テ物ノ回復ヲ爲ス者多キニ至リ大ニ公安ヲ害スルノ結果ヲ生スヘキヲ以テナリ

第五

占有ハ心素(Animus)即權利行使ノ意思及ヒ體素(Corpus)即權利行使ノ事實(純然タル占有ニ在リテハ之ヲ物ノ所持 Detentio, détention, Inhabung)ヨリ成ル故ニ占有ヲ取得スルニハ必此二要素ヲ取得スルコトヲ要ス(一〇八)

古來心素ハ所有ノ意思(Animus domini)タルヲ要スト然レトモ所有權以外ノ財產權ノ行使モ之ヲ保護スルノ必要アル以上之ヲ擴張スヘキコト當然ナリ

第二款　傳來取得(繼承取得)

民法論 松岡學士　**第一**

占有ノ傳來取得ハ他人ノ占有權ノ存在ヲ前提要件トシテ成立スル占有權取得ノ行爲ナリ故ニ舊占有者カ其占有權ヲ新占有者ニ全然移轉シタルト又占有者カ其占有權ニ基キ他人ノ爲ニ占有權ヲ創設シタルトヲ問ハス又占有ノ傳來取得ノ原因ハ古來之ヲ分ツテ法律行爲及ヒ相續トス占有ヲ移轉スル法律行爲ハ學說上之ヲ占有契約(Besitzvertrag)ト稱シ我民法ハ之ヲ占有ノ讓渡ト稱ス(一八二)

物權法 橫田博士　**第二**

占有權ノ移轉ハ法律行爲ニ基クコトアリ占有權ノ讓渡(一八二)是ナリ法律行爲以外ノ原因ニ基クコトアリ例之相續ノ如シ

民法理由 岡松博士

第三
占有權ノ繼承取得ハ相續及ヒ讓渡ノ方法ニ依ル其相續ニ付テハ他ノ物權ノ場合ト異ルコトナシ唯其讓渡即契約ニ依ル讓渡ニ關シテハ占有ノ性質上特ニ其方法ヲ規定ス(一八二)

第一項　讓渡

民法論 松岡學士

第一
占有權ノ讓渡ハ占有權ヲ移轉スル法律行爲ナリ是ヲ以テ
一　占有權ノ讓渡ニハ法律行爲ニ關スル規定ノ適用アリ
二　占有權ノ讓渡ニハ讓渡人カ占有者タルコトヲ要ス蓋占有者ニ非サレハ其占有權ヲ他人ニ移轉スルコトヲ得サレハナリ例之單純ナル所持者(雇人)ト占有權讓渡ノ契約ヲ爲シタル讓受人カ事實上目的物ヲ支配スルニ至リタルトキハ其取得ハ原始取得ニシテ傳來取得ニ非サルカ如シ
三　占有權ノ讓渡ニハ其目的物カ讓渡人ノ占有物ナルコトヲ要ス蓋何人モ

其占有セサル物ノ占有ハ之ヲ他人ニ移轉スルコトヲ得サレハナリ例之引渡ニ依ル讓渡ハ讓受人カ占有權ヲ取得スルト同時ニ讓渡人カ占有權ヲ喪失スルカ如ク占有改定ニ依ル占有權ノ讓渡ニ在リテハ讓受人カ占有權（自主占有）ヲ取得スルト同時ニ讓渡人ノ占有權減少（他主占有ト爲ル）スルカ如シ

四 占有權ノ讓渡ハ占有物ノ從物ニ其效力ヲ及ホス（八七、二項）

五 占有權ノ讓渡ニ因リ占有權ヲ取得スルニハ讓受人カ占有的意思ヲ有シ又讓渡人カ占有ヲ移轉スルコトヲ要ス（前者ニ付テハ前款第一第二參照）後者即占有移轉ノ形式ニ付テハ二アリ如左

甲 引渡　讓渡人カ其占有權ヲ讓受人ニ移轉スルコトヲ目的トスル行爲ナリ此行爲ノ性質ニ關シテハ羅馬法ハ當初引渡人ノ意思ノミニ因リテ完了スル一方行爲ト爲シ後世當事者雙方ノ合意ヲ必要トスル物權契約ト爲ス近世尙一方行爲說ヲ唱フル者少カラスト雖物權契約說ヲ正當トス又占有權ノ讓渡ハ讓渡人タル舊占有者ノ共力ヲ俟テ之ヲ全フスルコトヲ得故ニ讓渡ニ依ル占有權ノ移轉ハ斯ル物權契約ニ依ラサレハ行ハ

レサルヲ當然トス

物權契約ハ物權移轉ヲ目的トスル合意及ヒ其實行行爲ヨリ成ル前者ハ法律行爲ニ關スル規定ニ依リテ其成否ヲ定メ後者ハ一般ノ取引觀念ニ依リテ其成否ヲ定ム引渡亦然リ

元來引渡ノ實行行爲ハ讓受人ヲシテ目的物ヲ所持セシムルコトヲ目的トス故ニ讓受人カ隨意ニ目的物ヲ支配スルコトヲ得ヘキ地位ニ在ラサレハ引渡ノ完了アリタルモノト言フコトヲ得ス即讓受人カ事實上目的物ヲ支配スルコトヲ得サル持續的障碍存スルトキハ未タ引渡ノ完了ナシ例之引渡スヘキ動產カ讓渡人ノ住所ニ存在シ又引渡スヘキ家屋ノ鍵ヲ讓渡人カ保有シ讓受人カ接近シ難キ狀態ニ在ルトキ又ハ讓受人カ獄舍ニ在リテ且代理人ナキトキハ假令目的物授受ノ合意アルモ未タ引渡ノ完了トナラサルカ如シ或ハ曰ク一時的障碍モ引渡ヲ妨ク故ニ引渡スヘキ不動產ニ洪水其他ノ原因ニ依リ接近スルコトヲ得サル事實ハ引渡ノ完了ヲ妨クト（「ユーザック」獨逸民法論）

然レトモ引渡ハ讓受人カ事實上即時ニ目的物ヲ支配スルコトヲ得ルヲ要スルニ非ス引渡ハ目的物カ讓受人ノ面前ニ現在セサルトキト雖尚、有效ニ之ヲ爲スコトヲ得是傳來取得ノ原始取得ト異ル要點ニシテ取引上ノ實際ニ適合スルカ爲ニ發生シタルモノナリ例之在船運送品ノ引渡ハ讓渡人カ讓受人ニ對シ船荷證券ヲ交付シ（商六二〇以下）又不動產ノ引渡ハ讓渡人カ讓受人ニ對シ登記後不動產讓渡證書ヲ交付シテ之ヲ爲スコトヲ得ルカ如シ

又引渡ハ單純ナル言語ニ依リテ之ヲ爲スコトヲ得サルモノニ非ス多數ノ引渡ハ符合ニ依リテ行ハル（例之賣渡タル家屋ヲ引渡シ其鍵ヲ交付スルカ如シ）ト雖言語ヲ以テスル引渡亦存在スルコトヲ得例之土地ノ引渡ハ長手ノ引渡（Longa manu traditio）ニ依リテ之ヲ爲スコトヲ得ルカ如シ（甲カ乙ニ對シ高處ニ上リ土ヲ指示シテ之ヲ引渡ス旨ノ陳述ヲ以テ足ル引渡）蓋符合ハ一個ノ手段ニシテ法律上引渡ヲ爲スニ缺クヘカラサルモノニ非サレハナリ

又引渡ハ明示タルコトヲ要スルモノニ非ス土地ノ賣主カ代金ヲ受領シ

タル後其土地ニ界標ヲ設置シ他ノ土地ト分別シタルトキハ引渡アリト認ムルニ足ル

乙　意思表示ニ依ル引渡　更ニ分レテ三ト爲ル

子　簡易引渡(Traditio brevi mann)　當事者ノ合意即占有權移轉ヲ目的トスル物權契約ナリ(一八二、二項)元來占有改定ノ起リタル原因ハ讓渡人カ讓受人ヨリ占有物ノ返還ヲ受ケ更ニ之ヲ讓受人ニ引渡スカ如キハ徒ニ時間、勞力及ヒ費用ヲ費スニ過キサレハナリ

丑　占有ノ改定(Constitum Possesium)　代理人カ自己ノ爲ニ占有スル物ノ占有權ヲ本人ニ移轉シ爾後該物件ヲ本人ノ爲ニ代理人トシテ所持スルコトヲ目的トスル當事者ノ合意即物權契約ナリ(一八三)

元來占有ノ改定起リタル原因ハ讓渡人カ其占有物ヲ一旦讓受人ニ引渡シ更ニ讓受人ヨリ同一物ノ交付ヲ受クルハ徒ニ時間、勞力及ヒ費用ヲ費スニ過キサレハナリ但占有ノ改定ハ債務者カ債權者ヲ欺罔センカ爲ニ第三者ト爲ス假裝賣買ヲ容易ナラシムルノ弊害アリ然レトモ

是裁判所自由心證主義ニ依リ之ヲ補フコトヲ得

賃借人カ其賃借家屋内ニ在ル自己ノ所有物ヲ賃貸人ニ讓渡シ同時ニ賃借人トシテ同物件ノ所持ヲ持續スルコトヲ合意スルモ占有ノ改定ト爲ラス蓋、賃借人ハ賃貸人ノ代理人ニ非サレハナリ(一八三、一八五)然レトモ斯ル場合ニ在リテハ通常賃貸人カ賃借人ニ明示又ハ默示ノ委任ニ依リ代理權ヲ授與シ以テ占有ノ改定ヲ爲スコトニ注意セサルヘカラス但代理權ノ發生ヲ法律ノ規定及ヒ委任契約ニ限定セサル學說ニ依レハ賃借人ハ賃貸人ノ代理人ナルヲ以テ斯ル場合ニ在リテハ占有ノ改定ハ當然成立スト論定スルヲ要ス

依之觀之、占有ノ改定ハ其當時讓渡人カ目的物ヲ事實上支配スルコトヲ得ヘキヲ要ス故ニ所有者ハ遺失物、質物又ハ差押物(刑事處分)ニ付キ又物ノ成分(建物ノ瓦ノ如キ)ニ付キ占有改定ノ合意ヲ爲スコトヲ得ス

寅

指圖引渡(Besitzanweisung)　代理人ニ依リテ占有ヲ爲ス場合ニ於テ行フ占有ノ改定ナリ獨逸民法ニ所謂返還請求權ノ讓渡是ナリ代理人ノ

承諾ノ有無ヲ問ハサルカ如シ故ニ賃貸人ハ指圖引渡ニ依リ其賃貸シタル物件ノ占有ヲ第三者ニ移轉スルコトヲ得ス(一四一八)

第二

占有權讓渡ノ要件如左

一 當事者ノ意思表示 占有權ノ讓渡ニハ讓渡人タル舊占有者ニ於テ其占有權ヲ讓受人ニ移轉スルノ意思ヲ表示シ讓受人ニ於テ舊占有者ノ占有權ヲ讓受ケテ之ヲ取得スルノ意思ヲ表示スルコトヲ必要トス換言スレハ舊占有者ハ新占有者ノ爲ニ占有ノ意思ヲ抛棄シ新占有者ハ舊占有者ノ地位ヲ繼承シテ占有者トナルノ意思ヲ表示スルモノニシテ所謂心素ノ移轉是ナリ

占有權ノ讓渡ハ單獨ニ行ハルルコトアリ例之甲其所有ノ時計ヲ乙ニ竊取セラレ一年內ニ回收訴權ヲ行使セスシテ絕對ニ占有權ヲ喪失シタル後乙ニ對シ其返還ヲ請求シ乙任意ニ之ヲ甲ニ引渡タルカ如シ時計ノ所有權ハ猶甲ニ存スルヲ以テ其引渡ハ占有權ノ移轉ヲ唯一ノ目的トスル獨立ノ讓

渡行爲ナリ其他不正當ノ占有者カ眞正ノ權利者ニ占有物ヲ返還スル場合亦然リ

占有權ノ讓渡ハ又物ヲ占有スルノ權能ヲ包含スル實體權ノ移轉ヲ目的トスル法律關係ニ基因シ之ニ附隨スル法律行爲タルコトアリ例之賣買ニ因ル目的ノ引渡(占有權ノ讓渡)ノ如シ此場合ニ於ケル占有權ノ讓渡ハ所有權ノ讓渡行爲ニ隨伴スル一ノ法律行爲ナリトス

又相續ハ實體權移轉ノ效果ヲ生スルト同時ニ占有權ノ讓渡行爲ニ原因ヲ與フルモノナリ隱居者カ其相續財產ヲ相續人ニ引渡ス場合是ナリ

要之占有權ノ讓渡ハ必目的物回復ノ請求權ヲ基礎トスルカ若クハ實體權ヲ移轉スヘキ法律關係ヨリ流出スルコトヲ要ス架空ニ占有權ノミヲ移轉スル讓渡行爲ハ實際上成立シ得ヘカラサルモノトス是他ナシ物ノ引渡ニハ必、物ノ支配ヲ相手方ニ移轉スヘキ實體上ノ原因アルコトヲ豫想スルモノニシテ架空ニ物ノ引渡ヲ爲スコトハ法律取引ニ於テ見ルコト能ハサルノ事實ナレハナリ然レトモ占有權ノ讓渡行爲ハ不要因ノ法律行爲ニシテ當事者間ニ於テ占有權ノ成立ニ要スル心素、體素ノ移轉アルニ於テハ完全ニ其效ヲ生シ當事者ノ豫想シタル實體的法律上ノ原因カ存在セス又ハ其原因カ取消サルルモ之カ爲其效力ヲ妨ケラルルコトナシ

二　占有物ノ引渡　占有權ノ讓渡ハ當事者ノ意思表示ノ外占有ノ移轉即舊占有者ノ實力範圍内ニ在ル物ヲ新占有者ノ實力範圍内ニ移スノ事實アルヲ要ス(一八二)所謂體素ノ移轉是ナリ故ニ第百八十二條ハ第百七十六條ノ例外ニ屬ス

占有權ノ讓渡ニハ目的物ノ引渡ヲ要スルヲ原則トス其例外如左

甲　第百八十二條二項ノ場合　蓋讓受人又ハ其代理人ニ於テ目的物ヲ占有シ體素既ニ備ハルヲ以テナリ

乙　第百八十三條ノ場合　蓋讓渡人カ讓受人ノ代理人トシテ所持ノ條件ヲ充スヲ以テナリ所謂占有ノ改定是ナリ

本條ニ於テハ「代理人」ト前提シ占有改定ノ當時既ニ代理關係ノ存在セルコトヲ豫想セルモノノ如クナルモ占有者カ占有ノ改定ニ因リテ他人ノ

爲ニ占有ニ關スル代理人トナル場合ヲモ包含スルモノト解ス
占有權ノ讓渡カ占有ノ改定ニ依リテ行ハルル所以ノ法理ヲ案スルニ例之甲カ乙ニ對シ其現ニ所持スル時計ヲ賣渡タリトセンカ甲ハ乙ニ對シ其時計引渡ノ義務アルヤ明ナリ今、若該時計引渡前甲乙兩者間ニ於テ賃貸借契約成立シタリトセンカ賣買契約ヨリ生シタル甲ノ時計引渡ノ義務ハ賃貸借契約ノ內容ヲ爲ス所ノ時計返還ノ義務ニ轉換シ爾後甲乙兩者ノ時計ニ關スル權利關係ハ賃貸借契約ニ依リテ之ヲ定ムルコトヲ要シ賣買契約ニ依リテ之ヲ定ムルコトヲ得ス即、甲ハ爾後賃借人トシテ乙ノ爲ニ之ヲ保管シ之ニ對シテ返還ノ義務ヲ負擔スルノ結果甲ハ乙ノ代理人ト爲ル自主占有ハ玆ニ甲ヲ去リテ乙ニ歸シ以テ占有權ノ移轉ヲ生ス而シテ民法第百八十三條ニハ「本人ノ爲ニ占有スヘキ意思ヲ表示シ」トアリテ抽象的ニ之ヲ規定セルモ法律取引ノ實際ヨリ見レハ此意思表示ハ必、本人、代理人兩者間ニ於テ占有物ノ返還ヲ目的トスル法律關係ヲ成立セシムルコトニ依リテ實現ス此成立ナカランカ占有ノ改定ハ行ハレ

サルモノトス

丙　第百八十四條ノ場合　所謂指圖ニ依ル引渡是ナリ指圖ニ依ル引渡カ占有權ノ移轉ヲ伴フ法理上ノ根據ニ至リテハ學者ノ所說區々タリト雖代理占有ノ法理ヲ應用シテ容易ニ之ヲ解決スルコトヲ得例之甲カ米百俵ヲ所有シ其保管ヲ乙ニ託シタリトセンカ乙ハ甲ノ爲ニ米ノ保管ヲ爲シ之ニ對シテ返還ノ義務ヲ負擔ス乙ハ甲ノ代理人ナリ其後甲其米ヲ丙ニ賣渡タリトセンカ甲ハ丙ニ對シ現實ニ其米ヲ引渡シテ占有權ヲ移轉スルノ義務アリ若當事者カ引渡ノ手續ヲ省略シ乙ノ保管ノ儘ニテ其米ノ占有權ヲ丙ニ移轉セントセハ甲ハ乙ニ對シテ有スル寄託物返還請求權（債權）ヲ丙ニ讓渡スルコトヲ必要トス又是ヲ讓渡スルノミヲ以テ足レリトス何トナレハ代理占有ハ物ノ返還ヲ目的トスル債權債務ノ存在ヲ豫想シ而シテ物ノ返還ヲ目的トスル債權ノ讓渡ハ其必然ノ效果トシテ其物ノ占有權ヲ讓受人ニ移轉スルノ效果ヲ生スレハナリ但代理人ノ同意ヲ要セス

第三

占有權ハ意思ノ外目的物ノ所持ヲ要ス從テ其讓渡モ亦目的物ノ引渡ニ依ラサルヘカラス故ニ第百八十二條一項ハ第百七十六條ノ一例外ヲ爲スモノナリ然レトモ此原則ニハ例外アリ如左

一 讓受人カ既ニ目的物ノ所持ヲ有スル場合（一八二、二項） 讓受人ト讓渡人トノ契約ノミニ依リテ占有權ヲ讓渡スコトヲ得之ヲ簡易引渡（Kaditio brevi manu）ト謂フ

二 占有者カ讓受人ノ代理人ト爲ル場合（一八三、一八四） 讓受人ト讓渡人トノ契約ノミニ依リテ占有權ヲ讓渡スルコトヲ得之ヲ占有ノ改定（C.nstitntum Possessorium）ト謂フ

甲 第百八十三條ノ場合（占有ノ改定） 代理人カ一方ニ於テハ占有權ノ讓渡人ト爲リ他方ニ於テハ占有權讓受人ノ代理人ト爲ルモノナレハ實ハ第百八十二條二項ノ適用ニ過キス然ルニ特ニ本條ヲ設クル所以ハ第百八條ニ依レハ代理人ハ本人ニ代リテ自巳ト法律行爲ヲ爲スコトヲ得サルヲ

以テ者、本條ノ規定ナキトキハ代理人ノ有スル占有權ハ占有改定ニ依リテ本人ニ移轉シ得サルニ至ルヘク又本條ノ規定スル所ハ前條二項ヨリ之ヲ推知スルコト難ケレハナリ

其代理人ハ法定代理人タルト任意代理人タルトヲ問ハスト雖、當初ヨリ代理人タルコトヲ要ス然ラサレハ本人カ之ヲ追認シ代理關係生スルニ至リテ始メテ占有改定行ハレ本人占有權ヲ取得ス

占有改定ノ意思表示ハ本人ニ對シテ之ヲ爲スコトヲ要セス又明示タルト默示タルトヲ問ハス

乙 第百八十四條ノ場合(占有改定ノ二) 通常ノ占有改定(一八三)ニ比シ關係人一人ヲ增加ス通常ノ占有改定ノ場合ヨリ謂フトキハ本條ノ代理人ハ第三者ノ復代理人ト爲ルモノナリ實際上ニ於テハ多クハ此場合ニハ代理人ハ第三者ノ復代理人ト爲ラスシテ直ニ其代理人ト爲ルニ等シト雖第三者ト代理人トノ間ニ代理意思ノ直接ノ合致ナキニ依リ代理人ヲ以テ直ニ第三者ノ代理人ト謂フコトヲ得ス占有改定ノ一種ノ變例ニ屬ス

本條ニ「代理人」ハ主トシテ任意上ノ代理人ニ適用アリ蓋、法定代理人ノ場合ニハ本人ニ第三者ノ爲ニ其物ヲ占有スヘキ旨ヲ命スルノ能力アルコト稀ナレハナリ又代理人ノ承諾アルヤ否ヤヲ問ハス

第四

論者曰ク占有權ハ自己ノ爲ニスル意思ヲ以テ物ヲ所持スルノ事實ヲ保護スルモノナリ故ニ其保護ヲ受クル者ハ物ノ所持者ニ限ル從テ此權利ハ決シテ一人ヨリ他人ニ讓渡スコトヲ得ス占有權ニ傳來取得ナシト我民法ニ於テハ占有權ヲ以テ物權ト爲スカ故ニ他ノ財產權ト等シク自由ニ之ヲ讓渡スルコトヲ得ヘキコト論勿シ而シテ其讓渡ニハ當事者ノ意思表示ノ外、物ノ引渡ヲ要ス其例外如左

一　第百八十二條二項ノ場合（簡易引渡）主トシテ本人カ代理人ニ占有權ヲ讓渡ス場合ナリ此場合ニ於テハ引渡ノ手續ハ徒勞ニ屬シ毫モ實益ナキヲ以テナリ

二　第百八十三條ノ場合（占有改定ノ）即或人カ占有權ヲ讓渡シ自、其讓受人ノ代

理人ト爲リテ物ノ占有ヲ爲ス場合ナリ引渡ヲ要セサル理由前段ニ同シ尙本條ハ引渡ニ關シテハ第百八條ノ適用ナキコトヲ示スモノナリ然レトモ若シ物ノ引渡ヲ爲サヽレハ第三者ヲ害スルノ虞アルトキハ必ス物ノ引渡ヲ實際ニ爲サシメ簡易ノ引渡若クハ占有ノ改定ヲ以テ足レリトセサルナリ例之質權設定ノ如シ

三　第百八十四條ノ場合　即讓渡人カ代理人ニ依リテ物ヲ所持スル場合ニ其代理人以外ノ者ニ占有權ヲ讓渡ス場合ナリ引渡ヲ要セサル理由ハ(一)ニ同シ

此場合ニ於テハ本人ハ第三者ノ代理人ト爲リ代理人ハ第三者ノ複代理人トナル結果ヲ生スヘシ是第百四條ト同一精神ニ基キ此場合ニ第三者ノ承諾ヲ要スルモノトセル所以ナリ決シテ權利ノ取得ニハ取得者ノ承諾ヲ要ストノ理由ニ出テタルニ非サルヘシ蓋第百八十三條ニ於テハ代理人カ本人ノ爲ニ占有スヘキ意思ヲ表示シタルトキハ本人ハ之ニ因リテ占有權ヲ取得ストシ本人ノ承諾ヲ要セサレハナリ代理人ハ本人ノ命ニ反シ物ノ所

特ヲ拒ムコトヲ得ヘキカ代理人ノ之ヲ拒ムコトヲ得ルハ唯當初ノ契約ニ於テ代理人ハ本人カ占有權ヲ有スル場合ニ於テノミ本人ノ爲ニ物ヲ所持スヘキコトヲ約シタル場合ノミ代理人カ本人ノ命ニ從ヒテ物ノ所持ヲ繼續スルモ決シテ當然ニ第三者ノ代理人ト爲ルニ非ス代理ノ關係ハ法律ノ規定ニ因ルモノノ外ハ委任契約ニ因ルニ非サレハ生セサルモノトス而シテ本條ノ場合ニ於テハ代理人ト第三者トノ間ニ何等ノ契約モナキヲ以テ代理人ハ第三者ノ代理人ト爲ラストナリ況代理人ハ本人ノ爲ニ所持スル外ニ物ヲ所持スルノ義務ナキ者ナルニ於テオヤ唯實際ニ於テハ其代理人ハ第三者ノ復代理人ト爲ラスシテ多クハ直接ノ代理人ト變スヘシ

第五

占有權ハ心素ト體素トノ二要素ヨリ成ルカ故ニ其讓渡モ亦此二要素ヲ移轉スルコトヲ要ス心素ハ讓渡行爲アルト同時ニ移轉スヘキモ其體素ハ引渡ニ依リテ之ヲ移轉スルコトヲ要ス(一八二、一項)

然レトモ體素ハ既ニ讓受人又ハ其代理人ノ手ニ存スルトキハ占有權ノ讓渡

ハ當事者ノ意思表示即心素ノ移轉ノミニ依リテ行ハルルモノトス(一八二 二項)之ヲ簡易ノ引渡(Tradtiio brevi manu)ト謂フ

所謂占有ノ改定(Constitutum Possessorium)ノ場合ニ於テモ亦物ノ引渡ヲ要セス(一八三)是簡易引渡ト正反對ニシテ讓渡人カ直ニ體素ヲ讓受人ニ移轉スルコトヲ爲サスシテ自ラ讓受人ノ代理人ト爲リ其者ノ爲ニ占有ヲ爲スヘキ意思ヲ表示シタル場合ナリ讓渡人既ニ讓受人ノ代理人タル場合亦然リ蓋此等ノ場合ニ於テハ心素ハ已ニ讓渡行爲ニ因リテ讓受人ニ移轉シ體素モ亦讓渡人カ讓受人ノ代理人トシテ之ヲ其者ノ利益ニ移シタルヲ以テナリ

代理人ニ依リテ占有ヲ爲ス場合ニ於テモ亦引渡ヲ要セス(一八四)蓋第三者モ亦代理人ニ依リテ占有權ヲ取得スルコトヲ得ヘキカ故ニ此代理人ヲ以テ更ニ第三者ノ代理人ト爲シ以テ占有權ヲ移轉スルコトヲ得ルハ便利ナレハナリ但讓渡人、讓受人雙方ノ承諾アルコトヲ要ス此場合ニ於テ其代理人ハ變シテ第三者ノ代理人ト爲ルヤ否ヤニ付キ大ニ疑アリ余ハ本人先ツ第三者ノ代理人ト爲リ更ニ第三者ノ承諾ヲ得テ自己ノ代理人ヲ復代理人ト爲シ以テ第三者ノ爲ニ占有ヲ爲サシムルモノト解ス然レトモ代理人ノ承諾ヲ要セス何トナレハ其代理人ハ本人ノ意思ニ從ヒ占有ニ付キ代理權ヲ有スル者ニシテ本人カ自己ノ爲ニ占有スルコトヲ命スルト第三者ノ爲ニ占有ヲ爲スヘキ旨ヲ命スルトヲ問ハサレハナリ（一七一〇）

第二項　相續

占有權ノ相續ハ被相續人ノ占有權カ相續法ノ規定ニ依リ當然相續人ニ移轉スル法定事實ナリ

羅馬法ニ從ヘハ占有ハ事實的支配力ナリ故ニ占有者ノ死亡ハ占有消滅ノ原因タリ反之獨逸古代法ニ從ヘハ占有ハ法律關係ナリ故ニ占有者ノ死亡ハ占有消滅ノ原因タラス普國私法ハ明文ヲ缺クモ其實際ハ羅馬法ト同一法則ヲ是認シ佛國民法ハ獨逸古代法ニ依リ占有ノ相續ヲ是認シタリ獨逸民法及ヒ我民法亦然リ（一八七、佛二二三五、獨八五七）

我民法ニ從ヘハ占有權ハ一ノ物權ナルヲ以テ之ヲ相續スルヲ得ヘキコト當然

ナリ是ヲ以テ

一　占有權ノ相續ニハ相續ニ關スル規定ノ適用アリ例之被相續人ノ占有ノ性質即、自主占有又ハ他主占有及ヒ瑕疵即、強暴又ハ隱秘ハ相續人亦之ヲ承繼スルカ如ク又第一次ノ相續人カ相續ヲ拋棄シタルトキハ被相續人ノ占有ハ相續開始ノ當時ニ遡リテ第二次ノ相續人ニ移轉シタリト看做スカ如シ(一〇三一獨九九五、九三)

二　占有權ノ相續ニハ被相續人カ占有者タリシコトヲ要ス蓋相續人ハ被相續人ノ有セサル權利ヲ承繼スルコトヲ得サレハナリ

三　占有權ノ相續ニハ相續人ニ占有的意思アルコトヲ必要トセス蓋、相續人ハ法律ノ規定ニ依リ前主ノ權利ヲ承繼スルヲ以テ相續人カ占有ヲ知リ又ハ之ヲ欲スル事實ヲ要件トセサレハナリ

又相續人カ其承繼シタル占有權ノ目的物ヲ事實上支配スルコトヲ得ヘキ地位ニ在ルコトヲ必要トセス蓋、相續人ハ法律ノ規定ニ依リ當然前主ノ權利ヲ承繼スルヲ以テナリ例之相續人ハ被相續人カ其生前土地ニ埋藏シタル寶石

ノ占有權ヲ取得シ相續人又ハ他人カ之ヲ知ルト否トヲ問ハサルカ如シ

第三款　傳來取得ノ效力

第一

占有者ノ承繼人ハ特別承繼人タルト一般承繼人タルトヲ問ハス其選擇ニ從ヒ自己ノ占有ノミヲ主張シ又ハ自己ノ占有ニ前主ノ占有ヲ併セテ主張スルコトヲ得反之原始的占有者ハ自己ノ占有ニ前占有者ノ占有ヲ併セテ主張スルコトヲ得ス蓋原始的占有者ハ前占有者ノ承繼人ニ非サレハナリ例之竊盜者ノ如シ

一　特別承繼人　羅馬法ニ在リテハ取得時效ノ進行中ニ占有者ノ特別承繼人アリタルトキハ其特別承繼人ノ爲ニ新ニ取得時效ノ進行ヲ始ム取得時效ノ受益要件殊ニ善意ノ存否ハ其特別承繼人ニ付キ之ヲ定ム故ニ前主惡意ニシテ取得時效受益ノ要件ヲ完備セスト雖其特別承繼人カ善意ニシテ取得時效受益ノ要件ヲ完備スル限リハ取得時效ノ進行ヲ妨ケス又前主ノ占

有時間ハ其特別承繼人カ自己ノ時效時間ニ算入スルノ權利ヲ有ス所謂占有ノ併合(Accessio Possessionis)是ナリ故ニ善意占有者ノ特別承繼人ハ前主ノ占有時間ヲ自己ノ取得時效時間ニ算入スルコトヲ得獨逸普通法、佛國民法、獨逸民法(佛二二三五獨九四三)亦殆、羅馬法ト同一ノ法則ヲ是認ス我民法亦然リ蓋、時效ノ完成ハ其期間內同一人カ占有者タルコトヲ要セサレハナリ是ヲ以テ

甲占有者ノ特別承繼人ハ自己ノ占有ノミヲ主張スルコトヲ得特別承繼人ノ占有ハ讓渡ニ依リ取得シタル占有ナレトモ其占有ハ前主ノ占有ト其種類ヲ同フセス例之前主ノ占有カ惡意占有又ハ隱秘占有ナリト雖、特別承繼人カ善意ナルトキ又ハ隱秘セナルトキハ其占有ハ善意占有又ハ公然ノ占有ナルカ如シ蓋、占有ノ種類ハ現占有者ト其占有物トノ關係ニ依リテ定マルモノナレハナリ故ニ特別承繼人ハ占有カ平穩且公然ナルトキハ假令前者ノ占有カ强暴占有又ハ隱秘占有ナルトキト雖自己ノ占有ヲ主張シテ時效ノ利益ヲ享有スルコトヲ得(一八七、一項、一六二)學者或ハ承繼人ノ占有ハ前主ノ占有ニ非スシテ新ニ取得シタル占有ナリ占有ハ事實的

關係ナレハ傳來的ニ之ヲ取得スルコトヲ得ス故ニ特別承繼人ノ占有ハ前主ノ占有ニ關係ナキ獨立ノ占有ナリト主張ス然レトモ我民法ニ在リテハ獨逸民法ト同シク占有ノ傳來的取得ヲ是認シタルヲ以テ之ヲ正當ノ見解ト爲スヲ得ス（「デルンブルヒ」「ボードリー」等）

乙　占有者ノ特別承繼人ハ自己ノ占有ニ前主ノ占有即前主ノ占有中ニ經過シタル時間上ノ利益ヲ併セテ主張スルコトヲ得然レトモ其占有ノ瑕疵即強暴、隱秘、惡意、過失ハ之ヲ無視スルコトヲ得ス然ラサレハ前主ノ占有範圍ヲ超越スルニ至ルヲ以テナリ（一八七、二項「プラニオール」「ボードリー」民法論）

丙　特別承繼人ハ前主ノ占有ノミヲ主張スルコトヲ得（一六二、一六三）又自己ノ占有ニ前主ノ占有及ヒ其前主ノ占有ヲ併合スルコトヲ得蓋前主ノ前主ノ占有ハ前主ノ占有ニ他ナラサレハナリ反之特別承繼人ハ自己ノ占有ニ前主ノ前主ノ占有ヲ併合スルコトヲ得ス又占有侵奪者ハ前占有者ノ占有ヲ併合スルコトヲ得ス現占有者ハ特別承繼人ニ非サレハナリ

二　一般承繼人　羅馬法ニ在リテハ占有ハ相續ニ依リ移轉スルコトナシ然

レトモ相續人ハ被相續人ノ取得時效上ノ地位ヲ承繼ス故ニ被相續人ノ爲ニ始マリタル取得時效ハ相續人ノ善意ナルト否トヲ問ハス（羅馬法ニ依レハ取得時效ハ惡意ノ占有者ノ爲ニ進行セス）相續人ノ爲ニ其進行ヲ停止スルコトナシ反之佛國民法及ヒ獨逸民法（佛二二三五獨八五七）ニ在リテハ被相續人ノ占有ハ當然相續人ニ移轉ス換言スレハ一般承繼人ハ其前主ノ占有ヲ繼續ス(Continuatio Possessionis)故ニ前主ノ時效期間ハ自己ノ時效期間ト之ヲ合算スルコトヲ得（「デルンブルク」獨逸民法論「プラニオール」佛國民法論）

我民法ハ一般承繼モ亦特別承繼ト同シク占有併合主義ヲ是認シ佛獨諸國ニ於ケルカ如ク占有繼續主義ヲ是認セス是畢竟占有繼續主義ハ前主カ惡意占有ナルトキハ相續人カ善意ナルニ拘ラス惡意ノ占有者ト爲リ又前主カ善意占有者ナルトキハ相續人カ惡意ナルニ拘ラス善意占有者ト爲ルカ如キ頗、失當ノ結果ヲ生スルヲ以テナリ

一般承繼人及ヒ特別承繼人ハ其選擇ニ從ヒ自己ノ占有ノミヲ主張シ又ハ自己ノ占有ニ前主ノ占有ヲ併合シテ之ヲ主張スルコトヲ得（一八七）

行爲ノ取消、契約ノ解除又ハ買戻權ノ行使等ニ因リテ占有ヲ爲シタル者ハ自己ノ占有ニ相手方ノ占有ヲ併合シテ主張スルコトヲ得ルヤ否ヤハ第百八十七條ノ準用ニ依リ積極的ニ論定スルヲ正當トス又斯ル論結ハ羅馬法及ヒ佛國ノ普通學說タリ（「オーブリー、ロー」佛國民法論）

物權法、横田博士

第二

一　占有權移轉ノ效果　我民法ハ讓渡ニ因ル占有權ノ移轉ヲ認メタルヲ以テ舊占有者ノ占有權ニ伴フ一切ノ利益ハ新占有者ニ於テ當然享受シ得ヘキモノト解釋ス是實體權移轉ノ場合ト其法理同シ然レトモ占有權ハ其取得原因ノ如何ニ拘ラス自己ノ爲ニスルノ意思ヲ以テ物ノ所持ヲ始ムルニ因リテ之ヲ取得スルコトヲ得ルヲ以テ前主ノ占有ニ關セス其固有ノ占有ニ對シ新ニ占有權ヲ取得シタルモノトシテ法律ノ保護ヲ與フルハ占有ノ事實ヲ基礎トスル占有權ノ性質ニ適ス（一七一八）其效果如左

甲　占有者ハ自己ノ占有ノミヲ主張スルコトヲ得　取得原因ノ原始取得ナルト承繼取得ナルトヲ問ハス是新ニ占有權ヲ取得シタル結果ナリ（一八

七、一項前段)

乙 占有者ハ前主ノ占有ヲ自己ノ占有ニ併セテ主張スルコトヲ得 即前主ノ占有ニ隨伴スル法律上ノ利益ヲ要求スルコトヲ得(一八七、一項後段)是、權利承繼ノ結果ナリ

二 占有ノ併合 占有ノ併合トハ二個ノ別異ナル占有ヲ併合シテ一ト爲スヲ謂フ占有者ニ更迭ヲ生シタル場合ニ生ス(一八七)其要件如左

甲 占有者ハ舊占有者ノ承繼人タルコト 承繼人ハ一般承繼人タルト特別承繼人タルトヲ問ハス故ニ舊占有者ノ相續人、包括名義ノ受遺者ハ勿論賣買交換、贈與其他ノ法律行爲ニ基キ舊占有者ヨリ物ノ占有權ヲ讓受ケタル者ハ總テ其中ニ包含ス新占有者カ法律行爲ノ結果トシテ物ノ占有權ヲ舊占有者ニ移轉シタル後其法律行爲ノ無效、取消又ハ解除ノ結果トシテ更ニ舊占有者ヲシテ其占有物ヲ返還セシメタル場合亦同シ

乙 新占有者ハ舊占有ヲ全然援用スルコトヲ要ス 法律カ新占有者ニ舊占有ノ併合ヲ許スハ占有者ヲシテ其占有ヲ以テ舊占有ノ繼續スルモノ

ト看做スコトヲ得セシムルニ外ナラサルヲ以テナリ舊占有ニ惡意、過失、容假、強暴、隱秘ノ瑕疵アルトキハ此等ノ瑕疵ヲモ併セテ承繼セサルヘカラス自己ニ利益ナル部分ノミヲ援用シ其不利益ナル部分ヲ棄ツルコトヲ得ス(一八七、二項)

丙　舊占有ト新占有トハ互ニ相接續スルコトヲ要ス　互ニ相接續セル數個ノ占有カ其間ニ權利承繼ノ關係アルニ於テハ悉ク之ヲ併合スルコトヲ得其占有カ互ニ相接續セサルトキハ之ヲ併合スルコトヲ得ス是他ナシ法律カ二個以上ノ占有ノ併合ヲ許スハ新占有ヲ以テ舊占有ノ繼續ト看做スニ在リ故ニ新舊占有ノ中間ニ於テ占有喪失ノ事實アルカ又ハ他ノ占有カ介在スルニ於テハ新占有ハ舊占有ノ繼續ト見ル能ハサルモノトス

第三　舊民法ニ於テハ包括權限ノ承繼人ハ必前主ノ占有ヲ其瑕疵ヲ以テ承繼スヘキモノト爲シ唯特定承繼人ハ其利益ニ從ヒ占有ノ併合又ハ分割ヲ選擇スル

コトヲ得ト爲スノ主義（佛法系）ヲ採用セリ包括權原ノ承繼人ハ前主ノ一身ヲ承繼シ敢テ新ナル占有ヲ始ムルニ非ス特定承繼人ハ一ノ新ナル占有ヲ始ムト謂フヲ以テ理由ト爲ス（「ポードリー」一六二四節）若此主義ヲ採用セハ前主ノ占有善意ナルトキハ相續人惡意ナルモ善意ノ占有ヲ承繼スルコトヲ得又前主惡意ナルトキハ相續人善意ナルモ必前主ノ惡意ヲ承繼シ不利益ヲ被ラサルヘカラスシテ甚不當ノ結果ヲ生ス

故ニ新民法第百八十七條ニ於テハ占有分割ヲ以テ原則ト爲シ包括權原（例之相續人、包括權ノ受贈者）タルト特定權原（例之買主、借主）タルトヲ問ハス凡テ承繼人ハ其選擇ニ從ヒ前主ノ占有ト分割シ又ハ併合シテ自己ノ占有ヲ主張シ得ルモノトス但占有ノ併合ヲ許スハ必前主ト承繼人ノ關係アル場合ニ限ル

然レトモ占有ノ併合ハ前主ノ占有ノ不利益ナル點ヲ捨テテ單ニ利益ナル點ノミヲ利用スルハ法律上許スヘカラス一事實ヲ援引利用セントスル者ハ固ヨリ其全體ヲ取ルヘク不利益ノ點ノミヲ捨ツルコトヲ許スヘカラス若前主ノ占有ヲ併セテ主張セントスル者ハ其瑕疵ヲモ承繼スヘキモノトス

本條ニ所謂「瑕疵」ハ狹ク解スヘカラス凡テ占有ノ利益ヲ得ルノ妨害ト爲ルヘキ事實即所有ノ意思ナキコト、惡意ナルコト、瑕疵即强暴又ハ隱秘ナルコト過失アルコト等ヲ包含ス但瑕疵ノ承繼ハ後主ノ占有ヲシテ爲ニ前主ノ占有ノ瑕疵ヲ帶ヒシムルモノニ非ス承繼人ノ占有ハ其占有ノミニ付キ瑕疵ノ有無ヲ定ム

第四

占有權ノ傳來取得ノ場合ニ於ケル取得者ノ權利ハ第百八十七條之ヲ規定ス注意同條ニ所謂占有ノ瑕疵ハ專、占有者ノ位置ヨリ觀察スヘキモノニシテ前主ニ溯リテ調査スルヲ要セス

第百八十七條ト第二百條二項トハ立法ノ趣旨、原則ト例外トヲ規定シタルモノニ非サレトモ規定ノ跡ヨリ見レハ恰、原則ト例外トヲ爲スノ觀アリ即第百八十七條ノ承繼人中ニハ包括承繼人ト特定承繼人トヲ包含スルヲ以テ侵奪者ノ包括承繼人ト雖自己ノ占有ノミヲ主張シ得ルコトノ原則(一七一八)依然タレトモ第二百條ノ規定アルカ爲ニ其主張ハ以テ占有者ノ占有回收ノ訴權ヲ却

クルコトヲ得ス

第五　我民法ニ於テハ占有權ヲ以テ權利ト爲スカ故ニ他ノ權利ニ均シク之ヲ承繼スルコトヲ得ヘキハ論ヲ竢タス唯占有ハ一ノ事實ニシテ法律ハ此事實ヲ保護スル爲ニ權利ヲ與フルモノナルカ故ニ相續人等ハ前占有者ノ權利ヲ承繼スルノ外自己ノ占有ノ事實ニ據リ法律ノ保護ヲ仰クノ權利ヲ有スルモノトセサルヘカラス而シテ占有ノ性質(第二編第五章第六參照)ハ繼續占有ヲ除ク外皆占有者ノ一身ニ關スル事項ナルカ故ニ原則トシテハ新占有者ハ自己ノ一身ニ付テ占有ノ性質ヲ定メサルコトヲ得ス然レトモ前占有者ノ權利ヲ承繼スヘキ場合ニ於テハ其瑕疵(惡意強暴隱秘)モ亦之ヲ承繼セサルコトヲ得ス前主ノ占有カ容假ノ占有ナルトキ亦同シ

第四款　代理取得

占有權ハ他ノ權利ト同シク約定ノ代理人及ヒ法定ノ代理人ニ依リテ之ヲ取得スルコトヲ得(一八一〇一三一澳)其取得二アリ如左

一　原始取得　代理人ニ依リテ原始的ニ占有ヲ取得スル要件如左

甲　代理人カ本人ノ名ニ於テ物ヲ所持スルコトヲ要ス

乙　代理人カ本人ノ爲ニ占有スル意思ヲ有スルコトヲ要ス　是代理ノ本質ナリ故ニ意思無能力者ハ他人ノ爲ニ占有ヲ爲スコトヲ得ス又間接代理取得ハ代理人ニ依ル占有取得ノ方法ト爲ラス

然レトモ代理人カ本人ノ爲ニ占有ヲ取得スルノ意思ヲ表示セスシテ物ヲ所持スルトキハ自己ノ爲ニ之ヲ爲シタル意思アリト看做ス(一〇)

又代理人カ權限內ノ行爲ニ依リテ物ヲ所持シタルトキハ假令代理人カ自己又ハ第三者ノ爲ニ所持セント欲スル意思ヲ有スルモ本人ノ爲ニ占有スル意思アリトス蓋斯ル意中ノ留保ハ之ヲ表示セサル限リハ法律上何等ノ效力ヲ生セサレハナリ

丙　本人ニ代理人ニ依リテ占有ヲ取得スル意思アルコトヲ要ス(原則)

然レトモ此意思ハ代理人ノ所持以前ニ現存スルコトヲ要セス代理人ノ所持以後本人ノ追認ニ依リテ遡及的ニ之ヲ補充スルコトヲ得(六一一)又本人カ占有スヘキ目的物ヲ一定スルコトヲ要セス代理人カ選擇權ヲ有スルトキハ本人ハ代理人ノ選定シタル物ニ付キ占有スル意思ヲ有スルヲ以テ本人ノ占有的意思現存セスト言フコトヲ得ス

其他代理人カ特別代理人タルコトヲ要セス一般代理人タルヲ以テ足レリトス(一三〇)蓋本人ハ一般代理人カ其權限ヲ行フノ際發生シタル占有ヲ取得スルノ意思ヲ有スト言ハサルヲ得サレハナリ

例外、無能力者カ法定代理人ニ依リテ又法人カ其代表機關例之理事ニ依リテ占有ヲ取得スルニハ本人ニ占有的意思存スルコトヲ要セス何トナレハ法定代理ハ行爲能力ノ欠缺ヲ補充スル制度ナルヲ以テ法定代理人ノ意思表示ノミヲ以テ本人カ權利ヲ取得スルニ足ルヘク又代表機關ノ意思表示ハ法律上法人ノ意思表示ナレハナリ

代理人ニ依ル占有取得ハ之ヲ單純ノ機械ト同視スヘキ第三者ニ依ル占

有ノ取得ト同視スヘカラス僕婢カ其主人ノ爲ニ物ヲ所持シ又代理權ヲ有セサル商業使用人カ主人ノ爲ニ商品ヲ受領シタルトキハ之ニ依リテ主人ハ占有ヲ取得ス然レトモ是手足ヲ役シテ占有ヲ取得スルト同一ナレハナリ要之我民法ハ當事者ノ意思(主觀的標準)ニ從テ代理占有ト否トヲ區別ス

二　傳來取得　代理人ニ依リテ傳來的ニ占有ヲ取得スル要件如左

甲　代理人カ本人ノ名ニ於テ前占有者ト占有權移轉ノ合意ヲ爲スコトヲ要ス

乙　代理人カ本人ノ爲ニ占有スル意思ヲ有スルコトヲ要ス

丙　本人ハ代理人ニ依リテ占有スル意思アルコトヲ要ス

依是觀之原始取得ト傳來取得トノ區別ハ單ニ甲ノ要件ヲ異ニスルノミ

引渡ニ依リ占有權ヲ移轉スルト同時ニ本權ヲ移轉スル場合ニ於テ代理人カ自己ノ爲ニ所持スル意思ヲ表示シテ所持シタルトキハ代理人カ侵奪的占有ヲ爲シ本人カ本權ヲ取得スル相續人ハ法律ノ規定ニ依リテ直接ニ占有

ヲ取得ス故ニ相續的代理占有ハ我民法ニ存セサル所ナリ

第二

一 代理占有ノ性質

占有者カ自身ニ目的物ヲ所持セスシテ他人ヲシテ代リテ其所持ヲ爲サシムルトキハ其占有ハ之ヲ代理占有ト稱ス

代理占有ニ於ケル代理ナル語ハ或人ノ行爲カ他ノ人ニ對シテ直接ニ法律上ノ效果ヲ生スル法律關係ヲ意味シ其行爲ノ何タルヤハ之ヲ問ハサルモノトス從テ所謂代理占有トハ一人カ他人ノ爲ニ占有權取得要件就中、所持ヲ充ス一切ノ場合ヲ指ス其相互ノ間ニ狹義ノ代理關係(九九)ノ存スルト否トヲ區別スルコトナシ

一人カ契約又ハ法律ニ因リテ他人ニ對シテ物ヲ保管スルノ責ニ任シ之ニ對シテ其物ヲ返還スルノ義務ヲ負擔スルトキハ代理占有ハ之ニ因リテ成立ス蓋、本人ハ代理人ニ對シ其請求權ヲ行使スルニ依リテ代理人ノ手ニ存スル物ヲ處分スルコトヲ得ヘク代理人ハ本人ノ許諾ナクシテ其物ヲ處分スルノ虞ナキヲ以テ其物ハ結局本人ノ實力範圍内ニ在ルト毫モ異ル處ナ

キヲ以テナリ

然レトモ反之代理人カ其意思ヲ變更シテ債權ノ存在ヲ否認シ其返還ヲ拒ミタルトキ卽代理人カ本人ニ對シ爾後自己又ハ第三者ノ爲ニ占有ヲ爲スヘキ旨ノ意思ヲ表示シタルトキハ本人ノ占有權ハ之ニ因リテ消滅ス當事者間ニ於ケル債務ノ存在ハ代理占有ノ消滅ヲ妨クルノ效力ヲ生セサルモノトス

其他人ノ爲ニ保管ノ責ニ任スル物ノ所持人ハ則占有ニ關スル代理人ニシテ之ニ對シテ其物ヲ返還セシムヘキ債權的請求權ヲ有スル者ハ則占有者本人ナリトス反之物ノ返還ヲ目的トスル債權關係ナキトキハ保管ノ義務モ亦存スルコトナキヲ以テ代理占有ハ成立セサルモノトス例之甲カ乙ノ爲ニ其時計ヲ强取、竊取又ハ詐取セラレタル場合ノ如シ此場合ニ於テハ甲ハ唯乙ニ對シ其物ノ回復ヲ目的トスル物權的請求權ヲ有スルノミ

代理占有ハ種々ナル原因ヨリ生ス或ハ狹義ノ代理關係ヨリ生シ或ハ寄託、雇傭、請負等ノ契約若クハ事務管理ヨリ生ス其他地上權者、永小作人、質權者

又ハ賃借人ハ地主、質置主、賃貸人ノ爲ニハ何レモ代理占有者タルノ地位ニ立ツモノトス

二　代理人ニ依ル占有權取得ノ要件　代理人ニ依ル占有權ノ取得ニ付テハ占有權ノ取得ニ關スル規定ト代理及ヒ委任ニ關スル一般規定トヲ交々參酌シテ其法律上ノ效果ヲ定ムルコトヲ要ス其條件如左

甲　本人ト代理人トノ間ニ廣義ノ代理關係アルコト　占有權ノ取得カ賣買、贈與、交換其他ノ法律行爲ニ基因スル場合ニ代理人ニ依リテ之ヲ爲スニハ本人ト代理人トノ間ニ委任又ハ法律ノ規定ニ因ル代理關係アルコトヲ必要トスルハ實體權取得ノ場合ニ同シ

占有權ノ取得ハ概シテ實體權ノ取得ヲ目的トセル法律行爲ニ隨伴スルモノニシテ實體權ノ取得ニ關スル代理關係ハ之ニ隨伴シテ生スヘキ占有權ノ取得ニ關スル代理關係ヲ包含スルヲ常トス例之本人ニ代リテ有體物ヲ買受クルコトノ代理關係ハ賣買ノ目的タル所有權ト目的物ノ占有權ヲ取得スルノ代理權トヲ包含スルカ如シ

然レトモ所有權移轉ノ行爲ト占有權移轉ノ行爲ハ別個ノ法律行爲ナルヲ以テ前者ニ關シテ代理權ヲ授與シ後者ニ付テハ之ヲ授與セス又後者ニ付キテ代理權ヲ授與シ前者ニ付キテハ之ヲ授與セサルハ毫モ妨ケナシ

又占有權ノ取得カ法律行爲以外ノ原因ニ基クトキハ本人ト代理人トノ間ニ廣義ノ代理關係例之委任又ハ雇傭ノ關係アルコトヲ必要トスルト同時ニ此關係アルノミヲ以テ足ル故ニ第百八十一條ノ代理人ハ之ヲ廣義ニ解スルヲ可ナリトス

乙　代理人カ物ノ上ニ實力ヲ占領スルコト（本卷二編一章一節一款參照）

丙　代理人カ本人ノ爲ニ占有ヲ爲スノ意思ヲ有スルコト

占有權ノ代理取得ノ場合ニ占有意思ハ本人ニ存スルコトヲ要スルヤ代理人カ其權限內ニ於テ占有權取得ノ行爲ヲ爲シタルトキハ本人ハ之ニ因リテ占有權ヲ取得シ本人ノ意思如何ハ之ヲ問ハサルモノトス但占有ノ意思ハ本人ニ存シ代理人ハ單ニ實力占領ヲ委任セラレタルトキハ

占有ノ意思ハ本人ニ付キ定ムヘキハ論ヲ俟タス反對論ノ根據如左

子　占有權ハ占有ノ事實ヲ基礎トスル特殊ノ權利ニシテ之ヲ取得スルニハ占有者ニ自己ノ爲ニスル意思ヲ必要トス(一八〇)故ニ占有者ニ此意思ナキトキハ占有權ハ發生セス物ノ所持ハ之ヲ他人ニ代理セシムルコトヲ得ルモ占有ノ意思ハ自己ニ固有ナル心的現象トシテ他人ヲシテ代理セシムルコトヲ得ス

丑　占有者カ代理人ヲシテ占有ヲ爲サシムルノ意思ヲ抛棄シタルトキハ占有權ハ之ニ因リテ消滅ス(二〇四)是代理占有ノ場合ニ於テモ占有ノ意思ハ本人ニ存スルコトヲ要シ本人カ之ヲ失フニ因リテ占有權ハ消滅スルモノナルコトヲ暗示シタルモノナリト

是陳套ニシテ近代ノ法律思想殊ニ我民法ノ精神ニ適セス其理由如左

一　此說ハ法定代理人カ意思能力ナキ幼者白痴者、瘋癲者ノ爲ニ爲ス占有權取得ノ法理ヲ說明スルコトヲ得ス加之法定代理人カ無能力者ノ爲、占有權取得ニ要スル意思ノ條件ヲ充スコトヲ得ル以上ハ委任其他ノ法律關係ニ基ク代理人モ亦其權限ノ範圍內ニ於テ本人ニ代リ占有ニ關スル意思ノ表示ヲ爲シ得サル理ナシ近世ノ法理ハ代理關係カ當事者ノ契約關係ヨリ生スルト法定原因ヨリ生スルトニ依リテ其效果ヲ異ニセス我民法亦然リ之ヲ以テ占有ノ代理ニ付キ法定代理ト委任代理トヲ區別スルハ非ナリ

二　權利ノ取得ニ付キ取得者ノ意思ヲ必要トスルハ占有權ノミナラス一般權利ノ取得ニ通スル原則ナリ然レトモ此原則ハ權利取得者カ他人ノ行爲ニ因リテ權利ヲ取得スルノ障碍トナルヘキモノニ非ス從テ原則上占有者ニ占有ノ意思アルコトヲ必要トスル占有權取得ノ行爲ニ在リテモ亦代理人ニ於テ本人ニ代リテ占有ノ意思ヲ表示スルコトヲ得ヘキハ勿論、本人ノ占有ノ意思ハ本人ノ爲ニ占有ヲ爲ス代理人ノ意思ニ依リテ補充セラルルモノナリ況、第百八十一條ハ占有ノ意思ト所持トニ付キ何等ノ區別ヲ爲ササルニ於テオヤ

三　權利取得ニ要スル行爲ハ他人ヲシテ之ヲ代理セシムルコトヲ得ヘ

ク此場合ニ於テハ其代理人ノ行爲ノミニ因リテ直接ニ權利ヲ取得スルコトヲ得ルハ近世法理ノ認ムル所ナリ此原則ハ本人カ其意思ヲ以テ一旦取得シタル權利ヲ處分スルノ妨ケト爲ルヘキモノニ非ス即其取得ノ場合ニハ本人ノ意思ヲ必要トセサルモ一旦取得シタル占有權ハ占有者本人ニ屬スルモノナレハ其喪失ハ占有者本人ノ意思ニ基クコトヲ要ス然レトモ此觀念ト代理人ニ因ル占有權ノ取得ニ本人ノ意思ヲ必要トセサルノ觀念トハ相牴觸スルモノニ非ス故ニ第二百四條ハ反對論ヲ支持スルノ理由ト爲ラス

占有ノ當時代理人ニ本人ノ爲ニ占有ヲ爲スノ意思アリタルヤ否ヤハ事實上ノ問題ニ屬ス彼ノ運送人ノ如キハ疑ハシキ場合ニハ荷主ノ爲ニ荷物ヲ占有スルモノト推定ス蓋通常荷受主ノ委託ヲ受ル者ニ非レハナリ代理人ハ本人ノ爲ニスル意思ヲ必要トスルヲ以テ意思能力者ニ非レハ他人ニ代リテ占有權ヲ取得スルコトヲ得ス然レトモ他人ニ代リテ占有權ヲ取得スルニハ意思能力アルノミヲ以テ足リ完全ナル行爲能力アル

コトヲ必要トセス

三　代理人ニ依ル占有權取得ノ效果　代理ニ依ル占有權取得ノ場合ニ於テハ本人ハ代理人カ物ノ上ニ實力ヲ占領シタル範圍(例之一定ノ區域ヲ有スル地所ノ全部若クハ一部)及ヒ方法(例之平穩、強暴、隱秘、公然)ニ從テ其物ノ上ニ占有權ヲ取得ス占有ノ意思ニ付テモ亦代理人ノ意思ヲ以テ標準トス卽自主容假過失無過失善意惡意ノ占有ナリヤ否ヤハ代理人ノ意思ニ基キ之ヲ決定スルヲ原則トス(一〇一參照)但特別委任ノ場合ニ於テハ(一〇五、二項參照)占有者ノ意思ノ善惡及ヒ過失ノ有無ハ委任者本人ニ付キテ之ヲ定ムルヲ例外トス

第三　代理人ニ依ル占有權ノ取得ニハ四條件ヲ要ス(二〇四「デルンブルヒ」一八〇節)如左

一　本人ト代理人トノ間ニ代理關係アルコト　但代理關係ハ其原因ヲ問ハス或ハ委任ニ出テ或ハ法律ニ出ルコトヲ得故ニ

甲　甲カ代理ノ關係ナク乙ノ爲ニ占有權取得ノ意思ヲ以テ物ヲ所持スルモ追認ヲ爲スニ非レハ乙ハ占有權ヲ取得セス

乙　甲カ乙ノ爲ニ事務管理人トシテ物ヲ占有スルモ代理取得ニ非ス乙ハ直接ニ占有權ヲ得ス甲一旦占有權ヲ得後之ヲ乙ニ讓渡スモノタリ（六四二、二〇項、七一）

丙　甲カ乙ノ傳送者例之雇人トシテ物ヲ所持スルモ代理取得ニ非ス此場合ニハ乙自身ノ所持アリ

丁　甲カ乙ノ代成者トシテ物ヲ所持スルモ代理取得ニ非ス甲一旦占有權ヲ得後之ヲ乙ニ讓渡スモノナリ

二　代理人カ物ノ所持ヲ取得スルコト

三　本人ノ爲ニ直接ニ占有權ヲ取得セントスル代理人ノ意思　若此意思ナキトキハ代理人自身ノ占有權取得ト爲リ本人ノ占有權取得ト爲ラス若代理人カ本人ノ爲ニ占有ヲ取得スルノ意思ヲ表示セスシテ物ヲ所持スルトキハ自己ノ爲ニスル意思ト看做サル（一〇）又代理人ハ直接ニ本人ノ爲ニ占有スルノ意思ヲ要ス若此意思ナキトキハ假令本人ノ爲ニ占有權取得ノ意思アルモ代理人ハ一旦自己ノ爲ニ占有權ヲ得後之ヲ本人ニ讓渡スノ義務

アルニ過キス從テ代理取得ト爲ラス

四　代理人ヲシテ占有權ヲ取得セシメントスル本人ノ意思　此意思ハ委任ニ依リテ代理人ノ所持取得ノ前ニ現ハレ又ハ追認ニ依リテ其後ニ現ハル但此場合ノ追認ハ既往ニ遡ラス（「オーブリー、ロウ」一七九節）占有權取得ノ權限ハ特別ノ授權ヲ要セス權限ノ定ナキ代理人卽概博ノ委任ヲ受ケタルモノト雖此權限アリ（一〇三、「デルンブルヒ」一八〇節註一三）

法定代理人ノ場合ニハ本人ニ此意思ナキモ代理人ノ意思及ヒ行爲ノミニ依リテ本人ハ占有權ヲ取得スルコトヲ得（「オーブリー、ロウ」一七九節）蓋法定代理人ハ無能力者又ハ法人ノ如ク自ラ意思能力ナク又ハ自己ノ利益ヲ圖ル能ハサル者ノ爲ニ之ヲ置クモノナレハナリ但意思無能力者ハ代理人ニ依ルノ外ナシト雖單ニ意思能力ヲ制限セラレタル者ハ自己ノ意思行爲ニ依リテ占有權ヲ取得スルコトヲ得

第四　代理人ニ依リテ占有權ヲ取得スル場合（一一八）ニ於テハ占有ノ意思ハ本人ニ在

リ物ノ所持ハ代理人ニ在リ而シテ此二要素ヲ關係セシムルモノヲ代理人ノ意思即代理人カ本人ノ爲ニ其物ヲ所持スルノ意思ト爲ス此意思ハ二人ニ分屬セル占有權ノ二要素ヲ結合スルモノナリ若代理人ニシテ此意思ナキニ至ルトキハ占有ノ二要素ハ別人ニ存在シ個々ニ分離スルヲ以テ占有權ハ消滅スヘキ結果トナル此法理上ノ結果ヲ妨クル爲ニ特ニ法文ヲ設クルコトアリ

(二四〇)

代理人ノ意義ニ關シテハ廣狹ノ二說アリ即單ニ本人ノ爲ニ機械的ノ事ヲ爲ス者例之僕婢其他ノ雇人ノ如キモ此中ニ入レ甚シキハ昔時ノ奴隷ヲモ代理人ト爲ス(廣義)又代理人トハ本人ノ爲ニ第三者ト法律行爲ヲ爲シテ本人ニ權利義務ヲ生セシムル者ナリト爲ス(狹義)本人ハ何レノ意義ノ代理人ニ依リテモ占有權ヲ取得スルコトヲ得但狹義ノ代理人中委任ニ因ル代理人ニ依リテ占有權ヲ取得スル場合ニハ占有ノ意思ハ本人ニアリト雖若本人カ未成年者、瘋癲、白痴者若クハ法人等ナルトキハ本人ニ占有ノ意思アルヲ要セス

委任ニ因ル代理取得ノ場合ニ於テモ必シモ本人ニ或特定物ヲ占有スルノ意

思アルヲ要セス例之總理代理人カ自己ノ撰擇ニ從ヒ種々ノ物品ヲ購買シテ之ヲ所持スルトキノ如シ此場合ニ於テハ本人ハ其代理人カ如何ナル物ヲ購買シタルヤヲモ知ラサルコトアルヘシ然レトモ代理人ノ手ニ存スル總テノ物品ハ悉之ヲ占有スルノ意思ヲ有ス本人ハ此包括的ノ意思ニ因リテ總テノ物ノ占有權ヲ取得スルコトヲ得

第五 學者往往心素、體素ノ意義ヲ誤解シ心素トハ必、占有者自、占有ノ意思ヲ有スルコトヲ要スルモノトシ唯體素ノミ代理人ヲシテ之ヲ行ハシムルコトヲ得ルモノト信スルノ徒最多シ謬レリ故ニ占有ノ取得ニ付テモ亦純然タル代理ヲ認メタリ(一一八)

或ハ曰ク占有ニハ自己ノ爲ニスル意思ヲ必要トセリ故ニ純然タル代理占有ヲ認ムルコト能ハサルヘシト謬レリ代理人ハ其資格ニ於テ自己ノ爲ニ占有ヲ取得シ其效力ヲ本人ニ及ホシ以テ本人ヲシテ占有權ヲ取得スルニ至ラシムルモノナリ

若本人ノ意思ヲ必要トスルトキハ(一)意思能力ナキ者ハ占有ヲ取得スルコト能ハサルヘク(二)本人カ代理人ニ委任ヲ爲ス當時ニ於テハ占有取得ノ意思アルモ若代理人カ物ノ所持ヲ始ムルニ當リ本人カ意思能力ヲ失ヒタルトキハ占有ヲ取得スルコト能ハサルヘク(三)本人カ代理人ニ不特定物ノ買入ヲ爲シテ之ヲ占有スヘキ旨ヲ委任シタルトキハ本人ハ未占有スヘキ物ヲ知ラサルカ故ニ代理人カ買入レタル物ニ付キ本人ニ占有ノ意思アリト爲スコトヲ得ス從テ占有權ヲ取得スルコト能ハサルヘシ然レトモ是皆反對論者ト雖之ヲ主張セサル所ナリ依是觀之占有權モ亦他ノ權利ト均シク之ヲ取得スルニハ必シモ本人ノ意思ヲ要セス占有權ノ取得ナル法律行爲モ他ノ法律行爲ノ如ク單ニ代理人ノ意思ノミヲ以テ之ヲ爲スコトヲ得ルモノトセサルコトヲ得ス從テ法定代理人ト他ノ代理人トヲ區別スル必要ナシ

第二節　占有權ノ消滅

占有權ハ物權ナリ故ニ占有物滅失カ占有權消滅ノ原因ナルコト言ヲ俟タス占有物カ他物ニ附加シテ其成分ト爲リタルトキ亦然リ反之占有物カ取引無能力物ト爲リタルトキハ占有權消滅ノ原因ト爲ラス蓋シ占有權ハ取引無能力物ニ對シテモ亦存在スルコトヲ得レハナリ占有物ノ變形亦然リ蓋シ占有物ノ單純ナル變形ハ其消滅ト爲ラサレハナリ

民法理由
岡松博士　第二

占有權ノ消滅原因ハ法律カ占有權ヲ消滅セシムヘキ原因ト認メタル喪權事實ナリ占有權ノ消滅原因ハ(一)本人占有ノ消滅原因(二)代理占有ノ消滅原因ノ二種アリ又(一)占有意思ニ基ク消滅原因(二)所持ニ基ク消滅原因ノ二種アリ前者ハ占有ノ種類ニ因ル消滅原因ノ分類ニシテ後者ハ消滅原因ノ基本ニ因ル分類ナリ(「ウィンドシャイド」一卷一五六章四七七頁以下一五七章四八三頁以下「デルンブルヒ」一卷一八二章一八三章)

第一款　本人占有ノ消滅

民法論
松岡學士　第一

代理人ニ依ラサル占有權ハ占有者カ其占有的所持ヲ喪失シ又ハ其占有的意思ヲ拋棄スルニ因リテ喪失ス(二三〇)

一　占有的所持ノ喪失　物ニ對スル事實的支配ノ永續的不能ナリ故ニ一旦爲シタル所持ノ喪失ト解スヘカラス蓋、相續人カ未、所持セサル相續財產ニ付キ永續的ニ事實上支配スルコト能ハサル事實ハ占有的所持ノ喪失ニ因ル占有權ノ消滅原因タレハナリ故ニ第二百三條中「所持ヲ失フ」ノ用語ハ狹キニ失ス(「コーザック」獨逸民法論)又事實的支配ノ一時的不能ハ占有權消滅ノ原因ト解スヘカラス例之占有者カ洪水ノ爲、一時占有地ヲ支配スルコト能ハサル事實及ヒ遺忘ノ爲、一時占有書籍ヲ使用スル能ハサル事實ノ如シ事實的支配ノ永續的不能ト爲リタルヤ否ヤハ事實問題ナレトモ占有ヲ否定スル事實ノ發生及ヒ占有權ノ永續的不行使ハ事實的支配ノ永續的不能ヲ來シ占有權消滅ノ原因ト爲ル

甲　占有否定ノ事實　占有者ノ動作、第三者ノ動作又ハ其他ノ事實ニ依リテ發生ス

子 占有者カ其占有動産ヲ遺失シ之ヲ發見スルコトヲ得ヘキ希望ナキニ至リタル事實ハ占有權消滅ノ原因ト爲ル（獨民第三者カ遺失者ノ爲ニ遺失物ヲ保管シタルトキハ遺失者ハ間接占有者ト爲リ全然占有權ヲ喪失セス）反之占有者カ一時其占有物ヲ他所ニ遺忘シタル事實ハ占有權消滅ノ原因ト爲ラス

丑 占有者カ第三者ニ侵奪セラレタル占有物ヲ回收スルコト能ハサルニ至リタル事實ハ占有權消滅ノ原因ト爲ル例之占有回收ノ訴ヲ提起シタルモ其目的ヲ遂セス又ハ其起訴期間ヲ徒過シタル事實ノ如シ反之占有物ヲ收去シタル第三者ニ返還ノ意思アルトキハ占有者ハ其占有權ヲ喪失スルコトナシ例之余ノ親友カ余ノ不在中使用後返還ノ意思ヲ以テ余ノ占有物ヲ收去シタル事實ノ如シ執達吏カ債權者ノ爲ニ債務者ノ財産ヲ差押ヘタル事實ハ未タ事實的支配ノ永續的不能ノ原因ト爲ラサルヲ以テ債務者カ差押物ニ付キ有スル占有權喪失ノ原因ト爲ラス デルンブルグ氏ハ差押債權者カ間接ノ質的占有者、債務者カ間接ノ自主占有者、執達吏カ直接占有者ナリト言フニ似タリ

實　占有者カ其逃走シタル家畜ヲ再、捕獲スルノ希望絶ヘタルニ至リタル事實ハ占有權消滅ノ原因ト爲ル又占有者カ其逃走シタル野獸ノ追跡ヲ止メタル事實ハ占有權消滅ノ原因ト爲ル反之占有者ハ單ニ逃走ノ一事ニ因リテ其占有權ヲ喪失スルコトナシ其他占有者ニ於テ飼養シタル野獸カ家畜ト同シク一定ノ場所ニ復歸スルノ慣行ヲ棄テ且之ヲ發見スルノ希望絶ヘタルニ至リタル事實ハ占有權消滅ノ原因トナル

乙　永續的不行使　永續的不行使ニ依リテ占有者カ占有物ヲ處分スルコト能ハサルニ至リタル事實ハ占有權消滅ノ原因ト爲ル例之占有者カ亂心、不在、在獄、失踪、不知、又ハ無頓着等ニ因リテ永年占有權ヲ行使セス且占有者ノ爲ニ占有物ヲ保管スル者ナキトキノ如シ反之占有權ヲ一時行使セサル事實又ハ不在若クハ無頓着ナル占有者ノ爲ニ他人カ占有物ヲ保管スル事實ハ占有權消滅ノ原因ト爲ラス永續的不行使ニ因ル消滅ノ時期ハ其性質上確實ニ之ヲ認知スルヲ得ス又此消滅ハ事實的支配ノ永續

的不能ニ因ル消滅ニシテ占有的意思ノ拋棄ニ因ル消滅ニ非スアルンツ氏ハ之ヲ後者ナリト論定スレトモデルンブルグ氏ハ前者ナリト論定ス我民法ノ解釋トシテハ後說ニ依ルヲ正當トス

二　占有的意思ノ拋棄　占有者カ占有ヲ欲セサル表意ヲ要件トシテ成立スル一方的法律行爲ナリ如左

甲　占有者カ其占有ヲ欲セサル決意ヲ言語又ハ擧動ニ依リテ實行スルコトヲ要ス

乙　拋棄スル占有者ハ行爲能力者ナルコトヲ要ス　故ニ未成年者及ヒ精神病者ハ占有的意思ヲ拋棄スルコトヲ得ス意思無能力者及ヒ行爲無能力者ハ其所持品ヲ拋棄シタルトキハ之ニ因リテ占有權ヲ喪失ス例之精神病者カ其所持品ヲ海中ニ投棄スルカ如シ然レトモ之ヲ以テ無能力者カ占有的意思ノ拋棄ヲ爲スコトヲ得ト論結スヘカラス蓋シ這ハ占有的所持ノ喪失ニ因リテ占有權ヲ喪失シ占有的意思ノ拋棄ニ因リテ占有權ヲ喪失スルモノニ非レハナリ反之無能力者タル占有者ノ法定代理人ハ之

ニ代リテ占有的意思ヲ拋棄スルコトヲ得(九九二)

丙 占有的意思ノ拋棄ハ一方行爲ナルヲ以テ占有權ノ移轉ヲ目的トスル雙方行爲即契約ヲ包含セス又條件附ニテ之ヲ爲スコトヲ得

占有權ヲ第三者ニ移轉セント欲スル占有者カ其占有物ヲ第三者ニ交付シタルモ其第三者ハ無能力者ニシテ占有權ヲ取得スルコトヲ得ス又ハ錯誤ニテ占有スルコトヲ欲セサル場合ニ於テ占有者ハ其占有權ヲ喪失スルヤ否ヤ這ハ無條件ナル占有的意思ノ拋棄トシテ積極的ニ論定スルヲ正當トス(「デルンブルグ」獨逸民法論)

第二

占有權ハ其成立ニ必要ナル條件ノ一ヲ缺クトキハ消滅ス如左

一 物ノ所持ヲ失フコト 實力ニ關スル要件ハ占有者ト占有物トノ間ニ實力關係カ一瞬時存在セサルコトニ因リテ喪失セラルルコトナシ實力關係ノ不存在カ確定狀態トナリタル時ニ於テ始メテ此效果ヲ生スルモノトス如何ナル場合ニ於テ實力喪失ノ狀態カ確定スルヤ、喪失シタル實力ノ回復カ絶對的ニ不可能トナリタルトキ又ハ實力喪失ノ狀態カ永續スヘキ性質ヲ有シ占有者カ其喪失シタル實力ヲ直ニ回復セサリシトキ是ナリ

實力喪失ノ原因ハ極メテ多シ或ハ占有者ノ所爲ヨリ生スルコトアリ或ハ第三者ノ所爲ヨリ生スルコトアリ又或ハ自然ノ出來事ヨリ生スルコトアリ例之(一)占有者カ其動産ヲ引渡シ遺棄シ又ハ遺失シタル場合ノ如シ但遺失ノ場合ニ於テハ占有者ハ其搜索カ效ヲ奏シ又ハ占有者ノ爲ニ之ヲ保管スル者アルトキハ其實力ヲ喪失セサルモノトス故ニ占有物ノ遺失ハ其瞬間ニ於テ占有喪失ノ效果ヲ生スルモノニ非スシテ此效果ハ其後ノ經過如何ニ因リテ之ヲ決スルコトヲ要ス(二)動産カ暴風、洪水其他自然ノ出來事ノ爲ニ占有者ノ實力範圍ヲ脫シタル場合亦同シ(三)占有ノ目的物カ畜類ナルトキ飼養ノ場所ヨリ逃出シタルトキ亦同シ但復歸ノ常習アルトキ又ハ占有者カ追跡シテ直ニ之ヲ捕獲シタルトキハ占有者ハ其實力ヲ失ハサルモノトス(四)占有物カ第三者ノ實力範圍內ニ入リタルトキ亦同シ(第三者カ不法ニ占有物ヲ持去ルカ如シ)(五)占有物ノ滅盡亦同シ此場合ハ絶對的ニ消滅スルモノトス第三者ノ侵奪ノ場合ニ於テハ占有者ハ侵奪ノ時ヨリ一年間ハ占有回收ノ訴(二〇三、二〇二但書)ニ依リ之ヲ回復スルコトヲ得ルヲ以テ結局該期間其訴ヲ提起セサルニ因リテ確定スルモノトス

此場合ニ於テハ占有權ハ侵奪ノ時ヨリ一年間ハ存續シ回收訴權ノ提起ナキニ因リテ消滅ニ歸スルニ非スシテ占有者ハ一旦物ノ占有ト占有權トヲ併セテ喪失シ回收訴權ニ依リ更ニ其占有ト占有權トヲ回復シテ之ヲ占有喪失前ノ原狀ニ復スルコトヲ得ルモノト解釋ス

又第二百三條ハ裁判外ニ於テ占有物ヲ回收シタル場合ニ付テハ別ニ規定スル所ナシト雖、此場合ニ於テハ別ニ回收ノ訴ヲ提起スルコトヲ要セスシテ其占有權ヲ回復スルコトヲ得ヘキモノト解ス

占有權ハ占有者ノ死亡ニ因リテ消滅スルコトナシ羅馬法ニ於テハ之ヲ消滅スルモノト爲シ相續人ハ更ニ占有ヲ始ムルコトヲ要スト爲ス蓋占有者死亡スルトキハ其死亡ト同時ニ物ニ關スル實力關係竝ニ占有意思ハ消滅ニ歸シ占有權ハ其存立條件ヲ缺クニ至ルト論スルコトヲ得ヘケレハナリ

然レトモ近世ニ於テハ占有ハ占有者ノ死亡ニ拘ラス相續人ノ利益ノ爲ニ依然トシテ存續スルモノト爲ス故ニ占有ニ因ル取得時效ハ占有者ノ死亡後相續人カ現ニ占有ヲ爲スノ前ニ於テ有效ニ成就スルコトヲ得

蓋、相續人ハ占有者死亡當時ノ狀態ヲ以テ占有者ノ法律上ノ地位ヲ全然繼承スルモノニシテ死亡者ノ占有權ハ相續人ニ於テ特ニ取得ノ行爲ヲ爲スコトヲ要セスシテ當然其有ニ歸スルト同時ニ占有物ハ占有者ノ死亡ニ因リ當然(不知ノ間ニ)其相續人ノ實力範圍內ニ入ルモノナレハナリ即、實力關係ハ人カ物ノ上ニ其實力ヲ加フルコトヲ得ルノ事實上ノ狀態ニ在ルト同時ニ成立シ敢テ此事實狀態ノ認識ヲ有スルト否トハ實力關係ノ存在ニ何等ノ影響ヲ及サス故ニ占有物ハ占有者ノ死亡ニ因リ其實力範圍ヲ脫スルト同時ニ相續人ノ實力範圍ニ入リ占有權ノ成立ニ要スル所持ノ條件ハ充サルルモノトス(意思ノ要件ニ付テハ次項參照)

二　占有ノ意思ヲ拋棄スルコト　占有權ハ占有者ニ自己ノ爲ニ所持スル意思ノ存在セサルコト換言スレハ消極的ニ其意思ノ消滅スルコトニ因リテ

喪失セラルルコトナシ占有意思ハ拋棄即、占有者カ其物ヲ自己ノ爲ニ占有スルコトヲ斷念スル反對ノ意思ヲ積極的ニ表示スルニ因リテ喪失セラルルモノトス是、一般權利ノ拋棄ト其揆ヲ一ニスル所ナリ蓋、吾人ノ心裡ニ發動シタル意思ハ反對意思ノ發動アルマテハ持續スルモノト認ムヘク反對意思ノ發動ハ之ヲ外部ニ表示セサル限リハ私法上ノ效果ヲ生セサルヲ原則トス占有意思ノ喪失亦然リ故ニ占有者カ一度占有意思ヲ發動シテ占有權ヲ取得シタル以上ハ之ヲ保有スル爲、間斷ナク其意思ヲ外部ニ發表スルヲ要セス從テ占有者ハ睡眠中ハ勿論死亡又ハ心神喪失ノ狀態ニ陷リ全ク其意思ヲ喪フモ之カ爲ニ占有權ヲ失フコトナシ

占有權ノ喪失ニハ積極的意思表示ヲ必要トス故ニ意思能力者ニ非サレハ意思ニ關スル要素ノ欠缺ノ爲之ヲ失フコトナシ但其法定代理人ニ於テ拋棄ノ意思ヲ表示シ得ヘキハ勿論ナリ

第三

占有ハ占有ノ意思(Anino sibi habendi)ト所持(Apprehention)トノ二要素ヨリ成立

ス故ニ其成立要素ノ一ヲ缺クトキハ占有權ハ其基礎ヲ失ヒ消滅スルコト論ヲ俟タス之ヲ以テ羅馬法以來各國ノ立法及ヒ近世ノ學說ニ於テ占有權ノ消滅原因ト認ムルモノ二アリ(一)占有意思ノ拋棄(二)占有物ノ所持ノ喪失是ナリ(「ウインドシヤイド」一卷四四七頁「デルンブルヒ」一卷四二二頁)我民法亦然リ(三一〇)如左

一 占有意思ノ拋棄 我民法カ占有意思ノ消滅ト認ムルモノハ占有意思ノ拋棄ノ場合ノミ占有意思ノ中斷(例之睡眠中)占有者ノ死亡又ハ占有者ノ意思能力ノ喪失(例之精神病)ハ占有意思ノ消滅ニ非ス從テ占有權ノ消滅原因ニ非ス占有意思ノ拋棄ハ占有者ノ片面的意思表示ナリ拋棄ヲ爲スモノハ行爲能力者タルコトヲ要ス意思無能力者及ヒ制限的行爲能力者ハ之ヲ爲スコトヲ得ス何トナレハ拋棄ハ處分行爲ナレハナリ但意思無能力者ノ拋棄ハ無效トス又制限的行爲能力者ノ拋棄ハ取消スコトヲ得(「デルンブルヒ」一卷四二四頁「ウインドシヤイド」一卷四七八頁)

二 所持ノ喪失 占有物ニ關シテ實力ヲ加ヘ得ル狀況ヲ消滅セシメ事實上物ヲ支配スルコトヲ得サル關係ニ在ルヲ謂フ第二百三條ニ所謂所持ノ喪

失ハ狹義ノモノニ非ス即客觀的所持ノ喪失ノ義ニ非ス特ニ其支配關係ノ喪失カ正ニ回復スルコト能ハサルヲ要件ト爲ス(二〇三但書)故ニ所持ノ喪失ニハ二要件ヲ要ス(「ウインドシヤイド」一巻四八〇頁「デルンプルヒ」一巻二三頁「アルント」八七五頁「ハンゲロー」一巻三六一章四)如左

甲　物ニ關スル事實上ノ妨害カ繼續的ノ性質ヲ有スルコト　其妨害カ一時ナルトキハ所持ノ喪失ヲ來サス例之物ノ置場ヲ忘レタルカ如シ

乙　物ニ關スル事實上ノ支配關係ヲ直ニ恢復スルコト能ハサルコト　例之物ヲ水中ニ遺失シタルカ如シ但直ニ之ヲ拾ヒ上ルコトヲ得ルトキハ未、所持ヲ喪失セス

反對說、占有ノ消滅ハ占有意思ノ拋棄及ヒ其所持ノ喪失ノ二者具備スルコトヲ要ス蓋、事實上ノ支配關係ヲ有セスシテ占有ノ意思ノミヲ有スルハ是眞ノ占有ノ意思ヲ有スルモノニ非ズ又占有意思ヲ有セスシテ事實上ノ支配關係ヲ有スルモノハ所持ニ非サレハナリト(「キールルフ」三九〇頁、三九一頁「レンツ」二一六頁乃至二二〇頁)若、結果ノ上ヨリ觀察スルトキハ(一)所持ノ喪失ハ占有意思ヲ消滅セシメ(二)占有意思ノ消滅ハ所持ノ喪失ヲ來シ此二者相伴フテ占有ヲ消滅セシムルノ觀アリト

雖遡ツテ其原因ヲ考フルトキハ(一)ノ場合ニ於テハ所持ノ喪失カ其主因ニシテ此時ヲ以テ占有ハ其基礎ヲ失フ占有意思ノ消滅ハ單ニ其結果ニ過キス又必シモ占有意思ノ消滅スル結果ノ生スルヲ要セス(二)ノ場合ニ於テハ占有意思ノ消滅カ其主因ニシテ此時ヲ以テ占有ハ其基礎ヲ失フ所持ノ喪失ハ單ニ其結果ニ過キス故ニ(一)及ヒ(二)ノ場合ニ於テハ其原因各異ナリトス要之此說ハ原因結果ヲ混淆スル所ノ謬說タリ(「サビニー」三〇節三八六頁「ウインドシヤイド」一卷四九八頁「デルンブルヒ」一卷四二頁)

第四 占有ノ意思及ヒ物ノ所持ハ占有權ノ取得ニ必要ナルノミナラス又其存續ニ必要ナルモノナリ其一ヲ失フニ因リテ占有權ノ消滅スルコト當然ナリ(三二〇)所謂占有意思ノ拋棄トハ自己ノ爲ニスル意思ヲ以テシタル物ノ所持ヲ變シテ他人ノ爲ニスル意思ヲ以テスル物ノ所持ト爲ス場合ヲ言フ或ハ自己ノ爲ニスル意思モナク又他人ノ爲ニスル意思モナク唯無意ニ物ノ所持ヲ繼續スル場合ヲモ想像スルコトヲ得レトモ殆ト想像ニ止リ實際ニ於テハアリ得ヘカ

ラサル事ナルヘシ法文ニ「意思ノ喪失」ト言ハスシテ「抛棄」ト言ヒシハ意思ハ人心ノ内部ニ存シ其人ノ自之ヲ絶止セント欲スルニ非サルヨリハ外ヨリ之ヲ如何トモスルコトヲ得サルモノナルヲ以テナラン

所謂所持ノ喪失トハ占有者カ物質上物トノ關係ヲ離レ最早自力ヲ物上ニ及ホシテ他人ヲ排除スルノ位地ニ在ラサルヲ言フ其原因ノ任意タルト强要タルトヲ問ハス即、占有者自身ノ物ノ抛棄、暴行脅迫ニ因ル他人ノ侵奪、國家ノ權力ニ因ル徵收徵發タルトヲ問ハサルナリ所持ノ喪失カ他人ノ侵奪ニ出テタル場合ニ於テ占有者カ占有回收ノ訴ヲ提起シタルトキハ占有權ハ消滅セスラルルカ故ニ直ニ消滅スルモノトスルハ酷ナレハナリ

(二〇二但書)蓋、占有者ハ其所持ヲ奪ハルルモ私力ヲ以テ之ヲ回復スルコトヲ禁セ回收ノ訴ヲ提起スルトキハ一旦喪失シタル占有權ヲ回復スルコトヲ得セシムルモノニ非スシテ消滅シタルモノヲ消滅セサリシモノト看做スモノナリ一旦消滅シタルモノヲ再生セシムルト初ヨリ曾テ消滅セサリシモノト看做ストハ取得時效ノ計算ニ於テ差異ヲ生ス或ハ占有者ハ占有物ヲ侵奪セラル

ルモ一ヶ年間ハ其占有權ヲ喪ハス一年ヲ經即回收訴權ノ時效ニ罹リタル後初メテ之ヲ失フモノトスルモノアリ占有者カ回收ノ訴ヲ起シタルトキハ何レノ說ヲ採ルモ大差ナシト雖之ヲ起サヽルトキハ侵奪者ノ有スル取得時效ノ起算點ニ差異ヲ生ス

第五

占有權ハ心素體素ノ一ヲ失フニ因リテ消滅ス(三二〇)

占有者カ心素ヲ失ヒタルトキ占有權ヲ失フヘキハ原則ナリト雖是敢テ占有者ノ意思ノ繼續スルコトヲ必要トスルニ非ス然ラスンハ占有者ノ睡眠中ハ占有權消滅スルモノト謂ハサルコトヲ得サルヘシ唯占有者カ反對ノ意思ヲ有セサルコトヲ要ス例之自己ノ爲ニ物ヲ占有スルノ意思ナク他人ノ物トシテ其人ノ爲ニ占有ヲ爲スノ意思ヲ有スルカ如シ(三一八)占有者カ心神ヲ喪失シ未、法定代理人アラサルモ占有權ヲ失フモノトスヘカラス又占有者カ死亡シテ且ク相續人ノ確定セサルコトアルモ占有ノ中斷アリタリト云フコトヲ得ス(一六四參照)但此場合ニ於テハ純理上一旦占有者ヲ失フカ故ニ占有消、滅スヘク從テ占有ノ中斷アリト謂ハサルコトヲ得サルカ如シ然レトモ相續ノ效力ハ死亡ノ時ニ遡ルモノトスルカ故ニ敢テ占有ノ中斷アリト爲スコトヲ得サルナリ

體素モ亦必スシモ繼續スルコトヲ要セス例之他行者ノ自宅ニ在ル器具其他ノ動產ニ於ケルカ如シ又占有者カ其占有ヲ奪ハレタル場合ニ於テモ占有回收ノ訴ヲ提起シテ之ヲ取還シタルトキハ嘗テ占有ヲ失ヒタルコトナキモノト看做サルヘシ（二〇三、一項但書）然ラスンハ期間ノ中斷ヲ生シ時效ノ利益ヲ受クルコト能ハサルニ至ルヘケレハナリ但法文「訴ヲ提起シタルトキハ」トアレトモ單ニ訴ヲ提起スルノミニテ若裁判ニ到ルマテ之ヲ繼續セサルトキハ訴訟法上其訴ハ嘗テ提起セサルト一般ナリ又一旦其訴ニ勝ツト雖判決確定ノ後遲滯ナク占有ヲ回復スルニ非サレハ終ニ占有ヲ失フヘキモノトセサルコトヲ得サルナリ

然レトモ其占有ヲ失ハサル爲ニハ必占有回收ノ訴ヲ提起スヘキヤ否ヤ一年内ニ侵奪者カ任意ニ其物ヲ返還シタルトキハ如何法文上或ハ必訴ヲ提起セ

サルヘカラサルカ如キモ立法者ハ訴ヲ提起シテ占有ヲ回復シタルトキハ事實上一旦占有ヲ失フモ法律上ニ於テ之ヲ失ハサルモノノ如ク看做スヘキ旨ヲ言ハント欲スルニ急ニシテ其以前ニ侵奪者カ任意ニ占有ヲ返還シタル場合ニ思ヒ及ハサリシモノト謂フヘシ此場合ニ於テ原占有者カ一旦其占有ヲ失ヒタルモノトセハ侵奪者ヨリ返還ヲ受クルニ方リ其占有ヲ承繼スルモノトセサルヘカラス果シテ然ラハ侵奪者ノ占有ノ瑕疵ヲモ承繼スルカ故ニ一旦占有ヲ失ヒタルモノトスルト嘗テ之ヲ失ヒタルコトアラサルモノトスルトハ大ニ其效果ヲ同シウセサルモノナリ

占有者カ占有回收ノ訴ヲ提起シテ勝訴ト爲リタル場合ニ於テ善意ニテ侵奪者ヨリ其占有ヲ取得シタル者アルトキハ舊占有者ハ仍ホ其占有ヲ失ハサルモノトスルコトヲ得ス隨テ其物カ動產ナランニハ現占有者カ第百九十二條ノ利益ヲ受ケントスルヲ妨クルコトヲ得ス

第二款　代理占有ノ消滅

第一　代理占有ハ本人ノ占有的意思ノ拋棄、代理人ノ意思變更又ハ代理人ノ占有的所持ノ喪失ニ因リテ消滅ス(二〇四)

一　本人ノ占有的意思ノ拋棄　本人カ代理人ヲシテ占有ヲ爲サシムル意思ノ拋棄ナリ

法定代理人ノ意思ハ本人ノ意思ト同視スヘキヲ以テ其代理人ノ占有拋棄亦本人ノ占有拋棄ト同一ノ效力ヲ生ス反之占有者本人ノ死亡、破産等ノ原因ニ依ル代理權ノ消滅ハ占有權消滅ノ原因ト爲ラス(二〇四、二項一〇一、六五三)是占有ノ保護ヲ全フスルノ法意ニ出ツ羅馬法ハ本人ノ死亡ニ因ル代理權ノ消滅ヲ以テ占有權消滅ノ原因トス是、同法ニ於テハ占有ノ相續ヲ是認セサルヲ以テナリ

二　代理人ノ意思變更　代理人カ本人ニ對スル代理關係ヲ解キ爾後自己又ハ第三者ノ爲ニ占有物ヲ所持スヘキ意思ヲ表示シタルトキハ占有權ハ消滅ス蓋、本人ハ其所持ヲ喪失スルニ至レハナリ是ヲ以テ

甲　其意思變更カ代理人一個ノ決意ニ基クコトヲ要ス　蓋本人ト代理人トノ合意ニ基ク代理人ノ意思變更ハ簡易引渡ニ依ル占有權ノ移轉即相對的喪失ノ原因タルニ止マレハナリ

乙　代理人カ其變更ノ決意ヲ占有者本人ニ對シテ實行シタルコトヲ要ス　蓋代理人ノ意思ノ變更ハ之ヲ外部ニ發表セサレハ法律上其效力ナク又占有者本人ヲシテ其自衞手段ヲ盡スコトヲ得ヘキ地位ニ在ラシムルコトナクシテ占有權ヲ喪失セシムルハ占有者本人ノ保護薄キニ失スレハナリ

丙　自己又ハ第三者ノ爲ニ占有物ヲ所持スヘキ意思ヲ表示(明示的又ハ默示的ニ)スルコトヲ要ス

三　代理人ノ占有的所持ノ喪失

甲　代理人カ其意思ニ反シテ占有的所持ヲ喪失シタルコトヲ要ス　蓋代理人カ所持ヲ拋棄スル行爲即代理人カ其意思ニ反セスシテ占有的所持ヲ喪失スル行爲ハ代理人タルノ行爲ニ非サルヲ以テ斯ル行爲ニ因ル所

持ノ喪失ニハ占有者本人カ其占有的所持ヲ喪失スル法則ヲ適用スルコトヲ要スレハナリ(二〇三)故ニ第三者カ暴行ヲ以テ代理人ヨリ其所持スル物ヲ侵奪シタルトキハ第二百四條ニ依リテ占有權消滅ス反之第三者カ代理人ノ意思ニ反セスシテ其所持スル物ヲ所持シタルトキ例之代理人ノ同意ニ依リ又ハ代理人ノ拋棄後之ヲ所持シタルトキハ第二百三條ニ依リテ占有權消滅ス(二〇三、一九七)ルカ如シ

乙　代理人カ占有的所持ヲ喪失シタルコトヲ要ス　蓋占有者本人ハ代理人ニ依リテ其事實的支配力ヲ行使スレハナリ故ニ第三者カ暴力ヲ以テ代理人ヨリ其所持スル物ヲ侵奪シタル場合ニ於テ代理人カ之ヲ看過シ又ハ占有回收ノ訴ニ於テ敗訴シ之ヲ回收スルコト能ハサルニ至リタルトキハ(一九七)占有者本人ハ其占有ヲ喪失シ其本人カ第三者ノ侵奪ヲ知リタルト否トヲ問ハサルナリ但占有者本人カ占有回收ノ訴ヲ起スコトヲ得ル間ハ占有權ハ消滅セス羅馬法ノ解釋トシテウヰンドシャイド氏ハ代理占有ニ於テハ占有ノ消滅ハ代理人ニ付キ之ヲ定ムト主張シテルン

ブルグ氏ハ代理人カ法定代理人タル場合ヲ除ク外占有者本人ニ付キ之ヲ定ムト主張ス普國私法ハ後說ニ依リ我民法ハ前說ニ依ルニ似タリ(「デルブルグ」氏「パンデクテン」論及ヒ同氏普國私法論)

丙　代理人ノ死亡又ハ禁治產等ニ因ル代理權ノ消滅ハ法律ノ規定ニ依リ占有的所持ヲ喪失セシムルコトナシ(二〇四、二項一〇一、六五三)元來代理占有ニ在リテハ占有者本人ハ代理人ニ依リテ事實的支配力ヲ行使ス故ニ代理權ノ消滅ハ占有的所持ノ喪失ヲ來シ占有權消滅ノ原因ト爲ルヲ當然ナリトス然レトモ這ハ占有保護ヲ全フセサルヲ以テ此例外ヲ設ケタリ前顯代理人ニ付キ占有權消滅ノ有無ヲ定メントスル學派ハ此等ノ代理權ノ消滅カ占有權ヲ存續セシムルヲ法律ノ規定ニ依ル例外トシ占有者本人ニ付キ占有權消滅ノ有無ヲ定メントスル學派ハ占有者本人カ事實的支配ヲ爲スコトヲ得ル間ハ代理人カ所持ヲ喪失スルモ占有權ノ消滅ナキヲ原則ト爲シ代理權消滅ノ爲ニ占有權ノ消滅セサルヲ以テ該原則ノ適用ト爲ス(「ウキンドシヤイド」「パンデクテン」論「デルンブルヒ」「パンデクテン」論)

第二　代理占有ノ消滅事由如左

一　占有者カ代理人ヲシテ占有ヲ爲サシムルノ意思ヲ抛棄シタルトキ（二〇四、一項）例之占有者カ占有物返還ノ債權ヲ抛棄シ又ハ之ヲ讓渡シタル場合ノ如シ蓋、代理占有ノ場合ニ於テハ占有權ノ主體ハ本人ニシテ占有權ノ喪失ニ要スル意思ノ條件モ亦本人ニ付キテ之ヲ定ムルコトヲ要スレハナリ但此規定ハ代理人カ本人ノ意思如何ニ拘ラス之ヲ代表スヘキ法定權限ヲ有スル場合ニ之ヲ適用スルコトヲ得ス

二　代理人カ所持ヲ失ヒタルトキ（二〇四、二項）代理人ハ本人ニ代リテ占有權ノ存在ニ必要ナル所持ノ條件ヲ充スモノナレハナリ但代理人カ物ノ上ニ實力ヲ失フモ本人カ尚、實力ヲ施シ得ヘキ地位ニ在ルトキハ占有權ハ依然トシテ存續ス唯此場合ニ於テハ代理占有變シテ本人占有ト爲ルニ過キス

三　代理人カ本人ニ對シ爾後自己又ハ第三者ノ爲ニ占有ヲ爲スヘキ旨ノ意思ヲ表示シタルトキ（二〇四、二項）若代理人ノ單純ナル意思ノ變更カ爲ニ本人

ヲシテ占有權ヲ失ハシムルノ結果ヲ生スルモノトセハ代理人內部ノ意思ハ容易ニ之ヲ窺知スルコト能ハスシテ防禦ノ策ヲ施スノ途ナク本人ハ不知ノ間輙ク占有權ヲ喪失シ不測ノ損害ヲ被ムルニ至リ取引ノ安全ヲ害スルノ虞アレハナリ但法定代理人其他本人ニ代リテ占有權ヲ處分スルノ權限ヲ有スル代理人カ本人ノ爲ニスル意思ヲ拋棄シ第三者ノ爲ニ所持スルノ意思ヲ表示スルトキハ本人ノ占有權ハ當然消滅ニ歸シ本人ニ對シテ特ニ其意思ヲ表示スルノ必要ナシ

又代理人カ新權原ニ基キ自己ノ爲ニ所有ノ意思ヲ以テ占有ヲ始ムルトキハ其容假占有ハ自主占有ニ變シ同時ニ本人ノ占有權ハ消滅ニ歸ス

代理占有ハ代理人カ本人ノ爲ニ目的物ヲ占有シ其返還ノ責務ニ服從スルノ事實關係カ繼續スル以上ハ依然トシテ存立シ敢テ代理關係ノ存續ヲ必要トセス(二〇四二項)蓋假令代理關係カ消滅スルモ此事實關係ニシテ存スル限リハ本人ハ物ノ上ニ實力ヲ行フコトヲ得ルノ地位ニ在リテ其物ハ本人ノ實力範圍ヲ脫セサルヲ以テナリ例之被後見人成年ニ達スルトキハ後見人

ノ代理權ハ茲ニ消滅ス然レトモ後見人ハ其占有スル被後見人ノ財產ニ關シテハ依然其代理占有者ニシテ代理權ノ消滅ハ被後見人ノ占有權ヲ消滅セシムルノ效果ヲ生セサルカ如シ

第三

代理占有ハ其成立要件ノ一ヲ喪フトキハ其基本ヲ失ヒ當然消滅ス如左(二〇四)

一　本人ノ占有意思ノ拋棄　代理占有ニ在リテハ占有ノ心素タル占有意思(Animus pusiditis)ハ二要素ヨリ成立ス即(一)本人カ代理人ヲシテ占有ヲ爲サシムルノ意思(二)代理人カ本人ノ爲ニ占有スルノ意思是ナリ此場合ハ(一)ノ要素ヲ喪失スルモノナリ

二　代理人カ本人ノ爲ニ占有スルノ意思ヲ改メタルトキ　此場合ハ前段(二)ノ要素ヲ喪失スルモノナリ占有意思ノ改定ニ二アリ(一)代理人カ自己ノ爲ニ所持スルノ意思ニ改メタルコト(二)代理人カ第三者ノ爲ニ所持スルノ意思ニ改メタルコト是ナリ二者共ニ代理人ノ占有意思ノ改定ハ積極的即本人ニ對シテ表示スルコトヲ要件トス蓋占有意思ノ改定ハ其意思ノ變更ノ

ミニ因リ生スルモノトセハ本人ノ占有權ハ全ク代理人ノ意思ニ因リテ左右セラレ本人ハ遂ニ代理人ニ依リ安全ニ占有權ヲ取得スルコト能ハサレハナリ

三、代理人カ占有物ノ所持ヲ喪失スルコト　是體素ヲ喪失スルモノナリ古代羅馬法ニ於テハ代理人ノ占有物ノ所持ノ喪失ハ當然占有權ノ消滅ヲ來スト爲ス其後世ニ於テハ之ヲ以テ其消滅原因ト爲サス却テ本人カ物ニ關シテ支配スヘキ位置ヲ失ヒタルトキニ於テ始メテ其占有權ヲ消滅スト爲ス（「デルンブルヒ」第卷四二五頁）是占有ヲ事實トシ本人占有ト代理占有ノ區別ヲ認メス代理占有モ本人占有モ共ニ本人ノミカ占有意思ト所持トヲ有スルモノト爲スニ因ル

我民法ハ占有ヲ權利ナリトシ本人占有ト代理占有トノ區別ヲ認メ代理占有ニ在リテハ占有物ノ所持ハ代理人之ヲ有シ占有意思ノミニ付テ本人及ヒ代理人カ共同スルモノトセリ

代理占有ハ代理權ノ消滅ノミニ因リテ消滅セス（二〇四、二項）蓋代理權ノ消滅カ直

ニ代理占有ヲ消滅セシムルモノトセハ本人ハ之ニ因リテ不知ノ間ニ占有權ヲ消滅セシメ占有ノ中斷ヲ生シ占有ノ保護ヲ不備ナラシムルノ虞アレハナリ例之本人カ代理人ノ死亡ヲ知ラサル場合ノ如シ故ニ代理占有ノ消滅原因ハ第二百四條第一項ニ定ムル場合ニ限ル

第四 代理占有ノ消滅事由如左(二〇四)

一 本人カ代理人ヲシテ占有ヲ爲サシムル意思ヲ拋棄シタルトキ　此意思ハ代理占有ノ場合ニ於ケル占有權存續ニ必要ナル一要件ナレハナリ

二 代理人カ本人ニ對シ爾後自己又ハ第三者ノ爲ニ占有物ヲ所持スヘキ意思ヲ表示シタルトキ　代理人ノ意思ハ本人ト代理人トニ分屬スル占有ノ要素ヲ連結スルモノナルニ此場合ニ於テハ其連結ヲ解クモノナレハナリ然レトモ代理人カ隨意ニ其意思ヲ變シ本人ヲシテ不知ノ間ニ占有權ヲ失ハシムルハ酷ナルヲ以テ其意思ノ變更ハ之ヲ本人ニ對シテ表示セシムルコトトセリ是本人ヲシテ其權利ヲ保護スルノ機會ヲ得セシメンカ爲ナリ

三　代理人カ占有物ノ所持ヲ失ヒタルトキ　殆言フヲ須ヒス

占有權ハ代理權ノ消滅ノミニ因リテ消滅セス（二〇四、二項）是理論ヲ枉ケテ占有者ヲ保護スル規定ナリ蓋理論上ニ於テハ代理權カ消滅スルトキハ代理人ナク代理人ナケレハ代理占有ナク代理占有ナケレハ本人ノ占有權ハ消滅スルハ當然ナレハナリ

第五

代理占有ノ場合ニ於ケル占有權消滅ノ原因三アリ第二百四條一項一號二號三號ノ場合是ナリ

第二百四條一項二號ノ場合ト異ニシテ代理人カ單ニ本人ノ爲ニ占有ヲ爲スノ意思ヲ絕チ爰ニ絕對ニ占有ノ意思ヲ失フトキハ如何本人ハ敢テ占有ヲ失フコトナシ蓋法律ハ代理人カ代理權ヲ失ヒタルトキト雖尙代理占有ハ消滅セサルモノト爲ス況依然代理人ニシテ而モ占有ノ意思ヲ絕チ因テ以テ本人ノ占有ヲ失ハシムルカ如キヲヤ

占有權ハ代理權ノ消滅ノミニ因リテ消滅セス（二〇四、二項）蓋代理權消滅セハ代理

人又ハ其相續人ハ物ノ占有ヲ本人又ハ其相續人ニ返還セサルヘカラス其占有ヲ返還センニハ必返還ノ時マテ之ヲ繼續セサルヘカラス故ニ本人又ハ其相續人ハ間接ニ物ニ對スル權力ヲ失ハサルコト恰代理權消滅前ト異ルコトナケレハナリ若此場合ニ於テ占有權消滅スルモノトセハ占有ハ中斷セラレ動モスレハ時效ノ利益ヲ受クルコト能ハサルヘシ

第二百四條一項二號ノ規定ト第百八十五條トノ關係後者ハ狹義ノ容假占有者即自己ノ爲ニ占有ヲ爲スト同時ニ他人ノ爲ニ占有ヲ爲ス者ノミニ關シ前者ハ汎ク一切ノ代理占有者即廣義ノ容假占有者ニ關スルモノナリ故ニ狹義ノ容假占有者ニ付テハ先ツ後者ヲ適用シ後者ニ規定セサル事項ニ付テノミ前者ヲ適用スヘク純然タル代理占有者即全ク他人ノ爲ニノミ占有ヲ爲ス者ニ付テハ前者ノミヲ適用スヘキモノトス

故ニ純然タル代理占有者カ自己ノ爲ニ占有ヲ爲サント欲スルトキハ唯其意思ヲ本人ニ表示スルノ一方アルノミ故ニ新權原ニ因リ占有ヲ取得シタル場合ト雖必其意思ヲ本人ニ表示スルニ非サレハ本人ハ其占有ヲ失フコトナク

随テ代理占有者ハ未占有者ト爲ラサルヘシ

然レトモ後者ハ容假占有者カ他人ノ爲ニ占有セシ權利ヲ自己ノ爲ニ占有セント欲スル場合ニ關スルノミニシテ第三者ノ爲ニ之ヲ占有セント欲スル場合ニ關セサルカ故ニ此場合ニ付テハ前者ヲ純然タル代理占有者ニモ狹義ノ容假占有者ニモ適用セサルヘカラス即兩者皆其意思ヲ本人ニ表示スヘク假令新權原ニ因リ第三者ノ爲ニ占有ヲ始ムル場合ト雖其意思ヲ本人ニ表示スルマテハ本人ハ未其占有ヲ喪ハス随テ第三者ハ未占有ヲ取得セサルヘキナ

第三節　占有權ノ變更

第一

占有者ハ其瑕疵ノ洗滌ニ因リ又ハ其瑕疵ノ感染ニ因リテ占有權ノ性質ヲ變更セシムルコトアリ之ヲ占有ノ變更ト稱ス(Besitzumwandelung)廣義ノ瑕疵占有ハ他主占有、惡意占有、强暴占有、隱秘占有及ヒ過失占有トス又占有ノ變性ハ遡

及力ナキヲ原則トス

一　他主占有　所有ノ意思ヲ補充シテ自主占有ト爲ル然レトモ占有者ハ自己ノ決意ノミヲ以テ占有ヲ變更セシムルコトヲ得ス又占有ノ變質ハ權利ノ消長ニ重大ノ關係ヲ有シ論爭ノ原因ト爲ルカ故ニ我民法ハ占有ヲ變質セシムル方法ヲ限定シ意思表示及ヒ權原ノ更新ノ二ト爲ス（一八五佛二二三八）

甲　意思表示　次ノ二點ニ注意スルコトヲ要ス

子　占有者カ所有意思アルコトヲ示ササル權限ニ基キテ占有スルコトヲ要ス例之賃借人又ハ質權者ノ占有ノ如シ

丑　相手方カ占有者ニ占有ヲ爲サシメタル者ナルコトヲ要ス但相手方ハ所有者ナルコトアリ然ラサルコトアリ若相手方ヲ所有者ニ限定センカ所有者不明ノ爲ニ他主占有者カ其占有ヲ自主占有ニ變更スルコト能ハサルノ結果ヲ生ス

乙　權原ノ變更　次ノ二點ニ注意スルコトヲ要ス

子　所有意思アルコトヲ示ササル權原カ之ヲ示ス權原ニ變更セラレタ

ルコトヲ要ス此變更ハ占有者ト占有ヲ爲サシメタル者トノ間ニ行ハレ或ハ占有者ト第三者トノ間ニ行ハル例之賃借人カ所有者タル賃貸人ヨリ賃借物ヲ讓受ケ或ハ轉借人カ所有者タル第三者ヨリ轉借物ヲ讓受ケタルトキノ如シ後ノ場合ニ於テ占有者カ占有ヲ爲サシメタル者ニ對シ爾後所有意思ヲ以テ占有スル旨ヲ表示セサルトキハ其占有ハ隱秘占有ト爲ルコトアリ

四 占有者カ新權原ニ因リ所有ノ意思ヲ以テ占有ヲ始ムルコトヲ要ス自主占有ハ之ヲ他主占有ニ變更スルコトヲ得例之所有者カ其所有物ヲ他人ニ讓渡シ同時ニ賃借人トシテ之ヲ占有スルトキノ如シ

二 惡意占有 占有者カ爾後占有ヲ爲ス權利アリトノ確信ヲ有スルニ至リタルトキニ善意占有ニ變質ス

占有者カ占有ヲ爲ス權利ヲ有スルニ拘ラス占有ヲ爲ス權利ナシト誤信シテ占有ヲ爲シタルトキハ其占有ハ惡意ノ占有ニ非サルヲ以テ爾後占有者カ占有ヲ爲ス權利アルコトヲ確信スルニ至リタルカ爲ニ占有ノ性質ニ何

等ノ變更ヲ及ホスコトナシ
善意占有ハ占有者カ爾後裁判上又ハ裁判外ニ於テ占有ヲ爲ス權利アリト
ノ確信ヲ有セサルニ至リタルトキニ惡意占有ニ變質ス又此占有ハ占有者
カ本權ノ訴ニ於テ敗訴シタルトキハ其起訴ノ時ヨリ惡意占有ト看做サル
(一八九、二項)

三 強暴占有　占有者カ暴行又ハ強迫ニ依ラスシテ其占有ヲ保持スルニ至
リタルトキニ平穩占有ニ變シ敢テ占有權原ヲ變更シ又ハ一旦占有物ヲ前
占有者ニ返還スルコトヲ要セス(佛二二二九、二二三三)
平穩占有ハ占有者カ之ヲ保持スルカ爲ニ強暴ヲ用ヒタルトキニ強暴占有
ニ變ス故ニ占有者カ其占有ヲ保持スルニ必要ナル手段ヲ用ヒタルカ爲ニ
直ニ強暴ノ占有ニ變スルモノニ非ス

四 隱秘占有　占有者カ其占有ヲ保持スルカ爲ニ隱秘ノ行爲ヲ止メタル時
ニ公然占有ニ變ス
公然ノ占有ハ占有者カ其占有ヲ保持スルカ爲ニ隱秘ノ行爲ヲ爲シタル時

ニ隱秘占有ニ變ス

五　過失占有　占有者カ爾後新權原ニ基キテ占有ヲ繼續シ且其當時過失ナクシテ占有ヲ繼續スル權利アリト確信シタルトキニ無過失占有ニ變更ス無過失占有ハ占有者カ爾後新權原ニ基キテ占有ヲ繼續シ且、其當時過失ニ依リテ占有ヲ繼續スル權利アリト確信シタルトキニ過失占有ト爲ル

物權法　横田博士

第二

占有權ハ其體樣效力ニ變更ヲ來スコトアリ例之瑕疵占有カ無瑕疵占有ニ無瑕疵占有カ瑕疵占有ニ變シ又ハ本人占有カ代理占有ニ代理占有カ本人占有ニ變スルカ如シ瑕疵ノ消滅變更ニ依ル占有權ノ變更如左

一　容假占有ハ左ノ場合ニ於テ自主占有ニ變ス

甲　占有者カ自己ニ占有ヲ爲サシメタル者ニ對シテ所有ノ意思ヲ表示シタルトキ(一八五前段)　此場合ニ本人ニ對スル意思表示ヲ必要トスルハ本人ノ利益ヲ保護スルカ爲ナリ若、單ニ其意思ノ變更ノミヲ以テ足レリトスルトキハ本人ハ不知ノ間ニ占有權ヲ失ヒ不測ノ損害ヲ被ムルノ危險ア

ルヲ以テナリ但意思表示ヲ爲スノミヲ以テ足リ其者ノ所有者ナルト否トヲ問ハス

乙　占有者カ新權原即物ノ所有權ヲ移轉スヘキ法律上ノ原因ニ基キ新ニ自主占有ヲ始メタルトキ(一八五後段)其原因ハ本人トノ關係ニ於テ生シタルト第三者トノ關係ニ於テ生シタルトヲ問ハス但新權原ハ眞正ノモノタルコトヲ要ス假裝ノ權原ハ此效果ヲ生セス然レトモ新權原カ眞正ナル以上ハ占有者ノ意思ノ善惡ハ之ヲ問フノ必要ナシ此場合ニ於テハ前項ノ場合ト異リ意思ノ變更ハ本人ニ對シテ之ヲ表示スルコトヲ要セス蓋意思ノ變更ニ付キ法律上正當ノ原因ヲ有スル以上ハ其利益ニ於テ自主占有ニ變更スルノ效果ヲ生セシムルハ毫モ不可ナケレハナリ相續ハ所有權移轉ノ原因タルカ如シト雖被相續人ト相續人トハ法律上同一人ト看做サルルニ因リ相續ハ所有權移轉ニ關スル權原中ニ加ヘサルヲ可トス從來ノ定説亦然リ

自主占有ハ占有者カ自己ノ爲ニ所有スルノ意思ヲ拋棄シ他人ノ爲ニ占有

スルノ意思ヲ表示スルニ因リテ容假占有ニ變ス

二　隱秘ノ瑕疵ハ占有物ニ關スル實力ノ行使カ公然（即、外形上ノ行爲ニ現ハレ利害關係人ニ於テ之ヲ認知シ得ヘキトキ）トナルニ因リテ消滅ス從テ公然ノ占有ニ變ス

公然占有ハ實力ノ行使ヲ秘シテ之ヲ外形上ノ行爲ニ現ハササルニ因リテ隱秘占有ニ變ス

三　強暴ノ瑕疵ハ占有者カ暴行又ハ強迫ヲ用ヒスシテ占有物ノ上ニ實力ヲ行使シ得ルニ至リタルトキハ消滅スルモノトス從テ平穩占有ニ變ス

平穩占有ハ之ヲ維持スルニ私力ヲ以テスルモ爲ニ強暴占有ニ變スルコトナシ私力ノ行使カ法律ニ許サレタル自衛權ノ範圍外ニ逸出スルトキハ強暴占有ニ變ス

四　善意占有ハ左ノ場合ニ於テ惡意占有ニ變ス

甲　善意ノ占有者カ其權原ノ瑕疵即、物ヲ占有スルノ權利ナキコトヲ發見シタルトキ

乙　占有者カ本權ノ訴（本卷二編六章七節參照）ニ於テ敗訴シタルトキ　此場合ニ於テ

ハ起訴ノ當時ヨリ惡意ノ占有者ト爲ル蓋占有物ニ關シテ本權ノ訴カ提起セラレタルトキハ占有者ハ其訴ニ於テ敗訴スルコトアルヘキヲ豫期セサルヘカラス訴訟ノ結果其敗訴ニ歸シタルトキハ訴訟提起ノ時ニ遡リ惡意ノ占有者トシテ果實ノ返還並ニ目的物ノ滅失、毀損ニ付キ其責ニ任セシムルモノト爲スモ之ヲシテ不測ノ損害ヲ被ラシムルモノニ非ス加之此場合ニ於テモ占有者ノ意思狀態ノミニ著眼シ占有者ニシテ苟、善意ナル限リハ法律ノ保護ヲ受クルモノトセハ訴訟中、其收取シタル果實ハ之ヲ返還スルコトヲ要セス又故意過失ニ因リテ目的物ヲ滅失、毀損シタルトキト雖之ニ對シテ何等ノ責ニ任スルヲ要セサルコトト爲リ占有者ハ訴訟終結ノ遲延ニ因リテ不正ノ利益ヲ得、眞正ノ權利者ハ勝ヲ其訴訟ニ制スルモ結局回復ノ目的ヲ達スルコトヲ得スシテ損害ヲ生スルノ結果ヲ生シ極メテ不公平ナレハナリ

惡意占有ハ占有者カ後ニ至リ其占有ノ正當ノ權利ニ基クコトヲ信スルニ因リ善意占有ニ變ス

五　過失占有ハ占有者カ新權根ニ基キ過失ナクシテ新ニ占有ヲ始ムルト同時ニ無過失占有ニ變ス

民法理由 岡松博士

第三

所有ノ意思ノ有無ハ占有ノ效果ニ重大ナル影響アルヲ以テ占有カ其性質ヲ變スヘキ時期ハ之ヲ究メサルヘカラス而シテ單純ナル所持者及ヒ間接占有者カ自主占有者ト異ル所ハ其意思ニ在ルヲ以テ若是等ノ者カ何時ニテモ其意思ヲ變シ自己ノ爲ニ所有スルノ意思ト爲リタルトキハ直ニ占有ハ其性質ヲ變シ自主占有トナルヲ原則トス然レトモ此原則ヲ無制限ニ適用スルトキハ弊害尠カラサルヲ以テ此原則ヲ制限シ權原即法律行爲ノ性質上所有ノ意思ナシトスル場合即所有權移轉ノ效果ナキ法律行爲ニ因リテ占有權ヲ得タル場合ニハ占有カ其性質ヲ變スヘキ場合二アリ如左

一　自己ニ占有ヲ爲サシメタル者ニ對シ所有ノ意思アルコトヲ表示（明示默示ニテ）シタル場合　自己ニ占有ヲ爲サシメタル者カ眞ノ所有者ナルヤ否ヤヲ問ハス故ニ占有ヲ爲サシメタル者カ眞ノ所有者ニ非スト雖其者ニ意思表示

ヲ爲シタルトキハ眞所有者ニ對シテモ效力アリ但其者カ數人アルトキハ其各自ニ對シテ意思表示ヲ爲スヘシ然ラサレハ意思表示ヲ爲シタル者ニ對スルノ外ハ效力ナシ

二　新權原即所有ノ意思アルモノト認ムヘキ新ナル法律行爲ニ因リ更ニ所有ノ意思ヲ以テ占有ヲ始メタル場合　其權原ノ變更ハ自己ニ占有ヲ爲サシメタル者自身（例之賃借人カ賃貸人ヨリ買受クルカ如シ）又ハ第三者（例之非所有者ヨリ寄託チ受ケタル者カ所有者ヨリ買受クルカ如シ）ヨリ出ルヲ問ハス

故ニ權原ノ性質上占有者ニ所有ノ意思ナキモノトスル場合ノ外ハ單純ナル意思ノ變更ニ依リ占有ハ其性質ヲ變ス

所謂「占有者」ハ占有權ヲ有スル者ニ限ル故ニ單ニ物ノ所持ヲ有スル者例之雇人、代理人ノ如キハ其所持ニ付キ所有ノ意思ヲ有シタルトキヨリ直ニ其所持ハ性質ヲ變シ自主占有ト爲ルヘク第百八十五條ノ條件ヲ要セス

第四　占有カ其性質ヲ變スル場合二アリ（一八五）如左

一　占有者カ自己ニ占有ヲ爲サシメタル者ニ對シ所有ノ意思アルコトヲ表示スルコト　其意思ヲ表示セシムルハ占有ヲ爲サレメタル者ヲ保護センカ爲ニシテ不知ノ間ニ所有權ヲ失ハサラシメンカ爲ナリ

占有ヲ爲サシメタル者ハ所有權者ナルト他物權者ナルト又是等ノ者カ眞正ナル權利者ナルト否トヲ問ハサルナリ蓋自己ノ所有者ナリト信スル者ハ即時取得若クハ十年ノ取得時效ニ因リテ其物ノ所有權ヲ取得シ得ヘク自所有者ニ非サルコトヲ知ル者モ苟所有ノ意思アルニ於テハ二十年ノ取得時效ニ因リテ所有權ヲ取得シ得ヘシ故ニ此等ノ者モ占有ノ變質ヲ知ルニ於テ重大ナル利害ノ關係ヲ有スレハナリ又他物權者ハ占有者ヨリ所有意思ノ通知ヲ受ケタルトキハ或ハ自之ニ異議ヲ述フヘク或ハ之ヲ眞ノ所有者ニ通知スヘキモノトス若其通知ヲ怠リタルトキハ所有者ニ對シテ賠償ノ責ニ任スヘキナリ

二　新權原即權利ヲ取得シ若クハ之ヲ移轉セントスル事實又ハ行爲ニ因リ更ニ所有ノ意思ヲ以テ占有ヲ始ムルコト　例之質權者カ其質物ヲ賣買又

ハ贈與ニ因リテ取得スルカ如シ然レトモ必シモ眞ノ所有者ヨリ之ヲ取得スルヲ要セス質權者カ質物ノ所有者ニ非サル質置主ヲ所有者ナリト信シテ其者ヨリ質物ヲ買フモ占有ハ其性質ヲ變スヘク又質置主以外ノ者カ所有者ナリト稱シテ質物ヲ賣ラントスルトキ質權者其言ヲ信シテ之ヲ買フモ亦占有ノ性質ヲ變スルコトヲ得(問題四一參照)

蓋權原ノ性質上所有ノ意思ナキ占有者(例之借主受寄者等)ノ占有ヲシテ妄ニ所有ノ意思アル占有ニ變セシムルトキハ借主受寄者等ハ貸主寄託者等ノ信用ニ背キ其不知ノ間ニ隨意ニ其性質ヲ變シ取得時效ノ利益ヲ得ントスルヲ以テナリ第百八十五條ハ第二百四條一項二號ト同一精神ニ出ツルモノトス」若夫所有權以外ノ財産權ニ關シテハ占有者ハ隨意ニ其占有ノ性質ヲ變スルコトヲ得トノ解釋ヲ生セン蓋第百十五條ノ解釋トシテハ止ヲ得サルナリ例之質權者トシテノ占有ヲ變シテ地上權者ノ占有ト爲スカ如シ

第五

容假ノ占有(possession précaire unvollständinger Besitz)即所謂代理占有ニハ二ノ場

合アリ如左

一 通常ノ代理占有 此場合ニ於テハ代理人ハ占有者ニ非ス

二 代理人カ同時ニ自己ノ爲ニ占有ヲ爲ス場合 即、占有者カ自己ノ爲ニ占有物ノ上ニ或權利ヲ行使スルト同時ニ又他人ノ爲ニ或他ノ權利ヲ行使スル場合ナリ例之地上權者ハ其地上權ヨリ觀察スレハ純然タル占有者ナレトモ所有權ヨリ觀察スレハ代理占有者ナルカ如シ若、夫地上權者ハ其建物ヲ他人ニ貸與シ永小作人カ土地ヲ他人ニ轉貸シタル場合ニ於テハ同一土地ニ付キ占有者同時ニ三人存スヘキナリ

此等ノ場合ニ於テ其意思ノ變更ト共ニ占有モ亦其性質ヲ變更スヘキモノトセンカ所有者其他所有權ヲ行使スル者ノ信任ニ背キ占有ノ一切ノ利益ハ皆所有者又ハ所有者タル意思ヲ有スル者ニ歸セスシテ容假ノ占有者ニ歸スルニ至リ其弊ニ耐ヘサルヘシ故ニ占有カ其性質ヲ變スル爲ニハ(一)ノ場合ニハ第二百四條一項二號ヲ適用シ(二)ノ場合ニハ第百八十五條ヲ適用ス

第五章　占有ニ關スル事實ノ推定

民法論 松岡學士

第一　(松岡學士民法論ニ於テハ適法ノ推定ト繼續ノ推定トヲ一所ニ説明セラレタルモ本書ハ編纂上繼續ノ推定ヲ分割シテ之ヲ本章中ニ收メタリ)

繼續ノ推定トハ(一八六、二項)占有ノ繼續ニ付キ立證責任ヲ負フ占有者ノ利益保護ノ法意ニ出ツ蓋、占有ノ繼續ハ時效ノ完成、果實ノ收取等ニ重大ノ關係ヲ有スルモ此立證ハ實際上頗難シ而シテ前後兩時ニ於テ占有ヲ爲シタル證據アルトキハ其間占有ノ繼續アルヲ通常ノ狀態トスレハナリ

物權法 横田博士

第二

何人ト雖自己ノ利益ニ於テ或事實ノ存在ヲ主張スル者ハ其事實ヲ立證スルノ責任アリ是證據法ノ原則ナリ然レトモ此原則ヲ絕對的ニ占有ニ適用センカ占有權者ハ多クノ場合ニ於テ其主張事實ノ證明ヲ爲ス能ハサルカ爲終ニ其占有ヨリ生スル利益ヲ享受スルコトヲ得サルニ至ルヘシ茲ニ於テ法律ハ占有者ノ爲ニ諸般ノ推定ヲ設ケタリ(一八六一)如左

一　占有者ハ所有ノ意思ヲ以テ占有スルモノト推定ス　所有ノ意思ハ物ノ

占有ニ付テノ最高度ノ意思ナリ法律カ既ニ此意思ノ存在ヲ推定スル以上ハ之ヨリ低度ノ意思（容假意思）ハ之ヲ推測セサルヘカラサルコト勿論ナリ

二　占有者ハ善意、平穏且公然ニ占有ヲ為スモノト推定ス其占有ハ繼續シタルモノト推定ス

以上ノ推定ハ皆實際的生活ニ於ケル普通ノ經驗ヲ基礎トシタルモノナリ占有者ハ所有ノ意思ナク惡意、強暴且、隱秘ニ占有ヲ為スハ例外ニ屬スルヲ以テナリ然レトモ此推定ハ占有者ノ擧證責任ヲ免除シタルノミ故ニ反對事實ヲ主張スル者ハ各種ノ證據方法ニ依リ此推定ヲ覆スコトヲ得

要之占有者カ物ヲ所持スルノ事實即、自然ノ占有ヲ擧證シ得タルトキハ完全無缺ノ占有者ナリト推定セラル但無過失ハ我民法ノ推定セサル所ナリ

民法理由　岡松博士

第三

占有ニ關スル諸種ノ事實ハ往々證明ニ困難ナルモノアリ其證明ヲ俟ツテ保護ヲ加フルニ於テハ之カ保護ヲ全フスル能ハサルノ憾アリ故ニ法律ハ事實ノ常態ニ基キ四種ノ推定ヲ設ケタリ（一六―一八）如左

自主ノ推定、善意（權原ノ瑕疵ヲ知ラサリシコトノ）ノ推定無瑕疵ノ推定、繼續ノ推定是ナリ然レトモ是等ハ皆單純ノ推定ニ過キサルヲ以テ之ニ對シ反證ヲ許スコト勿論ナリ

無過失ニ付テハ推定ヲ設ケス蓋無過失ノ事實ハ證明容易ナレハナリ

第四

占有者ハ五個ノ推定ヲ受ク（一八六、一八八）是皆事ノ常態ヲ推定スルモノナリ如左

一　所有ノ意思ヲ以テ占有ヲ爲スコト　條理上適當ノ推定ナリトス蓋所有權ハ物ニ關スル最大ノ權利ナルヲ以テ眞ノ所有者ハ此推定ニ因リテ當然ノ保護ヲ受クヘク所有權以外ノ本權ヲ有シテ物ヲ占有スル者ハ此推定ニ因リテ何等ノ損害ヲモ被ルコトナケレハナリ

二　善意ニ占有ヲ爲スコト　善意トハ不知ノ如キ意味ヲ有シ自己ニ權利アリト信スルカ若クハ少クトモ他人ノ權利ニ非サルコトヲ信用スルナリ

三　平穩ニ占有ヲ爲スコト　平穩トハ暴行脅迫等ノ事ナキ有樣ヲ言フ（格言惡事ハ之ヲ推定セス）

四　公然ニ占有ヲ爲スコト　公然ハ隱密ニ對スル物ノ所持ヲ外部ニ發表シテ之ヲ何人ニモ知ラシムル有樣ニアルヲ言フ

五　繼續シテ占有ヲ爲スコト　證據法ニ所謂兩極ヲ證明スルトキハ中間ハ之ヲ推定ストノ格言ノ適用ニ外ナラス此推定ノ利益ハ主トシテ取得時效(占有ノ一、買一六二)ノ規定ヲ適用スル場合ニアリトス依是觀之此推定ハ占有者ニ取リテ頗大ナル利益ト言フヘシ此外尚占有者ハ占有繼續ノ推定ニ因リテ或ハ果實ノ取得ニ關シ或ハ占有訴權ニ關シテ利益ヲ受クル所多シ加之權利ノ存續ニ占有ヲ必要トスル總テノ物權ニ關シテ占有者ニ利益アルモノトス例之旅店ノ主人カ宿泊料ニ關シテ旅客ノ手荷物上ニ有スル留置權ハ旅客カ一旦其手荷物ヲ他ニ持チ去ルニ因リテ之ヲ喪失スルモ後再同一手荷物ノ占有ヲ得ルトキハ之ヲ喪失セサルカ如シ(「ホワルトン」旅店法)

此等ノ推定ハ占有者ニ取リテハ非常ノ利益ナリ(一六二、二項一九二參照)蓋反對ヲ主張スル者カ若眞ノ權利者ニ非サルカ又ハ眞ノ權利者ナルモ其權利ヲ證明スルコトヲ得サルトキハ占有者ハ法律上權利者トナレハナリ但無過失ヲ推定セサ

ルハ當然言ヲ待タサルニ由ル人ニ惡心アリ又ハ過失アリトハ何レノ國法ニ於テモ推定セス明文ナクトモ惡心ナク又過失ナキヲ推定ス

第五

占有ノ性質ニハ種種アリ即(一)所有ノ意思ヲ以テスル占有及ヒ所有ノ意思ヲ以テセサル占有(二)善意占有及ヒ惡意占有(三)平穩占有及ヒ强暴占有(四)公然占有及ヒ穩秘占有(五)繼續占有及ヒ不繼續占有ノ類是ナリ而シテ其性質ニ依リ法律ノ保護自同シカラサルモノアリ然ルニ實際ニ於テハ占有カ果シテ如何ナル性質ヲ有スルカハ之ヲ證明シ難キコト多シ是第百八十七條ノ推定アル所以ナリ法律カ此推定ヲ爲セルハ最普通ノ場合ヲ以テ假ニ事實ト爲シタルモノナリ但一應ノ推定(Præsumptio, Présomption, uermuthung)ニ止マルカ故ニ反對ノ證據ヲ以テ此推定ヲ擊破スルコトヲ得

第六章　占有權ノ效力

民法理由
岡松博士

第一

占有ヲ以テ事實トスルノ學者ハ占有ハ事實ニシテ之ヨリ生スル利益ヲ以テ占有ノ效果タル權利トス我民法ハ占有ハ一種ノ權利ト認ムルヲ以テ之ヨリ生スル利益ハ權利ノ效力ニ外ナラス我民法ニ於テ認ムル所ノ占有ノ效力如左（「ウインドシャイド」一四八節「サビニー」二九節「ランダ」六節）

一　占有者ハ適法ノ權利者ト推定セラル

二　占有者ハ果實ヲ取得ス

三　占有者ハ時效ノ利益ヲ受ク

四　占有者ハ動産上ノ權利ヲ取得ス

五　占有者ハ占有回復ノ場合ニ損害賠償ヲ請求スルコトヲ得

六　占有者ハ占有訴權ヲ有ス

民法正解

第二

占有權ノ效力トハ占有者カ法律上受クル利益ニシテ占有者ノ權利ト謂フニ等シ其權利凡ソ四アリ第百八十八條、第百八十九條、第百九十二條及ヒ第百九十七條ニ規定スルモノ是ナリ此他時效ニ因ル權利ノ取得、物ヲ留置シ又ハ質取シテ債權ノ辨濟ニ充ツルモ亦然リ

第一節　適法ノ推定

第一

占有者カ其占有物上ニ行使スル權利ハ之ヲ適法ニ有スルモノト推定ス（一八八）

蓋權利者カ目的物上ニ權利ヲ行使スルハ通常ノ狀態ニシテ無權利者カ之ヲ行使スルハ異常ノ狀態ナレハナリ是ヲ以テ

一　各種ノ占有者殊ニ所有權、質權又ハ賃借權ヲ行使スル者ハ此推定ヲ受クルニ從テ本權ノ訴ニ於テ相手方カ占有ノ基本タル權利ナキ反證ヲ擧クル責任ヲ負フ

二　各種ノ占有者ハ其行使スル權利ノ侵害者ニ對シ損害賠償ノ訴ヲ提起ス

ルコトヲ得

三　他人ノ物ヲ偶然所持シタル第三者ハ之ヲ最後ノ占有者ニ返還スヘキ義務ヲ負フ

物權法　横田博士

第二　法律ハ占有者カ占有物ノ上ニ現ニ行使スル所ノ權利ハ適法ノ原因アリテ正當ニ之ヲ有スルモノト推定ス（一八八）蓋、權利アリテ之ヲ行フヲ普通ノ狀態トシ權利ナクシテ之ヲ行フハ例外ノ事實ナルヲ以テナリ此規定ノ結果本權ノ訴ニ於テ實體權ノ有無カ爭ノ目的トナリタル場合ニ占有者ハ之ヲ證明スルノ要ナク相手方ニ於テ其反證ヲ提出スルノ責アリ是占有者ノ一大利益ナリ

民法理由　岡松博士

第三　占有者カ占有物上ニ行使スル權利ハ物權ト債權トヲ問ハス（占有權所有權質權地上權賃借權使用借權受寄者ノ權等）之ヲ適法ニ有スルモノト推定ス（一八八）蓋、凡ソ權利ヲ行使スル者ハ實際其權利ヲ有スルヲ常態トシ實際ノ權利ナクシテ之ヲ行使スルハ最、變態ニ屬スルヲ以テナリ

此推定ノ結果占有者ハ自主ナルト容假ナルト善意ナルト惡意ナルト瑕疵アルト否トヲ問ハス本權ノ訴ニ於テハ常ニ被告ノ地位ニ立ツ何トナレハ必、相手方カ原告ト爲リテ權利者ニ非サルノ證據ヲ擧ケサルヘカラサレハナリ而シテ被告ノ地位ニ立ツハ至大ノ利益ナリ自、進ンテ適法ノ權利者タルコトヲ證明スルハ難ク而モ自、進ンテ之ヲ證明スルノ必要ナケレハナリ

民法正解

第四

占有者カ占有物ノ上ニ行使スル權利ハ之ヲ適法ニ有スルモノト推定セラル（一八八）是、事ノ常態ヲ推定スルモノナリ所謂行使スル權利トハ賃借權質權所有權等ヲ指ス占有權モ亦之ヲ除外スルモノニ非ス

第百八十六條ノ推定ハ既ニ完全ニ存スル占有權ノ效力ニ關スルモノト見ルヨリモ寧、占有權ノ性質ニ關シ即、占有權自體ニ關スル推定ト見ルヘキモノノ如シ第百八十八條ノ推定ハ然ラス既ニ占有權アリトシテノ推定ナリ

民法要義 梅博士

第五

占有者ハ權利ノ推定ヲ受ク（一八八）蓋大多數ノ場合ニ於テハ占有者ハ其行使ス

ル權利ヲ有スル者ナレハナリ此推定ノ最、重ナル適用ハ所有權ニ付キ爭アル場合ニ於テ占有者ハ自己先ツ所有者タルノ證明ヲ爲スコトヲ要セサルニ在リ但原告ト爲リテ所有權確認ノ訴ヲ提起スル場合ト雖尚此推定アルヘキナリ

第二節　果實ノ取得

第一

善意ノ占有者ハ占有ノ效力トシテ其占有物ノ果實ヲ取得ス（一八九）

一　理由　果實ハ元物ノ所有者又ハ元物ヲ收益スル權利者（二七〇、五九三、三六〇）ニ屬ス故ニ惡意ノ占有者ハ其收取シタル果實ヲ取得スルコトヲ得サルハ當然ナリ善意ノ占有者カ收取シタル果實ヲ取得スルコトヲ得ル理由如左

善意ノ占有者カ其占有物ヨリ分離シタル果實ノ所有權ヲ取得シ唯所有權回復ノ訴ヲ受ケタル當時ニ現存スル果實ヲ返還スヘキ債務ヲ負フノミノ見解ハ羅馬法ノ正當ナル解釋ナリ

獨國ニ在リテハ元來占有物ノ果實ハ占有者カ其占有物ノ耕作及ヒ管理ヲ爲シタルカ爲ニ生シタル物ナルヲ以テ之ヲ占有者ノ所有トスト謂フニ在リテ其觀念ハ加工ニ因ル所有權ノ取得ニ酷似セリ(「デルンブルグ」「ベンデクテン」二〇五)

佛國ニ在リテハ元來占有物ノ果實ハ其善意占有者カ之ヲ消費スルヲ通例トス故ニ永年間收取シタル果實ノ返還ヲ强ユルハ是善意ノ占有者ヲ零落セシムルモノナリ又善意ノ占有者ハ其占有物カ自己ノ權利ニ屬セサルコトヲ知ラサルカ故ニ之ヲ責ムルノ事由ナシト雖眞正ノ所有者ハ其目的物ヲ他人ノ占有ニ委シ之ヲ等閑ニ付シタルヲ以テ怠慢ノ責アリト謂フニ在リテ其觀念ハ善意占有者ニ其豫期セサル不利益ヲ避ケシムルニ他ナラス(「プラニオール」「ボードリ」等)

我民法ニ於テハ其理由後者ニ在リテ前者ニ在ラス蓋前者ハ果實ノ取得ヲ以テ勞働ノ報酬ト爲ス獨逸古代法(Wer Sölt der mähet)ノ法則ニ拘泥シテ羅馬法ヲ曲解シタル僻見ナリ又善意ノ占有者カ平原ノ草木ノ如キ人工ヲ要セスシテ生スル果實ヲ取得スル所以ヲ説明スルコトヲ得ス且惡意ノ占有

者カ相當ノ注意及ヒ人工ヲ加ヘテ產出シタル果實ヲ取得スルコトヲ得サル所以ヲ說明スルコトヲ得サレハナリ

二　善意ノ占有者ハ占有物ノ果實ヲ取得スル各權利者即所有者質權者、賃借人等ニ優先ス（一八九、一項）

善意ノ占有者カ果實ヲ取得スルニハ

甲　公然且平穩ノ占有者ナルコトヲ要ス　蓋隱秘又ハ强暴ニ因ル占有者ハ不法行爲者ナルヲ以テ之ニ利益ヲ享有セシムヘカラサレハナリ然レトモ

子　之ヲ所有ノ意思アル占有者又ハ用益的占有者ニ限定スヘカラス占有物ノ果實ヲ收取スルコトヲ得ヘキ權利ノ行使者ハ其果實ヲ取得ス故ニ不動產ノ質權又ハ不動產ノ賃借權ヲ行使スル善意占有者ハ其占有物ノ果實ヲ取得ス（三五六、六〇一）又過失アル占有者ヲ除外スヘカラス是第百八十九條一項ニ於テ單ニ「善意」ト規定スルニ止ル所以ナリ

丑　果實分離ノ各時期ニ於テ惡意、强暴又ハ隱秘ノ占有者ニ非サルコト

ヲ要シ(八九)元物ノ占有ヲ始ムル當時善意、平穩且公然タルヲ以テ足レリトセス蓋、果實ノ取得ハ各獨立セル事實ナルヲ以テナリ(「オーブリ」「デルンブルグ」「クロメー」等民法論)又取得ノ當時善意ニ非サレハ權利者トシテ其果實消費ノ意思ナキヲ以テ之ヲ取得セシムルノ必要ナシ

寅　果實カ其元物ト分離スル當時占有者カ惡意、強暴又ハ隱秘ナルヤ否ヤニ付キ爭アルトキハ相手方ハ其積極ノ事實ヲ立證セサルヘカラス

乙　果實カ其占有物ヨリ分離スルコトヲ要ス　蓋果實ハ其元物ヨリ分離スルニ因リテ之ヲ取得スレハナリ(八九)故ニ元物ノ占有者カ收益ノ目的ヲ以テ事實上占有ヲ爲シタル以上ハ假令法律上收益ヲ爲ス權利ナキトキト雖、元物ノ果實ヲ取得スルコトヲ得例之錯誤ニ因リテ他人ノ不動産ヲ自己ノ所有ナリト信シテ占有シタル者ノ如シ

丙　占有ヲ奪ハレタル占有者ハ其侵奪ノ時ヨリ一年內ニ占有囘收ノ訴ヲ提起スルコトヲ要ス　蓋斯ル起訴ヲ爲ササル占有者ハ其占有ヲ喪失スルヲ以テ侵奪以後ニ於テ其果實ヲ取得スルコトヲ得サレハナリ(二〇一)

三　惡意ノ占有者ハ其占有物ヨリ分離シタル果實ノ所有權ヲ取得スルコトナシ故ニ所有者ニ其占有物ヨリ生スル一切ノ果實ヲ返還シ又ハ其代價ヲ償還セサルヘカラス(一〇一九)惡意ノ占有者ハ之ヲ大別シテ狹義ノ惡意占有者、法定ノ惡意占有者及ヒ準的惡意占有者ト爲スコトヲ得

甲　狹義ノ惡意占有者(一〇一九、一項)　占有スル權利ナキコトヲ知ル占有者ナリ其占有物ヨリ生スル果實ヲ占有物ト共ニ所有者ニ返還スヘキコトヲ自覺ス故ニ其返還ヲ爲サシムルモ豫期スヘカラサル損害ト認ムルヲ得ス故ニ

子　其占有物ヨリ生シタル果實ヲ返還シ(現物返還)又既ニ消費シ過失ニ因リテ毀損シ若クハ收取ヲ怠リタル果實ノ代價ヲ償還(代價返還)スル義務ヲ負フ

丑　占有取得ノ當時ヨリ惡意タリシ占有者ハ其當時ヨリ生シタル果實ヲ返還シ又占有取得以後ニ惡意ト爲リシ占有者ハ其時ヨリ生シタル果實ヲ返還セサルヘカラス

實　果實ヨリ其産出ニ必要ナル費用ノ償還ヲ受クヘキ權利ヲ有ス從テ返還スヘキ果實ハ斯ル費用ヲ控除シタル殘額ト知ルヘシ是不當利得ノ原則ノ適用ナリ（「デルンブルク」「バンデクテン」二〇五節「プラニオル」佛國民法論等）

乙　法定ノ惡意占有者（一八九、二項）法律上惡意占有者ト看做サレタル占有者ナリ本權ノ訴ニ於テ敗訴ノ確定判決ヲ受ケタル善意ノ占有者ナリ是元來惡意ノ占有者ニ非ス占有者ハ尙自己カ占有ノ權利ヲ有スルコトヲ確信スルコトアリ然レトモ其多クハ本權ノ訴ヲ受ケタル當時其占有ヲ爲ス權利ナキヲ知ルコトヲ得ヘキモノナリ故ニ

子　惡意ノ占有者ト同シク果實ヲ返還スルコトヲ要ス

丑　本權ノ訴提起ノ時ヨリ其占有物上ニ生シタル一切ノ果實ヲ返還スルコトヲ要ス所謂本權ノ訴提起ノ時ハ其訴狀ヲ裁判所ニ差出シタル時ト解ス（民訴一九〇、一九五）反對說ハ訴狀送達ノ時ヲ以テ權利拘束ノ時ト爲ス

本權ノ訴提起ノ時ヨリ惡意ノ占有者ト看做ス理由「佛國派ノ學者ハ訴訟延滯ノ不利益ヲ原告タル所有者ニ受ケシメサルニ在リトシ獨國派

ノ學者ハ本權ノ訴ノ提起ニ因リテ占有ノ權利ナキコトヲ知リタル占有者ハ加工スルコトナク又其權利アリト確信シテ加工シタル占有者ハ將來敗訴ノ判決アルトキ受クルコトアルヘキ危險ヲ負擔シタルモノナルヲ以テナリト爲ス（プラニオール一二）

寅 果實ノ產出ニ必要ナル費用ノ償還ヲ受クル權利ヲ有ス

丙 準的惡意占有者（一九〇二項） 强暴又ハ隱秘ニ因ル占有者ハ惡意占有者ニ準ス蓋違法ノ占有者ナルヲ以テナリ

第二

善意ノ占有者ハ占有物ヨリ生スル果實ヲ取得ス（一八九一）所謂善意ノ占有者トハ果實收取ノ權利ヲ授與スヘキ實體權ノ行使トシテ物ヲ占有シ其權利アリト信スル占有者ヲ意味シ占有者ノ行使スル權利カ果實ヲ收取スヘキ權能ヲ包含セサルトキハ假令占有者カ其權利アルコトヲ信スルモ玆ニ所謂占有者ニ非ス例之永小作人又ハ不動產質權者トシテ土地ヲ所有スル者ハ前者ニ屬シ質權者トシテ動產ヲ占有スル者ハ後者ニ屬ス

占有者カ善意ナルトキハ眞正ノ權利者ニ對シ占有物ヲ返還スル場合ト雖其收取シタル果實ハ之ヲ保有スルコトヲ得蓋純理ヨリスレハ果實モ亦眞正權利者ノ所得ニ歸スヘキモノナリ然レトモ善意ノ占有者ハ其物ヨリ生スル果實ヲ收取シ費消シ遺棄シ賣買シ贈與スル等任意ニ之カ處分ヲ爲スヘキハ自然ノ勢ナリ然ルニ一朝眞正ノ權利者ヨリ占有物回復ノ請求ヲ受ケタルトキハ其收取シタル果實ヲモ返還セサルヘカラサルモノトセハ占有者ハ爲ニ不測ノ損害ヲ被ムルニ至ルヘシ是其保護ノ必要アル所以ナリ

善意ノ占有者ハ惡意ト爲ル瞬間ニ於テ果實（元物ニ附着セル果實竝ニ爾後元物ヨリ生スル果實）取得ノ權利ヲ失フ故ニ占有者カ果實ヲ取得スルニハ占有ノ始ニ於テ善意ナルヲ以テ足レリトセス

反之惡意ノ占有者ハ自ラ果實收取ノ權利ナキコトヲ知ルモノナレハ眞正ノ權利者ニ對シ物ト果實トヲ併セテ返還スヘキコトハ其豫期スヘキ所ナリ故ニ一般ノ原則ニ從ヒ果實モ亦返還ノ責ニ任ス其現ニ收取シタル果實ハ勿論既ニ費消シ過失ニ因リテ毀損シ又ハ收取ヲ怠リタル果實ノ代價ヲモ辨償セサ

ルヘカラス

强暴又ハ隱秘ニ依ル占有者亦然リ蓋此等ノ占有者ハ假令善意ナリトスルモ其占有不正ナレハナリ

所謂果實（一八九、一項）ハ天然果實及ヒ法定果實ヲ包含ス第八十八條ノ果實ナル名稱ハ此兩者ニ通スルモノナレハナリ而シテ天然果實ハ占有物ヨリ分離スルニ因リテ之ヲ取得シ其果實ノ現存スルト否トヲ問ハス又法定果實ハ之ヲ收取スル權利ノ存續期間日割ヲ以テ之ヲ取得ス

第三

善意ノ占有者ハ占有物ヨリ生スル果實ヲ取得ス（一八九、一項）

一　此規則ノ實用　既ニ第百八十八條ヲ以テ占有者ヲ適法ノ權利者ト推定ス占有者カ權利者ノ如ク果實ヲ取得スルヲ得ヘキヤ當然ニシテ特ニ第百八十九條ノ如キ規定ヲ要セサルカ如シ若訴訟起ラス他ニ權利ヲ爭フ者ナキ場合ニ於テハ則然リ然レトモ一旦訴訟起リ占有者權利者ニ非サルノ反證出テ其占有物ヲ引渡スヘキ判決下リタル場合ニ於テハ其間ノ果實ヲ如

何ニスヘキカノ問題ヲ生ス故ニ同條ハ訴訟ノ起ルヘキ場合ヲ想像ス

二 此規則ノ性質　三說アリ如左但我民法ハ第一說ヲ採ル

甲 所有權取得主義　占有者ハ占有權ノ效力トシテ果實ノ所有權ヲ取得スルモノトス(「バッケー」Bona fidei Possessor「ファンゲロー」三二節「ショイル」Beitrage. 一卷二八一頁「デルンブルヒ」三〇五節「オープリー、ロー」一八二節)

乙 占有取得主義　占有者ハ果實ニ付キ善意ノ占有ヲ取得スルモノトス即直ニ果實所有權ヲ得スシテ單ニ占有ヲ得ルニ過キス故ニ其所有權ヲ得ルハ別ニ時效ノ力ニ依ルトス(「サビニー」Besitz 二二節、「ウインドシャイド」一八六節、「ゲッペルト」)

丙 假定所有權說　占有者ハ單ニ果實ノ假定ノ所有權ヲ得ルモノトス(「ケッペン」Fruchtrverb des b. f. p.「ウアルデック」Archiv Fur civ p. 五七卷一五節「フユスケー」六三卷一六節)

三 此規則ノ理由如左

甲 善意ノ占有者ハ自ラ眞正ノ權利者ナリト確信シテ果實ヲ取得ス然ルニ後ニ至リ之ヲ返還セシムルハ酷ニ失シ秩序ノ紊亂ヲ來ス反之眞正ノ權利者ハ權利ノ行使ヲ怠ルモノナレハ又其果實ヲ得ルコトヲ期セス之ヲ

與ヘサルモ特ニ損失ヲ招ク所ナシ

乙　占有者ヲシテ果實ヲ返還セシムルモノトセハ權利者ハ之カ費用ヲ償還セサル可ラス是啻ニ煩雜ナルノミナラス占有者ハ自權利者ナリト信シタルヲ以テ後日其費用ヲ證明スルハ甚困難ニシテ結局權利者ハ不當ノ利得ヲ得ルニ至ル

或ハ此規則ノ理由ヲ以テ占有者ハ適法ノ權利者ナリト推定セラルルカ故ナリトス然レトモ既ニ反證出テタル以上ハ既往ニ於テモ權利者ニ非サルコト判然シタルモノナレハ果實ヲ取得スヘキ理由ナシ或ハ占有者ノ爲シタル耕作及ヒ管理ノ對價トシテ果實ヲ取得セシムルモノトス羅馬法ニ於テハ則然リ今日ニ於テハ然ラス何トナレハ若斯ノ如クンハ占有者ハ人工ニ依ラサル果實ヲ取得スヘキ理由ナク又惡意ノ占有者モ亦此權利ヲ有スヘシ（「デルンブルヒ」二〇五節）共ニ誤ナリ

四　此規則ノ適用

甲　占有者ニ關スル條件

子　善意ナルコトヲ要ス　蓋惡意ノ占有者ハ既ニ權利ノ自己ニ屬セサルコトヲ知ルヲ以テ果實ヲ得ヘキ理由ナシ

此善意ハ時效ノ場合ノ善意ト性質ニ於テ異ナルナシ

此善意ハ其占有者ノ一身ニ付キ之ヲ定ム故ニ前主ノ善意惡意ニ關係ナシ（「オーブリー、ロウ」二〇六註二〇）

此善意ハ果實ヲ取得スル間凡テ存在セサルヘカラス故ニ始善意ナルモ後惡意ト爲ルトキハ其以後ハ此利益ヲ失フ時效ニ關シテハ占有ノ始善意ナルヲ以テ足レリトス（一六二、二項）蓋時效ハ一ニ現ニ物ヲ所持スル事實ニ基クヲ以テ其占有ノ性質ハ最初ノ性質ニ依テ定マルヲ以テナリ反之果實ノ取得ハ善意ヲ以テ果實ヲ取得スル事實ニ基クモノニシテ各取得ハ各別ノ事實ナレハナリ（「オーブリー、ロウ」二〇六註一）

然レトモ善意ナル以上ハ（一）正權原ナルト否トヲ問ハス蓋我民法ハ占有保護ニ關シテ權原ノ有無ヲ問ハス且此規則ノ理由ヨリ考ヘテ然ラサルヲ得サレハナリ又（二）過失アルヤ否ヤヲ問ハス（「デルンブルヒ」二〇六節）

特別規定ナキ以上ハ所有ノ意思ナキ占有者ト雖果實ヲ取得ス然レト
モ所有ノ意思ナキ善意ノ占有者ニ在リテハ如何ナル者カ果實ヲ取得
スルヤハ一般ニ定メ難ク各場合ニ依リテ定メサルヘカラス
丑 強暴又ハ隱秘ニ出テサルコトヲ要ス　強暴隱秘ノ止ミタル後ハ善
意ナル以上ハ當然果實ヲ取得ス

乙 取得スヘキ果實ニ關スル條件

子 占有後ノ果實ニ限リ善意ノ占有繼續スル間ノ果實ニ限ル
丑 善意ノ占有ノ繼續スル間ニ元物ヨリ分離シタル果實ニ限ル(八九)故ニ
未分離セサル果實ハ假令善意ノ繼續中ニ成熟シタル物ト雖之ヲ返還
スルヲ要シ又既ニ分離シタル果實ハ假令尙現物ノ儘之ヲ有スルモ返
還スルニ及ハス

我民法ニ於テハ占有ハ有體物ニ限ルヲ以テ之ヨリ生スル果實ハ天然果
實ニ限ル(八八)法定果實ニハ第二百五條ニ依リ此規定(一八九)ヲ適用シ得ヘキ
場合ニハ之ヲ準用ス此場合ニハ又第八十九條二項ニ依リ占有ノ繼續ス

ル間日割ヲ以テ取得ス

善意ノ占有者カ本權ノ訴ニ於テ敗訴シタルトキハ其起訴ノ時ヨリ惡意ノ占有者ト看做シ果實返還ノ義務ヲ負フ(一八九、二項)所謂起訴ノ時如左

一　訴訟二三審ニ渉ルトキハ第一審ノ起訴ノ時

二　再審ノ場合ニハ再審ノ起訴ノ時ニシテ前審ノ起訴ノ時ニ非ス

三　訴訟中占有者死亡シ相續人被告ト爲リタル場合ニモ最初ノ起訴ノ時

蓋苟善意タル間ハ果實取得ノ權利アリトセンカ假令本權ノ訴ヲ受ケタル場合ニ於テモ敗訴ノ判決アルマテ自己ヲ以テ適法ノ權利者ナリト信スルニ於テハ起訴ノ時ヨリ判決ノ時マテ數多ノ時日ヲ經ルニ拘ラス其間ノ果實ハ占有者ニ屬スルノ結果ヲ生スルヲ以テナリ是(一)占有者ノ保護ニ偏シ相手方ノ保護ニ疎ナリ又(二)若之ヲ許サハ占有者ハ種々ノ手段ヲ運ラシ判決ヲ遲延スルノ弊害ヲ生ス但善意ノ占有者ハ敗訴ノ時マテ適法ニ權利者ナリト信シタル占有者ナリ其前ニ既ニ權利者ニ非サルコトヲ知リタルトキハ惡意ト爲ルヲ以テ勿論其時ヨリ果實返還ノ義務アリトス

惡意ノ占有者ハ果實ヲ返還シ且其既ニ消費シ過失ニ因リテ毀損シ又ハ收取ヲ怠リタル果實ノ代價ヲ償還スル義務ヲ負フ(一九〇、一項)蓋此等ノ場合ハ皆權利者ニ對スル損害ト謂ハサルヲ得ス故ニ第七百九條ノ原則ニ依ル然レトモ惡意ノ占有者ト雖果實ヲ返還スルニ當リテハ果實ノ通常ノ負擔タル費用ハ權利者ヨリ償還ヲ受クルコトヲ得然ラサレハ回復者ハ不當ノ利得ヲ受クルニ至レハナリ我民法ニ於テハ第百九十六條一項ニ所謂「必要費」中ニ含蓄スルヲ得ト認ムルヲ以テ特ニ規定セス但此代價ヲ見積ルハ損害賠償竝ニ證據法ノ通則ニ依ル如左

一 數額ニ付キテハ現存スル果實ヲ收取セサリシトキハ其數額ニ依リ又生スヘキ果實ヲ生セシメサリシトキハ其物カ例年又ハ通常生スヘキ數額ニ依ル

二 代價ニ付キテハ事實ヲ參酌シ市場ノ價格又ハ鑑定ニ依ル

强暴又ハ隱秘ノ占有者ト雖必シモ惡意ノ者ニ非スシテ正當ノ權利者ナリトノ信認ヲ有スルコトアリ然レトモ惡意ノ占有者ヨリモ之ヲ優遇シテ果實ヲ

取得セシムヘキ理由ナシ（一九〇、二項）

第四

善意ノ占有者（自、其物ヲ占有スル權利アリト信スル者）ハ占有物ヨリ生スル果實ヲ取得ス（一八九、一項）其物ノ占有ヲ得タルコトニ關シテ過失アルト否トヲ問ハス又必シモ所有ノ意思ヲ以テ物ヲ占有スル者ニ限ラス（例之永小作權者不動産質權者地上權者等）但過失ニ因リ他人ニ損害ヲ加ヘタル者ハ之ヲ賠償スル責ヲ負フ

占有物ハ有體物ナリ故ニ之ヨリ生スル果實ハ天然果實ナリ從テ占有者ノ取得スルコトヲ得ル果實ハ天然果實ナリ但債權其他ノ財産權ニモ準占有ノ規定ニ依リ占有ノ規定ヲ準用スルヲ以テ法定果實（例之借貸利子ノ如シ）モ亦天然果實ト等シク取得セラルルニ至ルヘシ

此規定ノ趣旨ハ自己ノ物ト信シテ收取處分シタル後ニ至リ之ヲ返還スヘキモノトスルハ占有者ニ對シテ酷ナリトスルニ在リ

或ハ曰ク占有者ニ果實ヲ與フルハ其勞役ニ對スル報酬トシテ之ヲ與フルモノナリト果シテ然ラハ其勞役ヲ要セスシテ生スル果實ノ取得ハ之ヲ許スヘ

カラサルコトトナリ又一方ニ於テハ惡意ノ占有者ニモ勞役ニ對スル丈ケノ果實ヲ取得セシメサルヘカラサルコトトナラン不可ナリ

善意ノ占有者ト雖本權ノ訴ニ於テ敗訴シタルトキハ其起訴ノ時ヨリ惡意ノ占有者ト看做サル(一八九、二項)善意ノ占有者ヲ訴訟ノ勝敗ニ依リテ惡意ノ占有者ト看做スハ事實ニ反シ又純理ニ戻レトモ實際ノ便宜ハ此ノ如クセサルトキハ故ラニ訴訟ヲ遲延シ多クノ果實ヲ取得セント企ツル者アルニ至ルヲ以テナリ加之本權ノ訴ニ敗訴スル者ハ概ネ訴訟ノ當時既ニ自己ニ正當ノ權利ナキヲ知ル者ナルヲ以テ此規定ハ少クトモ多數ノ事實ニ合スルモノト謂フヘシ此規定ハ善意ノ占有者ヲモ惡意ノ占有者ト看做ス規定ナリ事實ヲ事實ノ儘ニ見ルニハ特ニ明文ヲ要セス從テ善意ノ占有者カ惡意ノ占有者ニ變シタル場合ニハ果實ヲ返還セサルヘカラサルコト勿論ナリ

惡意ノ占有者ハ果實ヲ返還シ且其既ニ消費シ過失ニ因リテ毀損シ又ハ收取ヲ怠リタル果實ノ代價ヲ償還スル義務ヲ負フ強暴又ハ隱秘ニ因ル占有者亦然リ(一九〇)但其毀損シタル果實ヲ所有者等ニ返還シ單ニ毀損ニ因リテ加ヘタ

ル損害ノ賠償ノミヲ爲スノ途ヲ採ルヲ得ス是所有者其他ノ權利者ノ利益ヲ計リ計算ノ煩ヲ避クルヲ得セシメント欲シタルニ因ルモノニシテ陸上保險ニ於ケル委付海上保險ニ於ケル委棄ニ等シ所有者等ニ於テ毀損シタル果實ヲ取得シ更ニ毀損ニ因リテ生シタル損害ノ賠償ヲ受クルコトヲ得ルハ勿論ナリ

所謂「代價ノ償還」ハ損害賠償ノ性質ヲ有ス蓋惡意ノ占有者ハ必シモ常ニ不法ニ非サルモ多クハ不法ノ者ナリ加之自己ノ占有スヘキ物ニ非サルコトヲ知リテ之ヲ占有シ其懈怠ニ因リ果實ヲ收取セサリシモノナルヲ以テ賠償ノ責ヲ負フニ充分ナレハナリ而シテ果實ノ代價ハ之ヲ消費シ毀損シ又ハ收取スヘキ時ノ價格ナリトス

第五

一　善意ノ占有者(一八九、一項)　善意ノ占有者ハ概シテ過失ナキ者ニシテ假令他ニ權利者アルモ多クハ怠慢者ナリ故ニ眞ノ權利者ノ請求ニ因リ物ヲ返還セサルコトヲ得サルニ至ルモ占有者ヲシテ之ニ因リ損失ヲ被ムラシムヘカラス然ルニ果實ハ之ヲ日常生活ノ用ニ供スルヲ常トスルカ故ニ其收取シタル果實ハ之ヲ眞ノ權利者ニ返還スルコトヲ要セサルモノトセリ(一八九、一項)

返還スルコトヲ要セサル果實ハ消費シタルモノナルト現存セルモノナルトヲ問ハサルナリ蓋占有者ハ之ヲ自己ノ所有物ト信スル者ナルノミナラス消費ノ有無ノ如キ偶然ノ事實ニ因リ占有者ノ權利ヲ異ニスルカ如キハ頗穩當ヲ缺ケハナリ

善意ノ占有者ト雖本權ノ訴ニ於テ敗訴シタルトキハ其起訴ノ時ヨリ惡意ノ占有者ト看做サル(一八九、二項)然ラスンハ專、事實ニ付キ其善意ト惡意トヲ分タサルコトヲ得ス然ルニ占有者カ訴ヲ受クルトキハ假令自己ノ權利ヲ確信スルモ訴訟ノ結果自己ノ敗訴スルコトアルヘキヲ豫想セサルヘカラサレハナリ又若此規定ナキトキハ占有者ハ敗訴ノ時ヨリ始メテ果實返還ノ義務ヲ生スルコト尠カラサルヘシ蓋、占有者ハ訴ヲ受ケタル後ト雖甚シキニ至リテハ敗訴ノ後ト雖尚自己ニ權利アルコトヲ確信スル者ナキニ非サ

レハナリ但善意惡意ヲ分ツハ果實採取ノ時ニ於ケル狀態ニ依ル

二　惡意ノ占有者　惡意ノ占有者ハ初ヨリ不當ニ他人ノ權利ヲ行使スルコトヲ知レル者ナルカ故ニ毫モ之ヲ保護スルノ必要ナク却テ之ニ對シテ眞ノ權利者ヲ保護スルノ必要アリ其占有者ノ責任ハ不法行爲者ノ責任ニ外ナラス（七〇九）是果實若クハ其代價ヲ償還スル義務アル所以ナリ（一九〇、一項）强暴又ハ隱秘ニ因ル占有者亦然リ是等ノ占有者ハ往往善意ナルコトアリ例之自己ノ所有物ト信スル物ヲ腕力ニ訴ヘ奪取シ又ハ自己ノ所有ニ屬スルコトヲ確信スル占有物ニ對シ他ニ其所有權ヲ主張スル者アリ或ハ之ヲ奪還セラレンコトアルヘキヲ煩トシ故ラニ其占有ヲ隱秘スルカ如シ是等ノ場合ニ於テハ假令善意ナリト雖既ニ腕力ニ訴ヘ又ハ占有ヲ隱秘スルノ過失アルヲ以テナリ況、現占有者ハ必、自己ノ權利ノ鞏固ナラサルコトヲ認識スルモノナルニ於テオヤ（一九〇、二項）

占有者カ或ハ占有物ノ自己ノ權利ニ屬セサルカヲ疑ヒタル場合ニ於テハ惡意者ト視ルヘキヤ理論上ハ善意者ニモ惡意者ニモ非ス然レトモ實際上ハ眞

ノ權利者ハ先ツ其惡意ヲ證明セサルヘカラス是不能ナリ故ニ自之ヲ善意者ト視サルコトヲ得サルヘキナリ

第三節　動產權ノ取得

第一　占有者ハ其占有ノ效力トシテ占有動產上ニ行使スル權利ヲ取得ス(一九二)

一　理由　一定ノ要件ヲ具フル動產占有者カ動產權ヲ取得スル理由ハ其取得カ原始取得ナルヤ傳來取得ナルヤヲ決スル標準トナル其理由ニ三說アリ如左

甲　動產權ヲ取得スル占有者ヲ根據トシテ立論ス(專、佛國法學者ノ主張スル見解「ドモロンプ」「オーブリ」「プラニオール」等)之ヲ類別スレハ更ニ三說トナル如左

子　即時時效說　動產ノ取得ハ即時時效ノ效力ナリ國家ハ即時時效ノ制度ヲ設ケ一定ノ要件ヲ具フル動產占有者ノ利益ヲ保護シ以テ取引ノ安全ヲ保護ス(Prescription acquisitivs instantanée, Usucapio momentaria.)ト

然レトモ時效ハ其完成ニ一定時間ノ經過ヲ必要トスルヲ以テ即時ニ完成スル時效ハ時效ノ觀念ニ反ス

丑　法律的取得說　動產權ノ取得ハ先占ト同シク法律ノ規定ニ因ル動產取得ナリ唯是ハ權利主體アル動產取得ノ方法ニシテ彼ハ權利主體ナキ動產取得ノ方法ナリ(Acqusitionlege)

此說ハ占有者ノ動產取得カ先占ト其結果ヲ同フスルコトヲ說明スルニ止リ其理由ヲ說明セス

寅　所有者推定說　動產權ノ取得ハ占有者ヲ所有者ト看做ス法律上ノ推定ノ效力ナリ一定ノ要件ヲ具フル動產ノ占有者ハ其利益ヲ保護シ取引ノ安全ヲ確保センカ爲ニ法律上絕對的ニ之ヲ所有者ト看做シ反證ヲ許ササルニ在リト

然レトモ明白ナル反證アルニ拘ラス占有者ヲ所有者ト看做スハ頗眞正ノ所有者保護ニ薄シト言ハサルヲ得ス

乙

動產ノ引渡ヲ爲ス讓渡人ヲ根據トシテ立論ス（專、獨國法學者ノ主張スル見解「エンデマン」「コーザック等) 其大要ハ所有權ヲ有セサル動產ノ占有者ハ其占有ノ效力トシテ善意ノ第三者ニ其占有動產ヲ讓渡ストノ權能(Rechtsmacht)ヲ有ス故ニ其讓渡ハ法律上有效ニシテ善意ノ第三者ハ完全ニ所有權ヲ取得ストノ主張シ或ハ所有權ヲ有セスシテ所有權ヲ行使スル動產ノ占有者ハ法律上一定ノ要件存スルトキハ之ヲ眞正ノ所有者ト看做シ第三取得者ヲシテ完全ニ其所有權ヲ取得セシムト主張ス

此說ハ法理上正當ナリト雖我民法ヲ說明スルニ適セス蓋第百九十二條ハ動產ヲ取得スル占有者ヲ根據トシテ規定シタルモノナレハナリ

丙 動產ヲ取得スル占有者ヲ根據トシテ立論ス(瑞西債務法(二〇五)ノ採リタル學說ニシテ佛國民法家ト同シ) 其要旨ハ善意ノ動產權取得者カ相手方ヲ眞正ノ所有者又ハ之ヲ代理スル權限アル者ト確信シタルトキハ假令相手方ハ眞正ノ所有者ニ非ス又ハ之ヲ代理スル權限ナキトキト雖占有ノ效力トシテ其動產ノ所有權ヲ取得スト主張ス我民法第百九十二條亦瑞西債務法ト其立法例ヲ同フス

二　要件　占有動産上ニ行使スル權利ヲ即時ニ取得スル要件如左

甲　占有者ニ關スル要件　占有者カ其占有ヲ始ムル當時平穩、公然、善意且無過失ナルコトヲ要ス蓋シ然ラサレハ取引ノ安全ヲ害シ又過失ノ責ヲ他人ニ歸スルニ至レハナリ是ヲ以テ

子　代理人カ惡意ナルトキハ本人ハ動產物權ヲ取得スルコトヲ得ス（一〇一）

（一）占有者ノ一人カ善意ニシテ他ノ一人カ惡意ナルトキハ善意ノ取得者ハ其占有動產ヲ眞正ノ權利者ト共有ス又共同代理人ノ一人カ惡意ナルトキハ本人ハ動產權ヲ取得スルコトヲ得ス

丑　占有ヲ始ムル當時平穩、公然、善意且無過失ナルヲ以テ足レリトス蓋シ占有者ハ其占有ノ效力トシテ即時ニ動產權ヲ取得スルモノナレハナリ故ニ占有者カ占有後ニ善意ト爲ルモ動產權取得ノ利益ヲ受クルコトナク又占有後惡意トナルモ一旦取得シタル動產權ヲ失フコトナシ又占有者カ占有前殊ニ賣買締結ノ當時善意ナルヤ否ヤハ動產權取得ニ何等ノ影響ヲ及サス

寅　平穩、公然、善意ノ占有ナルヤ否ヤニ付キ爭アルトキハ相手方ハ先ツ其消極ヲ立證セサルヘカラス（一八六）反之過失占有ナルヤ否ヤニ付キ爭アルトキハ占有者ハ先ツ其消極ヲ立證セサルヘカラス

又占有ヲ始メタル時ハ法律上別段ノ規定ナキヲ以テ現實引渡ノ時ノ外尙、簡易引渡及ヒ占有改定ノ時ヲ指示スト解ス

乙　行爲ニ關スル要件　占有者カ無權利者ヨリ其占有物上ニ行使スル權利ヲ取得スルニ必要ナル行爲存スルコトヲ要ス是、占有者ノ利益及ヒ取引ノ安全ヲ保護スルコトヲ目的トスル法意ニ因リテ推知スルコトヲ得是ヲ以テ

子　占有者ト無權利者トノ間ニ占有動産上ニ行使スル權利ノ取得ヲ目的トスル法律行爲（占有動産ノ賣買、質入賃借等）又ハ之ト同視スヘキ訴訟行爲（强制執行ニ依ル競賣）成立スルコトヲ要ス故ニ無主物ト信シテ他人ノ動産ヲ占有シタル各人ハ所有權ヲ取得スルコトヲ得ス

丑　占有者ト無權利者トノ間ニ成立スル動産權取得ノ行爲ハ無償ナル

ヲ以テ足レリトシ敢テ有償ナルコトヲ要セス然レトモ無償ナルトキハ占有者ハ不當ノ利得ヲ爲シタルモノナリ故ニ占有者ハ動産權ヲ取得スト雖舊權利者ニ對シ不當利得ノ返還ヲ爲ス債務ヲ負フ

寅　讓渡人タル無權利者カ惡意タラサルヲ以テ足レリトシ敢テ善意ナルコトヲ要セス故ニ讓渡人ノ善意ハ讓受人タル占有者ノ惡意ヲ除去スルコトヲ得ス又讓渡人ノ惡意ハ讓受人タル占有者ノ善意ニ影響ヲ及ホサス

丙　占有者カ其行使スル權利ヲ取得スル動産ハ眞正ノ所有者カ其意思ニ反シテ占有ヲ喪失シタルモノニ非サルコトヲ要ス然ラサレハ眞正ノ所有者ノ利益保護ニ薄キヲ以テナリ是ヲ以テ

子　所有者カ自己ノ意思ニ反シテ其動産ノ占有ヲ喪失シ又ハ所有者ノ爲ニ占有スル代理人カ自己ノ意思ニ反シテ其動産ノ占有ヲ喪失シタルトキハ占有者ハ斯ル喪失ヲ爲サシメタル責任者タルト又斯ル喪失ノ知情者タルトニ拘ラス即時ニ其動産上ニ行使スル權利ヲ取得スル

コトナシ

丑　所有者又ハ所有者ノ爲ニ占有スル代理人カ自己ノ意思ニ基キテ其動產ノ占有ヲ喪失シタルトキハ占有者ハ即時ニ其動產上ニ行使スル權利ヲ取得ス又所有者カ毫モ其動產ヲ占有シタルコトナキトキハ占有者ハ即時ニ其動產上ニ行使スル權利ヲ取得ス例之眞正相續人甲カ相續財產ヲ占有スル前ニ不當相續人乙カ之ヲ占有シ之ニ屬スル動產ヲ善意ノ丙ニ讓渡シタルトキノ如シ

寅　所有者又ハ代理人カ其意思ニ反シテ其動產ノ占有ヲ喪失シタルヤ否ヤノ爭點ニ關シテハ占有者（取得者）ノ相手方即所有者又ハ代理人カ其積極ヲ立證セサルヘカラス

三　效力　如上ノ要件ヲ具備シタル占有者ハ即時ニ占有取得ノ權原ニ因リテ其動產上ニ行使スル權利ヲ取得ス例之其權原カ所有權ノ移轉、質權ノ設定又ハ賃借權ノ取得ヲ目的トスルモノナルトキハ其取得スル權利ハ所有權、質權又ハ賃借權ナルカ如シ

甲　占有者ノ動産權取得ハ原始取得ナリ　前示動產權取得ノ理由第一說ニ依レハ原始取得ニシテ第二說ニ依レハ傳來取得ナリ第三說ニ依レハ占有ノ效力ニシテ占有ヲ取得シタル行爲ノ效力ニ非サルヲ以テ時效ニ因ル財產權ノ取得ト同シク原始取得ト爲スヲ正當トス故ニ占有者カ其占有ノ效力トシテ所有權質權又ハ賃借權ヲ取得シタルトキハ之ト同時ニ前主ノ權利消滅シ又占有者カ其占有ノ效力トシテ自己ノ爲ニ質權ヲ設定シ又ハ賃借權ヲ設定セシムルニ至リタルトキハ眞正ノ權利者ノ權利制限ヲ受ク又相手方ト眞正權利者トノ間ニ於ケル無效取消等ノ原因タル事由ハ毫モ占有者ニ影響ヲ及サス

乙　占有者ハ其取得シタル動產權ヲ自由ニ處分スルコトヲ得　故ニ占有者ハ其取得ノ當時相手方ノ無權利者ナルコトヲ知リタル第三者ニ讓渡スルコトヲ得又更ニ無權利者タリシ相手方ニ讓渡スルコトヲ得

丙　占有者ハ其取得シタル動產權ノ目的物カ偶然眞正ノ權利者ノ占有ニ歸シタルトキ之ニ對シ返還ヲ請求スルコトヲ得　故ニ占有者ハ所有權

ニ基キテ取戻ヲ請求スルコトヲ得

四 特例　占有者ノ占有シタル動產カ或種ノ動產ナルトキハ占有者ハ即時ニ其動產上ニ行使スル權利ヲ取得スルコトヲ得ス(八七、商五四一)如左

甲 盜品及ヒ遺失品(一九三、本卷三編九章參照)

子 被害者又ハ遺失主ハ加害者又ハ拾得者ニ對シテ所有權ニ基キ盜品又ハ遺失品ノ回復ヲ請求スルコトヲ得　蓋加害者ハ取得時效(一六二)又拾得者ハ第二百四十條ノ手續ニ依ラサレハ各其所有權ヲ取得セサルヲ以テナリ被害者又ハ遺失主ハ加害者又ハ拾得者ヨリ取得時效完成以前又ハ第二百四十條ノ手續完了前ニ盜品又ハ遺失品ヲ直接又ハ間接ニ讓受ケタル第三取得者ニ對シ所有權ニ基キ其回復ヲ請求スルコトヲ得是不任意ニ動產ノ占有ヲ喪失シタル所有者ノ利益ヲ保護スルノ法意ニ出ツ然レトモ

一 第三取得者カ平穩、公然、善意且無過失ニテ占有ヲ始メタルトキハ之ニ對シテ被害者又ハ遺失主ハ其盜難又ハ遺失ノ時ヨリ二年間ニ

限リ盜品又ハ遺失物ヲ回復スルコトヲ得(一九三)此期間ハ除斥期間ニシテ時效ニ非ス故ニ所有者ノ無能力者タル事由ニ因リテ期間ノ進行ヲ停止スルコトナシ又此期間ハ盜難又ハ遺失ノ時ヨリ進行ス蓋所有者ハ此時ヨリ回復ヲ爲スコトヲ得レハナリ

二　第三取得者カ競賣(競賣法三以下)又ハ公ノ市場ニ於テ若クハ同種物販賣ノ商人ヨリ盜品又ハ遺失品ヲ買受ケタル善意ノ占有者ナルトキハ被害者又ハ遺失主ハ唯其占有者カ支拂ヒタル代金ヲ辨償シテ其物ヲ回復スルコトヲ得ルノミ(一九四)故ニ第三取得者カ盜品又ハ遺失品ノ善意受贈者又ハ善意交換者ナルトキハ被害者又ハ遺失主ハ無條件ニテ其物ノ回復ヲ爲スコトヲ得(一九三適用)然レトモ第三取得者カ競賣又ハ公ノ市場ニ於テ若クハ同種物販賣ノ商人ヨリ盜品又ハ遺失品ヲ買受ケタル善意占有者ノ讓渡人(有償又ハ無償)ナルトキハ被害者又ハ遺失主ハ該占有者カ支拂タル代金ヲ償還スルニ非サレハ其物ノ回

復ヲ爲スコトヲ得ス蓋斯ル讓渡人ハ前占有者ノ權利ヲモ讓受ケタルヲ以テナリ

又償還スヘキ金額ハ代價ナリ故ニ利息、運賃及ヒ關税等ハ回復ヲ受ケタル占有者カ相手方ニ對シ損害賠償トシテ請求スヘキノミ

第百九十三條第百九十五條ノ回復期間第百九十四條ノ代價辨償ノ規定ハ共ニ取引ノ安全ヲ保護スルカ爲ニ所有者ノ回復請求權ニ付シタル制限ニ他ナラス

五

占有物ヲ回復セラレタル第三取得者ハ其讓渡人ニ又其讓渡人ハ前讓渡人ニ對シ損害賠償權ヲ有シ遂ニ遡及シテ加害者又ハ拾得者カ損害賠償ノ責ニ任ス（五五一但書五六一）又回復ノ爲ニ第三取得者ニ對シ代金ヲ支拂ヒタル所有者ハ之カ爲、加害者又ハ拾得者ニ對シ（所有權侵害ノ損害賠償）又ハ無條件ノ回復ニ應スヘキ各占有者タリシ讓渡人ニ對シ（斯ル占有者ハ其占有物ノ讓渡ニ依リテ其地位ヲ改良スルコトヲ得サルヲ以テ占有物ト同視スヘキ代價ヲ返還スル義務ヲ負フ）其支拂ヒタル代金ノ償還ヲ請求スルコトヲ得而シテ無條件ノ回復ニ應スヘキ占有者タ

リシ讓渡人ハ其償還シタル代金ノ償還ヲ更ニ其前讓渡人ニ請求シ遂ニ遡及シテ加害者又ハ拾得者カ損害賠償ノ責ニ任ス

乙　家畜外ノ動物(一九五)

子

人類以外ノ動物ハ法學上之ヲ分テ家畜動物、野栖動物及ヒ中間動物トス　家畜動物ハ通常ノ動産ト同シ(一九二)野栖動物ハ通常無主ナルヲ以テ先占ニ因リテ所有權ヲ取得ス(二三九)又飼養スル家畜外ノ動物即飼養ノ野栖動物及ヒ中間動物ハ其性質上家畜ニ比スレハ逃走シ易キモノナリ故ニ斯ル動物カ所有者ノ意思ニ反シテ其占有ヲ離レ即逃走シタルトキハ善意ノ占有者ハ即時ニ該動物上ニ行使スル權利ヲ取得セスト爲シ以テ所有者ノ利益ヲ保護ス

丑

所有者ハ其飼養セシ家畜外ノ動物ノ占有者ニ對シ所有權ニ基キ其回復ヲ請求スルコトヲ得　其占有者カ直接ノ占有者ナルト間接ノ占有者即第三取得者ナルトヲ問ハス然レトモ占有者カ善意ニテ其占有ヲ始メタルトキハ所有者ハ逃走ノ時ヨリ一月內ニ所有權ニ基キ該動

物ノ回復ヲ請求スルコトヲ得ルノミ（一九四前段甲子二末項參照）故ニ善意即飼養主アルコトヲ知ラス又ハ計略ヲ以テ誘引セス若クハ停留セシメサル占有者ハ動物ノ逃走後一箇月ヲ經テ其所有權ヲ取得ス（此期間ニ關シテハ前段甲子一後段參照）

寅　飼養ノ家畜外動物カ盜品ナルトキ又ハ遺失品ナルトキハ前段甲ノ法則ニ依ル　又斯ル動物カ逃走後一月前ニ產出シタル兒ハ其母體ノ所有者ノ所有ニ屬スルヲ以テ其所有者ハ其兒ノ回復ヲ請求スルコトヲ得占有者ハ第百九十四條ノ保護ヲ受クルコトヲ得ス何トナレハ該兒ハ逃走シタル動物ニ非サレハナリ但占有者カ之ヲ善意ノ第三者ニ讓渡シタルトキハ此限ニ非ス（一九二）

丙　不融通物、船舶及ヒ不動產ノ從物等　不融通物ハ私權ノ目的物ト爲ラス故ニ不融通物タル動產（例之國立博物館ノ美術品）ニハ占有者カ即時ニ動產權ヲ取得スル法則行ハルルコトナシ船舶亦然リ蓋之ヲ不動產ト同視スヘク又通常ノ動產ノ如ク轉輾セサレハナリ（商五四〇、五四一）不動產ノ從物亦然リ蓋其

不動產ノ處分ニ從フ（八七）ヲ以テナリ反之無記名債權ニハ該法則行ハル蓋シ之ヲ動產ト看做スヲ以テナリ

金錢又ハ無記名債權（無記名證券）カ盜品又ハ遺失品ナルトキハ被害者又ハ遺失主ハ善意ノ占有者ニ對シテ第百九十三條ノ規定ニ從ヒ其回復ヲ爲スコトヲ得然レトモ是取引ノ安全ヲ確保スルノ立法政策ニ適セス

手形其他ノ指圖證券ハ商法第四百四十一條及ヒ第二百八十一條ノ規定ニ依ル

第二

占有者ハ法定要件ヲ具備スルニ因リテ其現ニ占有物上ニ行使スル所ノ實體權ヲ取得ス其要件ハ占有物カ動產ナルト不動產ナルトニ依リテ異ル但不動產ニ關スル要件ハ第百六十二條及ヒ第百六十三條ノ規定ニ讓ル動產ニ付テモ占有者カ占有ノ始メ惡意又ハ過失アルトキハ第百六十二條第一項ノ規定ヲ適用スヘキモノトス

平穩且公然ニ動產ノ占有ヲ始メタル者カ善意ニシテ且過失ナキトキハ即時

ニ其動產ノ上ニ行使スル權利ヲ取得ス(一九二)其動產ヲ占有スル所以ノ權原ニ瑕疵アルト否トヲ問ハス蓋平穩、公然、善意、無過失ノ占有ハ權原ノ瑕疵ヲ補フヲ以テナリ

動產ノ即時取得ノ立法上ノ理由ヲ案スルニ動產ノ取引ハ常ニ占有ノ移轉即引渡ニ因リテ行ハルルモノナレハ善意且無過失ノ占有者ハ之ヲ正當ノ權利者トシテ保護スルノ必要アリ然ラサレハ其知ルコトヲ得サル眞正權利者ノ爲ニ動產ヲ回復セラレテ不測ノ損害ヲ被ムルニ至リ動產取引ノ安全ハ到底期スヘカラサルヲ以テナリ加之物カ善意ノ占有者ノ占有ニ歸スルニ付テハ眞正ノ權利者ニ過失アリト言ハサルヲ得ス蓋其多クハ權利者自身ノ行爲又ハ權利者カ信シタル他人ノ行爲ノ結果ニ外ナラサレハナリ

二　即時取得ノ條件

甲　其占有ハ動產ヲ目的トスルコトヲ要ス　但立木ハ其物理的性質ニ於テハ不動產ナルモ當事者カ之ヲ以テ取引ノ目的ト爲シタルトキハ動產トシテ之カ效果ヲ定ムルコトヲ要ス從テ當事者間ニ於テ其引渡(繩張檢印)ア

リタルトキハ之ヲ伐採シタルト否トニ關セス第百九十二條ノ意義ニ於テハ動産ノ占有アリタルモノトス大審院判例及ヒ多數學者ハ立木ノ動産性ヲ否定ス

乙　其占有ハ平穩公然ナルコトヲ要ス

丙　其占有ハ善意無過失ナルコトヲ要ス　所謂「善意」ハ占有者カ權利ヲ取得スヘキ正權原アリト信スルコトヲ意味シ且法律ハ占有者ノ無過失ヲ以テ條件ト爲スヲ以テ占有者ニ之ヲ信スヘキ正當ノ理由ノ存スルコトヲ要ス故ニ貸借ヲ以テ所有權移轉ノ原因ナリト信シテ占有ヲ爲スモ其占有ハ過失アルヲ免レス權利ヲ取得スヘキ法律上ノ原因ナクシテ物ノ占有ヲ始メタル者カ占有ノ當時其物ヲ以テ自己ノ權利ノ目的物ナリト信シタル場合亦同シ

學者往々第百九十二條ノ文言ニ拘泥シ即時取得ノ基本タルヘキ占有ハ必シモ正權原ノ占有タルコトヲ要セスト説ケトモ其正權原ノ占有タルコトヲ要スルハ自、善意無過失ノ條件中ニ包含セラルルノミナラス法律ノ主眼トスル所ハ權利ヲ取得シタリト信スヘキ正當ノ理由ヲ有スル者ヲ保護スルニ在ルヲ以テ立法ノ趣旨ヨリ見ルモ此條件ノ存在ヲ必要トスルコト明ナリ

三 即時取得ノ效果

甲 占有者ハ占有ノ效力ニ因リテ占有物上ニ實體權ヲ取得ス 所謂「其動產ノ上ニ行使スル權利」即實體權中ニハ賃借權ヲ含マス蓋賃借權ハ物ニ關スル權利ナルモ一ノ債權ニシテ物ノ上ニ直接ニ行ハルル權利ニ非サルヲ以テナリ

第百九十二條ノ規定ハ眞正ノ權利者ト正權原ノ占有者トノ關係ヲ規定シタルモノニシテ無效又ハ取消ノ原因ノ存スル法律行爲ニ基キ動產ノ引渡ヲ受ケテ之ヲ占有シタル者ニ之ヲ適用スルコトヲ得ス蓋相手方カ物ノ所有者ナルト否トニ拘ラス當事者ノ一方ハ權利ヲ取得スヘキ正當ノ原因ヲ有セサレハナリ然レトモ其動產カ轉シテ第三者ノ占有ニ歸シ其第三者カ占有ノ始メ善意無過失ナリシトキハ占有者ハ第百九十二條

ニ從ヒ其動産上ニ權利ヲ取得ス

善意ノ第三者カ賣買交換其他ノ有償行爲ニ基キテ動産ヲ占有シ第百九十二條ニ依リ其動産上ニ權利ヲ取得シタルトキハ此事實ハ其法律行爲ニ如何ナル影響ヲ及ホスヤ例之甲其占有スル丙ノ時計ヲ百圓ニテ乙ニ賣渡シ乙善意無過失ニテ其引渡ヲ受ケ之ヲ占有シテ其所有權ヲ取得シタル場合ニ其賣買ノ效力如何乙ハ第百九十二條ノ規定ニ基キ占有ノ效力トシテ時計ノ所有權ヲ得タリト主張シ代金百圓ノ支拂ヲ拒ミ得ヘキヤ然ラス此場合ニ於テハ法律ハ直ニ其法律行爲ノ效果ヲ生セシメ當事者ヲシテ法律行爲ニ因リテ希圖シタル權利ヲ取得セシメテ之ヲ保護スルモノナレハ占有ノ原因タル法律行爲ト占有ノ效力トハ分離スヘカラサル關係ヲ有スルモノナリ故ニ前例ニ於テ甲ハ乙ニ對シテ代金百圓ヲ請求スル權利ヲ有ス

乙　所有者ハ全部又ハ一部其權利ヲ喪失ス　第百九十二條ノ規定ヨリ生スル當然ノ結果トシテ所有者ハ占有者ニ對シテ其回復ヲ請求シ得サル

コトトナルヲ以テナリ但占有者カ質權ヲ取得シタルトキハ所有者ハ唯其所有權ヲ制限セラルルニ過キス又占有者カ物ノ所有權ヲ取得シタルトキハ舊所有者トノ關係ニ於テ物ノ上ニ存スル第三者ノ權利モ亦同時ニ消滅ニ歸ス他ナシ占有者ハ新ニ物ノ上ニ所有權ヲ取得スルモノニシテ舊所有者ノ權利ヲ承繼スルモノニ非サルヲ以テナリ

占有者カ占有物上ニ權利ヲ取得スルト同時ニ所有者ハ其權利ヲ喪失シ占有物ノ回復ヲ請求スルコトヲ得ス此原則ニハ例外アリ如左

子　占有物カ盜品又ハ遺失物ナルトキ（一九三）所有者ハ盜難又ハ遺失ノ時ヨリ二年間ハ其物ノ回復ヲ請求スルコトヲ得此場合ニハ物ノ所有者ハ意思ナクシテ其占有ヲ失ヒタルモノニシテ直ニ其權利ヲ喪失セシムルハ酷ナルヲ以テナリ但犯人、拾得者、惡意又ハ過失アル占有者ニ對シテハ二十年ノ長期時效ノ成就スルマテハ之カ回復ヲ請求スルコトヲ得

所有者ハ二年間占有者ニ對シ絕對無條件ニテ回復ノ請求ヲ爲シ得ヘ

シト雖占有者カ競賣又ハ公ノ市場ニ於テ又ハ其物ト同種ノ物ヲ販賣スル商人ヨリ善意ニテ之ヲ買受ケタルトキハ所有者ハ占有者ニ對シ其支拂ヒタル代價ヲ辨償スルニ非サレハ其回復ヲ請求スルコトヲ得ス然ラサレハ占有者ヲシテ不測ノ損害ヲ被ラシメ取引ノ安全ヲ害スルノ虞アルヲ以テナリ

第百九十三條ニ所謂「回復ノ請求」トハ我民法ノ用語上實體權ヲ基礎トシテ物ノ返還ヲ請求スルノ謂ナルヲ以テ同條ニ所謂「被害者」「遺失主」ハ所有權其他ノ實體權ヲ有スル者ヲ意味シ賃借人、受寄者ノ如キハ之ヲ包含セサルモノト解ス何トナレハ是等ノ者ハ占有者又ハ代理占有者トシテ占有回收ノ訴ヲ提起シ得ルモ占有物上ニ直接ニ行ハルル實體權ヲ有セサルヲ以テ回復ノ請求ヲ爲スノ權利ヲ有セス加之同條ノ場合ニ於テハ目的物ハ既ニ善意ノ第三者ノ占有ニ歸シ回收訴權モ亦絕對的ニ杜絕セラレタル場合ナレハナリ

又質權者ハ實體權ヲ有スル者ナレトモ第三百五十三條ハ質權者ノ爲

ニ回收訴權ノミヲ認メ質物回復ノ本權訴權ヲ認メサルヲ以テ質權者モ亦「被害者」「遺失主」中ヨリ除外セラルヘク又先取特權者ハ物ヲ占有スルノ權能ヲ有セス留置權者ハ物ノ占有ヲ失フニ因リテ其權利ヲ喪失スルヲ以テ何レモ回復ノ請求權ヲ有セサルモノトス故ニ第百九十三條ノ回復請求權ヲ有スル者ハ結局其物ノ所有者ノ外ニ出テサルモノトス

五 占有物カ他人ノ飼養セシ家畜外ノ動物ナルトキ（一九五）蓋、家畜外ノ動物ハ逃走シ易キ性質ヲ有スルヲ以テ所有者以外ノ人カ之ヲ捕獲スルト同時ニ其所有權ヲ取得スルモノト爲スニ於テハ所有者ハ容易ニ其權利ヲ失ヒ酷ナルヲ以テナリ第百九十五條ニハ「其占有ノ始メ善意」ト規定シ占有者ニ過失アリタルヤ否ヤヲ區別セス是、家畜外ノ動物ハ天然ノ自由ヲ回復スルト同時ニ無主物ト認メ得ヘク其動物ニ所有者アリヤ否ヤノ穿鑿ノ如キハ無用ノ注意ニ屬スルヲ以テナリ

惡意ノ占有者ハ長期ノ取得時效ノ成就スルマテハ所有者ヨリ回復ノ

請求ヲ受ケサルヘカラスト雖其逃走ノ時ヨリ一箇月後ニ捕獲セラレタルモノハ占有者ノ意思如何ニ拘ラス所有者ニ於テ之ヲ回復スルコトヲ得スト信ス同條ノ規定ハ所有者ノ利益ノ爲ニ一箇月內其權利ヲ主張スルコトヲ得セシムルニ過キサルヲ以テナリ

第三

動產ニ於ケル權利ノ授受ハ日常頻繁ニ行ハレ特ニ證書或ハ登記ニ依ル等ノ形式ヲ要セサルヲ以テ其權利ノ所在不明ナリ從テ動產ノ賣買ニ際シテハ其賣渡人ノ眞正ノ所有者ナルヤ否ヤヲ鑑別スルコト甚困難ナリ然ルニ所有權ノ一般原則ニ從ヒ眞ノ所有者ニ非サル者ヨリ買受ケタルコトヲ以テ凡テ買受人ノ不注意ニ歸セシメ眞ノ所有者ハ之ニ對シ其取戾ヲ請求スルコトヲ得トセンカ動產ノ賣買ハ頗危險ノモノト爲リ其結果商業及ヒ一切ノ取引ヲシテ甚不安全ナラシメ著シク商業ノ發達ト社界ノ進運トヲ妨害スルニ至ラン是平穩且公然ニ動產ノ占有ヲ始メタル者カ善意ニシテ且過失ナキトハ即時ニ其動產ノ上ニ行使スル權利ヲ取得スト爲ス所以ナリ(二一九)

其取得スル權利ハ其占有ヲ取得シタル趣旨ニ從ヒ占有者カ其動產ノ上ニ行使スヘキ權利ニシテ廣ク物權及ヒ債權ヲ包含ス即所有權ヲ得ルノ目的ヲ以テ占有ヲ得タルトキハ所有權ヲ取得シ質權ヲ得ルノ目的ヲ以テ其占有ヲ得タルトキハ質權ヲ取得シ又賃借權ヲ得ルノ目的ヲ以テ其占有ヲ得タルトキハ賃借權ヲ取得スルモノトス

佛國法系ノ國法ニ在テハ第百九十二條ノ規定ヲ以テ即時時效又ハ瞬間時效ト爲スト雖、時效ハ元來時ノ經過ニ對スル效力ナリ然ルニ同條ノ規定ハ時ノ觀念ヲ用ヒサルヲ以テ近世ノ立法ハ之ヲ時效ト爲サス占有權ノ直接效果トシテ權利取得ノ一方法トセリ（伊太利民法、西班亞民法、瑞西債務法）我民法亦然リ

此動產上ニ行使スル權利ヲ即時ニ取得スル原則ニハ例外アリ如左

一 其動產カ盜品又ハ遺失物ナルトキ（一九三）蓋、第百九十二條ノ規定ハ全ク公益上ノ理由ニ出ツ然レトモ何レノ場合ニモ此規定ヲ適用スルトキハ遂ニ所有權保護ノ精神ヲ誤ルニ至ルノ虞アリ即夫ノ盜品又ハ遺失物ノ所有權ノ如キハ毫モ其所有權ヲ拋棄スルノ意思ヲ有セス寧、之ヲ保有セントス

ルモノナリ然ルニ之ニ對シテモ尙該條ノ原則ヲ適用スルモノトセハ占有權ノ保護ト所有權ノ保護ト其權衡ヲ失シ所有權ニ對シテ頗酷ナリ是第百九十三條ヲ以テ被害者又ハ遺失主ヲシテ二年間占有者ニ對シテ其物ノ回復ヲ請求スルコトヲ得セシムル所以ナリ此期間ハ一面ニ於テ所有者ノ權利ヲ保護スルカ爲、占有者ノ權利ニ制限ヲ加ヘ（直ニ所有權ヲ取得セシメサルヲ指ス）又一面ニ在テハ第三者ノ公益ヲ保護センカ爲所有權ノ保護ニ制限ヲ加ヘタルモノナリ（所有者ノ回復訴權ニ期間ヲ付シタルヲ謂フ）

所有者カ占有者ニ對シテ回復ヲ請求スルニ當リ占有者ニ對シ賠償ノ義務アルカ原則トシテハ所有者ハ賠償ノ義務ヲ有セサルモノトス蓋、所有權ノ當然ノ行使ナレハナリ然レトモ一定ノ條件ヲ具フル場合ニ於テハ被害者又ハ遺失主ハ占有者カ拂ヒタル代價ヲ辨償スルニ非サレハ其物ヲ回復スルコトヲ得サルモノトス（一九四）是一方ニハ回復訴權ニ依リ他方ニハ賠償方法ニ依リ所有者ト占有者トヲ併セテ保護スルモノナリ其條件如左

甲　市場又ハ同種ノ物ヲ販賣スル商人ヨリ買受ケタルコト

乙　善意ニテ買受ケタルコト

是占有者ハ賣買ヲ爲スヘキ正當場所及ヒ正當方法ニ依リ之ヲ買受ケタルモノナルヲ以テ過失ノ責ムヘキモノナク從テ之ヲ保護スルニ非スンハ商取引ノ安全ヲ害スルノ虞アルヲ以テナリ故ニ占有者カ無償ニ占有シタルトキハ所有者ハ特ニ賠償ヲ爲スコトヲ要セス

二　其動産カ家畜外ノ動物ナルトキ（五一九）　蓋逃失シタル家畜外ノ動物ハ其占有ヲ盜マレタル物ニ非ス又遺失物ニ非ス逃失物ト稱スル一種特別ノモノナリ從テ第百九十三條第百九十四條ヲ適用スル能ハス故ニ第百九十二條ヲ適用ストセンカ所有者ニ對シテ頗苛酷ニ失スルモノトス蓋元來家畜外ノ動物ハ人ノ飼養ニ屬セサルヲ普通トスルカ故ニ動モスレハ逸走シ易シ然ルニ逸走後善意ノ所有者ノ手ニ落ツルトキハ飼養主カ直ニ其權利ヲ失フノ結果ヲ生スレハナリ是其權利ノ喪失ニ一箇月ノ期間ヲ付シ以テ飼養主ノ權利ヲ保護シタル所以ナリ

又逃走シタル家畜外ノ動物ハ野生ノモノト推定スルヲ當然トスルカ故ニ

一箇月ノ期間經過後ハ其占有者カ善意ナルトキハ直ニ其物ノ上ニ權利ヲ取得スルコトヲ得

第四

平穩公然無過失ノ占有者ハ所有權、質權其他如何ナル權利タリト雖、苟、動產上ニ行使シ得ヘキモノナレハ之ヲ自己ノ有ト爲スコトヲ得但此四條件ハ何レモ占有ノ始ニ之ヲ具備スルヲ以テ足ル(一九二)此外正權原ヲ要セス之ヲ以テ即時時效ト爲スモノアレトモ非ナリ權利ノ取得ニ時ノ經過ヲ要セサレハナリ

是占有權ノ效力ヲ鞏固ニシ取引ノ安全ト動產ノ占有者ヲ保護セントスル公益上ノ理由ニ出ツルモノナリ蓋、動產ニ關シテハ登記ノ制ナキヲ以テ物ノ所持者ヲ權利者ト認メタルトキハ假令其相手方カ眞ノ所有者ニ非サルモ右四條件ヲ備ヘタル占有者ハ占有ノ效力ニ因リテ新ニ所有權ヲ取得シ眞ノ所有者ヨリ追奪セラルルコトナシトスレハナリ例外アリ如左

一 盜品又ハ遺失物ナルトキ(一九三) 被害者又ハ遺失主ハ遺失ノ時ヨリ二年

間何等ノ辨償ヲモ爲スコトヲ要セスシテ其物ノ所持及ヒ占有者カ即時取得ノ規定ニ依リテ取得シタル權利ノ回復ヲ求ムルコトヲ得蓋、被害者及ヒ遺失主ハ毫モ物ノ占有ヲ他人ニ移スノ意思ナク又之ヲ移ス外形ノ行爲ヲモ爲サヽルモノニシテ公益上所有權ノ效力ヲ鞏固ニスル爲善意ノ占有者ヨリモ之ヲ保護スルノ必要アルヲ以テナリ

然レトモ占有者カ盜品又ハ遺失物ヲ(一)競賣(二)公ノ市場(三)其物ト同種ノ物ヲ販賣スル商人ヨリ買受ケタルトキハ(一)(二)ノ場合ニ於テハ占有者カ惡意ニテ買受クルモ(三)ノ場合ニ於テハ占有者カ善意ニテ買受ケタトキニ限リ被害者又ハ遺失主ハ占有者カ拂ヒタル代價ヲ辨償スルニ非サレハ其物ヲ回復スルコトヲ得ス(一九四)蓋、競賣及ヒ公ノ市場ニ於ケル取引及ヒ商人ト爲ス取引ニ關スル信用ヲ鞏固ナラシメンカ爲ナリ或ハ曰ク(一)(二)ノ場合ニ於テハ他人カ之ヲ買取ルニ先チ無償ニテ其物ヲ回復シ得ルノ機會アリ然ルニ之ヲ逸スルハ其懈怠ナリ是其代價ヲ辨償スヘキ所以ナリト然ル場合モナキニ非サルヘシ

被害者又ハ遺失主カ其代價ヲ辨償シタルトキハ盜者又ハ拾得者ニ對シテ其償還ヲ請求シ得ヘキコト勿論ナリ

二 他人カ飼養セシ家畜外ノ動物ナルトキ(一九五)其逃失後一箇月間ハ何等ノ本權ヲモ取得セサルモノニシテ一箇月ヲ經、始メテ之ヲ取得ス即占有者ハ一旦動物上ノ權利ヲ取得スルモ一箇月間ハ所有者ヨリ之ヲ追奪セラルルノ虞アルニ非ス又一箇月ノ期間ハ占有者カ取得時效ニ因リテ動物ヲ取得スル期間ニモ非ス蓋期間ノ起算點ハ占有ノ時ニ非スシテ逃走ノ時ナレハナリ起算點ヲ占有ノ時ト爲ササリシハ無主物タル場合多キヲ以テナリ即時取得ニハ善意ノ外平穩公然無過失ノ三條件ヲ要スルニ此場合ニハ善意ノ一條件ヲ以テ足レリトス蓋所有者ナキヲ通常トシ且逃失ノ時ヨリ一箇月間飼養主ヨリ回復ヲ受ケサル場合ナルヲ以テナリ

第五

蓋動產ハ所在不確定ニシテ且其取引最頻繁ナル物ナリ故ニ意外ノ人ヨリ其上ニ權利アルコトヲ主張セラレ竟ニ之ヲ返還セサルコトヲ得サルカ如キコ

トアラハ商業其他一切ノ取引ハ不安全ニシテ取引ノ圓滑ヲ缺キ商業ノ發達ヲ妨クルノ虞アリ是所謂瞬間時效又ハ卽時時效(Prescription instantanée)ニ關スル規定アル所以ナリ(一二九)其條件ハ不動産ノ取得時效ニ關スル第百六十二條二項ノ規定ニ同シ

其取得スル權利ハ所有權ニ限ラス(權利ト言ヒテ所有權ト言ハス)實際ノ適用ニ至リテハ我民法上殆、所有權ノ外質權ニノミ之ヲ適用スヘキカ卽、債務者カ他人ノ動産ヲ以テ質物ト爲シ債權者カ善意ニテ之ヲ受取リタル場合ニ於テハ直ニ質權ヲ取得スルモノトス留置權及ヒ先取特權ニ付テハ之ヲ以テ擔保スル債權ヲ取得スル者カ同時ニ物ノ占有ヲ得ルトキハ第百九十二條ノ適用アルヘシ又旅店宿泊ノ先取特權、運輸ノ先取特權等ニ付テモ亦全ク適用ナキニ非サルモ通常ハ占有ヲ始ムル當時既ニ先取特權ヲ行使スルモノニ非サルカ故ニ特ニ明文(三一九)アリ又賃借權ニ付テハ之ヲ第三者ニ對抗スルコトヲ得サルカ故ニ該條ノ適用ナシ

或ハ之ヲ以テ時效ト爲ス者アレトモ不當ナリ時ヲ要セサル時效アルヘキ謂

レナケレハナリ我民法ハ之ヲ占有ノ效力ト爲ス例外如左

一 占有物カ盗品又ハ遺失品ナルトキ(一九三) 盖動産ハ其性質上容易ニ眞ノ權利者ヲ認ムルコト能ハサルカ故ニ法律ニ於テ特ニ善意ノ占有者ヲ保護スルハ實ニ已ムヲ得サルニ出ツ然レトモ此場合ニ於テハ權利者カ其意ニ反シテ占有ヲ失ヒタルモノナルカ故ニ直ニ其權利ヲ失ハシムルハ酷ニ失ス是其盗難又ハ遺失ノ時ヨリ二年間占有者ニ對シテ其物ノ回復ヲ請求スルコトヲ得セシムル所以ナリ

然レトモ占有者カ其物ヲ「競賣若クハ公ノ市場ニ於テ又ハ其物ト同種ノ物ヲ販賣スル商人ヨリ善意ニテ買受ケタルトキハ」占有者ニ毫末ノ過失ナキカ故ニ取引ノ安全ヲ保護スルカ爲被害者又ハ遺失主ヲシテ占有者カ支拂ヒタル代價ヲ辨償セシムルコトトセリ(一九四)

二 占有物カ他人ノ飼養セシ家畜外ノ動物ナルトキ(一九五) 或ハ曰ク家畜外ノ動産ハ素ト人ノ所有ニ屬セサルヲ本則トス故ニ却テ他ノ動物其他ノ動産ヨリモ速ニ其所有權ヲ失フモノトスルヲ當然トス寧之ニ第百九十二條

ノ規定ヲ適用シ原所有者ヲシテ直ニ其權利ヲ失ハシムルヲ妥當トスヘキカ如シト然レトモ他ノ動物其他ノ動産ハ所有者アルヲ常トス故ニ單ニ往來ニ於テ之ヲ捕獲、拾得スルモ直ニ其所有者ト爲ルコト能ハス反之家畜外ノ動物ハ元來人ノ所有ニ屬セサルヲ常トスルカ故ニ山野其他道路等ニ於テ之ヲ發見スルトキハ之ヲ野生ノモノト誤認シ直ニ其所有者ト爲ルコトヲ得ルモノト信スルコト多カルヘシ故ニ之ニ第百九十二條ヲ適用スルトキハ飼養主ニ酷ナリ是特ニ其飼養主ヲ保護スル必要アル所以ナリ但家畜ハ他ノ動産ト異ルコトナシ

第四節　損害賠償義務（回復者ノ權利）

民法論綱學士

第一　占有物カ占有者ノ責ニ歸スヘキ事由ニ因リテ滅失又ハ毀損シタルトキハ占有者ハ回復者（所有者）ニ對シ損害賠償ノ義務ヲ負フ占有者ハ其占有物ヲ回復者ニ返還スルノ責アレハナリ（一一九）其要件如左

一　占有物ノ滅失又ハ毀損アリタルコトヲ要ス

二　占有者ノ責ニ歸スヘキ事由(故意過失)ニ因ルコトヲ要ス　故ニ所有者ノ占有中ニ在ルモ尚且滅失又ハ毀損ヲ免レサル天災其他ノ不可抗力ニ基ク占有物ノ滅失又ハ毀損ハ占有者ノ損害賠償ノ原因ト爲ラス (Impossibilium nulla obligatio)

次ニ損害賠償ノ程度即範圍ハ占有者ノ種類ニ從テ異ナル如左

一　所有ノ意思アル惡意ノ占有者及ヒ所有ノ意思ナキ占有者(意思ノ善惡ヲ問ハス)ハ損害ノ全部ヲ賠償スヘキ義務ヲ負フモノトス　蓋斯ル占有者ハ其占有物カ他人ノ所有ニ屬スルコトヲ認知スルヲ以テ所有者ニ對シ之ヲ保存スル義務ヲ負フヲ以テナリ

二　所有ノ意思アル善意ノ占有者ハ損害ノ全部ヲ賠償スヘキ義務ヲ負フコトナシ　蓋斯ル占有者ハ自己ヲ所有者ナリト確信シタルモノナレハナリ　然レトモ不當利得ハ法律ノ許ス所ニ非ス故ニ善意ノ占有者ハ其滅失又ハ毀損ニ因リテ現ニ利益ヲ受ケタル限度ニ於テ賠償ヲ爲ス義務ヲ負フ

三　不法行爲ニ因リテ占有ヲ始メタル占有者ハ所有者ニ對シ不法行爲ノ法則ニ從ヒ其責ニ任ス(九七〇)故ニ占有者ハ所有者ニ對シ斯ル不法行爲ニ因リテ生シタル損害ノ全部ヲ賠償スルノ義務ヲ負ヒ敢テ占有物ノ滅失毀損ノ有無ヲ問フコトナシ

第三

所有者、地上權者、永小作人及ヒ質權者ハ法律ニ依リ物ヲ占有スル能力ヲ附與セラルルヲ以テ占有者ニ對シテ其返還即回復ヲ求ムルノ權利ヲ有シ占有者ハ其義務ヲ負フ占有物回復ノ問題ハ主トシテ所有者ト占有者トノ間ニ於テ生ス

茲ニ所謂占有者トハ法律上ノ原因ナクシテ物ヲ占有スル者ヲ謂ヒ賃借其他正當ナル法律關係ニ基キ物ヲ占有スル者ニ付テハ其法律關係ニ固有ナル法律ヲ適用スヘク第百九十一條第百九十六條ノ規定ヲ適用スルコトヲ得ス

回復者ニ對スル占有者ノ義務ハ其意思ノ善惡ニ因リ範圍ヲ異ニス(一一九)如左

一　善意ノ占有者ハ其惡意ニ變シタル時ノ狀態ヲ以テ占有物ヲ回復者就中

所有者ニ返還スルノ義務ヲ負フ

善意ノ占有者ハ其占有物カ自己ノ故意又ハ過失ニ因リテ滅失又ハ毀損シタルトキト雖之ニ對シ損害賠償ノ責ナシ然ラサレハ正當ノ權利アリト信シテ物ヲ占有スル者ナルニ拘ラス之ヲシテ不測ノ損害ヲ被ラシムルニ至ルヘケレハナリ然レトモ占有物ニ關シテ現ニ受ケタル利益即回復者ヨリ請求ヲ受ケタル當時ニ於テ尙存在スル所ノ利益ハ不當利得ノ原則ニ從ヒ之ヲ所有者ニ償還セシムルコトヲ要ス

容假ノ占有者ハ善意ナルトキト雖其故意過失ヨリ生シタル占有物ノ滅失又ハ毀損ニ對シテハ賠償ノ責ヲ免レサルモノトス容假ノ占有者ハ他人ノ所有トシテ物ヲ占有スルモノナレハナリ

二　惡意ノ占有者ハ其故意又ハ過失ヨリ生シタル占有物ノ滅失又ハ毀損ニ對シテ其損害ノ全部ヲ賠償スル義務ヲ負フ是自己ニ權利ナキコトヲ知ルモノナルヲ以テナリ又同一ノ理由ニ因リ占有物ヨリ受ケタル一切ノ利益ヲ所有者ニ返還スルノ義務ヲ負フ其利益ノ現存スルト否トハ之ヲ問ハス

（四七〇）

注意、善意ノ占有者（自主占有者及ヒ容假占有者ヲ含ム）ハ勿論惡意ノ占有者ト雖其占有物カ自己ノ責ニ歸スヘカラサル理由（例之天災其他不可抗力）ニ因リテ滅失又ハ毀損シタルトキハ之ニ對シテ損害賠償ノ責ニ任セス蓋、物ハ所有者ニ死スルヲ原則トスレハナリ但惡意ノ占有者カ遲滯ニ在ルトキ例之强竊盜ノ如キ當然遲滯ノ責ニ任スル者ナルトキ又ハ占有物カ回復ノ請求ヲ受ケタル後ニ於テ滅失又ハ毀損シタルトキハ其責ヲ負ハシムルヲ可ナリトス然レトモ占有者ハ占有物カ所有者ノ手ニ在ルモ等シク滅失スヘカリシコトヲ證明シテ其義務ヲ免ルルコトヲ得

民法理由
岡松博士

第三

過失又ハ懈怠ニ依リテ他人ニ損害ヲ加ヘタル者ハ其賠償ノ責ニ任スヘキコト一般ノ原則ナリ占有者亦然リ（一一九）其責任如左

一　惡意ノ占有者　權利ヲ有セサルコトヲ知ルモノナレハ損害ノ全部ヲ賠償スルノ義務アリ

二　善意ノ占有者　分レテ二トナル如左

甲　所有ノ意思ナキトキ　他ニ所有者アルコトヲ知リタルトキハ假令善意ナルモ惡意ノ場合ト同シ

乙　所有ノ意思アルトキ　自權利ヲ有スト信スル者ナルカ故ニ現ニ利益ヲ受クル限度ニ於テノミ賠償スヘキ義務アリ

第四　民法正解

一　損害ノ全部ヲ賠償スヘキ場合（一一九）　惡意ノ占有者ハ其物カ自己ノ占有スヘキ物ニ非サルヲ知リ所有ノ意思ナキ善意ノ占有者ハ其物カ他人ノ物ナルコトヲ知ル者ナレハ過失懈怠ノ責ニ任スヘキハ勿論ナリ

二　現ニ利益ヲ受クル限度ニ於テ賠償スヘキ場合（一一九）　善意ノ占有者ハ其物ヲ自己ノ物ト信スル者ナレハ其全部ヲ賠償セシムルハ酷ナレハナリ

第五　民法要義　梅博士

純理ヨリ言ヘハ占有物ニ關スル占有者ノ責任ハ占有者カ眞ノ權利者ニ非サルトキハ占有物ヲ眞ノ權利者ニ返還スルノ責ヲ負フ從テ其所爲又ハ過失ニ

因リ占有物ヲ滅失又ハ毀損シタルトキハ常ニ賠償ノ責ヲ負フヘキカ如シ而シテ悪意ノ占有者ニ付テハ專此原則ニ依ルヘキコト固ヨリナリ然レトモ善意ノ占有者ハ法律ハ概シテ之ヲ過失ナキ者ト看做シ却テ眞ノ權利者ヲ以テ怠慢アル者ト認ムルカ故ニ其權利ノ目的物ヲ隨意ニ處分スヘキハ當然ナリ故ニ假令故意ニ其物ヲ滅失、毀損スルモ又保存ノ注意ヲ怠リ爲ニ滅失毀損スルモ總テ責任ナキモノトセサルコトヲ得ス但善意ノ占有者ト雖不當ノ利得ヲ爲スコトヲ許ササルカ故ニ其滅失又ハ毀損ニ因リテ現ニ利益ヲ受クルトキハ其利益ノ限度ニ於テ眞ノ權利者ニ償還ヲ爲スヘキハ固ヨリ當然ナリ(一九一、七〇三)

假令善意ノ占有者ナルモ單ニ地上權、賃借權等ヲ行使スル場合ニ於テハ其物ハ他人ノ所有物ナルコトヲ信スルカ故ニ其滅失毀損ノ責任ヲ負ハシムヘキハ固ヨリ論ヲ俟タス(一九一但書)

第五節　費用償還請求權(回復者ノ義務)

第一　占有物ヲ返還スヘキ占有者ハ其占有物ノ回復ヲ求ムル所有者ニ對シ占有物ノ爲ニ出シタル一定ノ費用ヲ償還セシムル請求權(占有者ノ權能)ヲ有ス(一九六)

一　意義　占有者カ回復者ニ償還セシムヘキ費用ハ占有者カ占有物ノ爲ニ費シタル財産的價格アル給付ナリ是ヲ以テ

甲　占有者カ占有物ノ爲ニ費シタルコト即占有物ノ所有者ニ對シテ經濟的價値アル性質ヲ有スルコトヲ要ス故ニ占有物ノ有形的變更又ハ占有物ノ重要ナル成分ト爲ル物ノ結合ヲ來ス占有者ノ動作(Arbeit)ハ費用ト爲ル

乙　費用ハ財産的價格アル給付ニシテ占有物ノ所有者ノ利益ニ歸スルコトヲ必要トセス例之占有者カ修繕ノ爲ニ雇入タル木匠到達前占有物カ燒失シタル場合ト雖之カ爲ニ要シタル費用ノ如シ

丙　費用ハ財産的價格アル給付ニシテ法律行爲ニ基クコトヲ要セス例之占有物ノ修繕ノ如シ

二　種類　費用ヲ分ツテ必用費、有益費及ヒ奢侈費トス此區別ハ費用ト物トノ關係ヲ標準トシタルモノニシテ區別ノ實用ハ償還請求ノ能否及ヒ償還額ノ範圍ニ至大ノ關係ヲ有スルニ在リ

三　手段

甲　留置權（二九五）　各種ノ占有者ハ其償還ヲ受クヘキ費用ニ付キ留置權ヲ有ス但占有カ不法行爲ニ因リテ始マリタルトキハ此限リニ非ス所有者カ破産宣告ヲ受ケタルトキハ占有者ハ留置權者トシテ別除權ヲ行使スルコトヲ得ルヤ現行破産法ニ在リテハ留置權ノ性質上消極的ニ又破産法案及ヒ獨逸破産法ニ在リテハ明文ヲ以テ積極的ニ之ヲ定ム（獨破四九）

乙　收去權　各種ノ占有者ハ法律上當然占有物ヲ原狀ニ回復シテ所有者ヨリ費用ノ償還ヲ受クルコト能ハサル結合物ヲ收去スルコトヲ得但結合物ノ收去カ占有者ニ對シ毫モ利益ナキトキ又ハ所有者カ占有者ニ收去後收去シタル結合物ニ依リテ占有者ノ受クルコトアルヘキ價格ヲ償

還シタルトキハ此限リニ非ス

丙 償還請求訴權(一九六) 占有者ハ回復者ニ對シ訴ヲ以テ其償還ヲ受クヘキ費用ノ償還ヲ請求スルコトヲ得

四 範圍 回復者カ占有者ニ償還スヘキ費用額ノ範圍ハ費用ノ種類ニ從テ異レリ但奢侈費ハ單ニ占有者ノ快樂又ハ便利ヲ增スカ爲ニ用ヒタル費用ニシテ經濟上ノ利益ヲ生スルコトナシ故ニ之カ償還ヲ請求スルコトヲ得ス

甲 必要費(一九六、一項) 各種ノ占有者カ其金額ヲ償還セシムルコトヲ得然レトモ通常ノ必要費即現狀ノ維持又ハ滅價ノ防止費用(Frais déntretien)ハ善良ナル管理者カ物ノ收益中ヨリ支出スルヲ通例トスルヲ以テ收益者ノ負擔トスルヲ當然トス故ニ果實ヲ取得シタル占有者ハ通常ノ必要費ノ償還ヲ請求スルコトヲ得ス(一九六、一項)反之臨時ノ必要費即保存費(Frais de concervation)ハ斯ル事由存セサルヲ以テ所有者ノ負擔タルヲ當然トス故ニ果實ヲ取得シタル占有者ト雖其

償還ヲ所有者ニ對シテ請求スルコトヲ得

果實ノ產出ニ必要ナル費用即耕作及ヒ收穫費用ハ果實ヲ以テ支拂フモノナルカ故ニ果實歸屬者ノ負擔ニ歸ス

乙 有益費（一九六、二項）各種ノ占有者ハ占有物返還ノ當時其價格ノ增加カ現存スルトキニ限リ其增加額ヲ償還セシムルコトヲ得是不當利得ノ法則ノ適用ニ他ナラス增價額ハ現ニ費シタル有益費額ヲ超ユルコトアリ或ハ然ラサルコトアリ前ノ場合ニ在リテハ所有者ハ有益費額ヲ支拂フヲ以テ足レリトス蓋其增加額ヲ支拂フモノトセハ却テ占有者カ不當利得ヲ受クルヲ以テナリ故ニ所有者ハ其選擇ヲ以テ此兩者中ノ最少額ヲ支拂フコトヲ得但惡意占有者ハ故ラニ多額ノ有益費ヲ施シ回復ノ妨害ヲ企圖スルコトナキヲ保セス回復者ノ利益ヲ保護スル必要アリ是第百九十六條二項但書ノ規定アル所以ナリ

丙 費用償還請求權ハ現在ノ占有者カ現在ノ所有者ニ對シ之ヲ實行スルコトヲ得 蓋現在ノ占有者ハ償還請求權ト共ニ占有ヲ取得シ又現在ノ

所有者ハ償還義務ト共ニ所有權ヲ取得スレハナリ故ニ現在ノ占有者ハ其前主又ハ前占有者カ占有物ノ爲ニ出シタル費用額ノ償還ヲ請求スルコトヲ得又現在ノ所有者ハ其所有權取得前ニ存在スル費用額償還ノ義務ヲ負フ但不動産ノ競落人ハ民事訴訟法第六百四十九條ノ規定ニ從フ

第二　物權法 横田博士

回復者ハ占有物ニ關シテ占有者ノ支出シタル費用ヲ占有者ニ償還スルノ義務アリ此義務ハ必要費ト有益費ノ區別ニ因リ其範圍ヲ異ニス（一九六）如左

一　所有者ハ占有物保存ノ爲ニ費シタル金額（即保存費）其他ノ必要費ヲ償還スルコトヲ要ス（一九六、一項前段）但通常ノ必要費ハ占有物ノ收益ト密接ノ關係ヲ有シ其一部ヲ以テ之ヲ支辨スルヲ普通ノ管理方法ト爲ス故ニ占有者カ果實ヲ取得シタルトキハ之カ償還ヲ求ムルコトヲ得サルモノトス（一九六、一項後段）

二　占有者カ占有物ノ改良ノ爲ニ費シタル金額其他ノ有益費ハ之ヲ償還スルノ義務アリ（一九六、二項）但有益費ノ爲ニ生シタル價格ノ増加カ占有物返還ノ當時現存セサルトキハ所有者ハ其費用ヲ償還スヘキ理由ナシ蓋シ必要費ト異リ必シモ之ヲ投スルヲ要セサルヲ以テ不當利得ニ非サレハナリ反之價格ノ增加カ現存スルトキハ償還ノ義務アリ蓋、其增加額ハ所有者ヲ利スルヲ以テナリ然レトモ其支出シタル金額カ增加額ヨリ少キトキハ其金額ヲ支拂フノミヲ以テ足ル占有者ニ何等ノ損害ナキニ至ルヲ以テナリ

其費用カ有益費ナリシヤ否ヤハ占有者ノ意思ニ基ク主觀的ノ標準ニ依ルニ非スシテ取引上ノ觀念ニ基ク客觀的ノ標準ニ從フコトヲ要ス

三 占有者ハ償還ヲ受クヘキ費用ノ請求權ニ付キ占有物上ニ留置權ヲ有ス(二九五、一項)但占有カ詐欺强暴其他ノ不法行爲ニ因リテ始マリタルトキハ之ヲ有セス(二九五、二項)故ニ此種ノ占有者ニ對シテハ回復者ハ費用ノ償還ヲ爲スト否トニ關セス何時ニテモ占有物ノ返還ヲ求ムルコトヲ得

惡意ノ占有者モ亦其費用償還ノ請求權ニ付キ留置權ヲ有スルモ裁判所カ回復者ノ請求ニ對シ有益費ノ償還ニ付キ相當ノ期限ヲ許與シタルトキハ占有者ハ占有物ヲ留置スルコトヲ得ス蓋、費用ノ支出ハ回復者ノ關知セサル所ニシテ直ニ之ヲ償還スヘキモノトスルトキハ非常ナル困難ノ地位ニ

陥ルコトアルヘキヲ以テナリ

第三

善意悪意ヲ問ハス

占有者ノ權利ヲ分テ二トス如左(一九六)

一 物ノ保存ノ爲ニ費シタル金額其他ノ必要費用ノ償還ヲ請求スル權利ヲ有ス　蓋此等ノ費用ハ其物カ眞ノ權利者ノ手裡ニ存在スル場合ニモ之ヲ要スルモノナレハナリ(一九六、一項)但耕作又ハ收益ノ費用ノ如キ果實ヲ保存シタルモノ即通常ノ必要費用ニ至リテハ果實ノ負擔タルヲ通例トス故ニ占有者カ其果實ヲ取得シタルトキハ其費用ハ占有者ノ負擔ニ歸ス(一九六、一項但書)

二 物ノ改良費用及ヒ其他ノ有益費用ニ付テハ其價格ノ増價カ現存スルトキニ限リ其費用ノ償還ヲ請求スル權利ヲ有ス　蓋此等ノ費用ハ物カ權利者ノ手裡ニ存在スル場合ニ必要スヘキモノニ非スト雖回復者ハ不當ノ利得ヲ得ルノ結果ヲ生スルカ爲ナリ(一九六、二項)但此場合ニ於テハ以太利民法第七百五條ノ如ク占有者ハ増加ノ爲ニ費シタル金額ト増加トヲ比較シ其最少額ニ非サレハ之ヲ請求スルコトヲ得サルモノト爲スヲ妥當ナリトスルモ實際此額ヲ定ムルコト困難ナルニ因リ本條ハ回復者ノ選擇ニ從フコトトシ證明ノ責任ヲ回復者ニ歸シテ法律適用上ノ混雜ヲ避ケタリ惡意ノ占有者ハ故意ニ多額ノ有益費用ヲ支出シ以テ回復權ノ行使ニ妨害ヲ與フルコトナキヲ保セス是法律ハ裁判所ヲシテ費用ノ償還ニ付キ相當ノ期限ヲ許與スルコトヲ得セシムル所以ナリ(一九六、二項但書)

第四 回復者ハ占有者カ占有物ノ爲ニ費シタル必要費ノ金額ヲ償還セサルヘカラス(一九六、一項)蓋是等ノ金額ハ假令物カ所有者ノ占有ニ在ルモ必要スル費用ナルヲ以テナリ但通常ノ必要費ハ多クハ定期ノ果實ヲ取得スル爲ニ支出スルモノニシテ果實ハ畢竟此費用ヲ支出シタルヨリ生スル結果トモ見ルヲ得ヘキヲ以テ占有者カ果實ヲ取得シタルトキハ通常ノ必要費ハ其負擔ニ歸ス有益費ニ付テハ回復者ハ選擇權ヲ有ス(一九六、二項)占有者ヲシテ必要費ト增加額トノ中何レカ其一ヲ得セシムルニ其占有者ノ善意惡意ヲ問ハスト爲シタル

ハ其善意惡意ニ因リテ回復者ニ不當ノ利得ヲ得セシムルノ理由ナキヲ以テナリ
伊太利民法ハ增加額ト有益費トノ中其少キモノヲ償還セシムルコトトスルモ實際上何レノ金額カ果シテ少ナキカヲ定ムルニ屢々困難ヲ感スヘシ

第五

占有者カ占有物ニ費用ヲ加ヘタルトキハ之ニ因リテ生スル利益ハ其物ノ返還ヲ受クル權利者之ヲ享受スヘキカ故ニ其占有者ノ善意タルト惡意タルトヲ問ハス其費用ノ全部又ハ一部ヲ之ニ償還セシム(一九六)唯其費用ノ種類ニ從ヒ其償還ヲ為スヘキ限度同シカラス費用ニ三種アリ必要費又ハ保存費(impensæ necessariæ, dépenses nécessaries,nothwendige Uerwendrngen) 有益費又ハ改良費(impensæ utiles, dépenses utiles, nützliche Verwendungen)及ヒ徒冗費又ハ奢靡費 impensæ voluptuariæ, dépenses. voluptuaries, Luxusausgaben) 是ナリ
必要費ハ若之ヲ施ササレハ殆其物ヲ保存スルコト能ハサルカ故ニ其全額ヲ償還セサルコトヲ得ス但通常ノ必要費ハ果實ヲ以テ之ヲ支拂フヲ常トスル

モノナルカ故ニ占有者カ果實ヲ取得シタルトキハ（善惡ノ占有者ハ之ヲ取得ス一八九）其償還ヲ求ムルコトヲ得ス（一九六、一項但書）

有益費ハ物ノ價ヲ增加スヘキモノナルカ故ニ之ヲ償還セサルコトヲ得ス然ラスンハ不當ノ利得ヲ受クルニ至ルヘキヲ以テナリ此費用ノ償還ハ不當利得ノ原則ニ基クモノナルカ故ニ增價額カ物ノ返還ノ當時ニ存セサルトキハ其償還ヲ要セス又此費用ハ單ニ價ヲ增加スルモノナルカ故ニ其增價額費用ノ額ニ及ハサルトキハ必シモ其全額ヲ償還スルコトヲ要セス又其增價額却テ費用ノ額ヨリモ多キトキト雖費用額ヲ償還スルヲ以テ足ル蓋、占有者ニ損失ナク回復者ニ不當利得ナケレハナリ是回復者ニ其選擇權アル所以ナリ然レトモ有益費ハ占有者ノ隨意ニ投シタルモノニシテ其償還ハ權利者ニ取リテハ迷惑ナル所ナリ加之惡意ノ占有者（費用ヲ加フル時ニ惡意ナル占有者）ハ時ニ權利者ヲシテ物ノ回復權ヲ行使スルコト能ハサラシムルカ爲特ニ莫大ノ費用ヲ施シテ其償還ヲ請求スルコトナキヲ保セサレハナリ是其償還ニ猶豫期限ヲ與フルコトヲ得セシムル所以ナリ（一九六、二項但書）徒冗費ハ必要ナラス且物ノ價ヲ增ササル費用（例之庭樹ノ位置變更建物ノ模樣替等）ナルカ故ニ之ヲ償還スルコトヲ要セス占有者ハ惡意又ハ過失ニ因リテ占有ヲ始メタル者ヲ除ク外必要費有益費ノ償還ヲ受クルマテ其物ノ占有ヲ繼續スルコトヲ得（二九五）惡意ニテ有益費ヲ加ヘタル占有者ハ必シモ惡意又ハ過失ニ因リテ占有ヲ始メタル者ニ非ス故ニ第二百九十五條二項ニ該當セサル者アリ唯此者ハ第百九十六條二項但書ノ規定ニ依リ裁判所ニ於テ期限ヲ許與シタルトキハ第二百九十五條一項但書ニ該當スヘキヲ以テ有益費ニ付テハ留置權ヲ有セサルナリ

第六節　占有訴權

第一款　占有訴權ノ意義

民法論
松岡學士

第一

占有訴權ハ占有者カ占有ノ保護ヲ受クルカ爲ニ國家ニ對シテ有スル公權ナリ

一　占有訴權ハ動産又ハ不動産ノ占有保護ヲ目的トス故ニ占有ノ訴ハ占有

ノ問題ヲ決スルニ止リ本權ノ問題ニ及フコトナシ從テ不法行爲ニ基ク訴ハ占有ノ訴ニ屬セス(二〇二、二項)

二　占有訴權ハ國家ニ對シテ有スル權利ナリ故ニ一般ノ訴權ト同シク公權ニ屬ス

三　占有訴權實行ノ形式ハ訴ナリ是占有保護ノ形式カ判決タルニ由ル其訴ノ實體的要件ハ民法之ヲ規定シ(一九七以下)其形式的要件ハ民事訴訟法之ヲ規定ス

第二　占有訴權ハ法律カ占有ヲ保護スル爲ニ占有者ニ附與スル所ノ訴權ナリ我民法カ占有ヲ以テ純然タル事實上ノ狀態ト爲サスシテ占有權ナル名稱ノ下ニ之ヲ一ノ權利ト爲シタル主タル理由ハ實ニ此點ニ在リテ存ス

第三　占有訴權トハ物ノ所持者カ其所持ニ關シテ他人ヨリ妨害ヲ受クルニ當リ急速ノ保護ヲ裁判所ニ請求スル權ナリ

第二款 占有訴權ヲ行使シ得ヘキ者

物權法 横田博士

第一

一 占有權者即自己ノ爲ニ物ヲ占有スル法律上ノ占有者

二 代理占有者即他人ノ爲ニ占有ヲ爲ス者ハ純然タル占有者ニ非サルモ占有訴權ノ行使ハ極メテ迅速ヲ要シ且本人ニ代リテ速ニ占有ノ訴ヲ提起スルコトヲ得ルノ地位ニ在ルノミナラス物ノ占有ニ關シテ本人タル占有者ニ對シ責任ヲ負フヲ以テナリ然レトモ代理占有者ハ自己ノ爲ニ占有訴權ヲ行使スルニ非スシテ本人タル占有權者ニ代リテ此權利ヲ行フニ過キス

(一七一九)

民法理由 岡松博士

第二

獨、自己ノ爲ニ占有スル者ニ限ラス他人ノ爲ニ占有ヲ爲ス者ニモ亦同一ノ訴權ヲ認メタリ(一七一九)是占有ノ訴ハ概シテ急速ヲ要スルモノナルヲ以テ訴訟手續立證ノ方法等モ亦特別簡略ヲ貴フニ因リ本人ニ非サレハ訴權ヲ行フヲ得

ストスルハ實際上頗不便ナレハナリ

第三　占有ノ訴ヲ提起スルコトヲ得ル者ハ占有者ナルヲ本則トス然レトモ事急ヲ要スルニ常ニ必占有者本人ヨリ之ヲ提起セサルヘカラストセハ時トシテハ其機ニ合セサルコトアルヘキヲ以テ代理占有ヲ爲ス者ニモ亦此訴ヲ提起スルコトヲ得セシム(一八一九)

此訴權ハ本人ノ訴權ニシテ代理人カ代リテ之ヲ行フモノナルカ或ハ代理人自己ノ有スル訴權ナルカ此訴權ハ代理人自己ノ有スル訴權ト見ルヘキモノトス蓋代理人ハ本人ニ代リテ本人ノ爲ニ訴ヲ提起スルコトヲ得ルハ代理ノ原則ト訴訟法ノ規定ニ依リテ明ナルモノニシテ故ラニ明文ヲ要セサルヘシ然ルニ特ニ法律ノ規定アルハ代理人ニ固有ノ訴權ヲ與ヘンコトヲ欲シタルニ因レハナリ

第四　占有ノ訴(action Possessoire, Besitzklage oder possessorishe Klage)ハ一切ノ占有者皆

之ヲ提起スルコトヲ得代理占有ノ場合ニ於テハ代理人モ亦之ヲ提起スルコトヲ得(七一九)單ニ占有者ノミ占有ノ訴ヲ提起スルコトヲ得ルモノトスルトキハ代理人ハ占有者ニ非サルカ故ニ之ヲ提起スルコトヲ得サルモノトセサルヘカラス加之訴訟代理ニ付テハ民事訴訟法ノ制限アルカ故ニ(民訴六三參照)代理占有者ハ訴訟代理人タルコトヲ得サルコト多カルヘケレハナリ第百九十七條ノ結果代理占有者ハ自己ノ名義ヲ以テ占有ノ訴ヲ提起スルコトヲ得ルカ故ニ民事訴訟法ノ訴訟代理ニ關スル規定(民訴六三乃至七〇參照)ハ之ニ適用スヘキモノニ非ス

第三款　占有訴權ノ種類

民法論 松岡學士　第一

占有訴權ハ其目的ニ從ヒ分ツテ占有保持訴權占有保全訴權及ヒ占有回收訴權トス故ニ占有ノ訴ニハ占有保持訴占有保全訴占有回收訴ノ三アリ

民法理由 岡松博士　第二

近世ノ法理ハ凡ソ權利カ保護ヲ要スルノ狀況ニ在ルトキハ之ヲ保護シ訴權ヲ與フヘシトスルノ原則ヲ認メタリ而シテ權利ノ保護ヲ要スル場合ニ付テハ學說頗、多シト雖最近學說中最多數ノ學者ノ認識スルモノニ因レハ其場合凡ソ二アリ如左

一　權利カ實行ヲ得サルトキ

二　權利カ危害ヲ受クルノ虞アルトキ

此二場合ハ權利カ國家ノ保護ヲ請求スヘキ正當ノ時期ニシテ國家ハ之ニ對シ必、訴權ヲ與フヘシトセリ（「デルンブルヒ」一巻二〇八六頁以下）故ニ占有ヲ權利ナリトセハ之ヲ保護センカ爲ニ訴權ヲ與フル場合モ亦其性質上二場合ニ分類スルコトヲ得如左

一　占有權カ實行ヲ得サルニ因リ訴權ヲ與フル場合　占有保持訴權占有回收訴權之ニ屬ス

二　占有權カ危害ヲ受クルノ虞アルニ因リ訴權ヲ與フル場合　占有保全訴權之ニ屬ス

我民法ハ占有ヲ以テ權利ト爲シ三種ノ訴權ヲ認メタリ占有權ニ對スル障害ノ現在ニ在ルモノニ付テハ保持訴權未來ニ在ルモノニ付テハ保全訴權過去ニ在ルモノニ付テハ回收訴權是ナリ

第一項　占有保持ノ訴

第一

一　占有保持訴（一九八、八六二獨）ノ當事者　原告ハ占有ノ妨害ヲ受クル各占有者ナリ故ニ自主占有者（一九七）一部占有者及ヒ共同占有者ハ此訴ノ原告タルヲ得但共同占有者ハ妨害者カ第三者ナルトキハ各自占有ノ全部ニ付キ又共同占有者ノ一人ナルトキハ其持分ニ付キ其原告タルヲ得

他人ノ爲ニ占有ヲ爲ス者即他主占有者亦然リ蓋自己及ヒ他人ノ爲ニ迅速ニ占有ノ保護ヲ受クルノ利益ヲ有スレハナリ

然レトモ代理人又ハ器械（雇人）トシテ占有ヲ爲ス者ハ原告タルヲ得ス利益ナケレハ訴權ナケレハナリ

又此訴ノ被告ハ原告ニ對シ妨害ヲ爲ス本人又ハ其相續人ナリ（獨六八二）

二 占有保持訴ノ原因　占有ノ妨害即禁止セラレタル他人ノ行爲ニ因リテ占有者カ持續的ニ占有ヲ妨ケラルル事實的狀態ナリ占有ノ妨害カ現存スルニハ

甲　他人ノ行爲ニ因ラサルヘカラス　故ニ偶然ノ事變ニ因リテ占有ヲ害セラルルコトアルモ占有ノ妨害ト爲ラス例之甲ノ所有地ニ在ル樹木カ風ノ爲ニ倒レテ乙ノ占有地ノ使用ヲ害スルカ如シ

乙　占有ヲ妨クルニ足ル他人ノ行爲ニ因ラサルヘカラス　占有ヲ妨クルニ足ル行爲ノ程度ハ占有者ニ對シ現ニ占有ヲ妨クルノ威嚇ヲ以テ足レリトシ敢テ他人カ占有物ニ對シ現實ニ占有ヲ妨クヘキ行爲ヲ爲シタルコトヲ要セス他人カ占有者ノ占有ヲ否認スルコトヲ要セス他人カ自己ノ占有ナルコトヲ主張スルヲ要セス占有者ノ占有ヲ妨クヘキ行爲ヲ爲ス他人ノ故意又ハ過失ヲ必要トセス從テ又他人カ責任能力ヲ有スルコトヲ必要トセス例之他人カ占有者ヲシテ其占有持續ノ爲ニ看守人ヲ雇

入ルルノ必要ヲ感セシムルニ至ル行爲ヲ爲スハ占有妨害ノ威嚇ナレトモ他人カ一回占有者ノ地內ヲ通過シタル事實ハ然ラサルカ如シ

又占有ヲ妨クル行爲ノ手段ハ言語ニテ足リ必シモ現實ノ事實タルコトヲ要セス然レトモ占有ニ關スル單純ノ爭訟即占有者ニ不安ノ念ヲ生セシムルニ足ラサル口論ハ占有ノ妨害ト爲ラス故ニ占有確認ノ訴ノ原因ト爲ルモ（獨二五六）占有ノ訴ノ原因ト爲ラス（ヘルビヒ請求權及ヒ訴權論）但デルンブルグ氏獨逸民法論ニ於テハ言語上ノ妨害ハ禁止セラレタル私力ニ非サルヲ以テ占有ノ妨害ト爲ラスト主張ス

丙　法律上禁止セラレタル他人ノ行爲ニ因ラサル可ラス　其行爲ハ占有者ノ意思ニ反シテ占有狀態ヲ攻擊シ且法律ノ許ササル行爲ナリ獨逸民法（獨八五八）ニ所謂禁止セラレタル私力是ナリ即推知シ得ヘキ占有者ノ意思ニ反シテ占有狀態ヲ攪亂スル行爲ノ全體ニシテ必シモ他人カ占有者ノ明示的禁止ニ反シテ又ハ強暴ニ依リテ占有ヲ攪亂スル行爲タルコトヲ要セス（「サビニー」ハ占有ノ訴ヲ不法行爲ニ依ル訴ト同一視シタルヲ以テ強暴ニ依ル行爲ヲ必要トス誤解ナリ「デルンブルグ」）但占有

者ハ其占有妨害ノ行爲ニ對シ爾後承認ヲ爲シ之ヲ適法行爲ト爲スコトヲ得又法律ノ許サザル占有狀態攻擊ノ行爲ハ其狀態ヲ攪亂スルコトヲ得ヘキ權限（親權官權正當防禦權等）ヲ有セサル他人ノ行爲ノ全體ニシテ必シモ其他人カ其行爲ノ不法ヲ認知スルコトヲ要セス他人ハ故意又ハ過失ナクシテ占有者ノ占有狀態ヲ攪亂スルコトヲ得例之精神病者カ占有者ノ占有ヲ妨クルカ如シ唯故意又ハ過失ノ有無ハ損害賠償ノ責任（七〇九）及ヒ刑事上ノ責任ニ關係アルノミ

エ　占有妨害ノ事實的狀態存在セサルヘカラス此狀態ハ占有者ノ占有ヲ妨クル事實ナリ故ニ占有ヲ妨クル行爲ノ有形的繼續ヲ必要トシ該行爲反覆ノ危虞アルヲ以テ足レリトセス例之甲カ乙ノ占有地ニ工作物ヲ設置シタルトキハ占有ノ妨害トナルモ甲カ將來乙ノ占有地通行ヲ反覆スルノ虞アルニ過キサルトキハ占有ノ妨害ト爲ラサルカ如シ

三　占有保持訴ノ目的　占有妨害ノ停止及ヒ損害ノ賠償ナリ此二者ハ之ヲ併合シテ請求スルコトヲ得（一九八）

甲　占有妨害ノ停止ハ妨害者ノ費用ヲ以テ其妨害ヲ除去スルニ外ナラス故ニ除去スルコトヲ得サル占有ノ妨害即一回ノ行爲ニ依リテ完了シタル占有ノ妨害ニ對シテハ占有保持ノ訴ニ依リ保護ヲ受クルコトヲ得ス例之甲ハ其占有地ヲ一回限リ通行シタル乙ニ對シ此訴ニ依リ占有妨害ノ除去ヲ請求スルコトヲ得サルカ如シ

乙　損害ノ賠償ハ占有ノ妨害ニ因リテ生シタル損害ノ賠償ナリ（問題一〇參照）但妨害者ハ責任能力ヲ有スルトキニ非レハ損害賠償ノ責ニ任セス

第二

物權法
横田博士

占有保持ノ訴（九一八）ハ占有者カ其占有ヲ妨害セラレタル場合ニ起ス所ノ訴ニシテ妨害ノ停止及ヒ損害ノ賠償ヲ目的トス即占有者ハ將來ニ向ツテ其妨害ヲ止ムヘキコトヲ請求スルト同時ニ既往ニ於テ其妨害ヨリ生シタル損害ノ賠償ヲ求ムルコトヲ得此二個ノ請求權中要償ノ請求權ハ故意又ハ過失ニ因リテ其損害ノ因ヲ爲シタル妨害者其人ニ對シテノミ之ヲ行フヲ得ルヲ原則トスト雖妨害停止ノ請求權ハ妨害者以外ノ人ニ對シテモ之ヲ行使スルコト

ヲ得要償請求權ハ對人的ニシテ停止請求權ハ物上的ナリトス例之甲カ乙ノ所有地内ニ其家屋ノ屋根ヲ突出セシメ其家屋ヲ丙ニ賣渡シタルトキハ屋根ノ突出ヨリ生スル妨害ノ排除ハ丙ニ對シテモ亦之ヲ要求スルコトヲ得ヘキモ其突出ニ因リテ既ニ生シタル損害ハ甲ニ對シテノミ之カ請求ヲ爲スコトヲ得ルニ止ルカ如シ

所謂妨害トハ物ニ對スル占有者ノ實力關係ヲ不完全ナラシムヘキ有形無形ノ障碍ヲ言フ例之占有者ノ承諾ナクシテ其土地ニ建物ヲ突出セシメ又ハ權利ナクシテ猥リニ其明渡ヲ要求スルカ如シ

妨害ハ之ヲ二種ニ區別ス事實上ノ妨害及ヒ法律上ノ妨害是ナリ前者ハ有形的ニ實力ノ行使ヲ妨害スルヲ謂フ例之前例建物ノ突出ノ如シ後者ハ實力ノ行使ヲ妨クヘキ權利ノ主張ヲ爲スヲ謂フ例之前例土地明渡ノ要求ノ如シ

第三

占有保持訴權(一八一九)ハ羅馬法ニ所謂(interdictum retium de possessionis)歐ノ中古ニ所謂(Posseis ioirum oridinarium)ニ同シ其目的及ヒ要件如左

一　占有保持訴ノ目的　細別スレハ三個ノ目的ヲ有ス（「ウインドシヤイド」一巻一五九章四八七頁）（「デルンブルヒ」一巻一八六章四二〇頁）如左

甲　占有權ノ存在ヲ確定ス

乙　將來ニ於ケル占有權ニ對スル妨害ヲ停止ス

丙　過去ノ妨害ニ因リテ占有者カ被リタル損害ヲ賠償セシム　損害賠償ハ加害者カ故意又ハ過失ニ因リテ妨害ヲ加ヘタルトキニ限リ之ヲ請求スルコトヲ得（七〇九）

妨害ノ停止及ヒ損害ノ賠償ハ通常併セテ之ヲ請求スルコトヲ得占有權ヲ妨害スル場合ニハ加害者ニ故意又ハ過失アルコト其常態ナレハナリ

二　占有保持訴ノ要件（「デルンブルヒ」一巻一二七章二九六頁一八六章四三〇頁「ウイントシヤイド」一巻一二二章）如左

甲　原告カ起訴ノ當時法定占有ヲ有スルコト　是本訴ノ基礎ニシテ凡、訴訟ニ於テハ原告ハ其請求權ノ主體タラサルヘカラストスルノ原則ノ適用ニ過キス

乙　被告カ占有ヲ妨害シタル事實アルコト　是占有者カ國家ノ保護ヲ請

求スル訴ノ必要條件ナリ蓋權利カ國家ノ保護ヲ要スル場合ハ前述（本卷第一編第六章第六節第二參照）ノ如シ占有權カ妨害ヲ受ケタルトキハ所謂權利カ其實行ヲ得サル場合ナレハナリ

所謂占有權ノ妨害トハ占有者ノ意思ニ反シ即其許可ヲ得スシテ占有權ノ行使ヲ制限スルヲ謂フ妨害ノ方法ニ因リテ區別スルトキハ占有權ノ妨害ニ二種アリ如左

子　行爲上ノ妨害　第三者カ積極的行爲又ハ消極的行爲ニ因リ占有者ノ意思ニ反シ其占有權ノ行使ヲ制限スルヲ謂フ如左

一　積極的妨害　第三者カ占有者ヲ排斥シテ占有物ニ關シ事實上ノ支配ヲ爲スモノ

二　消極的妨害　第三者カ占有者ヲシテ物ニ關スル事實上ノ支配ヲ爲ス能ハサラシムルモノ

丑　言語上ノ妨害　言語ヲ以テ占有權ヲ妨害スルノ意思ヲ發表スルヲ謂フ例之權利ヲ有セサル第三者カ占有者ノ權利ヲ打消サントスルカ

如シ

民法正解 第四

占有保持ノ訴ハ現在ノ妨害ニ對シ其妨害ノ停止及ヒ其妨害ニ因リテ生シタル損害ノ賠償ヲ請求スル訴ナリ(一八一九)但其占有ヲ失ハサル場合ニ限ル所謂妨害トハ所持ノ事實ヲ妨害スルヲ謂フ所持ノ意思ハ外部ヨリ之ヲ妨害スルヲ得サルヲ以テナリ但直接ニ占有ノ事實ヲ妨害スルニ非スシテ單ニ反對ノ權利ヲ主張スルニ止ルモノハ占有ノ妨害ト謂フヲ得ス此場合ニハ準占有ノ規定ニ依リテ之ヲ保護スヘキノミ

民法要義 梅博士 第五

占有保持ノ訴(interdicta rettinenaæ Possessionis, Comretin eadæ Plainle, Besitzstöungs-klage)ハ占有者カ現ニ其占有ニ妨害ヲ受クル場合ニ提起スヘキモノナリ其目的ハ妨害ノ停止及ヒ妨害ヨリ生シタル損害ノ賠償ヲ求ムルニ在リ

第二項　占有保全ノ訴

第一

一　占有保全訴(九一九)ノ當事者　當事者ノ資格ハ占有保持ノ訴ニ同シ

二　占有保全訴ノ原因　占有者カ將來其占有ノ妨害ヲ受クルコトアルヘキ危險ナリ故ニ此訴ハ將來受クルコトアルヘキ占有ノ妨害ヲ原因トシ(Trouble eventuel)占有保持ノ訴ノ如ク現在受クル占有ノ妨害(Trouble actuel)ヲ原因トセス是兩訴ノ異ル要點ナリ例之甲カ乙ノ占有地ニ於テ其占有ヲ妨クヘキ工作物ヲ建築セントスルカ如シ

三　占有保全訴ノ目的　占有妨害ノ豫防又ハ損害賠償ノ擔保ナリ前者ハ事前ニ占有ノ妨害ヲ防止シ又後者ハ事後ニ占有ノ妨害ヲ回復スルニ在リ此二者ハ之ヲ併合シテ請求スルコトヲ得ス其一途ヲ選定スルコトヲ要ス

甲　占有妨害ノ豫防ハ占有妨害ノ原因カ相手方ノ不作爲ナルトキハ之ニ作爲ヲ命シ又相手方ノ作爲ナルトキハ之ニ不作爲ヲ命スルニ在リ

乙　損害賠償ノ擔保ハ將來占有ノ妨害ニ因リテ受クヘキ損害賠償ノ擔保ナリ但擔保ノ種類ハ法律上別段ノ制限ナシ

物權法
横田博士

第二

占有保全ノ訴(一九九)ハ占有者カ其占有ヲ妨害セラルル虞アル場合ニ提起スル所ノ訴ニシテ妨害ノ豫防又ハ損害賠償ノ擔保ヲ求ムルヲ以テ目的トス而シテ占有者ハ其選擇ニ從ヒ此二個ノ請求權中其一ヲ行使スルコトヲ得ルニ過キス

此訴ハ物上的ノ性質ヲ有シ占有物ニ對シテ危害ヲ生セシメタル者ハ勿論此危害ノ存スル限リハ其承繼人其他ノ責任者ニ對シテ之ヲ行使スルコトヲ得

民法理由
岡松博士

第三

占有保全訴(一九九)ノ目的及ヒ要件如左

一 占有保全訴ノ目的　事後ノ救正ヲ目的トスルモノニ非スシテ事前ニ防止スルヲ以テ眼目トス

甲　占有權ノ所在ヲ確定ス

乙　其情況ニ依リ或ハ(一)將來ニ發生スヘキ妨害又ハ現在ニ存スル危險ノ豫防處分ヲ求メ或ハ(二)將來占有者ニ對シテ損害ヲ生セシメタルトキハ

之ヲ賠償セシムルカ爲ニ豫、其擔保ヲ求ム(一)ニ在テハ將來ノ妨害ヲ事前ニ豫防スルモノナリ(二)ニ在テハ將來ノ妨害ヲ豫防スルニ非スシテ事後ニ回復スルノ途ヲ確保セントスルニ在リ故ニ此二者ハ各其目的ヲ異ニス妨害ヲ事前ニ防止スルノ途ヲ取ランカ(一)ニ依ルヘク妨害ヲ事前ニ防止スルコト能ハス又ハ防止セスシテ事後ノ回復方法ヲ確保セントセハ(二)ニ依ラサルヘカラス從テ此二者ハ何レカ其一ヲ選フヘキモノニシテ之ヲ合併請求スルコトヲ得ス

二 占有保全訴ノ要件如左

甲 占有權ノ存在

乙 占有權カ危害ヲ受クルノ虞アルコト 是本訴ノ主タル原因ニシテ例之隣人ノ家屋朽廢シテ將ニ轉覆セントスルカ如シ

所謂「妨害セラルル虞」(一九)アル場合ニ二アリ如左

子 占有カ事實上妨害ヲ受クルノ虞アルトキ 占有權其物ノ法律上ノ存在ハ何等妨害ヲ被ムルノ虞ナシト雖、實際上其權利ノ行使ヲ妨ケラ

レントスルノ處アル場合

五 占有カ權利上妨害ヲ加ヘラルル處アルトキ　占有權ノ法律上ノ存在其モノカ妨害セラレントスルノ處アル場合

所謂「妨害セラルル處」即危險ハ次ノ條件ヲ有スルモノニ限ル

一 占有權ニ妨害ヲ加ヘントスルノ危險タルコト

二 第三者ノ過失懈怠又ハ其行爲ノ結果トシテ現存スル危險タルコト

故ニ天然又ハ偶然ノ出來事ニ因ル危險ノ如キハ本訴ノ原因タル危險ニ非ス

民法正解 **第四**

占有保全ノ訴ハ將來ノ妨害ニ對シ其妨害ノ豫防又ハ損害賠償ノ擔保ヲ請求スル訴ナリ(一九九)蓋占有ノ妨害ナケレハ損害ナシ損害ナケレハ賠償ヲ請求スルニ由ナシ是妨害ノ豫防又ハ損害賠償ノ擔保ヲ擇一セシメタル所以ナリ

民法要義 梅博士 **第五**

占有保全ノ訴ハ將ニ來ラントスル妨害ヲ豫防スルノ必要アル場合ニ提起ス

ヘキモノニシテ其目的ハ其妨害ヲ豫防シ又ハ將來生スルコトアルヘキ損害ノ賠償ニ付キ相當ノ擔保ヲ供セシムルニ在リ舊民法ノ急害告發訴權（cautio damni infecti, dènonciation de dommage imminent）ハ則此種ニ屬ス又新工告發訴權（operisnovi nunciatio, dènonciation de nouvel œuvre）モ此種ニ屬スルコト多シ

第三項　占有回收ノ訴

第一　占有回收訴（二〇〇）ノ當事者　其原告資格ハ占有保持ノ訴ニ於ケル原告資格ニ同シ反之其被告タルニハ起訴ノ當時原告ニ對シテ係爭物ノ侵奪的占有者タルコトヲ要ス是ヲ以テ

甲　起訴ノ當時係爭物ノ占有者ナルコトヲ要ス　故ニ他人ノ爲ニ其器具ト爲リテ占有スル各人及ヒ占有者ノ代理人又ハ現ニ占有ヲ爲サヽル侵害者本人及ヒ其相續人ハ被告ト爲ラス蓋前二者ハ法律上自ラ占有物ヲ返還スルコトヲ得ルノ權利ナク又後二者ハ事實上占有物ヲ返還スルコト

能ハサルヲ以テナリ但後二者ニ對シテハ損害賠償又ハ不當利得返還ノ請求ヲ爲スコトヲ妨ケス

乙　原告タル前占有者ニ對シテ侵奪者タルコトヲ要ス　故ニ侵奪者本人及ヒ其權利義務ヲ承繼スル一般承繼人ハ被告ト爲ル又侵奪者ノ特定承繼人ハ其占有取得ノ當時侵奪ノ事實ヲ確知シタルトキニ限リ被告ト爲ル(二〇〇、二項)是前占有者ノ利益ヲ保護センカ爲ニ被告資格ノ範圍ヲ擴張シタルニ他ナラス反之占有取得ノ當時侵奪ノ事實ヲ確知セサリシ侵奪者ノ特定承繼人即取得ノ當時侵奪ノ事實ヲ知ルヘカリシ侵奪者ノ特定承繼人及ヒ占有取得以後侵奪ノ事實ヲ知リタル侵奪者ノ特定承繼人ハ被告ト爲ラス是斯ル特定承繼人ノ利益ヲ保護シ取引ノ安全ヲ確保センカ爲ナリ

占有取得ノ當時侵奪ノ事實ヲ確知シタル非侵奪者ノ特定承繼人例之侵奪物ノ買主ヨリ更ニ係爭物ヲ買受ケタル者ハ被告ト爲ルヤ否ヤ

獨逸普通法ニ所謂掠奪物回收ノ訴ノ被告ト爲ルヤ否ヤノ問題ニ關シテ

ハデルンフルグ氏ハ積極的ニ又ブルンス氏ハ消極的ニ論決シタリ獨逸民法ハ(獨八五八、二項)積極的ニ規定シ我民法ハ明文ヲ設ケスシテ之ヲ學說ニ委ネタリ余ハ前占有者タル非侵奪者カ被告ト爲ルヘキ者ナルヤ否ヤヲ標準トシテ之ヲ決スルヲ妥當トス若前占有者カ被告ト爲ラサルトキハ其特定承繼人ハ被告ト爲ラス蓋然ラサレハ前占有者カ其占有物ヲ處分スルニ際シ買主ノ範圍ヲ狹少ニセラレ容易ニ買主ヲ發見スルコト能ハサルノ不利益ヲ被ムレハナリ若前占有者カ被告ト爲ルトキハ其特定承繼人ハ被告ト爲ル蓋此場合ニ在リテハ不法ニ前占有者ニ不利益ヲ被ラシムルコトナケレハナリ侵奪ノ事實ヲ知リタル特定承繼人ハ保護スルニ足ラサルヲ以テ之ヲ標準ト爲スコトヲ得ス

丙　占有ノ侵奪ハ相對的關係ヲ有シ唯前占有者タル被侵奪者ヨリ侵奪者及ヒ法律上之ト同視スヘキ承繼人ニ對シテ片面的ニ存在スルノミ故ニ侵奪シタル占有ハ侵奪者及ヒ之ト同視スヘキ者以外ノ第三者ニ對シテハ完全ノ占有ナリ即各人ハ侵奪ニ因リテ占有權ヲ取得スルモノナリ從

テ占有ノ侵奪者ヨリ更ニ占有ヲ侵奪シタル者ハ當初ノ被侵奪者ニ對シテ侵奪者ト爲ラス

二　占有回收訴ノ原因　占有ノ侵奪即、法律上禁止セラレタル他人ノ行爲ニ因リテ占有ノ侵奪セラレタル事實的狀態ナリ是ヲ以テ占有ノ侵奪ノ現存スルニハ

甲　他人ノ行爲ニ因ラサルヘカラス　故ニ偶然ノ事實ニ因リ占有ヲ失ヒタルコトアルモ占有妨害ト爲ラス例之甲ノ遺失物ヲ爾後乙カ發見シ之ヲ占有シタルトキノ如シ

乙　占有ヲ奪フニ足ル他人ノ行爲ニ因ラサルヘカラス　其行爲ノ程度ハ占有者ヲシテ事實上不任意ニ其占有ヲ失ハシムルヲ以テ足レリトシ敢テ他人カ占有者ニ對シ强暴ヲ加フルコトヲ要セス又其行爲ハ他人ノ故意又ハ過失ヲ要セス從テ又他人カ責任能力ヲ有スルコトヲ要セス又占有ヲ奪フニ足ル行爲ノ手段ハ占有者ヲシテ事實上不任意ニ其占有ヲ失ハシムルニ足ル各種ノ手段ニシテ必シモ占有者ニ對スル强暴ヲ要

セス
受任者（侵奪受任者）カ占有者ノ占有物ヲ奪ヒタルトキハ占有者ハ現實ニ占有物ヲ占有スル委任者若クハ受任者又ハ此兩者ニ對シ占有回收ノ訴ヲ提起スルコトヲ得
執達吏カ不法ニ第三者ノ占有物ヲ差押ヘタルトキハ第三者ハ差押債權者ニ對シ占有回收ノ訴ヲ提起スルコトヲ得
司法警察官吏カ刑事訴訟ノ證據物件トシテ不當ノ押收ヲ爲シタルトキハ國家ニ對シ同一ノ訴ヲ提起スルコトヲ得
丙　法律上禁止セラレタル他人ノ行爲ニ因ラサルヘカラス　其行爲ハ占有者ノ意思ニ反シ占有狀態ヲ攻擊シ且法律ノ許ササル行爲ナリ
丁　占有侵奪ノ事實的狀態存在セサルヘカラス　此狀態ハ占有者カ他人ノ行爲ニ因リ不任意ニ其占有ヲ喪失シタル事實ニ外ナラス故ニ他人ノ動物ニ因リ占有物ヲ奪ハレ若クハ占有ノ妨害ヲ受クルニ止ル各占有者ハ占有回收ノ訴ヲ提起スルコトヲ得ス又自己ノ過失若クハ錯誤等ニ因

リテ又强迫若クハ詐欺ニ因リテ他人ニ占有物ヲ引渡タル各占有者亦然リ

三　占有回收訴ノ目的　侵奪セラレタル占有物ノ返還及ヒ損害ノ賠償ナリ前者ハ占有侵奪以前ノ原狀ヲ回復シテ之ヲ爲ス故ニ被告ハ占有物其果實又ハ其附屬物ヲ返還スルコトヲ要ス後者ハ侵奪ニ因リテ生シタル損害ノ賠償ニ他ナラス

第二　占有回收訴（二〇〇）ハ占有者カ占有ヲ奪ハレタル場合ニ提起スル所ノ訴ニシテ占有物ノ返還及ヒ損害ノ賠償ヲ目的トス

此訴ニ關シテハ占有者カ占有ヲ拋棄スルノ意思ナクシテ占有物ノ所持ヲ失ヒタルコトト其所持ノ喪失ハ第三者ノ侵害行爲ニ基因スルコトヲ必要トス占有ノ侵奪ト稱スルモノ是ナリ例之强竊盜ノ爲ニ占有物ヲ奪ハレタル場合ノ如シ

然レトモ占有者カ承諾上占有ヲ他人ニ移シタルトキハ占有ノ移轉カ相手方

ノ欺罔恐喝ニ基因スル場合ト雖之ニ對シテ占有回收ノ訴ヲ提起スルコトヲ得ス是目的物ノ任意ノ授受ハ其理由ノ如何ニ關セス意思ナキ占有ノ喪失ニ非サレハナリ

此訴ハ侵奪者及ヒ其一般承繼人ニ對シテ之ヲ提起スルコトヲ得侵奪者ノ特定承繼人ニ對シテハ回收訴權ノ行使ヲ許サヽルヲ原則トス然レトモ特定承繼人カ侵奪ノ事實ヲ知ル以上ハ假令侵奪ノ行爲ニ干與セサルモ回收ノ訴ヲ受クヘキコトハ豫期スヘキ所ナルヲ以テ之ニ對シテノミ此訴權ノ行使ヲ許セリ蓋此訴ハ侵奪者ノ不法行爲ニ基因スルヲ以テナリ

占有者カ回收訴權ノ行使ニ依リ目的物ノ占有ヲ回復シタルトキハ其回復ハ溯及效ヲ生シ占有者ハ終始其占有權ヲ保有シテ之ヲ失ハサルモノトナル反之占有者カ法律行爲ノ無效又ハ取消ヲ理由トシテ其引渡タル占有物ヲ回復シタルトキハ物ノ占有權ハ一旦相手方ニ移轉シ更ニ相手方ヨリ占有者ニ復歸スルニ止リ回收訴權行使ノ場合ノ如ク溯及效ヲ生スルコトナシ

又占有ノ侵奪ト占有ノ妨害ト相異ル要點ハ後者ニ在リテハ占有者ハ物ノ所

持ヲ失ハサルモ前者ニ在リテハ占有者ハ全ク之ヲ失フニ在リ

民法理由　岡松博士

第三

占有回收訴權（二〇〇）ハ羅馬法ニ所謂(interdictum undevi)中古以後獨逸法ニ所謂(Spalienlage)ニ同シ其目的及ヒ要件如左

一　占有回收訴ノ目的　原告カ被告ニ對シ原狀回復ヲ求ムルニ在リ如左

甲　不法ニ奪ハレタル物ノ返還ヲ求ムルコト

乙　不法（故意又ハ過失）ノ侵奪ニ因リテ占有者カ被リタル損害ノ賠償ヲ求ムルコト

二　占有回收訴ノ要件（「ウインドシャイド」一卷一六二章「デルンプルヒ」一卷四三九頁「プルンス」占有訴權論二五〇頁）如左

甲　占有權ノ存在

乙　占有ヲ奪ハレタルコト　占有權ノ行使カ其一部ヲ制限セラルルトキハ之ヲ占有ノ妨害ト云フ反之其全部ノ行使カ妨害セラルルトキハ之ヲ占有カ奪ハレタリト稱ス其要件如左

子　占有物ノ所持カ第三者ニ移サレタルコト

丑　其所持ノ移動ハ占有者ノ意思ニ反スルコト　故ニ占有者カ其占有ヲ引渡スノ意思ヲ以テ所持ヲ移シタルトキハ其詐欺過失ニ出ツルモ占有ヲ奪ハレタリト主張スルコトヲ得ス

寅　所持ノ移動ハ不法ナルコト　故ニ假令占有者ノ意思ニ反スルモ其移動カ適法行爲ナルトキハ之ニ對シ此訴ヲ起スコトヲ得ス

三　占有回收訴ノ性質　占有回收訴ハ占有ノ回復ヲ求ムルモノナリト雖畢竟第三者ノ侵奪ヲ原因トシテ提起スルモノナレハ其性質ハ對人訴權ニシテ被告ニ侵奪行爲アルコトヲ要件トス故ニ此訴ハ占有ノ侵奪者ノミニ對シ提起スルコトヲ得ルモノニシテ（「イェリング」占有意思論四五九頁「ウインドシャイド」一卷五〇四頁「デルンブルヒ」一卷四三九頁）侵奪者ノ承繼人ニ對シテハ之ヲ提起スルコト能ハサルヲ原則トス然レトモ若承繼人カ侵奪ノ事實ヲ知レルトキハ則惡意ノ承繼人ナルヲ以テ之ヲ提起スルコトヲ得（二〇〇、二項）蓋本訴ヲ以テ對人訴權トスルモノハ善意ノ第三者ヲ保護スルニ在ルヲ以テ惡意ノ承繼人ニハ訴追ヲ許ストスルモ善意ノ第三者ニ損害ヲ及スノ憂ナク且占有者保護ノ途ヲ一層完備セシム

ルモノナレハナリ反對説如左

本訴ヲ以テ物上訴權ト爲シ侵奪者ノミニ限ラス其承繼人ニ對シテモ提起スルコトヲ得ト爲ス是十七世紀ニ於テ行ハレタル説ナリ今世紀ニ於テハデルンブルヒ（「デルンブルヒ」獨逸國物上訴權論一八五七年「ライプチヒ」發行）獨リ之ヲ主唱シ僅ニマイシヤルデル（一二七頁以下）ノ贊成アルノミニシテ學者ハ擧ツテ其説ヲ批難セリ其理由如左（「ブルンス」占有訴權論二一二頁「プリンチー」一八五頁「パーケンステヘル」二〇七頁「ジンテニス」四六章「ハンゲロー」一卷三三五頁「コールドシユミツト」八〇章「ストベー」五六七頁）

甲　羅馬法及ヒ獨逸法ノ沿革ニ徵シテ立論ノ根據ナシ

乙　侵奪訴權ノ性質ニ對シテ非常ノ例外ナリ

丙　社會交通上第三者ノ利便ヲ進捗セシムルニ於テ頗ル不利ナリ

第四

占有回收ノ訴ハ過去ノ妨害即占有ノ侵奪ニ對シ其物ノ返還及ヒ損害賠償ヲ請求スル訴ナリ（二〇〇、二項問題一六參照）過去ノ妨害中ニハ單ニ占有物ヲ毀損シタルニ止ルモノアリ又ハ全ク占有物ヲ侵奪スルモノアリ前者ハ則保持訴權ニ依ルヘキモノトス占有回收ノ訴ハ侵奪者ハ勿論其包括承繼人タルト特定承繼人タルトヲ問ハス之ニ對シテ其訴ヲ提起スルコトヲ得但侵奪ノ事實ヲ知ラサル特定承繼人ニ對シテハ之ヲ提起スルコトヲ得ス（二〇〇、二項）是善意ノ特定承繼人及ヒ一般取引ノ安全ヲ保護センカ爲ナリ

占有回收ノ規定（二〇〇、二項）ト即時取得ノ規定（一九二）トノ關係ヲ見ルニ占有權ニ關シテハ包括承繼人ハ平穩公然善意無過失ノ四條件ヲ具備スルモ永久ニシテ且完全ナル占有權（動産ノ上ニ行使スル）ヲ取得スルコトヲ得ス即元占有者ヨリ尚其占有ヲ回復セラルヘキモノトス蓋第二百條二項ノ規定アルカ爲ナリ但特定承繼人ハ即時取得ノ效果ニ依リテ占有權ヲ取得シ得ルハ勿論取得ニ要スル平穩公然以下ノ四條件ヲ全ク充サス隱秘ノ占有ヲ爲スモ又過失ニ因リテ侵奪ノ事實ヲ知ラサルモ尚常ニ完全ノ占有權ヲ得

第五

占有回收ノ訴(interdicta recuperandæ Possessionis, éintégronde, Besitzentsetzungsklage)ハ占有者カ己ニ其占有ヲ奪ハレタル場合ニ提起スヘキモノニシテ其目的ハ

其物ノ返還及ヒ其侵奪ヨリ生シタル損害ノ賠償ニ在リ(二〇〇)占有ノ訴ハ素占有權ナル物權ヲ救護スルカ爲ニシテ何人ニ對シテモ之ヲ行フコトヲ得ルヲ原則トス(但損害賠償ハ現ニ損害ヲ生セシメタル本人ニ對シテノミ之ヲ求ムルコトヲ得)占有保持ノ訴及ヒ占有保全ノ訴皆然リ獨リ占有回收ノ訴ハ侵奪者ノ善意ナル特定承繼人ニ對シテハ之ヲ提起スルコトヲ得サルモノトセリ是善意者ノ特定承繼人ハ正當ニ其占有ヲ得タルモノト信スルカ故ニ此者ヨリ占有ヲ取返スコトヲ得ルモノトセハ占有保護ノ本旨ニ背キ占有者ヲ保護セスシテ却テ占有者ナラサル者ヲ保護スルニ至ルヘキヲ以テナリ(二〇三但書參照)

第四款　占有訴權行使期間

第一

占有訴權ハ一年間ニ占有ノ訴ヲ提起セサルトキハ消滅ス(二〇一)此期間ハ除斥期間ニシテ時效ニ非ス故ニ裁判所ハ職權ヲ以テ適法ノ期間內ニ提起シタル訴ナルヤ否ヤヲ調査セサルヘカラス此除斥期間ノ起算點ハ占有訴權ノ種類

ニ從テ各同シカラス(二一〇)但第二百一條一項但書ノ規定ハ國家經濟ヲ重ンスルト妨害事實ハ常ニ表見セラレ占有者ハ容易ニ之ヲ發見スルコトヲ得ルトヲ以テ理由ト爲ス但占有者ハ不法行爲ニ基ク損害ノ賠償ヲ求ムルコトヲ得

第二

我民法ハ占有訴權ノ行使ニ付キ一定ノ期間ヲ設ケ此期間ヲ徒過スルトキハ復占有權ヲ行使スルコトヲ得サルモノト爲ス(二一〇)

第二百一條一項但書ノ規定ハ工事ノ進捗著シキ場合又ハ其妨害ヲ認知スルコト容易ナル場合ニシテ經濟上不利ナル結果ヲ避ケンカ爲ナリ尚此規定ハ新工事ヲ保護スルヲ目的トスルカ故ニ其工事ニ瑕疵アルカ爲ニ占有ヲ妨害シタル場合ニ之ヲ適用スルコト能ハス

尚同上三項ニ付キ一言センニ占有訴權ハ人ト物トノ間ニ存スル現在ノ實力關係ヲ維持スルヲ以テ目的トス而シテ占有者カ其占有ヲ侵奪セラレタル後直ニ回復ヲ爲サスシテ其狀態ヲ確定セシメタルトキハ被侵奪者ノ占有ハ過去ノ事實ト化シ去リ却テ侵奪者ト物トノ間ニ新ナル實力關係ヲ生スルヲ以

テ之ヲ保護スルニ因リテ現狀ヲ維持スルノ必要ヲ生ス故ニ占有者カ其占有ニ付キ法律ノ保護ヲ受クル所以ノ理由ハ又占有者ヲシテ此保護ヲ失ハシムルノ理由ト爲ルモノナリ

第三

法律カ占有ヲ保護スル所以ハ時效ノ制度ヲ認メタルト同一ノ趣旨ニ出テ現在事實ヲ保護シテ社會ノ生活關係ノ秩序ヲ維持セントスルニ在リ故ニ占有訴權ニ付テモ此精神ヲ一貫セシムルノ要アリ即此訴權ハ一般訴權ト異リ速ニ終結セシムヘキモノトス何トナレハ若占有訴權ノ行使ニ制限ヲ設ケス何時ニテモ之ヲ提起スルコトヲ得ルモノトセンカ現在ノ事實關係ヲ保護スルカ爲ニ設ケタル占有制度ハ却テ現在ノ事實關係ヲ紛亂不定ナラシムルノ虞アレハナリ(「ウインドシャイド」一卷四八九頁五〇四頁「デルンブルヒ」一卷四三四頁以下)之ヲ以テ近世ノ立法ハ皆(一)占有訴權ハ區裁判所ノ專屬管轄ト爲シ其手續ヲ簡易ニシ(二)占有訴權ノ行使期間ヲ特ニ短縮シ以テ占有關係ノ確定ヲ速ニスルノ途ヲ取レリ(裁構一一獨裁構二三)我民法亦近世ノ立法及ヒ學說ニ從ヒ占有訴權ノ行使期間ヲ定メタリ但損害

賠償ハ此期間ヲ過クルトキハ占有者ノ資格ヲ以テ之ヲ請求スルコトヲ許サスト雖占有者カ眞ニ其權利アルコトヲ證明スルトキハ一般ノ原則（七〇九、七二四）ニ從テ賠償ノ請求ヲ爲スコトヲ得

尙第二百一條但書ノ規定アル所以ハ（一）工事ニ因ル妨害ハ被害者カ之ヲ知ルコト容易ナルニ拘ラス一年間又ハ其竣成ニ至ルマテ之ヲ放棄スルハ自其權利ノ上ニ眠ルモノナルト（二）工事竣成後尙其取除ヲ求ムルハ所謂天物ヲ暴殄スルモノニシテ國家經濟上多大ノ損失ヲ來スモノトナルヲ以テナリ

第四

占有訴權行使期間ハ第二百一條之ヲ規定セリ同條一項但書ノ理由如左

工事着手後一年間モ之ヲ請求セサルハ占有者ノ懈怠ト認ムヘク又工事者ニ在リテハ多額ノ費用ヲ支出シタルニ後ニ至リテ建築ノ中止若クハ其取崩ヲ請求セラルルトキハ非常ノ迷惑ヲ感スヘキハ勿論國家經濟ノ上ニモ害アレハナリ一年ノ時效ハ占有者カ妨害ノ存スルコト若クハ工事ニ着手シタルコトヲ知ルト否トヲ問ハス常ニ妨害ノ止ミタル時又ハ工事着手ノ時ヨリ起算

スヘキモノトス工事ノ竣成シタルトキハ一年ヲ經過セサルモ占有者ハ保持訴權ヲ失フモノトス但一年ノ期間ノ經過後ト雖損害賠償ノ請求ノ如キハ消滅時效ノ規定ニ從ヒ十年間ハ之ヲ爲スコトヲ得

第五

占有保持訴ノ提起期間ヲ妨害ノ止ミタル後一年間トセルハ一年以降妨害ヲ爲ササルトキハ其者ハ已ニ妨害ヲ爲スノ意思ヲ絶テルコト多ク從テ其妨害ヲ止メシムル爲故ラニ訴ヲ提起スルノ必要ナク又損害賠償ハ其占有者ニシテ其物ニ付キ眞ニ權利ヲ有スルコトヲ證明セハ一般ノ原則ニ從ヒ賠償ヲ求ムルコトヲ得ヘケレハナリ尚占有者カ其占有物ニ付キ眞ニ權利ヲ有セサルモ不法行爲ニ關スル一般ノ規定ニ從ヒ損害賠償ノ請求ヲ爲スコトヲ得ル場合ニ於テハ一年ノ後ト雖其權利ノ時效ニ罹ラサル間ハ其請求ヲ爲スコトヲ得（七〇九、七二四參照）

一年ノ期間ニハ例外アリ即工事ニ因リテ占有物ニ妨害ヲ加フル場合是ナリ（二〇一、一項但書）蓋此場合ニ於テハ一般ノ原則ニ依ルコトヲ得ルモノトセハ莫大ナル損害ヲ生スルノミナラス國家經濟上ニ於テモ天物ヲ暴殄スルモノナレハナリ此例外ハ占有保全ノ訴ニ付テモ亦同シ（本編四章二節一款第五參照）

第七節　占有訴權ト本權訴權トノ關係

第一

占有訴權ハ占有ノ整正（Regelung）ヲ目的トシ本權訴權ハ占有ノ基本タル權利ノ實行ヲ目的トス故ニ其目的ヲ同フセス占有物ヲ侵奪セラレタル所有者ハ或ハ占有回收ノ訴ニ依リ又所有權ヲ原因トスル取戻ノ訴ニ依リ被害物ノ返還ヲ請求スルコトヲ得然レトモ這ハ占有ノ訴カ所有權ノ訴ト事實上其目的ヲ同フスルニ止ルヲ以テ之カ爲ニ法律上其目的ヲ同フスト論ス可ラス（二二〇）

一　占有訴權ノ獨立　占有訴權ハ本權訴權ト其目的ヲ異ニスルヲ以テ占有ノ訴ハ獨立的性質ヲ有シ本權ノ訴ト法律上之ヲ分別セサルヘカラス故ニ

甲　占有ノ訴ハ本權ノ訴ト互ニ相妨クルコトナシ即占有ノ訴ノ提起及ヒ之ニ基ク判決ニ因リ本權ノ訴ノ提起及ヒ之ニ基ク判決ノ言渡ヲ妨ケラ

ルルコトナシ（二〇二、一項）是ヲ以テ

子　占有ノ訴ニ於テ敗訴ノ確定判決ヲ受ケタル當事者ハ相手方ニ對シ更ニ本權ノ訴ヲ提起スルコトヲ得　相手方ハ確定判決ノ抗辯（一事不再理）ヲ提出スルコトヲ得ス

丑　占有ノ訴及ヒ本權ノ訴ハ之ヲ各別ニ提起スルコトヲ得又ハ同時ニ之ヲ提出スルコトヲ得　相手方ハ權利拘束ノ抗辯ヲ提出スルコトヲ得ス（民訴二〇六、三項）

占有ノ訴ト本權ノ訴トハ當事者ハ之ヲ併合シテ起訴シ又裁判所ハ之ヲ併合審理スルコトヲ得ルヤ

民事訴訟法ニ在リテハ積極的ニ論定スルヲ至當トス蓋民法ハ之ヲ禁止セサルノミナラス（民訴一九一適用）併合審理ハ費用勞力時間ヲ節略スル民事訴訟ノ目的ニ適スルヲ以テナリ

原告ハ占有ノ訴ト共ニ本權ノ訴ヲ條件付ニテ即若占有ノ訴ノ目的ヲ達セサレハ本權ノ訴ヲ提起スルノ意味ニ於テ占有ノ訴ニ本權ノ訴ヲ

併合シテ提起スルコトヲ得ルヤ
法律上禁止ノ明文ナキヲ以テ積極的ニ論決スルヲ正當トス但占有ノ訴ノ審理中本權ノ訴ノ理由ヲ引用シタルトキハ訴ノ變更ト爲ル（民訴一九五）

占有ノ訴ニ對シ相手方ハ反訴ヲ以テ本權ノ訴ヲ提起スルコトヲ得ルヤ
積極的ニ論決スルヲ至當トス蓋反訴ニ因ル勝訴判決カ確定シタルトキハ占有ノ訴ハ終了スルヲ以テナリ獨逸ニ在リテハデルンブルグ氏ビールマン氏其他多數ノ學者ハ同國民事訴訟法第三十三條ニ所謂防禦方法ノ牽連ヲ缺クヲ以テ占有ノ訴ニ對シ本權ニ基ク防禦方法ヲ提出スルコトヲ得スト論結ス（積極「シュミット」「コーザック」）

實

占有ノ訴及ヒ本權ノ訴カ繫屬スル場合ニ於テ先ツ占有ノ訴ニ付キ爲シタル判決ハ原告ニ利益ナルト確定セルト否トニ拘ラス本權ノ訴ノ進行ヲ妨ケス又先ツ本權ノ訴ニ付キ爲シタル原告敗訴ノ判決ハ確

定セルト否トニ拘ラス占有ノ訴ノ進行ヲ妨ケス占有ノ訴ハ本權ヲ有セサル占有者ト雖之ヲ提起スルコトヲ得

反之先ツ本權ノ訴ニ付キ爲シタル原告勝訴ノ確定判決ハ其效力トシテ繫屬中ノ占有訴訟ヲ終了セシム本權ノ訴ハ占有ノ訴ヲ吸收ス

然レトモ之カ爲ニ占有訴訟ノ全部ヲ終局スルモノニ非ス訴訟費用ニ關スル部分ハ依然存續ス蓋訴訟費用ノ負擔ハ占有ノ訴カ法律上正當ナルヤ否ヤニ依リテ定マルヲ以テナリ（民訴七二）

乙　占有ノ訴ハ原告カ本權ニ關スル理由ヲ以テ之ヲ維持スルコトヲ得ス被告カ本權ニ關スル理由ヲ以テ之ヲ防禦スルコトヲ得ス又裁判所カ本權ニ關スル理由ニ基キテ之ヲ裁判スルコトヲ得ス（二〇二、二項）是ヲ以テ

子　原告カ本權ニ關スル理由ヲ以テ占有ノ訴ヲ維持シタルトキハ訴ノ變更ト爲ル（民訴一九五、四一三）　占有ノ訴ノ原因ハ占有妨害ノ事實妨害ノ虞アル事實及ヒ占有侵奪ノ事實ニシテ原告カ占有ノ基本タル權利ヲ有スルコトハ不必要ニシテ又無關係ナレハナリ

丑　被告カ占有ノ訴ヲ防禦スルカ爲ニ本權ニ關スル理由ヲ主張シタルトキハ其防禦方法ハ不適法トシテ却下セラル　元來占有ノ訴ハ現存占有狀態ノ保護ヲ目的トス故ニ被告カ現存ノ占有狀態ヲ變更スルノ行爲ヲ爲スノ權利ヲ有スルヤ否ヤノ區別ハ全然不必要ニ屬スレハナリ然レトモ被告ハ自己ノ行爲カ法律上禁止セラレタル行爲ニ非サル旨ノ異議ヲ主張スルコトヲ得（例之親權ノ行使ニ屬スル行爲ト云フカ如キ）又被告ハ本權ノ訴ニ於テ原告トシテ勝訴ノ確定判決ヲ受ケ爲ニ占有ノ訴カ本權ノ訴ニ吸收セラレタル旨ノ異議ヲ提出スルコトヲ得蓋是等ノ抗辯ハ本權ニ關スル理由ニ屬セサレハナリ

寅　裁判所カ本權ニ關スル理由ニ基キテ占有ノ訴ヲ裁判シタルトキハ違法ニシテ上告ノ理由ト爲ル（民訴四三二、四三五）

二　本權訴權ノ準備　占有訴權ノ一點ヨリ觀察スレハ占有ニ基ク判決ハ占有ノ問題ヲ終局的ニ確定スルヲ以テ所謂中間判決ニ非ス（民訴二二七）故ニ占有ノ訴ハ本權ノ訴ヲ準備シ又占有訴權ハ本權ノ訴權ノ準備的性質ヲ有セス

然レトモ法律關係ノ全體ヨリ觀察スレハ占有ノ訴ハ一面ニ在リテハ原告ノ爲ニ其占有者タル地位ヲ確保シ又ハ之ヲ回復セシメ他面ニ在リテハ占有問題ヲ確定シテ以テ本權訴訟ニ於ケル當事者ノ地位ヲ確定シ（占有者カ被告ト爲ル）且擧證責任者ヲ確定ス（非占有者カ擧證責任者ト爲ル）故ニ占有ノ訴ハ本權ノ訴ヲ準備シ又占有訴權ハ本權訴權ノ準備的性質ヲ有ス

占有ノ訴ハ單ニ占有問題ヲ確定シテ假ニ占有狀態ヲ確定シ本權ノ訴ハ占有ノ基本タル權利ヲ確定シテ終局的ニ占有狀態ヲ確定ス（「デルンブルグ」「イエリング」等、反對「サビニー」）

第二

占有訴權ハ占有ニ基因シ物ニ關スル實力關係即權利ノ形式ヲ保護スルヲ目的トシ本權訴權ハ實體上ノ權利ニ基因シ物ニ關スル法律上ノ支配關係ヲ定メ權利ノ實ヲ全カラシムルヲ目的トス此二訴權相互ノ關係如左

一　占有ノ訴ト本權ノ訴ハ訴訟手續ヲ異ニス　前者ハ單ニ現在ノ狀態ヲ維持スルヲ目的トシ且迅速ニ終了スルコトヲ望ムモノナルカ故ニ訴訟物ノ

價格如何ニ拘ラス常ニ訴訟手續ノ簡易ナル區裁判所ノ管轄ニ屬ス後者ハ目的物ノ價格ニ從ヒ或ハ區裁判所ノ管轄ニ或ハ地方裁判所ノ管轄ニ屬ス地方裁判所ハ其手續比較的鄭重ナルヲ以テ訴訟ノ終結モ亦從テ遲延ス加之前者ニ在テハ當事者ハ單ニ占有ノ事實ヲ證明スルノミヲ以テ足リ且其證明容易ナリト雖後者ニ於テハ實體上ノ權利ヲ證明スルノ必要アリ而シテ其證明困難ナルヲ以テ訴訟ノ目的ヲ達スルノ點ニ於テ難易ヲ異ニス是ヲ以テ物ノ占有者カ同時ニ其所有者ナルトキハ占有ノ侵害ニ對シ速ニ救濟ヲ得ントセハ占有訴權ヲ行使スルヲ利アリトシ占有ノ侵害カ物ニ關スル實體權ノ爭ニ基因シ根本的ニ其爭ヲ杜絕スルノ必要アルトキハ本權訴權ニ依ルヲ可ナリトス

二　本權ノ訴ト占有ノ訴ハ兩立シ得ヘキモノトス（二〇、二項）本權ノ訴ト占有ノ訴ハ其目的ヲ異ニシ其效用ヲ異ニスルヲ以テ權利者ハ此二個ノ訴權ヲ併セテ行使シ得ヘク其一ヲ行フニ因リテ他ノ一ヲ行フコトヲ妨ケラルルコトナシ即此兩訴ノ間ニ於テハ所謂一時不再理ノ抗辯幷ニ權利拘束ノ抗辯ヲ提出セサルコトヲ得サルモノトス故ニ占有回收ノ訴ヲ提起シ敗訴シタルトキト雖更ニ本權ノ訴即所有權回復ノ訴ヲ提起シテ勝訴スルコトヲ得又本權ノ訴ニ於テ敗訴スルモ更ニ占有ノ訴ヲ提起シテ勝訴スルコトヲ妨ケサルノミナラス或ハ同時ニ此兩訴ヲ提起シ其一ニ於テ勝訴シ他ノ一ニ於テ敗訴シ又ハ兩訴トモ勝訴若クハ敗訴ト爲ルコトヲ得但兩訴トモ勝訴ノ判決ヲ得テ其一ヲ執行シ目的物ノ返還ヲ受ケタルトキハ他ノ判決ハ之ヲ執行スルノ必要ナシ

三 占有ノ訴ハ本權ニ關スル理由ニ基キテ之ヲ裁判スルコトヲ得ス(二〇二條二項)

占有訴權ハ占有ノ保護ヲ目的トスルモノニシテ其占有カ正當ノ權利ニ基クヤ否ヤハ之ヲ問ハサルモノトス故ニ占有ノ訴ニ對シ當事者ハ物ニ關スル實體權カ自己ニ屬スルヲ理由トシテ相手方ノ主張ヲ排斥スルコトヲ得ス是ヲ以テ當事者ノ一方カ實體權ヲ主張シテ攻擊防禦ノ方法トシ其主張事實カ直ニ證明セラレタルトキト雖其主張ハ占有ノ訴ニ於テハ許スヘカラサルモノトシテ之ヲ排斥スルコトヲ要シ之ヲ理由トシテ裁判ヲ爲ス

コトヲ得ス故ニ此兩訴ハ併合審理ヲ爲スコト能ハサルハ勿論本權ノ訴カ前ニ提起セラレタル場合ト雖其落着マテ占有ノ訴ヲ中止スルヲ得ス本權ノ訴ニ於ケル訴訟ノ結果ハ毫モ占有ノ訴ノ曲直ニ影響ヲ及ササルヲ以テナリ又此兩訴カ同時ニ裁判所ニ繫屬スルトキハ各獨立シテ進行スルコトヲ得ヘク本權ノ訴カ占有ノ訴ニ先チテ終結スルコトヲ妨ケサルモノトス

第三

占有權(Das Recht des Beritres-possessio)ト占有ヲ爲スヘキ權即本權(Das Rechtszum Besitze-zus Possidendi)トハ親密ノ關係ヲ有スルコトアルモ其性質全ク異ル即占有權トハ法律カ權利ト認メタル事實ニシテ自己ノ爲ニスル意思ヲ以テ物ヲ所持スル所ノ事實上ノ支配關係ナリ(其本體ハ事實關係ナリ)反之本權ハ法律上ノ支配關係ヲ生スルコトヲ得ヘキ權能ニシテ事實上ノ支配關係ニ非ス即占有權ヲ得ヘキ權利ナリ(其本體ハ權利ニシテ事實ニ非ス)故ニ本權ト占有權トハ多クノ場合ニ於テハ原因結果ノ關係ニ立ツ何トナレハ占有スヘキ權能アリテ而シテ後占有ナル事實關係ヲ生スルハ自然ノ常態ナレハナリ然レトモ占有權ハ其本體事實關

係ニ過キサルヲ以テ必シモ本權ヲ有スル場合ニノミ占有權アリト謂フヲ得ス屢又本權ヲ有セスシテ占有ナル事實關係ヲ生スルコトアリ例之盜賊又ハ先占ノ如シ然レハ本權ノ訴ト占有ノ訴トハ全ク其原因ヲ異ニス蓋一ハ本權ヲ原因トシ一ハ占有權ヲ原因トスレハナリ故ニ此兩訴ハ各獨立無關係ナリ詳言スレハ

一　此兩訴ハ之ヲ併合スルコトヲ得ス

二　占有ノ訴ヲ起シタル後本權ノ訴ヲ起スコトヲ得

三　本權ノ訴ヲ起シタル後占有ノ訴ヲ起シタルトキモ後訴ノ確定ニ至ルマテ訴訟ヲ中止セシムルコトヲ要セス（二〇二、一項）

既ニ此兩訴ハ其原因ヲ異ニスルモノトセハ本權ノ訴ヲ斷スルニ占有權ニ基キ占有ノ訴ヲ斷スルニ本權ニ基クコト能ハサルハ當然ナリ（二〇二、二項）

第四

凡、權利カ妨害セラルルカ若クハ妨害セラレントスルノ虞アルトキハ法廷ニ訴ヘテ其保護ヲ仰クコトヲ得之ヲ稱シテ訴權ト謂フ或ハ救濟權トモ謂フ訴權ノ生スルハ必他ニ妨害セラレタルカ或ハ妨害セラレントスル權利アルヲ要ス訴權ハ此第一ノ權利ヲ全フスル爲ニ生ス故ニ又之ヲ第二權ト謂フ

財産權殊ニ物權ニ關スル訴權ハ之ヲ分テ占有訴權及ヒ本權訴權ノ二トス占有訴權ヲ實行スルハ占有ノ訴ニ依リ本權訴權ヲ實行スルハ本權ノ訴ニ依ル占有ノ訴トハ占有者カ占有物ニ關スル過去現在未來ノ妨害ニ對シテ提起スル訴ナリ本權ノ訴トハ通常占有ノ訴ニ對シ占有權以外ノ物權ニ關シテ提起スル訴ヲ謂フ

二訴ノ關係ニ付テハ凡、二主義アリ如左

一 牽連主義 此二訴ヲ相牽聯セルモノトシテ或ハ占有ノ訴ハ本權ノ訴ト併行スルヲ得ストシ或ハ占有ノ訴アルトキハ本權ノ訴ヲ中止スヘシトシ或ハ又一旦本權ノ訴ヲ起シタルトキハ復占有ノ訴ヲ起スヲ得スト爲ス

二 獨立主義 此二訴ヲ全ク獨立セルモノト看做シ二訴ヲ同時ニ同一又ハ別異ノ裁判所ニ提起スルモ裁判所カ之ヲ受理審判スルニ當リテ何レヲ先ニシ何レヲ後ニシ之ヲ判決スルニ如何ナル理由ヲ以テスルモ問フ所ニ非

ストシ苟、訴訟法及ヒ構成法ニ反對ノ規定ナキ限リハ占有者及ヒ裁判官ハ如何ナル順序、如何ナル手續ニ依ルモ可ナリトシ民法ハ之ニ何等ノ制限ヲ加ヘサルモノト爲ス

我民法ニ於テハ占有權ヲ一種特別ノ物權ト認メタルカ故ニ之ニ關スル訴訟モ亦本權ニ關スル訴訟トハ全ク其性質ヲ異ニシ毫モ關係ナキ別種ノ訴訟ト爲ス其結果如左

一　占有ノ訴ト本權ノ訴トヲ併行スルコトヲ得　一人ニテ同時ニ二個ノ訴訟ヲ提起スルコトヲ得又同一人ヲ被告トシテ二個ノ訴訟ヲ提起スルコトヲ得裁判所モ亦訴訟手續ノ許ス限リ二訴ヲ同時ニ審理スルモ又一ヲ先ニシ他ヲ後ニスルモ其自由ナリ

二　占有ノ訴ヲ先ニシ本權ノ訴ヲ後ニスルコトヲ得　占有者ハ先ニ占有ノ訴ヲ起シ後ニ本權ノ訴ヲ起スコトヲ得裁判所モ亦受理ノ前後ニ拘ラス占有ノ訴ヲ本權ノ訴ノ前ニ審判スルコトヲ得本權ノ訴ニ於ケル被告カ反訴ヲ以テ占有ノ訴ヲ起シタル場合ニ於テ何レ

ノ訴ヲ先ニスヘキカハ單ニ訴訟手續ノ問題ナリ

三　本權ノ訴ヲ先ニシ占有ノ訴ヲ後ニスルコトヲ得　占有者ハ先ツ本權ノ訴ヲ起シ後ニ占有ノ訴ヲ起スコトヲ得即本權ノ訴ノ繫屬中ニ之ヲ起スモ亦本權ノ訴ヲ取下タル後ニ之ヲ起スモ本權ノ訴ニ於テ敗訴シタル後ニ之ヲ起スモ可ナリ裁判所モ亦受理ノ前後ニ拘ラス本權ノ訴ヲ先ニ審判シ占有ノ訴ヲ後ニ審判スルコトヲ得

四　判決ノ理由ハ如何ナルモノタルモ可ナリ　即本權ノ訴訟ヲ判決スルニ當リテ採リタル理由カ占有ノ判決ノ理由ト同シキト異ナルトヲ問ハス又占有ノ訴訟ヲ判決スルニ當リ採リタル理由カ本權ノ判決ノ理由ト同シキト異ナルトヲ問ハス或ハ又本權ヲ豫決スヘキ理由ヲ以テ占有ノ訴ヲ裁判スルモ敢テ不可ナシ

第五

占有ノ訴ハ素ト占有ノミヲ保護スルモノニシテ占有者カ權利者ナルト否トヲ問ハサルモノトス故ニ占有者カ權利者ナルトキト雖占有ノ訴ノミヲ提起

シ本權ノ訴(action pétitoire, petitorische Klage)即占有セル權利其物ノ主張ヲ目的トスルモノヲ提起セサルコトアリ或ハ之ト反對ノコトアリ況占有者カ其眞ノ權利者タルコトヲ證明スルコト能ハス又ハ全ク權利者ニ非サル場合ニ於テハ單ニ占有ノ訴ノミヲ提起スルコトヲ得ルハ固ヨリナリ然ルニ二者孰レカ其一方ノ訴ヲ提起スレハ爲ニ他方ノ訴ヲ提起スルコトヲ得サルモノトシ若クハ其一方ヲ提起セル場合ニ於テ更ニ他方ヲ提起スルトキハ其孰レカ一方ノ落着スルヲ待テ他方ノ裁判ヲ爲スヘキモノトスルカ如キハ占有ノ訴ノ性質ニ背馳スルモノナリ之ヲ以テ本權ノ訴ヲ決スルニ占有ノ事實ニ據ルコトヲ得サルハ勿論本權ノ理由ニ基キテ占有ノ訴ヲ決スルカ如キコトハ斷シテ之ヲ許スヘカラサルモノトス例之眞ノ權利者ト雖其權利ノ目的物ニ關スル占有ヲ侵奪スルトキハ眞ノ權利者ナルノ故ヲ以テ其侵奪ヲ適法ト爲スコトヲ得サルカ如シ

第七章　準占有

第一

民法論 松岡學士

我民法ハ準占有ノ範圍ヲ財産權ニ限定シタリ（二〇五、澳三一一）

一　意義　準占有ハ物ノ所持ヲ必要ト爲ササル財産權ノ行使ナリ

甲　占有ハ物ノ所持ヲ必要トスル財産權ノ行使ナルヲ以テ其占有保護ハ物ノ所持ヲ必要ト爲ササル財産權ノ行使ニ之ヲ及ホスコトヲ得レトモ財産權以外ノ私權ニ之ヲ及ホスコトヲ得ス是準占有ノ範圍ヲ財産權ノ行使ニ限定シタル所以ナリ　然レトモ一切ノ財産權ノ行使ハ準占有ニ非ス占有ハ永續的狀態ヲ前提トスルヲ以テ永續シテ行使スルコトヲ得ヘキ性質ヲ有スル財産權ノ行使ニ非サレハ準占有ト爲ラス故ニ一回ノ行使ニ因リテ消滅スヘキ債權ノ行使ハ準占有ニ非ス例之特定物ノ所有權移轉ヲ目的物トスル債權ノ如シ

乙　物ノ所持ヲ必要トセサル財産權ノ行使ナリ　元來財産權ノ行使ニハ

物ノ所持ヲ必要ト爲スモノト否トアリ所有權、地上權、永小作權、留置權、及ヒ賃借權等ハ其行使ニ物ノ所持ヲ要シ地役權、先取特權、抵當權、利息ヲ生スル元本債權、著作權、特許權等ハ其行使ニ物ノ所持ヲ要セス我民法ハ前者ニ屬スル財産權ノ行使ヲ占有ト稱シ後者ニ屬スル財産權ノ行使ヲ準占有ト稱ス

丙　準占有ハ占有權ト同一ノ保護ヲ受クル特種ノ法律關係ニシテ占有權即物權ニ非ス

二　效力　永年繼續スル準占有ハ權利ヲ取得ス（一六二）又準占有者ハ占有訴權ヲ有ス（二〇五）

三　取得　準占有ハ占有ト同一ノ方法ニ依リテ之ヲ取得ス故ニ準占有ノ原始的取得ニハ體素及ヒ心素ヲ要ス前者ハ權利行使ノ事實ナリ例之甲カ通行地役權者トシテ乙ノ所有地ヲ通行シ又ハ乙ヨリ地代（地上權）トシテ定期ノ給付ヲ受領スルカ如シ後者ハ自己ノ爲ニ權利ヲ行使スヘキ意思ニシテ權利者タルノ確信ヲ有スルト否トハ法律ノ問フ所ニ非ス故ニ甲カ公道ト信

シテ乙ノ所有地ヲ通行スルモ之カ爲ニ通行地役權ヲ取得スルコトナシ

四　喪失　準占有ハ占有ト同一ノ方法ニ依リテ之ヲ喪失ス故ニ體素又ハ心素ノ消滅ニ依リテ之ヲ喪失ス例之準占有ヲ妨クル事實ノ發生（權利ノ目的物ノ消滅）及ヒ占有的意思ノ拋棄ノ如シ然レトモ一時權利ノ行使ヲ妨害スル事實ノ發生ハ此限ニ非ス

物權法　横田博士

第二

吾人カ物ヲ支配スルコトナクシテ單純ニ或權利ノ行使ヲ爲スニ過キサルトキハ此權利ノ行使ハ占有ニ非ス然レトモ權利ヲ現實ニ行使シ權利ノ形式ノ存スル點ニ於テハ占有ト其揆ヲ一ニス我民法ハ之ニ付スルニ準占有ノ名ヲ以テシ占有保護ト同一理由ニ基キ之ヲ保護ス（五二〇）

準占有ヲ組織スヘキ權利ノ行使ハ財產權ノ行使タルコトヲ要シ財產權以外ノ權利ハ準占有ノ目的タルコトヲ得ス故ニ物ノ所持ヲ必要トセサル物權例之地役權抵當權竝ニ債權ノ行使ハ準占有ノ性質ヲ有スト雖親族權竝ニ身分權ノ行使ハ準占有ノ內容ヲ爲スコトヲ得ス準占有權ノ取得ニハ自己ノ爲ニ

權利ヲ行使スルノ意思及ヒ權利ノ行使即權利ノ目的タル事物ニ關シテ實力ヲ掌握スルコトヲ要ス如何ナル場合ニ權利ノ行使アリト謂フコトヲ得ヘキヤハ準占有者ノ行ハントスル權利ノ性質ト各場合ニ於ケル準占有者ノ行爲トニ基キ之ヲ定ムルコトヲ要ス例之表見相續人ハ眞相續人ニ非サルモ相續人トシテ行動スルノ實權ヲ有ス從テ被相續人ノ債權ヲ取立テ又ハ其利子ノ支拂ヲ受クルトキハ債權ノ準占有者ナルカ如ク又甲カ乙ノ爲ニ其土地ノ上ニ通行地役權ヲ設定シ乙ヲシテ其土地ヲ通行セシメタルトキハ其設定行爲カ無效ナル場合ト雖乙ハ地役權ノ準占有者タルコトヲ妨ケサルカ如シ

準占有權ニ關シテモ亦占有者カ自己ノ爲ニスルノ意思ヲ拋棄シ又ハ其行使スル權利ニ付キ實力ヲ失ヒタルトキハ之ヲ喪失スヘキモノトス但準占有者カ一旦其權利ヲ行使シタル以上ハ爾後之ヲ行使セサルノミヲ以テ占有權ヲ喪失スルコトナシ準占有者カ其權利ヲ行ヒ得ヘキ地位ニ在ル間ハ之ヲ行使スルト否トニ關セス占有權ハ依然トシテ存續シ準占有者カ其權利ヲ行使スルコト能ハサルニ至リ茲ニ始メテ消滅ニ歸スヘキモノトス

準占有ニハ占有ニ關スル規定ヲ準用ス其規定中動産ニ固有ナル第百九十二條乃至第百九十五條ノ規定ノ如キハ之ヲ準用スルコトヲ得スト雖其他ノ規定例之占有ノ移轉、變更、事實ノ推定、權利ノ推定、果實ノ取得、占有保護ニ關スルモノハ事物ノ性質ノ許ス限リ之ヲ應用スルコトヲ要ス占有訴權ハ地役權ノ準占有ニ於テ實益アレトモ其他ノ權利ノ行使ニ付テハ殆準用ナシ

民法理由 岡松博士

第三

一　準占有ノ意義　有體物ノ占有ヲ稱シテ單ニ占有(Possessio)ト謂フニ對シテ權利ノ占有ヲ稱シテ準占有ト謂フ故ニ準占有(Quari Possessio)トハ權利ノ支配關係即權利ノミヲ目的トスル占有關係ナリ其要件如左(二〇五)

甲　權利ノ事實上ノ行使　是占有ニ於ケル物ノ所持ニ等シ

乙　自己ノ爲ニ權利ヲ行使スルノ意思ヲ有スルコト　是占有ニ於ケル占有意思ニ等シ

要之準占有ト占有トノ差異ハ其目的ニ在リトス(「バトン」占有論七九頁「マルテー」一〇一頁「イエリング」占有論(四)二三頁)

二　準占有ノ範圍　準占有ノ範圍ニ付テハ古來大ニ議論アリト雖權利ノ占有ハ幾許ノ範圍ニ於テ之ヲ認ムヘキカ法制及ヒ學說區々トシテ一定セス近世ノ學說ハ準占有ノ範圍ヲ財產權ニノミ限リタリ（「プルンス」三八三頁四二一頁「デルンプルヒ」普國民法論卷三六一頁）我民法亦然リ（二〇五）

準占有トハ財產權即物權債權ノ行使ヲ謂フ（二〇五）

地上權者カ他人ノ土地ノ上ニ家屋ヲ建築シ其土地ヲ所持スルトキハ占有ヲ爲スモノナリヤ準占有ヲ爲スモノナリヤ

地上權ノ行使トシテ他人ノ土地ニ建築ヲ爲ス點ヨリ見レハ準占有ナルカ如キモ自己ノ爲ニスル意思ヲ以テ土地ヲ所持スル點ヨリ見レハ占有ナリ我民法ニ於テハ後ノ觀察ヲ採ル

地上權者トシテ所持スルモ所有者トシテ所持スルモ物ノ所持者ハ占有者トシテ之ニ占有權ニ關スル保護ヲ與フルナリ質權者カ質權者トシテ質物ヲ所持スル亦然リ質權ノ實行トシテ質物ノ競賣ヲ請求スルカ如キハ準占有ナリ

所有者カ自己ノ所有物ヲ所持スルモ占有ヲ爲スモノニシテ法律ノ之ヲ保護スルハ所有者トシテヨリモ占有者トシテ保護スルナリ隨意ニ其物ヲ賣買贈與スル等ノ行爲ヲ保護スルハ所有者トシテノ權利ヲ保護スルニ在リ若此場合ニ地上權者質權者等物ヲ所持スルハ準占有ナリトセハ所有者ノ物ヲ所持スルモ亦準占有ナリト謂ハサルヘカラサルニ至リ占有準占有ノ區別不明ト爲リ遂ニ占有權ノ目的ハ總テ權利ナリトノ說ニ陷ラン

第五

準占有(Quasi-Possessio.)ニハ一切ノ財產權ノ行使ヲ包含ス但物ノ所持ヲ必要トスル權利ノ行使ハ純然タル占有ニシテ所有權、地上權、永小作權、留置權、質權使用借權及ヒ賃借權ノ行使ハ之ニ屬ス故ニ準占有ノ適用ハ主トシテ地役權先取特權、抵當權、債權(但使用借權及ヒ賃借權ヲ除ク)著作權、特許權、實用新案權、意匠權、商標權漁業權ニ付テ之アリ

準占有ニハ占有 規定ヲ準用スヘキモノナレトモ其規定ノ性質上到底之ヲ準用スルコト能ハサルモノアリ例之第百九十二條乃至第百九十五條ノ如シ

第八章　共占有

第一　意義　共占有ハ數個ノ權利主體カ持分ヲ有スル一個ノ占有又ハ準占有ナリ

甲　共占有ハ數個ノ占有又ハ準占有ニ非ス　蓋占有ハ排外的性質ヲ有スルヲ以テ同一ノ目的物ニ付キ同時ニ同種ナル數個ノ占有成立スルコトナケレハナリ

乙　共占有ハ數個ノ主體アル占有又ハ準占有ナリ　例之數人カ共同シテ一個ノ所有權、質權又ハ賃貸權ヲ行使スルカ如シ

丙　共占有者ハ各自持分ヲ有ス　故ニ占有ト準占有ト併存スル事實ハ共占有ニ非ス

第二　效力　占有ノ效力ニ異ナラス故ニ各占有者ハ占有ヲ妨害シ又ハ之ヲ侵奪スル第三者ニ對シ占有全體ノ效力ヲ主張スルコトヲ得但占有物返還ノ

請求ハ唯總占有者又ハ其共同代理人ニ對シテ爲スコトヲ得ルノミ又各占有者ハ其占有ヲ妨害シ又ハ之ヲ侵害スル占有者ニ對シ占有ノ訴ヲ提起スルコトヲ得但單ニ持分ニ關スル侵害ニ對シテハ占有ノ保護ヲ受クルコトヲ得ス蓋此場合ニ在リテハ本權的爭訟存在スレハナリ(獨六八六)

三　取得　占有ノ取得ト異ラス唯各占有者カ共同シテ占有ヲ爲スコトヲ欲スル意思ヲ要スルノミ但各當事者カ一定ノ持分ニ付キ占有ヲ爲スコトヲ欲スルノ意思ヲ要セス

四　喪失　占有ノ喪失ニ異ラス但共占有者ノ一人カ其持分ヲ拋棄シ又ハ相續人ナクシテ死亡シタルトキハ其持分ハ他ノ共占有者ニ歸屬ス(二五五)

第二

實體上ニ於テ所有權其他ノ財産權カ數人共有ノ目的タルコトヲ得ル如ク事實上ニ於テモ亦所有權其他ノ權利ノ行使トシテ占有カ數人ニ共屬シ數人カ同一ノ占有權ヲ共有スルコトヲ妨ケス之ヲ共占有ト謂フ然レトモ又相容レサル二個ノ權利カ實體上ニ於テ同一物上ニ併立スルコトヲ得サルト等シク

此等相容レサル實體權ノ行使トシテノ占有權モ亦同一物上ニ併立スルコトヲ得ス

第九章　各條

第一八二條　讓受人

所謂讓受人ハ現ニ占有物ヲ所持シ即占有權ノ一要素ヲ持スルモノナルヲ以テ若此讓受人ノ此所持ニシテ讓渡人ノ爲ニスルニ非サレハ讓渡人ニハ占有權ナカルヘシ蓋自已ニ物ノ所持ナクシテ而モ占有權ヲ有スルコトヲ得ルハ他ニ自己ノ爲ニ物ヲ所持スル者アル場合ニ限レハナリ從テ所謂讓受人ハ讓渡人ノ代理人ナルヘシ故ニ本項ノ適用ハ主トシテ本人カ代理人ニ其占有權ヲ讓渡ス場合ニ在リ（二〇四、二項）占有權ハ代理權ノ消滅ノミニ因リテ消滅セサルヲ以テ代理人トシテ物ヲ所持スル者カ或原因ニ因リテ代理權ヲ失ヒ而モ物ノ所持ヲ繼續スルトキハ本人タリシ者ハ未タ占有權ヲ喪失セサルコトトナル而シテ此占有權ヲ物ノ現在ノ所持者ニ讓渡ストキハ本條二項ノ適用ヲ受ケ此場合ニ於テハ本人カ代理人ニ占有權ヲ讓渡スニ非スシテ而モ本條ノ規定ヲ適用セラルル例ヲ見ル

第一八七條　瑕疵

第一（物權法 横田博士）

占有ノ瑕疵トハ其本來ノ意義ニ依レハ物ヲ所持スル所以ノ意思、實力ノ占領又ハ其行使ノ方法ニ關スル缺點ニシテ時效ニ因ル權利ノ取得ヲ妨クルモノヲ謂フ瑕疵ニ廣狹二義アリ如左

一　狹義ノ瑕疵　分ツテ容假、隱秘、强暴ノ三種ト爲ス（本卷二編二章參照）

二　廣義ノ瑕疵　容假隱秘强暴ノ外惡意、過失等占有ヲシテ完全ナル效力ヲ生スルコト能ハサラシムル一切ノ缺點ヲ總稱ス本條ノ瑕疵ハ之ニ屬ス

第二（民法理由 岡松博士）

狹義ニ非ス凡テ占有ノ利益ヲ得ルノ妨害ト爲ルヘキ事實即所有ノ意思ナキコト惡意ナルコト瑕疵即强暴又ハ隱秘ナルコト過失アルコト等ヲ包含ス

第三（民法正解）

舊民法ニ於テハ强暴又ハ隱密ノ占有ニシテ狹キモノナリ廣ク言フトキハ惡意ノ占有又ハ舊民法ニ所謂無權原ノ占有ヲモ入ルルヲ得ヘシ

民法論
松岡學士

第一九一條　滅失又ハ毀損

滅失ハ其全部ヲ消滅セシメ又毀損ハ其一部消滅即完全狀態ノ損傷ナリ故ニ占有者カ占有物ヲ他人ニ讓渡シ所有者カ占有物ノ回復ヲ爲スコト能ハサルニ至リタル事實ハ其滅失ニ屬セサレトモ占有物ノ減價ヲ來ヌ事實ハ毀損ニ屬ス

第一九三條　盜品（一九四同文ヲ含ム）

民法論
松岡學士

第一

強竊盜ノ行爲ニ因リテ眞正權利者又ハ占有者ノ意思ニ反シテ其占有ヲ離レタル動產ナリ故ニ相手方ノ詐欺取財其他ノ背信行爲ニ因リテ任意ニ此等ノ者ノ占有ヲ離レタル動產ハ茲ニ所謂盜品ニ屬セス（Wo man seine glauben gehssen hat, da muss man ihn wieder suchen）然レトモ強竊盜ノ行爲ハ法律上罰シ得ヘキ行爲タルコトヲ要セス親族相盜又ハ犯罪無能力者ノ行爲ニテモ可ナリ又確定判決ヲ受クルコトヲ要セス是眞正權利者ノ占有喪失カ其不任意ナルコトヲ以テ即時ニ動產權ヲ取得スル占有ノ效力ヲ生セサラシムル法意ト第百九十三條ニ所謂「盜難又ハ遺失ノ時」即不任意ノ占有喪失ノ時トノ法文ニ徵

シテ明ナリ

第二　物權法　藤田博士

所謂「盜難」中ニハ強竊盜ノ贓物ノミヲ包含ス委託物費消、詐欺取財其他ノ犯罪ニ關スル物件ヲ包含セス蓋是等ノ場合ニ於テハ所有者ハ任意ニ其占有ヲ他人ニ移轉シタルモノニシテ意思ナクシテ之ヲ失ヒタルモノニ非サレハナリ

第三　民法理由　岡松博士

盜品トハ其意思ニ反シ占有ヲ奪ハレタルモノヲ謂フ竊ニ奪ハレタルモノト強奪セラレタルモノトヲ含ム

第一九六條　保存ノ爲ニ費シタル金額其他ノ必要費——通常ノ必要費——改良ノ爲ニ費シタル金額其他ノ有益費

甲　保存ノ爲ニ費シタル金額其他ノ必要費

第一　民法論　松岡學士

必用費トハ占有物ノ維持及ヒ利用ニ缺クヘカラサル費用ナリ故ニ占有物ノ減額ヲ防止スルニ必用ナル費用（保存費）及ヒ占有物ノ通常的利用ヲ爲スニ必要

ナル費用ハ之ニ屬ス（一六九、一項）

物權法　横田博士

第二　所謂保存費トハ占有物ヲ其本來ノ狀態ニ於テ維持スルカ爲、即占有物ノ物理的滅失毀損又ハ其價格ノ減少消滅ヲ豫防スルカ爲ニ要シタル費用ヲ謂フ例之器物ノ修繕費動物ノ飼養料ノ如シ其他ノ必要費トハ占有物ノ管理上缺クヘカラサル費用ヲ謂フ例之管理費租稅ノ如シ

民法理由　岡松博士

第三　必要費用（Depenses necess ariae）ハ物ノ成立及ヒ維持ノ爲、必要ニシテ缺クヘカラサル費用ニシテ保存費用ハ其一種ナリ

民法要義　梅博士

第四　必要費ハ又之ヲ保存費ト謂フ即物ノ管理ニ必要ナル費用ニシテ修繕費租稅等是ナリ

乙　通常ノ必要費

物權法　横田博士

第一

必要費ハ之ヲ非常費即臨時費ト通常費トニ區別スルコトヲ得前者ハ非常ノ出來事ヨリ生シ臨時ニ支出スル費用ヲ謂ヒ後者ハ物ノ保存管理上日常必要ナル費用ヲ謂フ

民法理由
岡松博士

第二　必要費ヲ分ツテ二トス通常費用臨時費用是ナリ前者ハ其物ノ成立及ヒ維持ノ爲ニ通常要スル費用ニシテ後者ハ其物ニ付キ臨時ノ必要ヨリ生スル費用ヲ言フ所謂通常ノ必要費用ハ前者ヲ意味ス

民法正解

第三　必要費トハ物ニ關シテ避クヘカラサル費用ニシテ物カ何人ノ手ニ在ルモ必ス支出スヘキ金額ナリ最モ重ナルモノヲ物ノ保存ノ爲ニ費シタル金額トス通常ノ必要費トハ小修繕ノ費用及ヒ公課ノ如シ

民法要義
梅博士

第四　必要費ハ之ヲ細別シテ通常臨時ノ二種ト爲ス通常ノ必要費トハ例之疊ノ表替障子ノ張替其他物ノ使用ヨリ通常生スル些細ノ費用ニシテ若シ物ヨリ果實

ヲ生スルトキハ其果實ノ中ヲ以テ之ヲ支拂フヲ常トスルモノニシテ臨時ノ必要費トハ例之天變地異等ニ因リ物ノ大修繕ヲ要スルニ至リ之カ爲ニ生シタル費用其他費用ノ額稍大ニシテ果實ヲ以テ支辨シ難キモノナリ

丙 改良ノ爲ニ費シタル金額其他ノ有益費

民法論 松岡學士

第一 有益費ハ占有物ノ改良ニ缺クヘカラサル費用ナリ故ニ占有物ノ收益價格又ハ變換價格ヲ增加スルカ爲ニ用ヒタル費用ハ之ニ屬ス(一九六、二項)

物權法 横田博士

第二 改良トハ物ノ用方ニ從ヒ其收益又ハ便益ヲ增加スヘキ良好ノ狀態ニ物ヲ變更スルヲ謂ヒ之ニ要シタル費用ヲ改良費ト謂フ「其他ノ有益費」トハ物ノ價格ヲ增加スヘキ一切ノ費用ヲ謂フ此費用ハ單ニ之ヲ有益費ト稱ス

民法理由 岡松博士

第三 有益費(Depenses utiles)ハ其物ノ改良又ハ經濟上ノ價値ヲ增加セシムル爲ニ要スル費用ヲ謂フ

第四 有益費トハ其物ノ價値ヲ增加セシメタル費用ナリ最重ナルモノヲ物ノ改良ノ爲ニ費シタル金額トス例之肥料ノ代價ノ如シ

第五 有益費ハ又之ヲ改良費ト謂フ物ノ價ヲ增ス費用ニシテ例之土地ニ建物其他ノ工作物ヲ設ケ又ハ建物ニ裝飾ヲ施スカ如シ

第一〇章　問題

【問題】一三　二個以上ノ占有權カ同時ニ同一物上ニ併立スルコトヲ得ルヤ

第一（物權法 櫻田博士）

此問題ハ同一物カ物ヲ占有スルノ權能ヲ包含スル二個以上ノ實體權ノ目的タルコトヲ得ルヤ否ヤノ問題ト其歸著ヲ同フス是他ナシ實體權ト占有權トハ互ニ表裏ヲ爲シ一ハ權利ノ實ヲ爲シ一ハ權利ノ形タルニ依リ其實ノ存シ得ヘカラサル所ニハ其形モ亦存シ得ヘカラサルト同時ニ其實ノ存シ得ル所ニハ其形モ亦常ニ存シ得ヘキヲ以テナリ

互ニ相容ルヘキ數個ノ占有權カ同時ニ同一物上ニ成立シ得ルハ毫モ疑ナシ蓋占有權ノ成立ニハ占有者自身ニ於テ目的物ヲ所持スルコトヲ要セス他人ヲシテ代リテ物ノ所持ヲ爲サシムルコトヲ得此場合ニ於テハ目的物ハ本人ノ所持内ニ在ルト毫モ異ルコトナシ故ニ占有權ノ目的タル物ノ支配關係カ互ニ相異ルトキ即占有者ノ現ニ行フ所ノ權利カ實體上ニ於テ相容ルヘキモ

ノナルトキハ數個ノ占有權ハ代理占有ノ方法ニ依リテ同時ニ同一物上ニ成立スルコトヲ得ヘシ代理占有ノ場合ニ於テハ一ノ所持カ有效ニ數個ノ占有權ノ基本ヲ爲ス從テ其所持ヲ失フト同時ニ數個ノ占有權ヲ失フコトト爲ル

第二

一　占有權ハ主トシテ事實ノ保護ニ重キヲ置クモノナリ事實ハ常ニ一ナリ從テ法律ノ之ヲ保護スルモ一ナルヲ以テ占有權ハ一物ニ關シテハ一アルノミト爲ス

二　占有權ニハ多クノ種類アリ賃借人ノ占有權、質權者ノ占有權、所有者ノ占有權等是ナリ或ハ尙進ンテ此ノ如キ權利名義ナキモ全ク自己ノ爲ニ物ヲ所持スル者ノ占有權、全ク他人ノ爲ニ物ヲ所持スル者ノ占有權半ハ自己ノ爲ニ半ハ他人ノ爲ニ所持スル者ノ占有權等アリト爲シ占有權ノ種類ニハ際限ナキカ故ニ一物ニ關シテ同時ニ二個以上ノ占有權アリト爲ス吾人ハ寧前說ヲ採ル蓋一物ニ關シテ同時ニ二個以上ノ占有權アリテ其性質相異ルモノトスルトキハ此等ノ占有者ノ保護ニ關シテ細密ノ規定ヲ要スルニ至リテ法律ニ非常ノ混雜ヲ生スルノミナラス此說ハ徒ニ空理ニ馳セテ占有權ノ特質タル事實ノ保護ヲ誤ルニ至リ且占有ニ關シテ世人カ信シ來リシ觀念ニモ反スル所アルヲ以テナリ

【問題】一四　被相續人カ惡意又ハ過失ニ因リ占有ヲ始メタル場合ニ於テ相續人善意無過失ニシテ十年ノ取得時效ヲ得タルトキニ前所有者カ被相續人ノ惡意又ハ過失ニ據リ第七百四條又ハ第七百九條ノ權利ヲ主張スルトキハ相續人ハ惡意者又ハ過失者ノ相續人トシテ其物ヲ返還シ且其價額ニ應スル利息及ヒ其他ノ損害賠償ヲ拂ヒ(七〇四)又ハ單ニ損害賠償ヲ拂ハサルヘカラサルカ(七〇九)

或ハ曰ク此場合ニ於テハ是等ノ債權ハ既ニ時效ニ因リテ消滅スヘシト然ラス相續人ハ時效ニ因リテ相續ノ日ヨリ(一四四)所有權ヲ取得シタルモノト看做サルヘキモ第七百四條ノ債權ハ同シク十年ノ時效ニ罹ルヘキカ故ニ(一六七、一項)實際問題ヲ生セサルヘキモ第七百九條ノ債權ニ至テハ「前所有者又ハ其法定代理人カ損害及ヒ加害者ヲ知リタル時ヨリ三年」又ハ「不法行爲ノ時ヨリ二十年ヲ經過」スルニ非サレハ時效ニ因リテ消滅スルコトナキカ故ニ(七二四)余ハ相續人ニ損害賠償ノ義務アルモノト信ス唯其問題ハ稀ニ起ルヘキノミ被相續人カ惡意又ハ過失ニ因リ動産ノ占有ヲ始メタル場合ニ於テ相續人カ善意無過失ナルトキ（相續人ハ第百九十二條ニ依リ其所有權ヲ取得ス）亦同シ此場合ニ於テハ第七百四條及ヒ第七百九條ノ債權ハ皆未時效ニ罹ラサルコト多カルヘシ

【問題】一五　占有者カ所有權ヲ移轉スルノ能力權限ナキ者ヨリ能力權限ナキコトヲ知リテ所有權ヲ讓受クルモ占有ハ其性質ヲ變スルヤ（一八五）

或ハ曰ク此場合ニ於テモ占有ハ其性質ヲ變ス蓋、何等ノ權原ニ因ラサルモノト雖、一定ノ條件ヲ具備スルトキハ或ハ直ニ動産ノ所有權ヲ取得シ或ハ十年二十年ノ期間ヲ以テ不動産ノ所有權ヲ取得スレハナリ唯此場合ニ於テハ占有者ハ惡意ノ占有者ナルカ故ニ果實ヲ取得スルコト能ハス又取得時效ニ關シテ不利益ノ地位ニ立ツノミト占有者ト所有者トノ保護ニ付キ其權衡ヲ失スルモノナリ蓋、新權原ノ意義及ヒ第百八十五條ノ精神ヨリ之ヲ解釋スルニ占有ハ其性質ヲ變セサルモノトス同條ハ權原ノ性質上占有者ニ所有ノ意思ナキモノトスル場合ニ於テハ占有ハ其性質ヲ變セサルヲ原則トシ唯例外トシテ二個ノ場合ヲ

示シタリ如左

一 占有者カ自己ニ占有ヲ爲サシメタル者ニ對シテ所有ノ意思アルコトヲ表示シタルトキ

二 新權原ニ因リ更ニ所有ノ意思ヲ以テ占有ヲ始メタルトキ

(一)ノ場合ハ主トシテ所有者其他占有ヲ爲サシメタル者ヲ保護スルニアリ(二)ノ場合ハ主トシテ占有者ニシテ其占有ニ關スル本權ヲ善意ニ取得セントスル者ヲ保護スルニアリ而シテ(一)ノ場合ニ於テ占有者ヲシテ所有者等ニ對シ占有ノ性質ヲ變スル意思ヲ表示セシメタルハ所有者等ノ不知ノ間ニ占有ノ性質ヲ變セサラシメンカ爲ニ非スヤ然ルニ(二)ノ場合ニ於テ相手方ニ所有權ナキヲ知リ之(例之自己ノ昵近者、僕婢等)ト賣買贈與ノ形式ヲ爲スモ直ニ占有ノ性質ヲ變スルコトヲ得ルモノトセハ之ニ依リテ(一)ノ規定ヲ容易ニ潛クルコトヲ得ヘシ同條豈之ヲ公認スルモノナランヤ故ニ(二)ノ場合ハ占有者カ相手方ニ所有權ヲ移轉スル能力權限アリト信シテ之ト新權原ヲ爲シ而シテ後更ニ所有ノ意思ヲ以テ占有ヲ始ムルトキハ占有ハ其性質ヲ變スルモノト解セサルヘカラス嘗ニ本條ノ精神ヨ

リ然ルノミナラス法律行爲ノ原則ヨリ解スルモ亦然リトス

【問題】一六　盜品遺失物ハ盜難遺失ノ時ヨリ二年間ハ被害者遺失主ニ於テ尚其所有權ヲ保有スルヤ又ハ善意無過失ノ占有者ニ歸スルト同時ニ其所有權ヲ失ヒ回復ノ請求ニ依リ一旦失ヒタル所有權ヲ回復スルコトヲ得ルニ過キサルヤ(一九二)

第一

一　回復ノ請求權ハ所有權ノ效力ナルヲ以テ法律カ此請求權ヲ認ムルハ被害者遺失主ニ尚所有權ノ存スルコトヲ豫想スルモノナリト

二　第百九十三條ハ第百九十二條ノ例外ヲ規定セルモノナリ而シテ第百九十三條ハ善意無過失ノ第三者ハ二年間ハ其上ニ行使スル權利ヲ取得セサルコトヲ規定セスシテ唯此期間內被害者遺失主ノ爲ヱ回復ノ請求權ヲ認メタルニ過キサルヲ以テ之カ爲ニ善意無過失ナル第三者カ動產上ノ權利ヲ即時ニ取得スルノ原則(一九二)ヲ妨ケラルルコトナシ唯被害者遺失主ヨリ回復ノ請求アルトキハ其權利取得ハ占有ノ始ニ溯リテ其效力ヲ失フモノト解セサルヘカラス加之回復ノ請求ナキ間ハ善意無過失ノ占有者ヲ以テ

所有者ト爲シ一般ノ人ニ對シテ其權利ヲ主張スルコトヲ得セシムルノ必要アリト

余ハ後說ニ左袒ス

民法要義 梅博士

第二 第百九十二條ノ條件ヲ具備スル現在ノ占有者ハ二年ヲ經過シタルトキハ直ニ其上ニ行使スル權利ヲ取得ス

物權法 横田博士

【問題】一七 回復者カ猶豫期限ナ裁判所ニ請求スルノ形式如何(一九六)

其一ハ回復者ハ占有者ニ對シテ回復ノ訴ヲ提起シ占有者カ留置權ヲ以テ之ニ對抗シタル場合ニ受訴裁判所ニ對シテ之ヲ請求スルニ在リ其二ハ留置權者ヨリ費用ノ償還ヲ請求セラレタル場合ニ受訴裁判所ニ對シテ之ヲ請求スルニ在リ其三ハ回復者ハ占有者カ普通裁判籍ヲ有スル地ノ裁判所ニ對シテ之カ請求ヲ爲スニ在リ

民法論 松岡博士

【問題】一八 損害賠償ノ請求ハ占有保持ノ訴ノ本來ノ目的ナリヤ(一八九)

第一

古來獨逸普通法ノ解釋トシテ學者ノ爭フ所ナリ我民法ハ積極的ニ規定シ(佛法亦然ラン)獨逸普通法ハ消極的ニ規定ス此區別ノ實用ハ占有ノ訴ニ關スル規定ノ適用アルト否トニ在リ

元來損害賠償ノ訴ハ相手方ノ不法行爲ヲ原因トシ占有ノ訴ハ占有狀態ヲ明確ニスルコトヲ目的トス故ニ損害賠償ヲ以テ占有ノ訴ノ目的ト爲スハ法理上不當ナリ又損害賠償ノ訴ハ之ヲ占有保持ノ訴ト併合スルコトヲ許セハ實際上ノ要求ニ應スルニ足リ敢テ法理上不當ナル法則ヲ設クルノ要ナシ但占有者ハ別ニ不法行爲ニ基ク損害賠償ノ訴ヲ提起スルヲ得反之妨害ニ因リテ得タル利得即不當利得ノ返還ハ占有保持ノ訴ノ目的ニ屬セス(一九八)故ニ占有者カ該利得ノ返還ヲ求ムルニハ特ニ不當利得ヲ原因トスル訴ヲ提起スルコトヲ要ス例之占有者カ妨害行爲者ニ對シ收取シタル果實ノ返還ヲ請求スルカ如シ但此訴ハ占有保持ノ訴ト併合スルコトヲ妨ケス而シテ妨害ニ因ル損害ノ賠償カ占有保持ノ訴ノ目的ニ屬シ妨害ニ因ル不當利得ノ返還カ該訴ノ目的ニ屬セサル區別ニ至リテハ到底完全ナル法理ニ依リテ之ヲ說明シ難シ

依之觀之妨害ニ因ル損害ノ賠償ヲ占有保持ノ訴ノ目的ト爲ス我民法ノ規定ハ立法上不當ナリ

第二 不法行爲ニ因リテ損害ヲ被リタル者ハ不法行爲ノ原則上之カ賠償ヲ請求スルコトヲ得ルハ明ナリ故ニ單ニ賠償ヲ請求シ得ルノミノ事ナレハ故ラニ明文ヲ要セス之ヲ要スルハ占有ノ訴ニ依リテ之ヲ請求スルコトヲ得セシメンカ爲ナリ即妨害ノ停止ハ主タル請求ニシテ損害ノ賠償ハ附隨ノ請求ト謂フモ可ナリ

【問題】一九 占有物ヲ奪ハレタルコトノ證明責任ハ何人ニ在リヤ(二〇〇)

原告ハ先ニ占有ヲ爲シタル事實ト現ニ被告カ其占有物ヲ所持スル事實ヲ證セハ可ナリ適法ニ占有ヲ得タルコトハ被告ノ證明スヘキモノナリ

是羅馬法ニ於テインノセンス第四世カ定メタル證據原則ニシテ爾來學者ノ承認スル所ト爲レリ近世ニ於テモ一般ノ學者ハ之ヲ認メリ蓋羅馬法ニ此原則ヲ認メシモノハ彼ニ在テハ消極的事實ハ證明ヲ要セストノ原則ヲ存シタレハナ

リ然ルニ近世ニ於テハウエベル（第九章）ヘーヌマンホルウエヒ（三二四頁）カ反對論ヲ唱道シテヨリ以來消極的事實モ亦必シモ證明ヲ要セサルモノニ非ストノ說ハ一般ニ行ハレ（Negationmurnut prabanda）ノ原則ハ遂ニ學者ノ否認スル所ト爲レリ之ヲ以テ近世ノ學者ハインノセンスノ證據原則ハ其根據ヲ失スルモノトシテ攻擊スルニ至レリ（「ブルンス」占有論三九六頁同占有訴權論二五一頁）然レトモバールイエリング等インノセンスノ原則ヲ正當ノモノトシテ熱心ニ辯護セリ（「バール」大審院判例論評四七頁「イエリンク」年報二六卷三〇三頁）今ヤ其論爭酣ナリト雖學者ノ傾向ハ概シテインノセンスノ原則ヲ認メテ原告證明ノ負擔ヲ輕フスルヲ以テ反テ占有保護ノ旨趣ニ適スルモノト看做セリ（「デルンブルヒ」一卷四三七頁）

第三編　所有權

第一章　所有權ノ意義(性質)

民法論 松岡學士

第一

所有權ハ法令ノ制限內ニ於テ物ノ無定限ナル支配ヲ內容トスル單一ノ物權ナリ(二〇六、獨九〇三、佛五四四、以下分說)

一　內容　所有權ハ物ノ無定限ナル支配ヲ內容トス無定限ノ支配ハ(Unbegrenzte Herrschaft)物ノ性質及ヒ法律ノ規定ニ從テ能フ限度ニ於テ事實上及ヒ法律上物ヲ支配スルノ力ナリ(Der möglichen Herrschaft)是所有權カ定限物權ト異ル要點ニシテ所有權ハ權利實行ノ方法及ヒ其程度一定セス例之所有者ハ其欲スル所ニ從ヒ物ヲ使用、收益及ヒ消費シ(事實的支配)又ハ物ヲ讓渡シ賃貸シ及ヒ之ニ質權ヲ設定スルコトヲ得ルカ如シ(法律的支配)所謂「自由ニ」ト規定セルモノ是ナリ

二　制限　所有權ハ法令ノ制限內ニ於テ物ヲ支配ス所謂所有權ノ制限是ナ

リ

甲　所有權ノ制限ハ權利ノ本質ヲ變更セスシテ其內容ニ加フル制限ナリ國家ハ社界一般ノ利益保護ノ爲ニ又ハ隣人ノ利益保護ノ爲ニ法令ヲ以テ所有權ノ內容即事實的及ヒ法律的作用ヲ制限スルコトヲ得然レトモ所有權ノ本質即權利自體ヲ制限シ之ヲ變更スルコトナシ蓋、所有權ハ共同生活ノ必要ニ基キ自、一定セル限界ヲ有スルヲ以テ其本質ヲ變更スルコトヲ要セサレハナリ（所有權ノ本質ノ變更ハ則所有制度ノ破壞ナリ）又所有權ノ制限消滅ハ所有權ノ作用ノ回復ニシテ權利ノ回復ニ非ス例之假處分ニ依ル讓渡ノ禁止ハ所有權ノ讓渡即法律的作用ニ加ヘタル制限ニシテ其取消ハ所有權讓渡ノ權能ノ回復ニ他ナラサルカ如シ（民訴七五八）

乙　所有權ノ內容ニ加フル制限ハ一般的法令ヲ以テ之ヲ爲シ又ハ特別的法令ヲ以テ之ヲ爲ス　權利ノ濫用及ヒ緊急行爲ニ關スル制限ハ（獨民二二六、九〇四）參照一般的法令ニ依ル制限ニシテ又第二百七條乃至第二百三十八條ニ規定スル制限ハ特別法令ニ依ル制限ナリ而シテ後者ノ制限ハ之ヲ所有權ノ限界ト稱ス（獨民九〇五乃至九二三）但同一物ニ付キ他人ノ爲ニ成立スル權利ヲ害セサルノ制限ハ一切ノ財產權ニ存スルコトヲ得ヘキ制限ナリ

丙 所有權ハ其本質上無制限ナリ（「プルードン」「ウィンドシャイド」）トノ學說ニ從ヘハ所謂所有權ノ制限ハ則法律ヲ以テ所有權ヲ侵害スルモノナリ採ルヘカラス蓋所有權モ亦一般ノ權利ト同シク社會一般ニ對スル斟酌及ヒ共同生存ノ必要等ニ基キ自、一定セル限界ヲ有スレハナリ（「イェリンク」「ハルトマン」等）所謂「法令ノ制限內ニ於テ」（二〇六、獨九〇三）ト規定シタルモノ是ナリ

三 目的物 所有權ハ物ノ支配ヲ內容トスル權利ナリ故ニ所有權ノ目的物ハ有體物ナリトス從テ所謂智能的所有權ハ我民法ニ所謂所有權ニ非ス蓋智能的產出物ハ有體物ニ非サレハナリ然レトモ

甲 取引能力ヲ有セサル有體物ハ所有權ノ目的物ト爲ラス

乙 物ノ構成分子ハ所有權ノ目的物ト爲ラス又聚合物（事實的聚合物法律的聚合物）モ一個ノ所有權ノ目的物ト爲ラス但聚合物ヲ組織セル各個獨立ノ有體物カ所有權ノ目的物タルコト言ヲ俟タス（同說「ウィンドシャイド」「デルンブルヒ」等反對說「アルンツ」「プフタ」等反對

立法例普國私法、「バイエルン」國民法

四　單一權　所有權ハ單一ノ權利ナリ

元來所有權カ物ニ對スル單一ノ支配權ナリヤ又ハ物ニ對スル各種ノ權利ノ集合ヨリ成ル權利ナリヤ(Einheit oder Summe?)
或ハ所有權ヲ以テ諸物權ノ集合ト爲シ(la somme de tous les droits reels「ドモロンブ」)
或ハ物ニ付キ有スル最完全ナル權利(droit le plus Complet sur une chose「コルメドサンテール」「ポートリ」)ト爲ス
又或ハ物ニ對シテ有スル最完全ナル一個ノ權利ニシテ使用權及ヒ收益權ノ如キハ其作用ナリト爲ス(「ウインドシヤイド」「パンデクテン論」)
我民法及ヒ獨逸民法ハ之ヲ容レテ所有權ヲ單一ノ權利ト爲シ使用收益及ヒ處分等ヲ以テ其作用ト爲ス蓋所有權集合體說ハ理論上一個ノ權利ヲ缺ケハ所有權ヲ成立セサラシメ實際ニ適セサルヲ以テナリ
故ニ我民法ニ所謂使用收益及ヒ處分ハ所有權ノ重要ナル作用ヲ指示スルニ止リ所有權カ此三個ノ獨立セル權利ヨリ成ル旨ヲ指示スト解スヘカラス是ヲ以テ

甲 所有者ハ所有物ニ付キ完全ナル支配權ヲ有スト推定ス 故ニ所有者ニ對シ定限物權ヲ主張スル各人ハ其存在及ヒ立證ヲ爲サヽルヘカラス所謂所有權ノ否認的作用若クハ所有權ノ完全推定是ナリ

乙 所有者ハ所有權ニ存スル制限ノ消滅ニ因リ當然完全ノ支配權ヲ回復ス 所謂所有權ノ彈力性又ハ歸一力(Elastizität; Consolidität)是ナリ

丙 作用 所有權ハ物權ナリ故ニ(一)所有者ハ直接ニ物ヲ支配スルコトヲ得(積極的作用)(二)所有者ハ第三者ノ干渉ヲ排斥スルコトヲ得(消極的作用)

第二

佛法系ノ觀念ニ依レハ所有權トハ法定ノ範圍內ニ於テ自由ニ物ヲ使用收益且處分スル權利ヲ謂フ此定義ハ最、汎ク行ハルル所ニシテ(二〇六、財三〇佛五四四)一種ノ形式ニ於テ所有權ノ定義ヲ示シタルモノト見ルコトヲ得ヘシ

此定義ハ完全ナル狀態ニ於ケル所有權ノ作用ト所有權ノ本體トヲ混同シタルモノナリ蓋所有權ハ本來物ノ使用收益及ヒ處分ノ各權能ヲ包含スト雖、是何レモ其成立要素ニハ非ス若所有權ニシテ此等ノ權能ヨリ成ルモノトセハ

其一ヲ缺クトキハ直ニ消滅スルモノト謂ハサルヲ得サルヘシ然ルニ所有者ハ其所有物ノ上ニ地上權永小作權質權等ヲ設定シ又ハ之ヲ賃貸スルカ如キハ日常頻繁ニ目擊スル處ノ事實ニシテ所有權ハ依然存在スルモノト解スヘキコト言ヲ俟タサレハナリ

或ハ曰ク所有者ハ使用、收益ノ權利ヲ有セサルコトアルモ物ヲ處分スル權（即事實上ノ處分權）ハ常ニ之ヲ失ハス故ニ所有權ノ特質ハ此處分權ニ歸着スト（普一卷八編三章「プラニオル」一卷九五八節）然レトモ是亦所有權ノ主要ナル一作用ヲ說明スルニ止リ未、所有權其者ノ何タルコトヲ示スニ足ラス蓋所有者ハ其處分權ヲモ有セサルコトアルハ事實ニシテ例之質權ノ目的ト爲レル物ヲ毀壞スルコトヲ得サルカ如シ地上權其他ノ用益物權ヲ設定シタル場合ニ於テモ亦使用收益ヲ爲ス權ト共ニ物ニ關スル處分權ヲモ制限サレタルモノト謂フヘシ（獨九〇三參照）要之所有權ハ物ノ使用收益又ハ處分ノ權能ナキニ至ルモ尙存在スルコトヲ妨ケス果シテ然ラハ其本質ハ此等ノ權能以外ニ之ヲ求メサルヘカラス最正確ト認ムヘキ所有權ノ定義如左所有權トハ法定ノ範圍內ニ於テ物ニ付キ一般ノ支配ヲ爲ス權利ヲ謂フ此一般ノ關係ニ於テ物ヲ支配スルコトハ則所有權ノ本質ヲ成スモノト解ス蓋吾人カ法律上物ヲ支配スルニ付テハ或ハ特定ノ關係ニ止ルコトアリ（地上權永小作權質權等ノ他物權）或ハ全般ノ關係ニ及フコトアリ（所有權）故ニ假令物ノ使用、收益等ノ權ヲ割キテ之ヲ他人ニ移スモ是所有權其者ニ對スル制限ニ非スシテ一般支配權タルコトニ基キ所有權ノ作用ニ加ヘタル制限ニ過キサル、ナリ或ハ此等ノ制限相重ナリテ所有權ハ全ク其效用ヲ爲ササルニ至ルコトナキニ非スト雖、所有權ノ根本的觀念ハ之カ爲ニ消失スルニ非スシテ唯其活動カ停止セラレタルノミ從テ其制限ヲ爲セル他物權ニシテ消滅スルトキハ所有權ハ直ニ完全ナル狀態ニ復スルモノトス所謂所有權ノ彈力性又ハ反歸力是ナリ（「デルンブルヒ」一九二節）

物權ニハ法律上ノ支配權ト事實上ノ支配權トアリ所有權ハ則法律上ノ支配權ニシテ事實上物ヲ支配スルコトヲ必要トセス是占有權ト全ク相異ル要點ナリトス法律上ノ支配權ニ屬スル物權中法律ノ規定及ヒ第三者ノ權利ニ牴

觸セサル限リ總括的ニ物ヲ支配シ得ルコトハ占有權以外ノ物權トモ相異ル特質ニシテ物權中最完全ナルモノト爲ス所以ナリ

所有權ハ物ニ付キ一般ノ支配ヲ爲ス權利ナルモ無制限ナルニハ非スシテ法律ニ定メタル範圍內ニ於テ存立スルモノナリ是凡テ權利ハ法律ノ效果タルニ因ル、從來所有權ハ本來無制限ナル權利ニシテ公益上必要ナル場合ニ限リ國法ヲ以テ之ヲ制限スルコトヲ得ト解セリ近世尚此觀念ヲ表出セル法文ヲ見ル（財三〇）又其觀念ヲ是認スル學者モ之ナシトセス（「ウィンドシャイト」六版一卷五六一頁）是固ヨリ權利ノ基念ト相容レサル見解ニシテ立法史上ニ於テモ亦其根據ヲ有セサル所ナリ第二百六條ニ「法令ノ制限內云々」トアルハ此觀念ヲ排シタルモノト謂フヘシ

所有權ニ二狀態アリ一ハ完全且專屬的ニ其一切ノ作用ヲ發揮スル場合ニシテ之ヲ完全所有權ト謂フ又一ハ他人ニ屬スル制限物權ノ爲ニ其內容ノ一部分ヲ殺カレタル狀態ニシテ其場合ニ種々アリ殊ニ使用、收益ノ權能ヲ缺ク場合ハ所有權ノ實益ヲ失ヘルコト著シキヲ以テ之ヲ裸體ノ所有權又ハ虛有權

ト名ク其虚有權ニ對スル制限物權ハ地上權永小作權等ノ用益物權ニシテ佛法系ニ於テハ之ヲ所有權ノ支分權ト稱ス（「プラニオル」一卷九六四節三項）

完全所有權ハ物ノ使用、收益及ヒ處分ノ權能ヲ包含ス

所有權ハ物ニ付キ最完全ナル作用ヲ有スト雖、若同一物上ニ所有權ト他物權トカ競合スル場合ニ於テハ他物權ハ所有權ニ對シテ優先ノ地位ヲ占ムルモノト謂フヘシ所有權ハ本來他物權ニ比シテ其效力强大ナルニ拘ラス同一物上ニ存立スル他物權ニハ凌駕セラレ實際其利益ヲ享クルコトヲ得サル場合少シトセス是即、法律上或種類ノ他物權ニ付キ其存續期間ヲ限定シ以テ之ニ伴フ弊害ヲ多大ナラシメサルコトニ努ムル所以ナリ（二六八、二七八、三六〇）

所有權ハ所謂永久的性質ヲ有ス即或期間ヲ經過スルニ因リテ消滅スルコトナキモノトス此觀念ヨリシテ從來所有權ニハ期限ヲ附スルコトヲ得サルモノト爲ス學者甚多シ然レトモ是所謂永久的意義ノ誤解ナリ蓋期限ハ法律行爲ノ附款ニシテ權利ニ附スルモノニ非ス故ニ所有權ニ期限ヲ附スルコトヲ得ストハ期限附ニテ之ヲ他人ニ移轉スルコトヲ得ストノ意義ニ外ナラス果

シテ然ラハ所有權ノ期限附處分ハ毫モ其永久ノ性質ヲ害スルモノニ非ス殊ニ其始期附處分ノ有效ナルコトニ付テハ殆ト疑ナシ何トナレハ所有權ハ始期ノ到來ニ因リ甲ヨリ乙ニ移轉スルニ止リ決シテ消滅スルニ非ス即チ單純ナル讓渡ノ場合ト相異ル所ナケレハナリ物權ノ始期附處分ニ關シテハ第百三十五條一項ノ規定ハ甚不備ナリト雖其效力ヲ否認スル趣意ニ非ス所有權ニ付キ別段ノ規定ナキ以上ハ毫モ之ヲ除外スヘキ理由ヲ發見セサルナリ

此問題ハ主トシテ所有權ノ終期附處分ニ關シテ議論アルモノトス然ルニ此場合ニ於テモ亦終期ノ到來ハ單ニ所有者ノ更迭ヲ來スノミニシテ所有權其者ヲ消滅セシムルコトナシ故ニ其永久ノ性質ヲ阻害スルモノニ非ス此結果ハ解除條件カ成就シタル場合ニモ生スルコト明ナル以上ハ(一二七、二項)終期附處分ニ付キ之ヲ否認スルノ理由ナシ現ニ第百三十五條二項ノ規定アルカ故ニ所有權ノ終期附處分ノ有效ナルコトハ殆疑ナシ

所有權ノ終期附處分トハ終期ノ到來ニ因リテ所有權カ當然前主ニ復歸スルコトヲ謂フ再之ヲ其者ニ移轉スル債務ヲ生スルコトヲ謂フニ非ス一部ノ學

者ハ此債權的效力ヲ生スル意義ニ於テ其處分ノ有效ナルコトヲ認ムト雖、是所有權其者ノ期限附處分ニ非スシテ其再移轉ヲ目的トスル普通ノ債權的契約ニ外ナラス從テ其有效ナルコトニ付テハ殆ト疑ナシ買戻約款附賣買ハ則此效果ヲ生スルモノニシテ所有權ノ終期附處分ト見ルヘキニ非ス(五九七)

第三

所有權ノ定義ニ二主義アリ一ハ抽象的包括的ニ其定義ヲ擧クルモノニシテ獨逸民法カ「物ノ所有者ハ法律又ハ第三者ノ權利ニ牴觸セサル限リハ任意ニ物ヲ處置スルコトヲ得」ト規定セルハ則此主義ニ屬ス(獨民八一八「デルンブルヒ」其他獨逸法學者)一ハ所有權ノ內容ヲ爲ス所有者ノ權能ヲ具體的ニ列擧シテ其定義ヲ示スモノニシテ我民法カ「物ノ所有者ハ法令ノ制限內ニ於テ其所有物ノ使用收益處分ヲ爲ス權利ヲ有ス」ト規定セルハ此主義ニ屬ス(二〇六、佛國法系ノ立法例及ヒ佛國法學者)余ハ包括主義ヲ可トス列擧主義ハ繁雜ニ渉ルノミナラス所有權ノ內容タル所有者ノ權能ヲ擧ケテ遺漏ナキハ期シ難キヲ以テ到底所有權其者ノ觀念ヲ表出スルニ適セサレハナリ余ノ完全ナリト信スル所有權ノ定義如左

所有權ハ法令ノ制限內ニ於テ總括的ニ物ヲ支配スル權利ナリ(以下分說)

一 所有權ハ總括的ニ物ヲ支配スル權利ナリ　即特定ノ關係ニ於テ又ハ特定ノ方法ヲ以テ物ヲ支配スルコトヲ得ルノ權利ニ非スシテ總テノ關係ニ於テ且總テノ方法ヲ以テ包括的ニ物ヲ支配スルコトヲ得ルノ權利ナリ此觀念ニ基ク所有者ノ重ナル權能ハ物ノ占有、使用、收益、處分及ヒ物ニ付キ第三者ノ干涉ノ拒絕ナリトス然レトモ是等ノ權能ハ相合シテ所有權ヲ構成スルモノニ非スシテ物ノ總括的支配權タル所有權ノ表彰タルニ過キス

二 所有權ハ法令ノ制限內ニ於テ總括的ニ物ヲ支配スル權利ナリ　所有權ハ一ノ私權トシテ公益ヲ害セサル範圍內ニ於テ之カ行使ヲ爲スコトヲ要スルヲ以テ所有權ニ固有ナル權能ハ公益ノ爲ニ設ケタル法律上ノ制限ニ服從スヘキモノトス且所有權ノ絕對無條件ノ行使ハ所有者相互間ニ於テモ權利ノ牴觸ヲ來スヲ以テ其行使ハ所有者相互ノ利害ヲ調和スルカ爲ニ設ケタル法律上ノ制限ニ從フヘキモノトス蓋所有權ハ其本性上絕對無限ノ性質ヲ有スト雖法律ニ認メラルル內容範圍ニ於テノミ一ノ私權トシテ

成立スルコトヲ得ルモノニシテ法律ノ規定外ニ於テ此權利ノ存在ヲ認ムルコトヲ得ス第二百六條ニ「法令ノ制限内ニ於テ」ト規定セルモノ是ナリ然レトモ若法令ノ制限ナカランカ所有權ハ絶體性、普通性ヲ有スルヲ以テ所有者ハ其所有物ニ付キ完全ナル支配權ヲ行フコトヲ得ヘキモノトス他方ニ於テ所有權ハ制限セラレ得ヘキ性質ヲ有スルヲ以テ第三者ノ既得權ニ依テ制限セラルルコトヲ妨ケス即所有者ハ總括的ニ物ヲ支配スルノ權利ヲ有スルモ一若クハ二以上ノ關係ニ於テ物ヲ支配スルノ權利カ所有者ノ手ヲ離レテ他人ニ屬スルコトアリ例之地上權、永小作權其他ノ權利ヲ設定シタル場合ノ如シ然レトモ是カ爲ニ毫モ所有者タルコトヲ失ハサルモノトス何トナレハ一ノ權利ヲ有スルコトト其權利ヲ制限スルコトトハ兩立シ得ヘキ觀念ニ屬シ此場合ニ於テハ唯其權利ヲ制限セラレタルニ止リ權利ノ本體即所有權其者ハ之ヲ喪失シタルニ非サレハナリ而シテ第三者ノ權利カ消滅スルト同時ニ當然完全ナル支配權ヲ回復ス之ヲ稱シテ所有權ノ彈力性又ハ反歸力ト謂フ

三　所有權ハ永久ニ存續スヘキ權利ナリ　其存續期間ノ限定セラレサルヲ以テ本質トス即所有權ハ目的物ノ消滅第三者ノ取得時效其他絕對的事由ノ生セサル限リハ永久ニ存續スヘク地上權永小作權等ニ於ケルカ如ク一定時期ノ經過ノミニ因テ消滅スルコトナシ是所有權ニハ所謂消滅時效ナルモノノ存セサル所以ナリ故ニ期限ノ到來ニ因リテ消滅スル有期ノ所有權ハ法律カ特ニ斯ノ如キ所有權ヲ認ムルニ非サレハ存在スルコトヲ得サルモノトス但一ノ所有權カ期限ノ到來ニ因リ甲ヨリ乙ニ乙ヨリ丙ニ移轉スルコトアリト雖、是唯所有者ニ更迭ヲ生スルニ止リ所有權其者ハ依然トシテ存續ス是地上權永小作權ニ期限ヲ付スル場合ト趣ヲ異ニスル所ナリ蓋所有權ハ總括的支配權トシテ一物上ニ單ニ一個成立シ得ルニ過キサルヲ以テ期限ヲ付シテ之ヲ他人ニ移轉スルコトヲ得ルモ其所有權ノ上ニ更ニ期限附ニテ他ノ所有權ヲ創設シ期限ノ到來ニ因リテ其所有權ヲ消滅セシムルコト地上權、永小作權ノ如クナラシムルコトハ法理上不可能事タリ何トナレハ同一物上ニ二個ノ所有權ヲ認ムルコトトナルヘケレハナリ所有權ノ移轉カ停止條件又ハ解除條件ニ繫ル場合ニ於テモ亦同シク常ニ既存ノ所有權ニ付キ權利者ニ更迭ヲ生スルニ過キサルモノトス即所有權ノ發生消滅カ條件ニ係ルニ非スシテ其移轉カ條件ニ係ルモノナリ

民法理由
岡松博士

第四

所有權ノ定義ニ關スル重要ナル學説凡四アリ如左

一 所有權ハ物ノ實質ヲ處分スル權利ナリ（普國國法一編八章三條）是所有權ノ作用ノ最重要ナルモノヲ擧ケタルニ止ル此説ニ依レハ所有者カ質權ヲ設定シタル場合ニハ所有權ヲ有セスト謂ハサルヘカラス何トナレハ之ニ因リ物ノ實質ヲ處分スルノ權能ヲ行フヲ得サレハナリ

二 所有權ハ絶對ノ權利ナリ（「チボウト」五五八章「ベーキング」二卷一三四章七頁）是所有權ノ性質獨立ニシテ無制限ナルコトヲ表明スルモノナリト雖所謂絶對ノ文字ハ其意義漠然ニシテ未タ所有權ノ何モノタルヤヲ表スニ於テ適當ナルモノト謂フ能ハス

三 所有權ハ無制限ナル權利ナリ（「ウインドシヤイド」一卷一六七章註三號）近世ノ立法ニ於テ

ハ所有權ニ付テ法律上ノ制限ヲ認ム故ニ此說ハ此觀念ト衝突ス

四 所有權ハ自由ニ物ヲ使用、收益處分スル權利ナリ（普國國法一編八章九乃至一一）是近世多數ノ立法例及ヒ學說ノ唱フル所ナリ此定義ニハ二大誤謬アリ如左

甲 此定義ハ所有權ヨリ生スル效果ト所有權其者トヲ混同シ結果ヲ以テ原因ヲ說明セントスルモノアリ。卽、所謂使用、收益、處分ノ三者ハ所有權ノ作用ニシテ所有權ノ體ニ非サレハナリ（「ウインドシヤイド」一卷一六七章註二號）

乙 此定義ニ因リ物ノ使用、收益、處分ハ所有權ノ支分權ナリトシ所有權ハ此三者ヲ以テ其成立要素トスルモノアリ（佛國法典普國國法「ボアソナード」）是法理上甚シキ誤謬ニ座ス若、右三權ヲ以テ所有權ノ成立要素トセハ其一要素ヲ缺クトキハ直ニ所有權ノ消滅ヲ惹起セサルヘカラス然ルニ所有者ハ所有物ヲ他人ニ賃貸シテ其使用權ヲ與フルモ又ハ其物ニ關シ收益權ヲ許スモ所有者ハ決シテ所有權ヲ失フモノニ非サレハナリ（「ウインドシヤイド」一卷五一九頁）

以上ノ定義ハ皆其當ヲ得ス獨、デルンブルヒ氏近著「近世羅馬法論」及ヒ「普國私法論」ニ於ケル所有權ノ定義ハ善ク所有權ノ性質ヲ表明ストト稱セラル余ハ氏

ノ說ヲ參酌シテ近世ノ學者カ最至當ナリトスル所有權ノ定義ヲ擧ケン
物權ヲ分ツテ占有權及ヒ狹義ノ物權トス占有權トハ物ノ事實上ノ支配關係ヲ謂ヒ狹義ノ物權トハ物ノ法律上ノ支配關係ヲ謂フ狹義ノ物權ニ二種アリ所有權及ヒ他物上權是ナリ
他物上權トハ他人ノ有スル物ニ付キ一定ノ目的及ヒ方面ニ限リ支配ヲ爲ス權利ナリ地役權、地上權、永借權、質權等是ナリ
所有權トハ物ニ付キ總括的支配ヲ爲スノ權利ナリ換言セハ法令ノ範圍内ニ於テ物ニ付キ完全ノ支配ヲ爲ス權利ナリ故ニ其性質二アリ如左
一 所有權ハ物ノ完全ナル支配ナリ　完全ノ支配トハ總轄的ノ支配ヲ謂フ即一定ノ方面一定ノ目的ニ限ラレサルモノナリ更ニ二方面ヲ有ス如左
甲 積極的内容　所有者ハ物ニ關シ自己ノ意思ヲ以テ自由ニ左右スルコトヲ得即進ンテ支配スルヲ謂フ
乙 消極的内容　他人ハ物ニ關シ所有者ノ意思ニ反シテ之ヲ左右スルコトヲ得ス即所有者ハ自己ノ意思ヲ以テ他人ヲ排斥スルヲ謂フ

其支配權ノ作用ヲ分析スレハ物ノ使用、收益、處分及ヒ占有ノ四トナル以上四個ノ權利ハ則所有權ノ主要ナル作用ニ屬シ所有權ヨリ生スル結果ナリ之ヲ以テ所有權ノ要素ト混同スヘカラス蓋所有權ノ體ハ則總括的支配關係ニシテ右ノ權利ハ其用タレハナリ（「ウインドシヤイド」一卷五一八頁「デルンブルヒ」一卷四四〇頁）

二　所有權ハ法令ノ範圍內ニ於テ享有スル權利ナリ　凡權利ハ法律ノ創定物ナリ法律以外ニ權利ヲ認ムルコト能ハス從テ所有權ノ內容カ法令ニ因リ限定セラルルコト勿論ナリエーリンクハ沿革的ニ所有權ハ無制限ナリトスルノ說ヲ駁擊シテ私權殊ニ所有權ハ吾人人類ノ共同生活ノ影響ヲ受ケ公益ノ爲、法律上其制限ヲ被ムルコトハ當然ナリ各國ノ歷史ニ於テ所權ニ全ク制限ヲ置カサルノ例ハ未、曾テ之アラスト（「エーリンク」法律精神論一卷五二〇頁）蓋所有權カ法令ノ範圍內ニ於テ其制限ヲ受クルハ止ムコトヲ得サルナリ

第二百六條ハ所有權ノ意義ヲ結果ヨリ觀察シテ具體的ニ定メタルモノナリ我民法ニ於テハ所有權ノ意義ハ之ヲ學說ニ委任スルノ途ヲ採レリト雖所有權ノ結果トシテ所有者カ有スル權能ハ之ヲ具體的ニ明確ニシ以テ所有權ノ

意義ヲ間接ニ定ムルノ要アレハナリ

第五

所有權ノ意義ニ學說上廣狹二義アリ廣義ニ於テハ總テノ財產權ヲ意味ス（羅馬ノ「プロプリエタス」及ヒ之ヨリ流出シタル英ノ「プロパーチー」佛ノ「プロプリエテー」ハ此意味ヲ有スルコトアリ）此意義ニ依ルトキハ物ノ外、權利（債權、版權、專賣權、信用等）モ亦所有權ノ目的トナルコトヲ得反之狹義ニ於テハ所有權ハ財產權ノ一部ト爲ル而シテ所有權ト財產權トハ其範圍同一ニ非ス即所有權ノ範圍ハ其目的（目的トハ權利ノ賴リテ以テ存スル客體）ニ因リテ制限セラル

所有權ノ目的ニ關シテハ其說二派ニ分ル一ハ則所有權ハ必、有形物ニ關シテ存在ストシ從テ債權版權等ノ所有權ナシトスルモノニシテ他ハ則所有權ノ目的ニハ無形ノ權利モアリトシ從テ版權ノ所有權債權ノ所有權アリトナス（舊民法ノ主義）

所有權ハ物權ノ一種ナルヲ以テ物權ノ範圍如何ニ因リテ所有權ノ範圍モ亦限定セラルヘシ物權ハ物上ニ存スル財產權ナリ故ニ所有權モ亦物上ニ存スル財產權ノ一ナリ而シテ我民法ニ於テ物トハ有體物ナルカ故ニ所有權ハ有

體物ノ上ニ存スル財産權ナルコト明瞭ナリ

所有權ハ自由ニ物ヲ使用收益處分スルノ權利ナリ然レトモ一方ニ於テハ他人ノ權利ヲ害スヘカラス又他方ニ於テハ國家ノ公益ニ反スヘカラサルコト明ナリ蓋所有權ハ法律ニ因リテ創設セラレタルモノニシテ其效力モ亦自、法律ノ規定ニ因リテ定マルヘキモノナレハナリ即所有權ハ本來ノ性質上絶對無限ノモノニ非ス是「所有者ハ自由ニ物ヲ使用スルコトヲ得但法令ニ制限アルトキハ此限ニ在ラス」ト規定セサリシ所以ナリ

所有權ニ關シテハ使用收益處分ノ三權ノ集合權ナリトノ説（「ドモロンブ」「ポードリー」「ホルランド」）ト集合權ニ非スシテ所有權ナル一ノ單獨權ナリトノ説トアリ後説ヲ可ナリトス

蓋若前説ニ從ヒ使用收益處分ノ三權ヲ以テ所有權ノ成立要素トスルトキハ其中ノ一ヲ失フニ因リテ復所有權アリト言フヲ得難キニ至ルヘク又何々ノ權利何個ノ權利ヲ集合シテ所有權ヲ組成スルヤノ問ニ關シテ明答ヲ附シ難カルヘシ又此説ハ所有權ヲ以テ集合權ナリト爲シ他ノ物權ハ然ラスト爲ス

モ若所有權ヲ集合權ナリトスレハ其他ノ物權モ亦集合權ト謂フヘキモノ多カルヘシ例之永小作權ハ自、耕作牧畜ヲ爲ス權及ヒ自由ニ之ヲ讓渡スル權又質權ハ自、之ヲ實行シテ債權ノ辨濟ニ充當スル權及ヒ轉質ヲ爲ス權等ノ集合ナリト言フヲ得ヘキカ如シ

要之所有權ト他ノ物權及ヒ債權トハ其權利ノ性質及ヒ效力ヲ異ニスル所大ナルモ一ヲ集合權トシ他ヲ單獨權トスル區別ノ標準ヲ見出ス能ハス即集合說ノ論旨ヲ貫クトキハ多クノ權利ハ更ニ自身ヨリモ小ナル他ノ諸權利ノ集合ナリト言フヲ得ヘシ加之集合說ハ所有權ノ根本ノ思想ニ於テ誤レルノミナラス之ヲ實際ニ應用スルニ當リテハ種々ノ困難ヲ感スルコトアルヘシ

使用收益處分ノ三權ハ必シモ所有者ニ合歸スルヲ要セス所有者ハ使用權若クハ收益權又ハ使用權及ヒ收益權ヲ他人ニ分與スルコトヲ得而モ所有者ハ依然トシテ所有者タリ前ノ場合ニ於ケル所有者ノ權利ヲ斷缺ノ所有權、後ノ場合ニ於ケル所有者ノ權利ヲ「ヌダプロプリエタス」（虛有權ト譯スル者アリ）ト言フ

物ノ處分權ハ之ヲ所有者ノ手ヨリ離スコトヲ得ルカ是處分權ノ如何ナルモ

ノナルヤニ因リテ定ルヘキ所多ク且之ヲ決スルニハ豫、處分權ノ制限ト處分權ノ全クナキコトトヲ區別スルヲ要ス廣ク處分權ヲ解スルトキハ物ヲ全然所有者ノ手ヨリ離スコトヲ得ル權ナリ（例之賣買贈與燒毀毀壞ノ如シ）若、原則トシテ所有者ニ斯ノ如キ權ナキトキハ之ヲ稱シテ所有者ト言フコトヲ得サルヘキヲ以テ處分權ハ所有權ノ最大要素ニシテ一日モ所有者ニ缺クヘカラサルモノナリトス

處分權ハ制限スルコトヲ得ルヤ或ハ曰ク法令又ハ合意若クハ遺言ヲ以テモ之ヲ制限スルコトヲ得特ニ合意上隨意ニ制限スルコトヲ得レハコソ所有權ノ所有權タル價値アルナリト然レトモ是處分權ノ制限ト處分權ニ關スル特別ノ意思表示トヲ混同スルモノニシテ遺言及ヒ合意ニ因ル制限ハ所有權ノ制限ニ非ス唯所有權ノ遺贈若クハ讓與ニ當リテ爲サレタル一ノ附隨ノ意思表示タルニ過キス但斯ル特約ハ財產ノ融通ヲ妨ケ公益ニ反スル場合ニ於テハ之ヲ無效トスルコトアルヘシ（佛一五九八）知ルヘシ法令ニ依ル處分權ノ制限トハ全ク其性質ヲ異ニスルヲ

所有權ニハ期限ヲ附スルコトヲ得ス蓋處分權ハ所有權ニ一日モ缺クヘカラサルモノニシテ一定ノ期間ノミニ於ケル物ノ處分(例之毀壞)ハ不能ナレハナリ假令一定ノ期間ノミニ於ケル或處分(例之賣却)ハ之ヲ可能ナリトスルモ爲ニ所有權ヲ複離ニシ公私ノ損害ヲ釀スコト大ナルヘキヲ以テ公益上許スヘカラサルナリ

第六

所有權(dominium, Propriété, Eigenthum)ハ物權ノ最完全ナルモノナリ所有權ノ文字ハ往々財產權ノ意味ニ之ヲ使用スルコトサヘアリ

所有權ノ定義ハ第二百六條之ヲ規定セリ但所有權トハ法律又ハ他人ノ權利ニ抵觸セサル範圍內ニ於テ最自由ニ物ヲ處置スル權利ナリト謂フヲ以テ一層精確ナルモノトス

第二百六條ニ依レハ所有權ハ三構成分ヨリ成ル使用權(Jus utendi)收益權 (Jus ftuendi) 及ヒ處分權(Jus abutendi)是ナリ所有者ハ往々其使用權及ヒ收益權ヲ他人ニ與フルコトアリ此場合ニ於テハ所有者ハ處分權ノミヲ存有ス故ニ所有

權ノ特質ハ奪、處分權ニ在リト云フモ可ナリ所有權ニ完全ナルモノアリ不完全ナルモノアリ前者ハ使用、收益、處分ノ三ヲ併セタルモノニシテ後者ハ使用、收益ノ全部又ハ一部ヲ除キタルモノナリ其使用、收益ハ之ヲ支分權（démembrements de la propriété）ト謂フ

留置權、先取特權、質權及ヒ抵當權ハ支分權ニ非ス此等ノ權利ハ奪、所有權ノ上ニ存スルモノト視ルヘク不動産質ハ物ノ使用、收益ヲ爲ス權利ヲ質權者ニ與フルカ故ニ（三六五）支分權ト稱スルモ可ナルカ如シト雖、其主タル效力ヨリ言ヘハ之ヲ支分權ト稱スルコトヲ得ス

所有權ハ最完全ナル權利ナレトモ無制限ナルモノニ非ス蓋權利ハ總テ法律ノ規定ニ依リテ其範圍定マルモノニシテ法律以外ニ之ヲ行フコトヲ得サレハナリ尚所有權ハ物權ノ最完全ナルモノニシテ且、最、普通ナルモノナルカ故ニ警察其他行政上之ニ多少ノ制限ヲ附スルノ必要多シ是命令ヲ以テモ之ヲ制限スルコトアルヘキヲ認メタル所以ナリ

第二章　所有權ノ內容

所有者ハ法令ノ制限內ニ於テ自由ニ物ヲ支配スルコトヲ得(二〇六)故ニ所有權ノ內容ハ無定限ニシテ物ニ對スル最完全ナル支配力ナリ(以下分說)

第一　作用ヨリ觀察シタル內容　所有者ハ其欲スル所ニ從ヒ積極的ニ目的物ノ占有、使用、收益及ヒ處分ヲ爲スコトヲ得又消極的ニ目的物ニ對スル各人ノ干涉ヲ排斥スルコトヲ得

甲　隨意　所有權ノ行使ハ所有者ノ隨意ナリ故ニ所有者ハ其權利ノ行使カ自己ニ利益アルコトヲ要セス例之何等ノ損害ナキトキト雖、自己ノ家屋ニ電線ヲ附著セシムル行爲ヲ耐忍スルコトヲ要セサルカ如シ然レトモ之カ爲ニ第三者ノ權利ヲ害スルコトヲ得ス例之自己ノ所有物ト雖抵當權ノ目的ト爲レル物ヲ破壞スルコトヲ得サルカ如シ從テ單ニ第三者ノ便益又ハ快樂ヲ減スルニ止ルトキハ此限ニ非ス

乙 積極的作用 大別シテ事實的作用、法律的作用ト爲スコトヲ得

子 所有者ハ其權利ヲ全フスルカ爲ニ所有物ヲ占有スルコトヲ得(事實的作用)

元來占有ハ權利ノ行使ナルヲ以テ所有者ハ勿論非所有者亦有體物ヲ占有スルコトヲ得然レトモ非所有者ノ占有ハ眞正ノ所有者ヨリ排斥セラルルコトアリ反之所有者ノ占有ハ法令又ハ第三者ノ權利ニ依リテ制限セラルルコトアルニ過キス

又所有者ハ特ニ制限セラレサル限リハ一切ノ行爲ヲ爲スコトヲ得反之定限物權者ハ特ニ認容セラレタル行爲ニ非サレハ之ヲ爲スコトヲ得ス又所有者ハ物ヲ使用スルコトヲ得(事實的作用)

丑 所有者ハ事實的及ヒ法律的收益並ニ處分ヲ爲スコトヲ得

寅 第二百六條ハ所有權ノ內容ヲ規定シテ「所有物ノ使用收益及ヒ處分ヲ爲ス權利」トス 是重要ナル所有權ノ作用ヲ明示シタルニ止リ之ヲ限定シタルモノニ非ス又所有權ハ此三權利ノ集合ニ依リテ成ルコトヲ示スモノニ非ス(權利ノ法語ハ不穩當ナリ宜シク所有權ノ作用ヲ示スニ足ル權能ニ改ムヘシ)

丙　消極的作用　所有者ハ第三者ノ干渉ヲ排斥スルコトヲ得排斥スルコトヲ得ヘキ第三者ノ干渉ハ慣習ニ從テ之ヲ定ム

二　範圍ヨリ觀察シタル内容　所有者ハ法令ノ範圍内ニ於テ最完全ニ物ヲ支配スルコトヲ得

甲　地表、地上及ヒ地下ノ支配　土地ノ所有權ハ法令ノ制限内ニ於テ其土地ノ上下ニ及フ(二〇七)故ニ土地ノ所有者ハ其表面、空間、内部及ヒ其構成分定著物並ニ水ヲ支配スルコトヲ得(但未、採掘セサル鑛物ハ國有ナルヲ以テ之ヲ支配スルコトヲ得ス鑛三)然レトモ土地ノ所有權ハ其土地ノ經界ヲ超越スルコトヲ得ス蓋所有權ハ其目的物ノ限界ヲ以テ其限界ト爲スヲ以テナリ

又土地ノ所有權ハ地上及ヒ地下ニ於テ無限ナルコトヲ得ス所有者ノ利益ハ地上及ヒ地下ニ對スル支配力ノ限界ヲ一定ス而シテ斯ル利益ハ財産上ノ利益及ヒ精神上ノ利益ナリ故ニ地上ニ於ケル電線ノ通過及ヒ地下ニ於ケル隧道ノ貫通ハ通常ノ土地所有者ノ利益ヲ害セサルヲ以テ之ヲ禁止スルコトヲ得サレトモ庭園又ハ病院ノ所有者ノ利益ヲ害スルコ

トアルヲ以テ是等ノ所有者ハ之ヲ禁止スルコトヲ得（獨九〇五「コーザック」獨逸民法論「デルンブルク」獨逸民法論）

乙　從物ノ支配　主物ノ所有權ハ從物ニ及フ從ハ主ニ從フヲ以テナリ又添附ニ基ク所有權取得ノ原因タリ（二四二以下）

丙　果實ノ支配、元物ノ所有權ハ果實ニ及フ是元物ノ所有者ハ分離前ノ果實ニ付キ所有權ヲ有シ又分離後ノ果實ニ付キ所有權ヲ取得スルヲ當然トスレハナリ（八九）又家屋ノ所有權ハ家屋ヨリ分離シタル材料ニ及フ

第二　所有權ノ內容大要如左

一　所有者ハ所有物ヲ占有スル權能ヲ有ス　蓋總轄的支配ヲ爲スニハ其占有ヲ必要トスレハナリ、

物ヲ占有スル權能ト占有權トハ混同スヘカラス後者ハ事實上ノ權利ニ過キサレトモ前者ハ法律上ノ能力ナリ故ニ所有者ハ現ニ物ヲ占有スルト否トニ拘ラス常ニ此權能ヲ有ス權利ナクシテ物ヲ占有スル者ニ對シ回復ノ

請求ヲ爲スコトヲ得ルハ此權能ノ存スルカ爲ナリ

二　所有者ハ所有物ヲ使用スルノ權能ヲ有ス

三　所有者ハ其所有物ノ收益ヲ爲スノ權能ヲ有ス又其所有地內ニ於テ狩獵及ヒ漁獵ヲ爲シ井泉ヲ穿チテ其水ヲ利用スルノ權利ヲ有ス

四　所有者ハ其所有物ヲ處分（有形的處分法律的處分）スル權能ヲ有ス

五　所有者ハ其權能ノ行使ニ付キ第三者ノ干渉ヲ拒絶スルノ權能ヲ有ス第三者ハ所有者ノ承諾アルニ非サレハ物ノ上ニ何等ノ行爲ヲモ爲スコトヲ得ス即物ニ關シテ積極的ニ或行爲ヲ爲シ又ハ單ニ物ニ關スル所有者ノ行爲ヲ妨害スルコトヲ避止スヘキ消極的義務ヲ負フ故ニ第三者カ此義務ニ違背シタルトキハ所有者ハ妨害ノ排除原狀回復、所有物ノ返還又ハ損害賠償ノ請求等ヲ爲スコトヲ得所有權ヨリ生スル請求權ト稱スルモノ是ナリ且所有者ハ其所有物ニ付キ第三者ノ干渉ヲ防クカ爲ニ必要ナル設備ヲ爲スコトヲ得

第三章　所有權ノ目的物

第一

所有權ハ其目的物カ動産ナルト不動産ナルトニ從ヒ之ヲ分テ動産所有權及ヒ不動産所有權トス是動産ト不動産トハ其性質同シカラサルヲ以テ其所有權ノ取得方法及ヒ制限等ニ付キ同一ノ法則ヲ以テ之ヲ律スルコトヲ得サルニ由ル(一六二、一九二、一〇七乃至二四八)

一　不動産所有權　不動産ヲ目的物ト爲ス故ニ土地ノ所有權及ヒ家屋ノ所有權之ニ屬ス

二　動産所有權　法律上ノ動産ヲ目的物ト爲ス故ニ通常ノ動産ノ所有權及ヒ無記名債權ノ所有權之ニ屬ス

三　區別ノ實用　(一)右二者ハ各其取得方法ヲ異ニス即、動産所有權ハ占有、先占、發見、附合、混和、及ヒ加工等ニ因リテ之ヲ取得スルモ不動産所有權ハ之ニ反ス(一九二、二三九乃至二四八)又動産所有權ノ取得時效期間ハ不動産所有權ノ取得時効期間ト同シカラス(一二六)(二)動産所有權ノ移轉ヲ第三者ニ對抗スルニハ引渡ヲ必要トシ(一八七)不動産所有權ノ移轉ヲ第三者ニ對抗スルニハ登記ヲ必要トス(一七七)(三)動産所有權ニハ公法上ノ制限アルニ止リ(例之徵發)私法上ノ制限ナシ反之不動産ノ所有權ニハ公法上及ヒ私法上ノ制限(二〇七以下)存シ且其公法上ノ制限ハ動産所有權ニ對スル公法上ノ制限ヨリ强度ナリトス

第二

所有權ハ一定ノ限界アル場所ノ上ニ行ハル換言スレハ所有權ハ其目的物トノ關係上必、一定ノ範圍ヲ有スル物ノ性質效用ヲ害スルニ非サレハ分割スルコトヲ得サル所謂不可分物ハ一ノ所有權ノ目的物タルヘキモノニシテ其各部ハ各別ニ所有權ノ目的タルコトヲ得ス但一物ノ一部カ經濟上ノ必要ヨリ數個ノ所有權ノ目的タルコトヲ得ル場合アリ例之第二百八條第二百三十一條ノ場合ノ如シ要之一物ノ一部カ獨立セル所有權ノ目的タルコトヲ得ルヤ否ヤハ主トシテ取引上ノ觀念ニ依リテ定ル

可分物ハ相合シテ單一ナル所有權ノ目的タルコトヲ得ルト同時ニ又別々ニ

所有權ノ目的タルコトヲ妨ケス

物ハ單獨ニ所有權ノ目的タルコトヲ得ルト同時ニ一團ノ物ヲ包括的ニ觀察シ一ノ集合體トシテ之ヲ所有權ノ目的ト爲スコトヲ得例之牛馬ノ一團ノ如シ就中金錢、米穀砂石ノ類ハ集合物トシテ包括的ニ所有權ノ目的タルヲ普通ノ狀態トス蓋此等ノ物ハ取引上集合物トシテ其效用ヲ爲スモノナレハナリ

所有權ノ目的ノ本來ノ範圍如左

一 動產　固體ハ一定ノ形狀ヲ有シ一定ノ限界アルカ故ニ一定ノ場所ヲ塡充シ特別ナル所有權ノ目的物ト爲ルコトヲ得、反之氣體液體ハ一定ノ限界ナキヲ以テ人爲ヲ以テ之ヲ區劃シ一定ノ場所又ハ一定ノ容器ニ之ヲ收容シタル上之ヲ以テ特別ナル所有權ノ目的ト爲スコトヲ得

二 土地　土地ハ地球面上ノ一部ニシテ互ニ相連接シ動產ノ如ク夫自體ニ於テ一定ノ形狀限界ヲ有スルモノニ非サルモ人爲ヲ以テ其境界ヲ區劃スルコトヲ得ヘシ故ニ土地ノ所有權ハ其表面ニ關シテハ人爲ヲ以テ定メタル想像線ヲ其限界トス然レトモ土地ノ所有權ハ單ニ其表面ノミニ限定セ

ラルルモノニ非スシテ土地ノ上下ニ及フモノトス(二七〇)従テ土地ノ所有者ハ、單ニ地表ノ支配權ヲ有スルニ止ラス人力ノ及フ限リハ其地表ノ上位ニ在ル空間ノ支配權ヲ有シ又地下ノ支配權ヲ有ス家屋ノ築造、堤防ノ建設竹木ノ栽植、自己ノ地面上ノ空間ニ突出セル第三者ノ建物、又ハ樹木ノ取毀又ハ取拂ノ請求、地面ノ內部ニ侵入セル第三者ノ工作物竹木ノ排斥ハ皆此支配權ノ利用ナリ土地ノ所有權カ其上下ニ及フ結果土地ノ所有者ハ其上ヲ通過スル鳥獸ヲ捕獲スルノ權利ヲ有シ又砂石其他地中ニ包含スル土地ノ產出物ヲ收取スル權利ヲ有ス但此等ノ權利ニ關シテハ所有者ハ常ニ法令ニ定ムル制限ニ服從セサルヘカラス例之狩獵法、礦業法、森林法、要塞地帶法、軍機保護法、土地收用法ヨリ來ル制限ノ如シ

我民法第二百七條ニ該當セル獨逸民法第九百五條ハ其二項ニ於テ「然レトモ所有者ハ之ヲ拒ムニ於テ何等ノ利益ヲ有セサル程ノ高所又ハ深所ニ於ケル干涉ヲ禁スルコトヲ得ス」ト規定セリ我民法ニ於テモ解釋ヲ以テ之ヲ補フコトヲ得ヘシ

三　建物　家屋其他ノ建物ハ夫自體ニ於テ一定ノ形狀ヲ有シ一定ノ限界アルヲ以テ一棟ノ建物カ同一人ノ所有ニ屬スルトキハ其所有權ハ其建物ノ全部ニ及フト同時ニ其以外ノ場所ニ及ハサルコト勿論ナリ然レトモ數人ニテ一棟ノ建物ヲ區分シ各其一部ヲ所有スルトキハ各所有者ノ權利ノ限界ヲ定ムルノ必要アリ是第二百八條ノ推定アル所以ナリ蓋、事實ト權利ト相伴フハ普通ノ狀態ニシテ既ニ共用ノ事實アル以上ハ共有權アリト推定スヘキハ當然ナルヲ以テナリ而シテ建物分有者ノ共用部分ノ修繕費及ヒ負擔ノ分擔(例之公租公課)並ニ其割合ハ同條第二項ノ規定スル所ナリ然レトモ實際ニ於テハ一棟ノ建物ハ同一ノ所有者ニ歸スルカ數人ノ共有ニ屬スルヲ常トシ之ヲ分有スルハ殆、稀ナリ故ニ我國ニ於テハ同條ノ規定ハ現今實際上ノ適用極メテ少ナシ

四　從物　主物ノ所有權ハ其從物ヲ包含ス即、物ノ所有權ハ用法ニ因リ其物ニ附屬スル物其物ニ定著シテ之ト一體ヲ爲ス物及ヒ其物ヨリ產出スル總テノ物ヲ包含ス從物ニ二種アリ物理的從物及ヒ用法ニ因ル從物是ナリ

甲　物理的從物　物理上主物ニ合シテ之ト一體ヲ爲ス物ヲ謂フ例之庭木庭石（土地ノ從物）雨樋看板類（家屋ノ從物）ノ如シ從物ハ物ノ構成部分ト異ル前者ハ主物以外ニ一物ヲ成スモ後者ハ然ラス（問題二〇參照）

乙　用法ニ因ル從物　第八十七條ノ規定スル所ナリ

第三

所有權ノ目的ハ獨立ノ有體物ニ限ル集合物ハ所有權ノ目的ト爲ルヤ近世ニ至ルマテハ概ネ集合物モ亦獨立ノ有體物トスルノ說多カリシモ今日尙、此說ヲ主張スル者ハ少ク（「プヒター」「アルント」「シインテニス」「キラタネル」等）之ニ反對スル者ハ多シ（「ウエヒテル」一巻一七頁「ウンケル」一巻四八三頁「プリンツ」一七七頁「ワンケロー」一巻七一章「バーケンステヘル」所有權論三巻七一頁「デルンブルグ」債權論一巻五九章「エキスネ」二一五頁「ベヒマン」六五頁「ケベルト」四九頁以下等）而シテ多數學者ハ集合物ニ付キ所有權ノ成立ヲ否認セリ蓋集合物ニ付テハ集合セル各物ニ對シテ個々獨立シテ所有權ノ存在スルコトヲ認メタル以上ニ於テ便宜上總括シテ之ヲ一物ト爲シ以テ其上ニ所有權ヲ有スルモノト看做スニ過キサレハ後說ヲ可トス

權利ハ所有權ノ目的タルコトヲ得ルヤ羅馬法及ヒ舊法典ニ於テハ權利ヲ無

體物トシテ物ノ一種ト爲セシモ我民法及ヒ近世ノ法理ハ之ヲ許サス何トナレハ所謂權利ヲ所有スルノ觀念ハ通俗ノ思想ニシテ權利ノ歸屬スル所ヲ示スニ過キス故ニ法理觀念トシテハ素ヨリ權利ノ上ニ所有權ヲ認ムルコトヲ得サルモノトス

土地ニハ三部分アリ(一)土地ノ表面(二)土地ノ內部(三)土地ノ上ニアル空間是ナリ故ニ羅馬法以來土地ノ所有權ハ土地ノ表面ノミナラス其上下ニ及フモノトセリ(二〇七獨民草一讀八、四九、二讀八一一九普國國法一編八章一三二「ウィンドシャイド」一卷五二頁「ストベー」獨逸私法論二卷五三四頁「ロートハインエルン」國私法論三卷一二頁一六頁「デルンブルヒ」一卷四六二頁同普國私法論一卷)此原則ニハ二種ノ制限アリ(一)法令上ノ制限(二)事實上ノ制限是ナリ

一 法令上ノ制限　公益上特ニ制限ヲ加フルノ必要アルトキハ法律又ハ命令ニ因リテ制限スルコトヲ得例之地下ノ鑛物ノ如キ國家經濟上ノ必要ヨリ近世ノ立法例ハ概シテ土地所有權ト分離スルノ制ヲ採ルカ如シ(鑛條二、一「デルンブルヒ」一卷四六三頁注意一二號「ウインドシャイド」一卷一六九章一〇號)狩獵ニ關シテモ亦同一制限アリ(狩法參照)

二 事實上ノ制限　土地ノ性質上自然ニ存スル制限ニシテ能力上、經濟上、法

理上ノ三種アリ皆併立シテ事實上ノ制限ヲ爲ス如左

甲　能力上ノ制限　人力ノ及フ限度ヲ超越スルコトヲ得ス（「ヘエセス」三九三頁）

乙　經濟上ノ制限　實際ノ需要ニ制限セラル（「エーリンク」八一九頁）

丙　法理上ノ制限　事實適當ナリト認ムヘキ限度ニ在ルコトヲ要ス即權利ノ濫用ヲ許サス（「ウインドシヤイド」一卷五二二頁）

建物所有權ノ目的ノ範圍（二八〇）蓋近世ノ法理觀念ニ從ヘハ所有權ノ目的ハ有體物ニシテ且獨立セル一體ヲ爲スモノニ限レリ故ニ建物ノ一區分ニ付テハ所有權ハ成立セスト謂ハサルヘカラス然レトモ近世ニ於ケル社會生活上ノ狀態ヨリ謂フトキハ之ヲ認メサルヘカラサル必要アリ例之歐米ノ市中ニ於ケル家屋ノ如キハ多クハ數層ヨリ成ル宏大ノ建築ナリ是ノ如キ建物ニ付キ唯、其全部ノ所有權ノミヲ認ムルモノトセハ實際ノ不便大ナリ之ヲ以テ概シテ一部ノ所有權ヲ認メ一階毎ニ其所有者ヲ異ニスルヲ常態トセリ吾國ニ於テモ亦將來同一ノ顯象ヲ見ルニ至ルヘキハ勿論現在ニ於テ所謂長屋造ノ建築ノ如キハ長サ數十ニ至リ其性質ハ一個ノ建物タルニ拘ラス實際ハ其一部ヲ分割シ獨立體ト看做シ所有權ヲ認メタリ之ヲ以テ我民法ニ於テモ建物ノ區分ニ付テ所有權ヲ成立セシムルコトヲ認メタリ於玆乎一棟ノ建物ニ付キ存在スル區分所有者ノ相互ノ權利關係ヲ定ムルノ要アリ區分所有者ノ相互ノ關係ハ其重ナルモノ三アリ如左

一　所有部分ニ付キ獨立セル建物ニ於ケル如ク完全支配權ヲ有ス是建物ノ區分ニ付キ所有權ヲ認メタル當然ノ結果ニシテ特ニ法律ノ規定ヲ要セス

二　共用部分アルトキハ其建物ノ一部（共用ノ玄關、廻廊等）タルト建物ノ附屬物（共用物置場ノ井戸等）タルトヲ問ハス之ヲ共有スルモノト推定ス是當然ニシテ特ニ法律ノ規定ナシト雖、事實上ノ推定トシテ之ヲ爲スコトヲ得唯其生スルコトアルヘキ疑義ヲ避ケンカ爲特ニ之ヲ明ニシタリ但其反證ヲ許スコト勿論ナリ

三　共用部分ノ修繕其他一切ノ負擔（租税等）ハ共用者ノ共同負擔トス是利益ヲ受クル者ハ亦損失ヲ負擔ストノ原則ノ適用ニ過キス其費用負擔ノ標準ニ付キテハ學理上頭分負擔持分負擔ノ二アリ本法ハ後者ニ依ル蓋共用者カ共用部分ニ付キ享有スル利益ハ其持分ニ因リテ其範圍ニ大小アレハナリ

第四章　所有權ノ限界（制限）

第一　所有權ハ其本質ヲ害スルコトナク其內容ヲ制限スルコトヲ得所謂所有權ノ制限是ナリ

一　制限者　國家又ハ所有者ナリ

甲　國家ハ社會一般ノ利益（社會上、經濟上、政治上、道德上等）及ヒ一私人殊ニ相隣者ノ利益保護ノ爲ニ法令ヲ以テ所有權ノ內容ヲ制限ス（二〇六）但所有權自體ノ制限即、公益ノ爲ニ必要ナル處分ハ法律ヲ以テスルニ非サレハ之ヲ爲スコトヲ得ス（憲二七）

法令ニハ公法及ヒ私法アリ故ニ所有權ノ制限ニモ亦公法的制限及ヒ私法的制限ノ二者アリ前者ハ社會一般ノ利益ノ爲ニスル制限ニシテ例之、土地收用ノ如シ私法的制限ハ一私人ノ利益保護ノ爲ニスル制限ニシテ例之隣地使用權ノ如シ（二〇九）

乙　所有者ハ第三者ノ爲ニ權利ヲ設定シ自己ノ所有權ノ內容ヲ制限ス設定行爲ニハ契約及ヒ遺言ノ二者アリ

【三】　制限ノ目的物　所有權ノ作用及ヒ其繼續ナリ

甲　作用　所有權ノ作用ニハ事實的作用及ヒ法律的作用アリ

子　法律的作用ノ制限ハ所有權ノ讓渡、禁止及ヒ第三者ノ爲ニスル權利ノ設定禁止ニ外ナラス法律的作用ノ制限ハ法令、裁判又ハ法律行爲ニ依ル其法理如左

公益ノ爲ニ存スル法令ノ制限ハ其性質上絕對的效力ヲ有ス故ニ之ニ反スル行爲ハ無效ナリ例之華族世襲財產ノ讓渡及ヒ之ヲ目的トスル物權ノ設定行爲竝ニ其移轉ヲ目的トスル契約ノ如シ

又私益即特定ノ一私人ノ利益保護ノ爲ニ存スル法令ノ制限ハ其性質上相對的效力ヲ有ス故ニ之ニ反スル行爲ハ其特定ノ一私人ノ利益ヲ害セサル範圍內ニ於テ有效トス例之破產者カ破產財團ニ屬スル財產ヲ讓渡シ又ハ之ニ物權ヲ設定シタルトキハ其行爲ハ單ニ破產債權者

ニ對シテ當然無效ナルカ如シ(破九八五)裁判上ノ制限亦然リ例之債務者ニ對シ其所有財產ノ讓渡又ハ之ニ對スル物權設定ヲ禁止シタル假處分ニ反シテ爲シタル債務者ノ行爲ハ假處分債權者ヲ害セサル範圍內ニ於テ其效力ヲ有スルカ如シ(民訴七五八)

反之法律行爲即契約又ハ遺言ニ依ル制限ハ物權的效力ヲ生セス從テ第三者ニ對シテ其效ナシ是物權的效力ヲ生スル法律行爲的制限ハ財產ノ融通ヲ害シ改良ヲ妨ケ國家ノ經濟ヲ害スルヲ以テナリ故ニ該制限ニ反シタル行爲ハ有效ナリトス然レトモ違背者即諾約者又ハ相續人ニ對シ利害關係人即要約者又ハ受遺者ハ損害賠償ノ請求ヲ爲スコトヲ得從テ損害賠償ノ債權的效力ヲ生スルニ過キス蓋斯ル效力ヲ生スルニ止ル法律行爲的制限ハ毫モ公秩ニ反セサレハナリ

丑 事實的作用ノ制限ハ所有者カ當然爲スコトヲ得ヘキ特定ノ事實的作用ヲ避止シ(消極的制限)又ハ當然禁止スルコトヲ得ヘキ特定ノ事實的作用ヲ耐忍(積極的制限)スルニ因テ成ル例之所有者カ第三者ノ爲ニ地上權ヲ

設定シテ土地ノ使用ヲ爲ス行爲ヲ避止シ地役權ヲ設定シテ地役權者カ承役地ヲ要役地ノ便益ニ供スル行爲ヲ耐忍スルカ如シ而シテ第二百九條(土地負擔)第二百十四條ノ如キ法令ニ基ク事實的作用ノ制限ハ其登記ナクシテ之ヲ第三者ニ對抗スルコトヲ得レトモ所有者ノ行爲ニ基ク事實的作用ノ制限ハ之ニ反ス蓋前者ハ法律上當然所有權ニ伴フ制限ニシテ其登記ヲ缺クカ爲ニ第三者ニ不測ノ損害ヲ及ホスコトナキヲ以テナリ

乙 繼續　所有權ノ繼續(Dauer)ハ法律行爲ニ依リテ之ヲ制限スルコトヲ得例之解除條件附法律行爲又ハ終期附法律行爲ニ依リテ所有權ヲ讓渡シタルトキノ如シ讓受人ハ條件ノ成就及ヒ期限ノ到來ニ因リテ當然其取得シタル所有權ヲ喪失シ又該所有權ハ當然讓渡人ニ復歸ス

羅馬法ニ在リテハ解除條件附法律行爲又ハ終期期限附法律行爲ヲ以テ所有權ノ繼續ヲ制限スルコトヲ得ルモ停止條件附法律行爲又ハ始期期限附法律行爲ヲ以テ之ヲ制限スルコトヲ得スト爲ス(「ウツテル」羅馬法論「バロン」パンデクテ

ン論「ウヰンドシヤイド」パンデクテン論）此法則ハ多少ノ變更ヲ以テ獨逸普通法及ヒ近世諸國民法ニ採用セラレタリ

獨逸民法ニ在リテハ條件及ヒ期限ノ效力トシテ所有權ノ繼續ヲ制限スルコトヲ是認ス（獨九二五、二項「クロメ」獨逸民法論參照）我民法亦然リ（一二七、一三五）但條件及ヒ期限ノ效力ヲ第三者ニ對抗スルニハ其旨ノ登記又ハ第三者ノ惡意ナルコトヲ要ス（一二九）然ラサレハ第三者ヲシテ不測ノ損害ヲ受ケシメ取引ノ安全ヲ害ス

三 公法的制限　夙ニ羅馬法ノ是認スル所ナリ近世ニ在リテハ社會進歩シ人事複雜ヲ極ムルヲ以テ其制限益々增加スルニ至レリ

甲 概念　公法的ノ制限ハ國家カ社會一般ノ利益ノ爲ニ所有權ノ內容ニ加フルノ制限ナリ故ニ公法的制限ハ之ヲ所有權自體ニ存スル範圍ト同視スヘカラス所有權ハ共同生活ノ必要ニ基キテ自、一定セル範圍ヲ有ス所有者カ土地收用法ニ依リテ其處分ヲ制限セラルルハ公法的制限ナリト雖所有者カ常ニ社會一般ノ利益ト調和スル狀態ニ於テ所有物ヲ保持

シ且警察力ヲ以テ保護スヘキ利益ヲ害セサル限度內ニ於テ所有物ヲ利用スヘキ公法上ノ義務ヲ負フハ是所有權ノ範圍ニシテ其制限ニ非ス故ニ此義務ノ違背ハ所有權ノ範圍ヲ超越スルモノナリ而シテ公法上ノ制限ト公法上ノ義務トヲ區別スルノ實用ハ主トシテ補償ヲ給付スヘキヤ否ヤニ在リ

乙　種類　公法的制限ハ其性質上行政ノ範圍ニ屬ス其重ナル種類如左

子　不動產所有權ノ制限　土地ノ所有者ハ要塞地帶法、電信法、土地收用法(公用徵收)等ノ制限ヲ受ケ森林ノ所有者ハ森林法ノ制限ヲ受ク又沿岸地ノ所有者ハ河川法(三三年勅三〇〇號)ノ制限ヲ受ケ特別保護ノ建造物所有者ハ古社寺保存法ノ制限ヲ受ク

丑　動產所有權ノ制限　動產ノ所有者ハ徵發令(徵發)土地收用法(土收七)古社寺保存法等ノ制限ヲ受ケ獸類ノ所有者ハ獸疫豫防法ノ制限ヲ受ク

四　私法的制限　羅馬法以來存スル所ニシテ近世ニ至リ益々其數ヲ增セリ

甲　概念　私法的制限ハ國家カ一私人ノ利益保護ノ爲ニ所有權ノ內容ニ

加フル制限ニシテ二種アリ(次項種類參照)トス學者或ハ土地所有權ノ濫用禁止ヲ以テ土地所有權ノ制限ト爲スモ不當ナリ蓋權利濫用ノ禁止ハ一般ノ權利ニ關スル制限ニシテ單ニ土地所有權ノミニ關スル制限ニ非サレハナリ

乙　種類　緊急行爲ニ對スル制限及ヒ相隣地所有權ニ對スル制限トス

子　緊急行爲ニ對スル制限　所有者ハ其目的物タル動産及ヒ不動産ニ對シ他人ノ行フ緊急行爲ヲ排斥スルヲ得ス元來國家ハ各人ニ正當防禦權ヲ付與シ又各人ニ緊急行爲權ヲ付與シ以テ其權利ヲ保護ス故ニ緊急行爲ハ一個ノ適法行爲ナリ從テ所有者ハ其所有物ニ行ハルル他人ノ緊急行爲(所有物ノ破壞損傷使用消費ニ在ルト否トヲ區別セス)ヲ耐忍スルコトヲ要ス若之ニ抵抗セハ不法行爲者トナル

緊急行爲者ハ所有者ニ對シテ損害賠償ノ義務ヲ負フコトナシ蓋緊急行爲ハ權利ノ行使ニシテ不法行爲ニ非サレハナリ但被害者タル所有者カ第七百二十條ノ規定ニ從ヒ不法行爲者ニ對シ損害ノ賠償ヲ請求

スルコトヲ妨ケス

所有者ハ他人ノ緊急行爲ヲ妨害シタルトキハ不法行爲者トシテ其責ニ任ス又行爲者ハ所有者ニ對シテ必要ノ場合ニ腕力ヲ以テ其抵抗ヲ排斥スルコトヲ得ヘシ蓋緊急行爲ハ權利ノ行使ナレハナリ（「リヘト」同說「コーザック」ハ腕力ノ應用ヲ否認ス）

五 相隣地所有權ニ對スル制限　羅馬法及ヒ佛國民法ニ所謂法定地役(Legalservitut)獨逸民法家ノ所謂相隣地權(Nachbarrecht)ニシテ我民法ハ之ヲ所有權ノ限界ト稱ス元來地役關係ハ積極的方面即權利ヨリ觀察スレハ一個ノ定限物權ニシテ又消極的方面即義務ヨリ觀察スレハ一個ノ土地負擔ナリ反之所謂法定地役ハ積極的方面ヨリ觀察スレハ土地所有權ノ擴張ニシテ又消極的方面ヨリ觀察スレハ土地所有權ノ制限ナリ故ニ權利ノ作用ニシテ權利自體ニ非ス從テ相隣地權又ハ所有權ノ限界ト稱シ法定地役ト稱セサルヲ至當トス

土地所有權ノ限界ハ相隣地所有者ノ利益ヲ調和スルカ爲ニ存ス

一　土地ノ所有者ハ自由ニ其土地ヲ利用スル權利ヲ有ス（六二〇）故ニ其權利行使ニ依リテ受クヘキ隣地所有者ノ利害ヲ顧慮スルコトヲ要セス

二　土地ノ所有者ハ其土地ノ經界內ニ於テ所有權ヲ有スルニ過キス故ニ土地所有者ハ其土地ノ利用ノ爲ニ之カ經界ヲ超越シ隣地ノ地上、地表及ヒ地下ヲ侵スコトヲ得ス

三　一及ヒ二ノ個人ヲ本位トスル法則ノ絕對的應用ハ土地所有權行使ノ衝突ヲ來シ社會的生活ノ調和ヲ缺クヲ以テ國家ハ社會的觀念ヲ基本トスル法則ヲ設ケ個人本位ノ原則ノ適用ヲ制限シ相隣地所有權ノ作用ヲ制限シタリ故ニ所有權ノ限界內ニ在ル權能ハ時效ニ因リテ增減セス又之ヲ拋棄スルコトヲ得ス（公益ニ反ス）

第二

所有權ハ法令ニ依リ限定セラレタル範圍內ニ於テ存在スルモノトス所謂所有權ノ限界トハ則其限定サレタル範圍ヲ謂フ畢竟所有權ノ內容ヲ爲スモノ

ニ外ナラス

所有權ノ限界ハ其目的物ノ種類ニ從ヒ後ニ示ス法律上ノ制限ニ依リテ定マル唯一言スヘキハ土地ノ所有權ハ法令ノ制限内ニ於テ其土地ノ上下ニ及フコト是ナリ(二〇七)尙建物ニ關シテハ第二百八條ノ特別規定ヲ見ルヘシ

所有權ノ作用ニ對スル制限ニ二種アリ一ハ公法上ノ理由ニ基ク制限ニシテ特別法ニ之ヲ規定ス他ハ隣地間ノ關係ヨリ來ルモノニシテ民法中ニ收メタリ公益ニ關スル點少カラスト雖本來私法上ノ事項ニ屬スルヲ以テナリ

一 公法上ノ制限　主トシテ行政ノ必要ニ基ク其數甚多シ何レモ法令ノ規定又ハ適法ナル行政處分ヨリ生ス又物ノ使用若クハ收益ニ關スルモノト其處分ニ關スルモノトアリ此他動產及ヒ不動產ノ種類ニ依リテモ同シカラス動產ニ關シテハ例之徵發令、銃器、彈藥、毒藥、劇藥等ノ取締ニ關スル規則、圖書出版物ノ取締ニ關スル規則アルカ如シ

土地ノ所有權ニ對スルモノハ最多ク且重要ナルモノトス單ニ地表ノ支配權ヲ制限スルノミニ非ス空中又ハ地下ヲ利用スルニ付テモ特別法ノ制限

ニ從ハサルヘカラス例之狩獵法、鑛業條例ノ規定ニ從フコトヲ要スルカ如シ(二一〇七)

此他公用徴收ヲ始メトシ軍事、水運、殖林、衞生等ノ必要上ヨリ種多ノ制限ノ設アリ(土地收用法、要塞地帶法、河川法、森林法等)

二 隣地間ノ關係　隣接セル土地所有者間ニ於テ無制限ニ土地所有權ニ關スル原則ヲ適用スルモノトセハ甲地ノ所有權ハ常ニ乙地ノ所有權ノ行使ノ爲ニ其作用ヲ阻害セラレ紛爭殆、底止スル所ナカルヘシ玆ニ於テカ相隣者相互ノ利益ノ爲土地所有權ノ行使ニ數多ノ制限ヲ加ヘ以テ各所有者ヲシテ他ノ所有者ノ權利ト併立スルコトヲ得ヘキ限度ニ於テ其權利ヲ行使スヘキモノト爲セリ之ヲ相隣權ト稱ス(二〇九乃至二三八)

相隣關係ヲ以テ法律上ノ地役ト爲スモノアリ(佛法系立法例)是不當ナリ蓋隣地關係ニ在リテハ各土地ノ所有者ハ決シテ特種ノ權利ヲ有シ又義務ヲ負フモノニ非ス唯其關係上、法律カ各地ノ所有權ノ行使ヲ限定セルモノニ外ナラス故ニ何レモ其所有權ノ當然ノ範圍ト見ルヘキモノトス此普通ノ狀態ニ

異リタル權利關係ヲ設定シテ此ニ始メテ制限物權ノ一種ナル地役權ヲ生スルモノト謂フヘシ

第三

所有權ニハ二重ノ制限アリ公益ニ基ク制限及ヒ所有者相互ノ利益ニ基ク制限是ナリ前者ハ特別法令ヲ以テ定メラレ後者ハ民法中ニ規定セラル(二〇六)

一　公益ニ基ク所有權ノ制限　公安、風俗、衛生、國家經濟、國防、軍備ノ必要ニ基クモノニシテ其數極メテ多シ例之毒藥、劇藥、銃器、彈藥ノ取締ニ關スル規則、公安又ハ風俗ヲ害スヘキ圖書出版物ノ取締ニ關スル規則、鑛業法、土地收用法、徴發令、要塞地帶法、狩獵法、森林法、河川法、軍機保護法、傳染病豫防法ノ如シ其制限ハ物ノ使用、收益又ハ處分ニ關シ又其制限ハ法律又ハ命令ヨリ來ル

二　所有權相互ノ利益ニ基ク制限　相隣者間ニ於テハ其土地所有權ノ行使ニ關シ牴觸ノ結果ヲ生スルカ故ニ其所有權ニ一定ノ制限ヲ設クルノ必要アリ其制限ハ法理上相隣者ノ所有權ヲ侵害セサル範圍ニ於テ其行使ヲ爲スヲ要スルニ在リ(問題二二參照)即土地ノ所有者ハ隣人ノ權利ヲ侵害スルコトヲ

得サルト同時ニ之ヲ侵害セサル限リハ任意ニ其權利ヲ行使スルコトヲ得然レトモ此原則ヲ絶對ニ適用スルニ於テハ土地所有者相互ノ間ニ利害ノ衝突ヲ來シ紛爭常ニ絶ヘサルノミナラス土地ノ所有權ハ大ニ其效用ヲ減殺セラルルニ至ルノ虞アルヲ以テ法律ハ更ニ一歩ヲ進メ相隣者相互ノ利益ノ爲、土地ノ所有權ニ幾多ノ制限ヲ設ケ一方ニ於テ土地所有者ノ權利ヲ擴張スルト同時ニ他方ニ於テ其權利ヲ制限シタリ所謂相隣者ノ權利是ナリ

第四

所有權ノ限界トハ所有權ノ物ニ及フヘキ範圍ヲ謂フ蓋所有權ノ實力ハ其範圍ニ因リテ決定スレハナリ所有權ノ限界トハ何ソヤ

一　形式的ニ説明スレハ法令ノ制限是ナリ

二　實質的ニ説明スレハ先ツ所有權ノ目的ニ因リ區別セサルヘカラス

甲　其目的カ動產ナルトキ　特ニ公益上(例之警察法)公法上ノ制限アルノミ民法上ニ於テハ殆、無制限ナルヲ原則トス

乙　其目的カ土地ナルトキ　所有權ハ物ニ付キ完全ノ支配ヲ有スルヲ以テ土地所有權ハ之ヲ分拆スレハ左ノ三ト爲スコトヲ得

子　地球表面ノ一部トシテ土地ヲ支配ス

丑　土地ノ上ニ存在スル空間ヲ支配ス

寅　土地ノ下ニ存在スル土地ノ内部ヲ支配ス

故ニ土地ノ所有權ハ理論上ニ於テハ上ハ蒼空ノ無窮ニ及ヒ下ハ地球ノ中心ニ及フモノナリ然レトモ實際上ニ於テハ土地ノ支配モ亦自然ノ制限アリ即人力ノ及フ限度ヲ超越スルコト能ハサルナリ（「エーリング」八五頁、「ツインドシヤイド」一卷一六頁「デルンブルヒ」一卷四六二頁）是ノ如ク廣大ナル權利ナルヲ以テ其權利ノ行使ハ一ハ社界公衆ノ公益ニ影響ヲ及シ一ハ相隣者相互ノ私益ニ關係ヲ生ス故ニ法律ハ土地所有權ニ付キ特ニ二重ノ制限ヲ設ケタリ如左

一　公共利益ノ爲ニスル制限　國防、軍備、公共安寧、公共衛生又ハ美術愛惜上等種多ノ理由ニ出ツルモノニシテ概、行政法令ニ因リテ加ヘラルル制限ナリ例之國防上城塞ノ近傍ニ或種類ノ建築、工作ヲ禁スルカ如

キ又ハ建築條例ニ因ル制限又ハ鑛物採掘ニ關スル制限等ノ如シ

二　相隣者ノ利益ノ爲ニスル制限　相隣者間ノ私益ヲ保護スル爲ニ設ケタル制限ニシテ民法ニ因リテ特ニ制限ヲ加フルモノナリ（從來ノ學者ハ法律上ノ地役ト稱ス）蓋、土地所有者ハ其土地ノ上ニ在テハ隣人ノ利害ヲ問ハス自由ニ處分ヲ爲スコトヲ得即其土地ヲ變シテ田畝又ハ庭園ト爲スモ或ハ住家ヲ變シテ工場ト爲スモ其自由ナリ其境界ニ至テハ始メテ其權利ヲ止メ之ヲ超ユルトキハ何事ヲモ爲スコトヲ得サルモノトス是所有權ヨリ生スル當然ノ原則ナリ然レトモ此原則ヲ一貫シ此權利ニ關スル法理ヲシテ絶對ニ實行セシムルトキハ相互ノ紛爭常ニ絶ヘス德義地ヲ拂フノ結果ヲ呈シ相隣者間ノ損害ハ勿論惹テ其害惡ヲ社會ニ及ホスヲ以テ法律ハ公益ヲ維持スルノ目的ニ因リ法理ノ如何ヲ問ハス通常相隣者ノ利益ノ爲、所有權ノ行使ヲ制限スヘキ制度ヲ設ケ相隣者ヲシテ之ニ服從セシム（「ウインドシヤイド」一卷一六九章「デルンブルヒ」一卷一六八章）土地所有權ニ加フル法律ノ制限ハ羅馬法ニ於テハ所有者ノ權利ヲ保護スル思想ノ盛ニシテ可成所有權ノ制限ヲ少カラシメンコトヲ力メタリト雖、近世ノ法律ハ社會的公共ノ利益ニ重キヲ置キ所有權ノ制限ハ却テ增加スルノ傾アリ（「ハルトマン」論說「エーリング」雜誌一七卷一二四頁）

土地ニ關スル所有權ノ限界ハ其土地ノ上下ニ及フ（二〇七）若、土地ノ所有權ヲ以テ地球ノ一部ヲ爲ス土塊ノミヲ使用收益處分スル權利ナリト解スルトキハ土地所有者ノ保護ニ於テ足ラサル所アルヘシ

土地所有者ノ權利ハ上、天空ヨリ下、地軸ニ至ルトハ昔ヨリ土地ノ所有權ニ關シテ存セル格言ナリト雖文化漸ク開ケ事物ノ正確ヲ重ンスル今ノ時勢ニ於テハ法令ニ於テ之カ制限ヲ爲スコト多カルヘシ而シテ各人ハ其制限內ニ於テノミ土地ノ使用收益處分ヲ爲シ得ルモノトス

數人ニテ一棟ノ建物ヲ區分シテ各其一部ヲ所有スル場合ニ於テハ建物ハ一棟ナルモ其各區分ノ上ニ別異ノ所有權アリトス（二〇八）其建物及ヒ其附屬物ノ共用部分（階段、戶口、棟木、障壁、井戶、下水等）ハ其共有ニ屬スルモノト推定セラル此共用ハ建物

ヲ所有スルニ必要ナルモノナルヲ以テ各共有者ノ任意ニ分割ヲ請求スルコトヲ得サルモノトス(二五七)

民法要義 梅博士

第六

土地所有權ノ範圍ハ土地ノ表面其地下及ヒ空中トス故ニ極端ニ言ヘハ土地トハ下ハ地球ノ中心ニ及ヒ上ハ天空ノ少クトモ空氣ノ存スル間際全部ニ及フモノト謂フヘシ但法令ノ制限ニ從フヘキコト勿論ナルカ故ニ例之土地ノ所有者ハ濫リニ鑛物ヲ採掘スルコトヲ得ス(三八年三月七日法四五號鑛業法三)地上ノ鳥獸ヲ銃取スルニハ狩獵法ノ規定ニ依ラサルコトヲ得サルカ如シ

建物ノ所有權ニ關シテハ第二百八條、第二百五十七條參照

第一節 侵入禁止權

民法論 松岡學士

土地所有者ハ隣地ノ不法侵入ヲ禁止スルコトヲ得(Verbot von immissionen)即隣地所有者カ固體若クハ液體ニ依リテ爲ス直接侵入ヲ禁止シ又ハ空氣若クハ水ノ媒介等ニ依リテ爲ス間接侵入ヲ禁止スルノ權能ヲ有ス又牆壁ヲ設ケテ隣地

ノ侵入ヲ禁止スルノ權能ヲ有ス（隣地ノ侵入ヲ耐忍スヘキ義務ナシ）然レトモ其輕微ノ侵入ヲ禁止スルコトヲ得ス之ヲ禁止權ノ制限ト稱ス我民法ハ明文ヲ設ケス之ヲ學說ニ一任セリト雖隣地侵入禁止權ノ制限ハ社界進步シ工業時代ニ達シテ最其必要ヲ感スルモノナリ

第二節　隣地使用權

第一

土地ノ所有者ハ隣地ノ使用ヲ請求スルコトヲ得（本編二章第二〇九條參照）又隣地ノ所有者ハ斯ル使用ヲ耐忍スルノ義務ヲ負フ之ヲ使用權ト稱ス（二〇九）使用權ハ土地所有者ノ權能ニシテ又隣地所有者ノ法律上當然ノ負擔ナリ蓋若此使用權ナカランカ土地所有者ハ常ニ疆界線ヨリ少カラサル空地ヲ存セサルヲ得サルニ至リ不經濟タルヲ免レサレハナリ殊ニ地價ノ高キ市街ニ於テ然リトス其要件如左

一　土地所有者（地上權者亦然リ）カ境界又ハ其近傍ニ於テ牆壁若クハ建物ノ築造又

ハ修繕ヲ爲ス場合ナルコトヲ要ス　故ニ賃借人ハ隣地使用權ヲ有セス

二　隣地使用カ斯ル行爲ヲ完成スルニ必要ナルコトヲ要ス　其不經濟ナル一事ハ隣地使用ノ必要ト爲ラス

三　住家ニ立入ラサルコトヲ要ス　住家ハ其人ノ祕密ヲ藏シ又其人ノ休養所ニシテ其安寧ハ之ヲ保護セサルヘカラサレハナリ　住家ノ立入ハ其主人タル隣地所有者ノ任意承諾ヲ要ス（地上權者ノ住家及ヒ賃借人ノ住家亦同シ）不同意ノトキハ之ヲ强制スルコトヲ得ス（二〇九、二項）

四　土地所有者ハ隣地所有者ニ償金ヲ支拂フコトヲ要ス　然ラサレハ土地所有者ノ保護厚キニ失シ公平ヲ缺ケハナリ（問題二四、二五參照）

第二

隣地使用權（二〇九、一項）ハ隣地所有權ノ行使ニ對スル法律上ノ制限ナリ蓋シ土地所有者ニ隣地使用權ナカランカ隣地使用必要ノ場合ニ隣地所有者ノ承諾ヲ必要トシ爲ニ第二百九條一項ノ工事ヲ爲スコト能ハサル場合アルヘク或ハ之カ爲メ無益ニ空地ヲ存置セサルコトヲ得サルノ結果ヲ生スルヲ以テナリ（二〇九、二〇

項參照)此權利行使ノ條件如左

一　隣地ノ使用カ工事ノ爲ニ必要ナルコトヲ要ス故ニ若隣地ニ立入ラスシテ其工事ヲ爲スコトヲ得ヘキ場合ニハ之ヲ使用スルコトヲ得ス

二　土地所有者ハ隣地ノ使用ヲ請求スルコトヲ得ルニ過キス(本編九章第二○九條參照)

三　隣人ノ住家ニ立入ルコトヲ得ス之ヲ必要トセハ其承諾ヲ得ルヲ要ス

物權法
横田博士

第三

普通ノ原則ニ從ヒ隣地所有者ノ承諾ヲ要スルモノトセハ其承諾ナキトキハ土地ノ所有者ハ或ハ境界又ハ其近傍ニ於テ絶對ニ第二百九條ノ工事又ハ其修繕ヲ爲スコトヲ得サルカ或ハ工作物ト境界線トノ間ニ徒ニ空地ヲ存スルノ止ムヲ得サルニ至リ完全ニ其所有地ヲ利用スルコト能ハサルノ結果ヲ生シ經濟上不利益ナレハナリ(本編九章第二○九條參照)但其使用ハ常ニ工事ノ爲ニ必要ナル範圍內ニ止ムヘキモノトス尚損害賠償ノ義務アリ又所有者ハ第二百九條ニ豫定シタル場合ニ限リ其他ノ場合ニ於テハ隣地使用權ヲ有セス

住家ニ立入ルニハ隣人ノ承諾ヲ要ス然ラサレハ住居ノ安寧ヲ害シ重大ナル

權利ノ侵害ト爲レハナリ（二〇九但書）

第四

土地ノ所有者ハ或範圍內ニ於テ隣地ヲ使用スルノ必要ヲ見ルコトアリ然ルニ所有權ヲ重ンスルノ極所有者ノ承諾アルニ非スンハ隣地ヲ使用スルコトヲ得サルモノトセンカ隣人ノ承諾ナキ場合ニ於テハ必、經界線ヨリ利用スル能ハサル若干ノ距離ヲ留存セサルヘカラサルニ至リ國家經濟上不利益ナリ是法律カ特定ノ場合ニ於テハ幾多ノ制限ノ下ニ隣地ヲ使用スルコトヲ得セシメ以テ隣人ノ利益ヲ保護スル所以ナリ隣地使用權發生條件ニ二アリ如左

一　土地ノ所有者カ其疆界又ハ其近傍ニ於テ牆壁若クハ建物ヲ築造又ハ修繕スル場合

二　右ノ築造又ハ修繕ノ爲ニ隣地ノ使用ヲ必要トスル場合即隣地ヲ使用セサルトキハ修繕又ハ築造ヲ爲ス能ハサル場合

隣地使用權行使ノ制限如左

甲　隣人ノ許可ヲ求メテ後之ヲ使用スヘシ（本編九章第二〇九條參照）蓋、其許可又ハ適

法ノ命令ナキニ拘ラス隣地ノ使用ヲ許サンカ妄ニ權利ヲ名トシ腕力ニ訴ヘ隣地ニ闖入スルノ弊ヲ生シ相隣者間ノ平和ヲ害スルノ虞アレハナリ

乙　住家ノ使用ハ之ヲ爲スコトヲ得ス但隣人ノ承諾ヲ得タルトキハ此限ニ在ラス　然ラスンハ家居ノ安寧ト祕密トハ全ク蹂躙セラルレハナリ

丙　使用ニ因テ隣地ニ損害ヲ生シタルトキハ之ヲ賠償スル義務アリ（問題二四參照）

第五

若隣地所有者カ立入ヲ拒ムコトヲ得ルモノトスルトキハ工事者ハ多クノ空地ヲ設クルカ然ラスンハ遂ニ必要ノ工事ヲモ爲スヲ得サルニ至リ爲ニ土地ノ利用ヲ減少シテ國家經濟ニ損失ヲ生スルヲ以テナリ但立入ノ爲ニ生シタル損害ヲ補償セシム（問題二四參照）立入權ハ他人ノ所有權ヲ制限スルモノナルヲ以テ其範圍及ヒ行使方法ヲ限定セサルヘカラス（二〇九）即工事ヨリ生スル利益ト隣地ニ立入ルニ因リテ生スル損害トノ大小輕重ヲ量リテ立入權行使ノ時期及ヒ方法ヲ定ムヘシ但緊急ノ場合ニハ時期ノ如何ヲ省ミルノ要ナシ然レトモ第二百九條以外ノ工作ノ爲ニハ隣地ニ立入ルコトヲ得ス

尙住家ハ不可侵ナリ(二〇九、二項)是家宅侵入罪(刑一三〇)住所不可侵(憲二五)ヲ認メタルト同一精神ナリ但物置工場等ニハ隣人ノ承諾ナキモ立入ルヲ得劇場寄席ニ關シテハ人ニ依リテ解釋ヲ異ニスルナラン

第六

隣人ノ承諾アルニ非サレハ隣地ニ立入ルコトヲ得ストセハ疆界又ハ其近傍ニ於テハ新ニ建物ヲ設ケ又ハ既存ノ建物ヲ修繕スルコトヲ得サル場合ヲ生スヘク或ハ無益ニ土地ノ一部ヲ空存シ以テ其築造若クハ修繕ノ用ニ供セサルコトヲ得サルヘシ(隣地者間ニ於テ平等ニ隣地立入權ヲ行フコトヲ得ル爲第二百三十四條ノ規定アリ)是ノ如クンハ土地ノ所有權ハ充分ノ效用ヲ爲ササルニ至リ經濟上甚不利益ナリ是隣地立入權ヲ認ムル所以ナリ但制限アリ如左

一　隣地ノ使用カ必要ナルコトヲ要ス　單ニ之ヲ便トスルノミニテハ不可ナリ其他使用ノ時期場所等ニ付テモ亦必要ノ範圍内ニ於テノミ之ヲ許ス

二　一應隣人ノ許可ヲ請フヘシ(本編九章第二〇九條參照)　隣人ノ承諾ナキトキハ妄ニ隣地ニ闖入スルコトヲ許サス

三　隣人ノ住家ニ立入ルコトハ其承諾ヲ要ス　蓋、住所ハ不可侵ナレハナリ（憲二五、刑一三〇）

四　隣地立入權カ必要止ムコトヲ得サルモノナリト雖亦他人ノ所有權ヲ害スルモノナレハ之ニ因ル利得者ヲシテ損害賠償ノ義務ヲ負ハシム

第三節　隣地通行權

第一

公路ニ通セサル土地ノ所有者ハ公路ニ至ル爲、圍繞地ヲ通行スルコトヲ得又圍繞地ノ所有者ハ之ヲ耐忍スヘキ義務ヲ負フ之ヲ通行權ト稱ス（二一〇乃至二一三）通行權ハ土地所有者ノ權能ニシテ圍繞地所有者ノ法律上ノ負擔（隣地所有權ノ内容ノ制限）ナリ蓋、通行權ハ袋地及ヒ準袋地ノ利用即住居、耕作ノ爲ニ存ス若之ナカランカ一私人及ヒ國家ノ利益ヲ害スレハナリ其要件如左

一　所有地カ袋地又ハ準袋地ナルコトヲ要ス　袋地トハ公路ニ通スル出入口ナキ土地（二一〇一項）準袋地トハ公路ニ通スル出入口カ不充分ナル土地（二一〇、二一

項)ヲ謂フ

二　隣地ヲ通行シテ公路ニ通スルコトカ土地ノ通常ノ利用ニ必要ナルコトヲ要ス　單ニ其利用ニ便利ヲ加ヘ又ハ之ヲ容易ナラシムルニ過キサル事由ハ隣地通行ノ原因ト爲ラス又土地ノ所有者カ多額ノ費用ヲ要セスシテ容易ニ公路ニ通スルコトヲ得ヘキ事由ハ隣地ヲ通行スルコトヲ得ル原因ノ發生ヲ妨ク其他從來使用セル通路カ爭ニ係リ或ハ隣人ノ德義的認容ニ基ク事由亦然リ、蓋、此等ノ事由ハ隣地ノ通行ヲ必要ト爲スニ足ラサレハナリ訴訟ノ結果通行ヲ禁止セラレ又ハ隣人カ認容セサルニ至リタル事由ハ隣地ヲ通行スル原因ヲ發生スルニ足ル

三　土地所有者ノ任意行爲ニ依ラスシテ袋地又ハ準袋地ト爲リタルコトヲ要ス　例之公路ノ變更又ハ河流ノ變樣等ノ如シ土地ノ分割又ハ其一部讓渡ニ因リテ袋地又ハ準袋地ト爲リタル土地ノ所有者ハ隣地ヲ通行スルコトヲ得ス(二一三一)是土地所有者ノ任意行爲ノ結果ヲ隣地所有者ニ負擔セシムルハ失當ナレハナリ又從來使用ノ橋梁ヲ破壞シ若クハ公路ニ出ツル通路

ニ池ヲ穿チタルカ如キ事實的行爲ニ因リテ袋地又ハ準袋地ヲ生シタル土地ノ所有者又ハ正當ノ理由ナクシテ契約ニ依リ取得シタル土地ノ通行權ヲ拋棄シタルカ如キ法律的行爲ニ因リテ袋地又ハ準袋地ト爲リタル土地ノ所有者亦然リ

四 圍繞地カ私有地タルコトヲ要ス 蓋公有地ハ其性質上一私人ノ利益ノ爲ニ之ヲ使用スルコトヲ得サレハナリ但其所有者カ一私人ナルト公法人ナルト又讓渡スルコトヲ得サル土地（例之華族世襲財産）ナルト否トヲ區別セス

五 通行ヲ爲ス者ハ通行ヲ始メタル當時ニ於テ通行地所有者ニ對シ償金ヲ支拂フコトヲ要ス（問題二四、二五參照） 然レトモ分割又ハ一部讓渡ニ依リテ袋地又ハ準袋地ト爲リタル土地ノ所有者ハ償金ヲ支拂フヲ要セス是當事者ノ任意行爲ノ結果ニシテ反對ノ合意ナキ限リハ無償ナルヲ通例トスレハナリ

甲 償金額算定ノ標準 償金ノ支拂ハ通行地ノ損害ヲ賠償スルヲ目的トシ通行權ヲ有スル者カ其通行ニ因リテ取得シタル利益ヲ賠償スルニ非ス故ニ償金ハ通行地所有者ノ受ケタル損害ヲ標準トス

乙　償金支拂ノ方法　損害カ永續的性質ヲ有シ且不確定ナル損害ニ關シテハ一年毎ニ一定ノ償金ヲ支拂フコトヲ得（定期金）一時ニ多額ノ金額ヲ支拂フコトヲ要セス是後日通行權消滅ニ因リ受クルコトアルヘキ拂戻ニ基ク紛爭ヲ豫防スル法意ニ他ナラス反之、一時的性質ヲ有シ且確定セル損害（例之通路開設ノ爲建物ノ除去又ハ樹木ノ伐採ノ損害）ニ關シテハ斯ル豫防ノ必要ナキヲ以テ一時ニ一定ノ償金ヲ支拂フコトヲ要ス

丙　償金請求權ノ消滅　通行權ノ消滅ニ因リテ消滅ス故ニ時效ニ因リテ消滅スルコトナシ然レトモ各定期ノ償金請求權ハ時效ニ因リテ消滅ス

（一九六）

第二　隣地通行權（二一〇乃至二一三）ハ袋地ヲシテ其利用ヲ失フコトナカラシメ又ハ舟筏ヲ用ヒ或ハ工事ヲ施シテ不完全ナル通路ヲ開設スルノ不便ナカラシム通行權モ亦他人ノ土地所有權ノ作用ヲ減縮スルモノナルカ故ニ袋地ノ爲ニ必要ナルコトヲ限度トセサルヘカラス（二一一、一項）其適用ハ全ク事實問題ニシテ兩地ノ

種類、形狀及ヒ通行權ヲ有スル者ノ身分、地位等ニ依リテ多少相異ナル所アルヘキナリ(同二項)但其開鑿又ハ修繕ヲ爲スコトヲ要求スルコトヲ得ルモノニ非ス換言スレハ通行權ノ範圍ハ畢竟通行地ノ所有者ヲシテ通行ヲ妨クルコトヲ得セシメサルニ在ルノミ

通行權ヲ有スル者ハ償金ヲ拂フコトヲ要ス但通行ノ爲ニ生スル損害ハ日常通行ヲ爲スニ因リテ生スルモノナルカ故ニ一時ニ之ヲ償フコトヲ要セス酷ニ失スレハナリ唯一時ニ生スルモノハ即時ニ其全額ヲ拂フコトヲ要ス(二一二)

共有地ノ分割又ハ土地ノ一部ノ讓渡ニ因リテ袋地ヲ生シタル場合ニ於テハ土地所有者ノ行爲ニ基因スルカ故ニ當事者以外ノ土地所有者ニ損害ヲ及スコトアルヘカラス又其部分カ通行權ニ服スルコトハ當事者カ豫期シタル結果ト見ルヘキカ故ニ償金ヲ拂フコトヲ要セス

第三

袋地中第二百十條一項ノ場合ニ於テハ隣地所有者ノ承諾ナキ限リハ所有者ハ絶對的ニ其土地ヲ利用スルコトヲ得ス又同條二項ノ場合ニ於テハ所有者

ハ其土地ヲ利用シ得サルニ非サルモ之カ爲、非常ナル不便ヲ感スヘシ俱ニ經濟上不利ナル結果ヲ生スルヲ免レス是隣地通行權ノ存スル所以ナリ袋地ハ或ハ天災地變又ハ公路ノ廢止ニ因リテ生シ或ハ共有地ノ分割又ハ土地ノ一部ノ讓渡ニ因リテ生ス後ノ場合ニ於テハ其所有者ハ分割者又ハ讓渡ノ當事者ノ地所ノミヲ通行スルコトヲ要ス是通路ハ其必要ヲ生セシメタル當事者ニ於テ之ヲ供スルヲ至當トシ他人ヲシテ之ヲ供セシムルハ不公平ナレハナリ（二一三）通行權行使ノ條件如左

一 通行ノ場所及ヒ方法（二一一參照）

二 通行權者ハ其選擇ニ從ヒ通行地ノ損害ニ對シ一時ニ償金ノ全額ヲ支拂ヒ若クハ一定ノ年金ヲ支拂フコトヲ要ス（二一二）

通行權者カ償金ヲ支拂フコトヲ要セサル場合（二一三參照）蓋、袋地ヲ生セシメタル者カ通路ヲ供スルヲ當然ノ義務トスレハナリ

第四

隣地通行權ハ公益上隣地ノ所有權ニ制限ヲ加フルモノニシテ所有權ノ原理

ヨリスレハ其例外ヲ爲スモノナリ然レトモ袋地ノ場合ニ於テ隣地所有者ノ承諾ヲ要スルモノトセンカ袋地ノ利用ハ單ニ隣人ノ意思如何ニ因リテ左右セラルルコトトナリ其承諾ナキトキハ其利用ハ全ク廢止セラルルノ結果ヲ生シ國家經濟上ノ不利尠カラサレハナリ袋地ト認ムル場合三アリ如左

一　第二百十條一項ノ場合　是眞正ノ袋地ナリ

二　同條二項前段ノ場合　是其狀況ニ依リ袋地ト同一視シタルモノナリ蓋池沼河海ノ如キ其幅員ノ稍大ナルモノニ在リテハ之ニ橋梁ヲ架セントスルモ不能ナルコトアリ或ハ巨多ノ費用ヲ要スル爲一私人ノ負擔ニ耐ヘサルコトアリ或ハ又平常ハ舟楫ノ便アルモ季節ノ如何ニ依リ其便ヲ絶止スルコトアレハナリ但小渠アル場合又ハ小橋或ハ板橋ヲ設クレハ通行シ得ル場合ノ如キハ此限ニ在ラス

三　同條同項後段ノ場合　此場合ニ於テハ公路ニ通セシメントセハ其崖岸ヲ取毀タサルヘカラサルコトアルヘシ又崖岸ヲ取毀ツハ地形ノ如何ニ依リテハ或ハ爲シ得ヘカラサルコトアリ或ハ之ヲ爲シ得ルモ巨多ノ費用ヲ

要シ一私人ノ負擔ニ堪ヘサル等ノコトアルヘキヲ以テナリ

隣地通行權ノ行使ニ關シテハ通行スヘキ場所ト通行スヘキ方法トヲ撰擇スルニ付キ二個ノ制限アリ(二一一、二項參照)

蓋、通行權ハ畢竟止ムコトヲ得サル必要ニ基クモノニ過キサルヲ以テ可及的隣地ノ受クル損害ヲシテ少カラシムルノ手段ヲ採ルヲ要スルヲ以テナリ

袋地所有者ハ隣地通行權ニ基ク通路開設權ヲ有ス(二一一、二項)蓋、袋地ニ於テハ事情ニ因リ單ニ隣地ヲ通行スルノミヲ以テ足レリトセサルコトアレハナリ例之袋地ニ多數ノ人家アル場合ノ如シ

袋地ノ所有者ハ損害ヲ賠償スヘキ義務アリ(二一二)蓋、圍繞地所有者ノ義務ハ一ニ袋地所有者ノ便益ヲ計ルニ在リ且通行權ハ止ムヲ得サル必要ニ出テタルモノナレハ其權利ノ效果モ亦必要ノ範圍ニ止マルコトヲ要スレハナリ

此償金ハ損害ノ種類ニ因リ之ヲ二種ニ區別スルコトヲ得一ハ通行ヲ始ムル當時ニ於テノミ生スヘキ一時ノ損害(道路開設ノ爲ニ生シタル損害)ニ對スル償金ニシテ一ハ通行ヲ爲ス間永遠ニ生スヘキ損害ニ對スル償金是ナリ前者ハ一時ニ之ヲ

支拂ヒ後者ハ特約ナキ限リハ年々之ヲ支拂フ（二一二參照）

然レトモ隣地通行權ハ本來袋地ニ非サル土地カ其一部ノ讓渡又ハ分割ニ因リテ袋地ト爲リタルトキハ之ヲ生セサルモノトス是畢竟讓渡人又ハ分割者ノ故意又ハ過失ノ結果ニ外ナラサレハ其結果ヲシテ他ノ圍繞地ニ及サシムルヲ得サレハナリ（二一三）

一ノ土地カ他ノ土地ニ圍繞セラルルトキハ之ヲ袋地ト稱ス此場合ニ於テ若圍繞地ヲ通行スルコトヲ得サルモノトスルトキハ其土地ハ廢物トナリテ國家經濟ニ損害ヲ生ス是通行權ノ存スル所以ナリ（通行ノ場所及ヒ方法二一一、一項參照）第二百十條二項ノ場合ハ種々ノ危險ヲ侵シ時間ト勞力ノ空費ヲ省ミサルニ於テハ公路ニ至ルヲ得ルモ公私ノ不利益ナルヲ以テ之ヲ袋地ト同一視セリ

通行權ハ不繼續ノ地役權ナリ時效ニ因リテ取得スルコトヲ得ス然レトモ通路ヲ開設スルトキハ通路ハ繼續ノモノトナリ從テ通行權モ亦繼續ノモノトナル時效ニ因リテ取得スルコトヲ得ルニ至ル故ニ通路開設權ノ有無ハ當事

者ノ利害ニ大關係ヲ有スルモノナリ（二一一、二項）

通行權ヲ有スル者ハ償金ヲ拂フヘキモノトス自己ノ所有物ノ便益ノ爲ニ他人ノ土地ニ制限ヲ加フルヲ以テナリ（二一二）一土地ノ分割又ハ一部讓渡ニ因リテ袋地ヲ生スル場合ニハ（二一三參照）當事者以外ノ土地所有者ニ迷惑ヲ被ラシムヘカラサルモノトス殊ニ分割讓渡ノ際ニハ多クハ其一方ハ無償ニテ自己ノ土地ヲ通行セシメントスル意思アルヘク又他方ニハ無償ニテ相手方ノ土地ヲ通行セントスル意思アルヘシ假令斯ル意思ナシトスルモ法律ニ無償通行ノ規定アルトキハ之ヲ參考トスヘク巨額ノ不利益ヲ被ムルコトナカルヘシ

第六　隣地通行權

隣地通行權（Droit de passage, Nothweg）ハ或土地カ公路（水路モ亦公路ナレトモ二一〇、二項ニ特例アリ）ニ通セサルトキ即袋地（Fonds enclavé, eingeschlossenes Grundstück）ナルトキ之ヲ認ムルモノナリ蓋之ナカランカ袋地ハ世用ヲ爲ササルニ至リ天物ヲ暴殄スルノ虞アレハナリ

此權利ハ素、已ムコトヲ得サルニ出テテ他人ノ所有權ヲ害スルモノナルカ故

ニ力メテ他人ノ負擔ヲ輕クセサルコトヲ得ス（二一一、二項參照）又之ニ因リテ利益ヲ受クル袋地所有者ヲシテ損害ノ賠償ヲ爲サシム（二一一）必要止ムコトヲ得サルニ因リテ與ヘタル通行權ナレハ若袋地カ土地所有者ノ行爲ニ因リテ生シタルトキハ特別規定アリ（二一三）蓋分割讓渡ノ行爲中ニ於テ當事者ハ通行權ニ着眼シタルモノト看做サヽルコトヲ得スシテ通行地所有者ハ此權利ノ爲ニ特ニ損害ヲ被ムルモノト謂フコトヲ得サレハナリ

第四節　水流ニ關スル相隣者ノ權利義務

第一款　承水義務（排水權又ハ流水權）

各土地ノ所有者カ單ニ自己ノ利益ヲ圖ルカ爲ニ隨意ニ堤防ヲ設ケ又ハ溝渠ヲ穿チ互ニ隣地ノ水ノ自然的流來ヲ妨クルトキハ隣地ハ濕地ト爲リ又ハ荒廢ニ歸シ衛生ヲ害シ利用ヲ妨クルニ至ル是土地所有權ノ內容ノ制限トシテ承水義務又土地所有權ノ內容ノ擴張トシテ排水權存スル所以ナリ（二一四）其要

件如左

一　自己ノ土地ニ於テ受クヘキ隣地ノ水又ハ自己ノ地上ヨリ排泄スヘキ水ハ天然ニ地上ニ流ルル水即、人工ニ因ラスシテ地上ニ落チ又ハ地上ニ出ツル水ナルコトヲ要ス例之雨水雪解及ヒ池沼ノ溢水ノ如シ　故ニ人工ニ因ル井水、噴水、泉水ノ流來ハ之ヲ承クルノ義務ナク又之ヲ排泄スルノ權能ナシ家用若クハ農工業用ノ餘水亦然リ然レトモ高地ヨリ低地ニ流ルル水ナルコトヲ要セス水ハ時ニ低地ヨリ高地ニ逆流スルコトアレハナリ是「隣地」ト規定シテ「高地」ト規定セス又「流レ來ル」ト規定シテ「流レ下ル」ト規定セサル所以ナリ

二　隣地ノ水ノ自然的流來ナルコトヲ要ス

甲　第二百十八條ノ規定アリ蓋、承水義務ヲ加重スレハナリ又第二百十六條ノ規定アリ第二百十七條ノ規定ハ公秩又ハ良俗ニ反スル事項ニ非サレハナリ

乙　承水地ノ所有者ハ排水地ノ水ノ自然的流來ヲ妨クルコトヲ得ス從テ

承水地ノ所有者ハ排水地ノ水ノ自然的流來ヲ妨ケ之ニ損害ヲ被ラシムヘキ行爲ヲ爲スコトヲ得ス然レトモ承水地ノ所有者ハ排水地ノ自然的流來ヲ疏通スルニ必要ナル工事ヲ爲ス義務ヲ負フモノニ非ス故ニ第二百十五條及ヒ第二百十七條ノ規定アリ又承水地ノ所有者ハ排水地ノ水ヲ流來セシムル權利ヲ有セス

三　高地ノ所有者カ浸水地ヲ乾スカ爲又ハ家用若クハ農工業用ノ餘水ヲ排泄スル爲、公路、公流又ハ下水道ニ至ルマテ低地ニ水ヲ通過セシムルトキニ非サルコトヲ要ス　蓋水ノ過不足ハ衞生ヲ害シ殖産ヲ妨クルヲ以テ是等過剩ノ水ノ排泄ハ之ヲ土地ノ所有者ニ耐忍セシメサルヘカラス而シテ水ハ高地ヨリ低地ニ流ルル通性ヲ有スルモノナレハナリ故ニ第二百十四條ノ例外トシテ是等人工水ノ自然流來ヲ忍フ義務ヲ低地ノ所有者ニ負擔セシメ以テ高地所有權ノ內容ヲ擴張シ又低地所有權ノ內容ヲ制限シタリ然レトモ是已ムコトヲ得サル例外ニ屬スルヲ以テ第二百二十條但書ノ規定アリ（二一一參照）

又高地ノ所有者ハ其有害無用ノ水ヲ疏通スルカ爲ニ低地ニ水ヲ通過セシムルコトヲ得(〇二二)之ヲ疏水權又ハ水道權ト稱ス是人畜ノ衞生及ヒ土地ノ利用ニ最必要ナリ其水ノ存在スルニ至リタル原因ノ如何ヲ問ハス故ニ低地ノ所有者ハ餘水カ高地ニ於テ穿井シタルニ依ルコトヲ事由トシテ疏水ヲ拒ムコトヲ得ス

低地ノ爲ニ損害最少キ場所及ヒ方法ヲ選定スルコトヲ要スルハ疏水權ハ已ムヲ得サル低地所有權ノ制限ナルニ因ル其場所及ヒ方法ハ當事者間ニ於テ特約ナキトキハ裁判所之ヲ定ム

高地ノ所有者カ疏水ニ必要ナル工作物ノ設置及ヒ保存ノ費用ヲ負擔スルコトヲ要ス蓋該工作物ハ高地所有者ノ利益ノ爲ニ存スレハナリ但高地ノ所有者ハ低地ノ所有者ニ對シ疏水ノ爲ニ受ケタル損害ニ付キ償金ヲ支拂フコトヲ要セス(明文ナシ)是疏水權ト通行權ト異ル所ナレトモ立法上ノ見解トシテハ高地所有者ノ利益ノ保護厚キニ失シ不當ナリ

第二

水ハ自然ノ地勢ニ從ヒ甲地ヨリ乙地ニ流ル故ニ乙地ノ所有者ハ其疏通ヲ阻礙シ以テ甲地ニ浸水ノ害ヲ被ラシムヘカラス此原則ハ左ノ範圍內ニ於テ行ハル(二一四)

一　自然ノ水流ヲ妨クルコトヲ得サルノミ故ニ甲地ノ所有者ハ噴水、泉水等ヲ設クル如キ人工ニ因リテ水ヲ乙地ニ流下セシムルコトヲ得ス

同一ノ理由ニ因リ第二百十八條ノ規定アリ例外(二二〇)是其土地ノ利用ヲ全カラシメ且衞生上ニ害ナカラシメンカ爲ナリ其但書(二二〇但書)ハ第二百十一條ト同一ノ理由ニ基ク尙第二百二十一條ノ規定アリ是高地若クハ低地所有者ニ損害ヲ生スルコト少クシテ經濟上甚利益ナレハナリ然ラサレハ高地若クハ低地所有者モ亦同一工作物ヲ設クル爲、無益ニ其土地ヲ塞キ且重複ノ費用ヲ要スル結果ヲ來スヘキナリ(二二一但書參照)

二　土地ノ所有者ハ唯其土地ニ水ノ流レ來ルヲ妨ケサル消極的義務ヲ負フニ過キス更ニ其流下ヲ容易ナラシムル爲ニ工事ヲ爲ス如キ積極的義務アルニ非ス故ニ第二百十五條ノ規定アリ但低地ノ所有者ヲシテ其費用ノ全

部又ハ一部ヲ負擔セシムル慣習アルトキハ之ニ從フ(二七一)

土地ノ所有者ハ原則トシテ其土地ノ上ニ如何ナル工作物ヲ設クルコトヲモ妨ケスト雖右一、二ノ場合ニ於テ自己ノ所爲ニ因リテ隣地所有者ニ損害ヲ生スルコトアルヘカラス是第二百十六條ノ規定アル所以ナリ(例之堤防ヲ築キ又ハ他ニ水路ヲ開設スルカ如シ)此場合ニ於テモ甲地所有者ノ義務不履行ニ關シテハ第四百十四條二項及ヒ第四百八十五條ノ適用アリ但此點ニ於テモ別段ノ慣習アルトキハ之ニ從フ(二七一)是蓋、修繕其他ノ工事ヲ爲ス義務ヲ免除スルトハ相異リテ公益ニ反スル事項ニ非サレハナリ

第三

水ハ自然ノ法則ニ從ヒ其通路ヲ求ムルモノナレハ若土地ノ所有者カ隣地ヨリ自然ニ流レ來ル水ヲ拒ムコトヲ得ルニ於テハ隣地ハ爲ニ浸水ノ害ヲ被リ衛生及ヒ經濟上有害ナル結果ヲ生ス是承水義務ノ存スル所以ナリ(二四一)但其水ハ隣地所有者カ人工ヲ加ヘテ流下セシムルモノニ非サルコトヲ要ス

舊民法ハ承水義務ヲ以テ高地ニ對スル低地所有者ノ義務ト爲シタリ然レトモ

モ水流ハ時ニ湖流ノ干滿、河水ノ氾濫ニ因リ却テ低地ヨリ高地ニ逆流スルコトアルヲ以テ我民法ハ土地ノ高低如何ニ拘ラス此義務ヲ認メタリ承水義務者ハ不作爲ノ義務ヲ負フニ止リ其水ヲ疏通セシムヘキ作爲ノ義務ヲ負フモノニ非ス故ニ第二百十五條ノ規定アリ(二一七參照)土地ノ所有者ハ自然ノ水流ヲシテ之ヲ隣地ニ流下セシムルコトヲ得ルモ其所爲ヲ以テ隣地ニ水ヲ流下セシムルコトヲ得ス隣地所有權ヲ侵害スルモノナレハナリ玆ニ於テ第二百十六條(二一七參照)第二百二十條第二百十八條ノ規定アリ而シテ第二百十六條ノ權利ハ占有保持訴權及ヒ占有保全訴權ニ對スルモノニシテ所有權ニ對スル妨害ノ排除又ハ妨害ノ危險ノ豫防ヲ以テ目的トス又土地ノ所有者ハ水道ヲ設クルコトヲ得(二二〇、二二一)蓋、若、此權利ナキトキハ土地ノ利用上至大ノ不便ヲ感スルノミナラス經濟上及ヒ衞生上、有害ナル結果ヲ生スルヲ以テナリ然レトモ高地ノ所有者ハ家用若クハ農工業用ノ水ヲ引ク爲ニ隣地ヲ使用スルノ權利ヲ有セス

水道ノ布設ハ低地ノ爲、損害最少キ場所及ヒ方法ヲ擇フコトヲ要ス蓋、水道權

ハ低地所有者ノ權利ヲ侵害スルモノナレトモ衛生上及ヒ經濟上ノ必要ニ依リ止ムヲ得ス之ヲ高地所有者ニ附與スルモノナレハナリ(二二〇)

疏水ノ爲ニ必要ナル工作物ノ設置及ヒ保存ノ費用ハ高地所有者ノ負擔ニ屬ス高地所有者ノ利益ノ爲ニ設クルモノナレハナリ但高地所有者ハ排水ノ爲、低地所有者ノ設ケタル工作物ヲ利用スルコトヲ得低地所有者モ亦其所有地内ノ水ヲ排泄スル爲、高地所有者ノ設ケタル工作物ヲ利用スルコトヲ得(二二一)

第四

相隣者ハ隣地ヨリ水ノ自然ニ流レ來ルコトヲ阻礙スルコトヲ得サル義務ヲ有ス蓋、人爲ニ因ラサル水ノ疏通ハ自然ノ事爲ニ屬シ何人モ其結果ヲ甘受スヘキハ當然ナレハナリ其結果ノ重ナルモノ如左

一　土地所有者ハ自己ノ土地ヨリ自然ニ隣地ニ水ノ流ルルヲ防止スルノ責任アルコトナシ　其水ヲ防止スルト否トハ土地所有者ノ自由ナリ故ニ從來自然ニ流レタル水ヲ中途ニシテ防止シ又從來防止シタル水ヲ中途ヨリ自然ニ放流スルモ妨ケナシ

二 土地ノ所有者ニシテ隣地ヨリ自然ニ流レ來ル水ヲ防止シタルトキハ隣地所有者ハ其者ヲシテ其土地ノ下部ニ排水ニ必要ナル設備ヲ爲サシムルコトヲ得 其流水ノ爲ニ損害ヲ與フルコトアルモ賠償義務ナシ

三 土地ノ所有者ハ水ニ伴フテ隣地ヨリ流レ來ル砂石ノ類ニ付テモ亦之ヲ妨クルコトヲ得ス 之カ爲ニ損害ヲ受クルコトアルモ其賠償ヲ要求スルノ權利ナシ其砂石ノ類ハ依然隣地所有者ノ所有ニ屬ス水ニ伴フコトナクシテ墜落シ來リタル砂石ノ類ニ付テハ如何是土地占有ノ責任論ニ歸着スヘキモノナリ

高地所有者ニ第二百十五條ノ權利アルハ阻塞ノ爲ニ高地ニ損害ヲ及スコトアリ且低地所有者ハ唯水ノ流下ヲ妨ケサルノ責任アルノミニシテ進ンテ其疏通ヲ計ルノ責任ナケレハナリ

同條疏通ニ必要ナル工事ヲ爲スハ高地所有者ノ權利ニシテ義務ニ非ス故ニ低地所有者ハ之ヲ請求スルヲ得ス高地所有者カ此權利ヲ行使セサル爲低地ニ損害アルトキハ低地所有者ハ自之ニ處スルノ途アルノミ(二一七參照)

第二百十六條ノ規定アルハ蓋、所有者カ其所有地上ニ工作物ヲ設置スルハ其自由ナルモ之ニ因リテ隣地ニ損害ヲ及スヘカラサレハナリ同條ニ所謂危害ニ三種アリ即工作物ノ破潰又ハ沮塞ニ因ルモノト其破潰沮塞ヲ惹起セントスルニ因ルモノト是ナリ而シテ危害原因除却ノ方法ハ第一ノ場合ニハ工作物ノ修繕第二ノ場合ニハ疏通工事第三ノ場合ニハ豫防工事ヲ要スルニ在リ（二一七參照）

第二百十八條ノ規定アルハ蓋雨水ハ自然物ナリ之ヲ妨クルコトヲ得サルハ第二百十四條ノ規定ノ趣旨ト同シ然ルニ是等ノ工作物ヲ設クルハ之ヲ妨クルモノナレハナリ

例外、第二百十四條及ヒ第二百十八條ノ規定ニ從ヘハ人工ニ依ル水ノ流下ハ之ヲ受クルノ義務ナキヲ原則トス故ニ人工ニ依リテ水ヲ流下セシムル場合ニ在テハ隣人ノ承諾ヲ要ス然レトモ第二百二十條ノ場合ハ衛生上重要ノコトニ屬スルカ故ニ此原則ノ例外ト爲セリ但是、止ムヲ得サルノ必要ニ因ル權利ナルヲ以テ其行使ニ付テハ同條但書ノ規定ヲ設ケタリ

第二百十四條第二百十五條第二百十八條第二百二十條等ノ規定ニ因リ水ヲ流下セシムル權利ヲ有スル者ハ其通過地ニ水道工作物ヲ設置スルコトヲ得ルハ勿論倘隣地工作物使用權アリ（二二一）是獨リ其使用者ニ於テ便利ナルノミナラス益、土地ヲ使用セラルルノ害ヲ免ルルヲ以テ工作物ノ設置ヲ拒ムコト能ハサル義務ヲ有スル土地所有者ニ於テモ亦非常ノ便益ナリトス（二二一、二項參照）

第五

土地ノ所有者ハ隣地ヨリ水ノ自然ニ流レ來ルヲ妨クルヲ得サルヲ以テ假令自己ノ土地內タリトモ工事ヲ起シテ隣地ヨリ自然ニ來ル水ヲ防阻スルヲ得サルモノトス此場合ニハ隣地ノ所有者カ隨意ニ水ヲ流スヲ得ルニ非サルヲ以テ之ヲ權利ト稱シ難キ所アリト雖、觀察ノ如何ニ依リテハ權利ト稱スルモ誤ニ非サルヘシ唯立入權、通行權等ト異リ他人ヲシテ避止ノ義務ヲ守ラシムルニ在ルヲ以テ普通ニ稱スル權利トハ稍其態樣ヲ異ニスル所アリ

水ハ高キヨリ低キニ就クモノナレトモ必シモ高地ヨリ低地ニ流ルルモノニ非ス甲地ヨリ溢レテ毫モ高低ナキ乙地ニ流レ行クコトアリ又溢水ノ大ナル

モノニ於テハ低地ヨリ高地ニ及ホスコトモアルモノトス是我民法第二百十四條カ受水義務ヲ以テ佛國民法ノ如ク高低アル土地間ノ權義ニ限ラサル所以ナリ（問題二六參照）

低地ノ所有者ハ唯水ノ自然ニ流下スルニ委スヘキニ止リ其水ヲ疏通スルノ義務ヲ負擔シタルニ非ス是第二百十五條ノ規定アル所以ニシテ是ナケレハ水ハ氾濫シテ損害ヲ生シ高地ノ所有者ニ不便ヲ來スコト大ナレハナリ

甲地ノ所有者ハ自然ノ水ヲ乙地ニ流ス權アリ故ニ之カ爲ニ損害ヲ生スルモ乙地所有者ハ占有ノ妨害トシテ賠償ヲ請求スルヲ得サルモ自然ノ水ニ非サルトキハ第二百十六條ノ規定アリ若又甲地所有者ノ不法行爲若クハ懈怠ニ因リテ損害ヲ受ケタルトキハ占有ノ訴ヲ提起スルコトヲ得ルナラン（問題二四參照）第二百十六條ノ場合ニ於テ甲地所有者カ肯セサルトキハ乙地所有者ハ自費ヲ以テ修繕疏通若クハ豫防工事ヲ爲シ其費用ノ償還ヲ請求スルコトヲ得（問題二七參照）

何人モ自己ノ土地ニ如何ナル工作物ヲモ爲スコトヲ得ルヲ原則トスレトモ

雨水ヲ隣地ニ注瀉セシムル工作物ハ之ヲ爲スヲ得ス（二一八）

第二百十四條ハ自然ノ水ニ關ス人工ノ水ニ關シテハ第二百二十條アリ若本條ノ疏水權ナカランカ日常生活上ノ不便ヲ感スルノミナラス充分ニ農工業ヲ營ムヲ得サルニ至リ爲ニ公私ノ利益ヲ害スルコト大ナルヲ以テナリ疏水權ハ公私ノ便益上止ムヲ得サルニ出テタルモノナルヲ以テ同條但書ノ規定アリ隣地通行權ト相似タリ

工作ノ費用ハ總テ疏水權者ノ負擔ナリトシ且水ノ通過ニ因リテ低地ニ損害ヲ加ヘタルトキハ其償金ヲ拂フヘキモノトス明文ナキモ其主意明ナリ

土地ノ所有者ハ其水ノ浸水タルト餘水タルト其他ノ水タルトヲ問ハス苟、水ヲ通過セシムル權利ヲ有スルトキハ（法律又ハ當事者ノ合意ニ因リ）第二百二十一條ノ適用アリ蓋疏水權者ニ便利ニシテ費用ヲ分擔スルヲ以テ低地所有者ニモ損害ナケレハナリ（問題二九參照）

第六

水ハ自然ニ低キニ從テ流ル是第二百十四條ノ規定アル所以ナリ蓋、此規定ナカランカ隣地ハ水ノ疏通ヲ妨ケラレ耕作竝ニ衛生上大ナル損害ヲ被ルノミナラス時ニ其用ヲ爲ササルニ至リ經濟上不利益ナレハナリ但噴水又ハ泉池ノ水ノ如キ人工ニ因リテ隣地ニ生シタル水ハ敢テ之ヲ受クルコトヲ要セス而シテ法文單ニ「隣地」ト謂ヘルカ故ニ其土地ノ高低ヲ問ハサルナリ

第二百十五條ノ規定ハ低地ノ所有者ニ於テ工作ヲ施シ以テ水ノ流下ヲ容易ナラシムルノ義務ナキヲ以テナリ第二百十五條ハ事變ニ因ル障碍物ニ關シ第二百十六條ハ其障碍物カ素ト特ニ設ケタル工作物ニ係ル場合ニ關ス蓋、土地ノ所有者ハ其土地ノ上ニ如何ナル工作物ヲモ設クルコトヲ得ト雖、之ニ因リテ隣地ノ所有者ヲ害スルコトヲ得サルハ勿論隣地ノ所有者モ亦此損害ヲ甘受スルノ義務ナケレハナリ

工作物ノ破潰又ハ阻塞ニ因ラス其設備ノ不完全ナルカ爲、隣地ニ損害ヲ及ホスコトアリ故ニ隣地ノ所有者ニ與フルニ此ノ如キ工作物ノ改造其他ノ豫防工事ヲ要求スルノ權ヲ以テスル必要アルヘシト雖、本條ノ規定セサル所ナルヲ以テ單ニ占有保全ノ訴ヲ提起スルコトヲ得ヘキノミ

本條ノ權利ハ第百九十八條及ヒ第百九十九條ノ規定ニ依リ占有ノ訴ヲ以テ之ヲ行フコトヲ得ヘシ唯所有者ハ占有ヲ爲サヽルモ普通ノ訴ヲ以テ此權利ヲ行フコトヲ得ヘキノミ

其費用ノ負擔ニ關シテハ地方ニ因リ地勢其他ノ理由ニ基キ特種ノ慣習ヲ生スルコトナシトセス斯ル慣習アル場合ニ於テハ其慣習ニ從フ(二一七)但全ク疏通、修繕等ヲ爲シ又ハ爲サシムルコトヲ得サルモノトスル慣習ハ此限ニ在ラス是公益ニ反スルヲ以テナリ

自己ノ所有地內ト雖、屋根其他ノ工作物ヲ設クル場合ニ於テハ土地ノ所有者ハ第二百十八條ノ適用ヲ受ク隣地ノ所有權ヲ侵害スルコトヲ得サレハナリ第二百十四條ノ規定ニ依レハ高地ノ所有者ハ人工ニ由ル水ハ之ヲ流下セシムルコトヲ得スト雖、高地カ濕地ナルトキハ經濟上、衞生上之ヲ乾スノ必要アリ又農工業ノ爲ニ使用シタル水ハ之ヲ低地ニ流下スルニ非サレハ殆、生活ヲ爲シ若クハ農工業ヲ營ムコトヲ得サルヘシ是第二百二十條ノ規定アル所以ナリ(二一一 二參照)

第二百二十條ノ規定ニ因リテ損害ヲ受クヘキ所有者ヲ保護シ若クハ低地所有者ノ設ケタル工作物ト同一工作物ヲ設クルノ勞ヲ省カシメンカ爲ニハ第二百二十一條ノ規定アリ是、蓋低地所有者ノ爲ニモ却テ便ナルコト多カルヘク又少クトモ其不利益ナルコトナケレハナリ

第二百二十一條ノ規定ハ單ニ甲乙二地間ニ於テノミナラス甲乙丙丁等數多ノ土地カ互ニ高低ヲ成セル場合ニ於テ甲地ノ所有者カ乙地ノ所有者ノ丙地丁地等ニ設ケタル工作物ヲ使用スル場合ニ於テモ亦其適用アルモノトス

第二款　用水權

水流地ノ所有者ハ其水流ヲ使用スルコトヲ得之ヲ用水權ト稱ス(九二一)

我民法ハ交通ヲ主眼トシ水流ニ依リテ充實セラルル場所ヲ分ツテ河川法ノ支配ヲ受クル河川ト然ラサル河川ト爲ス後者ハ則民法ノ支配ヲ受ク(問題二入參照)

而シテ水流ハ(一)同一人ノ所有地ヲ出テサルトキ(二)同一人ノ所有地ヲ通過ス

ルトキ(三)所有地ノ境界ヲ通過スルトキ(四)水流ノ使用カ國家又ハ一私人ニ專屬スルトキノ四場合ヲ生ス(一)ノ水流即池沼、細流、泉水ノ水流ハ其水流地所有者カ專、之ヲ處分スルコトヲ得又(四)ノ水流ハ其用水權者カ專、之ヲ使用シ處分スルコトヲ得テ相隣地所有者ハ之ヲ爲スコトヲ得ス反之(二)及ヒ(三)ノ水流ハ其水流地ノ所有者カ自由ニ之ヲ處分スルコトヲ得ス蓋下流地若クハ沿岸地所有者ノ利益ヲ害スレハナリ是、水流地所有權ノ內容ニ制限ヲ加ヘ一定ノ要件ニ從フニ非サレハ其水流ヲ使用スルコトヲ得セシメサル所以ナリ其要件如左

一　水流地ノ所有者ハ其相隣地タル下流地又ハ沿岸地ノ所有權ヲ害セサル方法ニ依リテ其水流ヲ使用スルコトヲ要ス而シテ水流ノ通過スル土地ノ所有者即兩岸地ノ所有者(二一九、二項三項)ト水流ヲ境界トスル土地ノ所有者即沿岸地ノ所有者(二一九、一項三項)トニ由リ其要件ヲ異ニス

二　水流地ノ所有者ハ其相隣地タル下流地又ハ沿岸地ノ所有者ノ利益ヲ害セサル程度ニ於テ其水流ヲ處分スルコトヲ要ス(隣地侵入)故ニ

甲　水流地ノ所有者ハ相隣者ヲ害スルニ至ルヘキ水量ヲ消費スルコトヲ得ス例之灌漑ヲ爲スコトヲ得サルカ如シ

乙　水流地ノ所有者ハ相隣者ヲシテ其水流ヲ使用スルコト能ハサラシムルニ至ルヘキ行爲ヲ爲スコトヲ得ス例之水質ノ變更又ハ有害物ノ混和ノ如シ但相隣者ヲ害セサル限度內ニ於テ水面上ニ工事ヲ爲スヲ得ルコト勿論ナリ

第二　用水權ノ範圍ハ行政法ト密接ノ關係ヲ有シ且地方ニ依リテ其慣習ヲ異ニス抑モ溝渠其他ノ水流地カ一私人ノ所有ニ屬スル場合ニ於テハ各所有者ハ其流水ヲ使用スルコトヲ得從テ隨意ニ其水路又ハ幅員ヲ變更スルコトヲ得ヘキカ如シ然レトモ斯ノ如クンハ下流ニ在ル土地ハ爲ニ水利ノ便ヲ失ヒ又ハ水害ヲ被ルコトナシトセス是第二百十九條ニ於テ水流地ノ所有者ノ權利ヲ制限シ以テ水流ノ效用ヲ全カラシメンコトヲ期スル所以ナリ但水流カ土地ノ境界ヲ通過スル場合ト同一人ノ所有ニ屬スル土地內ヲ通過スル場合トヲ

區別セリ蓋、前ノ場合ニ於テハ一旦水路ヲ變スルトキハ對岸ノ土地ヲシテ水利ヲ失ハシムル結果ヲ來スヘク又幅員ヲ變スルトキハ其土地ヲシテ或ハ水利ヲ失ハシメ或ハ反對ニ過度ノ水量ヲ受ケシメ以テ水害ヲ生スル危險ナシトセス（二一九、二項三項）反之後ノ場合ニ於テハ斯ノ如キ危險アルコトナケレハナリ但水路又ハ幅員ヲ變更スルコトヲ得ルハ水流カ他人ノ專用ニ屬セサル場合ニ限ル（同上）

尙第二百十九條ノ規定ハ舟筏ノ通スヘキ河川又ハ堀割ノ如キ公有ニ屬スル水流ニ適用ナキモノト解ス是其條文ニ「溝渠其他ノ水流地」トアル所以ナリ

物權法 横田博士

第三

水流使用權ハ水流ノ兩岸カ同一所有者ニ屬スルト否トニ因リテ異ル（二一九）

一　水流ノ兩岸カ所有者ヲ異ニスル場合（二一九、一項）兩岸ノ所有者ハ水流ノ使用ニ付キ同等ノ權利、同一ノ利害關係ヲ有スルヲ以テ一方ノ所有者カ水路又ハ幅員ヲ變更スルトキハ流水ノ缺乏又ハ漲溢ヲ來スノ虞アリテ他ノ所有者ノ權利ヲ害スルノ結果ヲ生スヘケレハナリ

二 水流ノ兩岸カ同一人ニ屬スル場合（二一九、二項）其所有地內ニ於テ水流ヲ任意ニ利用スルコトヲ得但書アルハ蓋低地所有者カ其地勢上享有スル水流使用權ヲ害セラルルノ結果ヲ生スヘケレハナリ

第二百十九條ハ沿岸所有者カ其水流地ヲモ併セテ所有スル場合ニ限リテ適用セラルルモノトス故ニ舟筏ノ通スル國有ノ河川、市町村有ノ溝渠水流ハ然ラス此等ノ水流地ハ一私人ノ所有ニ屬セサルヲ以テ之ヲ左右スルコトヲ得サレハナリ又水流カ他ノ一私人ノ專用ニ屬スル場合ニハ之ヲ適用スルコトヲ得ス（二一九、三項參照）

第四

舟筏ノ通スヘキ川、堀割及ヒ其床地ハ公有物ニシテ私有物タルコトヲ得ス其私有ノ目的タルコトヲ得ルハ獨リ舟筏ノ通セサル溝渠、水流、堀割ナリトス唯水流ハ其性質上一般私有物トハ特異ナルモノアリ蓋水流ハ上ヨリ下ニ流レ其效用ヲ全フスルヲ以テ沿岸地ニ於ケル水流ノ使用ハ總テ其下流地ニ於ケル利害ニ直接ノ影響ヲ及ホスモノアレハナリ水流ニ二種アリ如左

一　水流カ土地ノ境界ヲ通過スル場合(二一九、一項)　水流ハ沿岸地所有者ノ共有トス故ニ對岸者及ヒ下流沿岸者ノ利用ヲ害セサルノ義務ヲ有ス即其水流ノ使用ハ其自然ノ形狀ニ從ヒ其水路及ヒ幅員ヲ變更スルコトヲ得ス(同三項參照)

二　水流カ同一所有者ノ土地ヲ通過スル場合(二一九、二項)　水流ハ沿岸所有者ノ私有ニ屬ス故ニ其使用ハ自由ニシテ水路及ヒ幅員ヲ變更スルコトヲ得然レトモ水流ノ性質上下流沿岸者ノ利益ヲ害セサルノ義務ヲ有ス是其但書アル所以ナリ(同三項參照)

第五

水流ノ存スル土地ヲ所有スルニ三場合アリ如左

一　水流カ一所有者ニ屬スル土地ノ中間ヲ流ルル場合　流水地及ヒ兩岸ノ土地カ共ニ一人ニ專屬スル場合ニシテ第二百十九條二項ノ規定ニ從フ蓋其規定ハ土地ノ所有者ヲシテ其土地ヲ充分ニ利用改良スルコトヲ得セシムルト同時ニ或ハ流水ノ氾濫ニ因リテ他人ニ損害ヲ及ホスコトナカラン

メ或ハ下流沿岸地ノ住人ノ水流使用ヲ妨ケサラシメンカ爲ナリ(二一九、三項參照)

二　水流地(即川底地又ハ川床地)及ヒ其一方ノ川岸ノ土地カ同一所有者ニ屬スル場合　第二百十九條一項ノ規定ニ従フ蓋其水路又ハ幅員ヲ變スルハ總テ自己ノ地内ニ於ケル行爲ナルヲ以テ何人モ之ヲ拒ムコトヲ得サルニ似タレトモ其行爲ハ對岸ノ所有者其他ノ者ニ損害ヲ釀スコトアルヘキヲ以テナリ

三　水流地(即川底地又ハ川床地)ノミノ所有者アル場合　實際上極メテ稀ナルヘク偶々之アリトスルモ他ノ法令ニ依ルヲ以テ足ルヘク民法ノ規定ヲ要セス

第六

所有者ハ其所有物ヲ隨意ニ變更スルコトヲ得ルヲ以テ原則トス然レトモ水流ハ素、山上ヨリ海中ニ達スルマテ能ク流下スルコトヲ得テ始メテ其效用ヲ全フスルコトヲ得ルモノナルカ故ニ第二百十九條ノ規定アリ

蓋其一項ノ場合ニ於テハ水路ノ變更ニ因リ乙地ハ爲ニ水利ヲ失ヒ又幅員ノ變更ニ因リ水利ノ全部又ハ一部ヲ失フカ或ハ過大ノ水量ヲ得テ爲ニ水害ノ虞ヲ生スルコトナシトセサレハナリ其二項ノ場合ハ然ラス但書ハ低地ノ所

有者ヲシテ損害ヲ被ラサラシメンカ為ナリ（二一九、三項參照）

第三款 堰ニ關スル權利

第一

一 設堰權（二二二、一項）水流ノ利用殊ニ灌漑ノ為ニ水流ヲ堰ムルカ為ニ最必要ナル手段ナリ而シテ堰ノ設置ハ土地ノ利用上最必要ニシテ又堰ノ對岸附著ハ其所有地ヲ害スルコト極メテ少キカ故ニ片岸ノミヲ有スル各水流地ノ所有者ヲシテ對岸所有者ノ承諾ヲ要セサルモノトセリ是水流地所有權ノ內容ノ擴張トシテ設堰權ノ存在スル所以ナリ兩岸ヲ有スル水流地ノ所有者カ隨意ニ堰ヲ設クルコトヲ得ルハ勿論ナリ設堰權ノ要件如左

甲 水流ヲ使用スルカ為ニ堰ヲ設クルノ必要アルコトヲ要ス例之農工業用ノ為ニハ之ヲ許スモ庭內ニ瀑布ヲ設クルカ為ニハ之ヲ許ササルカ如シ蓋對岸使用權ハ灌漑其他水流利用ノ為ニ存スレハナリ

乙 水流地ノ所有者ハ對岸地又ハ下流地ヲ害セサル方法ニ依リテ堰ヲ設

クルコトヲ要ス(二一九、二一四)

丙 堰ヲ對岸ニ附著セシメタルカ爲ニ生シタル損害ニ對シテハ償金ヲ支拂フコトヲ要ス(二二二、問題三〇參照)

二 用堰權(二二二、二項) 各自二重ニ堰ヲ設クルカ如キハ不經濟タルヲ免レサレハナリ其要件如左

甲 對岸ノ所有者カ水流ノ一部ヲ有スルコトヲ要ス 蓋然ラサレハ水流ヲ使用スルコトヲ得サレハナリ但沿岸地ノ所有者ハ水流地ノ中央ヲ境界トシテ水流地ヲ分有スルヲ通例トス

乙 使用者ハ其受益ノ割合ニ應シテ堰ノ設立及ヒ保存ノ費用ヲ分擔スルコトヲ要ス 蓋然ラサレハ不當ノ受益ト爲レハナリ但用堰權者ハ償金ヲ支拂フコトヲ要セス又設堰者ヨリ之ヲ受クルコトヲ得ス是損害ノ相消ニ他ナラス

第二 若別段ノ規定ナキトキハ對岸ノ所有者ハ水流地ノ所有者カ其流水ヲ利用ス

ル爲、堰ヲ設クルコトヲ拒ムコトヲ得ヘシ是經濟上不利トスル所ナリ故ニ隣地關係上ヨリ對岸所有者ノ權利ヲ制限セリ（二二二、一項）

對岸ノ所有者モ亦其用水權ノ行使トシテ堰ヲ設クルコトヲ得然レトモ是二重ノ費用ヲ要スルノミナラス既設ノ堰アルカ爲、更ニ其設置ヲ爲スコト能ハサル場合アルヘシ故ニ費用ヲ分擔シテ其堰ヲ使用スルコトヲ得ルモノト爲ス（二二二、二項）

第三

水流地ノ所有者ハ其水流ヲ利用スルカ爲之ヲ堰キテ自己ノ所有地内ニ導クノ必要ヲ感スルコトアリ然ルニ對岸所有者ノ承諾アルニ非サレハ堰ヲ對岸ニ附著セシムルコトヲ得サルニ因リ經濟上不利益ナル結果ヲ生スヘシ是法律カ對岸所有者ノ權利ヲ制限シ水流地所有者ニ與フルニ堰ヲ對岸ニ附著スルノ權利ヲ以テスル所以ナリ但賠償義務アリ（二二二、一項）

對岸ノ所有者カ水流地ノ一部ヲ所有スルトキ亦同シ然ルニ既ニ堰ノ設アルニ拘ラス更ニ之ヲ設クルコトヲ要スルトキハ適當ノ場所ナキ爲之ヲ設クル

コト能ハサルコトアルノミナラス同時ニ二個ノ堰ヲ設クルハ經濟上頗、不利益ナリ是、既設ノ堰ヲ利用スル權利ヲ認メタル所以ナリ(二二二、二項)

第四

兩岸共ニ一人ノ所有者ニ屬スル場合ニ在リテハ兩岸ニ堰ヲ支持スルハ固ヨリ其自由ナリ然レトモ對岸ニシテ他人ノ所有ニ屬スルトキハ當然堰ヲ支持セシムルノ權利ナシ是對岸使用權アル所以ナリ(二二二)若、是ナカランカ水流使用權アルモ之ヲ利用スルコト能ハサル場合ナシトセサレハナリ(二二二、一項)又對岸使用權ヲ有スル者ハ新ニ堰ヲ設クルコトヲ要セスシテ對岸所有者カ設ケタル堰ヲ使用スルコトヲ得(二二二、二項)

第五

水流地ノ所有者ハ其水流ヲ使用スルコトヲ得ルヲ原則トス其使用ニ際シ水嵩ヲ增スノ必要アルトキハ堰ヲ設ケサルヘカラス而シテ其兩岸共ニ同一所有者ニ屬スルトキハ其設置ハ所有者ノ隨意ナレトモ若、一岸ノ地ハ他ノ所有者ニ屬スルトキハ其承諾ヲ經サルヘカラス然レトモ斯ノ如キハ其水流ノ利用ヲ妨ケラルルノ虞(不承諾ノ場合)アルヲ以テ對岸所有者ノ承諾ノ如何ニ拘ラス之ニ堰ヲ附著スルコトヲ得セシメタリ即法律ノ規定ヲ以テ對岸ノ所有權ヲ制限シタルモノトス(二二二、一項)

對岸ノ所有者カ水流地ノ一部ヲ所有スルトキハ右ノ堰ヲ使用スルコトヲ得(二二二、二項)對岸ノミヲ所有シテ水流地ヲ所有セサルモノハ水流ノ使用權ナキヲ以テ堰ヲ使用スルノ必要モナカルヘシ(二二二、二項但書參照)

第六

對岸カ他人ノ所有ニ屬スルトキハ水流地ノ所有者カ其水流利用ノ爲、堰ヲ設クルノ必要アルトキト雖、之ヲ附著セシムルニハ其承諾ヲ得サルヘカラス是經濟上不利益トスル所ナリ故ニ水流地所有者ニ與フルニ其堰ヲ對岸ニ附著スルノ權利ヲ以テセリ但是、對岸所有者ノ權利ヲ害スルモノナルカ故ニ之ニ因リテ生シタル損害ヲ賠償セシムルコトトセリ

對岸所有者モ亦其水流地ノ一部ヲ所有スルトキハ其水ヲ使用スルコトヲ得其使用ニ際シ既存ノ堰ヲ利用シ以テ更ニ同樣ノ費用ヲ省クコトヲ得是、便利

ナルト同時ニ敢テ堰設置者ノ利益ヲ害スルモノト謂フヘカラス況更ニ堰ヲ設クルコト能ハサル場合ニ於テヲヤ

第五節　界標設置權（彊界權）

第一

隣接地ノ所有者ハ爭ナキ境界又ハ裁判上確定セル境界（然ラサレハ界標ヲ設置スルニ由ナケレハナリ）ヲ標示スル物（有形的記號タルニ足ル物件例之石材木片等）ヲ設クルコトヲ得之ヲ界標設置權ト稱ス（二二三、二二四）是隣接地ノ境界ハ將來之ヲ明確ニ認知スルコトヲ得セシメ以テ土地境界ノ訴訟ナカラシムルヲ隣接地所有者ノ共同利益トスレハナリ

界標設置ハ隣接地ノ爭ナキ境界カ後日不分明ニ歸スルコトアルヘキ危害ヲ豫防スル手續(Präventivverfahren)ニシテ境界確定ノ訴ハ現ニ爭ニ係ル境界ノ確定ヲ目的トスル(Repressivverfahren)手續ナリ故ニ彼此混同スヘカラス

界標ノ設置及ヒ其保存ノ費用ハ土地ノ面積又ハ形狀等ニ拘ラス各隣接地ノ所有者カ均一ニ受益スルヲ以テ平等ニ之ヲ分擔ス測量費用ハ土地ノ面積又

ハ形狀等ニ因リテ多寡ノ區別ヲ生スルヲ以テ第二百二十四條ノ規定アリ又界標設置者ハ管理行爲ヲ爲ス能力ヲ有スルコトヲ要ス蓋界標ノ設置ハ一個ノ管理行爲ナレハナリ故ニ土地所有者ノ後見人ハ親族會ノ同意ヲ要セスシテ界標ヲ設置スルコトヲ得（九二九）

民法原論　富井博士

第二

凡土地ノ所有權ハ普通人爲ノ疆界內ニ行ハルルカ故ニ其區域ヲ確立シテ以テ紛議ノ發生ヲ防クコトハ隣接セル兩地ノ爲ニ最肝要ナリ故ニ其土地ノ所有者ハ界標ヲ設クルコトヲ得是其權利（疆界權）ナルト同時ニ一ノ義務ナリトス（二二三）

界標ノ設置及ヒ保存ノ費用ハ相隣者同一ノ利益ヲ有シ又境界確定ノ爲ニ要スル測量費用ハ土地ノ面積ニ依リテ同一ナラス故ニ第二百二十四條ノ規定アリ

物權法　横田博士

第三

所有者ヲ異ニスル二個ノ土地カ隣接スルトキハ土地ノ境界ニ關シテ紛議ノ

生スルヲ豫防スルカ爲、豫、其境界ヲ明確ナラシムルノ要アリ故ニ境界ノ標示ハ相隣者相互ノ權利タルト同時ニ又義務ナリト云フコトヲ得ヘシ而シテ疆界ノ標示ハ相隣者相互ノ利害ニ關シ且一國ノ公益ニ關ス蓋、相隣者間ニ紛爭ヲ生スルコトハ一國ノ公安ヲ害スルノミナラス經濟上不利益ナル結果ヲ生スヘケケレハナリ故ニ疆界權ハ地役權ノ設定ニ因リテ之ヲ制限スルコトヲ得サルノミナラス時效ニ因リテ消滅スルコトナシ(二二三)

民法ハ界標ノ種類ヲ限定セサルヲ以テ當事ハ地方ノ慣習及ヒ相互ノ便益ニ基キ隨意ニ界標トスヘキ物ヲ定ムルコトヲ得而シテ界標ノ設置ハ權利ニシテ又義務ナリ故ニ相手方ニ對シテ其請求ヲ爲スコトヲ得ルト同時ニ又其請求ニ應セサルヘカラス界標ハ相隣者相互ノ利益ノ爲ニスルモノナレハ第二百二十四條ノ規定アリ又境界確定ノ爲ニ其形狀及ヒ坪數等ヲ測量スルノ費用ニ關シテハ同條但書アリ

疆界權ハ單ニ境界ノ標示ヲ目的トシ之ニ關スル訴訟ハ區裁判所ノ管轄ニ屬ス故ニ土地ノ境界ニ付キ當事者間ニ爭ヲ生シタル場合ニ其爭カ土地ノ所有

権ニ關スル爭ニ基因スルトキハ土地ノ境界ハ訴訟物ノ價格ニ從ヒ管轄裁判所ヲ異ニス從テ土地ノ所有權ニ付キ爭アル場合ニハ先ツ其境界ヲ確定スルニ非サレハ此權利ヲ行使スルコトヲ得ス

第四

土地ハ全地球一體ナルカ故ニ土地カ二人ノ異リタル所有者ニ屬スルトキハ人爲ニ依リテ之カ疆界ヲ明ニスルニ非スンハ相隣者動モスレハ互ニ侵害ヲ爲スニ至ルコトアリ然ラサルモ相隣者紛議ノ原因ヲ爲スニ至ルヘシ是土地疆界權アル所以ナリ(二二三)

界標ノ設置及ヒ保存費用ハ相隣者ノ受クル便益雙方均一ニシテ土地ノ大小ニ依リ差異アルヘキモノニ非ス又測量費用ハ土地ノ廣狹ニ從テ差異アルノミナラス廣狹ノ差異ナキモ其形狀ニ從テ差異アルヘキヲ以テ第二百二十四條ノ規定アリ但測量費用負擔ノ方法ニ關シテ法律カ標準ト爲スヘキハ經界ヲ定メタルカ爲ニ相隣者カ得ヘキ利益ニ非スシテ測量シタル土地ノ如何ニ在ルヲ以テ各所有者ハ測量ノ爲ニ要シタル費用ヲ其割合ニ應シテ分擔スヘ

キモノト爲シタリ

第五

隣接地ニ其境界ヲ標示スルモノナキトキハ後ニ至リテ種々ノ爭ヲ生スヘキヲ以テ所有者ハ何レモ其相手方ニ對シテ疆界ヲ標示スヘキ物ヲ設ケンコトヲ強要スルヲ得而シテ其標示物ハ法律之ヲ一定セサルカ故ニ樹石、杭材、牆壁板塀、竹垣等ハ勿論水道溝渠ヲ穿ツモ可ナリトス

疆界標示物ヲ設置スルニハ先ツ疆界ヲ明定セサルヘカラス而シテ其設置ヲ請求スル場合ハ往々疆界ノ不明ナル場合ナリ斯ル場合ニ於テ先ツ此爭ヲ決スルコトヲ要スルハ勿論ナリ

界標ノ設置ハ當事者一方ノ發意ニ因ルモ其利益ハ雙方平等ニ之ヲ受クヘク假令平等ナラストスルモ利益ニ應スル負擔ヲ計算スルハ極メテ困難ナルヲ以テ其費用ニ關シテ第二百二十四條ノ規定アリ但測量費用ニ付キ土地ノ廣狹ニ應シテ分擔スルハ所有者雙方何レモ相手方ノ所有地ノ廣サニ關シテ爭フ所ナク唯其疆界線ヲ定ムル爲ニ雙方ノ地ヲ測量スル場合ニ限ルモノトス

民法要義 梅博士

第六

界標ハ兩地ノ區域ヲ明カニシ平生兩地所有權ノ範圍ヲ明カナラシメ且後日ノ爭議ヲ豫防スルニ必要ナリ是經界權(Bornage, abmarkung)アル所以ナリ界標(Borne, Grenzzeichen.)トハ樹石、杭材牆壁、溝渠ノ類ニシテ疆界ヲ標示スルニ足ルヘキモノナリ界標ノ設置及ヒ保存ノ費用ハ相隣者同樣ニ其利益ヲ受ク故ニ平分シテ之ヲ負擔スヘキナリ

第六節　圍障設置權

民法論 松岡學士

第一

隣家ノ家族、雇人、動物等ノ自由ナル侵入ハ相隣地所有者ノ安全ヲ害シ平和ヲ缺クノ原因ト爲ル然レトモ界標ハ其侵入ヲ防止スルニ足ラス是圍障設置權アル所以ナリ(二二五乃至二二八)注意事項如左

一　互ニ所有者ヲ異ニスル建物ハ住家タルコトヲ要セス倉庫其他農工業ノ建物タルヲ以テ足レリトス(法律ハ區別セス)

二　費用ニ關シ平分負擔ヲ要スルハ圍障ハ相隣地所有者ノ共同利益ニ歸シ其利益ハ之ヲ均一ニ享有スルヲ以テナリ但例外アリ（二二七、參照二二八）

三　圍障ヲ設置スヘキ境界ハ爭ナク又ハ裁判上ノ確定アルコトヲ要ス然ラサレハ之ヲ設置スルニ由ナケレハナリ

四　圍障設置者ハ管理行爲ヲ爲ス能力ヲ有スルコトヲ要ス蓋圍障ノ設置ハ一個ノ管理行爲ナレハナリ

第二

圍障權ハ家宅ノ安全ヲ保護シ且互ニ其内部ヲ窺見セラルルコトヲ防クカ爲ニ外ナラス故ニ所有者ノ爲ノミナラス地上權者及ヒ賃借人ノ爲ニモ其必要アルモノト謂フヘシ然ルニ民法ハ兩個ノ建物カ其所有者ヲ異ニスルコトヲ要件トシ地上權者ニ限リ之ト同一視セルカ故ニ（二六七）若賃借人ニ於テ圍障ヲ設クルノ必要アルトキハ特ニ所有者又ハ他ノ賃借人トノ間ニ協議ヲ遂クルノ外其方法ナシ

圍障ノ設置及ヒ保存ノ費用ハ相隣者平分シテ之ヲ負擔ス兩建物ノ所有者平

等ニ其利益ヲ受クレハナリ(二二六)第二百二十五條ノ規定アル所以ハ圍障ハ通常界標ヨリモ多額ノ費用ヲ要スヘキカ故ニ普通ノ場合ニ於テ不足ナキ限度ニ止メ以テ右所有者ヲシテ其負擔ニ堪フルコトヲ得セシメンカ爲ナリ但第二百二十七條ノ規定アリ圍障ノ設置其材料又ハ高サ及ヒ費用ノ負擔ニ關シ特別ノ慣習アルトキハ之ニ從フ(二二八)公益ニ關スルモノニ非サレハナリ

第三

土地ノ所有者カ其土地ノ周圍ニ圍障ヲ設クルハ第三者ノ干渉ニ對シ其土地ヲ保護スルカ爲ニ必要ナリ殊ニ相隣地ノ住人、動物類ノ侵入ニ對シテ土地建物ヲ保護スル爲、又相隣者ヲシテ猥リニ邸宅内ヲ觀望スルコトヲ得サラシメ以テ住居ノ安寧ヲ保ツカ爲ニ必要ナリ但之カ爲、隣人ノ有スル通行權又ハ地役權ノ行使ヲ妨クルコトナキヲ要ス(二二五)圍障ハ土地所有者共同ノ利益ニ歸スルモノナレハ其設置及ヒ保存ノ費用ハ相隣者平分シテ之ヲ負擔ス(二二六、二二五、二二七、二二八二項參照)

第四

相隣地カ各住居地ニシテ建物ノ存在スル場合ニ於テハ相隣地ノ疆界ニ圍障ヲ設ケ一ハ相隣者カ猥リニ相出入スルコトヲ得サラシメ一ハ雙隣者カ相互ニ觀望スルコト勿カラシメ以テ家宅内ノ安全ヲ維持スルノ要アリ是圍障權ノ存スル所以ナリ（五二二）圍障ノ設置及ヒ之ニ用フヘキ材料ニ付キ相隣者ノ協議整ハサルトキハ第二百二十五條二項ノ規定ニ依リ其一方ニ於テ自由ニ之ヲ建設スルコトヲ得是其費用ノ輕カランコトヲ期シタルモノナリ享クル所ノ利益均一ナルヲ以テ其費用ハ平分負擔トス（六二二）但相隣者ノ一方ハ第二百二十七條ノ權利ヲ有ス（二二七但書二二八參照）

第五

圍障ハ一定ノ土地ヲ外ヨリ隱蔽スルカ爲ニ設クル工作物ニシテ依テ以テ人畜ノ侵入ヲ防キ且外ヨリシテ内部ヲ窺窬スルヲ得サラシメントスルモノナリ而シテ圍障ハ同時ニ界標ト爲ルコト多シ

所謂建物ハ住家工業用其他如何ナル建物ニテモ可ナリトス（五二二）

費用ニ關スル規定ノ理由ハ界標設置權ニ同シ(三編一〇章問題三一、三二參照)圍障ノ材料及ヒ高サハ當事者ノ協議ニ因リ如何ナル物ヲ用ヒ如何ナル高サト爲スモ其隨意ナリ協議ノ調ハサルトキハ法律ノ規定ニ因ル(二二五、二項)尙相隣者ノ一人ニハ第二百二十七條ノ權利義務アリ(二二八參照)

第六

圍障ハ邸宅ノ安全ノ爲、家内ノ狀況ヲ他ヨリ窺窬セラレサル爲等ノ理由ニ依リ之ヲ必要トスルコト多シ是圍障權(Droit de clôture)アル所以ナリ(二二五、二二八)
圍障ノ設置ハ之ヲ當事者ノ協議ニ委ネ其協議調ハサルトキハ法律ノ規定ニ依ル(二二五、二項)此場合ニ於テ其板塀ト竹垣トヲ選フハ請求ヲ受ケタル所有者ニ在リ蓋法律ハ其孰レニテモ可ナリトスルカ故ニ其孰レヲ採ルモ已ニ法律上ノ義務ヲ盡シタルモノナレハナリ
費用ニ關スル規定(二二六)ノ理由ハ界標ノ場合ニ同シ蓋圍障モ亦界標タリ唯界標ハ圍障タルコトヲ要セサルノミ
第二百二十七條ノ規定ハ當事者ノ身分建物ノ構造等ニ因ル需用ニ應センカ

爲ノミ此場合ニ於テハ隣人ハ第二百二十五條二項ニ定メタル圍障ノ費用ノ半額ヲ負擔シ爾餘ハ皆其當事者ニ於テ負擔スルコトトナルヘシ但地方慣習ニシテ圍障權ヲ認メサルトキハ其慣習ニ從フ圍障ノ材料、高サ、費用負擔ノ義務等ニ付テモ亦同シ公益ヲ害スルコトナケレハナリ

第七節　互有權

第一

所謂互有權(Mitoyenneté)ハ畢竟共有ノ一狀態ニ外ナラス蓋第二百二十九條ノ物ハ何レモ相隣者相互ノ便益ニ供セラレ民法ニ於テモ各共同ノ費用ヲ以テ之ヲ設置スルコトヲ得ルモノトセルカ故ナリ主トシテ數十年前ヨリ存在シ何人カ設置シタルヤヲ確知スルコト能ハサル物ニ付キ最其效用アリ此推定ハ相隣者一方ノ用ニ供スルコトノ分明ナル物(二三〇)ニ付テハ之ヲ適用スヘカラサルコト勿論ナリ

相隣者ハ各互有牆壁ノ使用ヲ爲スコトヲ得ヘキハ論ヲ俟タスト雖(二四九)其使

用權ノ範圍ニ關シテハ牆壁ノ高サヲ增ス權利ヲ有セサルモノト解セサルヘカラス（二一五）是不便ナリ故ニ民法ハ其一人ニ與フルニ此權利ヲ以テセリ（二三一、二三二參照）

第二

一　互有權ノ性質　或界標圍障等（二二九）ハ相隣者ノ共有ニ屬スルモノト推定ス之ヲ互有權ト稱ス其相互ノ利益ト爲ルモノナレハナリ其例外如左

甲　他ノ相隣者ノ利益ト爲ルヘキモノニ非サル物（二三〇、一項）

乙　防火牆壁（建物ヨリモ高ク築造スルノ必要アレハナリ）ヲ除ク外、高キ建物ノ用ヲ爲スニ止ル物（二三〇）

丙　牆壁ノ高サヲ增シタル部分（二三一）

二　互有權ノ效力　相隣者ハ互有物ヲ使用スルノ權利ヲ有ス故ニ互有牆壁ノ耐力カ之ヲ許ストキハ其高サヲ增スコトヲ得其耐力カ之ヲ許サヽルトキハ第二百三十一條一項ノ規定アリ（二三二參照）但同項ニ依リ工作又ハ改築ヲ爲シタル牆壁ハ依然トシテ相隣者ノ共有ニ屬ス

民法理由
岡松博士

第三

第二百二十九條ノ物ハ相隣者雙方ノ費用ヲ以テ之ヲ建設スルヲ原則トシ加之是等ノ築造物ハ通常永年存在シ時ニ所有者ノ不明ナルコトアリ斯ル場合ニ於テ其所有權ヲ證明スルハ到底不能ナリ是其相隣者ノ共有ニ屬スルモノト推定スル所以ナリ但其一方ノ所有ニ屬スヘクシテ此推定ヲ許サヽルモノアリ如左

一　第二百三十條一項ノ場合

二　第二百三十條二項ノ場合　蓋共同ノ費用ヲ以テ建設スル牆壁ハ低キ一方ノ建物ノ高サニ達スルヲ限度トスレハナリ但防火牆壁ハ其建物ノ高サ以上ニ建設スルニ非サレハ其用ヲ爲サヽルヲ以テ第二百二十九條ノ適用アリ

民法正解

第四

相隣者ハ共有牆壁ノ高サヲ增スノ權利ヲ有ス(二三一、一項)是第二百二十七條ト同一理由ニ出ツ(二三一、二項二三二參照)

彊界線上ニ設ケタル界標圍障等ハ相隣者ノ一方ニ專屬スルコトアレトモ多クハ其雙方ノ共有ニ屬スルヲ普通トシ且共同ノ費用ヲ以テ建設スルヲ原則トス是其共有ニ屬スルモノト推定スル所以ナリ但法文ノ正面ニ於テハ共同費用ノ理由ヲ明言セサルヲ以テ假令當事者カ其單獨費用ヲ以テ建設シタルコトヲ證明スルモ直ニ其物ノ單獨所有者ト爲ルヲ得サルナリ唯其專屬ヲ證スルコト容易ナランノミ

此共有モ亦建物ノ共用部分ノ共有(二〇八)ト等シク一般ノ共有ト異リテ各共有者ノ隨意ニ分割シ得ヘキモノニ非ス是ヲ以テ特ニ互有ト稱スルモノアレトモ此等ノ共有ト一般ノ共有ト異ル所ハ唯分割ノ難易ト及ヒ些事ニアルノミ其他ハ持分ノ推定相續及ヒ拋棄ヨリ共有物ノ管理ニ關スル規定ニ至ルマテ二者全ク等シキ者ナルヲ以テ同シク共有ノ名ヲ附スルヲ可トス故ラニ別異ノ名稱ヲ附スルトキハ規定ノ煩雜ヲ生シ人ノ迷ヲ起スヘシ

右相隣者ニ屬スルモノトノ推定ニハ例外アリ如左

一　第二百三十條一項ノ牆壁　蓋建物ノ所有者カ自費ニテ建設シ之ヲ自己

ノ專有ト爲スコト多キヲ以テナリ斯ル牆壁ハ寧單獨ニ存在スルコトヲ得ス從テ單獨ナル牆壁ノ所有權ナシト言フヲ可トス

二　第二百三十條二項ノ牆壁　蓋低キ建物ヲ越ユル部分ハ毫モ低キ建物ノ所有者ヲ利スル所ナケレハナリ但防火牆壁ハ建物ヨリ高キヲ通常トシ且高キヲ以テ其用ヲ爲スモノナレハ第二百二十九條ノ適用アリトス

三　第二百三十一條二項ノ牆壁

牆壁ハ共有ニ屬スル物ナルヲ以テ之カ高サヲ增スニハ特ニ法文ヲ要ス（二三一、一項）規定ノ趣旨ハ第二百二十七條ニ等シ高サヲ增シタル牆壁ノ部分ニ付キテ規定アリテ其他ノ部分ニ付キ之ナキハ總テ之ヲ共有ト推定スルノ趣旨ナルカ

牆壁ノ高サヲ增スハ相隣者ノ權利ナリ權利ノ行使ニ因リテ他人ニ損害ヲ加フルモ賠償ノ責任ナシ然レトモ斯ノ如キハ被害者ニ對シテ酷ナリ是第二百三十二條ノ規定アル所以ニシテ是第二百九條第二百十二條ト其主意同一ナリトス

第五

疆界線上ニ存スル界標圍障等ハ何人カ之ヲ設ケタルカヲ知ルコト能ハサルコトアリ斯ル場合ニ於テハ法律上一定ノ推定ヲ設クルニ非サレハ實際其所有權ヲ證明スルコト能ハスシテ爲ニ相隣者間ノ爭鬪ヲ釀シ公益ノ爲メ甚タ憂フヘキモノアリ是互有權(Mitoyenneté, Gemeinsamkeit)アル所以ナリ(二二九)

互有ノ推定ハ至當ナリ蓋此等ノ物ハ相隣者雙方ノ爲ニ必要若クハ有益ナルモノナルノミナラス土地ノ所有者ハ其相隣者ニ强ヒ共同費用ヲ以テ是等ノ物ヲ設クルコトヲ得ルモノトシタレハナリ但反對ノ證據アルトキハ互有ヲ認ムヘキニ非ス

此等ノ共有物ニモ亦概シテ一般ノ共有物ノ規定ヲ適用スヘキコト勿論ナリ唯分割ノ自由ニ關スル規定ハ之ヲ適用スヘカラサルノミ(二五七)

第二百二十九條ノ規定ハ相隣者ノ共有ニ屬セサルコト分明ナル物ニハ之ヲ適用セス如左

一 第二百三十一條一項ノ牆壁　蓋一方ノ用ニ供スルコト分明ナレハナリ

或ハ曰ク第二百三十四條ノ規定アルカ故ニ疆界線上ノ牆壁カ一方ノ建物ノ部分ヲ爲スカ如キハ有リ得ヘカラサル事ナリト然ラス如左

甲 反對ノ慣習アル場合(二三六)

乙 隣人ノ承諾ヲ得タル場合

丙 同一所有者ニ屬セシ土地ヲ分割シテ他ニ讓渡シ既存ノ牆壁ヲ以テ疆界線ト爲シタル場合(尙民法施行前ノ建物ニ在リテハ必シモ第二百三十四條ニ依ラサルコト勿論ナリ)

二 第二百三十一條二項ノ牆壁　蓋其高キ部分ハ一方ノ建物ノ爲ニノミ用ヲ爲スモノナレハナリ但防火牆壁ヲ除ク、高ク聳ユルニ非サレハ其用ヲ爲シ難ケレハナリ

共有者ハ共有物ヲ使用スルノ權利ヲ有ス(二四九)然レトモ共有牆壁ノ高サヲ增スハ寧、其變更ナリ然レトモ隣人ノ利益ヲ害セサル以上ハ之ヲ許スヲ便トス是特別ノ規定アル所以ナリ(二三一)但特ニ第二百三十一條二項ノ規定アルハ第二百二十九條ノ規定アルカ爲ナリ尙法律ハ相隣者ノ利益ヲ公平ニ保護セリ(二三二)

第八節　疆界ノ近傍ニ於ケル相隣地間ノ關係

第一款　竹木ノ枝根截取權

第一

竹木ノ繁茂ニシテ適當ナルトキハ空氣ヲ新鮮ニシ衞生ニ利益アリト雖、若其度ヲ過クルトキハ日光ヲ防遮シ空氣ヲ壅塞シ衞生ヲ害シ土地ノ利用ヲ妨クルコト少カラス是剪除權アル所以ナリ(二三三)

元來竹木ハ其根枝果實ニ至ルマテ悉ク其所在地ノ所有者ニ屬ス而シテ根及ヒ枝ハ隣地ニ侵入スルコトアリ又果實ハ隣地ニ墜落スルコトアリ隣地ノ所有者ハ其所有權ノ作用トシテ自、地內ニ侵入スル根ヲ截取シ地上ニ墜落スル果實ヲ除去スルコトヲ得(二〇七)斯ル所有權ノ衝突ハ實際上之ヲ調和シ以テ相隣地所有者ノ利益ヲ保護スルコトヲ要ス是古來各國ニ於テ竹木ト土地トノ關係ヲ定ムル法則アル所以ナリ我民法ニ於ケル截取權ノ要件如左

一　境界線ヲ踰ユル隣地ノ竹木ノ根枝カ土地ノ利用ヲ妨クルコトヲ要ス蓋

權利者ハ自己ニ何等ノ利益ナキニ其權利ヲ行使スルコトヲ得サレハナリ

二 其枝ニ關シテハ土地ノ所有者ハ其竹木ノ所有者ニ對シテ其剪除ヲ請求スルコトヲ要ス是其剪除ハ適當ノ注意ヲ加フルニ非サレハ樹幹ヲ害シ價格ヲ減スルノ虞アルヲ以テナリ反之其根ニ關シテハ土地ノ所有者カ自己ノ費用ヲ以テ其根ヲ截取スルコトヲ要ス蓋截根ハ前示ノ如キ虞ナケレハナリ故ニ其截根ヲ請求スルコトヲ得ス蓋斯ル場合ニ於ケル土地所有權ノ保護ハ其所有者カ自、截根スル手段ニ制限セラレタルモノナレハナリ

截根シタル土地ノ所有者ハ其截根ノ所有權ヲ取得スルヤ明文ヲ缺クカ故ニ一般ノ原則ニ依リ竹木ノ所有者ニ屬ス然レトモ截根者ハ自己ノ費用ヲ以テ之ヲ爲スカ故ニ截根ヲ取得セシムルヲ適當トス

第二

土地ノ所有者ハ竹木ノ枝根ヲ隣地ニ侵入セシムル權利ヲ有セス蓋土地ノ所有權ハ其土地ノ上下ニ及フ結果トシテ隣地ノ所有權ヲ侵害スルコトトナレハナリ(二三)法律カ枝ト根トノ間ニ差別ヲ設ケタルハ枝ハ比較的ニ其價格貴

キ場合多キモノト認メタルカ故ニ外ナラス但竹木ノ生存ノ爲ニハ寧ロ反對ノ見解ヲ採ルヘキカ如シ竹木ノ所有者カ其枝ヲ剪除スルコトノ請求ニ應セサルトキハ裁判所ニ出訴セサルヲ得ス

第三

土地ノ所有者ハ竹木ノ枝根ヲ隣地ニ侵入セシムルコトヲ得ス蓋土地ノ所有權ハ其上下ニ及フモノナレハナリ

立木ニ關スル相隣者ノ權利ニ付テハ立法例區々タリ相隣者ハ或ハ彊界ヲ超ヘタル枝根ヲ自ラ截取スルノ權利アリトシ或ハ單ニ竹木ノ所有者ニ對シテ其截取ヲ請求スルノ權利アリトシ或ハ竹木ノ所有者カ截取ノ請求ヲ受ケタル後之ニ應セサルトキハ自ラ之ヲ截取スルコトヲ得トシ或ハ又竹木ノ枝ニ付テハ其所有者ニ截取ヲ請求スルコトヲ要シ其根ハ自ラ之ヲ剪除スルヲ得ヘキモノトセリ我民法ハ即チ第四ノ主義ヲ採用ス(二三三)

根ト枝トヲ區別シタルハ根ハ枝ニ比シテ廉價ナルノミナラス隣地内ニ於テスルニ非サレハ之ヲ截取スルコト能ハサル場合多ク且竹木ノ所有者ヲシテ

截斷シタル根ノ返還ヲ請求スルコトヲ得セシムルハ徒ニ紛擾ヲ釀シ實益ナキヲ以テナリ又枝ニ付テハ竹木ノ所有者カ其請求ニ應セサルトキハ裁判所ニ出訴スルノ必要ヲ生スヘシ

竹木ノ枝根カ相隣者ノ所有地内ニ侵入スルコトハ夫自體ニ於テ所有權ノ侵害ト爲ラス何トナレハ竹木ノ所有者ハ相隣者ノ請求ヲ俟テ之ヲ剪除スルヲ以テ足リ其以前ニ之ヲ剪除スルヲ要セス又竹木ノ根ハ相隣者ニ於テ何時ニテモ之ヲ截斷シテ自己ノ利益ヲ防衛スルコトヲ得ヘケレハナリ

尚我民法ニ特別規定ナキ以上ハ果實ハ原則ニ從ヒ樹木ノ所有者ニ屬シ隣地ニ落下シタルノ一事ノミヲ以テ隣人ノ有ニ歸セサルモノト解ス

第四

分界線ニ接スル竹木ノ繁茂ハ隣地ニ影蔭ヲ生シ耕作ヲ妨ケ又ハ空氣ノ流通ヲ害スルコトアリ是竹木ノ伐採權アル所以ナリ(三二三)羅馬法及ヒ獨逸法ニ在テハ其主義ヲ異ニシ耕地ト住地トニ因リテ其結果ヲ別ニスルモノトシ即耕地ニ在テハ一丈五尺以上ノ高サニアルモノハ其繁茂ヲ妨クルコトヲ得ス住

地ニ在テハ其枝カ境界線ヲ超ユルヤ直ニ之ヲ伐採スルノ權ヲ有スルモノト爲セリ是二者ノ間ニハ竹木ノ繁茂ノ爲ニ受クル損害ニ差等アルモノト認メタルナリ（「デルンブルヒ」一卷四六七頁「ウインドシヤイド」一卷五二七頁）我民法ハ實際上其損害ハ二者ノ間ニ格別ノ差等ナシト認メタリ其枝根ノ間ニ區別アルハ枝ハ根ニ比シ價格ヲ有スルコト多キヲ以テナリ

第五

土地ノ所有者ハ其所有地内ノ如何ナル部分ニ竹木ヲ栽植スルモ其自由ナリ然レトモ第二百三十三條ノ規定ハ其間接ノ結果栽植者ヲシテ栽植ノ位置ニ注意セシム同規定ノ趣旨ハ隣地ノ竹木カ繁茂シ來ルトキハ日光ヲ掩ヒ空氣ノ流通ヲ妨ケ又ハ庭園用水ノ上ニ枯葉昆虫ノ墜落スルノミナラス土地ノ所有者ヲシテ充分ニ其土地ヲ利用スルヲ得サラシムルニ至ルヲ以テナリ
同條ノ權利ヲ行使シ剪截ニ因テ竹木ヲ枯死セシムルモ可ナリ而シテ其根ト枝トノ間ニ區別ヲ附シタルハ枝ハ剪除ノ方法宜キヲ得サレハ竹木ヲ害スルモ根ハ然ラスト言フ者アレトモ畢竟根ハ地下ニ在リテ不表現ナリ枝ハ地上

ニ在リテ表現ナリ尙地下ニ在ル物ノ彊界線ヲ超ヘタルヤ否ヤヲ知ルニハ土地ヲ掘ルヲ要スルモ地上ニ在ル物ハ然ラス此他善隣ノ誼ヲ慮リタル所多シ」土地ノ所有者ハ自ラ竹木ノ枝ヲ剪除スルコトヲ得サルカ又竹木ノ所有者ヲシテ其根ヲ截取セシムルコトヲ得サルカ未タ決セラレス

民法要義 梅博士

第六 規定ノ理由、竹木ノ枝根カ隣地ニマテ蔓延スルトキハ隣地所有者ハ爲ニ其使用ヲ妨ケラレ損失ヲ受クルノ虞アリ又其根ハ自己ノ土地ニ於テセサレハ之ヲ截取スルコト能ハサルニ反シ其枝ハ時ニ隣地ヨリスルニ非サレハ之ヲ剪除スルコト能ハス且枝ハ概シテ其價貴ク根ハ其價卑キヲ以テナリ

第二款　工作物ノ設置ニ關スル制限(距離保存權)

民法論 松岡學士

第一 境界ニ密接セル地上的工作物又ハ地下的工作物ハ隣地ノ利用ヲ妨害スルコ

ト少カラス故ニ其利用ヲ全フシ兼テ善隣ノ情誼ヲ保タシメンカ爲、法律ハ或制限ヲ設ケタリ其制限ハ地上又ハ地下ニ工作物ヲ築造スルニ際シ境界線ヨリ法定ノ距離ヲ存スルコトヲ要スルニ在リ之ヲ距離保存義務又ハ距離保存權ト稱ス（二三四乃至二三七、參照二三八）

一　地上的工作物　建物ノ築造ハ空氣ノ疏通及ヒ相互ノ建物ノ修繕ヲ妨ケ又窓又ハ椽側ノ築造ハ隣家ヲシテ秘密ヲ保ツコトヲ得サラシメ延テ隣地ノ利用ヲ妨ク是其築造ニ制限ナキヲ得サル所以ナリ

甲　建物ノ築造　第二百三十四條二項但書ノ場合ニ於テハ唯不法行爲ニ基ク損害賠償ヲ請求スルコトヲ得ルノミ蓋此場合ニ於テハ著シク一私人ノ利益ヲ害シ又國家ノ經濟ヲ害スレハナリ（二三四、二三六參照）

乙　窓ノ建設　他人ノ宅地ヲ觀望スヘキ窓又ハ椽側ヲ建設スルニハ境界線ヨリ三尺以上ノ距離ヲ存スルコトヲ要ス土地ノ狀況、家屋ノ構造等ニ因テ此距離ヲ存スルヲ得サルトキハ第二百三十五條ノ規定アリ（二三六參照）

二　地下的工作物　土砂ノ崩壞ニ因リ隣地ヲ削減シ又ハ汚液ノ滲漏ニ因リ

隣地ヲ損害ス是其設備ニ制限キキヲ得サル所以ナリ而シテ崩壊滲漏等ノ危害ノ大小ハ其工作物ノ種類即深淺廣狹ニ因リ各同シカラス從テ其保存スヘキ距離モ亦同シカラサルナリ(二三七)

第二

一 建物ノ築造ニ關スル制限ナカランカ隣地所有者ハ同一ノ工事ヲ爲サントスル場合ニ於テ充分ニ其土地ヲ利用スルコト能ハス又既設ノ建物ヲ修繕セントスル場合ニ於テモ自己ノミ其地内ニ必要ノ距離ヲ存セサルコトヲ得サル結果トナリ不公平ニモ其所有權ノ作用ヲ減殺スルニ至ルヲ以テナリ(二三四、參照二三六)

然レトモ第二百三十四條二項前段ノ原則ヲ絶對ニ適用センカ經濟上極メテ不利ナル場合ヲ生スヘシ是同項但書ノ規定アル所以ナリ是占有保護ノ限度ニ關スル第二百一條ノ規定ト同一ノ趣旨ニ出ツ唯此場合ニ於テハ所有者トシテ特別ノ規定ヲ要スルト損害賠償ノ請求權カ一年ノ時效ニ因リテ消滅セサルノ差異アルコトニ注意スヘシ

二　觀望權ニ關スル制限ナカランカ隣地所有者ハ不斷其內部ノ狀況ヲ窺知セラレ不快ニ堪ヘサルカ故ニ法律ハ土地所有者ノ權利ヲ制限セリ(二三五、一項)第二百三十五條二項ノ規定アルハ隣地ヲ觀望スルハ通常直角線ノ方面ニ依ルモノニシテ隣人ニ最不快ノ感覺ヲ懷カシムルモ亦此方面ニ於テスル觀望ニ外ナラサルヲ以テナリ

三　穿地的工事ニ關スル制限ナカランカ往々ニシテ隣地ニ損害ヲ生スルコトアリ是其工作物ノ種類ニ從ヒ疆界線トノ間ニ一定ノ距離ヲ存セシムル所以ナリ(二三七、二三八)

第三

一　建物ニ關スル制限(二三四、參照二三六)　相隣者相互ノ利益ニ基クモノトス蓋此制限ナクンハ其一人ハ建物ヲ築造セントスル場合ニ疆界線トノ間ニ多少ノ距離ヲ存セサルヘカラサルニ至リ既存ノ建物ノ爲ニ其土地ヲ充分ニ利用スルコトヲ得サル不公平ノ結果ヲ生スレハナリ

第二百三十四條二項但書ノ規定アルハ建築ノ廢止變更ハ經濟上ノ不利甚

シキヲ以テナリ

二 觀望權ニ關スル制限(參照二三五、二三六) 是亦相隣者相互ノ利益ノ爲ニ存スルモノニシテ相隣地カ宅地ナルトキ其制限ハ最必要アリトス蓋、相隣者ノ一方ハ其窓又ハ椽側ヨリ不斷隣地内ノ狀況ヲ視察シ得ヘキヲ以テ其他方ハ常ニ不安ノ念慮ト不快ノ感覺トヲ懷カサルヲ得サルニ至リ住居ノ安寧ヲ害セラルレハナリ

第二百三十五條二項ニ於テ直角線ヲ以テ標準ト爲シタルハ隣地ノ觀望ハ直角線ノ方向ニ從フヲ常態トスレハナリ而シテ其距離三尺以上ナルトキハ其窓又ハ椽側ハ何等ノ制限ヲ受ケサルモノトス

三 工作物中ニハ土砂ノ崩壞水分ノ漏洩ニ因リテ隣地ニ有形的ノ損害ヲ及ホスノ虞アルモノアリ是其損害ヲ未發ニ豫防センカ爲ニ多少ノ距離ヲ保存セシムル所以ナリ其保存セシムヘキ距離ニ差異アルハ工作物ノ種類ニ因リ隣地ニ及ホス損害ノ危險ニ大小アルカ爲ナリ(參照二三七、二三八)

第四

一　建物ヲ築造スルトキハ一定ノ距離ヲ保存スルコトヲ要ス（參照二三四、一項、二三六）蓋所有權ノ觀念ニ從ヘハ其所有地ノ上ニ建物ヲ建設スルハ自由ナリト雖若其境界ニ密接シテ建物ヲ建設スルトキハ空氣ノ流通ヲ妨ケ衞主其他建物ノ利用上損害ヲ加フルノ虞アレハナリ

第二百三十四條二項ノ權利ノ行使ニハ期間ノ制限アリ其理由ハ占有訴權ニ期間ヲ設ケタルト同一ナリ（二〇一、參照二三六）

二　觀望窓又ハ觀望椽側ノ設置ニ付テハ一定ノ距離ヲ保存シ若クハ目隱ヲ附スルコトヲ要ス（參照二三五、一項、二三六）　蓋相隣者ハ互ニ好情ヲ維持シ又互ニ一家內ニ屬スル秘密ノ暴露ヲ防カサルヘカラサルヲ以テナリ（參照二三五、二項、二三六）

三　穿地的工事ヲ施設スルニ付テハ距離保存ノ制限アリ（二三七、參照二三八）　其制限ニ差異アルハ工事ノ性質ニ因リ穿地ニ深淺アルヲ以テ隣地ノ受クヘキ危害ノ程度同シカラサレハナリ蓋所有權ノ觀念ニ從ヘハ其地內ニ於テハ如何ナル工事ヲ爲スモ其自由ナリト雖穿地的工事ハ隣地及ヒ其上ニ設ケタル工作物ニ危險ヲ及ホスノ虞アルヲ以テナリ（參照二三八）

第五

疆界線ニ接近シテ建物ヲ築造スルトキハ築造ノ場合ハ勿論修繕ノ際ニモ屢次隣地ノ大部分ヲ使用セサルヘカラサルニ至リテ隣地ノ所有權ヲ制限スルコト多ク從テ紛議ヲ生スルコト頻繁ナルヘシ是第二百三十三條ノ規定アル所以ナリ同條二項但書ノ主意ハ第二百一條ト同シ尚、隣地所有者ニ早ク故障ヲ唱ヘサリシ懈怠ヲ附隨ノ理由ト爲スコトヲ得

占有保持ノ訴(二〇一)ハ工事竣成後ハ之ヲ提起スルコトヲ得サルモ本條ニ於テハ損害賠償ノ請求ノミハ尚之ヲ爲スコトヲ得トセリ是前者ハ急ヲ要スルモ後者ハ然ラサルカ爲ナリ占有者モ亦妨害ノ停止ヲ請求スルニ際シ損害賠償ヲ請求セスシテ後日所有者トシテ之ヲ請求スルハ法律ノ禁スル所ニ非ス唯此場合ハ簡易ナル占有ノ訴ニ依ルヲ得スシテ煩雜ナル本權ノ訴ニ依ルヘキノミ若同一人ニシテ同時ニ占有者タリ且所有者タルトキハ何レノ訴(二〇一、二三四、二項)ヲ爲スモ其隨意タリ

第二百三十五條ハ善隣ノ誼ヲ重ンセシムルニ在ルモ空文ナリ然ラサルモ土

地建物ノ所有者ニ非常ノ迷惑ヲ釀シ而モ何等ノ實益ナキモノナリ蓋假令此規定ナキモ第二百三十四條一項アルノ結果疆界線ヨリ一尺五寸未滿ノ距離ニハ窓又ハ椽側ノ設ケラルルノ虞ナシ本條ハ是ヨリ僅ニ一尺五寸ノ距離ヲ延長シタルニ過キス而モ一尺五寸ノ伸縮ハ視力ニ何等ノ影響ナケレハナリ又所謂「目隱」ニシテ粗雜ナルモ可ナリトセンカ寧、是ナキニ如カス緻密ナルモノヲ要ストセンカ窓ヲ設ケタル利益ヲ失ハシムルコトアリテ屢、爭ヲ生スルナルヘシ又所謂「宅地」ハ廣ク何人ノ宅地ヲモ含ムカ將、近隣ニ建設セラレタル家屋ノ敷地竝ニ其周圍ノ土地ノミヲ言フカ若後者ナリトスレハ近隣ノ範圍如何窓又ハ椽側ノ高低ニ因リテ觀望ノ範圍ニ遠近アルヘシ

善隣ノ誼ハ此規定ヲ以テハ到底其目的ヲ達スルコトヲ得ス是特殊ノ慣習（例之一尺五寸ノ距離ヲ要セス又ハ目隱ヲ附スルヲ要セサルカ如キ）アルトキハ之ニ從フ所以ナリ（二三六）

第二百三十七條ノ規定ハ專、公益ニ關スルモノナルヲ以テ反對ノ慣習アルモ之ニ從フコトヲ許サス其工作物ノ種類ニ因リテ存スヘキ距離ヲ異ニスルハ其深淺ニ因リ周圍ノ地盤ニ及ホス影響ニ大小アルカ爲ナリ（二三八參照）

第六 疆界ノ近傍ニ建物ヲ築造スルニ當リ幾分ノ餘地ヲ殘サヽルトキハ隣地ニ於テモ同シク建物ヲ築造セント欲スルニ當リ其築造ノ爲、及ヒ一旦築造シタル建物ヲ修繕スル爲、隣地ニ於テノミ充分ノ餘地ヲ存スルノ必要ヲ生シ爲ニ間接ニ隣地所有權ヲ害スルニ至ルヘシ是第二百三十四條ノ規定アル所以ナリ或ハ曰ク本條ノ規定ハ第二百一條ノ規定ト相重複スルコトナキカト非ナリ同條ハ單ニ占有者ヲ保護スルノ規定ニシテ本條ハ所有者ニ關スルモノナリ而シテ所有權ノ作用ニ由レハ十數年ノ後ト雖、建物ノ取拂ヲ命スルコトヲ得(二八三參照)然ルニ本條二項ハ之ヲ制限シタルモノナレハナリ又曰ク然ラハ此場合ニ於テハ所有者ハ唯占有者トシテノ保護ヲ受クルノ外、毫モ權利ヲ有セサルモノニ非スヤト非ナリ其理由如左

一 占有者ハ第二百一條ノ期間内ニ非サレハ一切ノ請求ヲ爲スコトヲ得スト雖、所有者ハ損害賠償ノ請求ハ尙時效ニ罹ルマテ之ヲ請求スルコトヲ得

二 所有者ハ其土地ヲ占有セサルトキト雖、本條ノ適用アリ

三　占有者ハ法定期間（二一〇）ヲ過クレハ復占有ノ訴ヲ提起スルコトヲ得ス反之所有者ハ地役權（二三八）ヲ取得スル者ナキ間ハ何時ニテモ建物ノ疆界線ヲ超ヘタル部分ヲ取拂ハシムルコトヲ得

次ニ窗及ヒ椽側ハ他人ノ土地ヲ觀望スヘキモノニシテ其隣地ノ所有者ハ爲ニ自己ノ地內ノ情況ヲ窺視セラレ不快ヲ感スルコト多カルヘク從テ其者ハ土地ノ所有權ヲ充分ニ行使スルコトヲ得ス是第二百三十五條ノ規定アル所以ナリ其二項アルハ隣地ノ所有者カ特ニ不快ヲ感スルハ其窓又ハ椽側ヨリ故意ニ隣地ヲ觀望スルニ非スシテ平生不識不知之ヲ觀望スヘキニ在リ而シテ窓又ハ椽側ノ內部ヨリ自然ニ觀望スヘキハ直角線ニ於テスルコト多ク又窓又ハ椽側ノ內部何レノ場所ヨリモ之ヲ觀望スルコトヲ得ヘキカ故ナリ

次ニ地面ヲ穿チ又ハ地中ニ或工事ヲ施ストキハ往々隣地ニ損害ヲ及スノ虞アリ是第二百三十七條アル所以ナリ其距離ノ一樣ナラサルハ工事ノ性質ニ依リ（濕氣若クハ土砂ノ崩壞ニ因リ）隣地カ受クヘキ損害ノ危險ニ多少アルカ爲ナリ（二三八參照）

但水樋ノ深サハ地面ヨリ水樋ノ下部ニ至ルマデヲ測算スヘキモノトス

第五章　所有權ノ得喪

第一節　所有權ノ取得

第一　一般權利及ヒ物權ノ得喪ニ關スル原理ハ所有權ノ取得ニモ適用スヘク殊ニ所有權ノ取得方法ノ如キハ他ノ權利ニ共通ナルモノ多シ即、讓渡其他ノ法律行爲ヲ始メ時效(一一六六二、一一六三)占有(一一九二乃至一一九五)相續(九〇八六、一〇〇一)等是ナリ所有權ノミノ取得方法ハ先占、遺失物ノ拾得、埋藏物ノ發見、添附及ヒ加工ノ五ニシテ何レモ原始的取得方法タリ(先占ハ一般ニ法律行爲ニ非ス埋藏物ノ發見及ヒ添附ハ全ク意思ニ基クモノニ非ス)　民法原論富井博士

第二　所有權ノ取得ハ之ヲ二種ニ區別ス原始取得、承繼取得是ナリ占有、時效、先占、遺失物ノ拾得、埋藏物ノ發見及ヒ添附等ハ前者ニ屬シ賣買、交換、贈與等所有權ノ移轉ヲ目的トスル法律行爲ハ後者ニ屬ス　物權法横田博士

所有權ノ取得原因中、法律行爲、占有及ヒ時效ハ他ノ權利ニ共通ナル取得原因

ニシテ所有權ニ固有ナルモノニ非ス所有權ノ取得ヲ以テ唯一ノ效果ト爲スモノハ先占、遺失物ノ拾得、埋藏物ノ發見及ヒ添附ノ四者トス

第三　所有權ノ取得モ亦一般權利ノ取得ト同シク一定ノ事實ニ伴フモノトス其事實種々アリ從テ所有權ノ取得方法ニ種々アリ分ツテ二ト爲ス如左

一　原始取得　獨立シテ新ニ所有權ヲ取得スルモノニシテ前者ノ所有權トハ全ク關係ナキモノヲ謂フ即先占、發見、添附、加工、時效ニ因ル取得是ナリ

二　繼承取得　前者ノ所有權ヲ繼承スルモノナリ故ニ前者カ所有權ヲ有セサルトキハ後者亦所有權ヲ取得スルコトヲ得サルモノニシテ前所有者ノ意思又ハ法律ノ結果ニ依リ所有權ノ主體ヲ變更スルモノヲ云フ讓渡又ハ相續ニ因ル取得之ニ屬ス

又所有權ノ取得方法ヲ分ツテ二ト爲ス如左

一　所有權ニ固有ナル取得方法　所有權ノミヲ取得スル原因ヲ爲スモノヲ謂フ先占、遺失物拾得、埋藏物發見、添附等即是ナリ

二　一般權利ニ通スル取得方法　所有權ニ限ラス一切ノ權利ニ通シテ其取得原因ヲ爲スモノヲ謂フ例之時效、占有、分割、讓渡等ノ如シ

又學者ハ法律カ認メテ所有權移轉ヲ主眼ノ原因ト爲ス所ノモノヨリ觀察シテ所有權ノ取得方法ヲ四個ニ分類ス如左（「デルンプルヒ」一卷四六九頁「ツインドシャイド」一卷五三八頁「クラチンツ」一卷四一一頁「ライスト」一卷二六一頁）

一　取得者ノ作爲ニ因ルモノ　先占及ヒ加工是ナリ

二　一物ノ上ニ於ケル所有權ノ結果ニ因ルモノ　添附又ハ附合是ナリ

三　所有權ノ繼承的取得ニ因ルモノ　所謂繼承取得是ナリ

四　時效ニ因ルモノ即、時效カ原因ト爲リ所有權ノ主體ニ變更ヲ生スルモノ

埋藏物ノ發見ニ因ル所有權取得ノ如キハ一及ヒ二ヲ合シタルモノナリ

我、民法カ認ムル所ノ所有權取得方法如左

一　所有權ニ固有ナル取得方法（民法二編三章二節）　總テ原始取得ニシテ四アリ先占、遺失物ノ拾得、埋藏物ノ發見、添附是ナリ

二　一般權利ニ通有ナル取得方法　（一）時效（二）占有（三）分割（四）讓渡（五）相續是ナ

リ(一)(二)(三)ハ原始取得ニシテ(四)(五)ハ繼承取得ナリ（我民法ハ之ヲ總則(一六二)物權總則(一七五、二五三、二五五、二八七並ニ法典ノ各部ニ分割シテ之ヲ規定ス例之分割(二五六乃至二八七)占有(一九二乃至一九五)契約(二八七以下)ノ如シ）

第四

所有權ニ特種ナル取得方法ハ學者ノ所謂先占、添附、加工ニシテ尙遺失物ノ拾得、埋藏物ノ發見等アリ此他尙賣買、贈與、相續、時效等ニ因リテ之ヲ取得スルコトヲ得ルハ勿論ナリ其方法ハ之ヲ二種ニ區別スルコトヲ得如左

一 原始取得　何人ニモ所有權ノ屬セサルモノヲ取得スルニアリ曾テ人ノ所有物トナリシコトアルト否トヲ問ハス而シテ其最著シキモノヲ先占トス添附、加工等亦然リ

二 傳來取得　所有權ノ他人ニ屬スル物ヲ取得スルニアリ即所有權ノ主體ノ變更ナリ其重ナルモノヲ相續、賣買、贈與トス交換、和解、遺贈等亦然リ

遺失物ノ拾得、埋藏物ノ發見ハ原始傳來何レニ入ルヘキカハ其性質ノ如何ニ因リテ定ル

取得ハ又之ヲ契約ニ因ルモノト契約以外ノ事由ニ因ルモノトニ分ツコトヲ

得民法第二編第三章第二節ニ規定セルモノハ後者ニ屬シ且其取得ノ成立若クハ證明ノ爲ニ證書ヲ要セサルモノナリ取得ハ又之ヲ包括權原ノ取得及ヒ特定權原ノ取得ニ分ツコトヲ得前者ハ一切ノ財産ノ全部若クハ一部ヲ取得シ且權利ヲ取得スルト共ニ義務ヲモ承繼スルモノニシテ後者ハ或特定ノ權利ノミノ取得ナリ

民法要義 梅博士

第五

所有權ノ取得方法ハ所有權ノミニ關スルモノト然ラサルモノトアリ(二八七ノ場合ハ全ク特別ナル所有權ノ取得ナリ)先占、遺失物ノ拾得、埋藏物ノ發見、添附ハ前者ニ屬シ時效、占有、分割、賣買其他諸種ノ契約等ハ後者ニ屬ス

第一款　先占

民法原論 富井博士

第一

先占ノ要件(二三九、一項)如左

一　所有ノ意思ヲ以テ占有ヲ爲スコト　先占ハ占有ニ因ル所有權取得ノ一

方法ナレハナリ其所有ノ意思ヲ要スル點ニ於テ一般ノ占有カ自己ノ爲ニスル意思ヲ以テ足レリトスルト異ルハ先占ハ無主物ニ關シテ其所有權ヲ取得スル方法ナレハナリ

通説ニ依レハ先占ハ最先ノ占有即他人ニ先チテ占有ヲ爲スコトヲ要スヘキカ如シ(取二)然レトモ是獨立ノ一要件ニハ非ス蓋他人ノ占有カ先占ノ要件ヲ充ササルトキハ自之ヲ占有シテ所有權ヲ取得スルヲ妨ケサレハナリ

二 先占ノ目的物ハ無主物ニ限ルコト　無主物トハ現ニ何人ノ所有ニモ屬セサル物ヲ謂フ嘗テ何人ノ所有ニモ屬シタルコトナキ物(山野ノ鳥獸河海ノ魚介)ト前ニ或人ノ所有ニ屬セシ物(例之遺棄物)トヲ問ハス又先占ヲ爲ス者ニ於テ其占有スル物ノ無主物ナルコトヲ知ルノ要ナシ例之他人ノ物ト信シテ盜取シタル物カ偶無主物ナルモ尚其所有權ヲ取得スルコトヲ妨ケサルカ如シ

然レトモ權利ノ拋棄ハ推定ヲ許ササルカ故ニ遺棄物ノ先占者ハ前主ニ其所有權拋棄ノ意思アリシコトヲ證明セサルヘカラス唯物ノ性質上當然其意思アリシモノト推定スルコトヲ得ヘキ場合アリ例之路頭ニ棄テタル紙

屑又ハ卷煙草ノ吸殼ノ如シ但紙屑中ヨリ寶石金屬等ノ現出シタルトキハ寧、遺失物ヲ以テ論スヘキコト當然ナリ

先占ノ目的タルコトヲ得ヘキ無主物ハ動產ニ限ル（二三九、二項）蓋不動產ハ國ノ一大富源ナルノミナラス其占有ヲ確認スルコト困難ニシテ紛爭ヲ惹起スルノ虞アルカ爲ナリ

尙先占ハ所有權ノ目的タルコトヲ得ヘキ物ニ付テノミ之ヲ爲スコトヲ得又法律ニ定メタル制限ニ從フヘキコト言ヲ俟タス（例之鳥獸ノ先占ハ狩獵法ノ規定ニ從フカ如シ）又先占ハ占有ニ因ル所有權取得ノ方法ナルモ無主物以外ニ其適用ナキカ故ニ一般占有ノ效果トシテ他人ノ動產上ニ行使スル權利ヲ取得スル場合（一九二乃至一九五）ニ於ケルカ如キ嚴重ナル條件ヲ要セス是特ニ注意スヘキ點ナリ

第二

先占（二三九）ノ條件如左

一　所有ノ意思ヲ以テ他人ニ先ンシテ目的物上ニ實力ヲ占領スルコトヲ要ス　先占ハ一ノ占有ニ過キサレハナリ但其意思ハ自己ノ所有ト爲スノ意

思タルコトヲ要ス

二　先占ノ目的物ハ動産タルコトヲ要ス　不動産ハ先占ノ目的タルコトヲ得ス其理由如左

甲　土地ハ公法上、國ノ基礎タル領土ヲ構成スルモノニシテ國ノ領土內ニ在ル無主ノ土地ハ私法上ニ於テモ亦當然其國ノ所有ト爲スヲ正當トス

乙　土地ハ動産ニ比スレハ概シテ重要ニシテ之ニ對スル各人ノ欲望モ亦從テ大ナルヲ以テ其先占ヲ許ストキハ動モスレハ爭鬪ヲ生シ安寧ヲ害スルノ虞アリ無主ノ家屋其他ノ建物亦然リ（二三九、二項）

三　先占ノ目的物ハ無主ナルコトヲ要ス　曾テ何人ノ所有ニモ屬セサリシ動産（山野、河海ニ棲息スル禽獸虫魚ノ類）タルト前所有者カ所有權ヲ喪失シタルカ爲ニ無主トナリタル動産（遺棄物）タルトハ之ヲ問ハス又先占者カ其目的物ノ無主ナルコトヲ知リタルヤ否ヤヲ問ハス唯其物カ先占ノ當時現ニ無主ナルヲ以テ足ルモノトス

四　先占ノ目的物ハ法禁物ニ非サルコトヲ要ス　法律ニ所有權ヲ禁スルモ

ノハ何人モ之ヲ所有スルコト能ハサルヲ以テナリ

五　目的物ノ先占ハ適法ナルコトヲ要ス　不法行爲ニ因リ無主ノ物件ヲ占有シタルトキハ其物ノ上ニ所有權ヲ取得スルコトヲ得ス蓋先占ハ狩獵捕魚ニ關シテ最廣ク適用セラルルモノニシテ狩獵捕魚ハ常ニ法令ノ規定ヲ遵守スルコトヲ要ス故ニ捕獲ヲ禁シタル動物、法令ニ禁シタル時期、場所及ヒ方法ニ反シタル先占ハ所有權ヲ取得スルコトナシ其他ノ動產亦然リ

第三

先占ハ經濟上ノ大原則ニシテ所有權取得ノ最天然ナル方法ナリ其要件如左

一　先占ハ所有ノ意思ヲ有スル占有ヲ以テ其體トス　占有ハ單ニ自己ノ爲ニスルノ意思ヲ以テ物ヲ所持スルモノト自己ノ爲ニ所有スルノ意思ヲ以テ物ヲ所持スルモノトノ二アリ先占ハ後者即本主占有ニ屬ス

二　先占ノ目的ハ無主物タルコトヲ要ス　無主物トハ現ニ何人ノ所有ニモ屬セサルモノヲ謂フ(遺失物埋藏物ト異ル)二種アリ如左

甲　未タ曾テ人ノ所有ニ屬セサリシ物(例之山野河海ニ棲息スル禽獸魚介ノ如シ)

乙　嘗テ人ノ所有ニ屬シタリシモ所有者カ死亡シテ相續スルモノ無キ爲又ハ遺棄其他ノ原因ニ因リ無主トナレル物　所謂遺棄トハ所有者ナル資格ヲ脱スルノ意思ヲ以テ占有ヲ放棄スルヲ云フ單ニ占有ノ拋棄ハ遺棄ニ非ス占有權ノ喪失ヲ來スモノニ過キサレハナリ

船中ヨリ海中ニ投シタルモノハ遺棄シタルモノト看做スヘキヤ是海上法ノ一問題ナリ原則トシテハ積極ニ推定スルヲ普通トス然レトモ船カ海上ニ於テ危難ニ遭遇シタル爲其積荷ノ重量ヲ輕減スル目的ヲ以テ海中ニ放擲シタル荷物ニ付テハ消極ノ推測ヲ爲スヲ至當トス（「ウインドシャイド」一卷一八四章註一六號）羅馬法ニ於テハ敵軍ノ所有物ハ無主物ト看做シ先占ニ因テ取得スルコトヲ許セリ近世ノ法律ハ此原則ヲ認メスト雖戰利品ハ先占ニ因テ取得スルコトヲ得ルトスルハ國際法學者ノ一致スル所ナリ（「ヘフテル」國際法一三〇章以下一四〇章「プリンチユリー」國際公法六五二章六五七章六五九章六六一章）

三　先占ノ目的物ハ所有權ノ目的ト爲ルコトヲ得ルモノタルコトヲ要ス先占ハ無主物ニ對シ所有權ヲ取得スル方法ナレハナリ故ニ不融通物ノ如

キハ其目的タルコトヲ得

四　先占ノ目的物ハ動産トス　羅馬法ニ於テハ動産不動産ヲ區別セサリシモ近世ニ至リテハ然ラス蓋シ不動産ハ世ノ開進ニ伴ヒ其價格增大シ各人カ之ヲ先占セントスルノ希望モ强大ナリ從テ動モスレハ腕力ニ訴フルニ至リ社會ノ安寧ヲ害スルノ虞アレハナリ又不動産ハ國家ノ基礎ナルヲ以テ之ヲ其有ト爲スヲ以テ政策ノ得タルモノト爲セハナリ

不動産ニ付キ特例ヲ定ムルニ二主義アリ如左

甲　不動産モ亦先占ノ目的物タルコトヲ得　然レトモ不動産ノ先占ニ付テハ國家カ優先先占權ヲ有スト爲ス（獨國法ノ主義）此主義ニ依レハ國家ハ特ニ先占ノ行爲ヲ爲スコトヲ要ス從テ無主ノ不動産カ國有不動産ニ變スルマテニハ自ラ間斷アルコトヲ免レス從テ此中間ニ於ケル無主不動産ノ狀態ニ付キ問題ヲ生スルノ煩アリ

乙　不動産ハ先占ノ目的物ト爲ルコトヲ得ス　不動産カ無主ト爲ル場合ニハ法律上直ニ國家ノ有ニ屬スト爲ス（佛國法ノ主義）我民法ハ此主義ニ依ル

五　先占スヘキ目的物及ヒ先占ノ方法ハ特別法ニ於テ禁セサルモノタルヲ要ス　所謂特別法ハ公益ノ爲、行政法上種々ノ點ニ於テ先占ヲ禁スル場合アルモノヲ總稱ス（例之一定ノ時間、場所又ハ特定ノ器ニ關スル禁令ノ如シ）

或ハ曰ク先占ニハ先占ノ目的物ノ無主ナルノ外其無主物タルコトノ知覺ヲ要スト（「クリムタール」民事實用集五二卷五三九頁）是、無用ナリ盜取ノ意思ヲ以テ無主物ヲ占有スルモ其目的物無主タルトキハ先占ナリ（「ウインドシヤイド」一卷五八四頁「デルンブルヒ」一卷四七〇頁）

第四

先占ハ最、簡易ニシテ且自然ニ適ス從テ最、理解シ易キ取得ノ方法タリ是ヲ以テ古代ニアリテモ尙、之ヲ認メ極メテ未開ノ世界ニ於テハ先占ハ殆、所有權取得ノ唯一ノ方法タリシ社會ノ進步シテ法律ノ思想發達スルニ及ヒ外部ノ行爲ヨリモ寧、意思ニ重キヲ置ク今日ニ至リテハ先占ノ適用大ニ減シ僅ニ山野ノ鳥獸河海ノ魚貝等ノ天產物及ヒ經濟上殆、何等ノ値ナキ遺失物ニ其痕跡ヲ止ムルコトトナレリ先占ニ關シテハ左ノ二項ニ注意スヘシ

一　先占ノ目的物ハ無主ノ動產タルヲ要ス　無主物トハ何人ノ所有ニモ屬

セサル物ニシテ曾テ人ノ所有物タリシト否トヲ問ハス占有ノ當時無主物ナレハ可ナリ但遺棄物タルノ證明ハ占有者ニ在リ

其動產ヲ國有ニ歸セサルノ理由ハ之ヲ國有ニ歸セシメンカ各人ノ利益ヲ害スルコト大ニシテ而モ國家ノ得ル所之ニ相當セサルニ在リ即國家ハ唯其取得方法ヲ規定スレハ足ル是狩獵法、漁業法等ノ存スル所以ナリ但相續人ナキ動產ヲ國庫ニ歸屬セシムルハ全ク特別ノ理由ニ因ル

反之不動產ノ先占ヲ許サヽルノ理由ハ之ヲ許ストキハ屢次紛議ヲ生スルコトアルト國家ノ行政上及ヒ經濟上不都合ナルトニ在リ

二 所有ノ意思ヲ以テ占有スルヲ要ス 蓋、所有權取得ノ方法ナレハナリ而シテ其占有ハ最先ノモノナルヘシ法文之ヲ示サヽルハ無用ノコトタレハナリ

第五

先占(occupatio, occupation, *Zu-oder Aneignung*)ハ所有權取得ノ最天然ナル方法ト云フヘク古ハ一切ノ財產ハ概、皆、先占ニ因リテ其所有權ヲ取得スルコトヲ得

タルモ今日ニ至リテハ狩獵、捕漁ノ外、殆、其適用ナシ而シテ狩獵、捕漁等モ亦大ニ行政法令ノ制限スル所トナレリ其先占ニ所有ノ意思ヲ要件トスルハ先占ハ所有權ヲ取得スルモノナレハナリ

社會ノ尙、幼稚ナル時代ハ且ラク之ヲ措キ其漸ク開明ニ赴クト共ニ土地モ亦概、已ニ開墾セラレタル今日ニ於テ若、不動產ヲモ先占ノ目的ト爲サンカ不動產ハ動產ト異ニシテ現實ノ占有ヲ爲スコト難ク從テ占有者ハ其占有ヲ證明スルコト容易ナラス爲ニ爭奪爭閲ヲ惹起シ大ニ安寧ヲ害スルノ虞アリ加之不動產ハ國ノ基礎ナルカ故ニ國家ハ之ヲ適當ニ利用スルヲ以テ利益トス是之ヲ其所有ニ屬セシムル所以ナリ

第二款　遺失物ノ拾得

第一

遺失物(二四〇)ハ之ヲ發見スルモ拾得者ニ於テ現ニ之ヲ占有セサルトキハ其所有權ヲ取得スルコトヲ得ス尙、遺失者ノ知レサル場合ニ限リ公告ヲ爲シ(三二年三二

月法八七號遺失物法）更ニ一年ノ期間ヲ經過スルコトヲ要ス其以前ニ在リテハ拾得者ハ遺失者ノ爲ニ事務管理ヲ爲スモノト見ルヘシ但遺失物ノ所有權ヲ取得スルニハ其取得ノ意思ヲ有スルコトヲ要セス故ニ遺失物ノ拾得ハ決シテ法律行爲ニ非ス

又漂流物ハ遺失物ノ一種ト見ルヘキカ如シ然レトモ遺失物ト多少其取扱ヲ異ニス（三二年法九五號水難救護法二四以下參照）

蓋遺失物ノ利用ヲ計ル爲ニハ際限ナク所有者ノ爲ニ之ヲ保管スルノ煩累ヲ免レシムルコトヲ要シ其物ニ最モ緣故ヲ有スル拾得者ノ所有ト爲スコト穩當ナレハナリ其基本觀念ニ至リテハ普通無主物先占ト同一ノ理由ニ基クモノト爲スカ如シ即、公告後所定ノ期間ヲ經過スルモ尙、物ノ返還ヲ請求スル者ナキ以上ハ其物ハ最早無主物ト見ルノ外ナシト謂フニ在リ（舊民法ハ先占ノ一ニ遺失物ノ拾得ヲ規定シ現行遺失物法亦此觀念ヲ襲踏セリ（同法八、二））惟フニ是、多クノ場合ニハ適中セル觀念ナルヘシト雖、決シテ斯ノ如キ認定ヲ必要トスルコトナシ寧、法律カ便宜上遺失物ノ拾得ナル獨立ノ取得方法ヲ認メタルモノト見ルヲ妥當トス遺失物ノ拾得モ亦所有權ノ目的タルコトヲ得ヘキ物ニ限リ且法律ニ禁止セサル場合ニ於テノミ其所有權取得ノ原因ト爲ル(遺八、三、九)

第二

遺失物ノ拾得ハ所有權取得ノ原因ニシテ其條件如左(二〇四)

一 遺失物ハ法禁物ニ非サルコトヲ要ス　法律ニ所有ヲ禁スル物ハ何人モ之ヲ所有スルコトヲ得サルヲ以テナリ

二 拾得者タルニハ遺失物ヲ認識シタルノミナラス現ニ之ヲ占有スルコトヲ要ス　然レトモ遺失物ノ占有者ハ必シモ拾得者タルコトヲ得サル場合アリ即、遺失物ノ存在セル場所ノ占有者ヲ以テ拾得者ト爲スモノニシテ其場所ノ占有者ハ同時ニ其場所ニ在ル總テノ物件ヲ占有スルモノト見ルヲ得ヘキ場合ナリ(遺一〇)

拾得ハ物ノ所持ヲ以テ内容トシ之ヲ爲ス者ニ行爲能力アルコトヲ必要トスル法律行爲ニ非ス故ニ無能力者ト雖、有效ニ拾得ヲ爲スコトヲ得

公告後一年ヲ經過シテ所有者知レサルトキハ所有者ナキモノト看做シ無

主物先占ノ場合ト同シク拾得者ヲシテ其所有權ヲ取得セシム蓋、遺失物カ久シク其利用ヲ妨ケラルルハ經濟上不利ナルヲ以テナリ而シテ遺失物ノ返還請求權ヲ有スル者カ拾得者ニ知レサルトキ又ハ該權利者カ警察署ニ屆出ヲ爲ササルトキ亦所謂「所有者ノ知レサルトキ」ト解ス（關九七三參照）

拾得者ハ遺失主ノ爲ニ遺失物ヲ占有シ之ニ對シテ事務管理人ノ地位ニ立ツモノナレハ遺失主ヨリ返還ノ請求ヲ受ケタルトキハ其遺失主ノ所有者タルト否トヲ問ハス之ヲ返還スルノ義務アリ遺失主ハ拾得者ニ一定ノ報勞金ヲ給スルコトヲ要ス（遺四）

第百九十三條ノ規定ハ一見第二百四十條ノ規定ト牴觸スルカ如キモ前者ハ遺失物カ公告ノ手續ヲ經スシテ拾得者ノ手ヨリ他人ニ交付セラレタル場合ニ係リ後者ハ拾得者ヨリ警察署ニ屆出テタル場合ニ關ス（本條ノ場合ニ於テハ所有者ハ絶對的ニ所有權ヲ喪フ）故ニ兩々並ヒ存シテ互ニ相妨クルコトナシ

三　拾得者カ遺失物ヲ隱匿シ又ハ不正ニ之ヲ處分スルノ行爲ヲ爲ササリシコトヲ要ス　拾得者ヲシテ遺失物ノ所有權ヲ取得セシムルハ畢竟一ノ恩

典ニ外ナラス故ニ不正行爲者ハ此恩典ニ浴スルコトヲ得ス拾得者カ屆出ヲ怠リ又ハ遺失物ヲ其所在ノ場所ノ管守者ニ交付セサリシ場合亦同シ（遺九、一六）

拾得者ハ其權利ヲ拋棄スルコトヲ得此場合ニ於テハ遺失物ハ國庫ノ所有ニ歸ス權利ヲ失ヒタル場合亦同シ

第三

遺失物ノ所有者カ不明ニシテ一定ノ時期ヲ經ルモ其返附ヲ申出ツル者ナキトキハ所有者ハ其所有權ヲ拋棄シタルモノトスルノ推定ヲ爲スコトヲ得其物ハ殆、無主物ト同一ナリ此場合ニハ先占ノ法理ヲ準用シ拾得者ヲ先占者ト看做シ遺失物ノ所有權ヲ取得セシムル故ニ近世ノ法理ハ先占ノ一種トシテ遺失物ノ拾得ヲ所有權取得方法ノ一種トセリ（二四〇「デルンブルヒ」二卷四七九頁獨民草一讀會）所謂公告ハ所有者ノ申出ヲ求ムルノ告知ニシテ官署カ之ヲ揭示場ニ公示ス（遺失物取扱規則五）

拾得者ハ遺失物ノ所有權ヲ取得セスシテ其換價金額ノ所有權ヲ取得スルコ

トアリ是遺失物カ其性質耐久不能ニシテ管理法ノ變則ニ依ル場合ナリ（同上）

第四

遺失物ヲ長年月ノ間空シク存在セシムルハ啻ニ保管ノ煩アルノミナラス國家經濟ニ損スル所アリ是、一定ノ條件ヲ具備スルトキハ拾得者ヲシテ其所有權ヲ得セシムル所以ナリ其法理ハ之ヲ占有ノ效果ニ歸スルコトヲ得故ニ拾得者ハ遺失物ヲ占有シタル者ナリ單ニ發見シタルノミニテハ拾得者ト爲ラス但特別法（遺失物取扱規則警察法規等）ノ定ムル所ニ從ヒ公告ヲ爲シ一年內ニ所有者顯ハルルトキハ拾得者ハ拾得物ノ一部又ハ報酬ノ金錢ヲ得ルニ止ル

民法要義 梅博士

第五

遺失物（Close Predue, Verlorene Sache）トハ占有者カ權利ヲ拋棄スルノ意思ナク又他人ヨリ奪取セラレタルニ非スシテ其占有ヲ失ヒタル動產ヲ謂フ（遺失物法第一二條ニハ他人ノ店頭ニ置キ遺レタル物ノ如キハ單ニ之ニ遺失物ノ規定ヲ準用スヘキモノトセリ）漂流物及ヒ沈沒品亦遺失物ノ一種タリ（刑法二五四ハ之ヲ併記セリ）唯其手續ニ至リテハ特別法ノ規定アリ蓋法律上ノ性質ハ兩者相同シキモ實際ノ事情大ニ異ナルモノナルヲ以テ同一ノ規定ニ

依リ難ケレハナリ(水難救護法二四乃至三〇同施行細則一〇乃至一四)

第三款　埋藏物ノ發見

民法原論　富井博士

第一

埋藏物ハ其性質及ヒ所有權取得ノ理由等ニ關シテ遺失物ニ酷似スル所アリ故ニ公告其他ノ事項ハ概シテ遺失物ニ關スル規定ヲ之ニ準用セリ(遺一三)然レトモ兩者ノ間ニハ法律ノ規定ヲ異ニスル點ナキニ非ス如左

一　遺失物ハ之ヲ拾得スルニ非サレハ其所有權ヲ取得スルコトヲ得スト雖、埋藏物ハ唯發見即、他人ニ先チテ其所在ヲ認知シタルノミヲ以テ足レリトシ現實ニ之ヲ占有スルコトヲ要セス故ニ物ノ一小部分ヲ發見シ之ヲ掘出スニ時日ヲ要スル場合ニ於テモ其效果ニ差異アルコトナシ加之鍬ヲ下スニ際シ音響ニ依リテ金筐其他ノ物ノ埋沒セルコトヲ知リタル者ト雖、尚發見者トシテ其所有權ヲ取得スルヲ得ヘシ

二　遺失物ニ比シ公告後ニ要スル期間ノ短キハ埋藏物ハ公告ヲ爲スニ拘ラ

ス竟ニ其所有者ヲ確知スルコト能ハサル場合多キト從來ノ制ヲ襲用シタルトニ過キス

三 學術、技藝其他好古ノ資料ニ供スヘキ埋藏物ハ發見者ニ相當ノ價額ヲ給與シテ國庫ノ所有ニ歸屬ス（遺一三、二項）

四 遺失物ハ拾得者ニ於テ其全部ノ所有權ヲ取得スト雖、埋藏物ハ自己ノ所有ニ屬スル物ノ中ニ之ヲ發見シタル場合ニ於テノミ然リ

抑モ埋藏物ノ發見ニ其所有權取得ノ效果ヲ附スルハ發見ノ事實ニ因リテ其物カ再ヒ世ニ現ハレ人生ノ需要ヲ充スコトヲ得ルニ至リタルカ故ナリ然リト雖、埋藏物ヲ包藏セル物ノ所有者ノ利益モ亦之ヲ顧慮セサルヘカラス何トナレハ埋藏物ハ多數ノ場合ニ於テ其所有者ノ祖先カ之ヲ埋藏シタルカ又ハ其物ニ附着セル利益トシテ共ニ之ヲ讓受ケタルモノト認ムルコトヲ得ヘク加之其所有者ハ自己ノ所有權ノ作用ニ依リテ何時之ヲ發見スルコトヲ得ルヤ知ルヘカラサル地位ニ在ル者ナレハナリ（二四一但書）

又自己ノ所有ニ屬スル物ノ中ニ於テ發見シタル埋藏物ハ發見者其全部ノ所

有權ヲ取得スト雖、是恰、發見ノ事實カ自已ノ所有物ノ中ニ於テ生シタルニ基因スルコトヲ知ルヘシ唯此場合ニ於テハ其二個ノ理由ヲ分示スル必要ナキ爲、單ニ發見ノ效果ナル如クニ規定セルノミ(獨九八四參照)

從來ノ通說ニ依レハ埋藏物ノ發見者ハ先占ニ因リテ其所有權ヲ取得スルモノトス(「ウインドシャイド」一卷一八四章「プランニオル」一卷一二六六節)又土地ノ所有者カ其一半ヲ取得スルハ添附ニ因ルモノトセル羅馬法ノ觀念ヲ採ル者モ少シトセス(舊民法取五、二三ハ先占及ヒ添附ノ適用タルコトヲ認ム)是皆、誤謬ナリ蓋、埋藏物ハ所有者ノ知レサル物ニシテ無主物ニ非ス殊ニ我民法ハ發見ト共ニ占有ヲ必要トセサルカ故ニ先占ノ適用ト見ルヘキ謂レナシ唯法律カ發見ナル事實ニ所有權取得ノ效果ヲ附シタルモノト見ルヘキノミ又埋藏地ノ所有者ノ權利ヲ認メタルノ理由ハ上述ノ如クニシテ本來埋藏物トノ間ニ主從ノ關係アルニ非ス從テ添附ノ適用ト見ルハ其當ヲ得ス

羅馬法以來多數ノ立法例及ヒ學說ハ他人ノ物ノ中ニ於テ埋藏物ヲ發見シタル者カ其一半ノ所有權ヲ取得スルニハ發見ノ偶然ナルコトヲ必要トス從テ

故意又ハ土地所有者ノ指圖ニ因リテ之ヲ捜索シタル場合ニ於テハ其全部ヲ擧ケテ土地ノ所有者ニ屬スルモノト爲ス（取五、二三、三項、佛七一六）我民法ハ發見ノ方法ニ依リテ其效果ヲ區別スル必要ナキモノトシ此制限ヲ置クコトナシ（獨九八四）

第二 埋藏物ノ發見者ニ其所有權ヲ取得セシムルハ酬勞ノ一恩典ナリ蓋社會ヲシテ一旦失ハレタル物件ヲ回復シ其需要ヲ充スコトヲ得セシムレハナリ故ニ遺失物拾得ニ於ケルカ如ク先占者ニ附與スル恩典ニ非ス從テ埋藏物ノ存在セル場所ノ占有者ハ遺失物拾得ノ場合ト異リ何等ノ利益ヲ享有スルコトナシ

酷似スルノ故ヲ以テ遺失物法ハ同一ノ規定ヲ埋藏物ノ發見ニ準用セリ然レトモ二者ノ間ニハ重要ナル差異アリ如左

一 偶然占有ヲ失ヒタル動產カ地中ニ埋沒シタル場合ニ於テモ其物ハ遺失物タルヲ失ハス埋藏久シキニ渉ルトキ埋藏物ニ變スルモノトス　反對ニ其動產カ容易ニ之ヲ目擊スルコトヲ得ヘキ場所ニ在ルトキハ遺失物ニシ

テ人目ニ觸レサルコト久シキニ渉ルモ埋藏物ニ非ス

二　自己ノ所有物並ニ道路其他公共ノ用ニ供セラレタル場所ニ於テ埋藏物ヲ發見シタル者ハ其全部ノ所有權ヲ取得シ他人ノ所有物中ニ於テ之ヲ發見シタル者ハ其物ノ所有者ト折半シテ其所有權ヲ取得ス　蓋包藏物ノ所有者ハ早晩之ヲ發見シ得ヘキ地位ニ在ルノミナラス埋藏物ハ包藏物ノ所有權ニ附隨スル利益ナルニ發見者カ埋藏物所有權ノ全部ヲ取得シ又發見者ノ功勞ヲ無視シテ包藏物所有者カ埋藏物所有權ノ全部ヲ取得スルハ共ニ公平ヲ失スルモノナレハナリ

三　埋藏物ノ發見ハ現ニ之ヲ發見シタルノミヲ以テ足リ之ヲ占有スルコトヲ要セス　雇人カ偶然埋藏物ヲ發見シタルトキハ其發見者ハ雇人ナレトモ其雇人カ埋藏物發見ノ爲ニ使役セラルル者ナルトキハ其發見ハ雇主ヲ利ス

占有ト發見トハ其觀念ヲ異ニス此二者ハ同時ニ同一人ニ依リテ行ハルルヲ常トスルモ其人ヲ異ニスルコトアルヘキハ勿論ナリ

四　公告ノ期間ハ六ケ月トス　埋藏物ハ其埋藏ノ經久ヲ豫想シ且實際上所有者ノ不明ナル場合多キヲ以テ其期間長キヲ要セサレハナリ

五　學術技藝若クハ好古ノ資料ニ供スヘキ埋藏物ハ國庫ノ所有ニ歸ス　蓋公益ニ基ク然レトモ發見者ノ權利ヲ奪フハ不當ナルヲ以テ之ニ其相當價格ヲ給與ス發見者ト包藏物所有者ト異ルトキハ其價格ヲ平分ス

民法理由 岡松博士

第三

古代羅馬法ノ觀念ニ從ヘハ埋藏物ハ埋藏シタル土地ニ添附スルモノナリト爲シ埋藏地所有者ノ所有ト爲セリハドリヤン帝ニ至リ此觀念ヲ不當トシ埋藏物ハ之ヲ折半シ一半ハ埋藏地ノ所有者ニ一半ハ發見者ニ之ヲ與ヘタリ發見者ノ勞力ニ酬ヒンカ爲ナリ近世法理亦然リ其理由ノ説明ニ二説アリ如左

一　先占ト添附トノ併立説　即土地所有者カ其一半ヲ取得スルハ添附ノ觀念ニ出テ發見者カ其一半ヲ取得スルハ全ク先占ノ觀念ニ基クモノナリト爲ス蓋埋藏物ヲ無主物ト同一視シ埋藏物ノ發見ヲ以テ先占ノ一種トスレハナリ（「プヒター」主唱「ウインドシヤイト」一卷一八四章「ブリンツ」一卷一四八章「アルント」一五四章）

二　法律ノ規定ニ因ル獨立ノ所有權取得方法說　即法律カ發見ノ事實ニ付キ特ニ附與シタル效果ナリ（「デルンブルヒ」主唱一卷四七九頁「クチラルツ」二二九頁）蓋發見者ニ其一半ヲ與フルハ發見者カ發見ノ行爲ニ因リ埋藏物ヲ社會ニ出顯セシメタルノ功勞ニ酬ユルモノナリ故ニ發見ノ行爲アレハ則足ル埋藏物ヲ占有スルコトヲ要セスト又土地所有者カ其一半ヲ得ルノ理由如左

甲　土地所有者ハ自埋藏セサルモ或ハ其祖先カ之ヲ埋藏シタル物ナルヘシトノ推定ヲ爲スコトヲ得

乙　土地所有者ハ其土地ヲ自由ニ處分スルコトヲ得ルヲ以テ其土地ヲ發掘スルカ如キハ固ヨリ所有權ノ權內ニ屬シ埋藏物ノ發見ハ其推定的利益ト認ム

埋藏物ハ無主物ニ非ス故ニ先占ノ法理ハ適用スヘキモノニ非ス又埋藏物ト包藏物トハ主從ノ關係ヲ有スルモノニ非ス故ニ添附ノ如キ主物從物カ一體ヲ爲シテ附着シタル物ニ付キ所有權ノ關係ヲ定ムルモノヲ適用スヘカラス第二說ヲ可トス我民法亦然リ

埋藏物發見ハ偶然ナラサルヘカラストスルノ立法例アリ（佛蘭西、西班牙等）之ヲ以テ近世ノ學者ハ發見者ニシテ故意ニ他人ノ物ノ中ヲ搜索シ又ハ魔法若クハ其他ノ技術ヲ以テ發見シタル場合ニ於テハ發見者ノ所有ニ屬セシメストス謂フモノアリ（「デルンブルヒ」一卷四七八頁「ウインドシャイド」五八八頁）然レトモ發見ノ方法ニ依リテ其效果ヲ異ニスルモ實際上其效用ナキヲ以テ近世ノ立法ハ偶然ノ發見ナルト故意ノ發見ナルトヲ區別セス我民法亦發見ノ方法及ヒ發見者ノ意思如何ヲ問ハサルナリ

第四

一　自己ノ所有物中ニ於テ發見シタル埋藏物　發見者カ全然其所有權ヲ取得ス是レ一ハ發見ノ效ニ依リ一ハ所有權ノ效ニ依ル

二　他人ノ所有物中ニ於テ發見シタル埋藏物　其物ノ所有者ト折半ス被埋藏物ノ所有者カ埋藏物ノ半ヲ取得スルハ全ク土地ヲ所有スル結果ナリ即土地所有權ノ效果ナリ或ハ之ヲ以テ先占又ハ添附ナリトスル者アレトモ共ニ非ナリ蓋シ先占ノ目的物ハ無主物タルモ埋藏物ハ無主物ニ非ス若シ之ヲ

無主物トセンカ既ニ無主物先占（二三九）ノ規定アリ第二百四十一條ノ規定ヲ要セサルヘク又添附ハ二物相附合シテ毀損減價スルニ非サレハ原狀ニ復スルコトヲ得サルニ因ル所有權取得方法ナルニ遺失物ハ容易ニ之ヲ發掘スルコトヲ得ルノミナラス之ヲ土地ヨリ分離セサレハ其用ヲ爲サヽルモノナレハナリ（例ヲ埋藏物カ地中ニ在ル場合ニ取リテ說明ス以下同シ）

何故ニ土地ノ所有者ヲシテ之ヲ取得セシムルヲ正當トスヘキカ他ニ之ヲ取得セシムヘキモノナキヲ以テナリ加之土地ノ所有者ハ之ヲ得ルニ關シテ他ノ者ヨリモ特種ノ理由ヲ有スルコトアルヲ以テナリ特種ノ理由トハ自、埋藏シテ之ヲ忘ルルコト絕無ニ非ス又其前代ノ埋藏ニ係ルコト稀有ニ非サル等ノ事ヲ謂フ

若夫、自、埋藏シタルニ非ス又前代、賣主、受贈與者等ノ埋藏シタルニモ非スシテ自然ニ埋藏セラレタル物ヲ土地所有者ノ有ニ歸セシムルハ恰、添附ノ一種ノ如クニシテ土地ノ所有者ニ漸積地ヲ與フルト似タル所アリ

其所有者ノ知レサル期間ヲ遺失物ノ場合ヨリ半減シタルハ（二四一）解シ難キ

モ或ハ埋藏物ノ所有者ハ知レサルヲ通常トスルヲ以テ長ク物ヲ不用ニ保存スルハ國家經濟ニ害アリト言フニアランカ

第五

他人ノ所有地中ニ於テ埋藏物ヲ發見シタル場合ニ於テ其土地ノ所有者カ埋藏物ヲ折半シテ之ヲ取得スルハ埋藏物ハ多クハ其土地ノ所有者ノ祖先若クハ前所有者ノ埋藏ニ係ルヲ以テ又ハ是等ノ者カ土地ノ所有者タル間ニ埋藏セラレタル物ナルヲ以テナリ或ハ土地ノ所有者カ其者ノ眞ノ所有者タルヘク或ハ土地ヲ讓受ケタルトキ之ニ附著シタル利益ハ總テ之ヲ取得シタルモノト認ムルヲ得ヘク又或ハ土地ノ發掘ノ如キハ固ヨリ所有者ノ權內ニ屬シ所有者自、發見セシヤモ知ルヘカラスシテ他人ノ發見ノ如キハ偶然ノ事實ニ係レハナリ況、其發見者ハ概所有者ノ命令若クハ承諾ニ因リ土地ニ工作ヲ施スモノナルニ於テオヤ其發見者カ埋藏物ノ半ヲ取得スルハ若、其物カ之ヲ發見スルコトナクンハ所有者ハ竟ニ之ヲ發見セサルヤモ知ルヘカラサレハナリ(以上ハ最多數ノ場合ニ屬スル土地ノ埋藏物ヲ假想シテ說明セリ)其發見ハ偶然ナルト故意ニ搜索シタル後

發見シタルトヲ問ハス（取五參照）

第四款　添附

第一

添附(Accessio)ナル語ニハ廣狹兩義アリ

一　廣義　添附トハ或物カ他ノ物ト合併シ又ハ人工ニ因リテ他ノ形狀ニ改作セラレタル場合ニ於テ其一物ノ所有者又ハ加工者カ其全部ノ所有權ヲ取得スルコトヲ謂フ固ヨリ二物其所有者ヲ異ニシ又ハ他人ノ物即動產ニ工作ヲ加ヘタル場合ニ於テ其適用アルモノトス此見解ニ依レハ加工ハ添附ノ一種ニ外ナラス是羅馬サビニアン派ノ學說ヲ敷衍セル佛法系ノ觀念ニシテ加工ハ物ニ工作カ附加セルニ過キサルモノト爲スニ在リ從テ其所有權ハ原則トシテ材料ノ所有者ニ屬スルモノト爲ス（取二〇〇佛五七〇）

二　狹義　添附トハ或物カ從トシテ他ノ物ニ併合シタルニ因テ其物（又ハ合成物）ノ所有權カ他ノ物ノ所有者ニ皈屬スルコトヲ謂フ即「從ハ主ニ從フ」ノ格言

ニ基因ス此見解ニ依レハ加工ハ添附ノ一種ト見ルヘキニ非ス又兩物ノ間ニ主從ノ關係ヲ認ムルコト能ハサル場合ニ於テ其新ニ形成セラレタル物ノ所有權ノ歸屬ヲ定ムルコト(二四四)ノ如キモ嚴格ナル意義ニ於ケル添附ノ問題ニ非スシテ寧、便宜上併セテ規定シタルモノト解スヘキナリ

我國一般ノ學者ハ廣義ヲ採リ余輩ハ狹義ヲ以テ正當ト爲ス是、舊來ノ通念ニシテ加工ノ如キハ假令、新ナル一物ヲ形成スルモノト爲スモ此一事ヲ以テハ當然所有權ノ變動ヲ來スヘキモノニ非ス特ニ加工者カ其所有權ヲ取得スル場合ハ從來有スル他物ノ所有權ニ基クモノニ非サルカ故ニ添附ノ觀念ト相容レス故ニ加工ハ寧、法律ノ規定ニ因ル一種ノ取得方法ト見ルヘキナリ(「アッカリアス」羅馬法綱要一卷五六六及ヒ五八八頁「デルンブルヒ」二〇一節)

多數ノ立法例及ヒ學說ニ依レハ果實ノ取得モ亦添附ニ因ルモノト爲スヘキカ如シ(佛五四四乃至五五〇「デルンブルヒ」二〇五節)謬見ナリ蓋、果實ハ未、元物ヨリ分離セサル間ハ其物ノ一部分ヲ爲スモノナリ從テ之ト相異リタル所有權ノ目的物タルコトヲ得サルヤ言ヲ俟タス即、收益ニ關シテ何等ノ制限ヲモ受ケサル所有權又ハ

收益權ヲ伴フ永小作權賃借權等其既ニ有スル權利ノ效果ニシテ新ナル權利ノ發生スルモノニ非サルナリ

法律カ添附及ヒ加工ナル所有權取得ノ原因ヲ認ムルハ一旦併合シタル物ヲ分離シ又ハ工作ノ加ハリタル物ヲ原狀ニ復スル如キハ事實上不能ナルカ經濟上不利ナルカ爲ニ外ナラス故ニ其原因ノ如何ヲ問ハス從テ假令所有權ヲ取得セントスル者ノ惡意ニ出ツルモ可ナリ（賠償ニ關スル責任ハ固ヨリ別問題）是全ク物的方面ヨリ觀察シタル結果ニシテ公益上ノ理由ニ基ク强行法ニ屬ス故ニ又此事由ニ因リテ所有權ノ得喪ヲ來スニハ法律ニ限定セル範圍ヲ出ツルコトナキヲ要シ其要件ノ欠缺スルコトナキヲ要ス

第二

添附トハ一物カ他物ノ從トシテ之ニ合スルヲ謂フ併合シタル各物件カ同一ノ所有者ニ屬スルトキハ合成物モ亦其所有者ニ屬シ又其所有者ヲ異ニスル場合ニ於テモ事實上及ヒ法律上更ニ分離シテ舊體ニ復シ得ヘキトキハ各所有者ハ依然トシテ各物件ノ上ニ所有權ヲ保有スルコトヲ得然レトモ之ヲ分

離シテ舊態ニ復スルコトノ有形的ニ不能ナルコトアリ又其分離ハ可能ナルモ法律カ公益上其分離ヲ許サヽルコトアリ添附カ所有權取得ノ原因トナルハ則此場合ナリトス添附ハ之ヲ分ツテ附合、混和、加工ノ三ト爲ス

民法理由
岡松博士

第三　添附トハ有形ノ物カ他ノ有形ノ物ト合併シタルカ又ハ有形ノ物ニ於テ人工ノ加ハリタル場合ニ於テ其一物ノ所有者又ハ人工ヲ加ヘタル者カ其全部ノ所有權ヲ取得スルヲ云フ要之、添附ハ法律ノ認ムル所有權取得方法ナリ添附ニ三種アリ附合、混和、工作是ナリ

近世ノ學者ハ此三種ノ別ヲ廢シ結合ト加工トノ二種トセリ所謂結合トハ附合ト混和トヲ合併シタルモノヽ謂ニシテ二物ノ結合ニ因リテ一新物ヲ生シタル場合ニ於ケル所有權ノ取得方法ヲ定ム加工トハ人工ヲ加ヘタルニ因リ一新物ヲ生シタル場合ニ於ケル所有權ノ取得方法ヲ定ムルモノナリ（ツイン、ト・シヤンイト」一卷一五九章一一六〇章）

民法要義
梅博士

第四

添附(Accessio, accession)トハ一物ニ他人ノ物カ合同シ又ハ他人ノ工作カ加ハルヲ謂フ

第一項　附合

第一

附合(Incorporation)トハ一物カ從トシテ他物ニ合體シタルニ因リテ其所有權カ他物ノ所有者ニ皈屬スルヲ謂フ(但附合ナル語ハ二個以上ノ物カ互ニ接合シ未タ必シモ所有權ノ變動ヲ來スニ至ラサル狀態ヲ指スコトアリ(二四二、二四三))其附合セル物ハ他物ノ一部ト爲ルコト最多シト雖、亦獨立ノ存在ヲ失ハサル場合モ之ナシトセス又兩物ノ間ニ主從ノ區別ヲ爲スコト能ハサル爲、各所有者カ合成物ノ上ニ共有權ヲ取得スルコトアリ添附ノ本義ヨリ謂ヘハ此等ノ場合ハ寧、變例ト見ルヘキカ如シ附合ハ二ニ區別スルコトヲ要ス如左

一　不動産上ノ附合(二四二)　其附合物ノ種類(動産又ハ不動産)所有者ノ何人タルコト又ハ附合ノ原因如何ヲ問ハス殊ニ何人カ其附合ヲ生セシメタルヤニ依リ

テ差別ナシ蓋、主タル不動産ヨリ其物ヲ分離スルハ公益上不利益ナルカ故ニ法律上之ト一體ヲ爲セルモノト看做シタルナリ若夫、不動産ノ所有者カ故意ニ他人ノ物ヲ附合セシメタリトセンカ不法行爲上ノ責任ヲ負フヘキコト勿論ナリ(二四八)

其不動産ト附合物トノ間ニハ主從ノ關係アルコトヲ要ス建物ニ關シテハ疑ナキニ非スト雖、本條ノ主旨ヨリスレハ土地ニ從トシテ附合シタルモノト見ルコト至當ナルヘシ又法文「不動産ノ從トシテ之ニ附合シタル物」トアルカ故ニ附合物ハ主タル不動産ト同一體ヲ成サスシテ常ニ別個ノ物ヲ形成スルモノト解スヘキカ如シ添附ノ本義ニ反スル嫌ナキニ非スト雖、是必シモ附合物カ獨立ノ一物ヲ成スコトヲ定メントスルニ非ス寧、動産添附ノ場合ト相異リテ別物ヲ成スコトアルカ故ニ過キサルヘシ例之土地ノ定著物ノ如シ

法文ノ趣旨ハ不動産上ノ附合ニハ一物ヲ成ス場合ト二物ヲ成ス場合トアルモ慣習上土地ニ附合シタル物ハ寧、之ヲ別物トシテ觀察スル場合多キカ

故ノミ但理論上ヨリスレハ不動產ノ所有權カ附合物ニ及フモノト爲スノ至當ナルコトヲ信ス（獨九四六）

制限（二、四二但書）例之地上權者カ其權利ノ目的タル土地ニ建物ヲ建築スルモ之カ爲ニ其建物ノ所有權ヲ失フコトナキカ如シ是其權利ノ行使ニシテ當然ナルモ本條主文ハ公益規定ナルヲ以テ特ニ之ヲ明示シタルニ過キス故ニ地上權者永小作人賃借人等ハ不動產ニ附屬セシメタル物ヲ收去シ處分スルコトヲ得（二六九、二七九、五九八、六一六）

二　動產上ノ附合（Adjonction）（二四三）　新ナル一物ヲ形成シ其分離ヲ爲スハ經濟上甚不利トスル所ナルニ由ル其合成物ノ所有權ハ添附ノ原則ニ基キ主タル動產ノ所有者ニ歸屬ス

分離ヲ爲スコトヲ得ルヤ否ヤ又過分ノ費用ヲ要スルヤ否ヤハ全然事實問題ニ屬ス主從ノ區別モ亦物ノ性質、用方等ニ從ヒ世間普通ノ見解ヲ標準トシテ之ヲ決定ス一般ニ言ヘハ或物ノ保存、便益、裝飾、補足等ノ爲、之ニ附著セシメタル物ハ其從タル物ニシテ合成物ノ本體ヲ成スモノニ非ス例之書物ノ表紙指環ノ寶石ノ如シ然レトモ亦貴重ナル寶石ヲ常用スル爲、低價ノ指環ヲ作ラシメタル場合ノ如キハ寧、價格ニ重キヲ置クヘキモノトス

附合シタル動産ニ付キ主從ノ區別ヲ爲スコト能ハサル場合ニ於テハ持別ノ規定アリ(二四)是、品質尺度等ニ大差ナキ同種ノ物(板紙布等)ヲ接合セシメタル場合ニ於テ最、其適用アリ而シテ合成物ノ所有權ニ關シテ共有ヲ本則トセサルハ其弊害多キヲ以テナリ又合成物ノ共有權ハ著シク持分ヲ異ニシテ存在スルコトヲ妨ケサルモノトス

第二

附合トハ二個以上ノ有形物カ互ニ相接合シテ一物ヲ成スヲ謂ヒ接合後尚、各物件ノ所在ヲ認識スルコトヲ得ルモノナリ、其種類如左

一　不動産ノ附合　不動産ト不動産トノ間又ハ不動産ト動産トノ間ニ行ハル例之草木カ土地ニ栽植セラレ雨樋カ家屋ニ取付ケラルルカ如シ

不動産ノ所有者ハ其不動産ノ從トシテ之ニ附合シタル物ノ所有權ヲ取得ス(二二四)蓋、之ヲ分離スルトキハ不動産ト從物トヲ併セテ毀損シ經濟上頗、不

利ナル結果ヲ生スルヲ以テナリ附合ハ絶對的權利取得ノ一原因ニシテ附合シタル從物カ何人ノ所有ニ係ルヤ又附合カ何人ノ所爲ニ出テタルヤハ之ヲ問ハサルモノトス其條件如左

甲　不動産ト附加物トカ毀損スルニ非サレハ分離スルコト能ハサル程度ニ於テ合體シタレコト　蓋然ラサレハ之ヲ禁スルノ要ナク從テ其所有權ヲ取得セシムルノ理由ナケレハナリ例之土地家屋ニ取附ケタル足代、假植ノ苗木類ノ如シ

乙　不動産ト附加物トノ間ニ主從ノ關係アルコト　所謂「不動産ノ從トシテ之ニ附合セルモノ」(二二四)トハ主タル不動産以外ニ一物アル場合ヲ豫想セルカ如ク從テ家屋ノ材料ハ家屋其者ノ一部ナルヲ以テ家屋ノ從トシテ之ニ附合シタルモノト謂フコトヲ得サルカ如シト雖、本條ノ規定ハ汎ク此等ノ場合ヲモ包含ス蓋、物ノ構成部分タル材料ハ物夫、自體ニ對シテハ從トシテ之ヲ觀察スルコトヲ得ルノミナラス其材料ヲ分離シテ之ヲ舊態ニ復スルコトノ不可ナルハ附加物カ不動産以外ニ一物ヲ爲ス場合

ニ於ケルヨリモ一層適切ナルモノアレハナリ

丙　附加物ハ不動產上ノ權利者カ其權原ニ因リ不動產ニ附著セシメタルモノニアラサルコト　地上權者、永小作人、賃借人、使用借主カ其權原ニ基キテ不動產ニ附屬セシメタル他物ハ此等不動產上ノ權利者ニ屬シ不動產所有者ノ有ニ歸セサルモノトス蓋、然ラスンハ此等權利者ノ權利ハ何等ノ效用ヲ爲ササルニ至リ其權利設定ノ目的ニ反スルノ結果ヲ生スヘケレハナリ樹木ノ所有者カ植木師ニ其保管ヲ託シ植木師ノ土地ニ於テ之カ培養ヲ爲サシムル場合亦同シ（二六九、二七九）

二　動產ノ附合　其所有權取得ノ原因ト爲ルノ理由ハ不動產ノ附合ト同シ（二四三、二四四）動產ノ附合ハ絕對的ニシテ不動產ノ場合ニ於ケルカ如ク權原ニ因リテ附屬セシメタル他人ノ權利ニ關スル例外ナシ蓋、動產ニ付テハ斯ル權原ハ法律上存在セサルヲ以テナリ

甲　附合シタル動產ニ付キ主從ノ區別ヲ爲シ得ヘキトキハ主物ノ所有者カ合成物ノ所有權ヲ取得ス　是主ハ從ヲ合スルヲ以テナリ其主從ハ各

場合ニ付キ物ノ性質、用法ニ從ヒ之ヲ決定スヘキ事實問題ナレトモ一般ニ合成物ノ基礎ヲ形成スル所ノ動產ハ主物ニシテ然ラサル動產ハ從物ナリト謂フコトヲ得例之指環(主)ト寶石(從)トノ如シ物ノ性質ヨリ謂フトキハ合成物中ノ一カ他ノ物ノ便益、裝飾又ハ補充ノ爲ニ附加セラレタルトキハ其物ハ概シテ從物ナリ然レトモ高價ナル金剛石ヲ携帶スルカ爲ニ之ニ低價ナル指環ヲ附著セシメタルカ如キ裝飾物ニ重キヲ置キタルコトノ顯著ナル場合ニ於テハ其裝飾物ハ用法上主物タルコトヲ妨ケス

乙　附合シタル動產ニ付キ主從ノ區別ヲ爲スコト能ハサルトキハ特別規定アリ(二四四)

第三

附合ニ二種アリ如左(二四二乃至二四四)

一　不動產ノ附合(二四二)　不動產ト他ノ物カ附合スルモノナリ近世ノ學者ハ之ヲ三種ニ分類セリ如左

甲　土地ノ附合　河海ニ沿フ土地ニ生スルモノニシテ寄洲、中洲、干瀉等ヲ

謂フ要之土地カ他ノ土地ト密著シテ一體ヲ爲ストキハ其土地ノ漸積地ニシテ土地ノ覺知スヘカラサル擴張ナリト爲ス（「デルンブルヒ」一卷二〇七章「ウインドシヤイド」一卷六〇三頁）

乙　建造物ノ附合

土地ノ上ニ建築物ヲ建設シ若クハ建築物ノ上ニ工作物ヲ附加スルヲ云フ此場合ニハ其建築物又ハ工作物ハ土地又ハ建築物ノ一部ヲ爲ス蓋此場合ニ於テ其附加物ヲ强テ其不動産ヨリ分離セシメンカ二物ノ經濟上ノ價値ヲ著シク害損スルノ虞アルヲ以テ其主タル不動産ト附合シタル物トヲ一物ト見做スナリ性質上一體ヲ爲スニ因ル之ヲ附加セシメタル行爲ハ主タル不動産ノ所有者カ爲スト第三者カ爲ストヲ問ハス又其故意ニ出テタルト偶然ナルトヲ問ハサルモノトス（「ウイントシヤイト」一卷六〇五頁「デルンブルヒ」一卷四八二頁四八三頁）

丙　植物ノ附合

植物ノ附合、植物ヲ土地ニ栽植シタル後、多少ノ日月ヲ經過シ其根株ヲ地中ニ下シテ容易ニ除去スル能ハサルモノヲ云フ此場合ニハ植物ハ土地ノ從タル物トシテ土地ト一體ヲ爲ス（「デルンブルヒ」四八四頁）

要之其場合種々アリト雖、不動産ニ物カ從トシテ附合スルトキニ於テ其所有權ヲ取得スルモノナリ其要件如左

子　不動産ト附合スルコト　附合トハ二物相結合シ且其結合カ確固ニシテ一時ニ止ラサルモノヲ謂フ附合アリヤ否ヤハ事實問題ナリ

丑　不動産ノ從タルモノトシテ附合スルコト　從タルモノトハ他ノ物ト合シ同一ノ經濟上ノ目的ニ供セラレ日常生活ニ於テ一物ト見做サルルモノヲ謂フ故ニ物カ不動産ニ附合スルモ相互獨立シテ主從ノ關係ヲ生セサルトキハ法律上及ヒ事實上之ヲ別物ト爲ス例之家屋ノ如シ其性質上土地ニ附合スルモノナリト雖、我國從來ノ觀念カ一般ニ之ヲ獨立ノモノト見做シ土地ニ從屬スルモノト爲ササルヲ以テナリ

然レトモ法律カ物ヲ附合セシメタル者ニ特ニ或權利ヲ附與シタルトキ（例之地上權者カ土地ニ附合シタル竹木等ヲ除却スルノ權ヲ有スルカ如シ）ハ素ヨリ其權利ノ行使ヲ妨ケス（二四二但書）

二　動産ノ附合（二四三）　動産ト動産トノ附合ニシテ所有權ノ取得原因ナリ

動産ノ附合ハ二個以上ノ動産ノ合併ニ因リ一新物ヲ生スルモノナリ故ニ

其附合物ノ所有權ハ消滅シ新ニ成立シタル合成物ノ所有權ハ何人ニ屬スヘキヤノ問題ヲ生ス二方法アリ如左

甲　附合物ノ所有者ノ一人ニ合成物ノ所有權ヲ附與ス

乙　附合物所有者ノ共有トス

近世ノ法理ハ附合物ニ付キ主從ノ區別ヲ定メ原則トシテ主物ノ所有者ノ所有ニ屬セシメ例外トシテ主從ノ區別ノ立タサルトキハ其共有ト爲サシム（「ケペルト」二四一頁「デルンブルヒ」一卷二〇八章「ウインドシャイド」一卷一八九章）本法亦然リ（二四四）所謂主タル物トハ合成物ノ物理的基礎ヲ爲スモノヲ云フ例之指環ニ寶石ヲ附着セシメタルトキハ指環ハ其主物ナルカ如シ

第四

二物ノ附合シテ容易ニ分離シ難キモノヲ强テ分離スルハ何人ニモ益スル所ナクシテ國損ヲ來スコト大ナリ是不動產（土地、建物、植物其他ノ定著物）ノ所有者ヲシテ不動產ノ從トシテ附合シタル物ノ所有權ヲ取得セシムル所以ナリ

如何ナル物ハ其不動產ノ從タルカハ事實問題ナリ而シテ其附合物カ何人ノ

所有物タルカヲ問ハス又何人ニ因リテ附合セラレタルカヲ問ハサルナリ但附合物ノ所有者ヲシテ意外ノ損害ヲ被ラサラシメンカ爲且十分ニ其附合物ヲ利用セシメンカ爲ニ例外ノ規定アリ（二四二但書）是第二百六十九條第五百九十八條ノ規定ト相應スル所ナリ

各別ノ所有者ニ屬スル數個ノ動產附合ノ場合ニ於テ其附合シタル動產カ容易ニ分離スルコトヲ得ルモノナルニ於テハ各所有者ノ意ニ反シテ之ヲ同一ノ人ニ歸セシムルヲ要セサルモ毀損スルニ非サレハ分離スルコト能ハス又分離ノ爲ニ過分ノ費用ヲ要スル場合ニ强テ之ヲ分離セシムルニ於テハ所有者ニ益スル所尠クシテ國家全體ニ大損アルヲ以テ附合物ノ主從ヲ區別シ得ヘキ場合ト否トニ依リ特別ノ規定アリ（二四三、二四四）

如何ナル物ヲ主トシ如何ナル物ヲ從トスヘキカハ事實問題ナリ或ハ曰ク或物ノ便益裝飾又ハ補完ノ爲ニ附合セラレタル物ハ從タル物ト看做シ主從ノ區別ニ付キ疑アルトキハ價格ノ低キ物ヲ以テ從タル物トスト我民法ハ是ノ如キ標準ヲ與ヘサルモ實際ニ於テハ多クハ然リトス但必シモ然ラサル場合

ノ存スルコト勿論ナリ尙共有ノ場合ニ於テハ其割合ハ爾後ニ於ケル價格ノ高下ニ拘ラス附合當時ノ價格ニ從フ(二二四)

第五 附合

附合(Adjonction, Verbindung)トハ一物カ他ノ物ニ附着シテ毀損スルニ非サレハ之ヲ分離スルコト能ハサルニ至ルヲ謂フ

一 不動産ノ附合(二二四) 其附合者カ不動産ノ所有者自身ナルト他ノ者ナルトヲ問ハス又法文ハ其附著セシメタル物カ不動産ノ所有者ノ所有ニ屬セサルコトヲ想定セリ蓋此場合ニ於テ其附著物ヲ分離スルトキハ其物モ價ヲ失ヒ且動モスレハ不動産ニモ損害ヲ生スルニ至ルヲ以テ法律ノ力ニ據リ其附著物ヲ不動産ト一體ヲ成スモノト看做シ所有權取得ノ一原因ト爲セリ

或ハ曰ク此規定ハ不當ナリ蓋附合カ不動産所有者ノ惡意ニ出テタルトキハ惡意者ヲ保護スルヲ以テナリト一應理アルカ如キモ

甲 此場合ニ於テハ其附著セシメタル物ハ既ニ其性質ヲ變シタルモノト

謂フヘク

乙　此規定ハ敢テ不動産ノ所有者ヲ保護スルニ非スシテ經濟上ノ不利益ヲ避クルニ在リ若夫、惡意者ニ對スル制裁ニ至テハ別ニ規定アリ（二四八、七〇四）第二百四十二條ノ場合ニ於テ不動産ト附著物トハ一物ヲ爲スカ將タ二物ヲ爲スカ添附ノ性質並ニ次條以下ノ規定ニ依ルトキハ一物ヲ成スモノト謂フヘキカ如シ然レトモ其附著物ハ慣習上之ヲ別物トシテ觀察スルモノ多キカ故ニ同條ハ概シテ之ヲ二物トシテ觀察セリ例之土地ト家屋又ハ草木トノ如シ但到底二物トシテ之ヲ視ルコト能ハサルコトアリ例之家屋ノ一部ニ使用シタル木材又ハ建物、塗地等ニ使用シタル壁土若クハ漆喰ノ如シ要之附合物ハ獨立ノ一物ヲ成スコトアリ然ラサルコトアリ故ニ同條ニ所謂「附合シタル物ノ所有權ヲ取得ス」トハ必シモ其物カ獨立ノ存在ヲ有スヘキコトヲ定メタルニ非サルコトヲ注意スヘシ但其獨立存在ヲ有スル場合ト雖、多クハ「從ハ主ニ隨フ」(Accessorium sequitur Principale)ヲ以テ獨立存在ノ有無ヲ論スルノ要ナカルヘシ（八七、二項）但家屋ハ土地ノ從物ト看做サス同條

但書ハ當然ノ規定ニシテ唯疑ヲ防カンカ為ノミ（二六九、二七九、五九八、六一六、參照二六九）

三 動産ノ附合（二四三）動産添附（動産ノ添附ニ附合、混和、加工ノ三アリ）ノ一種ニシテ二個以上ノ動産カ附著合併シテ一物ヲ成シ毀損スルニ非サレハ到底之ヲ分離スルコト能ハサルニ至リタルモノナリ其一物ヲ合成物ト謂フ

其附合シタル物カ各々別異ノ所有者ニ屬セシ場合ニ於テ之ヲ毀損スルハ國家經濟上甚不利益ニシテ且多クハ其各所有者ノ為ニモ利益ト為ラサルヘシ故ニ立法者ハ一旦其各所有者ノ權利消滅スルモノト視テ更ニ合成物ニ付キ權利ヲ生スヘキモノトセリ此合成物ノ所有權ハ之ヲ何人ニ與フヘキカ是第二百四十三條第二百四十四條ノ規定スル所ナリ

第二百四十三條ニ所謂主タル物（八七ニ所謂主物ニ非ス）トハ合成物ノ主タル部分ヲ成ス物ノ謂ニシテ如何ナル物カ主タル部分ヲ成ス物ナルカハ事實問題ナリ然レトモ舊民法ニ所謂物ノ便益裝飾又ハ補完ノ為ニ附合シタル物ハ從タル物ニシテ之ニ依リテ便益ヲ得若クハ裝飾補完セラルル物ハ主タル物ナルコト一般ノ原則ナリ唯絶對的ナラサルノミ又物ノ價格ノミヲ以テ主從

ヲ區別スルノ標準ト爲スハ普通ノ人情ニ適セサルモノアレトモ物ノ性質ニ依リ到底之ヲ區別シ難キトキハ價格ノ高低ニ依ルモ亦一標準ナリ(尚共有ノ場合ノ割合ニ關シテハ其説明前段第四末段ニ同シ)

第二項　混和

第一

混和(Confution)トハ各別ノ所有者ニ屬スル物カ共ニ混合又ハ融和シテ其何レカ何人ノ所有ニ屬セシヤヲ識別スル能ハサルニ至リタルコトヲ謂フ即新ナル一物ヲ形成シ其所有權取得ノ原因ト爲ルモノナリ是主トシテ穀物、綿糸、金屬、液體等ニ付キ其適用アルモノトス此場合ニ於ケル物ノ併合ハ附合ノ場合ヨリモ一層緻密ニシテ通常原物ヲ識別スルコト能ハス從テ之ヲ分離シテ舊状ニ復スルコトハ實際不能ナル場合多シ然ラサルモ過多ノ費用ヲ要スルコト勿論ナルカ故ニ混和物ハ之ヲ一物ト看做シテ其所有權ノ歸屬ヲ定ムルコト更ニ必要ナルモノト謂フヘシ是第二百四十五條ノ規定アル所以ナリ

物權法 横田博士

第二　混和ハ二種ノ併合ヲ包含ス混合及ヒ融和是ナリ前者ハ米穀其他微細ノ固形物又ハ糸其他纖維質ノ物件ノ混合シテ一ト爲リタルヲ謂ヒ後者ハ同種又ハ別種ノ液體又ハ金屬カ溶解シテ一ト爲リタルヲ謂フ
混和ノ場合ニ於ケル動產ノ併合ハ附合ノ場合ニ於ケルヨリモ完全ニシテ原物ヲ認識シ得ヘカラサルヲ常トス從テ之ヲ分離シ更ニ舊態ニ復スルコトハ附合ノ場合ヨリモ一層困難ナリ是第二百四十五條ノ規定アル所以ナリ

民法理由 岡松博士

第三　混和トハ二箇以上ノ動產カ混和若クハ融和シテ其分子ヲ識別スルコト能ハサルニ至ルモノヲ云フ例之一舛ノ醬油ニ一合ノ水ヲ混合シ各一俵ノ美濃米ト信濃米トヲ混合シタルカ如シ此等ノ場合ハ附合ト等シク混合若クハ融和ニ因リ一新物ヲ得タルモノト見做スコトヲ得ルカ故ニ其混和物ニ付キ主從ヲ分別シ得ルト否トニ因リ總テ動產ノ附合ノ原則ヲ準用スルモノトス

民法正解

第四

我國ニ於テハ附合ト混合トヲ明別シタルモ歐洲ニ於テハ然ラス佛ニ於テハ「コンフユーシヨン」或ハ「メランゼ」ナル文字ハ兩者ニ通シ獨ニ在リテハ「フェルメングング」或ハ「フェルミイッシユング」ナル文字ヲ以テ同シク二者ヲ示スコトトセリ英ニハ附合及ヒ混和ニ適合スル固有ノ文字ナシ蓋此二者ハ法理上相異リタルモノニ非ス故ニ我國ニ於テモ同一ノ規定ヲ以テ此場合ニ處スヘキコトトシタリ(二四五)唯二者ノ間ニハ自ラ那邊ニカ差異アリテ少クトモ外觀ノ異ナルモノアルヲ以テ別異ノ文字ヲ用ヒタルノミ

第五

混和 (Confusio aut commixtio, confusion ou melange, Vermengung oder Vermischung) トハ一物カ他ノ物ト混淆シテ識別スルコト能ハサルニ至ルヲ謂フ混和ハ學理上毫モ附合ト異ルコトナシ唯彼ハ有體上之ヲ辨別スルコト能ハサルモノニ非サルモ經濟上ノ理由ニ依リ法律上之ヲ辨別スルコト能ハサルモノノ如ク看做スニ反シ此ハ事實上之ヲ辨別スルコト能ハサルモノナリ故ニ附合ト同一ノ規定ヲ適用スヘキ必要殊ニ切ナリトス(二四五)

第三項　加工

第一

加工(Spécification)トハ他人ノ動産ニ工作ヲ加ヘテ之ヲ他ノ形狀ニ變更スルコトヲ謂フ物ノ形狀ヲ一新シ且通常其價格ヲ增加スルニ至ルモノナリ

羅馬法學者中サビニアン派ニ在リテハ加工ハ物ノ本質ヲ一變スルモノニ非スト爲シ其所有權ハ依然材料ノ所有者ニ屬スルモノトナシ(佛法系)反之プロキユリアン派ニ在リテハ加工ハ一ノ新ナル物ヲ生シタリトシ其改造ノ原因ニ重キヲ置キ加工物ノ所有權ハ加工者ニ屬スルモノト爲セリ(獨法系)後、中間說ヲ生シ物カ原形ニ復シ得ヘキトキハ材料ノ所有者ニ屬シ然ラサルトキハ加工者ニ屬スルモノトセリ(此說ハ遂ニ「ジユスチニアン」法典ニ之ヲ採用スルニ至レルモ後世殆之ヲ襲用セル立法例ナシ)但加工者ノ善意ナルコトヲ要件トスヘキヤ否ヤニ付テハ尙學說一定セサリシナリ

我民法ハ加工物ヲ以テ材料ニ工作ヲ加ヘタルモノト見ルヘキ場合多キカ故ニ第二百四十六條一項ノ規定ヲ設ケタリ材料ヲ以テ其主タル成素ト看做ス

コト普通ノ事實ニ適合スト認メタルナリ尚所有權保護ノ必要上ヨリモ此原則ヲ說明スルコトヲ得即理論上ニ於テハ物ノ形狀ニ如何ナル變更ヲ生スルモ之カ爲ニ當然其所有權ノ變動ヲ來スヘキモノニ非ス加工ノ場合亦然リ然レトモ我民法ハ此場合ニ於テハ一ノ新ナル物（加工物）ヲ生シタル結果トシテ材料ノ所有權ハ一旦消滅スルモノト爲シ（二四七）從テ加工物ノ所有權ヲ取得スヘキ者ヲ定ムルコトヲ必要トシタルナリ

制限（二四六、一項但書）例之有名ナル畫家カ他人ノ紙ニ畫ヲ描キタル場合ノ如シ

加工ハ附合又ハ混和ト併合スルコトアリテ（二四六、二項）之ヲ區別スルコト困難ナル場合ナシトセス是亦事實問題ニ歸著スト雖此場合ニ於テモ工作ニ因リテ生シタル價格カ著シク自己ノ材料ノ價格ヲ超ユル如キ場合ハ固ヨリ加工トシテ論スヘキナリ其然ラサル場合ニ付テハ第二百四十六條二項ノ規定アリ加工者カ加工物ノ所有權ヲ取得スルニハ之ヲ取得スル意思ヲ必要トセス故ニ加工ハ如何ナル場合ニ於テモ法律行爲ニ非ス從テ意思能力ヲ有セサル者ト雖、加工ニ因リテ所有權ヲ取得スルコトヲ得此他他人ノ物タル事實ヲ知ラ

サリシコト又ハ加工ヲ爲ス權利ヲ有スト信シタルコトノ如キモ必要トスル所ニ非ス例之他人ノ物ヲ盜取シテ之ヲ改作スルモ其所有權ヲ取得スルコトヲ妨ケサルカ如シ唯加工者ノ善意、惡意ハ賠償問題ニ影響スヘキノミ（二八四）尙加工ハ他人ヲシテ之ヲ爲サシムルコトヲ得此場合ニ於ケル加工者ハ則使用者ナリ

第二

加工トハ動產ニ人工ヲ加フルヲ謂フ（例之金屬ニ彫刻ヲ爲シ紙ニ書畫ヲ書クカ如シ）即動產ノ形體ヲ變シテ新ニ一物ヲ爲スト同時ニ物ノ價格ヲ增加スルノ效用ヲ爲スモノナリ（二六四）

加工物ノ所有權カ材料ノ所有者ニ屬スルハ材料ハ加工物ノ基礎タル主要部分ヲ形成シ工作ハ從タル性質ヲ有スルヲ以テナリ合成物、混和物カ加工ノ基礎ト爲リタルトキハ附合及ヒ混和ニ關スル原則ニ從ヒ先ツ其所有權ノ所在ヲ確定シ其所有者ヲ以テ加工物ノ所有者ト爲スヘキモノトス第二百四十六條一項但書アルハ主從顚倒スレハナリ尙同條二項ノ場合アリ

民法理由
岡松博士

第三

加工（Specisiv）トハ他人ノ動產ニ工作ヲ加ヘ一ノ新物ヲ製作シタルコトヲ云フ此製作物ハ何人ノ所有ニ屬セシムヘキカサビーネル派ノ學者ハ材料ノ所有者ノ所有ニ屬スト主張シプロクリアネル派ノ學者ハ製作者ノ所有ニ屬スルモノト爲セリユスチニアンハ折衷說ヲ採リ加工ノ結果ニ付キ原形ニ復スルコトヲ得ル場合ト然ラサル場合ノ二者ニ分別シ前ノ場合ニ在テハ材料ノ所有者ノ所有ニ屬セシメ後ノ場合ニ在テハ製作者ノ所有ニ屬セシメタリ然レトモ加工ハ亦添附ノ一種ナルヲ以テ附合ノ原則ヲ適用スルコトハ性質上寧其當ヲ得タリ我民法ハ從來ノ學說ヲ排シ主タル物ノ所有者ニ屬セシムルノ主義ヲ採レリ通常材料ヲ以テ主タル物ナリトスルノ推定ヲ爲シ得ルヲ以テ原則トシテ材料ノ所有者ノ所有ニ屬セシムルコトトセリ（二四六、一項但書及ヒ二項參照）

民法正解

第四

第二百四十六條二項ノ場合ニ於テハ加工者カ供シタル材料ノ價格及ヒ工作ニ因リテ生シタル價格ノ合算額カ他人ノ材料ノ價格ニ比シテ著シク大ナル

ヲ要セサルハ加工ノ外ニ附合ノ分子ヲモ含ムヲ以テナリ(同條一項ノ場合ト異ル)

第五

加工(Spécification, Verarbeitung)トハ他人ノ所有物ニ工作ヲ加フルヲ謂フ(例之彫刻、揮毫)

加工ノ場合ニ於テハ動モスレハ材料ノ價、工作ノ價ニ如カサルコト多シト雖、物ノ性質ヨリスレハ材料ニ工作ヲ加ヘタルモノト言フヘクシテ工作ノ爲ニ材料ヲ用ヒタリト云フヘキコト稀ナリ故ニ第二百四十六條一項ノ規定アリ但顚倒ノ場合アリ(二四六、二項)

加工ハ往々附合ト併合スルコトアリ此場合ニ於テハ單ニ之ヲ附合ト爲スコトヲ得ス蓋工作ノ價、附合シタル自己ノ材料ノ價ヨリモ遙ニ貴キコト多ケレハナリ故ニ第二百四十六條二項ノ規定アリ本人ノ材料及ヒ工作ノ價格カ他人ノ材料ノ價格ニ超過スルヲ以テ足リ其超過額ノ著シキヲ要セサルハ此場合ニ於テハ必シモ他人ノ材料ヲ以テ主タルモノト視ルコトヲ得サルヲ以テナリ

第五款　添附ノ效果

第一

第二百四十七條一項ノ規定アルハ添附及ヒ加工ニ因リテ消滅シタル物ノ上ニ存スル所有權以外ノ權利ハ何レモ其目的タル物ノ所有權ニ基キ存在スルモノナレハナリ

此原則ハ不當ニ第三者ノ權利ヲ害スル結果ヲ來スコトアルカ故ニ第二百四十七條二項ノ規定アリ是法律ニ定メタル目的物ニ關スル權利ノ變更ト見ルヘキナリ

添附及ヒ加工ハ一方ニ於テ物ノ所有權ヲ取得シ利益ヲ享クル者アルト同時ニ他方ニ於テハ之カ爲ニ損失ヲ被ル者アルコト明ナリ故ニ第二百四十八條ノ規定アリ

第七百四條ニ所謂「惡意」トハ第二百四十八條ノ場合ニ於テハ他人ノ物ナルコトヲ知リテ附合混和又ハ加工ヲ爲シタルコトヲ謂フ惟フニ惡意ノ場合ニ於

テハ寧、不法行爲者トシテ其責ニ任セサルヘカラサルカ如シト雖第七百四條ニ定メタル返還義務ノ範圍ハ不法行爲ノ規定ト其結果ニ於テ殆相異ナルコトナシ唯不當利得ノ方面ヨリ觀察シタルモノニ外ナラサルナリ

物權法 梅田博士

第二

一 舊所有者ノ權利ハ消滅ス 同一物上ニ同時ニ二個ノ所有權ハ併立シ得ヘカラサレハナリ

二 物ノ上ニ存セル第三者ノ權利ハ消滅ス 第三者ノ權利ハ舊所有者ノ所有權ヲ目的トスルモ其所有權ハ前段ノ理由ニ依リテ消滅スレハナリ

三 第二百四十七條一項ノ效果 蓋合成物、混和物又ハ加工物ハ則消滅シタル權利ノ目的物ニ代リテ生シタルモノト謂フコトヲ得ヘキヲ以テナリ

四 第二百四十八條ノ效果 蓋添附ハ一方ニ於テ新所有者ヲシテ物ノ所有權ヲ取得(利得)セシムルト同時ニ他方ニ於テ舊所有者ヲシテ物ノ所有權ヲ喪失(損害)セシムルノ結果ヲ生スルヲ以テナリ

第七百四條ニ所謂「惡意ノ受益者」トハ添附ノ場合ニ於テハ新所有者カ他人

ノ物件ナルコトヲ知リタルトキト解シ然ラサルトキハ善意ノ受益者ナリトス又添附カ他人ノ所爲ニ出テタル場合ト雖新所有者カ添附ノ當時其物カ他人ノ所有ナルコトヲ知リタルトキハ惡意ノ受益者タルコトヲ免レス（二四八、七〇四）

民法理由 岡松博士

第三

添附ノ場合ニ於テハ物ノ集合又ハ工作ニ因リテ一新物（合成物、混和物、加工物）ヲ生ス從テ之ヲ組成スル物ハ法律上其存在ヲ失ヒ其物ノ所有權モ當然消滅ス其他、物ノ上ニ存在シタル各種ノ權利（例之抵當物ノ如シ）モ目的物ノ消滅ニ因リ當然消滅スヘキモノトス是法理上必然ノ論決ナリ（二四七、一項）然レトモ此結果ニ因リ第三者ノ權利ヲ害セントコトハ可及的ニ之ヲ避ケサルヘカラス是第二百四十七條二項ノ規定アル所以ナリ蓋同一債務者カ其新生物ニ付キ所有權ヲ得タルトキ新生物ハ先ニ所有シタリシモノノ擴張ト見做スコトヲ得レハナリ

添附ノ結果ハ所有權ノ消滅及ヒ所有權ノ取得ヲ生シ即或者ハ利益ヲ享受シ

或者ハ損害ヲ擔當ス是法律ノ結果トシテ當然生スルモノナリト雖場合ニ因リ不公平ナルヲ免レス故ニ第二百四十八條ノ規定ヲ設ケテ之ヲ匡正セリ

第四

一人カ添附ニ因リ物ノ所有權ヲ取得シタルトキハ其結果他人ハ物ノ所有權ヲ失フヲ常トス其所有權ノ喪失カ他ノ場合ト異ルハ此場合ニ於テハ多クハ元物ハ消滅シテ新生物ノ構成部分ト爲ルニ在リ從テ元物ノ上ニ存セル所有權ハ消滅シ所有權ノ消滅スヘキ場合ニハ總テノ他物權モ亦消滅スヘシ（二四七、一項）是獨理論上ニ於テ然ルノミナラス立法ノ便宜上ニ於テモ亦然ラサルヲ得ス

第五

添附ノ場合ニ於テハ一物ノ所有者カ他物ノ所有權ヲ取得スルモノナルヲ以テ其失權者ニ對シテ何等ノ辨償スル所ナキトキハ取得者ヲシテ不當利得ヲ得セシム是第二百四十八條ノ規定アル所以ナリ但取得者ノ善意惡意ニ因リ其支拂フヘキ償金額ニ差異アリトス

添附ニ因リテ一物ノ所有權カ消滅シタル場合(即従タル部分ノ所有權カ主タル部分ノ所有權ニ併セラレタル場合)若クハ二物ノ所有權カ皆消滅シテ新ナル物ノ所有權ヲ生シタル場合ニ於テハ舊物ノ上ニ存シタル他ノ權利モ亦消滅ス(二四七、一項)

添附ニ因リテ如何ナル物カ滅失シ従テ其所有權カ消滅スヘキカ如左

一　不動産ノ附合ノ場合　附合物ハ必ス滅失スルモ主タル不動産ハ然ラス

二　動産ノ附合及ヒ混和ノ場合　物ハ總テ滅失シテ新ナル物ヲ生スヘシ

三　加工ノ場合　物ノ滅失ヲ來スコトアリ然ラサルコトアリトス

第二百四十七條一項ノ場合ニ於テハ力メテ他人ノ權利ヲ害スル結果ヲ生セサルコトヲ要ス是同條二項ノ規定アル所以ナリ是主タル部分カ先取特權、質權等ノ目的タル場合ナリト雖、若従タル部分カ此等ノ權利ノ目的タル場合ニ於テハ債權者ハ第三百四條及ヒ第三百五十條ノ規定ニ依リ、其部分ノ所有者カ第二百四十八條ニ依リテ受クヘキ償金ノ上ニ其權利ヲ行フコトヲ得

添附ノ一切ノ場合ニ於テ其結果不公平ナルコトトナリ不當利得ヲ受クル者ヲ生スルハ勢ノ免レサル所ナリ故ニ第二百四十八條ノ規定アリ(前段第四末段參照)

惡意者ハ(二四八、七〇四)單ニ不當利得者タルノミニ非スシテ同時ニ不法行爲者タリ然レトモ立法者ハ實際ノ便益上第七百四條ノ規定ヲ設ケタリ其適用ヨリスレハ畢竟不法行爲ノ責任ト大差ナシト雖、此場合ニ於テハ利得ヲ基礎トセルカ故ニ加害者ノ責任一層明確ニシテ被害者ノ保護特ニ有效ナルヲ見ルナリ

第二百四十八條ノ償金ノ債權者ハ往々留置權ヲ有スルコトアルヘシ

第二百四十八條ノ規定ハ敢テ不法行爲ノ制裁ヲ排除スルモノニ非ス故ニ故意又ハ過失ニ因リ他人ノ材料ニ加工シタル者ノ如キハ材料ノ所有者(二四六、一項前段)ニ對シ加工ノ爲ニ生シタル價格ノ償還ヲ請求スルコトヲ得ス加之若其損害カ加工ニ因リテ生シタル利益ヨリ大ナルトキハ却テ材料ノ所有者ニ對シ其損害ヲ賠償セサルヘカラサルナリ

第二節　所有權ノ喪失

第一

所有權ノ取得ト相對シテ通常之ト同時ニ生スル效果ハ其喪失ナリ他ノ財産

權ト同シク主觀的喪失及ヒ客觀的喪失ノ二アリ(所有權ニ特別ナル喪失ナシ)如左

一　主觀的喪失、所有權其モノハ絶對的ニ消滅スルモ、ニ非スシテ單ニ權利主體ニ變更ヲ生スルノミ原始取得ト雖、現ニ他人ノ所有ニ屬スル物ニ付キ生スル場合(例之時效)ニ於テハ此結果ヲ來スニ過キス唯前所有者ノ權利ヲ承繼スルニ非サル點ニ於テ繼受的取得ト著シク其效果ヲ異ニスルノミ

二　客觀的喪失(消滅)　他ノ物權ニ共通ナル事由最多シ(物權總則ノ說明參照)所有物ノ遺棄ハ權利ノ拋棄ト見ルヘキモノトス唯其拋棄ノ方法カ所有權ニ關スルノミ且其結果ハ物ヲ無主物ト爲スニ止リ先占ノ事實アルマテハ所有權ノ取得ヲ來スコトナシ故ニ此場合ニ於テハ所有權ノ得喪ハ必シモ同時ニ生スルモノニ非ス家畜外ノ動物ニ付テハ其所有權ノ消滅ヲ來ス場合ナキニ非スト雖(一九五)是占有ノ效果ニシテ必シモ所有權ノミニ關スル事項ニ非ス先占、遺失物ノ拾得、埋藏物ノ發見、添附及ヒ加工ニ因ル所有權ノ取得方法ハ同時ニ其消滅ヲ來ス場合多シト雖、是當然ノ結果ニ過キス

第二

一　目的物ノ滅失　目的物ノ滅失カ全部又ハ一部ナルニ從ヒ所有權モ亦全部又ハ一部消滅ス

二　法律カ目的物ノ所有ヲ禁シタルトキ

三　目的物カ沒收セラレタルトキ　沒收ハ沒收ノ裁判ヲ受ケタル者ニ對シテノミ其效力ヲ生シ其裁判ノ當事者ニ非サル者カ沒收ノ目的物ニ付キ其權利ヲ主張スルコトハ沒收處分ノ爲ニ毫モ妨ケラルルモノニ非ス

四　所有者カ所有權ヲ拋棄シタルトキ　其目的物ハ無主物ト爲ル

五　他人カ目的物上ニ所有權ヲ取得シタルトキ　時效、添附、占有、遺失物拾得、埋藏物發見等ノ效果ニ因ル

第六章　共有

第一節　共有ノ意義（性質）

民法原論 冨井博士

第一

共有トハ數人ニテ一ノ所有權ヲ有スル狀態ヲ謂フ即共有權ナル一種特別ノ所有權アルニ非スシテ所有權ノ存在スル一狀態ニ外ナラス又一物ノ上ニ數個ノ所有權アルモノトモ解スヘカラス蓋所有權ハ物ニ付キ一般ノ支配ヲ爲ス權利ナレハナリ

共有ハ所有權ノ內容作用カ數人ノ間ニ分配セラルルコトヲ謂フニ非スシテ其分量範圍カ分タルルコトヲ謂フモノトス即各共有者ノ所有權ノ內容ハ一般ノ關係ニ於テ物ヲ支配スルニ在リ唯其支配權ハ他ノ共有者ノ同一ナル權利ニ因リテ制限ヲ受ケ一定ノ範圍內ニ於テ行ハルルモノトス

物權法 橫田博士

第二

共有トハ數人カ共同シテ一ノ所有權ヲ有スル狀態ヲ謂フ

權利ノ主體タル各共有者ハ其單獨ノ主體タル場合ト異リ其一己ノ意思ノミヲ以テ任意ニ目的物上ニ支配權ヲ行フコトヲ得ス蓋他ノ共有者モ亦目的物ヲ支配スルノ權利ヲ有スルヲ以テナリ故ニ共有者ハ其相互ノ關係ニ於テ互ニ其權利ノ行使ヲ制限セラレ何レノ共有者モ完全ナル支配權ヲ行フコトヲ得サルモノトス約言スレハ共有者ノ權利ハ單獨所有者ノ權利ト其性質內容ヲ同フスルモ其外包（即所有權ノ分量範圍）ヲ異ニスルモノナリ（デルンブルヒ）

共有ハ數人カ同時ニ同一物上ニ完全ナル所有權ヲ有スルモノニ非ス一物ハ二主ヲ容レサレハナリ而シテ各共有者ノ權利ハ別個獨立ノ存在ヲ有スルモノニ非スシテ一所有權ノ分數ニ該當シ（所謂持分）單ニ所有權ノ一部トシテ存在ヲ有スルニ止ル

共有ノ性質ニ付テハ（一）目的物分割說（二）所有權ノ內容分割說（三）目的物ノ價格分割說アリ然レトモ共有者ノ權利ハ目的物ノ全部及ヒ各部ノ上ニ行ハレ又共有者ノ權利ハ單獨所有者ノ權利ト其內容全ク同一ナリ故ニ（一）（二）ハ誤謬ナリ又價格ハ獨立シテ存在スルモノニ非ス物ト物トノ間ニ存スル經濟上ノ關

係ニ過サルヲ以テ(三)ハ不可ナリ又價格ヲ以テ物ニ關シテ所有者ノ享有スルコトヲ得ヘキ利益(「ウインドシャイド」)ノ意ニ解スルモ此利益ハ總轄的支配權タル所有權ノ全部ヲ蔽フモノニ非サルニ依リ失當ナリ

民法理由 岡松博士

第三

共有權(Condominium, Condominius)トハ所有權ノ變態ニシテ一個ノ所有權カ數人ニ屬スル狀態ヲ謂フ(「ウインドシヤイド」一巻一六九章參照)

所有權ハ物ノ總轄的支配ナリ故ニ一物ニ付キ數個ノ所有權ノ成立スルヲ許サス之ヲ以テ一物一所有權トハ羅馬法以來ノ法律格言ナリ(Duorum is nolidum lominum nel Possessionemesse non Posse) 然レトモ一ノ所有權カ數人ニ屬スルコトアリ之ヲ稱シテ共有權ト謂フ

共有權ノ性質ニ付テハ學者間議論アリ如左

一 目的物分割主義　共有者ハ物ヲ分割シテ共有スト爲ス二派アリ如左

甲　物ノ不可分的部分ニ付キ共有者各其所有權ヲ有スト(羅馬古代ノ法學者主唱「マーテキス」一六巻「チゲスクー」三二巻三〇巻)

乙　物ノ想像的部分ニ付キ各共有者、其所有權ヲ有スト（「ウエヒテール」民事實用二七卷一六三頁）然レトモ物ノ部分ニ付キ特別ニ所有權ヲ成立セシムルコトハ所有權ノ觀念ノ許サヽル所ナリ又若共有者カ各部ニ付キ各所有權ヲ有スルモノトセハ其全體ニ付テハ何人モ所有權ヲ有スルモノナシトセサルヘカラス

二　權利分割主義　共有者ハ所有權ヲ分割シテ所有スト爲ス二派アリ如左

甲　共有者ハ所有權ノ內容ヲ分割シテ所有スト（羅馬後世ノ學者主唱「セルブス」「ウルピヤン」「パウル」等）即所有權ヲ數多ノ支分權ニ分割シ共有者ハ各其支分權ニ付キ所有權ヲ有スルモノト爲スモノニシテ所有權ハ支分權ノ總體ナリトスルノ觀念ニ基ク此說ハ所有權ノ觀念ニ反ス

乙　共有者ハ所有權ノ外包即範圍ヲ分割スト（「デルンブルヒ」）　此說ハ最穩當ナリ抑モ一人ノ占有所有權ト共有者ノ一人カ有スル所有權トハ何レモ物ノ上ニ總括的支配ヲ有スルモノニシテ其性質ニ於テハ全ク差異ヲ見ス唯數人カ一個ノ所有權ヲ有スルノ故ヲ以テ各共有者ハ共有者相互ノ利益ノ爲ニ其權利ノ行使（即行使ノ範圍）ヲ制限セラルルノミ

要之共有權ノ場合ニ於テハ一物ニ付キ所有權ノ衝突スルモノナリ故ニ他ノ權利者カ皆其權利ヲ拋棄シタルトキハ一人ノ共有者カ完全ニ其權利ヲ行使スルコトヲ得第二百五十五條ノ規定ハ共有權當然ノ結果ナリ

若、甲說（前段二、甲）ノ如クンハ他ノ共有者カ其持分ヲ拋棄シタリト雖、他ノ共有者ノ權利ハ之カ爲ニ當然擴張シテ其權利ヲ取得スルコトヲ得ス必ヤ特ニ之ヲ取得スルノ行爲ヲ要ス此說ノ缺點ナリ甲說者ハ曰ク共有者ノ持分ノ拋棄ハ所有權ノ一部ノ拋棄ニシテ他ノ共有者ハ先占ニ因リテ之ヲ取得スルモノナリト然レトモ凡、權利ノ拋棄アルモ權利ノ一部ノ拋棄ヲ認メサルハ近世法理上議論ナキ所ナリ所有權亦然リ又拋棄ニ因リ其持分ハ無主物ナリトセハ之ニ關スル第三者ノ先占ヲ認メサルヘカラス然レトモ是今日ノ法理カ未、認メサル所ナリ（「ウインドシヤイド」一巻一六九章「デルンブルヒ」一巻四五二頁乃至四五四頁「クチラルツ」一三二頁）

三　價格分割主義　共有者ハ所有權ノ價格ヲ分劃ス（「キラタネル」二三九頁「スタインレヒネル」一八七八年出版共有權性質論）

然レトモ價格ハ素、獨立ノ存在ヲ有スルモノニ非ス物ト物トノ間ニ發生シタル經濟上ノ關係ナリ故ニ價格ヲ有スル物ヲ分割スルコトヲ得ルモ價格ノミヲ獨立シテ分割スルコト能ハス（「エツク」Deppassaitige Klage 九三頁「デルンブルヒ」一卷四五五頁）

民法正解

第四

共有トハ數人ニテ一ノ所有權ヲ有スル狀態ナリ規定ノ跡ヨリ見ルトキハ共有ハ其目的物ニ因リテ之ヲ普通ノ共有及ヒ特別ノ共有（二七五）ノ二ニ區別スルコトヲ得

民法要義 梅博士

第五

共有(Condominium, Copropriété, Miteigenthumn)トハ數人共同ニテ一ノ所有權ヲ有スル狀態ヲ謂フ但第二百六十四條ノ規定アルヲ以テ學理上ニ於テハ汎ク數人共同ニテ一ノ財産權ヲ有スル狀態ヲ共有ト謂フト爲スモ可ナリ

第二節　共有ノ原因

民法原論 富井博士

第一

共有ハ種多ノ原因ヨリ生ス大別シテ二ト爲ス如左

一　共有者ノ意思ニ基ク原因　(一)數人共同シテ或物ヲ讓受クルコト(二)組合(六六八)(三)夫婦財産契約(七三九)等

二　共有者ノ意思ニ基カサル原因　(一)遺産相續(一〇二〇)(二)遺贈(一〇八七、一〇九二)(三)埋藏物ノ發見、附合、混和(二四一、二四四、二四五等)等但遺産相續及ヒ遺贈ト雖、之ヲ拋棄スルコトヲ得ル點ニ於テハ畢竟意思ニ基クモノトモ見ルコトヲ得(一〇三九、一〇八八)

物權法　横田博士

第二

共有ハ種々ノ原因ヨリ生ス之ヲ例示スレハ(一)遺産相續(二)遺贈(三)組合契約(四)動産ノ附合及ヒ混和、埋藏物ノ發見(五)當事者間ノ契約(最モ普通ナル共有原因)等ナリ

民法理由　岡松博士

第三

共有權ノ成立原因種々アリ大別シテ二ト爲ス如左

一　組合契約(會社契約ヲ包含ス)ニ因ルモノ　其共有關係ハ各契約ノ趣旨ニ因リテ之ヲ定ム故ニ其關係ハ種々アリテ一定セス

二　組合契約以外ノ原因ニ因ルモノ　其共有關係一定シ(概シテ民法二編三章三節ニ定ムル所ニ從フ)相續遺贈及ヒ夫婦財産契約之ニ屬ス

三　偶然ノ原因　例之附合混和等ノ如シ

民法正解

第四

共有ハ當事者ノ契約又ハ契約以外ノ事由ヨリ生スルコトアリ其契約中ニハ契約夫レ自身カ共有ノ原因ヲ爲スモノ（單ニ共有ヲ目的トスル契約）ト契約ノ結果カ共有ノ原因ヲ爲スモノトアリ組合、婚姻（夫婦財産ノ共産制ヲ採ルトキ）及ヒ相續（分割相續アリトスレハ）亦皆共有ノ原因タリ其原因ノ如何ニ拘ラス共有者間ニ於ケル權利義務ハ總テ共有ノ規定（民法二編三章三節）ニ從フ

民法要義
梅博士

第五

共有ノ原因ハ大凡（一）相續（家督相續ハ常ニ一人タルヘキモ（九七〇以下）遺産相續ニハ分割主義ヲ採レリ（九九四以下）尚包括遺贈ノ場合ニ於テハ家督相續人ト受遺者ト共有者タルコトアルヘシ（一〇九二））（二）組合（六六八）（三）夫婦共産制（Communauté, Gütergemeinschaft ヲ採リタルトキ）（四）共同契約（例之二人共同シテ一ノ不動産ヲ買取タルカ如シ）ノ四ヲ出テス此中特別規定ナキモノハ總テ共有ノ規定（民法二編三章三節）ニ從フ

第三節　持分

第一款　持分ノ意義（性質）

民法原論 富井博士

第一

共有ハ數人カ一定ノ分前ヲ以テ所有權ヲ有スル狀態ニシテ持分トハ其分前ヲ謂フ畢竟各共有者カ共有物ノ上ニ行フコトヲ得ヘキ一般支配權ノ範圍ニ外ナラス而シテ持分ノ多寡ハ共分物全部ノ處分權ニ關係ヲ有セスト雖其使用收益ヲ始メ共有者間ノ權利義務ノ範圍ヲ定ムルノ基礎ト爲ルモノナリ

持分ハ物權的性質ヲ有シ何人ニ對シテモ之ヲ主張スルコトヲ得

持分ハ共有ノ原因ニ依リテ定マルヲ原則トス持分不分明ナルトキハ普通ノ狀態ニ基ク推定アリ（二五〇）

共有ノ原因ニ依リテハ法律ニ於テ他ノ標準ヲ定メタル例ナキニ非ス例之組合財產（六七四、六八八、二項）附合、混和（二四四、二四五）ノ場合ノ如シ此他埋藏物ノ發見、遺產相續等ノ場合ニ於テハ其持分ハ法律上均一ナルヲ原則トス（二四一但書、一〇〇四）

物權法 橫田博士

第二

持分トハ共有者カ共有物ニ關シテ行フコトヲ得ヘキ權利ノ分前ヲ謂フ蓋分前ハ共有者各自ニ分配セラレタル一般支配權ノ分數的一部ニシテ各共有者カ共有物ニ關シテ行フコトヲ得ヘキ物上的權能ヲ組成スルモノナリ故ニ持分ハ共有者相互ノ內部關係ニ止ラスシテ物權的性質ヲ有シ何人ニ對シテモ之ヲ主張スルコトヲ得是民法カ不動產ノ賣買ニ關スル買戻ノ規定ヲ持分ノ賣買ノ場合ニ適用シ又民事訴訟法カ不動產ニ對スル強制執行ノ手續中ニ其持分ノ強制競賣ニ關スル手續ヲ規定スル所以ナリ故ニ各共有者カ其持分ヲ讓渡シ又ハ擔保ニ供スルハ單獨所有權者カ其所有權ヲ讓渡シ又ハ擔保ニ供スル場合ト法理上異ルコトナシ從テ完全所有權ヲ目的トスル法律行爲ニ關スル法則ハ總テ其持分ヲ目的トスル法律行爲ニ適用セラルルモノトス（但持分ハ債權的性質ヲ有スルモノニシテ共有者相互間ニ於ケル內部關係ナリトスルモノアリ）

共有者ノ持分ノ多少ハ主トシテ共有物ノ使用收益及ヒ管理ノ如キ共有者相互間ニ於テ差等ヲ設クルコトヲ得ヘキ權能ニ影響ヲ及ホスモノニシテ目的物ノ保存、處分ノ如キ各自ニ又ハ共同シテ之ヲ行使スルコトヲ要シ絕對ニ分

割ノ觀念ヲ容レサル權能ニハ何等ノ影響ヲ及ホスモノニ非ス
持分ノ割合即多少ヲ定ムル方法如左

一　共有者ノ持分ノ割合ハ共有ノ原因タル契約（例之共同買主カ代金分擔額ニ依リテ持分ヲ定ムヘキコトヲ約シタルカ如シ）又ハ法律ノ規定（二四四、二四五）ニ依リテ定マル

二　共有者ノ持分ハ反證ナキ限リハ普通ノ狀態ニ基ク推定アリ（二五〇）又不動產ニ付テハ登記簿ニ持分ノ割合ヲ登記セサルトキハ第三者ニ對シテハ平等均一ノ持分ヲ有スル共有者トシテ其權利ヲ主張スルコトヲ得ルニ止ル

民法理由岡松博士　**第三**　共有者ノ持分ハ共有權發生ノ原因ニ因リテ定ル其持分ノ割合カ不明ナルトキハ事理ノ常態ニ基ク推定アリ（二五〇）

民法正解　**第四**　共有ノ持分トハ想像上所有權ヲ分割シタルモノニシテ相合シテ完全唯一ノ所有權ヲ爲スモノナリ即持分ハ目的物ノ各分子ニ亘リ想像ニ因ル外ハ各自ノ目的タル部分ヲ分割スルヲ得サルモノナリ若所有權ノ分割部分ト言フヲ

語弊アリトセハ更ニ解シテ持分トハ物ニ對スル特種ノ權利ニシテ合シテ所有權ヲ成スモノナリト言フモ可ナルヘシ持分不明ナルトキハ推定アリ（二五〇）

第二款　持分ノ讓渡

第一

持分ハ何レモ他ノ共有者ノ同意ヲ要セスシテ隨意ニ之ヲ讓渡シ又ハ擔保ニ供スルコトヲ得其讓受人ハ前共有者ノ地位ヲ承繼シ共有物ノ使用、管理及ヒ不分割等ニ關スル共有者間ノ規約又ハ議決ニ拘束セラル又擔保權ヲ取得シタル者モ債務不履行ノ場合ニ於テ其持分ヲ處分スル如キ一般ノ原則ニ從ヒ其權利ヲ行フコトヲ得唯共有物ニ關シテ共有者間ニ生シタル債權（例之管理費用）ハ其性質上讓受人ニ對シテ之ヲ行フコトヲ得ス然レトモ斯ノ如クンハ其債務ヲ負擔スル共有者ハ自己ノ持分ヲ他人ニ讓渡シ以テ他ノ共有者ニ損害ヲ被ラシムルコトヲ得ル結果ヲ來スヘク又法律上ノ保護（二五九）モ竟ニ其效用ナキニ了ルヘシ故ニ第二百五十四條ノ規定アリ但此債權ニ付テハ登記ノ制ナキカ故ニ讓受人ト爲ル者ノ爲ニハ甚危險ナリ此規定ハ共有物ニ關スル債務カ特定承繼人ニ移轉スルモノト爲ス趣旨ニ非ス唯債權者ハ讓渡人ノ外、讓受人ニ對シテモ其債權ヲ行フコトヲ得ルノミ又此債權者カ其持分ヲ讓渡シタル場合ニ於テ讓受人ハ他ノ共有者ニ對シテ其債權ヲ行フコトヲ得ス

第二

共有者カ其持分ヲ讓渡シタルトキハ所有權ニ固有ナル一切ノ權能ハ勿論共有ト分離スヘカラサル共有者間ノ權利關係（例之共有物ノ不分割又ハ管理ニ關スル特約又ハ議決ヨリ生スル權利義務）モ總テ讓受人ニ移轉スルモノトス

然レトモ共有者相互間ニ生シタル純然タル債權（例之共有者ノ一人カ共有物ノ買入代金又ハ管理費用ヲ立替タル場合ノ如シ）ハ共有權ト分離スヘカラサル關係ヲ有スルコトナシ故ニ債權本來ノ性質上持分ノ讓受人ニ移轉スルモノニ非ス然レトモ第二百五十四條ノ規定アリ蓋共有物ニ關スル當事者相互ノ權利關係カ一旦確定シタル後共有者ノ一人カ其持分ヲ他人ニ讓渡シタルカ爲、此關係ニ變動ヲ生セシメ他ノ共有者ニ不利ナル影響ヲ及ホスハ不公平ナルヲ以テナリ加之共有者ノ持分ハ

共有ニ關スル債權ヲ擔保スルモノニシテ債權者タル共有者ハ分割ニ際シ第二百五十九條ノ權利ヲ有ス然ルニ債務者タル共有者カ其持分ヲ讓渡シタル場合ニ於テ一般ノ原則ニ依ランカ其債務ハ讓受人タル新共有者ニ移轉セサルモ持分ハ之ニ移轉スルヲ以テ債權者タル共有者ハ其擔保ヲ失フニ至リ其權利ヲ行フニ由ナク終ニ損害ヲ被ムルノ結果ヲ生セン知ルヘシ第二百五十四條ノ規定アルハ全ク第二百五十九條ノ規定ノ存スルカ爲ナルコトヲ共有ニ關スル債務ハ依然トシテ讓渡人ノ債務ニシテ其持分ノ讓渡ト共ニ讓受人ニ移轉スルモノニ非ス唯讓受人ハ法律ノ規定ニ依リ他人ノ債務ヲ履行スルノ責ニ任スルノミ而シテ此責ニ任スルハ畢竟持分ヲ有スルカ爲ニシテ其義務ハ所謂物ニ關シテ負擔スル義務ノ一種ナルカ故ニ其持分ヲ他人ニ讓渡スルト同時ニ此義務モ亦之ヲ免脱スルモノト解ス蓋第二百五十四條ノ規定ハ舊民法ニ所謂共有者ノ先取特權ニ代リタルモノナレハナリ

又共有者ノ一人カ其持分ヲ擔保ニ供シタルトキハ債權者ハ其持分ヲ賣却シ又ハ其代價ヲ以テ債權ノ辨濟ニ充ツルコトヲ得

民法理由
岡松博士

第三

特定承繼人ニ關スル規定（二四二五）アルハ其債權ハ共有物ニ付キ發生シタルモノニシテ共有者タル身分ニ伴フノ債權ト爲スヲ以テ其權利ノ行使上便益トスレハナリ若、持分ノ譲渡ニ因リ其債務カ當然譲受人ニ移轉スルモノトセハ共有者ノ一人ハ其債務ヲ免レンカ爲、無資力ニ等シキ第三者ニ其持分ヲ譲渡シ以テ其義務ヲ免レ他ノ共有者ハ損害ヲ被ルノ虞ナキヲ保セス其債務ハ性質上人ヲ以テ信用ノ基礎トシテ生シタルモノナルヲ以テ死亡ノ如キ止ムヲ得サル場合ノ外ハ債權者ノ合意ナキニ拘ラス債務者ノ行爲ノミニ因リ其債務ノ主體ヲ變更セシムルハ債權者ノ利益ヲ保護スル所以ニ非ス即債權者ハ其譲渡人及ヒ特定承繼人ノ雙方ニ對シ其選擇ヲ經テ權利ヲ行使スルコトヲ得

民法正解

第四

通常特定承繼人（買主、受贈者等）ハ何等ノ負擔ヲモ承繼セサルニ特ニ第二百五十四條ノ規定アルハ費用ヲ出シタル共有者ヲ保護センカ爲ナリ但債務ハ特定承繼人ニ移ルニ非ス元ノ共有者ニ對シテモ素ヨリ其債權ヲ行フコトヲ得

第五

債權ハ其性質上第三者ニ對抗スルコトヲ得ス共有物ニ關スル債權（例之物ノ使用又ハ管理ノ方法ニ關スル契約、管理費用其他共有物ノ負擔ニ關シ分擔ノ割合ヲ定メタル契約、他ノ共有者カ立替ヘタル費用其他ノ負擔或期間分割ヲ爲サヽル契約（二五六、一項但書）分割ニ關スル契約等ヨリ生スル）亦然リ從テ共有者ノ一人ハ自己ノ持分ヲ他人ニ讓渡シ以テ其義務ヲ免ルルヲ得他ノ共有者ハ爲ニ損害ヲ受クルコトアルヘシ是特定承繼人即持分ノ讓受人（二五四）ニ關スル規定アル所以ナリ持分ノ讓渡人ハ其讓渡ニ因リテ義務ヲ免ルルコトナキニ拘ラス尙第二百五十四條ノ規定アル所以ハ共有物ニ關スル債權ハ既ニ共有者ニ非サル者ニ對シテ之ヲ行フコトヲ得サルコト尠カラサルト現在ノ共有者タル讓受人ニ對シテ其債權ヲ行フコトヲ得セシムルハ他ノ共有者ノ爲ニ便利ナレハナリ而シテ讓受人ハ讓渡人ニ對シテ求償權ヲ有スルハ勿論其讓受ニ際シ讓渡人ノ義務ヲ詳ニスレハ毫モ損害ヲ受クルノ虞ナキモノトス但現行法ノ如ク之ヲ登記セシメストセハ寧、本條ヲ設ケサルニ若カサランカ

此規定ハ其債務ヲ特定承繼人ニ移轉スルニ非ス唯他ノ共有者ノ權利ヲ定メ

タルニ過キス但物ノ使用若クハ管理ノ方法、費用其他ノ負擔分擔ノ割合、分割ヲ爲ササル契約ヨリ生スル債權、分割ニ關スル契約ニ因リテ生スル債權等ハ其性質上已ニ共有者ニ非サル讓渡人ニ對シテ之ヲ行フコトヲ得ス唯讓受人ノ義務不履行ノ場合ニ損害賠償ヲ求ムルコトヲ得ルノミ

此規定ハ前條二項ト相俟ツテ效用ヲ完ウスルモノナリ此規定ナカランカ持分讓渡ノ場合ニ於テハ前條二項ノ權利ヲ行フコト能ハサレハナリ

第三款　持分ノ増加

第一

各共有者ハ其所有權ノ分量ニ付キ他ノ共有者ノ權利ニ因リテ制限ヲ受クルニ過キス故ニ其一人ノ權利ニシテ消滅スルトキハ他ノ共有者ノ持分ハ之カ爲ニ當然増加ス（二五五「デツンブルヒ」一九五節三項）若シ然ラストセハ其持分ハ無主財産ト爲リテ先占又ハ相續人ノ曠缺ニ關スル規定（二三九、一〇五九）ノ適用ヲ來シ又ハ少クトモ其解釋ヲ生セン

第二

所有者ノ異種（地上權、永小作權等）又ハ同種（共有）ノ權利ノ爲ニ其權利ヲ制限セラルルコトアルモ所有權ニ反歸力（三編六章一節第三參照）アルノ結果其制限ノ消滅ニ因リテ早晩完全ナル支配權ヲ回復スルノ能力ヲ有ス故ニ共有者中ノ一人ノ權利カ消滅シタルトキハ其持分ハ殘存セル共有者ノ持分ヲ增加スルト同時ニ共有物ノ所有權ハ爾後殘存セル共有者ニ歸屬スルモノト爲スヲ以テ共有ノ性質ニ適合スルモノトス（二五五）此場合ニ於テハ其拋棄者又ハ死亡者ノ持分ハ無主トナルヲ以テ先占者又ハ國庫ノ有ニ歸スルコトヲ得ルニ似タレトモ他ニ共有者ノ存スルヲ以テ此原則（二三九）ヲ適用シテ其效果ヲ定ムルコトヲ得サルナリ

第三

共有者カ其持分ヲ拋棄シタル場合ニ於テ其持分ヲシテ先占者ニ歸屬セシメンカ他ノ共有者ニ對シテ酷ナル所アリ且多クノ紛議ヲ生スルノ虞アリ加之法律ハ此種ノ持分ヲ他ノ共有者ニ與ヘテ可成共有ノ速ニ消滅センコトヲ欲ス況先占ノ規定ハ動產（有形物）ニ限リテ之ヲ適用スルコトヲ得ルモノニシテ持

分ノ如キ無形ノ財産ニハ之ヲ適用シ難キ所アリ（故ニ不動産上ノ持分カ無主ト爲ルモ第二百三十九條ヲ適用スルコト難ク第二百五十五條ヲ適用セサルヘカラス）又準占有ノ原理ヲ所有權ノ章ノ規定ニ適用シ得トモ斷言シ難キ所アルニ於テオヤ是第二百五十五條ノ規定アル所以ナリ

尚共有者各自ノ關係ハ稍〻債權ノ性質ヲ帶フル所アリ而シテ債權ノ拋棄ハ債務者ノ利益ト爲ル果シテ然ラハ共有者ノ拋棄シタル持分ヲシテ他ノ共有者ニ歸屬セシムルハ二者ノ比較上其權衡ヲ得タルモノナルヘシ

第四

第二百五十五條ノ規定ナカランカ共有物ノ動産タルト不動産タルトニ依リ拋棄シタル持分ハ或ハ先占者ノ有ニ歸シ或ハ國ノ有ニ歸スヘシ然レトモ是人情ニ戻リ實際上必要ナシ蓋其物、動産ナランカ理論上之ヲ先占取得スルコトヲ得ヘキモ既ニ共有者アリ實際上他人ノ之ヲ占有スルコトハ不能ナリ而シテ共有者ハ共有物上ニ權利ヲ有スルヲ以テ拋棄シタル持分ニ付キ占有ノ意思ヲ表示スルコト稀ナルヘク假令之ヲ表示スルモ數人同時ニ表示スルコト殆〻ナカルヘシ從テ其前後ヲ知リ難キコト多キヲ以テナリ又其物不動産ナルモ第二百三十九條二項ハ元來止ムヲ得サルニ出テタル規定ニシテ拋棄シタル持分ヲ國有ニ歸セシムルモ實際不便多ク利益少キヲ以テ寧其適用ヲ避クヘク且此規定ハ主トシテ先占ニ關スル爭鬪ヲ避ケンカ爲ニシテ拋棄ノ場合ニ於テハ己ニ他ノ共有者アリテ爭鬪ノ弊害ナケレハナリ
相續人ナクシテ死亡シタル者ノ持分ニ關シテモ其理由同一ナリ（一〇五九參照）

第四節　共有者ノ權利義務

第一款　共有者ノ權利

第一　共有物ノ使用收益　其程度ハ共ニ持分ノ割合ニ依ルヘキモノトス（二四九）

甲　使用　各共有者ハ共有物全部ノ上ニ所有權ヲ有スルカ故ニ其使用權モ亦共有物ノ全部ニ付キ行ハルルモノトス唯他ノ共有者ノ權利ヲ害セサル範圍內ニ於テ其行使ヲ爲スヘキノミ

乙　收益　天然果實ト法定果實トヲ問ハスト雖自己ノ持分ヲ超過シテ收

取シタル果實ハ之ヲ他ノ共有者ニ償還セサルヲ得ス

二　共有物ノ處分　共有物ノ處分權ハ總共有者ニ屬ス故ニ之ヲ行使スルニハ其一致ヲ以テスルコトヲ要ス是共有物ノ全部ハ共有者一同ニ屬シ其一小部分ト雖共有者ノ一人ニ於テ之ヲ處分スルハ他ノ共有者ノ權利ヲ侵害スルモノナレハナリ但持分ノ處分ハ各共有者ノ隨意タルコト勿論ナリ所謂共有物ノ處分トハ其有形上ノ處分（物ノ滅失毀損ハ勿論、山林ヲ田畑ニ變シ材木ヲ以テ家屋ヲ建築スルカ如キ其實質形狀ニ變更ヲ加フルヲ言フ）ト法律上ノ處分（共有物ノ讓渡共有物上ニ地上權抵當權等ヲ設定スルヲ謂フ）トヲ總稱ス有形上ノ處分ハ共有物ニ關スル權利ヲ處分スルニハ非スト雖、其性質及ヒ結果ニ於テ管理ノ範圍ヲ超エタル重大ナル行爲ナリトス（二五一參照）

三　共有物ノ管理（一〇三）　保存行爲、利用改良ヲ目的トスル行爲ノ二種アリ前者ハ各共有者之ヲ專行スルコトヲ得（二五二但書）蓋物又ハ權利ヲ保全スルニ缺クヘカラスシテ他ノ共有者ノ爲ニモ利益ト爲ルヘク且迅速ヲ要スルコト多ケレハナリ故ニ第三者ニ對スル所有權上ノ訴及ヒ占有訴權ノ如キモ各共有者單獨ニ之ヲ行フコトヲ得後者ニ付テハ第二百五十二條前段ノ規定

（頭數ノ多數ニ非ス）アリ素ヨリ強行法ニ非ス但共有物ニ變更ヲ加フル行爲ハ假令其利用改良ノ爲ニスルモ常ニ總共有者ノ一致ヲ要ス（二五一）

尚各共有者ハ一ノ重要ナル權利ヲ有ス即共有物分割請求權是ナリ

第二　共有者ノ權利ハ所有者ノ權利ニ外ナラス唯單獨所有者ノ場合ト稍其趣ヲ異ニスルノミ

一　使用權　各共有者ハ共有物ノ全部ニ付キ其用法ニ從ヒ持分ニ應シタル使用ヲ爲スコトヲ得（二四九）但實際上各自使用ノ割合（持分ニ基ク）ヲ算數的ニ定ムルハ不可能ナルヲ以テ此點ハ當事者ノ協議ヲ以テ之ヲ決定スルノ外ナシ

二　收益權　共有者ハ其持分ノ割合ニ應シテ收益ヲ爲スコトヲ得其利益ノ共有物ヨリ生スル果實、共有物ノ分割賣却ヨリ生スル所得ノ如ク豫期シ得ヘキモノタルト埋藏物ノ共有權、持分ノ増加（二五五）ノ如ク當事者ノ豫期セサル偶然ノモノタルトヲ區別スルコトナシ

三　處分權　有形上ノ處分（滅失毀損又ハ變更）ト法律上ノ處分（共有物ヲ讓渡シ賃貸シ若クハ擔保ニ供シ又ハ

（共有物上ニ地上權、永小作權ヲ設定スル等）トヲ問ハス共有者一同ノ意思ニ基クニ非サレハ之ヲ爲スコトヲ得ス各共有者ノ權利ハ共有物ノ全部及ヒ各部ノ上ニ存スルヲ以テ假令一部分ト雖、他ノ共有者ノ同意ナクシテ之ヲ處分スルハ其權利ヲ侵害スルモノナレハナリ然レトモ共有者カ其持分ニ關シ法律上ノ處分ヲ爲スハ其隨意ナリトス他ノ共有者ノ權利ニ何等ノ影響ヲ及ホスモノニ非サレハナリ但持分ノ讓渡ヲ禁止スル契約ハ所有權ノ讓渡ヲ禁止スル契約ト等シク第三者ニ對シテハ何等ノ效力ヲ生セサルモノトス

四 管理權　管理行爲ニ二種アリ（一〇三）如左

甲　共有物ノ保存行爲（動產ノ讓渡人ヨリ其引渡ヲ受ケ共有不動產ノ移轉登記ヲ爲スモ亦一種ノ保存行爲ナリ二五二但書）

蓋、保存行爲ハ物ノ滅失毀損其價格又ハ權利ノ消滅減縮ヲ防止スルノ權利ニシテ急速ヲ要シ且自己ノ權利ヲ防衛スルカ爲ニ必要ナルヲ以テナリ

乙　共有物ノ利用改良ヲ目的トスル行爲（二五二前段）　蓋、其利用改良ハ其方法ノ如何ニ依リテ其結果ヲ異ニシ各共有者ノ利害ニ關スルコト少カラサ

レハナリ共有物ノ變更ハ假令其利用改良ノ爲ニスルトキト雖、第二百五十一條ノ規定ニ從フ(其理由前述三處分權ニ同シ)

五　第三者ニ對スル權利　共有者ハ共有物ニ關スル第三者ノ干渉ヲ拒絶シ共有物ニ對スル第三者ノ侵害行爲ニ對シ救濟(所有權ニ固有ナル)ヲ求ムルコトヲ得

第三

共有權ハ單獨所有權ニ非サルヲ以テ共有者ハ共有物ヲ隨意無制限ニ使用スルコト能ハス他ノ共有者ノ利益ヲ害セサル限度ニ於テスルコトヲ要ス(二四九)

共有者ハ共有物ノ管理ニ付キ二個ノ權利ヲ有ス如左

一　共有物ノ保存ニ關スルモノ(二五二但書)　蓋保存行爲ハ時ニ第三者ト雖、之ヲ爲スコトヲ得ルモノニシテ(事務管理)物ノ維持ニ必要不可缺ノモノナレハナリ

二　共有物ノ利用及ヒ改良ニ關スルモノ(二五二前段)　是、物ノ維持ニ必要ノモノニ非ス又物ノ變更ノ如ク目的物ノ價格ニ非常ノ影響ヲ生スヘキモノニモ非サレハナリ但管理ノ爲ニスル行爲ト雖、共有物ニ變更ヲ加フルハ第二百五十一條ノ規定ニ依ル是、各共有者ノ權利ヲ重ンシ之ヲ保護スル趣旨、ニ出

ツ蓋其變更ハ動モスレハ著シク其價格ヲ損スルノ虞アルヲ以テナリ

尙共有者ハ共有物分割請求權ヲ有ス（二五六、參照二五七）若夫第二百五十五條ノ規定ノ如キハ共有權當然ノ結果ナリトス

第四

物ノ使用ハ他ノ共有者ノ使用ヲ妨ケサル限リ各共有者隨意ニ之ヲ爲スコトヲ得（二四九）各共有者ハ其權利ノ範圍内ニ於テ他人ヲシテ之ヲ使用セシムルコトヲ得ルヤ或ハ是管理行爲ナルカ故ニ過半數ヲ以テ決スヘキモノナリヤハ人ニ依リテ其見ル所ヲ異ニスルナラン

共有物ノ處分中物ノ變更ハ其「イダンチテー」ヲ消滅セシムルニ非スシテ其形狀性質若クハ用法ヲ變スルモノナリ從テ其變更中ニハ物ノ管理トモ見ルヘキ事柄ヲモ含ムナラン物ノ變更ニ關シテハ規定アリ（二五一）是其變更ハ總共有者ニ大關係ヲ有シ時ニ物ノ消滅ニ等シキ結果ヲ生スルコトアルヲ以テナリ物ニ物權ヲ附着セシムルハ必シモ物ノ變更ニ非サルモ質權抵當權ノ如ク物ノ處分ヲ惹起スルニ至ルヘキ物權ヲ附着セシムルニハ其行爲者ニ物ノ處分

權アルヲ要シ且總共有者ノ同意ヲ要ス賣買贈與破壞亦然リ

第二百五十一條ハ當然ノ規定ナリ之アルハ變更中ニハ或ハ管理ト見ルヘキ行爲アリテ物ヲ變更スル管理ニモ總一致ヲ要セサルヤノ疑ヲ生スルト且理論上持分ト所有權トハ別物ナルニ各共有者ハ持分ニ應シテ物ヲ處分スルコトヲ得ルカノ如キ誤リヲ生スルノ虞アルカ爲ナリ

物ノ管理(利用改良及ヒ保存)ハ共有者ノ多數決ニ依リテ之ヲ決ス其多數決ハ頭數ニ依ラスシテ價格ニ依ル(二五二)是物ニ付キ最大ノ利害關係ヲ有スル者ノ利益ヲ保護スル主意ナリ例外如左

一　共有物ノ保存行爲(二五二但書)是利用改良ト異リ必要行爲ニシテ又其行爲ハ常ニ總共有者ヲ益スルコト明ナレハナリ

二　共有物ニ變更ヲ加フル管理行爲(二五二前段)總共有者ノ同意ヲ要ス

尙共有物ノ管理ハ何人カ爲スヘキヤ明文ナキヲ以テ共有者ノ隨意タルヘシ即其一人タルト共有者以外ノ者タルトヲ問ハス之ヲ選任スルコトヲ得

尙第二百五十三條二項ノ權利アリ若シ其取得スルコトヲ得ヘキ持分ノ價格カ

負擔ノ額ヨリ小ナルトキハ他ノ共有者ハ尙其不足額ヲ請求スルコトヲ得共有者ノ義務ハ持分ヲ以テ限リトスルニ非ス然レトモ他ノ共有者カ償金支拂ノ資力ナキカ或ハ債務者ノ持分ヲ取得スルコトヲ欲セサルトキハ普通ノ手續ニ從ヒ其負擔額ノ支拂ヲ請求スルコトヲ得又其所謂「一年內」ノ起算點ハ支出スヘキ時ナリ其時ハ當事者ノ契約ニ因リテ定マリ其定ナキトキハ從來ノ慣行及ヒ諸般ノ情況ニ因リテ之ヲ定ムヘキモノトス

第五

共有者ノ權利中、物ノ使用ハ大抵數人同時ニ之ヲ爲スコト能ハスト雖各共有者ハ他ノ共有者ノ權利ヲ害セサル範圍內ニ於テ其使用ヲ爲スコトヲ得スンハアルヘカラス其使用ノ程度ハ持分ニ應スヘキモノトセリ（二四九）然レトモ共有權ハ物ノ全部ノ上ニ存スルカ故ニ各共有者ハ物ノ一部ノミヲ使用シ得ルニ非スシテ其全部ヲ使用スルコトヲ得ヘシ其持分ハ共有ノ原因ニ由リテ定ルヲ原則トスレトモ不明ナルトキハ推定アリ（二五〇）是當然ナリ但例外アリ例之組合財產ノ如シ（六七四、六八八、二項）尙共產制ニ於テハ別段ノ契約ナキトキハ夫婦平

等ノ割合ヲ以テ其財産ヲ共有スルモノトスヘシ

各共有者ニ共有物ノ變更(例之田ヲ變シテ畑ト爲シ金塊ヲ以テ指環ヲ作ルカ如シ)ニ關スル同意權(二二五)アルハ物ノ變更ハ物ノ處分ニシテ各共有者ハ物ノ各部ニ付キ所有權ヲ有シ從テ所有權ノ特質タル處分權ヲ有スルヲ以テナリ

共有物ノ管理ハ共有者一同ノ同意ヲ要セス各共有者ノ共有物ニ付キ有スル權利ハ其持分ニ應スルヲ以テ其行使モ亦持分ニ應セシメタリ然レトモ物ニ變更ヲ加フルハ假令其目的管理(利用改良 Administration. Verwaltung.)ニ在ルモ必ス共有者一同ノ同意ヲ要ス保存行爲ハ物ノ毀滅耗盡ヲ防ク行爲ナルヲ以テ各共有者ノ專斷ヲ許セリ(二二五)

第二款 共有者ノ義務

第一

各共有者ハ共有物ノ上ニ存スル他ノ共有者ノ同種ノ權利ヲ尊重スル義務ヲ負フ共有物ノ使用、收益、處分及ヒ管理ニ關スル各自ノ權利ニ制限アルハ則チ此義務ノ實現セルモノニ外ナラス殊ニ共有物ニ變更ヲ加ヘ又ハ其利用、改良ヲ爲スニ共有者ノ各員又ハ過半數ノ同意ヲ必要トスル如キハ最著大ナル制限ニシテ各共有者ニ共有物分割ノ請求權アルニ因リ始メテ其實行ヲ期スルコトヲ得ルモノトス何トナレハ他ノ共有者ニ於テ共有關係ノ存續ヲ有益ト認ムル限リハ通常其處置ニ贊同スヘキハ當然ナレハナリ

第二百五十三條一項ノ規定ハ此義務ヲ負フ一結果ナリ其費用及ヒ負擔(例之租税)ハ共有物ノ全部ノ爲ニ必要ナルカ故ニ各其利益ヲ受クル割合ニ應シテ之ヲ支辨スヘキハ當然ナリ其義務ノ不履行ニ關シテハ他ノ共有者ハ一般ノ原則ニ從ヒ之ヲ强制スルコトヲ得ヘキモ其不履行ノ如キハ將來ニ於テモ共有關係ノ圓滑ヲ保ツコト能ハサル徵候ナリ故ニ同條二項ノ規定アリ是、第二百五十四條及ヒ第二百五十九條等ト相俟ツテ特ニ共有者間ノ權利關係ヲ確保スルノ必要ニ出テタルモノナリ

尙共有物ノ分割アリタルトキハ擔保及ヒ證書保存ノ義務ヲ生ス

第二

各共有者ハ管理ノ費用（利用、改良、保存費用）ヲ拂ヒ其他共有物ノ負擔（公租公課）ニ任ス（二五三、一項）是各共有者ハ其持分ノ割合ニ應シテ共有物ヲ使用收益スルノ權利アルト其費用ハ共有者共同ノ利益ナレハナリ

其義務ノ履行ニ關シ第二百五十三條二項ノ規定アルハ蓋他ノ共有者ハ其不支辨ノ爲ニ尠カラサル不便ヲ感スルノミナラス斯ノ如キ者ト共同シテ物ヲ所有スルハ不利ナルヲ以テナリ（問題三五參照）

第三

一 共有者ハ共有物ニ付キ管理者ノ責任（Culpa in concreto）ヲ負フ　共有者ハ共有物ヲ單獨ニ所有スルモノニ非サレハナリ

二 共有者ハ共有物ニ付キ其持分以上ノ收益ヲ爲シタルトキハ之ヲ返還スルノ義務ヲ有ス　不當利得ノ原則ニ因ル當然ノ義務ナリ

三 共有者ハ共有物ニ付テノ必要費用（即所謂管理ノ費用、其他共有物ノ負擔）ヲ分擔スルノ義務ヲ負フ（二五三）　蓋共有者ハ共有物ヨリ生スル利益ハ共同シテ之ヲ享受スルヲ以テナリ是眞ニ共有關係ヨリ負フ所ノ義務ナリ

民法正解

第四

物ノ共有者ハ其物ニ關シテ持分ニ應スル利益ノ分配ヲ受クルヲ以テ又其負擔(租税修繕費改良費等)ヲ分擔セサルヘカラス(二五三、一項)負擔額ヲ持分ニ應セシメタルハ權義ノ衡平ヲ得セシメタルナリ

民法要義 梅博士

第五

共有物ノ管理費用租税等ハ共有物全部ノ爲ニ拂ヒタルモノナレハ第二百五十三條一項ノ規定アリ

共有者カ此義務ヲ履行セサルトキハ他ノ共有者ハ其者ト共有ヲ繼續スルコト能ハサルコト多カルヘク又斯ノ如キ共有者アリテハ共有者間ノ和熟得テ望ムヘカラス是同條二項ノ規定アル所以ナリ此義務ノ履行ハ普通ノ方法ニ從ヒ强制シ得ルコト勿論ナリ

第五節　共有物ノ分割

第一款　分割請求權

第一

共有關係ハ或ハ共有物ノ讓渡、競賣又ハ公用徵收等ニ因リ或ハ第二百五十三條二項又ハ第二百五十五條ノ適用ニ因リテ消滅スト雖、其最重ナルモノヲ共有物ノ分割トス（組合其他分割ノ基礎タル法律關係終了ノ場合ニ於テモ其結果分割ヲ生ス（六八八、二項））

分割請求權ニ關スル規定（二五六）ノ理由ハ蓋共有ハ財產ノ改良及ヒ流通ヲ妨礙シ經濟上不利ナル狀態ニシテ殊ニ共有者中此狀態ヲ持續スルコトヲ欲セサル者アルトキハ到底其間ニ圓滿ナル關係ヲ保ツコト能ハサレハナリ

此原則（二五六）ハ公益上ノ理由ニ基キ强行法ニ屬ス唯共有物ノ時價又ハ共有者ノ需要等ニ因リ一時不分割ノ契約ヲ爲スヲ便利トスルコトアリ是其但書（二五六、一項）アル所以ナリ其五年ヨリモ永キ期間ヲ定メタル契約ハ無效ナリ永小作權其他ノ場合ニ於ケル如キ特別規定ナキヲ以テナリ（二七八、一項三六〇、一項六〇四、一項參照）

其期間更新ニ關スル規定（二五六、二項）アルハ若、前期間ノ滿了時ヨリ更ニ新期間ヲ起算スルコトヲ得ルモノトセハ五年ヲ以テ最長期ト爲セル立法ノ趣旨ハ毫モ之ヲ貫徹スルコトヲ得サレハナリ但更新ハ幾度之ヲ爲スモ妨ナシ分割請求權ニハ尙一ノ制限(二五八)アリ(其理由ハ三編四章七節參照)又共有ノ原因ニ因リテモ例外ナキニ非ス組合終了前組合財產ヲ分割スルコトヲ得サル如キ是ナリ

第二

共有物ノ利用又ハ改良ハ共有者共同ノ意思ニ依テ之ヲ爲スヘキモ共有者ノ意思ハ動モスレハ一致ヲ缺キ爲ニ充分其利用又ハ改良ヲ爲スコト能ハサル場合多ク且共有者ノ持分ハ任意ニ之ヲ處分スルコトヲ得ルノ結果、共有者ハ時ニ其意ニ充タサル者ト共有關係ヲ繼續スルノ不利ヲ忍ハサルヲ得サルヲ以テ共有ハ經濟上極メテ不利益ナル狀態タルヲ免レス從テ此狀態ハ可及的速ニ之ヲ廢止セシムルノ要アリ是特別規定(二五六、一項前段)アル所以ナリ例外如左

一　共有物ノ性質上分割ヲ許サヽルトキ(二〇八、二二九)其共有ハ共有者ノ爲ニ必要ニシテ其廢止ハ却テ相互ノ不利益トナルヲ以テナリ(二五七)組合財產ノ共有モ亦組合ノ存續期間內其分割ヲ許サス(六七六、二項)

二　或期間內ニ於ケル不分割ノ特約(二五六、一項但書)是當事者ノ需要ニ應スルノ利益アリテ其期間長カラサルヲ以テ公益ヲ害スルノ虞ナケレハナリ

其期間ニシテ五年ヲ超ユル契約ハ不法無效ナリ（二五六、二項但書）永小作權、不動産質權（二七八、一項後段、三六〇、一項後段）ニ付テノ規定ト其趣ヲ異ニセルハ經濟上不利益ナル共有狀態ヲ成ルヘク廢止セントスルノ精神ニ出テタルモノナリ（二五六、二項參照）

共有物分割ノ請求ハ被請求者ヲシテ請求者ト共ニ共有物ノ分割ヲ爲スノ責務ヲ負ハシメ其分割手續ヲ進行スルコトヲ拒ムコトヲ得サラシムルヲ以テ唯一ノ效果ト爲ス故ニ相手方ニ對スル片面的意思表示ニ因リテ其效ヲ生シ其同意若クハ之ニ代ルヘキ判決ヲ必要トセス

第三

共有者ハ其相互ノ關係ニ因リ制限セラレ單獨所有權ノ如キ完全ノ效用ヲ爲スコト能ハス動モスレハ共有者間ニ於テ使用收益其他管理ニ付テ種々ノ紛爭ヲ生シ易シ從テ財産ノ改良ヲ妨ケ融通ヲ害スルニ至ルコトアリ是分割請求權ヲ認ムル所以ナリ（二五六、一項前段）分割請求權ハ公益上設定セラレタルモノニシテ之ニ對スル反對契約ヲ許サヽルヲ原則トス例外如左

一　五年ヲ超エサル期間内ニ於ケル不分割ノ契約　是便益ナレハナリ

二　第二百八條第二百二十九條ニ掲ケタル共有物(二七五)是、共有ニ依リテノミ其用ヲ爲シ其分割ハ著シク其價格ヲ減損スルヲ以テ經濟上共有關係ノ存續ヲ必要トスレハナリ是等ノ物ニ付テハ理論上二個ノ處分法アリ如左

甲　相隣者カ其部分ヲ分割シテ所有ス(Pro diviso)論理上之ヲ想像スルコトヲ得ヘキモ實際ニ行ハレス又近世ノ法理ハ一部ノ所有權ヲ認メス

乙　部分ニ分割セスシテ相隣者ノ共有トス(Partibus indivisis)羅馬法以來實際ニ行ハルル處分法ナリ

第四

共有物ハ各共有者ノ請求ニ依リテ之ヲ分割シ得ルヲ原則トス(二六五)共有者ノ一人ノ分割請求ニ對シ他ノ共有者之ニ同意セサルトキハ裁判所ニ請求シテ強制的ノ分割ヲ爲スコトヲ得素ヨリ分割ニ關スル特約ハ有效ナレトモ不分割ノ期間ニシテ五年ヲ超ユル部分ハ無效ナリ蓋共有ノ永續ハ公益ニ反スレハナリ例外(即隨意ニ分割ヲ請求スルコトヲ得サル共有物)如左

一　第二百八條及ヒ第二百二十九條ニ掲ケタル共有物(二八五)是其性質ニ基

ク例外ニシテ是等ノ共有物ハ特約ナキトキハ永久ノ共有物ト推定ス從テ如何ニ共有期間ヲ長期ニスルモ其特約ハ有效ナリ蓋是等ノ共有物ハ之ヲ分割スルモ其利益ナク却テ共效用ヲ減スルヲ以テナリ

二　組合財產(六六八) 是特種契約中最、頻繁ナル組合契約ヨリ生スル共有物ニシテ其分割ノ期間ハ組合契約ノ如何ニ因リテ定ルモノトス

第五　共有者ノ意見合致スルニ非サレハ充分物ノ利用改良ヲ爲スコト能ハサルヲ以テ共有ハ經濟上不利ナルモノナリ是立法者カ力メテ速ニ共有ヲ終了セシメント圖ル所以ナリ第二百五十六條ハ則此精神ニ基ク然レトモ共有者間ノ需用又ハ物ノ價格ノ高低ニ因リ一時不分割ヲ利トスルコトアリ是同條但書アル所以ニシテ其契約ハ敢テ國益ヲ害スルノ虞ナク而モ當事者ニ便利ナルモノトス其五年ヲ超ユル期間ヲ以テスル不分割ノ契約ハ不法無效ナリ更新(Renouvellement, Erneuerung)ノ性質ハ當事者ノ意思ニ從フヘク唯其意思不明ナル場合ニ於テハ寧、前契約ヲ解除シ更ニ新契約ヲ結ヒタルモノト視ルヘ

キカ更新期間ハ前期間終了後ヨリ起算スヘカラス是不分割ニ關シ最長期間ヲ定メタル立法ノ趣旨ヲ貫カンカ爲ナリ

第二百五十七條ハ本條ノ例外ヲ規定シタルモノナリ蓋第二百八條及ヒ第二百二十九條ニ掲ケタル共有物ハ皆之ヲ共有スルニ因リテ其用ヲ爲スモノニシテ之ヲ分割セハ却テ其用ヲ爲サヽルモノナレハナリ通常ノ場合ニ於テ共有ヲ不利トシ分割ヲ利トスルト全ク正反對ナリ

第二款　分割ノ方法

第一

共有物ノ分割トハ必シモ現物分割ノ謂ニ非スシテ共有關係ヲ終了セシムル一方法ナリ協議上ノ分割ヲ原則トシ協議調ハサルトキハ(分割ノ方法又ハ分割合ニ付キ)各自ノ請求ニ依リ裁判上ノ分割ニ移ル其割合ハ何レモ共有者ノ持分ニ應ス

一　協議上ノ分割　種々ノ方法アリ大別シテ現物分割及ヒ價格分割ノ二トス前者ハ第二百五十八條二項ノ場合又ハ共有者中ノ一人カ共有物ノ專有

ヲ欲スル等ノ場合ニ行ハル其各自ノ配當分ノ有無又ハ不平均ハ償金ノ支拂ニ依リテ之ヲ補正ス後者ハ共有物カ分割ニ適セス又ハ共有者カ其價格ノ分配ヲ欲スル場合等ニ行ハル

二　裁判上ノ分割　現物分割ヲ原則トシ競賣代金ノ割當（二五八、二項）ヲ例外トス

裁判上ノ分割ハ非訟事件ナリ然ルニ非訟事件手續法ニハ分割ノ手續ニ關シテ何等ノ規定ナシ故ニ訴訟事件トシテ其請求ヲ成スヘキモノトスル慣例ヲ爲スニ至レリ故ニ分割ノ請求ハ他ノ共有者一同ニ對スル訴ヲ以テ之ヲ爲ササルヘカラス又裁判所カ現物分割又ハ競賣ヲ命スルハ判決ヲ以テスヘキモノトス共有者ハ分割ノ割合ニ關シテ一定ノ申立ヲ爲スコト必要ナルヘシ（民訴一九〇）然レトモ裁判所ハ其申立ニ拘束セラルルモノニ非ス

共有物ノ分割ハ共有者ハ勿論共有者以外ノ者（共有物ニ付キ權利ヲ有スル者（地上權者抵當權者賃借人等）及ヒ各共有者ノ債權者）ノ利害ニモ關係ヲ有ス故ニ法律ハ此等ノ者ヲシテ其權利ノ防護即分割ニ付キ自己ノ意見ヲ述ヘ其實行ヲ監督スルコトヲ得セシム（二六〇）

第二百五十九條ハ共有物ニ關スル債權ノ實行ヲ確保スルノ趣旨ニ出ツ第二

百五十三條二項及ヒ第二百五十二條ノ規定皆然リ蓋各共有者ヲシテ共有物ニ付キ其持分ニ對當スル利益ヲ受クルニモ拘ラス其負擔ニ屬スル債務ヲ辨濟セサルカ如キ不公平ナル結果ヲ生セサラシメンカ爲ナリ

第二

分割ノ方法ニ三種アリ如左

一　現物分割　共有物カ可分物ニシテ分割ノ爲ニ其價格ヲ損スルノ虞ナキ場合ニ於テハ最適當ノ方法ナリ其分割ハ持分ノ割合ニ應ス

二　價格賠償　共有者中ノ或者カ共有物ノ全部又ハ一部ノ所有權ヲ得、持分ノ割合ニ應シテ相當價格ヲ他ノ共有者ニ賠償スルヲ謂フ共有者中ノ或者ニ共有物ヲ自己ノ有ト爲スノ意思アリテ他ノ者ニ之ナキ場合ニ行ハル

三　賣却代金ノ分割　共有物カ分割ニ適セサル場合又ハ共有者カ其價格ヲ收ムルノ必要ヲ感スル場合ニ行ハル

分割ノ手續ニ二アリ如左

一　協議上ノ分割　以上三方法中何レニ依ルモ可ナリ其協議ハ總共有者ノ

同意ヲ要ス。一人ニテモ不同意者アルトキハ分割ヲ許サス

二 裁判上ノ分割(二五八)　第二百五十六條ハ共有物ハ分割スヘキヤ否ヤヲ決シ本條(二五八)ハ如何ナル方法ヲ以テ之ヲ分割スヘキヤヲ決ス又本條ハ分割請求權(二五六)ノ實行ノ手續ニ關シ當事者間ニ於ケル權利關係ノ存否ヲ確定スルコトヲ目的トスルモノニ非ス故ニ裁判所ニ對スル分割ノ請求ハ一ノ非訟事件ナリ是分割手續ノ性質幷ニ利害關係人ノ參加ヲ認許スルノ法文(二六〇)ニ徵シテ明確ナリ然ルニ非訟事件手續法中之ニ關シ何等ノ規定ナキカ故ニ普通訴訟ノ形式ニ依ルコトト爲レルハ立法上ノ缺點ナリ現行法上ニ於ケル分割請求ノ性質如左

甲 當事者ハ裁判所ニ對シ一定ノ申立トシテ分割ノ方法ヲ定ムルコトヲ請求スルノミヲ以テ足リ其方法ヲ指定スルコトヲ要セス假令之ヲ指定スルモ裁判所ヲ羈束スルノ效ナシ

乙 訴訟ノ結果ハ總共有者ニ對シ同一ニノミ確定スヘキモノナレハ必要的共同訴訟ノ一種ニ屬ス

分割ニ干與スヘキ人如左

一　共有者　分割ニ付キ直接ノ利害關係ヲ有スルヲ以テナリ

二　利害關係人（共有物上ニ權利ヲ有スル者（地上權永小作權地役權留置權先取得權質權抵當權賃借權ヲ有スル者）及ヒ各共有者ノ債權者）分割ニ付キ間接ノ利害關係ヲ有スルヲ以テ其手續ニ干與（分割ノ方法ニ付キ意見ヲ陳述スル等）セシメ以テ是等ノ者ノ利益ヲ保護スル所以ナリ（二六〇、一項）

然レトモ利害關係人ハ元來分割ノ當事者ニ非ス故ニ參加ノ請求アリタル場合ニ限リ之ニ干與セシムルヲ以テ足ル參加ヲ請求セサル利害關係人カ分割ノ無效ヲ主張スルヲ得サルハ勿論ナリ

裁判上ノ分割方法如左

一　現物分割　是原則ナリ其如何ニ分割スヘキヤ又各共有者ハ何レノ部分ヲ取得スヘキヤハ一ニ裁判所ノ自由ナル判斷ニ因リテ定マル

第二百五十九條アルハ共有ニ關スル債務ハ債務者カ共有者トシテ持分ヲ有スルヨリ生スルモノニシテ若、債務者ハ其債務ヲ履行セサルニ拘ラス全然其持分ヨリ生スル利益ヲ享受スルコトヲ得トセンカ不公平ナル結果ヲ

生スヘケレハナリ但持分ヲ以テ辨濟ヲ受クル方法ハ二ナリトス（本條一項及ヒ二項）

二 競賣代金ノ分配　競賣スヘキ場合ニ付テハ規定アリ（二五八、二項）競賣代金ニ付キ第二百五十九條一項ノ適用アルコト勿論ナリ（競賣ハ競賣法ノ規定ニ依ル）

第三

共有物ノ分割ニ二場合アリ如左

一 當事者カ分割ヲ爲ス場合　當事者ノ協議ニ因ル分割ニシテ最適當ノ方法ナリ各共有者ノ滿足ヲ得ルコト易キヲ以テ之ヲ分割ノ原則トス

二 裁判所カ分割ヲ爲ス場合　裁判所ニ分割處分ヲ求ムル場合ニ行ハル（二五八）其分割方法ニ二アリ如左

甲 現物分割　形體的分割ヲ施シ共有者間ニ分配スルヲ謂フ此方法ハ共有物カ分割ノ目的ニ適合スルヲ以テ裁判所ハ之ニ依ルヲ原則トス

乙 價格分割　共有ノ目的物ヲ競賣シ其對價ヲ各共有者ニ分割スルヲ謂フ（二五八、二項）蓋現物分割ハ共有物ノ性質ニ依リ其物ノ經濟上ノ價格ヲ滅失又ハ損失セシムル處アリテ之ニ依ルコト能ハサル場合アレハナリ裁判所カ共有物ノ分割ヲ爲スノ處分ハ羅馬法ニ於テハ訴訟ノ形式ニ依リタルモ近世ノ法律ハ概シテ之ヲ非訟事件ト爲セリ故ニ分割ニ際シ其先決問題(例之共有權ノ有無ノ如シ)ニ付キ爭ヲ生シタル場合ニハ別ニ訴ヲ起スニ非サレハ裁判所ハ之ヲ決定スルコト能ハス(デルンブルヒ一卷四六一頁)

地上權者、永小作權者、地役權者、留置權者先取特權者、質權者、抵當權者、(以上物權的利害關係人)賃借人及ヒ各共有者ノ債權者(以上債權的利害關係人)等ノ利害關係人ハ其權利ヲ防衛スル爲、分割ニ參加スルノ權利ヲ有ス(二六〇、二項)蓋是等ノ者ハ皆共有物ニ付キ直接ニ權利ヲ有シ又共有者ノ權利ヲ代ツテ行フコトヲ得ルモノニシテ共有物分割ノ結果ハ直ニ其利害ニ關係ヲ及ホスヲ以テナリ

尚第二百五十九條ハ第二百五十三條二項ノ規定ト共ニ其債權ニ付テハ訴ノ方法ニ依ルノ外特種ノ强制方法ヲ規定シタルモノナリ蓋其債權ハ速ニ其滿足ヲ得セシムルヲ以テ共有者全體ノ利益トスレハナリ(三編六章三節二款參照)

第四

分割ノ方法ハ或ハ原物ヲ以テスルモ可ナリ或ハ其代價ヲ以テスルモ可ナリ

又各自ノ取得部分ハ持分ノ額ニ應スルヲ常トスルモ共有者ノ隨意ニ其割合ヲ變更スルモ可ナリ分割ノ協議調ハサルトキハ共有者ハ訴訟ノ形式ニ依ラスシテ分割ヲ請求スルコトヲ得(二五八、一項)裁判所ハ現物分割ヲ原則トシ例外ノ場合ハ規定アリ(同二項)但分割ニ因リ著シク其價格ヲ損スル虞アルトキ尚之ヲ分割スルモ違法ニ非ス法文「競賣ヲ命スルコトヲ得」ト規定スルヲ以テナリ分割ハ共有關係ヲ終結セシメ共有物トシテノ存在ヲ消滅セシムル最終處分ナルヲ以テ共有物ニ關シテ利害關係ヲ有スル者即共有物ニ付キ權利ヲ有スル者(地上權者永小作權者抵當權者等)及ヒ各共有者ノ債權者ノ最注意スヘキ事項タリ是參加ニ關スル(二六〇)規定アル所以ナリ此規定ハ主參加及ヒ從參加(民訴五一、五三)ノ規定ト同趣意ナリ所謂參加ハ分割ノ方法ヲ監督シテ不正行爲ヲ爲サシメサルニ在ルヘク自當事者ノ一人トナリテ分割ニ異議ヲ唱ヘ協議不調ノ場合ニ直ニ裁判所ニ請求スルコトヲ得ル程ノ權ニモ非サルヘシ但共有者ニ分割ノ通知若クハ公告ノ義務ナキヲ以テ利害關係人ハ各自ニ分割ノ有無ニ注意セサルヘカラス不知ノ間ニ分割終了スルモ止ムヲ得サルヘシ但故ラニ分割ヲ穩秘ニシ

タルトキハ詐害行爲トナルヘシ

尚第二百五十九條ノ規定ハ他人ノ物ノ占有者ニ留置權ヲ與ヘ動產不動產ノ保存者不動產ノ工事者ニ先取特權ヲ與フルト同理ナリ本條ノ債權ハ分割ノ際ニ滿期トナリタルモノニ限ラス分割前滿期ト爲リ之ヲ請求セスシテ分割ノ時ニ至リシモノヲモ包含ス但分割ノ際、辨濟期限ノ未タ到ラサルモノハ之ヲ包含セス

第二百五十四條ニ於テハ「共有物ニ付キ」ト規定シ本條ニ於テハ「共有ニ關ス」ト規定セリ其差異如何前者ハ物ニ關スル債權ニシテ狹ク後者ハ共有ニ關スル債權ニシテ廣シ又前者ハ何人ニモ追及シ得ルモ後者ハ然ラス

第五

分割ハ共有者ノ協議ヲ以テ之ヲ行フヲ原則トシ其協議調フトキハ現物分割、價格賠償、賣却代金ノ分配等其自由ナリ協議不調ノ場合ハ規定アリ（二五八、一項）裁判所ノ分割ハ現物分割ヲ原則トシ現物分割不能ノ場合ハ競賣代金ヲ分ツヘキノミ（同二項、參照競賣法）

共有者間ニ債務關係アル場合ニ於テ債權者ハ一般ノ規定ニ依リ債務者ヲシテ其債務ヲ履行セシムルコトヲ得ルモ法律ハ最簡便ナル方法ニ依リ其債務ノ履行ヲ確保シ極メテ確實ニ債權者ヲ保護セリ(九二五)

分割ハ往々共有者以外ノ者即共有物ニ付キ權利ヲ有スル者(地上權者永小作人地役權者留置權者先取特權者質權者抵當權者賃借人等)及ヒ各共有者ノ債權者ニモ利害ノ關係ヲ及ホスヘキモノナリ故ニ是等ノ者モ亦分割ニ付キ其意見ヲ陳述シ且共有者間ニ於テ不正又ハ不當ノ處置ナカラシムルコトヲ得スンハアルヘカラス是其規定(二六〇)アル所以ナリ

參加ノ手續及ヒ效力ニ付テハ規定ナシ然レトモ裁判上ノ分割ニ付テハ從參加一般ノ規定(民訴五三以下)ヲ適用スルノ外ナカルヘシ協議上ノ分割ニ至リテハ參加權者ハ其意見聽カレサレハ通常如何トモスルコト能ハサルモ其分割カ詐害行爲(Acte frauduleux, Benachtheiligungshandlung)ヲ構成スルトキハ廢罷訴權(actio Pauliana, action Paulienne ou révocatoire, Paulianische Klage oder Anfechtungsklage)ヲ行フコトヲ得

第三款　分割ノ效果

民法原論　富井博士

第一

一　共有關係ヲ終了セシメ各分割者ヲシテ其受ケタル共有物ノ部分ノ單獨所有者タラシム

二　分割ハ分割者間ニ擔保ノ責任ヲ生ス　其責任ノ範圍ハ賣主ノ義務ト相異ルヘキ理由ナキカ故ニ賣買ノ規定ヲ以テ足レリトセリ（二六一、問題三六參照）

三　共有物ニ關スル證書保存ノ義務ヲ生ス　其證書ハ分割者カ第三者ニ對シ其權利ヲ證明スルノ要具ニシテ分割者ノ一人カ其得タル物ニ付キ第三者ヨリ追奪ヲ受ケントスルトキハ他ノ分割者ハ擔保義務者トシテ訴訟ニ參加シ以テ其權利ヲ防護スルニ付キ正當利益ヲ有スレハナリ（二六二民訴五三以下）

最大ノ利害關係アル者ヲシテ證書ヲ保存セシメントシ又證書ノ保存ハ分割者共同利益ノ爲ナルカ故ニ第二百六十二條二項及ヒ四項ノ規定アリ

物權法　横田博士

第二

一 共有者ハ分割ニ因リ共有物中、其所有ニ歸シタル部分ノ上ニ完全ナル所有權ヲ取得ス　故ニ共有者ハ分割ニ際シ互ニ其持分ノ交換ヲ爲スモノナリ我民法ニ於ケル解釋上(問題三六參照)分割ハ左ノ效果ヲ生ス

甲 共有物分割前共有者ノ一人ヨリ共有物ニ關シテ取得シタル第三者ノ權利(例之抵當權)ハ分割ノ爲ニ毫モ影響ヲ受クルコトナシ　反之舊民法ニ依レハ分割ハ既往ニ溯リテ其效力ヲ生スルヲ以テ第三者ノ權利ハ相手方(權利取得ノ相手方)ノ單獨所有ニ歸シタル部分ノ上ニ集中スルト同時ニ相手方ニ非サル者ノ所有ニ歸シタル部分ノ上ニ存セシ權利ハ消滅シ第三者ハ最早其部分ノ上ニ其權利ヲ行フコトヲ得サルモノトス

乙 各共有者ハ擔保ノ責ニ任ス(二六一)

二 共有物ニ關スル證書ハ分割者間ニ於テ之ヲ保存スルコトヲ要ス(二六二)是分割者共同ノ利益ニシテ分割者カ第三者ニ對シ其權利ノ正當ヲ證セントスルニハ其證書ニ據ラサルヘカラサルヲ以テナリ證書保存ノ原則如左

甲 第二百六十二條一項ハ分割シタル各部分ニ付キ證書アル場合ナリ

乙　同條二項ハ同一物ヲ數人ニ分割シ其各部分ニ共通ノ證書アル場合ナリ其證書ヲ分有スルコト能ハス又最大部分ヲ受ケタル者ハ最大ノ利害ヲ感スルヲ以テナリ（同三項參照）

丙　同條四項ノ規定アルハ證書ハ分割者共同ノ利益ノ爲ニ之ヲ保存スルモノナレハナリ（民訴三三六、三三七參照）

第三

各共有者ハ其持分ニ應シテ（各共有者ノ權利ノ範圍ハ持分ニ應スルヲ以テ）擔保ノ責ニ任ス（二六一）蓋有償契約ニ因ル物ノ讓渡人ハ讓受人ニ對シ物ヲ完全ニ引渡スノ義務アリ而シテ分割物ノ取得者ハ讓受人ニシテ各共有者ハ其讓渡人ナレハナリ

又共有者ハ分割ニ關スル證書保存ノ義務ヲ負フ（二六二）蓋分割ハ共有關係ヲ終了セシムル行爲タルト同時ニ權利取得ノ原因ニシテ共有者間ノ利害關係ニ重大ノ影響ヲ有シ動モスレハ其結果ニ付キ紛爭ヲ生スルノ虞アリ而シテ其證書ハ共有者間ノ紛爭ヲ避ケ以テ其利益ヲ保護スルモノニシテ共有者ノ權利ニ重要ノ關係ヲ有スルモノナレハナリ其證書保存ノ義務ハ自己ノ利益ノ

爲ニ之ヲ負擔スルノミニ非スシテ共有者全體ノ利益ヲ保護スルカ爲ニスルモノナリ從テ其證書ヲ自己ノ利益ノ爲ニ使用スルコトヲ得ルハ勿論又他ノ分割者ヲシテ其必要ニ應シ之ヲ使用セシメサルヘカラス(二六二、四項)

民法正解

第四

分割ナル財産取得方法ハ其性質大ニ交換ニ類ス蓋各共有者ハ共有物ノ全體ニ渉リテ一種ノ權利ヲ有シタリシニ其一部分ノ全權ヲ專有センカ爲ニ他部分ニ關シテ有シタリシ權利ヲ出捐スルモノナレハナリ交換分割共ニ有償行爲タルノ點ニ於テ賣買ニ類ス是擔保責任ノ適用アル所以ナリ(二六一、問題三六參照)又證書保存ノ義務アリ分割ニ關スル證書ニ二種アリ一ハ共有物全部ニ關スルモノニシテ(同二、三項)他ハ分割シタル各部ニ關スルモノナリ(同一項)分割證書ハ總分割者ノ利益ノ爲ニ之ヲ保存スルモノナルカ故ニ各分割者ハ何等ノ理由ヲモ示サスシテ他ノ分割者ノ證書ヲ使用スルコトヲ得(同四項)

民法要義
梅博士

第五

分割ハ共有者相互ニ其持分ヲ讓渡シタルモノニシテ各共有者ハ他ノ共有者

ニ對シ物ノ一部ニ付キ其持分ヲ讓渡スノ義務ヲ負フモノトス故ニ此義務ヲ完全ニ履行セサルトキハ責任アリ之ヲ擔保義務ト謂フ(二六一、參照三編九章第二六一條)第五百五十九條ノ規定アルカ故ニ分割カ協議ニ成ル場合ニ於テハ第二百六十一條ノ規定ヲ要セサルモ裁判上ノ分割ハ固ヨリ契約ニ非サルカ故ニ該條(五五九)ヲ適用スヘキ限ニ在ラス是本條(二六一)ノ必要アル所以ナリ

證書ハ共有物ニ付キ權利ヲ主張シ證明センカ爲ニ其證據トシテ必要ナルコト多シ然レトモ共有物分割後ハ共有者間ノ關係全ク終了スルカ故ニ證書ノ所持人ハ他ノ共有者ニ對シテ其證書ニ關シ何等ノ責任ヲ負フコトナシ是證書ノ保存ニ關シ其責任者ヲ定ムル所以ナリ(二六二)

第二百六十二條一項ハ共有物數個アリテ其各個ニ付キ證書アル場合ナリ其證書ハ各分割者ノ所有物ナレトモ隨意ニ之ヲ處分スルコトヲ得ス(二六二、四項參照)又同條二項ハ證書一通ナル場合ニシテ其物ニ付キ最大ノ利害ヲ感スル者ヲ保存者トスルノ趣意ナリ(二六二、四項參照)其第四項アルハ證書保存ノ義務者ハ素ト他ノ分割者(保存者カ第三者ナルトキハ總分割者)ノ爲ニ之ヲ保存スルノ義務ヲ負フ者ナルニ因ル

第七章　共有ノ性質ヲ有スル入會權

民法原論
富井博士

第一

共有ノ性質ヲ有スル入會權トハ森林原野ノ共有者タル一定地域ノ住民カ共同シテ其森林原野ニ於テ收益ヲ爲ス權利ヲ謂フ即土地共有權ノ行使ニ外ナラス唯多數人カ入會シテ之ヲ行使スルカ故ニ斯ク稱セルノミ大審院ハ共有ノ性質ヲ有スル入會權トハ地盤毛上共ニ入會權者ニ屬スル場合ヲ謂フニ非スシテ單ニ毛上ノミ其共有ニ屬スル場合ヲ指スモノトセリ(三七年一二月二六日及ヒ三九年一月一九日判決)此解釋ニ依レハ山林原野カ入會權者ノ共有ニ屬スル場合ニ於テハ假令分割ヲ爲ササル慣習アルモ尚第二百五十六條一項ニ依テ其分割ヲ請求スルコトヲ得ルノ結果ト爲ルヘシ是全ク立法ノ趣旨ニ反ス若夫毛上ノミヲ收益スル權利ト雖尚共有ノ性質ヲ有スル入會權ナリトセハ所謂共有ノ性質ヲ有セサル入會權(二九四)トハ殆其何タルヲ知ルコト能ハサルニ至ルヘキナリ

物權法
橫田博士

第二

入會權トハ一定ノ土地ニ住スル人カ一定ノ原野ニ於テ共同シテ收益（例之造林、伐木又ハ炭燒ヲ爲シ或ハ雜木、落葉、枯枝ヲ採取シ或ハ其下草、秣ヲ刈取リ若クハ放牧ヲ爲スカ如シ）ヲ爲スヲ謂フ

入會權ハ他人ノ所有ニ屬スル土地ノ上ニ行ハルルコトアリ又入會權者ノ共有ニ屬スル土地ノ上ニ行ハルルコトアリ前ノ場合ニ於テハ一種ノ地役權ノ性質ヲ有シ後ノ場合ニ於テハ稱シテ共有ノ性質ヲ有スル入會權ト謂フ（二六三）

入會權ノ目的ハ通常地盤ト毛上ニ區別ス前者ハ入會權ノ行ハルル土地其物ヲ指シ後者ハ入會權ノ行ハルル土地ヨリ生スル樹木其他ノ産物ヲ謂フ地盤ハ入會權者ノ共有ニ屬スルコトアリ（共有ノ性質ヲ有スル入會權）屬セサルコトアリ（地役權ノ性質ヲ有スル入會權）前ノ場合ニ於テハ毛上モ亦當然入會權者ノ共有ニ屬スルモ後ノ場合ニ於テハ入會權ハ單ニ毛上而モ其地盤ヨリ生スル副産物（例之下草、秣、薪材等）ヲ目的トシ地盤ノ利用竝ニ主産物ノ共有ヲ伴ハス大審院カ地盤ハ他人ノ所有ニ屬シ毛上ノミカ入會權者ノ共有ニ屬スルモノヲ以テ共有ノ性質ヲ有スル入會權ト解釋セルハ失當ナリ是ノ如クンハ共有ノ性質ヲ有セサル入會權ハ終ニ存在セサルニ至ルヘク又第二百六十三條ノ趣旨ニ反スルノ結果ヲ生スヘシ

民法理由
岡松博士

第三 入會權ノ種類種々アリテ其性質ハ學者間ノ難問ナリ或ハ歐洲ニ於ケル(Reallast.)ニ酷似シ地役權ノ性質ヲ帶フルモノアリ或ハ共有權ノ性質ヲ帶フルモノアリ後者(例之一村ノ共有ニ屬スル小林ニ於テ落葉ノ拾取又ハ下草刈取ノ權ノ如シ)ニ付テハ特別規定アリ(二六三)

民法正解

第四 入會權ニ二種アリ共有ノ性質ヲ有スルモノト然ラサルモノ是ナリ(二六三、二九四)

通俗ニ入會權ト稱スルモノノ中、最頻繁ナルモノハ山林ニ入リテ薪秣ヲ刈リ山野ニ出テテ牧畜ヲ爲シ田炭ヲ掘リ栽植ヲ試ムル等ニ在リ尚海上ノ入會權ト稱シテ各町村ノ人民カ一定ノ境域ヲ限リテ混入漁獵スルコトアリ民法ニ所謂入會權ハ主トシテ陸上ノ入會權ヲ指スモノナラン

民法ハ入會權ノ多數ハ共有ノ性質ヲ有スト認メタルモノナル乎、蓋法文(二六三、二九四)共有ヲ本トシテ、區別ヲ立テ以テ各規定ノ適用準用ノ差ヲ設ケタレハナリ如何ニ永年ノ慣習アルモ物權ハ法律ノ定ムルモノノ外、之ヲ創設スルコトヲ得ス民法ニ於テ創設シタル物權ハ占有權以下九種ナルヲ以テ若他ノ特別法

ニ因リテ入會權ナル特種ノ物權ヲ創設セサル以上ハ入會權ハ遂ニ獨立ノ物權タルヲ得スシテ廢滅ニ歸スルカ或ハ民法ノ認ムル物權ノ或種類（共同所有權地役權永小作權等）ニ屬シ其名稱ノ下ニ法律ノ保護ヲ受クヘシ而シテ民法ノ物權中何レニモ屬セスシテ而モ入會權ノ名稱アルモノハ地役權ノ規定ヲ準用セラレ公益ニ反セサル部分ノミ民法ノ保護ヲ受ク知ルヘシ所謂「各地方ノ慣習」（二六三）ハ任意的規定ニ異ル慣習ヲ指スモノナルコトヲ例之地方ノ慣習中五年以上若クハ永代ノ入會アリトスルモ是公益規定（二五六、一項但書）ニ反スルヲ以テ其入會權ハ或ハ廢滅ニ歸シ或ハ共有ノ性質ヲ失ヒテ存スルモノトス

入會權ハ入會權者ノ外ニ所有者ノ存スル場合アリ此場合ニ於テ若入會權者カ或土地ノ附近地ヲ所有シ其便益ノ爲ニ或土地ニ入會スルヲ得ルモノトセハ其入會權ハ地役權ノ性質ヲ有スヘク又入會權者ニシテ或土地ノ附近地ノ所有權ニ關係ナク單ニ其附近地ノ住民タルカ故ニ或土地ニ入會スルヲ得ルモノトセハ其入會權ハ地役權ノ性質ヲ有セサルヘシ然レトモ其權利ニシテ民法上ノ公益規定ニ反セサル以上ハ地役權ノ規定準用セラル（二九四）

要之世俗ニ稱スル入會權ナルモノヲ概括シ强テ之カ定義ヲ與ヘンカ入會權トハ或一定ノ土地ニ住スル人民カ一定ノ土地ニ入リテ之ヲ使用收益スル權ニシテ其性質ノ判然セサル民法以外ノ財産權ナリト言フニ歸ス之ヲ詳別スレハ或モノハ共有權ニ屬シ或モノハ地役權ニ屬シ爾餘ノモノハ或ハ用益權(諸民法)ニ類スルモノト民法ニ特別規定ナキ一ノ財産權ト爲ル而シテ入會權者ハ常ニ多數ニシテ且稍不確定ナルト其發生ノ極メテ曖昧模糊ナルトハ總テノ入會權ニ共通ナル事項ナリ

民法要義　梅博士

第五

入會權ニハ種々アリテ其性質一樣ナラサルモ概括スレハ共有權役權ノ二種ヲ出テス(二六三、二九四)其共有ノ性質ヲ有スル入會權トハ例之入會權者ノ共有ニ屬スル山林ニ於テ各入會權者相當ノ條件ヲ以テ樹木ノ伐採落葉ノ拾取下草ノ刈取等ヲ爲ス權ナリ共有ノ土地ノ上ニ此等ノ權利ヲ行フハ普通ノ共有ニシテ入會權ニ非ストノ判例アレトモ若然ラハ「共有ノ性質ヲ有スル入會權」ナルモノナキニ至リ明ニ法律ノ規定(二六三)ヲ無視スルモノナリ(四〇年一二月二〇日大判)

第八章　準共有

民法原論　富井博士

第一　共有ハ數人カ所有權ヲ有スルヲ謂フ所有權以外ノ財産權ヲ有スルハ共有ニ非ス然レトモ數人カ共同シテ一ノ財産權ヲ有スル點ニ於テ其狀態ヲ一ニシ從テ同一ノ法理ニ依ルヘキ點多キハ當然ナリ之ヲ準共有ト謂フ(二六四)

物權法　横田博士

第二　共有權ニ關スル規定ハ又數人カ共同シテ所有權以外ノ財産權ヲ有スル場合ニ之ヲ準用ス(二六四)蓋數人カ共同シテ一ノ權利ヲ有スル點ニ於テ彼此全ク同一ナレハナリ然レトモ權利ノ種類ニ依リ法律又ハ命令ニ別段ノ規定アルトキハ其規定ニ從フコトヲ要ス例之鑛業權ノ共有ハ共有者相互間ニ於テ當然組合契約ヲ成立セシメ(鑛七)又不可分債權ノ共有ハ共有者タル債權者ノ一人カ相續人ナクシテ死亡シ又ハ其權利ヲ拋棄シタルトキハ其持分ハ他ノ債權者ニ歸屬セスシテ債務者ノ利益ニ於テ絕對的ニ消滅スルカ如シ

民法理由 岡松博士

第三

共有權ハ所有權ノ變態ニシテ一ノ所有權カ數人ニ屬スルヲ謂フ所有權以外ノ財産權モ亦數人ニ屬スルコトアリ此場合ニ於テハ權利者相互間ノ關係ハ共有權ニ於ケルト酷似セリ故ニ共有ニ關スル規定ヲ之ニ準用ス（二六四）

民法正解

第四

物ノ所有權ヲ數人ニテ有スル場合ニ共有ノ規定ヲ要ストセハ數人ニテ所有權以外ノ物權債權版權專賣權等ノ財産權ヲ有スル場合ニモ之ト等シキ規定ヲ要スヘシ是第二百六十四條ノ規定アル所以ナリ

民法要義 梅博士

第五

所有權以外ノ財産權ヲ數人ニテ有スル場合ニ於テモ亦共有ニ類スル法律關係ヲ生ス是第二百六十四條ノ規定アル所以ナリ所謂法令ニ別段ノ定アル權利トハ例之著作權（三二年三月法三九號著作權法三、二項一三、三四）鑛業權（三八年三月法四五號鑛業法七）等ノ如シ

債權ノ共有ハ第四百二十七條ノ規定アルカ爲、實際共有ナキニ同シキヲ原則トス顧フニ同條ハ單ニ「各債權者平等ノ割合ヲ以テ權利ヲ有ス」旨ヲ定メタ

ルニ過キサルカ故ニ敢テ本條(四二六)但書ノ場合ニ該當スルモノニ非ストノ說ハ同條ヲ無意味ニスルモノニシテ謬レリ蓋既ニ本條ヲ以テ第二百五十條ヲ準用セルニ因リ共有者ノ權利ノ平等ヲ原則トスルコト明ナレハナリ又不可分債務ハ純然タル共有狀態ニ在リト雖、是亦第四百二十八條及ヒ第四百二十九條ノ規定アルカ故ニ必シモ本條ニ依リ難キモノアリ要之債權ノ共有ニ付テハ皆別段ノ定アリト謂フモ可ナリ

第九章　各條

第二〇六條　法令ノ制限――自由――使用收益及ヒ處分

甲　法令ノ制限

民法論　松岡學士

第一　「法令」トハ法律命令ノ總稱ナリ（憲五、六、八、九）

物權法　横田博士

第二　「法令」トハ法律命令ノ總稱ニシテ法律トハ帝國議會ノ協贊ヲ經テ裁可公布セラレタル形式的法律ヲ謂ヒ（憲五、六）命令トハ憲法第九條ノ命令ヲ言フ

民法理由　岡松博士

第三　「法令」トハ法律及ヒ命令ヲ總稱ス法律トハ帝國議會ノ協贊ヲ經テ制定發布セラレタル法規ヲ謂ヒ（憲四、六）命令トハ帝國議會ノ協贊ヲ經スシテ發シ又ハ發セシメタル憲法第九條ノ命令ヲ謂フ警察法ニ因ル制限ハ概シテ此命令ニ因ル或ハ曰ク所有權ノ制限ハ法律ニ依リ定ムルヲ以テ原則トスルカ故ニ（憲二七、二項）

所有權ノ制限ハ法律又ハ委任命令ニ限リ之ヲ爲スコトヲ得ト正當ニ非ス蓋憲法ノ規定ハ法律ニ定メタル所有權其者ノ制限ヲ爲スニ付テノ規定ナレハナリ而シテ所有權ノ範圍ハ法律ニ依リテ定マル故ニ法律カ法令ノ範圍內ニ於テ享有スヘキモノト定メタルトキハ所有權ノ限界ハ法令ニ依リテ定マルコト當然ナリ素ヨリ憲法ノ規定ニ因ル論結ニ非ス

第四

「法令」トハ法律命令ニシテ法律トハ帝國議會ノ協賛ヲ經テ法律ノ名稱ヲ以テ發布セラレタル主權者ノ命令ヲ指シ命令トハ議會ノ協賛ヲ經スシテ命令ノ形式ヲ備ヘテ發布セラレタル主權者ノ命令ヲ謂フ命令中ニハ法律ノ委任ニ因ルモノアリ大權直接ノ發動ニ基クモノアリトス

憲法ニ依レハ所有權ハ法律ヲ以テノミ之ヲ制限スルコトヲ得ルカ如ク（憲二七）本條ニ依レハ命令ヲ以テモ制限スルコトヲ得ルモノノ如シ是民法ハ憲法ニ違反スルモノニ非サルカ、非ス蓋民法ハ法律ナリ故ニ民法ヲ以テ所有權ヲ制限スルコトヲ得ルハ既ニ憲法ノ認ムル所ナリ即民法ハ其條文ヲ以テ直ニ所有權ニ制限ヲ加フルモ可ナリ又民法自、制限的ノ條文ヲ規定セスシテ或種類ノ制限ハ之ヲ命令ニ讓ルモ可ナリ況、本條ハ或種類ノ制限ヲ命令ニ讓ルモノニモ非サルニ於テオヤ要之本條ハ命令ヲ以テ所有權ヲ侵スコトヲ得ト言フニ非スシテ唯所有權ヲ制限スル命令アルヲ察シタル規定ノミ

民法要義 梅博士

第五

其「令」ハ憲法第九條ノ命令ナルモ可ナリ蓋本條アルカ為ニ此命令ハ法律ヲ變更スルモノト視ルヘカラサレハナリ慣習法モ亦本條法令中ニ包含ス(法例二)

乙 自由

民法理由 岡松博士

第一

「自由」トハ完全ノ義ナリ或ハ又無制限ト解スルコトヲ得所謂完全又ハ無制限トハ所有者カ其意思ヲ行使スルニ付キ他人ヲ排斥シテ之ヲ為スヲ謂フ

民法正解

第二

「自由」トハ絕體的ニ何事ヲモ為スコトヲ得ルヲ謂フ但所謂「自由」ハ法令ニ制限セラルルヲ以テ其適用上他人ノ權利及ヒ公益ニ反スヘカラサルコトトナル

丙　使用收益及ヒ處分

民法論　松岡學士

第一

「使用」トハ目的物ノ用法ニ從ヒ其本質ヲ變更セスシテ之ヲ自己ノ生活上ノ需要ニ供スル事實ナリ(事實的作用)「收益」トハ天然果實ヲ收取シ(事實的收益)又ハ法定果實ヲ收取(法律的收益)スルヲ謂ヒ「處分」トハ物ヲ變更シ之ヲ消滅シ(事實的處分)又ハ物ヲ讓渡シ物ニ權利ヲ設定スル(法律的處分)ヲ謂フ(編者曰本文ハ松岡學士民法論中「所有權ノ內容」ナル項中ノ說明ヲ抄出セルモノナレハ本條ニ所謂「處分」中ニ事實的處分ト法律的處分トヲ包含スルモノトノ解釋ナルヤ否ヤハ不明ナリ)

民法原論　富井博士

第二

「使用」トハ物ヲ毀損セスシテ吾人ノ需要ヲ充ス目的ニ之ヲ供用スルヲ謂フ占有ハ使用ノ範圍ニ屬ス本條之ヲ示サスト雖完全所有權ノ一作用タル明ナリ

「收益」トハ物ヨリ生スル天然又ハ法定ノ果實ヲ收取スルヲ謂ヒ「處分」トハ物ノ實質ヲ變更シ又ハ其全部若クハ一部ヲ毀損消費スルヲ謂フ本條ニ所謂「處分」トハ則此事實上ノ處分ヲ謂フ

此外尙所有者ハ法律上ノ處分即所有權其者ノ處分(例之其所有物ノ讓渡又ハ其物ノ上ニ質權其他ノ物

權ヲ設定スルカ如シ）ヲ爲スコトヲ得然レトモ法律上ノ處分ハ財產權ノ通則ナルカ故ニ之ヲ以テ所有權ノ性質ニ數フルノ說ハ誤レリ唯所有者ハ物ニ關シ一般支配權ヲ有スルノ結果其權利ヲ處分スルコトヲ得ヘキ範圍廣濶ナルノミ

物權法 横田博士

第三

「使用」トハ直接ニ物ヲ毀滅スルコトナク原物ノ儘、人類生活上ノ需要ヲ充スノ用ニ供スルヲ謂ヒ「收益」トハ物ノ產出物ヲ自己ノ所得ト爲スヲ謂フ即天然果實及ヒ法定果實ヲ收取スルヲ謂フ「處分」ニハ二種アリ有形的處分及ヒ法律上ノ處分是ナリ前者ハ物ヲ有形的ニ變更毀損滅却スル行爲ニシテ後者ハ物ニ關スル權利ヲ變更制限又ハ消滅セシムヘキ法律行爲ナリ（例之物ノ讓渡地上權ノ設定所有權ノ拋棄ノ如シ）本條ニ所謂「處分」トハ所有權ノ內容ヲ成ス處分行爲ナリ故ニ前者ヲ意味シ後者ヲ含マス蓋後者ハ所有權ノ外包ニ屬スルモノニシテ其內容ニ關スルモノニ非ス從テ所有權ニ固有ナルモノニ非ス寧、一般財產權ニ共通スル性質ナリ

又物ノ賃貸ハ其性質ニ於テハ管理行爲ナレトモ第六百二條ノ期間ヲ超ヘタ

ル賃貸借ハ處分ノ權限能力ヲ有スル者ニ非サレハ爲シ得ヘカラサルヲ以テ一ノ處分行爲トスルヲ穩當トス

第四

「使用」トハ物ヲ其用法ニ從ヒ自己ノ用ニ供シ吾人ノ缺乏ヲ滿足セシムルヲ謂ヒ「收益」トハ物ヨリ生スル天然又ハ法定ノ果實ヲ自己ノ有ニスルヲ謂フ「處分」ニハ事實上ノ處分ト法律上ノ處分トアリ前者ハ物ノ實體ヲ變更シ消費シ物ノ全體又ハ一部ヲ破壞スルヲ謂ヒ後者ハ物ニ關スル權利ヲ第三者ニ移轉シ又ハ設定スルヲ謂フ或ハ曰ク「處分」ハ事實上ノ物ノ處分ノミニ限ルト謬レリ法律上物ニ負擔ヲ加フルハ事實上物ニ制限ヲ加フルト共ニ處分ニシテ法理上之ヲ區別スルノ理由ナケレハナリ（「ウインドシャイド」一卷五一九頁「デルンブルヒ」一卷四四四頁）

第五

「使用」トハ物ヲ使用者ノ手ヨリ消滅セシムルコトナクシテ之ヲ所有者ノ便益ニ供スルヲ謂ヒ「收益」トハ物ノ本體ヲ變セスシテ其物ヨリ利益ヲ得ルヲ謂フ「處分」トハ物ノ全部又ハ一部ヲ所有者ノ手ヨリ消滅セシムルコトニシテ或ハ

稱シテ最終ノ使用ト謂フ或ハ曰ク假令所有權ノ目的物トシテ存スルモ元所有者ノ物トシテ存セサルニ至ラシムルハ(贈與、賣買)物ノ處分ナリト異論アリ

民法要義 梅博士

第六

「使用」トハ物ヲ毀損セスシテ之ヲ自己ノ用ニ供スルヲ謂ヒ「收益」トハ物ノ果實ヲ取ルヲ謂フ「處分」トハ物ヲ毀損シ其他其性質ヲ變更スルヲ謂フ世人往々處分ナル文字ヲ以テ權利ノ讓渡若クハ拋棄ナリト解スルモ誤レリ蓋權利ノ讓渡若クハ拋棄ハ權利ノ處分ニシテ物ノ處分ニ非ス而シテ本條ニハ物ノ處分ヲ爲ス權利」ト規定スレハナリ然ラスンハ財産權ハ概皆處分權ヲ以テ其構成分ト爲スモノト謂ハサルヘカラサレハナリ

第二〇八條　建物及ヒ其附屬物ノ共用部分

民法正解

第一

階段戶口棟木障壁等ハ建物ノ共用部分、井戶下水等ハ附屬物ノ共用部分ナリ

民法要義 梅博士

第二

西洋造ニ在リテハ階梯表門等、日本造ニ在リテハ長屋ノ隔障共同便所等ナリ

第二〇九條　請求スルコトヲ得――住家

甲　請求スルコトヲ得（二〇九、一項）

第一（民法論　松岡學士）

法文頗、曖昧ヲ極ムト雖同條但書ト對照シ隣地所有者ノ任意承諾ヲ要セサル法意ト解ス

第二（民法原論　富井博士）

土地所有者ノ一方的意思表示ヲ以テ足レリトシ隣地ノ所有者ノ承諾又ハ之ニ代ルヘキ裁判所ノ命令ヲ必要トセストスル者少シトセス其理由ハ同條但書ニ於テ隣人ノ住家ニ立入ルニハ特ニ其承諾ヲ得ルコトヲ必要ト爲スニ在ルカ如シ謬見タリ蓋此權利ノ如キハ隣地ノ所有權ノ行使ニ對スル一大制限ニシテ而モ隣地ノ所有者ニハ何等ノ違法行爲アリタルニ非ス故ニ第二百七十六條及ヒ第二百九十八條三項等ニ所謂請求トハ大ニ其趣意ヲ異ニス若、隣地ヲ使用スヘキコトノ通知ヲ爲スノミヲ以テ足ル意ナリトセハ次條一項ノ如ク「使用スルコトヲ得」ト記スヘカリシナリ尙但書ニ所謂隣人ノ承諾ト

ハ其任意ノ承諾ト解スヘキカ故ニ決シテ前後矛盾スルコトナシ故ニ所謂請求」トハ請求權ニ基ケル請求ヲ意義スルモノト解ス

物權法 横田博士

第三

隣人ニ請求シテ其承諾ヲ求メ隣人カ之ニ應セサルトキハ裁判所ニ出訴シテ其命令ヲ受クルコトヲ要ス

民法理由 岡松博士

第四

隣人ノ許可ヲ求ムルコトヲ得求メテ之ヲ得サルトキハ法廷ニ訴ヘ隣人ヲシテ其義務ヲ承認セシムヘシ

民法要義 梅博士

第五

先ツ隣人ノ許可ヲ求メ之ヲ得サルトキハ裁判所ノ命令ヲ求ムルノ外ナシ

乙　住家

民法論 松岡學士

第一

住居ノ安寧保護ノ法意ヨリ推究スレハ家族僕婢ノ起臥スル處又日用品ヲ貯藏スル處ハ何レモ住家ニ屬スル商店工場及ヒ庭園ハ然ラス

物權法 横田博士

第二 隣人其家族僕婢ノ住居スル家屋ヲ意味シ工場其他家人ノ住居セサル建物ヲ包含セス

民法要義 梅博士

第二一九條 水流地

所謂「水流地」ハ單ニ水流ノミニ非ス又床地ノミニモ非ス此兩者ヲ併セタルモノナリ論者（「ボアソナード」氏ヲ始メ）或ハ概、床地ノミカ所有權ノ目的タルモノニシテ水流ハ然ラスト爲ス謬レリ余ハ本條及ヒ第二百二十二條ヲ以テ其論據ト爲ス

第二二〇條 公路公流又ハ下水道

民法論 松岡學士

第一 所謂「公路」ハ公流ノ一部ニシテ舟筏ノ通スル河川ト解スル學說多シ然レトモ舟筏ノ通スルコトヲ得ルト否トハ公河及ヒ私河ノ區別ニ非サルヲ以テ此說ハ正當ニ非ス故ニ河川法ノ支配ヲ受クヘキ河川ト解スルヲ可トス又「公流」ハ公路以外ノ水流ニシテ私有ニ屬セサルモノナリ但公路及ヒ公流ノ區別ハ不必要ナルヲ以テ其一ヲ削除スルヲ適當トス

物權法 横田博士

第二

「公路」トハ舟筏ノ通スル國有ノ河川ヲ謂ヒ公流トハ公共ノ用ニ供セラレタル水流ヲ謂ヒ下水道トハ汚水ヲ排泄スル爲ニ設ケラレタル水道ヲ謂フ

民法要義 梅博士

第三

公流ハ多クハ公路ナリト雖舟楫ノ通セサルモノハ敢テ公路ト謂ヒ難シ故ニ公路ノ外別ニ公流ト規定セル所以ナリ

第二三三條　截取

物權法 横田博士

第一

截取トハ竹木ノ根ヲ切斷シテ之ヲ自己ノ所有ト爲スコトヲ得

民法正解

第二

截ルノミニ非スシテ截リ離シタル根ノ所有權ヲ取得スルモノナルカ

第二三九條　國庫

物權法 横田博士

第一

國庫ハ財產權ノ主體トシテ國家ニ附シタル名稱ナリ

民法理由 岡松博士

第二 國庫トハ私法上ノ資格ニ於ケル國家ヲ謂フ（即私權ノ主體トシテノ國家ノ資格（二三九、二項））

民法正解

第三 國庫トハ國家ヲ財産上ノ主體タル點ヨリ觀察シタルモノナリ

第二四〇條 遺失物

民法論 松岡學士

第一 遺失物ハ強竊盜以外ノ行爲ニ因リテ不任意ニ最後占有者ノ意思ニ反シテ其占有ヲ離レ且其所在ノ場所ヲ知ラサル動産ナリ故ニ最後占有者ノ怠慢又ハ天災其他ノ不可抗力ニ因リテ紛失シタル動産及ヒ運送人又ハ差出人ノ錯誤ニ因リテ受取人又ハ差出人ニ交付スルコト能ハサル動産ハ遺失品ナリ

民法原論 富井博士

第二 遺失物トハ占有者カ自己ノ意思ニ依ラス又他人ヨリ奪ハレタルニ非スシテ偶然占有ヲ失ヒタル動産ヲ謂フ故ニ遺棄物ト異ナリテ無主物ニ非ス又盜品トモ區別スヘキモノトス（三一九）然レトモ占有ヲ失ヒタル者ハ必シモ其物ノ所

有者タルコトヲ要セス(三二年三月法七號遺失物法八)又占有ノ喪失カ其疎虞ニ出テタルト他ノ出來事ニ起因スルトヲ問ハス但現行遺失物法ニ於テハ他人カ誤テ占有シタル物、他人ノ店舗其他ノ場所ニ置去リタル物及ヒ逸走シタル家畜ハ之ヲ純然タル遺失物ト見スシテ遺失物ニ關スル法規ヲ準用スルコトトセリ(同一二)

物權法 横田博士

第三　遺失物トハ占有者カ占有ヲ抛棄スルノ意思ナクシテ偶然其占有ヲ失ヒタル動産ヲ謂フ從テ遺棄物又ハ奪取セラレタル物ハ遺失物ニ非ス然レトモ占有ノ喪失カ偶然ニ出テタル以上ハ占有者ノ過失ニ基因スルト其他ノ出來事(例之震災洪水)ニ基因スルトヲ問ハサルナリ

占有者カ其監督外ノ場所ニ置キ去リタル物ハ遺失物ナリト信スルモ現行遺失物法ハ之ヲ以テ純然タル遺失物トセスシテ遺失物ニ關スル規定ヲ準用スルコトトセリ其他誤ッテ占有シタル物件、逃走シタル家畜モ亦遺失物ニ準セラル漂流物ハ大體ニ於テ遺失物ト同一法則ニ服從ス(三二年法九五號水救法)

民法理由 岡松博士

第四

遺失物トハ所有者カ偶然其占有ヲ喪失シ其所在不明トナリシ動産ヲ謂フ故ニ故意ニ所有權ヲ拋棄スルノ意思ヲ以テ其占有ヲ喪失シタル物即、遺棄物又ハ盜取セラレタル物又ハ暴力ニ因リテ其占有ヲ奪ハレタル物ハ之ニ屬セス遺失物ノ所有者カ分明ナルトキハ之ヲ返還スヘキコト當然ナリ

第五

一　所有者ノ地位ヨリ觀察シタル定義　遺失物トハ所有者自、遺失スルコトヲ覺ラス及ヒ其所在ノ明カナラサル物ナリ（遺失物取扱規則）

二　權利ノ目的タル物ヨリ觀察シタル定義　遺失物トハ其物即、動産上ニ所有權ノ存在スルカ及ヒ所有者ノ何人タルカ判然セサル物ナリ其無主物ト異ナル所ハ物ニ所有權ナキニ非サルニ在リ

漂流物ハ遺失物ナルヘシ蓋遺失物トハ所有者ノ知レサル物件ノ總稱ニシテ其物ノ陸上ニ在ルト水面又ハ水中ニ存スルトヲ問ハサレハナリ特別法ニ所謂漂着物亦然リ而シテ難破シタル船舶、難船中ニ投棄シタル物品、暴風洪水ノ爲ニ流失シタル等ノ物品ハ之ヲ漂流物ト謂ヒ是等ノ物品カ海濱又ハ河岸ニ

到着シタルトキハ之ヲ漂着物ト謂フ其處分方法ハ特別法（漂流物取扱規則）之ヲ定ム

第二四一條　埋藏物——發見

甲　埋藏物

第一　民法原論　富井博士

埋藏物トハ土地其他ノ物ノ中ニ埋藏セラレ其所有者ノ知レサル動産ヲ謂フ所謂埋藏物トハ或物ヨリ自然ニ産出スルニ非スシテ普通ノ狀況ニ於テハ容易ニ目擊スルコト能ハサル狀態ニ在ル物ヲ謂フ但埋藏ノ事實ハ必シモ人爲ニ出テタルコトヲ要セス震災、洪水等人爲以外ノ出來事ニ出ツルモ可ナリ又永年間埋藏セラレタルコトヲ常トスルモ是法律上ノ要件ニ算フヘキニハ非ス唯後日發掘ノ目的ヲ以テ一時隱匿シタル物ノ如キハ埋藏者ノ不分明ナル物ニ非ス故ニ埋藏物ニ非ス

第二　物權法　橫田博士

埋藏物トハ動産又ハ不動産中ニ埋藏セラレタル動産ニシテ所有者ノ何人タルヤヲ知ルコト能ハサルニ至リタル物ヲ謂フ故ニ左ノ事實ヲ必要トス

一 埋藏セラレタル事實 故ニ或動産カ容易ニ目撃シ得ヘキ場所ニ在リタルトキハ埋藏物ニ非ス但鑛物ハ人目ニ觸レサルモ土地ノ自然的産出物ナルカ故ニ埋藏物ニ非ス埋藏ハ多クハ人爲ニ出ツルモ必シモ然ラス（水火震災）

二 埋藏ノ經久ナリシ事實 故ニ埋藏カ最近ノ事ニ屬シ或人カ特ニ之ヲ埋藏シタル事實又ハ之ヲ置キ去リ若クハ遺失シタル事實ヲ認識シ得ヘキトキハ其物ハ埋藏物ニ非ス本條ニ於テハ何等ノ規定ナキモ埋藏物ナル語ハ古來一定ノ意義ヲ有シ經久ノ事實ハ自其觀念中ニ之ヲ包含スルモノトス

三 所有者ノ客觀的不明ナル事實 故ニ發見者カ現ニ其所有者ヲ知リ又ハ其所有者ノ何人タルヤカ客觀的ニ之ヲ知リ得ヘカリシ場合ニ於テハ其物ハ埋藏物ニ非ス

第三

埋藏物トハ永ク地中ニ埋藏セラレ其所有者ノ不明ナル動産ヲ謂フ（一二四）故ニ所有者カ他日發掘スルノ意思ヲ以テ土中ニ埋メタル物ハ埋藏物ニ非ス其所有者カ不明ナルトキ始メテ埋藏物タル性質ヲ有ス遺失物ト異ル所ハ他物ノ

中ニ埋沒スルト其埋沒カ長時間ニ亘ルノ點ニ在リ是埋藏物本來ノ意義ナリ然ルニ近世ニ於テハ埋藏物ノ意義ヲ擴張シ單ニ地中ニ埋沒スル物ニ止ラス廣ク不動產ハ勿論動產ニ通シテ他ノ物ニ埋沒シテ其所有者ノ不明ナルモノヲ總稱セリ例之壁中ニ塗リ込ミタル物品、襟中ニ縫込ミタル紙幣ノ如シ（「ウイルヘルム」三頁「ウイントシヤイド」一卷一八四章註一一號參照、反對說「ヘーキング」法學通論一五〇章三一號）我民法亦然リ是本條但書ニ於テ他人ノ土地又ハ土地ノ所有者ト言ハスシテ「他人ノ物」又ハ「物ノ所有者」ト謂フ所以ナリ

第四

埋藏物トハ他ノ物ノ中ニ在リテ外ヨリ視ルコトヲ得ス且所有者ノ知レサル物ヲ謂フ所有者ノ知レサル點ヨリスレハ埋藏物ハ遺失物ノ一種ト見ルモ可ナリ遺失物取扱規則ノ如キハ則然リ

所謂他ノ物ハ動產タルコトアリ不動產タルコトアリ然レトモ實際上其最多キハ土地ニ埋藏スル場合ナリトス而シテ埋藏物ハ必一旦人ノ所有物ト爲リタル物ナルヲ要ス未曾テ人ノ所有物トナリタルコトナキ物ハ決シテ埋藏物

トナルヲ得ス物ニ所有者アリテ而モ其所有者ノ知レサルカ或ハ其所有者ナキモ其所有者ナキコトノ知レサルカハ問フ所ニ非ス

或ハ曰ク遺失物ハ遺失ノ意思ナクシテ遺失シタル物ニシテ埋藏物トハ故意ニ埋藏シタル物ナリト然レトモ法文ノ解釋ハ之ヲ許サス埋藏物中、山崩、洪水等ニ因リテ自然ニ埋レタル物アルヘケレハナリ

民法要義 梅博士

第五

埋藏物(Thesanrus, tréson, Schatz)トハ人ノ觀易カラサル場所ニ藏シタルモノニシテ何人ノ所有ニ屬スルカヲ知ルコト能ハサルモノヲ謂フ其性質稍〻遺失物ニ似ル所アリテ他ノ法律ニ於テモ殆、之ヲ同一視セリ（遺一三、刑二五四）然レトモ遺失物ハ之ヲ遺失スルノ意思ナクシテ遺失シタル物ナリト雖、埋藏物ハ故意ニ之ヲ埋藏シタル物ナルヲ常トス

乙　發見

物權法 横田博士

第一

發見ハ現ニ埋藏物ヲ目撃シ又ハ之ニ觸接スル等其存在ヲ直覺スルヲ要シ單

ニ其存在ヲ推斷シタルノミニテハ未タシ

民法正解

第二　發見ナル文字ハ字義ノ上ニ於テハ拾得ト異リテ占有ヲ要セス從テ甲カ地ヲ掘リテ先ツ金環ヲ見、乙ハ先ツ之ヲ拾得スルモ其金環ハ甲ノ所有ニ歸スルコトトナルヘシ

第二五八條　競賣ヲ命スルコトヲ得

民法原論　富井博士

得○トアリテ必シモ競賣處分ヲ爲スコトヲ要セサルカ如ク規定スト雖、是現物分割ノ原則ニ對スル例外ナルカ故ニ斯ク言ヘルノミ固ヨリ此方法ニ依リテ分割ヲ爲スノ外途ナキナリ競賣ノ方法ハ競賣法ノ規定ニ依ル

第二六〇條　對抗スルコトヲ得ス

物權法　横田博士

第一　分割セラレサリシト同一狀態ニ在ルヲ謂フ

民法理由　岡松博士

第二　分割無效ノ謂ナリ

第三　參加請求者ニ對シテ無效ナリ即分割ニ因リテ得タル物ヲ自己ノ專有ニ歸シタリト主張スルコトヲ得ス

第二六一條　擔保

民法原論
富井博士

第一　擔保ニ二種アリ追奪擔保及ヒ瑕疵擔保是ナリ追奪擔保トハ讓渡シタル物又ハ權利ノ全部若クハ一部カ第三者ニ屬スルカ爲完全ニ之ヲ移轉スルコトヲ得サルニ付キ其責ニ任スルコトヲ謂ヒ瑕疵擔保トハ物ニ隱レタル瑕疵アルニ因リテ其責ニ任スルコトヲ謂フ(五六〇乃至五七二)

物權法
橫田博士

第二　擔保ニ二種アリ追奪擔保及ヒ瑕疵擔保是ナリ追奪擔保トハ讓渡人カ讓渡スヘキ權利ノ全部又ハ一部ヲ相手方ニ移轉スルコト能ハサル場合ニ責任ヲ負フヲ謂ヒ瑕疵擔保トハ物ニ隱レタル瑕疵アルカ爲其瑕疵ニ付キ責任ヲ負フヲ謂フ

第三

擔保ノ義務ニ二種アリ如左

一 追奪擔保ノ義務　讓渡シタル物又ハ權利ノ全部又ハ一部カ第三者ノ權利ニ因リ讓受人ノ手ヨリ奪ハレタル場合ニ讓受人カ之ニ因リ負フ所ノ損害ヲ賠償スル義務ヲ云フ追奪ノ原因トナリシ權利ハ分割ノ場合ニハ共有前ニ存在スルコトヲ要ス分割前ト雖、共有後ニ生シタルモノハ共有者カ之ヲ知ルヲ當然トスレハナリ

二 瑕疵擔保ノ義務　物ニ隱レタル瑕疵ノ存在スルニ付キ讓渡人カ讓受人ニ對シテ負フ所ノ責任ナリ

第四

擔保ニ二種アリ追奪擔保(garantie d'éviction, Gewährleistung wegen Rechtsmangels)瑕疵擔保(garantie de vices cachés, Gewährleistung wegen Sachmängel)是ナリ前者ハ讓渡スヘキ權利ノ全部又ハ一部ヲ讓渡スコトヲ得サルニ付キ責任ヲ負フヲ言ヒ後者ハ物ニ隱レタル瑕疵アリタルニ因リ其瑕疵ニ付キ責任ヲ負フヲ謂フ

第一〇章　問題

【問題】二〇　物理的從物ハ主物ト分離シテ所有權ノ目的タルコトヲ得ルヤ(第三章所有權ノ目的第二、四參照)

物權法
橫田博士

物理的從物中、主要ナルモノヲ建物及ヒ樹木ノ二ト爲ス就中議論アルモノヲ樹木ト土地トノ關係ナリトス多數學者ハ羅馬法以來ノ觀念ニ從ヒ樹木ノ獨立性ヲ否定シ土地ニ定著スル間ハ土地ノ所有者以外ノ人ニ於テ之ヲ所有スルコトヲ得ス之ヲ伐採シ又ハ之ヲ拔キ取リタル時ヲ以テ他人ノ所有權ノ目的タルコトヲ得ルモノトセリ(權原ニ基キ他人ノ所有地ニ立木ヲ所有スルコトヲ得ルハ勿論ナリ)我民法第八十九條一項ハ此說ニ一ノ論據ヲ供スルモノト謂フヘシ然レトモ土地ト樹木トハ別物ニシテ且主物ト從物トハ別異ナル所有權其他ノ權利ノ目的タルコトヲ得ルヤ否ヤハ論理的必要ヨリ生スル問題ニ非スシテ寧、取引上ノ觀念ヲ基礎トスル便宜ノ問題ナルヲ以テ我國取引上ノ慣習カ樹木ハ土地ト分離シテ所有權ノ目的トナルコトヲ得ヘキモノトシ現ニ大審院ノ判例モ亦夙ニ此慣習ヲ認ムルヲ以テ我法制上樹木ノ獨立性ヲ肯定スルヲ可ナリトス但樹木ハ之ヲ土地ニ連結スヘキ法律關係ナキトキハ其物理的性質ニ於テハ不動産ナルモ其法律的性質ニ於テハ一ノ動産トシテ之ヲ目的トスル法律行爲ノ效果ヲ定ムルヲ要スルモノト信ス

建物ハ其物理的性質ニ於テハ土地ノ從物タルコト疑ナシト雖、我法制ニ在テハ建物ハ法律上獨立ノ不動産ヲ成シ土地ノ從物ニ非ス（理由登記法ニ獨立ノ不動産トシテ登記手續ヲ規定シタルト第三百七十條ニ於テ抵當權設定後ニ抵當地ニ建設シタル建物ヲ抵當權ノ目的ヨリ除外シ之ヲ以テ其擴張ナリト看做サヽルニ依ル）從テ建物ノ所有カ法律上之ヲ其土地ニ定著セシムルコトヲ得ル權原ニ因ル場合ナルト否トヲ問ハス土地ト建物トカ各別異ノ所有者ニ歸屬スルコトヲ妨ケサルモノトス

【問題】二一　華族世襲財産ノ取得時效ハ其效力ヲ生スルヤ

或ハ讓渡禁止ノ法定制限アル財産ノ取得時效ハ絶對的ニ其完成ヲ妨クト論スル者アレトモ時效カ斯ル財産所有者ノ好意的又ハ故意的認容ニ基カスシテ完成シタルトキハ固ヨリ其效力ヲ生ス蓋、此場合ニ在リテハ所有者カ法令ノ制限

ニ反シテ其財産ヲ讓渡シタルモノト言フコトヲ得サレハナリ

【問題】二二　如何ナル場合ニ隣地所有權ノ侵害アリヤ（第四章所有權ノ制限第三、二參照）

物權法　横田博士

左標準ニ從フ（所有權ノ制限參照）

一　土地ノ所有者カ故意又ハ過失ニ因リ積極的ニ有形ノ損害ヲ隣地ニ及ホスハ其所有權ノ侵害ナリ例之自己ノ所有地ヲ發掘シ爲ニ隣地ヲ陷落セシメ若クハ其家屋ヲ傾斜セシムルカ如シ叨リニ隣地ヘ固形物ヲ投棄シ下水其他ノ液體ヲ注瀉シ、蒸氣塵埃又ハ煤煙臭氣等ヲ過量ニ輸送シ間斷ナク激烈ナル音響震動ヲ生セシムル行爲亦然リ工場ノ持主ハ其工場ノ設置カ當該官廳ノ許可ヲ受ケタル場合ト雖、此等ノ行爲ニ因ル權利侵犯ノ責任ヲ免ルルコトヲ得ス何トナレハ此許可ハ權利侵犯ノ責任ヲ免除スルモノニ非サレハナリ但被害者ハ當該官廳ヲシテ其許可ヲ取消サシムルニ因リ工場閉鎖ノ目的ヲ達スルハ格別權利ノ侵害ヲ理由トシテ司法裁判所ニ出訴シ其閉鎖ヲ求ムルコトヲ得ス此場合ニ於テハ既ニ生シタル損害ノ賠償ト將來ニ於ケル適當ノ豫防

方法ヲ求ムルコトヲ得ルニ止ルモノトス
然レトモ土地ノ所有者ハ法律ニ依リテ其土地ヲ支配スルノ能力ヲ附與セラルルモノナレハ其土地ノ位置竝ニ其業務ノ性質ニ從ヒ損害ノ發生ヲ防止スルニ付キ取引上必要ナリト認メラルル所ノ注意ヲ爲シ毫モ過失ノ責ムヘキモノナキトキハ其土地ノ使用ハ適法ニシテ爲ニ隣地ニ損害ヲ及ホスモ之ヲ以テ隣地ノ所有權ヲ侵害シタルモノト謂フヲ得ス若所有權ノ行使カ他人ノ土地ニ損害ヲ及ホスノ故ヲ以テ之ヲ避止セサルヘカラサルモノトセハ所有權ハ大ニ其效用ヲ減殺セラルルニ至リ却テ經濟上有害ナル結果ヲ生スヘシ（獨民九〇六「フランク」「ヒルマン」「クローマー」）

二 土地所有者ノ行爲カ積極的ノ損害ヲ隣地ニ及ホスコトナクシテ單ニ隣地所有者ノ享受セル利益ヲ奪フニ過キサルトキハ權利ノ侵害ナキモノトス例之高樓ヲ建設シテ隣地ノ觀望ヲ妨ケ井ヲ穿チテ隣地ノ井水ヲ涸渇セシムルカ如シ蓋相隣者ノ一方ハ其他方カ其光線ヲ遮斷シ又ハ其井水ヲ利用スルコトヲ妨クヘキ既得權ヲ有セサレハナリ但土地所有者ハ損害ヲ與フル爲ノミ

ニ光線、井水ヲ遮斷シ其他隣人ヲ害スヘキ行爲ヲ爲スコトヲ得ス（獨民二二六參照）

【問題】二三　土地ノ所有者ハ電信線又ハ電話線ノ地上又ハ地下通過ヲ禁スルコトヲ得ルヤ（二〇七）

民法論 松岡學士

法律上明文ナキモ土地ノ所有者ハ電信線又ハ電話線ノ通過カ自己ノ財產又ハ特別ノ利益ヲ害スルトキハ之ヲ禁止スルコトヲ得

【問題】二四　償金請求權ノ性質（二〇九、二項）

民法論 松岡學士

第一

此償金請求權ハ物權的性質ヲ有シ隣地ヲ使用スル土地所有者ノ法律上ノ負擔ナリ故ニ之ヲ損害賠償ノ債權ト論スヘカラス土地所有者ハ不法行爲ヲ爲サス債務ノ不履行ナク又損害賠償ノ契約ナシ

民法理由 岡松博士

第二

是法定ノ損害賠償請求權ナリ損害ノ賠償請求權ハ不法行爲ニ因リテ發生スルヲ原則トス之ヲ外ニシテハ特約又ハ法律ノ規定アル場合ニ限リ發生ス隣地使用權ノ行使ハ即權利ノ行使ニシテ適法行爲ナリ故ニ原則トシテハ損害

賠償ノ義務無シ然レトモ隣地使用權ハ止ムコトヲ得サル必要ノ爲唯隣地ニ立入ルコトヲノミ得セシムルモノナレハ賠償ノ義務アリ而シテ不法行爲ニ因ル損害賠償ニ在リテハ損害ト其原因タル不法行爲トヲ證明スルヲ要スルモ法定ノ損害賠償ハ單ニ損害ヲ證明スルノミヲ以テ足レリトス

民法正解

第三 隣地ヲ使用スルコトヲ得ルハ土地所有者ノ有スル權利ニシテ不法行爲ニ非ス然レトモ他人ノ利益ノ爲ニ損害ヲ被リタル者ニ其補償ヲ請求スルコトヲ得セシメサレハ權衡ヲ失スレハナリ但損害ハ之ヲ證明セサルヘカラス單ニ土地ヲ使用シタルノ一事ヲ以テ損害アリトハ推定セス

【問題】二五 償金ノ性質(二一二、二二二、一項)

民法論 松岡學士

第一 償金ノ辨濟ハ通行權ヲ有スル所有者ノ土地ニ對スル法律上ノ負擔ナリ故ニ通行地所有者(地上權者亦然リ)ハ之ヲ第三者ニ對抗スルニ登記ヲ要セス又不法行爲又ハ債務不履行ニ基ク損害賠償債務ノ法則ニ從フコトヲ要セス(獨逸民法ニ在リテハ通

行地ニ抵當權又ハ質權ヲ有スル者ハ償金請求權ヲ目的物ノ成分トシテ自己ノ爲ニ之ヲ主張スルコトヲ得(獨九六)我民法ハ之ニ反ス(三六一、三七〇「物ニ及フ」)

物權法
横田博士

第二 通行權ノ行使ニ因リテ生シタル損害ノ賠償金ハ土地使用ノ對價ト見ルコトヲ得ヘキモ通路開設ノ爲ニ生シタル損害ハ然ラス是一時金ト年金トノ差異ノ生スル所以ナリ

【問題】二六 甲カ隨意ニ其土地ニ池沼ヲ穿チ又ハ上水ヲ引キ來リテ噴水ヲ設ケ其水ヲ乙地ニ流シタルトキハ乙地ノ所有者ハ自然ニ流レ來リシ水トシテ之ヲ丙地ニ流下スルコトヲ得ルヤ(二一四)

民法正解

本來自然ノ流水ニ非サルヲ以テ乙地ノ所有者ハ之ヲ丙地ニ流下セシムルコトヲ得ス但行政法其他ノ規定ニ依ルトキハ此限ニ在ラス

【問題】二七 豫防工事ハ完全ナルモ天災ニ因リテ破潰阻塞等ヲ來シタルトキハ貯水排水等ノ所有者ノ賠償責任如何(二一六)

民法正解

豫防工事ノ完全ナルコト確實ナルトキニハ賠償ノ責任ナシ

第一

【問題】 二八　水流ノ性質如何（二一九）

水流（Die fliessende welle）ハ確定ノ水路ニ依リテ流ルル水ニシテ空氣ト同シク公共物ナリ蓋、水流ハ理論上水源地ノ所有者ニ屬シ他人ノ所有地ヲ通過スル一事ニ因リテ其所有ニ歸セスト雖、斯ノ如クンハ一個ノ水流カ他ノ水流ト合シ遂ニ無數ニシテ辨別シ且實行スルコト能ハサル所有權ヲ見ルニ至リ又水流ハ水源地ヲ脫スル瞬間ニ於テ之ヲ無主物ト爲サハ先占ノ結果、常ニ上流地ノ所有者カ水流ヲ專用シ下流地所有者ヲシテ水流ヲ使用スルコト能ハサラシムルヲ以テナリ

反之水流地ハ或ハ一私人ノ所有ト爲リ或ハ其所有ト爲ラス我國法ニ依レハ河川法ノ支配ヲ受ケサル河川ノ水流地ハ一私人ノ所有ト爲ルコトヲ得レトモ河川法ノ支配ヲ受クル河川ノ水流地（河川法三）海洋港灣等ハ一私人ノ所有ト爲ラス湖水池沼ハ或ハ一私人ノ私有ニ屬シ或ハ之ニ屬セス（交通行政ニ關係ナキ水流地ハ一私人ノ所有トシ之ヲ利用スルコトヲ得セシムルヲ公益トス）

第二

或者ハ床地及ヒ水流共ニ國家ノ所有ナリトシ或者ハ床地水流共ニ沿岸者ノ所有ナリトシ或者ハ床地ハ沿岸地ノ所有トシ水流ハ公共ノモノタラシムヘシトス我民法ハ最後ノ主義ヲ採用セリ凡土地ノ所有者ハ所有權ノ效果トシテ其土地ヨリ湧出スル水流ノ支配權ヲ有スルモノナレハ水源地ノ所有者ハ其水流ノ使用收益處分ヲ爲スノ權能ヲ有ス然レトモ水流カ一旦其土地ノ境域ヲ離ルルニ及ヒテハ最早其水流ノ上ニ何等ノ權利ヲモ有セサルモノニシテ其水流カ源ヲ自己ノ境域内ニ發シタルヲ理由トシテ之ニ追及シテ其權利ヲ主張シ他人ノ之ヲ利用スルヲ妨クルコトヲ得サルモノトス是ニ於テ水源地ヲ離ルルト同時ニ恰、無主ノ狀態トナリタル水流ニ關シ水流ノ通過スル土地所有者ノ權利ヲ定ムルノ必要アリ而シテ水流ノ流域形狀カ一旦確定スルトキハ其流域ニ位スル土地ノ所有者ハ何レモ皆自然ノ形狀ニ從ヒ其水流ヲ利用スルノ權利ヲ取得ス是、最其性質ニ適スルモノナレハナリ溝渠其他人工ノ水流ニ付キテモ同一ノ觀念ニ從フ(第二百十九條中ニハ自此觀念包含セラル)

第三

水流ハ何人ニ屬スヘキヤ古來三說アリ近世法理ハ第三說ヲ是認ス如左

一　床地、水流共ニ國家ノ有タラシム　是土地ノ所有者ハ其地內ニ水流ノ生シタルヨリ之カ床地トナリタル部分ハ當然國家ノ爲ニ剝奪セラルルノ結果ヲ生スルノミナラス私有地ト國有地ト犬牙錯綜シ徒ニ紛擾ヲ釀生スヘキノミ

二　床地、水流共ニ沿岸者ノ有タラシム　床地ハ當初ヨリ沿岸者ノ有タルモ水流ニ至リテハ理論上寧、泉源所有者ノ有タルヘク流下シテ他人ノ土地ニ入リタルノ一事ヲ以テ其床地所有者ノ有ニ歸スヘキ理アルヘカラス加之若之ヲ其有ニ歸セシムルモノトセハ必スヤ紛擾ノ原因タラサルヲ得サルナリ又若、依然泉源所有者ノ有タラシメンカ他ノ流水ト合シタル後ニ於テハ到底自他ノ區別ヲ設クヘカラス之ヲ無主物トナサンカ先占ニ因リテ或ハ一人ニテ之ヲ專ニシ廣ク他人ヲシテ利益ヲ享有セシムルコト能ハサラシムルニ至ル

三　床地ハ沿岸者ノ有タラシメ水流ハ公共ノモノタラシム

第四

泉源及ヒ水流地ノ所有者ハ總テ其流水ヲ所有シ隨意ニ之ヲ使用處分スルコトヲ得レトモ泉源ハ他人ノ所有ニ屬シ之ヨリ流出スル水ハ單ニ通過スルニ過キサル土地ノ所有者ノ隨意ニ之ヲ使用處分スルコトヲ得サルモノトス然レトモ若、水ハ自然ニ湧キテ自然ニ流レ自然ノ地形上或土地ヲ通過スルニ過キスシテ何人ノ所有トモ言フヲ得サルヘク又何人モ私有スルヲ得サルモノナルトキハ土地ノ所有者ハ唯流水ノ一部ヲ汲取シ若クハ之ヲ使用スルコトヲ得ルニ止ル水流ニハ溝渠堀割長江大河アリテ其大小ニ從ヒ之カ所有權及ヒ使用權ニ關スル規定異ルヘシ大ナルモノハ多クハ國有若クハ公有ニ屬シ單ニ一町村一市街若クハ近隣十數戶ノ間ニ流ルル水ト雖、之ヲ個人ノ私有トスルトキハ其使用ニ關シテ屢、爭ヲ生スルヲ以テ多クハ官公有若クハ市町村大組合ノ有ト爲シ其使用ノ方法ハ行政法規ノ定ムル所ニ從フヘキモノトス

【問題】二一九　低地所有者ハ高地所有者ニ對シテ自己ノ工作物ヲ使用センコトヲ要

求スルノ權利ヲ有スルヤ

第二百二十條ノ解釋トシテハ此權ナキカ如シト雖、若、其工作物ニシテ高地ノ水ヲ通過セシムルニ最適當ノモノナルトキハ第二百十九條但書ノ規定ニ因リテ低地ノ所有者ハ高地ノ所有者ヲシテ之ヲ使用セシムルコトヲ得

【問題】三〇 圍障ヲ設クルニ當リテ其設クヘキ場所不明ニシテ之ヲ定ムル爲ニ雙方ノ土地ヲ測量スルノ必要ヲ生シタルトキ、其費用ハ土地ノ廣狹ニ應シテ之ヲ分擔スヘキヤ將、平分シテ之ヲ負擔スヘキヤ(二二六)

平分負擔ト解ス蓋、第二百二十四條但書ノ如キ規定ナケレハナリ或ハ曰ク此場合ニ於ケル測量ノ費用モ亦土地ノ廣狹ニ應シテ分擔スヘキモノナリ蓋、圍障ヲ何レノ場所ニ設クヘキカノ不明ナルハ則疆界ノ不明ナルナリ疆界ノ不明ナル場合ニ之ヲ定ムルコト及ヒ其費用ヲ負擔スルコトニ關シテハ既ニ第二百二十三條及ヒ第二百二十四條ノ規定アリ圍障ヲ設クル場合ニモ其規定ヲ適用スヘシト一ノ解釋ナリ

【問題】三一 相隣者ノ一人カ隨意ニ圍障ヲ設ケ他ノ者ヲシテ之カ設置及ヒ保存ノ

民法正解

第一

或ハ曰ク相隣者ハ必、其費用ヲ分擔セサルヘカラス蓋、第二百二十五條二項ニ依ル圍障ハ相隣者ノ同意ナキモ之ヲ建設スルコトヲ得從、テ工事者ハ其費用ノ半額ヲ負擔セシムルコトヲ强要スルノ權ヲ有スレハナリ且、假令同項ニ依ル協議ヲ以テ相隣者ノ義務トスルモ義務ヲ履行セス且、手續ヲ經サリシカ爲ニ負フヘキ責任ト他人ニ圍障ノ費用ヲ分擔セシムル權利トヲ混同スルハ非ナリ況、工事者ハ無協議設置ニ因ル暗默ノ意思表示ヲ以テ相隣者カ如何ナル圍障ヲ設ケントスルモ斷シテ之ニ同意セサルヘシトノ意ヲ示シタルモノト見ルヲ得ヘキニ於テオヤト

然レトモ工事者カ協議ヲ爲サスシテ圍障ヲ設ケタルトキハ自、其設置費用ノ全額ヲ負擔スヘキモノニシテ是協議ヲ試ミサリシ惡報ナリト解スルヲ正當トス

民法要義
梅博士

第二

隣人ヲシテ其費用ヲ分擔セシムルコト能ハス必自其全部ヲ支辨スヘキモノトス

【問題】 三二 相隣者ノ一人カ他ノ一人ニ協議セスシテ隨意ニ良好ナル圍障ヲ設ケタル場合ニ於テハ之ニ因リテ生シタル費用ノ增額ノミヲ負擔スヘキヤ將タ其費用ノ全額ヲ負擔スヘキヤ(二二七)

民法正解

前段問題三一ト同シク其費用ノ全額ヲ負擔スヘキモノトス

或ハ曰ク法定ノ材料ヨリモ良好ナル圍障ヲ設クルコトハ相隣者ノ權利ナリ而シテ法文「之ニ因リテ生スル費用ノ增額ヲ負擔ス云々」ト規定セルヲ以テ唯其增額ノミヲ負擔スレハ可ナリト亦一ノ解釋ナリ

【問題】 三三 先占ハ法律行爲ナリヤ(二三九)

民法原論 富井博士

自己ノ爲ニ所有スルノ意思ヲ必要トスルヲ以テ先占ハ一ノ法律行爲ナリトスル學者多シ然レトモ所有ノ意思ヲ以テスルコトハ寧ロ此場合ニ於ケル占有ノ一要件タルニ過キス所有權ノ取得時效ニ付テモ此意思ハ繼續的ニ存在セサルヘカラス(一六二)所有權ノ取得ヲ來スヘキ法律行爲トハ其取得ヲ爲スコトヲ欲シ且

之ヲ欲シタルニ因リテ法律カ其效果ヲ生セシムルモノナルコトヲ要ス故ニ此觀念ニ依レハ普通ノ占有ハ勿論先占ト雖、法律行爲ト見ルヘキニ非サルカ如シ是結局法律行爲ノ本義如何ニ由リテ定マルヘキ問題ナリ(二九三)

〔問題〕三四　共有物ノ利用改良ニ關スル共有者ノ意見カ何レモ其持分ノ過半數ニ達セサルトキハ如何(二五二)

物權法 横田博士

我民法ニ於テハ何等ノ特別規定ナキモ各共有者ハ共有物ノ性質ニ從ヒ善良ナル管理者ノ注意ヲ以テ之カ管理ヲ爲スノ權利義務ヲ有スルモノト解セサルヘカラス獨逸民法ニハ各共有者ハ公平ナル判斷ニ從ヒ總共有者ノ利益ニ適スヘキ管理及ヒ利用ヲ要求スルコトヲ得ル旨ヲ規定セリ

〔問題〕三五　義務不履行ノ共有者ヲ共有ヨリ除斥スルハ他ノ共有者カ單獨ニテ行フコトヲ得ル權利ナリヤ又ハ其一致共同ノ意思ヲ以テ之ヲ行フコトヲ要スル權利ナリヤ(二五三、二項)

物權法 横田博士

民法第二百五十三條二項ノ規定ハ義務不履行ノ共有者ノ外ニ尚二名以上ノ共有者アルトキハ解釋上本問ノ疑ヲ生ス

蓋同條ノ共有除斥ノ處分ハ組合ノ場合ニ於ケル組合員ノ除名ニ類シ被除斥者ニ重大ナル利害ヲ及ホスモノナレハ組合員除名ノ場合ト等シク他ノ共有者ノ一致共同ノ意思ヲ必要トスルモノト論スヘキニ似タリ然レトモ同條ハ特ニ第六百八十條ノ如キ制限條件ヲ設ケサルヲ以テ該處分ハ他ノ共有者ニ於テ單獨ニ之ヲ爲スト共同シテ之ヲ爲ストハ其隨意ナリト解釋スルヲ相當トス而シテ被除斥者ノ持分ト其償金トハ相交換スヘキモノナレハ其持分ハ償金ノ授受若クハ提供ト共ニ他ノ共有者ノ有ニ歸スルモノトス

【問題】三六　各分割者ヲシテ其受ケタル共有物ノ部分ノ單獨所有者タラシムルノ效果ハ何時ヨリ發生スルヤ（二六一）

第一

從來二法制アリ如左

一　分割ヲ以テ權利移轉ノ效力ヲ生スルモノト爲ス主義　蓋分割前ニ在リテハ各共有者ハ共有物ノ全部ニ付キ想像上ノ持分ヲ有セシニ過キス分割ニ依リ始メテ特定ノ部分ニ付キ專屬ノ所有權ヲ取得ス故ニ各共有者ハ他

ノ共有者カ受ケタル共有物ノ部分ニ付キ之ニ自己ノ持分ヲ讓渡シ又自己ニ歸シタル部分ニ付テハ他ノ者ヨリ其持分ヲ讓受ケタルモノニ外ナラス即分割ハ此點ニ於テ賣買交換ト相異ル所ナク所謂附與的效力ヲ生スルモノト謂フヘシ（羅馬法獨逸學者）

二 分割ヲ以テ權利認定ノ效力ヲ生スルモノト爲ス主義　法律上ノ擬制ニ依リ各分割者ハ分割ニ因リテ得タル部分ニ付キ共有ノ始ヨリ專屬的ニ其所有權ヲ有セシモノト看做ス（蘭民法其他佛法系ニ屬スル多數ノ立法例）

前主義ニ依ルトキハ分割前ノ讓渡又ハ抵當權ノ設定ハ本來有效ナルカ故ニ讓受人又ハ抵當權者ハ分割ニ因リテ所有權ヲ取得シタル者（讓渡人又ハ抵當權設定者以外ノ者）ニ對シ其權利ヲ實行スルコトヲ得ヘシ然レトモ之カ爲ニ分割ノ平等ヲ害シ且抵當權實行ノ結果更ニ共同分割者ト競落人トノ間ニ共有關係ヲ生スルノ不便ヲ見ルコトナシトセス

佛國民法ハ分割ハ宣言的效力ヲ有スルモノト爲シ前例ノ場合ニ於ケル持分ノ處分ヲ以テ他人ノ財產ノ處分ト看做シ以テ共同分割者ノ利益ヲ保護スル

コトヲ必要トセリ故ニ讓受人又ハ抵當權者ハ分割ニ因リテ其權利ヲ失フ結果ト爲リ右ノ處分ヲ爲シタル者ニ對シテ損害賠償ノ請求ヲ爲スコトヲ得ルニ過キス

然ルニ此法制タルヤ分割ノ性質ニ反スルノミナラス共同分割者ノ利益ヲ保護センカ爲ニ第三者ノ利益ヲ度外視シ法律關係ノ安固ヲ害スルコト少シトセス若夫、共同分割者ニシテ第三者ノ爲ニ其取得シタル權利ヲ失フニ至ルコトアラハ其原因タル處分ヲ爲セシ者ニ於テ擔保ノ責任ヲ負フヘキノミ

我民法ハ何等ノ明文ヲ設ケサルカ故ニ分割ノ本質ニ從ヒ前主義ヲ採ルノ趣意ナルコト疑ナシ唯遺產ノ分割ノミ佛法系ノ立法例ニ倣ヒ相續開始ノ時ニ遡リテ其效力ヲ生スルモノト爲セリ(一一二〇)此規定ニ見ルモ一般ノ原則ハ其反對ナルコトヲ知ルニ足ル擔保義務ニ關スル第二百六十一條ノ規定ノ如キモ分割ノ效力ニ付キ附與的主義ヲ採リタルコトヲ暗示スルモノト謂フヘシ(一〇一三參照)

第二

分割ハ法律ノ擬制ニ依リ共有ノ始ニ遡リテ其效ヲ生スト爲スモノアリ（舊民佛民）即分割者各自ノ所有部分ハ共有ノ始ヨリ各自ノ單獨所有ニ歸シタルモノト推定セラル是分割ハ權利ヲ移轉又ハ附與スルモノニ非スシテ單ニ權利ヲ宣言又ハ認定スルニ過キストノ格言アル所以ナリ我民法ニ於テハ分割ノ效果ヲ既往ニ遡ラシムル明文ナキヲ以テ分割ハ移轉的即附與的性質ヲ有シ各共有者ハ他ノ共有者ノ持分ヲ讓受ケ其時ヲ以テ完全ナル所有權ヲ取得スルモノト解セサルヘカラス（例外遺産ノ分割ハ宣言的性質ヲ有ス一〇一三）

民法正解
第三
分割ノ效力ハ既往ニ遡リ分割者各自ハ當初ヨリ其部分ノ單獨所有者ナリト見ルモノト分割ハ授付ノ效力ヲ有シ共有者ハ各分割ニ依リテ或權利ヲ取得スト爲スモノトノ二アリ舊民法ハ前ノ主義ヲ採リ我民法ハ後ノ主義ニ近シ

民法要義 梅博士
第四
舊民法及ヒ佛國法系ノ法律ニ於テハ分割ハ其效力ヲ共有ノ始ニ遡ラシムルモ本法ニ於テハ原則トシテハ分割ノ效力ハ既往ニ遡ラサルモノト爲ス但遺

産分割ハ其效力ヲ既往ニ及ホセリ(一〇二〇)

【問題】三七　共有權ニモ非ス地役權ニモ非サル入會權ハ民法上如何ナル權利ニ屬スヘキヤ(三編七章第四參照)

若之ヲ以テ債權ト爲ストキハ論外ナレトモ入會權ノ大多數ハ物權ノ性質ヲ有スルヲ以テ物權中其何レニ屬スヘキカヲ見ンニ占有權以下九種ノ物權中四個ハ債權ノ擔保ヲ爲ス從タル物權ナルヲ以テ入會權ハ此中ニ入ラス問題ハ所有權地役權ニ非サル入會權ニ關スルカ故ニ此以外ノ物權ハ唯占有權地上權、永小作權アルノミ入會權ハ單純ナル占有權ニ非ス又特種ノ目的(工作物又ハ竹木所有)ヲ有スル使用權タル地上權ニ非サルコト明ナリ或種類ノ入會權ハ永小作權中ニ屬スルモ何等ノ報酬ヲモ支拂ハサル入會權ハ小作料ノ支拂ヲ要素トスル永小作權ニ屬セサルヘシ耕作牧畜以外ノ目的ヲ以テ入會フ權利及ヒ期限不定ノ入會權(二七八、一項前段參照)亦然リ從テ世俗ニ所謂入會權ニシテ民法上九種ノ物權中ニ入ラサルモノアリ止ムヲ得スンハ入會權ヲ以テ住民權ノ一效果(住民權ニ從タル財產權)ト認メ民法上特立ノ物權ト認ムヘキノミ特別ナル規定、慣習、契約ヲ以テ公民權ヲ有スルニ非サレハ入會權ヲ得ルコトナシトスルトキハ其入會權ハ公民權ニ從タル財產權トナルヘシ公民權住民權共ニ土地ニ關係アル權利ナルモ土地所有者ニ限リテ之ヲ得ルニ非サルヲ以テ土地所有權ノ從タル權利ト言フヲ得ス唯地役權ノ如キモノト認メテ地役權ノ規定ヲ準用シ準地役權トテモ言フヘキカ

民法學說彙纂　物權編〔第一分冊〕
日本立法資料全集　別巻 1169

平成29年10月20日　　復刻版第１刷発行

編纂者　三　藤　卓　堂
発行者　今　井　　貴
　　　　渡　辺　左　近
発行所　信　山　社　出　版
〒113-0033　東京都文京区本郷６－２－９－102
モンテベルデ第２東大正門前
電　話　03（3818）1019
ＦＡＸ　03（3818）0344
郵便振替　00140-2-367777（信山社販売）
Printed in Japan.

制作／(株)信山社，印刷・製本／松澤印刷・日進堂

ISBN 978-4-7972-7281-9 C3332

巻数	書　名	編・著者	ISBN	本体価格
950	実地応用町村制質疑録	野田藤吉郎、國吉拓郎	ISBN978-4-7972-6656-6	22,000円
951	市町村議員必携	川瀬周次、田中迪三	ISBN978-4-7972-6657-3	40,000円
952	増補 町村制執務備考 全	増澤鐵、飯島篤雄	ISBN978-4-7972-6658-0	46,000円
953	郡区町村編制法 府県会規則 地方税規則 三法綱論	小笠原美治	ISBN978-4-7972-6659-7	28,000円
954	郡区町村編制 府県会規則 地方税規則 新法例纂 追加地方諸要則	柳澤武運三	ISBN978-4-7972-6660-3	21,000円
955	地方革新講話	西内天行	ISBN978-4-7972-6921-5	40,000円
956	市町村名辞典	杉野耕三郎	ISBN978-4-7972-6922-2	38,000円
957	市町村吏員提要〔第三版〕	田邊好一	ISBN978-4-7972-6923-9	60,000円
958	帝国市町村便覧	大西林五郎	ISBN978-4-7972-6924-6	57,000円
959	最近検定 市町村名鑑 附 官国幣社 及 諸学校所在地一覧	藤澤衛彦、伊東順彦、増田穆、関惣右衛門	ISBN978-4-7972-6925-3	64,000円
960	鼇頭対照 市町村制解釈 附 理由書 及 参考諸布達	伊藤寿	ISBN978-4-7972-6926-0	40,000円
961	市町村制釈義 完　附 市町村制理由	水越成章	ISBN978-4-7972-6927-7	36,000円
962	府県郡市町村 模範治績　附 耕地整理法 産業組合法 附属法令	荻野千之助	ISBN978-4-7972-6928-4	74,000円
963	市町村大字読方名彙〔大正十四年度版〕	小川琢治	ISBN978-4-7972-6929-1	60,000円
964	町村会議員選挙要覧	津田東璋	ISBN978-4-7972-6930-7	34,000円
965	市制町村制 及 府県制　附 普通選挙法	法律研究会	ISBN978-4-7972-6931-4	30,000円
966	市制町村制註釈 完　附 市制町村制理由〔明治21年初版〕	角田真平、山田正賢	ISBN978-4-7972-6932-1	46,000円
967	市町村制詳解 全　附 市町村制理由	元田肇、加藤政之助、日鼻豊作	ISBN978-4-7972-6933-8	47,000円
968	区町村会議要覧 全	阪田辨之助	ISBN978-4-7972-6934-5	28,000円
969	実用 町村制市制事務提要	河邨貞山、島村文耕	ISBN978-4-7972-6935-2	46,000円
970	新旧対照 市制町村制正文〔第三版〕	自治館編輯局	ISBN978-4-7972-6936-9	28,000円
971	細密調査 市町村便覧（三府 四十三県 北海道 樺太 台湾 朝鮮 関東州） 附 分類官公衙公私学校銀行所在地一覧表	白山榮一郎、森田公美	ISBN978-4-7972-6937-6	88,000円
972	正文 市制町村制 並 附属法規	法曹閣	ISBN978-4-7972-6938-3	21,000円
973	台湾朝鮮関東州 全国市町村便覧 各学校所在地〔第一分冊〕	長谷川好太郎	ISBN978-4-7972-6939-0	58,000円
974	台湾朝鮮関東州 全国市町村便覧 各学校所在地〔第二分冊〕	長谷川好太郎	ISBN978-4-7972-6940-6	58,000円
975	合巻 佛蘭西邑法・和蘭邑法・皇国郡区町村編成法	箕作麟祥、大井憲太郎、神田孝平	ISBN978-4-7972-6941-3	28,000円
976	自治之模範	江木翼	ISBN978-4-7972-6942-0	60,000円
977	地方制度実例総覧〔明治36年初版〕	金田謙	ISBN978-4-7972-6943-7	48,000円
978	市町村民 自治読本	武藤榮治郎	ISBN978-4-7972-6944-4	22,000円
979	町村制詳解　附 市制及町村制理由	相澤富蔵	ISBN978-4-7972-6945-1	28,000円
980	改正 市町村制 並 附属法規	楠綾雄	ISBN978-4-7972-6946-8	28,000円
981	改正 市制 及 町村制〔訂正10版〕	山野金蔵	ISBN978-4-7972-6947-5	28,000円

巻数	書　名	編・著者	ISBN	本体価格
915	改正 新旧対照市町村一覧	鍾美堂	ISBN978-4-7972-6621-4	78,000 円
916	東京市会先例彙輯	後藤新平、桐島像一、八田五三	ISBN978-4-7972-6622-1	65,000 円
917	改正 地方制度解説〔第六版〕	狭間茂	ISBN978-4-7972-6623-8	67,000 円
918	改正 地方制度通義	荒川五郎	ISBN978-4-7972-6624-5	75,000 円
919	町村制市制全書 完	中嶋廣蔵	ISBN978-4-7972-6625-2	80,000 円
920	自治新制 市町村会法要談 全	田中重策	ISBN978-4-7972-6626-9	22,000 円
921	郡市町村吏員 収税実務要書	荻野千之助	ISBN978-4-7972-6627-6	21,000 円
922	町村至宝	桂虎次郎	ISBN978-4-7972-6628-3	36,000 円
923	地方制度通 全	上山満之進	ISBN978-4-7972-6629-0	60,000 円
924	帝国議会府県会郡会市町村会議員必携 附関係法規 第1分冊	太田峯三郎、林田亀太郎、小原新三	ISBN978-4-7972-6630-6	46,000 円
925	帝国議会府県会郡会市町村会議員必携 附関係法規 第2分冊	太田峯三郎、林田亀太郎、小原新三	ISBN978-4-7972-6631-3	62,000 円
926	市町村是	野田千太郎	ISBN978-4-7972-6632-0	21,000 円
927	市町村執務要覧 全 第1分冊	大成館編輯局	ISBN978-4-7972-6633-7	60,000 円
928	市町村執務要覧 全 第2分冊	大成館編輯局	ISBN978-4-7972-6634-4	58,000 円
929	府県会規則大全　附 裁定録	朝倉達三、若林友之	ISBN978-4-7972-6635-1	28,000 円
930	地方自治の手引	前田宇治郎	ISBN978-4-7972-6636-8	28,000 円
931	改正 市制町村制と衆議院議員選挙法	服部喜太郎	ISBN978-4-7972-6637-5	28,000 円
932	市町村国税事務取扱手続	広島財務研究会	ISBN978-4-7972-6638-2	34,000 円
933	地方自治制要義 全	末松偕一郎	ISBN978-4-7972-6639-9	57,000 円
934	市町村特別税之栞	三邊長治、水谷平吉	ISBN978-4-7972-6640-5	24,000 円
935	英国地方制度 及 税法	良保両氏、水野遵	ISBN978-4-7972-6641-2	34,000 円
936	英国地方制度 及 税法	髙橋達	ISBN978-4-7972-6642-9	20,000 円
937	日本法典全書 第一編 府県制郡制註釈	上條慎蔵、坪谷善四郎	ISBN978-4-7972-6643-6	58,000 円
938	判例挿入 自治法規全集 全	池田繁太郎	ISBN978-4-7972-6644-3	82,000 円
939	比較研究 自治之精髄	水野錬太郎	ISBN978-4-7972-6645-0	22,000 円
940	傍訓註釈 市制町村制 並ニ 理由書〔第三版〕	筒井時治	ISBN978-4-7972-6646-7	46,000 円
941	以呂波引町村便覧	田山宗堯	ISBN978-4-7972-6647-4	37,000 円
942	町村制執務要録 全	鷹巣清二郎	ISBN978-4-7972-6648-1	46,000 円
943	地方自治 及 振興策	床次竹二郎	ISBN978-4-7972-6649-8	30,000 円
944	地方自治講話	田中四郎左衛門	ISBN978-4-7972-6650-4	36,000 円
945	地方施設改良 訓諭演説集〔第六版〕	鹽川玉江	ISBN978-4-7972-6651-1	40,000 円
946	帝国地方自治団体発達史〔第三版〕	佐藤亀齢	ISBN978-4-7972-6652-8	48,000 円
947	農村自治	小橋一太	ISBN978-4-7972-6653-5	34,000 円
948	国税 地方税 市町村税 滞納処分法問答	竹尾高堅	ISBN978-4-7972-6654-2	28,000 円
949	市町村役場実用 完	福井淳	ISBN978-4-7972-6655-9	40,000 円

別巻　巻数順一覧【878～914巻】

巻数	書　名	編・著者	ISBN	本体価格
878	明治史第六編 政黨史	博文館編輯局	ISBN978-4-7972-7180-5	42,000円
879	日本政黨發達史 全〔第一分冊〕	上野熊藏	ISBN978-4-7972-7181-2	50,000円
880	日本政黨發達史 全〔第二分冊〕	上野熊藏	ISBN978-4-7972-7182-9	50,000円
881	政党論	梶原保人	ISBN978-4-7972-7184-3	30,000円
882	獨逸新民法商法正文	古川五郎、山口弘一	ISBN978-4-7972-7185-0	90,000円
883	日本民法鼇頭對比獨逸民法	荒波正隆	ISBN978-4-7972-7186-7	40,000円
884	泰西立憲國政治攬要	荒井泰治	ISBN978-4-7972-7187-4	30,000円
885	改正衆議院議員選擧法釋義 全	福岡伯、横田左仲	ISBN978-4-7972-7188-1	42,000円
886	改正衆議院議員選擧法釋義 附 改正貴族院令,治安維持法	犀川長作、犀川久平	ISBN978-4-7972-7189-8	33,000円
887	公民必携 選擧法規ト判決例	大浦兼武、平沼騏一郎、木下友三郎、清水澄、三浦數平	ISBN978-4-7972-7190-4	96,000円
888	衆議院議員選擧法輯覽	司法省刑事局	ISBN978-4-7972-7191-1	53,000円
889	行政司法選擧判例總覽―行政救濟と其手續―	澤田竹治郎・川崎秀男	ISBN978-4-7972-7192-8	72,000円
890	日本親族相續法義解 全	髙橋捨六・堀田馬三	ISBN978-4-7972-7193-5	45,000円
891	普通選擧文書集成	山中秀男・岩本溫良	ISBN978-4-7972-7194-2	85,000円
892	普選の勝者 代議士月旦	大石末吉	ISBN978-4-7972-7195-9	60,000円
893	刑法註釋 卷一～卷四(上卷)	村田保	ISBN978-4-7972-7196-6	58,000円
894	刑法註釋 卷五～卷八(下卷)	村田保	ISBN978-4-7972-7197-3	50,000円
895	治罪法註釋 卷一～卷四(上卷)	村田保	ISBN978-4-7972-7198-0	50,000円
896	治罪法註釋 卷五～卷八(下卷)	村田保	ISBN978-4-7972-7198-0	50,000円
897	議會選擧法	カール・ブラウニアス、國政研究科會	ISBN978-4-7972-7201-7	42,000円
901	鼇頭註釈 町村制　附 理由 全	八乙女盛次、片野続	ISBN978-4-7972-6607-8	28,000円
902	改正 市制町村制　附 改正要義	田山宗堯	ISBN978-4-7972-6608-5	28,000円
903	増補訂正 町村制詳解〔第十五版〕	長峰安三郎、三浦通太、野田千太郎	ISBN978-4-7972-6609-2	52,000円
904	市制町村制 並 理由書　附 直接間接税類別及実施手続	高崎修助	ISBN978-4-7972-6610-8	20,000円
905	町村制要義	河野正義	ISBN978-4-7972-6611-5	28,000円
906	改正 市制町村制義解〔帝國地方行政学会〕	川村芳次	ISBN978-4-7972-6612-2	60,000円
907	市制町村制 及 関係法令〔第三版〕	野田千太郎	ISBN978-4-7972-6613-9	35,000円
908	市町村新旧対照一覧	中村芳松	ISBN978-4-7972-6614-6	38,000円
909	改正 府県郡制問答講義	木内英雄	ISBN978-4-7972-6615-3	28,000円
910	地方自治提要 全　附 諸届願書式 日用規則抄録	木村時義、吉武則久	ISBN978-4-7972-6616-0	56,000円
911	訂正増補 市町村制問答詳解　附 理由及追輯	福井淳	ISBN978-4-7972-6617-7	70,000円
912	改正 府県制郡制註釈〔第三版〕	福井淳	ISBN978-4-7972-6618-4	34,000円
913	地方制度実例総覧〔第七版〕	自治館編輯局	ISBN978-4-7972-6619-1	78,000円
914	英国地方政治論	ジョージ・チャールズ・ブロドリック、久米金彌	ISBN978-4-7972-6620-7	30,000円

巻数	書　名	編・著者	ISBN	本体価格
843	法律汎論	熊谷直太	ISBN978-4-7972-7141-6	40,000 円
844	英國國會選舉訴願判決例 全	オマリー、ハードカッスル、サンタース	ISBN978-4-7972-7142-3	80,000 円
845	衆議院議員選擧法改正理由書 完	内務省	ISBN978-4-7972-7143-0	40,000 円
846	戇齋法律論文集	森作太郎	ISBN978-4-7972-7144-7	45,000 円
847	雨山遺稾	渡邉輝之助	ISBN978-4-7972-7145-4	70,000 円
848	法曹紙屑籠	鷺城逸史	ISBN978-4-7972-7146-1	54,000 円
849	法例彙纂 民法之部 第一篇	史官	ISBN978-4-7972-7147-8	66,000 円
850	法例彙纂 民法之部 第二篇〔第一分冊〕	史官	ISBN978-4-7972-7148-5	55,000 円
851	法例彙纂 民法之部 第二篇〔第二分冊〕	史官	ISBN978-4-7972-7149-2	75,000 円
852	法例彙纂 商法之部〔第一分冊〕	史官	ISBN978-4-7972-7150-8	70,000 円
853	法例彙纂 商法之部〔第二分冊〕	史官	ISBN978-4-7972-7151-5	75,000 円
854	法例彙纂 訴訟法之部〔第一分冊〕	史官	ISBN978-4-7972-7152-2	60,000 円
855	法例彙纂 訴訟法之部〔第二分冊〕	史官	ISBN978-4-7972-7153-9	48,000 円
856	法例彙纂 懲罰則之部	史官	ISBN978-4-7972-7154-6	58,000 円
857	法例彙纂 第二版 民法之部〔第一分冊〕	史官	ISBN978-4-7972-7155-3	70,000 円
858	法例彙纂 第二版 民法之部〔第二分冊〕	史官	ISBN978-4-7972-7156-0	70,000 円
859	法例彙纂 第二版 商法之部・訴訟法之部〔第一分冊〕	太政官記録掛	ISBN978-4-7972-7157-7	72,000 円
860	法例彙纂 第二版 商法之部・訴訟法之部〔第二分冊〕	太政官記録掛	ISBN978-4-7972-7158-4	40,000 円
861	法令彙纂 第三版 民法之部〔第一分冊〕	太政官記録掛	ISBN978-4-7972-7159-1	54,000 円
862	法令彙纂 第三版 民法之部〔第二分冊〕	太政官記録掛	ISBN978-4-7972-7160-7	54,000 円
863	現行法律規則全書（上）	小笠原美治、井田鐘次郎	ISBN978-4-7972-7162-1	50,000 円
864	現行法律規則全書（下）	小笠原美治、井田鐘次郎	ISBN978-4-7972-7163-8	53,000 円
865	國民法制通論 上卷・下卷	仁保龜松	ISBN978-4-7972-7165-2	56,000 円
866	刑法註釋	磯部四郎、小笠原美治	ISBN978-4-7972-7166-9	85,000 円
867	治罪法註釋	磯部四郎、小笠原美治	ISBN978-4-7972-7167-6	70,000 円
868	政法哲學 前編	ハーバート・スペンサー、濱野定四郎、渡邊治	ISBN978-4-7972-7168-3	45,000 円
869	政法哲學 後編	ハーバート・スペンサー、濱野定四郎、渡邊治	ISBN978-4-7972-7169-0	45,000 円
870	佛國商法復説 第壹篇自第壹卷至第七卷	リウヒエール、商法編纂局	ISBN978-4-7972-7171-3	75,000 円
871	佛國商法復説 第壹篇第八卷	リウヒエール、商法編纂局	ISBN978-4-7972-7172-0	45,000 円
872	佛國商法復説 自第二篇至第四篇	リウヒエール、商法編纂局	ISBN978-4-7972-7173-7	70,000 円
873	佛國商法復説 書式之部	リウヒエール、商法編纂局	ISBN978-4-7972-7174-4	40,000 円
874	代言試驗問題擬判録 全 附録明治法律學校民刑問題及答案	熊野敏三、宮城浩蔵 河野和三郎、岡義男	ISBN978-4-7972-7176-8	35,000 円
875	各國官吏試驗法類集 上・下	内閣	ISBN978-4-7972-7177-5	54,000 円
876	商業規篇	矢野亨	ISBN978-4-7972-7178-2	53,000 円
877	民法実用法典 全	福田一覺	ISBN978-4-7972-7179-9	45,000 円

巻数	書　名	編・著者	ISBN	本体価格
810	訓點法國律例 民律 上巻	鄭永寧	ISBN978-4-7972-7105-8	50,000円
811	訓點法國律例 民律 中巻	鄭永寧	ISBN978-4-7972-7106-5	50,000円
812	訓點法國律例 民律 下巻	鄭永寧	ISBN978-4-7972-7107-2	60,000円
813	訓點法國律例 民律指掌	鄭永寧	ISBN978-4-7972-7108-9	58,000円
814	訓點法國律例 貿易定律・園林則律	鄭永寧	ISBN978-4-7972-7109-6	60,000円
815	民事訴訟法 完	本多康直	ISBN978-4-7972-7111-9	65,000円
816	物権法(第一部)完	西川一男	ISBN978-4-7972-7112-6	45,000円
817	物権法(第二部)完	馬場愿治	ISBN978-4-7972-7113-3	35,000円
818	商法五十課 全	アーサー・B・クラーク、本多孫四郎	ISBN978-4-7972-7115-7	38,000円
819	英米商法律原論 契約之部及流通券之部	岡山兼吉、淺井勝	ISBN978-4-7972-7116-4	38,000円
820	英國組合法 完	サー・フレデリック・ポロック、榊原幾久若	ISBN978-4-7972-7117-1	30,000円
821	自治論 一名人民ノ自由 巻之上・巻之下	リーバー、林董	ISBN978-4-7972-7118-8	55,000円
822	自治論纂 全一册	獨逸學協會	ISBN978-4-7972-7119-5	50,000円
823	憲法彙纂	古屋宗作、鹿島秀麿	ISBN978-4-7972-7120-1	35,000円
824	國會汎論	ブルンチュリー、石津可輔、讃井逸三	ISBN978-4-7972-7121-8	30,000円
825	威氏法學通論	エスクバック、渡邊輝之助、神山亨太郎	ISBN978-4-7972-7122-5	35,000円
826	萬國憲法 全	高田早苗、坪谷善四郎	ISBN978-4-7972-7123-2	50,000円
827	綱目代議政體	J・S・ミル、上田充	ISBN978-4-7972-7124-9	40,000円
828	法學通論	山田喜之助	ISBN978-4-7972-7125-6	30,000円
829	法學通論 完	島田俊雄、溝上與三郎	ISBN978-4-7972-7126-3	35,000円
830	自由之權利 一名自由之理 全	J・S・ミル、高橋正次郎	ISBN978-4-7972-7127-0	38,000円
831	歐洲代議政體起原史 第一册・第二册／代議政體原論 完	ギゾー、漆間眞學、藤田四郎、アンドリー、山口松五郎	ISBN978-4-7972-7128-7	100,000円
832	代議政體 全	J・S・ミル、前橋孝義	ISBN978-4-7972-7129-4	55,000円
833	民約論	J・J・ルソー、田中弘義、服部徳	ISBN978-4-7972-7130-0	40,000円
834	歐米政黨沿革史總論	藤田四郎	ISBN978-4-7972-7131-7	30,000円
835	内外政黨事情・日本政黨事情 完	中村義三、大久保常吉	ISBN978-4-7972-7132-4	35,000円
836	議會及政黨論	菊池學而	ISBN978-4-7972-7133-1	35,000円
837	各國之政黨 全〔第1分冊〕	外務省政務局	ISBN978-4-7972-7134-8	70,000円
838	各國之政黨 全〔第2分冊〕	外務省政務局	ISBN978-4-7972-7135-5	60,000円
839	大日本政黨史 全	若林清、尾崎行雄、箕浦勝人、加藤恒忠	ISBN978-4-7972-7137-9	63,000円
840	民約論	ルソー、藤田浪人	ISBN978-4-7972-7138-6	30,000円
841	人權宣告辯妄・政治眞論一名主權辯妄	ベンサム、草野宣隆、藤田四郎	ISBN978-4-7972-7139-3	40,000円
842	法制講義 全	赤司鷹一郎	ISBN978-4-7972-7140-9	30,000円